Direitos Difusos e Coletivos para Defensoria Pública

Aluísio Iunes Monti Ruggeri Ré

Direitos Difusos e Coletivos para Defensoria Pública

2ª edição | revista atualizada ampliada

2021

EDITORA JusPODIVM
www.editorajuspodivm.com.br

EDITORA *Jus*PODIVM
www.editorajuspodivm.com.br

Rua Canuto Saraiva, 131 – Mooca – CEP: 03113-010 – São Paulo – São Paulo
Tel: (11) 3582.5757
• Contato: https://www.editorajuspodivm.com.br/sac

Diagramação: Futura *(rogerio@futuraeditoracao.com)*

Capa: Ana Caquetti

R281d Ré, Aluísio Iunes Monti Ruggeri.
Direitos Difusos e Coletivos para Defensoria Pública / Aluísio Iunes Monti Ruggeri Ré – 2. ed. rev., ampl. e atualiz. São Paulo: Editora JusPodivm, 2021.
448 p.

Inclui bibliografia.
ISBN 978-85-442-3418-1.

1. Direito do homem. 2. Direitos difusos e coletivos. I. Ré, Aluísio Iunes Monti Ruggeri. II. Título.

CDD 341.27

AGRADECIMENTOS

Agradeço a Deus, por tudo.

Aos meus Pais, pelo exemplo contínuo de vida e luta.

Agradeço aos meus filhos Bento e Henrique, por todo apoio e inspiração. Trata-se do primeiro livro feito ao lado deles e, só por isso, já seria inédito e fantástico, ao menos para mim. Aliás, com eles, Henrique e Bento, tudo é mais lindo e intenso. Hoje, com três anos, mas já tão importantes em tudo que faço. Espero que um dia eles entendam o quão participam da nossa vida e se orgulhem, muito, dessa obra coletiva que com eles compartilho.

Também agradeço à minha esposa Daniela, pela parceria e compreensão. Pelas horas de dedicação ao texto que do nosso pouco tempo livre subtraí.

Por fim, agradeço muito à amiga e parceira de digitação Larissa Barros da Silva, pela paciência e zelo na digitação do texto por nós preparado.

Também à Editora Juspodivm por mais essa oportunidade e pela confiança.

APRESENTAÇÃO

O presente estudo tem, fundamentalmente, a modesta pretensão de expor os principais temas de tutela coletiva dos direitos fundamentais no Brasil, tanto de direito material quanto de direito processual.

Tomamos por meta a exposição sincrética – mas não rasa e superficial - em um único volume para que o estudioso possa ter acesso fácil aos principais temas sobre o assunto, de forma prática e coerente.

Aliás, esse tipo de apresentação é fundamental para a perfeita e clara compreensão do que chamamos de "microssistema de tutela coletiva", pois ele se compõe de uma série de leis, regulamentos, julgados e doutrinas.

Portanto, um estudo uniforme e direto permite um conhecimento mais reto e global do tema, sendo que, por outro lado, o estudo recortado já não garantiria essa segurança ao estudioso.

Assim, o volume único, além da facilitação de acesso, tem o escopo de viabilizar o contato direto e total do tema, sem recortes, já que as fontes da tutela coletiva já são variadas e exigem a montagem do intérprete para a compreensão desse ramo do direito.

Aliás, mesmo os temas de direito material, tais como a saúde, a educação, a moradia e o saneamento básico, por exemplo, são interligados e conexos, sendo recomendável o estudo único deles, numa só abordagem.

De outro lado, em tutela coletiva, há uma especificidade que deve ser mencionada: a parte de direito processual, apesar da autonomia, tem íntima relação com os direitos materiais tratados. De fato, o tipo de tutela jurisdicional, para ser adequada e eficiente, não raras vezes, depende da plena compreensão do que se busca tutelar, o direito material do caso concreto.

Além da forma do estudo que aqui se apresenta, o conteúdo merece ser enaltecido, pois ele tem a ousadia de passar por temas jamais incluídos em um único texto, como habitação e urbanismo, direitos digitais, saneamento básico, saúde, educação e, além de outros, de processo civil coletivo.

Realmente, quanto a esse último tema, o estudo analisou o objeto (processo coletivo) já a partir do Código de Processo Civil de 2015, sendo original e inédito em variados pontos. Por exemplo, o Superior Tribunal de Justiça havia, no passado (2009), determinado a suspensão de todas as ações judiciais, individuais e coletivas, no território nacional, a partir do instrumento do recurso especial repetitivo. Agora, porém, com o CPC e seu inovador instituto do incidente de resolução de demandas repetitivas (IRDR), analisamos aqui a possibilidade de o STJ repetir aquela decisão, o que entendemos que não, conforme está neste estudo consignado.

De outra parte, o conteúdo da análise contempla grande parte dos editais de concursos públicos sobre o tema dos direitos difusos e coletivos, sendo que os diplomas legais e regulamentares neles previstos estão aqui abordados, substancialmente e a partir das mais modernas e predominantes doutrina e jurisprudência.

Enfim, seja pela forma seja pelo conteúdo, o estudo que aqui se apresenta é inédito e inovador, que permite o efetivo olhar global sobre o "microssistema de tutela coletiva", garantindo-lhe maior efetividade e o mais intenso manejo.

SUMÁRIO

ABREVIATURAS

ACP	Ação Civil Pública
ADECON	Ação Declaratória de Constitucionalidade
ADIn	Ação Direta de Inconstitucionalidade
ADPF	Arguição de Descumprimento de Preceito Fundamental
Ag	Agravo
AgR	Agravo Regimental
AI	Agravo de Instrumento
AIME	Ação de Impugnação de Mandato Eletivo
ANADEP	Associação Nacional dos Defensores Públicos
ANATEL	Agência Nacional de Telecomunicações
ANEL	Agência Nacional de Energia Elétrica
ANVISA	Agência Nacional de Vigilância Sanitária
AP	Açao Popular
Ap.	Apelação
APADEP	Associação Paulista dos Defensores Públicos
Art.	artigo
c.c.	combinado com
CADE	Conselho Administrativo de Defesa Econômica
CBPC	Código Brasileiro de Processos Coletivos
CC/02	Código Civil de 2002
CC/16	Código Civil de 1916
CCJ	Comissão de Constituição e Justiça
CDC	Código de Defesa do Consumidor (Lei n. 8.078/1990)
CF	Constituição Federal

CF/88	Constituição da República Federativa do Brasil de 1988
CG	Corregedoria-Geral
CGDP	Corregedoria-Geral da Defensoria Pública
CLT	Consolidação das Leis do Trabalho (Decreto-Lei n. 5.452/1943)
CNJ	Conselho Nacional de Justiça
CNMP	Conselho Nacional do Ministério Público
CP	Código Penal (Decreto-Lei n. 2.848/1940)
CPC	Código de Processo Civil
CPP	Código de Processo Penal
CSDP	Conselho Superior da Defensoria Pública
CSDPESP	Conselho Superior da Defensoria Pública do Estado de São Paulo
CSM	Conselho Superior da Magistratura
CSMP	Conselho Superior do Ministério Público
CTN	Código Tributário Nacional (Lei n. 5.172/1966)
Dep.	Deputado
Des.	Desembargador
DJU	Diário Oficial da Justiça da União
DOU	Diário Oficial do Estado
DP	Defensoria Pública ou Defensor Público
DPE	Defensoria Pública do Estado
DPG	Defensoria Pública-Geral
DPU	Defensoria Pública da União
ECA	Estatuto da Criança e do Adolescente (Lei n. 8.069/1990)
IBDP	Instituto Brasileiro de Direito Processual
IC	Inquérito Civil
LACP	Lei de Ação Civil Pública (Lei n. 6.347/1985)
LAP	Lei da Ação Popular (Lei n. 3.717/1965)
LICC	Lei de Introdução do Código Civil (Decreto-Lei n. 3.657/1942)

Min.	Ministro
MP	Ministério Público
MP/SP	Ministério Público do Estado de São Paulo
MPU	Ministério Público da União
NLACP	Nova Lei de Ação Civil Pública (a partir do PL n. 5.139 de 2009)
PA	Processo Administrativo
PL	Projeto de Lei
PLC	Projeto de Lei Complementar
PROCON	Fundação de Proteção e Defesa do Consumidor
RE	Recurso Extraordinário
Rel.	Relator
REsp	Recurso Especial
STF	Supremo Tribunal Federal
STJ	Superior Tribunal de Justiça
TAC	Termo de Ajustamento de Conduta
TJ	Tribunal de Justiça
TJSP	Tribunal de Justiça do Estado de São Paulo
UERJ	Universidade do Estado do Rio de Janeiro
UNESA	Universidade Estácio de Sá
USP	Universidade de São Paulo

1

DIREITOS COLETIVOS EM SENTIDO AMPLO - DIREITO MATERIAL

1.1 A EVOLUÇÃO DOS DIREITOS FUNDAMENTAIS NO MUNDO E NO BRASIL. OS DESAFIOS ATUAIS

A proteção dos direitos coletivos em sentido amplo é um fenômeno mundial com impulso evidente no século passado, especialmente na segunda metade do século XX, no período pós-guerra, quando a comunidade internacional voltou seus olhares e suas preocupações às questões que suplantavam os direitos meramente individuais ou os interesses de uma só nação, pois as necessidades emergentes extrapolaram os limites de um território ou de outro, destacando-se os direitos ambientais, dos consumidores etc., enfim, os direitos humanos de terceira dimensão, cuja proteção interessava ao mundo todo e pautava o discurso geral na sociedade internacional.

Realmente, esses direitos coletivos são oriundos da necessidade ante um contexto internacional de globalização, de integração de nações e de povos, de consumo em massa, da macroexploração do meio ambiente (com a intensa poluição dos meios e o aquecimento global), e da ampliação e expansão da *internet.* São direitos que cresceram a partir de um mundo mais integrado, especialmente com uma preocupação voltada para os direitos humanos, cuja atenção se intensificou após a segunda guerra mundial, principalmente por conta dos massacres contra os judeus e outras minorias, e de tudo que foi divulgado a partir daí.

Ocorre que esses direitos humanos, de natureza evidentemente coletiva em sentido amplo, não têm só os fundamentos fáticos e empíricos que acabamos de relatar, mas também possui um contexto político, já que nesse pós-guerra o sentimento humanista dominou e prevaleceu nos Estados e na comunidade internacional durante décadas.

Contudo, já adiantamos que esse sentimento humanista internacional está em crise e o contexto atual tem destacado, de certa forma, uma vontade nacionalista e individualista com a ascensão política de grupos ultranacionalistas, as vezes neonazistas, que estão na contramão daquele sentimento internacional de proteção dos direitos humanos, ou ambientais, evidenciando-se uma verdadeira guinada conservadora global. Contudo, o grande desafio daqueles que trabalham com direitos coletivos e humanos é a preservação e consolidação desses direitos, tornando-os sólidos e concretos diante desse atual contexto político de crise, sem retrocessos. Essa realidade atual traz esse grande desafio.

Na Europa, por exemplo, países com tradição na tutela de direitos humanos hoje se vestem de uma política extremamente nacionalista, protecionista, de censura aos direitos das minorias e dos direitos dos imigrantes, tais como a Hungria, a Itália, a Alemanha e a Inglaterra. Nos Estados Unidos tivemos a eleição (e talvez a reeleição) de Donald Trump, um republicano reacionário e, no Brasil, também aconteceu algo semelhante nas eleições de 2018.

De fato, vivemos um contexto de contração de direitos, um momento de extremos retrocessos em termos de reconhecimento dos direitos humanos e dos direitos das minorias. É claro o movimento no sentido de mitigação dos direitos trabalhistas, da flexibilização dos direitos ambientais, de questionamento dos direitos das mulheres e também um afastamento da proteção estatal em relação a direitos agrários, dos índios e dos quilombolas. Enfim, o momento é de evidente retrocesso e tudo em favor de uma pauta política nacionalista e liberal, focada basicamente na abordagem econômica e isso é utilizado para legitimar todas essas reduções de direitos. No Brasil, por exemplo, tivemos a extinção do Ministério do Trabalho, o deslocamento administrativo da FUNAI e, de certa forma, a redução de sua autonomia e independência funcional, além da recente reforma trabalhista.

Os efeitos dessa verdadeira guinada ideológica, em termos nacionais e internacionais, ocorrem no campo de todas as dimensões dos direitos humanos. Temos visto uma clara redução das liberdades individuais, um aumento da censura e uma pauta focada no encarceramento, naquela visão de que a prisão acaba sendo a solução para problemas essencialmente sociais e culturais. Essa perspectiva conservadora-liberal reflete na primeira dimensão dos direitos humanos e, evidentemente, também respinga na segunda dimensão, uma vez que a pauta econômica acaba sendo colocada como forma de legitimação da retração do Estado em favor do liberalismo e no sentido de afastá-lo da proteção social das pessoas e dos grupos vulneráveis.

Assim, essa nova agenda impõe o afastamento do Estado de sua função provedora e protetora, para reduzir a sua atuação nos campos do direito do trabalho, do direito à assistência social e à previdência pública, assim como no campo da proteção da mulher, das crianças e adolescentes e das pessoas em situação de rua, por exemplo. Portanto, esse atual momento reflete também na segunda dimensão de direitos humanos e, por fim, na terceira dimensão, já que o individualismo pregado, agora em favor do crescimento econômico e da geração de empregos, reduz a legitimidade e a própria relevância dos direitos coletivos em sentido amplo. Como se os fins justificassem os meios.

Então, a preocupação velada se volta mais para o crescimento econômico e menos para a proteção ambiental; mais para uma suposta criação de empregos e menos para a tutela coletiva dos trabalhadores; mais para um extremo encarceramento que para a proteção dos direitos humanos da comunidade presa. Aliás, evidente que esse momento acaba por repercutir contra os direitos coletivos, por exemplo, os direitos dos consumidores, que também acabam sendo relativizados em favor do empregador/fornecedor. Conclui-se, portanto, que a nova pauta ideológica atinge todas as dimensões dos direitos humanos invariavelmente.

Como já dito, para um breve resgate histórico, os direitos coletivos em sentido amplo e os direitos humanos no plano internacional colocam-se no foco das atenções especialmente na metade do século XX, em um período pós-guerra, pós-holocausto. A intensa globalização, a exploração ilimitada dos recursos naturais e o consumo em massa formaram um contexto social e econômico que levou a comunidade internacional a prever direitos até então não positivados em termos globais. Assim, logo no pós-guerra, tivemos a *Declaração Universal dos Direitos Humanos* (1948) e, logo depois, os *Pactos de Nova York*, quais sejam: *Pacto dos Direitos Civis e Políticos* e o *Pacto dos Direitos Econômicos, Sociais e Culturais* (1966).

Na América Latina não foi diferente, pois editamos a *Declaração Americana dos direitos e deveres do Homem* (OEA, Bogotá, 1948), e o *Pacto de San José da Costa Rica* (*Convenção Americana dos direitos humanos* - 1969), bem como o *Protocolo de San Salvador*. Desta forma, o que aconteceu em âmbito global refletiu-se no regional, tanto aqui América quanto em outros continentes.

Naturalmente, essa onda humanista repercutiu no campo interno dos países, especialmente países democráticos (ou em democratização) do ocidente, no Brasil inclusive.

Também na segunda metade do século XX, tivemos algumas ditaduras militares, por exemplo, regimes totalitários na Espanha, Portugal e, na América

Latina, como no Chile, na Argentina, e no Brasil. Foi um período de redução de direitos com a edição de atos institucionais, a prática reiterada de tortura como ato oficial do Estado e de intensa censura às liberdades de expressão, de manifestação e de imprensa.

Após algumas décadas, estes mesmos países viveram períodos de redemocratização, o que no Brasil se deu a partir dos anos 80. Por causa disso, houve a edição de constituições extremamente democráticas e com uma ampla e intensa carta de direitos, tanto na Europa quanto na América Latina, incluindo o Brasil. Esse é o contexto da Constituição Federal de 1988, inspirada em constituições democráticas de países como a Espanha e Portugal, todas com extenso rol de direitos fundamentais, seja de primeira, de segunda e de terceira dimensões.

A partir dessas constituições, no Brasil após a Constituição de 1988, várias leis foram editadas no sentido de regulamentá-las e formaram microssistemas de proteção de grupos vulneráveis e de tutela coletiva, tais como algumas leis ambientais, o Código de Defesa do Consumidor, as leis que regulamentam políticas públicas essenciais (saúde, assistência social), e leis de proteção à criança e ao adolescente, bem como as de proteção aos idosos e das pessoas com deficiência, dentre outras. Portanto, são leis que vieram ou foram revistas para regulamentar a Constituição Federal de 1988 e estabelecer diretrizes para o cumprimento dos fins do Estado Democrático do Brasil, e de daquela sociedade que clamava por direitos (sociedade mais justa, livre e solidária).

É que, diante de contextos mundial e regional humanizantes, o Brasil estabeleceu uma Constituição extremamente democrática de proteção ou previsão de vários direitos com um Estado provedor e, na maioria das vezes, o principal responsável pela efetivação desses direitos. Assim, naturalmente, essa Constituição acabou que por irradiar seus valores em leis infraconstitucionais e nos estatutos legais que formaram microssistemas especiais de proteção.

Agora, vale advertir, o momento é de defender as conquistas obtidas, nesse contexto de instabilidade política e de crise institucional. "Constituições, ademais em cenário de tal gravidade, não podem ceder frente a projetos de governo (de esquerda ou de direita), às matizes ideológicas, às histerias coletivas de certos segmentos sociais ou, ainda, às vinditas de ocasião, movidas por arroubos político-partidários ou a nefastos interesses inconfessos. O direito fundamental ao meio ambiente equilibrado não pode ser suprimido ou descaracterizado por emenda constitucional e, *a fortiori*, por mera legislação infraconstitucional. Fato este que é sabido e consabido por estudantes das primeiras linhas do direito constitucional e, até mesmo, por jejunos jurídicos. Referidas iniciativas legislativas são como sepulcros caiados, belas por fora, e apodrecidas por dentro. Eivadas, pois, de inconstitucionalidade, a toda prova, na origem. A conquista dos direitos fundamentais pela sociedade, não se pode ignorar, foi e é árdua, inclusive os de cunho fraternal, nos quais está inserido o meio ambiente ecologicamente equilibrado".[1]

Aliás, atualmente, afirmamos - sem nenhum receio do erro -, que o principal e mais importante princípio do sistema de direitos difusos e coletivos é o princípio da vedação do retrocesso. Dizemos isso porque até a primeira década do século XXI, desde a segunda metade do século anterior, vivíamos um período de destaque dos direitos humanos, a fase do humanismo internacional, conforme acima posto.

Porém, nos últimos anos, esse panorama entrou numa crise internacional com uma onda conservadora e nacionalista que trouxe uma série de retrocessos, especialmente nos campos ambiental, dos refugiados, dos direitos humanos, direito coletivos em sentido amplo e, por isso, é possível afirmar, com muita convicção, que – hoje - o princípio mais importante no manejo dos direitos fundamentais, dentre eles os coletivos, é o princípio da vedação do retrocesso. Então, em qualquer processo de aplicação e de interpretação desses direitos, o operador jurídico deve ter em mente que nenhum avanço do passado deverá ser revogado, mitigado ou flexibilizado, sob pena de pagarmos um preço muito caro por esse ato.

Isso porque é natural das democracias - é salutar talvez - a alternância no poder e a sua assunção por grupos políticos com ideologias diferentes e até contrapostas, projetos políticos diversos, antagônicos inclusive. Isso é natural delas.

De fato, "a Constituição opta, pois, pela sociedade pluralista que respeita a pessoa humana e sua liberdade, em lugar de uma sociedade monista que mutila os seres e engendra as ortodoxias opressivas. O pluralismo é uma realidade, pois a sociedade se compõe de uma pluralidade de categorias sociais, de classes, grupos sociais, econômicos, culturais e ideológicos. Optar por uma sociedade pluralista significa colher uma sociedade conflitiva, de interesses contraditórios e antinômicos. O problema do pluralismo está precisamente em construir o equilíbrio entre as tensões múltiplas e por vezes contraditórias, em conciliar a sociabilidade e o particularismo, em administrar antagonismos e evitar divisões irredutíveis'".[2]

---

1. WEDY, Gabriel. Artigo O Brasil e a vedação constitucional de retrocessos ambientais. Disponível em: https://www.conjur.com.br/2019-mai-25/ambiente-juridico-brasil-vedacao-retrocessos-ambientais. Acesso em 26/05/2019.

2. DA SILVA, José Afonso. *Curso de direito constitucional positivo.* 12. Ed. Malheiros. P. 39.

Contudo, o que não se pode admitir é a renúncia ao **patrimônio jurídico adquirido** no decorrer dos anos, pois sabemos que a consolidação de direitos, especialmente de direitos fundamentais, direitos coletivos - que estão ou se colocam, às vezes, na contramão da atividade econômica - como, por exemplo, a proteção ao meio ambiente, é árdua. Aliás, devemos resistir ao avanço violento das forças hegemônicas e ultraliberais, a partir de uma evolução da consciência jurídica de cada povo.

Destarte, diplomas nacionais e internacionais preveem a implementação progressiva desses direitos, o que já impediria o retrocesso.

Assim, é natural que, após um tensionamento, após um conflito aparente de direitos, que haja uma pacificação do entendimento, garantindo-se a proteção de certos direitos em detrimento de outros interesses ou até mesmo que, em certas circunstâncias, haja uma harmonização. Tudo isso leva tempo, gera um desgaste político e tem um custo ao Estado Democrático e ao povo, e esse patrimônio jurídico adquirido não pode ser simplesmente renunciado ou subtraído, a partir de simples projetos políticos pontuais. Portanto, no atual momento, não podemos admitir nenhuma redução de direitos relativos ao meio ambiente, ao combate à discriminação, ao empoderamento feminino, que são normalmente alvos fáceis e até politicamente pautados por grupos conservadores, mas – vale repetir - esse retrocesso é inadmissível. Por tudo isso é que se pode dizer que o princípio da vedação do retrocesso talvez seja hoje o mais importante em termos de tutela e concretização de direitos fundamentais.

Sob outro prisma, mais que também problematiza o atual contexto, pode-se dizer que os direitos coletivos em sentido amplo, especialmente os difusos, são naturalmente conflitivos, anti-hegemônicos e até trazem certa antipatia circunstancial – especialmente no atual cenário político nacional -, já que, numa análise superficial, rasa ou imediata, eles trariam um benefício supostamente reduzido à coletividade e, de outro lado, um "custo" elevado àqueles colocados como seus promotores: empresas, bancos, grupos multinacionais.

Temos a proteção ao meio ambiente, por exemplo, que representa um benefício a todos, mas exige uma certa renúncia dos agentes da economia agroindustrial. Assim, um grande empreendimento econômico que tenha o seu significativo impacto ambiental será obstado, impedido ou o empreendedor terá que investir recursos voltados à compensação destes impactos ambientais. Outro exemplo é o de que um grande investidor não pode veicular uma propaganda abusiva, ainda que importante ao seu negócio, por conta de valores nobres na sociedade. Desta forma, deixa de anunciar os seus produtos em favor dos direitos da coletividade.

Ocorre que esses grupos que, em tese, são vigiados pelo sistema de tutela coletiva, hoje, estão em destaque porque passamos por um momento de recessão econômica, de contração da economia e de elevado desemprego. Agora, também é interesse de todos que a economia volte a se desenvolver, com mais riquezas e postos de trabalho, recursos econômicos, receitas tributárias. Mas, com responsabilidade.

Assim, é um momento de certa dificuldade para o operador da tutela coletiva, uma vez que ele vai encontrar essa tenção no campo de ação, que aliás vai tentar deslegitimá-lo, tentar atingir a necessidade e a utilidade do seu trabalho e da sua convicção. Por isso, a resistência parece ser a virtude da ocasião.

Enfim, esse é um desafio atual que deverá ser enfrentado, logicamente, com bons argumentos e muita resistência por aqueles que manejam o sistema de tutela coletiva, já que os fins não justificam os meios.

Ora, não bastassem as dificuldades e os desafios que já havíamos outrora anunciado, a partir do final do ano de 2019, o mundo tem enfrentado talvez a sua maior crise sanitária dos últimos séculos, com duros reflexos sociais, econômicos, culturais e políticos.

De fato, o enfrentamento do "novo coronavírus", mais especificamente o vírus denominado *SARS-CoV-2*, causador da doença COVID-19, que fez suas primeiras vítimas China. Em seguida, a contaminação espalhou-se pelo mundo. No dia 11 de março de 2020, a Organização Mundial de Saúde (OMS) classificou como pandemia a disseminação do COVID-19.

No Brasil, foi declarada *Emergência em Saúde Pública de Importância Nacional* (ESPIN), materializada na Portaria nº 188/2020 do Ministro de Estado da Saúde. Também foi promulgada a Lei nº 13.979, de 6 de fevereiro de 2020, com as "as medidas para enfrentamento da emergência de saúde pública de importância internacional decorrente do coronavírus".

Os efeitos são mundialmente trágicos. Além da gravidade natural de um vírus relativamente novo, extremamente agressivo e de elevado potencial de disseminação/contaminação, as populações, especialmente a brasileira, ainda sofrem com a falta de assistência médica adequada, a insuficiência das vacinas, o boicote à vacinação, a desinformação em cadeia e as *fakenews* (potencializadas pelas redes sociais), as posturas e decisões políticas *negacionistas*, os desvios reiterados dos recursos públicos da saúde – corrupção - (Estados do Rio de Janeiro e de Santa Catarina, por exemplo), o descrédito na ciência, a politização da saúde pública, e outros aspectos que ainda virão a ocorrer, infelizmente.

Na esfera federal, em especial, a ação governamental passou a ser investigada pelo Poder Legislativo na chamada *CPI da COVID*, instaurada no Senado Federal, após determinação judicial do Supremo Tribunal Federal. Na decisão liminar que impôs a instauração (mandado de segurança apresentado impetrado pelos senadores Alessandro Vieira e Jorge Kajuru - MS 37760), o Ministro Luís Roberto Barroso anotou que "o perigo da demora está demonstrado em razão da urgência na apuração de fatos que podem ter agravado os efeitos decorrentes da pandemia da Covid-19. É relevante destacar que, como reconhece a própria autoridade impetrada, a crise sanitária em questão se encontra, atualmente, em seu pior momento, batendo lamentáveis recordes de mortes diárias e de casos de infecção".

Enfim, atualmente, o número de mortes decorrentes da COVID-19, no mundo, passa dos 3,4 milhões e, no Brasil, certamente superará a triste marca de 500 mil mortes pela mesma causa, nessa crise.

1.2 A POSITIVAÇÃO HUMANISTA GLOBAL E REGIONAL. OS REFLEXOS INTERNOS E O CONTROLE DE CONVENCIONALIDADE

Quando se pensa ou se escreve sobre direitos coletivos em sentido amplo, o raciocínio que comumente se faz é a partir de casos práticos, de casos e exemplos oriundos da realidade como, por exemplo, uma poluição ambiental, uma propaganda abusiva e enganosa. Esse hábito acadêmico, embora seja um corte científico legítimo, algumas vezes, não permite uma visão mais ampla ou mais extensa desses direitos.

Assim, com essa preocupação, o que se propõe é uma elevação do nível teórico desses direitos ou interesses para o patamar dos direitos humanos, muitos deles positivados pela comunidade jurídica internacional, tudo isso com a simples finalidade de lhes garantir uma maior extensão e um maior potencial de relacionamento com outros direitos, o que na nossa visão permitiria tutelas inéditas ou jamais pensadas, bastando que aquele que irá manejar esses direitos ou tutelas parta de um ponto maior e mais amplo dos direitos coletivos no Brasil e no mundo.

É que tanto os direitos coletivos quanto os direitos humanos, quando coincidem ou não, tratam **a pessoa humana como um todo**, integrada a uma sociedade, e dentro de um contexto. Na verdade, trata-se de uma forma de pensamento contemporâneo. O autor Fabio Konder Comparato anotou, na sua obra *Ética,* que "os seres vivos e, em especial, os seres humanos, que são o que de mais complexo existe no Universo, só podem ser compreendidos, na totalidade integradora do conjunto dos elementos que os compõem, mediante a consideração conjunta de sua dinâmica interna e sua funcionalidade externa. Em outras palavras, para que possamos entender qualquer elemento da biosfera, e em especial o homem, é indispensável enxergá-lo holisticamente (*holos*, na língua grega, é um advérbio que significa em sua totalidade); portanto, não apenas sob o aspecto estrutural, mas também funcional. Em vez de decompor as partes do todo e analisá-las em separado, é preciso considerar a totalidade em sua organização completa, bem como entender o seu relacionamento com o mundo exterior; vale dizer, desvendar o seu organograma e o seu programa".[3]

Assim, em termos jurídicos, os direitos humanos e os direitos coletivos em sentido estrito representam esse olhar "holístico" quanto à pessoa e ao espaço que ocupa, bem como a forma com que o Estado deve tratar e considerar esse sujeito (a pessoa em seu ambiente, as suas expectativas e planos).

Além disso, quanto à aplicação interna desses direitos humanos, não podemos nos esquecer da imprescindibilidade do **controle de convencionalidade**, segundo o qual o intérprete deve analisar o sistema jurídico nacional de forma compatível com as normas internacionais (tratados e convenções) aqui cogentes, especialmente aquelas que tratam daqueles direitos, sejam essas normas acolhidas em níveis formalmente constitucionais (art. 5º, § 3º, CF) ou apenas materialmente constitucionais (art. 5º, § 2º, CF).

Sobre o acolhimento formal de uma convenção com *status* constitucional (art. 5º, § 3º, CF) temos o exemplo da *Convenção Internacional sobre os Direitos das Pessoas com Deficiência e seu Protocolo Facultativo*, assinados em Nova York, em 30 de março de 2007, e promulgados no Brasil pelo Decreto nº 6.949/09.

A partir dessas premissas, a proposta é de um índice de documentos internacionais e seus respectivos decretos sobre os direitos humanos que, em última instância, dão sustentação teórica e legitimação internacional aos direitos coletivos em sentido amplo.

Isso porque falar de direitos coletivos é tratar de uma nova ética, de uma nova forma de relacionamento entre as pessoas. A autora Flávia Piovesan pondera com precisão acerca dela, que se impõe no atual mundo de contradições e abismos:

> "A ética dos direitos humanos é a ética que vê no outro um ser merecedor de igual consideração e profundo respeito, dotado do direito de desenvolver as potencialidades humanas, de forma livre, autônoma e plena. É a ética orientada pela afirmação da dignidade e pela prevenção ao sofrimento humano. (...)

3. COMPARATO, Fábio Konder. *Ética*. Editora Companhia das Letras. 3. Ed. 2006.

> Ao longo da história as mais graves violações aos direitos humanos tiveram como fundamento a dicotomia do 'eu versus o outro', em que a diversidade era captada como elemento para aniquilar direitos. Vale dizer, a diferença era visibilizada para conceber o 'outro' como um ser menor em dignidade e direitos, ou, em situações limites, um ser esvaziado mesmo de qualquer dignidade, um ser descartável, um ser supérfluo, objeto de compra e venda (como na escravidão) ou de campos de extermínio (como no nazismo). Torna-se, contudo, insuficiente tratar o indivíduo de forma genérica, geral e abstrata. Faz-se necessária a especificação do sujeito de direito, que passa a ser visto em sua peculiaridade e particularidade. Determinados sujeitos de direitos, ou determinadas violações de direitos, exigem uma resposta específica e diferenciada. Nesse cenário as mulheres, as crianças, as populações afrodescendentes, os migrantes, as pessoas com deficiência, dentre outras categorias vulneráveis, devem ser vistas nas especificidades e peculiaridades de sua condição social. Ao lado do direito à igualdade, surge, também, como direito fundamental, o direito à diferença. Importa o respeito à diferença e à diversidade, o que lhes assegura um tratamento especial".[4]

Assim, na intenção de relacionar, de modo temático, os diplomas internacionais de direitos humanos, segundo os sistemas global e regionais, propomos, no ANEXO I, a relação dos principais diplomas internacionais.

Eis ali o esqueleto dos sistemas global e americano de proteção dos direitos humanos, evidentemente, com reflexos internos em variados momentos, âmbitos e instâncias. Realmente, não se deve negar a repercussão desses diplomas internacionais nos processos decisórios internos, nas decisões judiciais (com controle de convencionalidade inclusive) e em outros aspectos, desde a elaboração de leis até a confecção de editais de concursos públicos ou a produção de cartilhas.

De fato, não é excessivo repetir que o controle de convencionalidade é um exercício obrigatório de aplicação interna dos direitos humanos, sejam essas normas acolhidas em níveis formalmente constitucionais (art. 5º, § 3º, CF) ou apenas materialmente constitucionais (art. 5º, § 2º, CF).

Enfim, trata-se de verdadeiro patrimônio jurídico cogente, dotado dos dogmas da máxima efetividade e da não-retroatividade.

Por fim, no atual contexto da pandemia do novo coronavírus, não podemos deixar de mencionar o esforço internacional voltado à expansão da vacinação pelo mundo, tudo com base no princípio-base de Direito Internacional da solidariedade entre as nações.

---

4. PIOVESAN, Flávia. em artigo denominado *Convenção da ONU sobre os Direitos das Pessoas com Deficiência: inovações, alcance e impacto*, incluído na obra *Manual dos Direitos da Pessoa com Deficiência*, Editora Saraiva, 2012.

De fato, com esse espírito em mente, criou-se um consórcio internacional voltado ao incentivo na criação de vacinas e à distribuição igualitária do produto, especialmente para as nações mais pobres (*Covax Facility*). "O programa Covax foi lançado em abril de 2020 pela Organização Mundial de Saúde (OMS), junto com a Comissão Europeia e a França como resposta à pandemia da COVID-19. Coordenado pela OMS, Aliança de Vacinas *Gavi* (*Gavi, the Vaccine Alliance*) e *CEPI* (*Coalition for Epidemic Preparedness Innovations*), o programa tem como objetivo acabar com a pandemia de modo rápido e seguro, e, para isso, as três corporações investem em pesquisa científica e produções em larga escala. Além disso, a *Covax Facility* tem como objetivo auxiliar para que todas as nações tenham acesso às vacinas de forma justa e igualitária independente de sua condição financeira."[5]

Segundo o mesmo Portal, "o programa foi visto como necessário para garantir o acesso universal à vacina, sem ele considera-se que exista um alto risco de que a maioria das pessoas no mundo fiquem desprotegidas do Coronavírus devido à dificuldade de acesso ao imunizante. Isto ocorre não somente por causa da desigualdade financeira que há entre as nações, mas também pela inexperiência de alguns países em celebrar contratos de grande porte. Com o difícil acesso em adquirir meios para a imunização em massa em diversos países, a ação do vírus continuaria fortemente ativa. A *Covax* foi criada para maximizar as chances de desenvolver vacinas com um alto grau de eficácia e fabricá-las nas quantidades primordiais para acabar com a crise sanitária e humanitária da Covid-19. Ao fazer isso, o programa garante que nações não entrem em disputa pela vacina. Isso significa que a Organização busca proteger a comercialização da vacina para que as doses disponíveis para a compra não sejam totalmente adquiridas apenas por um país, por exemplo, deixando outros territórios sem uma proteção primária da doença."[6]

Enfim, a atual crise sanitária, apesar dos trágicos efeitos, também tem fomentado ações de extrema solidariedade, seja no âmbito nacional, seja no internacional.

1.3 A FORMAÇÃO CONSTITUCIONAL DOS ESTADOS MODERNOS. O ESTADO BRASILEIRO SEGUNDO A CONSTITUIÇÃO FEDERAL DE 1988

Os Estados muito evoluíram nos últimos séculos, desde a queda dos Estados absolutos na Europa. A Lei passou a reger as ações dos governantes – eleitos

5. Portal https://www.politize.com.br/covax-facility/, com acesso em 20/05/21.
6. Portal https://www.politize.com.br/covax-facility/, com acesso em 20/05/21.

pelo povo - e, mais recentemente, o Estado assumiu a figura de garantidor do bem-estar social. Essa doutrina político-social ("Welfare state") teve seu embrião na Alemanha, na década de 1880, com Otto Von Bismarck, como alternativa aos problemas sociais e econômicos do país naquela ocasião. Aquela doutrina resultaria, mais tarde, na edição de uma Constituição Alemã com perfil essencialmente social, a conhecida "Constituição de Weimar", em 1919. O modelo de Estado foi seguido por alguns países no norte Europeu.

Nos Estados Unidos da América, o bem-estar social foi fomentado por Franklin Delano Roosevelt, entre 1933 e 1937 (*New Deal*), também como uma solução política para a crise econômica e social agravada após os eventos de 1929 (queda da bolsa de NY, elevado desemprego, falências empresariais).

No Brasil, a percepção, pelo Estado, de que deveria se voltar mais para dignidade de seu povo, entendido como um todo, foi bem mais lenta. É que o modelo explorador de colonização por aqui sobreviveu forte ao logo dos séculos, sendo que a escravidão perdurou por mais de 300 anos, sendo apenas formalmente abolida em 1888. Contudo, a concentração excessiva da renda e das suas fontes, bem como a reiteração de regimes políticos autoritários, militares inclusive, faz-nos concluir que somente a Constituição Federal de 1988 instituiu efetivamente o Estado democrático e social por aqui, apesar de avanços pontuais ocorridos na Era Vargas em relação a direitos trabalhistas, especialmente.

Assim, com algumas variações no decorrer do século XX e em alguns continentes, chegamos à figura do mais moderno e evoluído formato estatal: o Estado Democrático de Direito, ao menos entre as democracias ocidentais e algumas orientais.

O constitucionalista José Afonso da Silva define bem o conceito de Estado Democrático de Direito:

> A configuração do Estado Democrático de Direito não significa apenas unir formalmente os conceitos de Estado Democrático e Estado de Direito. Consiste, na verdade, na criação de um conceito novo, que leva em conta os conceitos dos elementos componentes, mas os supera na medida em que incorpora um componente revolucionário de transformação do *status quo*. E aí se entremostra a extrema importância do art. 1° da Constituição de 1988, quando afirma que a República Federativa do Brasil se constitui em Estado Democrático de Direito, não como mera promessa de organizar tal Estado, pois a Constituição aí já o está proclamando e fundando. (...) A democracia que o Estado Democrático de Direito realiza há de ser um processo de convivência social numa sociedade livre, justa e solidária (art. 3º, I), em que o poder emana do povo, e deve ser exercido em proveito do

> povo, diretamente ou por representantes eleitos (art. 1º, parágrafo único); participativa, porque envolve a participação crescente do povo no processo decisório e na formação dos atos de governo; pluralista, porque respeita a pluralidade de ideias, culturas e etnias e pressupõe assim o diálogo entre opiniões e pensamentos divergentes e a possibilidade de convivência de formas de organização e interesses diferentes da sociedade; há de ser um processo de liberação da pessoa humana das formas de opressão que tão depende apenas do reconhecimento formal de certos direitos individuais, políticos e sociais, mas especialmente da vigência de condições econômicas suscetíveis de favorecer o seu pleno exercício.[7]

Assim, o Estado Democrático de Direito tem alguns aspectos que merecem exposição mais detida: ele é regido por leis aprovadas por representantes democraticamente eleitos, dentro de um modelo econômico capitalista, mas com a assunção – pelo Estado - do papel de garantidor e responsável pela vida digna e pela concretização dos direitos fundamentais dos seus cidadãos e de cada um que por ele passar.

Entretanto, vale dizer, a convivência de direitos e liberdades diversas não é harmoniosa ou pacífica. Realmente, deve-se mencionar que é aspecto natural e inerente ao Estado Democrático de Direito o ajustamento de direitos vários, em algumas situações em aparente conflito, o que imputa aos operadores do Direito o ônus da harmonização.

Aliás, sobre esse aparente conflito, para ilustrar, podemos citar o caso do RE nº 1.010.606, que está pendente de julgamento no Supremo Tribunal Federal. No Recurso Extraordinário nº 1.010.606, discute-se o conflito entre o acesso à informação e o resguardo da vida privada. O caso gira em torno do "direito ao esquecimento".

Ocorre que, em 2004, a emissora de TV Rede Globo exibiu programa em que se mostrava o caso de A.C., assassinada em 1958, e a família ingressou com ação em face da emissora sob alegação de que a exibição trouxe o caso novamente à tona, provocando sofrimento e dano à família.

---

7. DA SILVA, José Afonso. *Curso de Direito Constitucional Positivo*. Editora Malheiros, 2016. E complementa em seguida: "É um tipo de Estado que tende a realizar a síntese do processo contraditório do mundo contemporâneo, superando o Estado capitalista para configurar um Estado promotor de justiça social que o personalismo e o monismo político das democracias populares sob o influxo do socialismo real não foram capazes de construir. O certo, contudo, é que a Constituição de 1988 não promete a transição para o socialismo com o Estado Democrático de Direito, apenas abre as perspectivas de realização social profunda pela prática dos direitos sociais, que ela inscreve, e pelo exercício dos instrumentos que oferece à cidadania e que possibilita concretizar as exigências de um Estado de justiça social, fundado na dignidade da pessoa humana."

No caso, foi reconhecida a repercussão geral, pois para o Ministro Relator Dias Toffoli, os diversos aspectos do caso "abordam tema relativo à harmonização de importantes princípios dotados de status constitucional: de um lado, a liberdade de expressão e o direito à informação; de outro, a dignidade da pessoa humana e vários de seus corolários, como a inviolabilidade da imagem, da intimidade e da vida privada".

No corrente ano (2021), o Supremo Tribunal Federal finalizou o julgamento do caso e a Corte decidiu que o referido "direito ao esquecimento" não é compatível com a Constituição Federal, que tem os direitos à informação e à liberdade de imprensa como "peças" fundamentais no nosso regime democrático.

Em notícia do *Portal do STF*, do dia 11/02/2021, "o Supremo Tribunal Federal (STF) concluiu que é incompatível com a Constituição Federal a ideia de um direito ao esquecimento que possibilite impedir, em razão da passagem do tempo, a divulgação de fatos ou dados verídicos em meios de comunicação. Segundo a Corte, eventuais excessos ou abusos no exercício da liberdade de expressão e de informação devem ser analisados caso a caso, com base em parâmetros constitucionais e na legislação penal e civil. O Tribunal, por maioria dos votos, negou provimento ao Recurso Extraordinário (RE) 1010606, com repercussão geral reconhecida, em que familiares da vítima de um crime de grande repercussão nos anos 1950 no Rio de Janeiro buscavam reparação pela reconstituição do caso, em 2004, no programa 'Linha Direta', da TV Globo, sem a sua autorização. Após quatro sessões de debates, o julgamento foi concluído hoje, com a apresentação de mais cinco votos (ministra Cármen Lúcia e ministros Ricardo Lewandowski, Gilmar Mendes, Marco Aurélio e Luiz Fux)."[8]

Ao final, a tese com repercussão geral foi firmada nesse sentido: "É incompatível com a Constituição Federal a ideia de um direito ao esquecimento, assim entendido como o poder de obstar, em razão da passagem do tempo, a divulgação de fatos ou dados verídicos e licitamente obtidos e publicados em meios de comunicação social – analógicos ou digitais. Eventuais excessos ou abusos no exercício da liberdade de expressão e de informação devem ser analisados caso a caso, a partir dos parâmetros constitucionais, especialmente os relativos à proteção da honra, da imagem, da privacidade e da personalidade em geral, e as expressas e específicas previsões legais nos âmbitos penal e cível".[9]

8. Portal do STF, http://portal.stf.jus.br/noticias/verNoticiaDetalhe.asp?idConteudo=460414&ori=1, acesso em 18/02/21.

9. Portal do STF, http://portal.stf.jus.br/noticias/verNoticiaDetalhe.asp?idConteudo=460414&ori=1, acesso em 18/02/21. Para se chegar à tese, o debate foi intenso: "Solidariedade entre gerações. Ao votar pelo desprovimento do recurso, a ministra Cármen Lúcia afirmou que não há como extrair do sistema jurídico brasileiro, de forma genérica e plena, o esquecimento como direito fundamental limitador da

Outro julgado que envolve a ponderação de interesses e a convivência de direitos, trata-se do caso do HC nº 82.424, caso *Ellwanger*, sobre os limites da liberdade de expressão[10]:

---

liberdade de expressão e, portanto, 'como forma de coatar outros direitos à memória coletiva'. Cármen Lúcia fez referência ao direito à verdade histórica no âmbito do princípio da solidariedade entre gerações e considerou que não é possível, do ponto de vista jurídico, que uma geração negue à próxima o direito de saber a sua história. 'Quem vai saber da escravidão, da violência contra mulher, contra índios, contra gays, senão pelo relato e pela exibição de exemplos específicos para comprovar a existência da agressão, da tortura e do feminicídio?', refletiu. Ponderação de valores. No voto em que acompanhou o relator, ministro Dias Toffoli, pelo desprovimento do RE, o ministro Ricardo Lewandowski afirmou que a liberdade de expressão é um direito de capital importância, ligado ao exercício das franquias democráticas. No seu entendimento, enquanto categoria, o direito ao esquecimento só pode ser apurado caso a caso, em uma ponderação de valores, de maneira a sopesar qual dos dois direitos fundamentais (a liberdade de expressão ou os direitos de personalidade) deve ter prevalência. 'A humanidade, ainda que queira suprimir o passado, ainda é obrigada a revivê-lo', concluiu. Exposição vexatória. Por outro lado, o ministro Gilmar Mendes votou pelo parcial provimento do RE, acompanhando a divergência apresentada pelo ministro Nunes Marques. Com fundamento nos direitos à intimidade e à vida privada, Mendes entendeu que a exposição humilhante ou vexatória de dados, da imagem e do nome de pessoas (autor e vítima) é indenizável, ainda que haja interesse público, histórico e social, devendo o tribunal de origem apreciar o pedido de indenização. O ministro concluiu que, na hipótese de conflito entre normas constitucionais de igual hierarquia, como no caso, é necessário examinar de forma pontual qual deles deve prevalecer para fins de direito de resposta e indenização, sem prejuízo de outros instrumentos a serem aprovados pelo Legislativo. Ares democráticos. O ministro Marco Aurélio também seguiu o relator. A seu ver, o artigo 220 da Constituição Federal, que assegura a livre manifestação do pensamento, da criação, da expressão e da informação, está inserido em um capítulo que sinaliza a proteção de direitos. 'Não cabe passar a borracha e partir para um verdadeiro obscurantismo e um retrocesso em termos de ares democráticos', avaliou. Segundo o ministro, os veículos de comunicação têm o dever de retratar o ocorrido. Por essa razão, ele entendeu que decisões do juízo de origem e do órgão revisor não merecem censura, uma vez que a emissora não cometeu ato ilícito. Fato notório e de domínio público. Para o presidente do STF, ministro Luiz Fux, é inegável que o direito ao esquecimento é uma decorrência lógica do princípio da dignidade da pessoa humana, e, quando há confronto entre valores constitucionais, é preciso eleger a prevalência de um deles. Para o ministro, o direito ao esquecimento pode ser aplicado. Mas, no caso dos autos, ele observou que os fatos são notórios e assumiram domínio público, tendo sido retratados não apenas no programa televisivo, mas em livros, revistas e jornais. Por esse motivo, ele acompanhou o relator pelo desprovimento do recurso. Não participou do julgamento o ministro Luís Roberto Barroso, que declarou sua suspeição, por já ter atuado, quando era advogado, em outro processo da ré em situação parecida com a deste julgamento. (http://portal.stf.jus.br/noticias/verNoticiaDetalhe.asp?idConteudo=460414&ori=1, acesso em 18/02/21).

10. 1. Escrever, editar, divulgar e comerciar livros "fazendo apologia de ideias preconceituosas e discriminatórias" contra a comunidade judaica (Lei 7716/89, artigo 20, na redação dada pela Lei 8081/90) constitui crime de racismo sujeito às cláusulas de inafiançabilidade e imprescritibilidade (CF, artigo 5º, XLII).

2. Aplicação do princípio da prescritibilidade geral dos crimes: se os judeus não são uma raça, segue-se que contra eles não pode haver discriminação capaz de ensejar a exceção constitucional de imprescritibilidade. Inconsistência da premissa.

3. Raça humana. Subdivisão. Inexistência. Com a definição e o mapeamento do genoma humano, cientificamente não existem distinções entre os homens, seja pela segmentação da pele, formato dos olhos, altura, pelos ou por quaisquer outras características físicas, visto que todos se qualificam como espécie humana. Não há diferenças biológicas entre os seres humanos. Na essência são todos iguais.

4. Raça e racismo. A divisão dos seres humanos em raças resulta de um processo de conteúdo meramente político-social. Desse pressuposto origina-se o racismo que, por sua vez, gera a discriminação e o preconceito segregacionista.

5. Fundamento do núcleo do pensamento do nacional-socialismo de que os judeus e os arianos formam raças distintas. Os primeiros seriam raça inferior, nefasta e infecta, características suficientes para

1. Escrever, editar, divulgar e comerciar livros "fazendo apologia de ideias preconceituosas e discriminatórias" contra a comunidade judaica (Lei 7716/89, artigo 20, na redação dada pela Lei 8081/90) constitui crime de racismo sujeito às cláusulas de inafiançabilidade e imprescritibilidade (CF, artigo 5º, XLII). (...)

3. Raça humana. Subdivisão. Inexistência. Com a definição e o mapeamento do genoma humano, cientificamente não existem distinções entre os homens, seja pela segmentação da pele, formato dos olhos, altura, pelos ou por quaisquer outras características físicas, visto que todos se qualificam como espécie humana. Não há diferenças biológicas entre os seres humanos. Na essência são todos iguais.

4. Raça e racismo. A divisão dos seres humanos em raças resulta de um processo de conteúdo meramente político-social. Desse pressuposto origina-se o racismo que, por sua vez, gera a discriminação e o preconceito segregacionista.

5. Fundamento do núcleo do pensamento do nacional-socialismo de que os judeus e os arianos formam raças distintas. Os primeiros seriam raça inferior, nefasta e infecta, características suficientes para justificar a segregação e o extermínio: inconfiabilidade com os padrões éticos e morais definidos na Carta Política do Brasil e do mundo contemporâneo, sob os quais se ergue e se harmoniza o estado democrático. Estigmas que por si só evidenciam crime de racismo. Concepção atentatória dos princípios nos quais se erige e se organiza a sociedade humana, baseada na respeitabilidade e dignidade do ser

---

justificar a segregação e o extermínio: inconciabilidade com os padrões éticos e morais definidos na Carta Política do Brasil e do mundo contemporâneo, sob os quais se ergue e se harmoniza o estado democrático. Estigmas que por si só evidenciam crime de racismo. Concepção atentatória dos princípios nos quais se erige e se organiza a sociedade humana, baseada na respeitabilidade e dignidade do ser humano e de sua pacífica convivência no meio social. Condutas e evocações aéticas e imorais que implicam repulsiva ação estatal por se revestirem de densa intolerabilidade, de sorte a afrontar o ordenamento infraconstitucional e constitucional do País.

13. Liberdade de expressão. Garantia constitucional que não se tem como absoluta. Limites morais e jurídicos. O direito à livre expressão não pode abrigar, em sua abrangência, manifestações de conteúdo imoral que implicam ilicitude penal.

14. As liberdades públicas não são incondicionais, por isso devem ser exercidas de maneira harmônica, observados os limites definidos na própria Constituição Federal (CF, artigo 5º, § 2º, primeira parte). O preceito fundamental de liberdade de expressão não consagra o "direito à incitação ao racismo", dado que um direito individual não pode constituir-se em salvaguarda de condutas ilícitas, como sucede com os delitos contra a honra. Prevalência dos princípios da dignidade da pessoa humana e da igualdade jurídica.

15. "Existe um nexo estreito entre a imprescritibilidade, este tempo jurídico que se escoa sem encontrar termo, e a memória, apelo do passado à disposição dos vivos, triunfo da lembrança sobre o esquecimento". No estado de direito democrático devem ser intransigentemente respeitados os princípios que garantem a prevalência dos direitos humanos. Jamais podem se apagar da memória dos povos que se pretendam justos os atos repulsivos do passado que permitiram e incentivaram o ódio entre iguais por motivos raciais de torpeza inominável.

16. A ausência de prescrição nos crimes de racismo justifica-se como alerta grave para as gerações de hoje e de amanhã, para que se impeça a reinstauração de velhos e ultrapassados conceitos que a consciência jurídica e histórica não mais admitem. Ordem denegada. (STF, HC nº 82424/RS, Rel. Min. Moreira Alves, julgamento em 17/09/2003, Tribunal Pleno).

> humano e de sua pacífica convivência no meio social. Condutas e evocações aéticas e imorais que implicam repulsiva ação estatal por se revestirem de densa intolerabilidade, de sorte a afrontar o ordenamento infraconstitucional e constitucional do País.
> 13. Liberdade de expressão. Garantia constitucional que não se tem como absoluta. Limites morais e jurídicos. O direito à livre expressão não pode abrigar, em sua abrangência, manifestações de conteúdo imoral que implicam ilicitude penal.
> 14. As liberdades públicas não sao incondicionais, por isso devem ser exercidas de maneira harmônica, observados os limites definidos na própria Constituição Federal (CF, artigo 5º, § 2º, primeira parte). O preceito fundamental de liberdade de expressão não consagra o "direito à incitação ao racismo", dado que um direito individual não pode constituir-se em salvaguarda de condutas ilícitas, como sucede com os delitos contra a honra. Prevalência dos princípios da dignidade da pessoa humana e da igualdade jurídica. (...) (STF, HC nº 82424/RS, Rel. Min. Moreira Alves, julgamento em 17/09/2003, Tribunal Pleno).

No presente caso, discutiu-se o caso de publicação de livros antissemitas por Siegfried Elwanger, tendo como alvo os judeus, a fim de analisar se a conduta do autor configura discriminação e crime de racismo contra o povo judeu. Contudo, o julgamento não só analisou essa questão como também refletiu sobre os limites da liberdade de expressão e sua ponderação com os valores, princípios e direitos conquistados historicamente pela sociedade brasileira e mundial acerca dos direitos constitucionalmente garantidos.

No julgamento do HC 82.424/RS, o Supremo Tribunal Federal reconheceu, por maioria de votos, a prática de crime de racismo cometido por Sigfried Elwanger em suas obras. No caso, levou-se em consideração o direito constitucional da liberdade de expressão e seus limites, bem como argumentos sociológicos, históricos e biológicos, não se pautando tão somente na questão da discriminação.

O Min. Rel. Maurício Corrêa, para análise do caso, julgou necessário interpretar o termo "racismo" na Constituição Federal de 1988: "Creio não se lhe poder emprestar isoladamente o significado usual de raça como expressão simplesmente biológica. Deve-se, na verdade, entendê-lo em harmonia com os demais preceitos com ele inter-relacionados, para daí mensurar o alcance de sua correta aplicação constitucional, sobretudo levando-se em conta a pluralidade de conceituações do termo, entendido não só à luz de seu sentido meramente vernacular, mas também do que resulta de sua valoração antropológica e de seus aspectos sociológicos".

Após, analisou a questão sob o ponto de vista biológico e afirmou que não mais é possível falar em raças humanas distintas: "Embora hoje não se reconheça mais, sob o prisma científico, qualquer subdivisão da raça humana, o racismo persiste enquanto fenômeno social, o que quer dizer que a existência das diversas raças decorre de mera concepção histórica, política e social, e é ela que deve ser considerada na aplicação do direito. É essa circunstância de natureza estrita e eminentemente social e não biológica que inspira a imprescritibilidade do delito previsto no inciso XLII do artigo 5º da Carta Política" (Min. Rel. Maurício Corrêa).

Indubitavelmente que o referido julgamento representou, naquela ocasião, grande marco e passou a refletir na jurisprudência de todo país.

Contudo, após alguns anos e o amadurecimento democrático do jovem Estado democrático inaugurado em 1988, parece-nos que as liberdades de manifestação, de expressão e de imprensa têm conquistado campos mais elásticos, embora não absolutos.

Citamos, por exemplo, o conhecido julgado relativo à "marcha da maconha". Na ADPF nº 187, o Supremo Tribunal Federal (STF) liberou a realização desses eventos. No caso, o pedido foi de "excluir qualquer exegese que possa ensejar a criminalização da defesa da legalização das drogas, ou de qualquer substância entorpecente específica, inclusive através de manifestações e eventos públicos", o que possibilitou a reunião daqueles que são favoráveis à descriminalização do uso dessa droga.

O STF, por unanimidade, julgou pela procedência da ADPF 187 sob o fundamento de que os direitos constitucionais de reunião e de livre expressão do pensamento garantem a realização dessas marchas, dizendo ainda que estes direitos só podem sofrer restrição quando para incitar ou provocar ações ilegais e iminentes:

> "Marcha da maconha" – manifestação legítima, por cidadãos da República, de duas liberdades individuais revestidas de caráter fundamental: o direito de reunião (liberdade-meio) e o direito à livre expressão do pensamento (liberdade-fim) – a liberdade de reunião como pré-condição necessária à ativa participação dos cidadãos no processo político e no de tomada de decisões no âmbito do aparelho de estado – consequente legitimidade, sob perspectiva estritamente constitucional, de assembleias, reuniões, marchas, passeatas ou encontros coletivos realizados em espaços públicos (ou privados) com o objetivo de obter apoio para oferecimento de projetos de lei, de iniciativa popular, de criticar modelos normativos em vigor, de exercer o direito de petição e de promover atos de proselitismo em favor das posições sustentadas pelos manifestantes e participantes da reunião – estrutura constitucional do direito fundamental de reunião pacífica e oponibilidade de seu exercício

> ao poder público e aos seus agentes – vinculação de caráter instrumental entre a liberdade de reunião e a liberdade de manifestação do pensamento. (STF - ADPF: 187 DF, Rel. Min. Celso de Mello, julgado em 15/06/2011).

Em outra situação, mais recente, a questão passou pela área eleitoral, mas prevaleceu a liberdade em detrimento da censura. O STF, no julgamento da ADI nº 4451, julgada procedente por unanimidade, entendeu serem inconstitucionais dispositivos da Lei 9.504/1997 (Lei das Eleições) que proíbem emissoras de rádio e televisão de veicular programas de humor envolvendo candidatos, partidos e coligações nos três meses anteriores ao pleito:

> "Não cabe ao Estado, por qualquer dos seus órgãos, definir previamente o que pode ou o que não pode ser dito por indivíduos e jornalistas. Dever de omissão que inclui a própria atividade legislativa, pois é vedado à lei dispor sobre o núcleo duro das atividades jornalísticas, assim entendidas as coordenadas de tempo e de conteúdo da manifestação do pensamento, da informação e da criação lato sensu. Vale dizer: não há liberdade de imprensa pela metade ou sob às tenazes da censura prévia, pouco importando o Poder estatal de que ela provenha. Isso porque a liberdade de imprensa não é uma bolha normativa ou uma fórmula prescritiva oca. Tem conteúdo, e esse conteúdo é formado pelo rol de liberdades que se lê a partir da cabeça do art. 220 da Constituição Federal: liberdade de "manifestação do pensamento", liberdade de "criação", liberdade de "expressão", liberdade de "informação". Liberdades constitutivas de verdadeiros bens de personalidade, porquanto correspondentes aos seguintes direitos que o art. 5º da nossa Constituição intitula de "Fundamentais": a) "livre manifestação do pensamento" (inciso IV); b) "livre [...] expressão da atividade intelectual, artística, científica e de comunicação" (inciso IX); c) "acesso a informação" (inciso XIV). (ADI 4451, DJE 01/07/2011).

Assim, embora o Estado Democrático de Direito tenha que conviver com a tensão de direitos muitas vezes contrapostos, parece-nos que a Corte Suprema do Brasil tem saudado as liberdades, sem ignorar, por óbvio, os limites decorrentes dos direitos da personalidade, da moral e do pudor coletivos e, em última análise, da dignidade da pessoa humana.

1.4 "BRASIL REAL" E "BRASIL OFICIAL". A JUDICIALIZAÇÃO DE POLÍTICAS PÚBLICAS. A RESPONSABILIDADE DO ESTADO E A TUTELA COLETIVA

O escritor Ariano Suassuna dizia que sempre tivemos dois "Brasis", o "Brasil real" e o "Brasil oficial", com o propósito de expor a realidade miserável aqui existente e, de outro lado, a aristocracia pública ou privada, e ainda a indiferença do Estado em relação àquele primeiro "Brasil". Alegava o escritor nordestino que esse choque da verdade com o discurso vem desde Pedro Vaz de Caminha que, desde as primeiras cartas ao Rei de Portugal, relatou um contexto não compatível com os fatos ocorridos naquele primeiro encontro. Segundo a interpretação do Literário, Pedro Vaz buscou legitimar, desde o início, a sede colonizadora de Portugal a partir de um suposto encontro amistoso e cordial, com certeza, improvável.

A carta relatava: "Porém um deles pôs olho no colar do Capitão, e começou de acenar com a mão para a terra e depois para o colar, como que nos dizendo que ali havia ouro. Também olhou para um castiçal de prata e assim mesmo acenava para a terra e novamente para o castiçal como se lá também houvesse prata."

Ou seja, quis dizer o escritor Suassuna que, desde os passos iniciais, o "Brasil oficial" chocava-se com o "Brasil real", para deste aproveitá-lo, em tom de crítica, por óbvio.

Enfim, o que se quer aqui colocar, com o bom e rico recurso à literatura, é que o "Brasil oficial" deve se aproximar ao máximo do "Brasil real", para acolhê-lo, atendê-lo e provê-lo, especialmente diante do que se convencionou chamar de "mínimo existencial", para também se sepultar o abismo historicamente existente entre a realidade e as ilhas de poder, das quais emanam as diretrizes econômicas e políticas por aqui.

Para isso, deve-se sempre destacar: o Estado ("Brasil oficial") é o maior responsável pelo seu povo ("Brasil real").

Aliás, sem rodeios, vale dizer que o Supremo Tribunal Federal já reiterou seu entendimento de que não se deve pôr a separação dos poderes ("Brasil oficial") para justificar ou blindar a omissão estatal quanto à concretização de políticas públicas relativas aos direitos fundamentais ("Brasil real"), além da sempre festejada ADPF nº 45: "I - É lícito ao Judiciário impor à Administração Pública obrigação de fazer, consistente na promoção de medidas ou na execução de obras emergenciais em estabelecimentos prisionais. II - Supremacia da dignidade da pessoa humana que legitima a intervenção judicial. III - Sentença reformada que, de forma correta, buscava assegurar o respeito à integridade física e moral dos detentos, em observância ao art. 5º, XLIX, da Constituição Federal. IV - Impossibilidade de opor-se à sentença de primeiro grau o argumento da reserva do possível ou princípio da separação dos poderes. V - Recurso conhecido e provido." (RE nº 592.581, Relator: Min. Ricardo Lewandowski, Tribunal Pleno, DJe 01/02/2016).

Aliás, na mesma ADPF nº 45, restou claro que o princípio da separação dos poderes não impede que o Poder Judiciário imponha a outro o cumprimento das leis e da Constituição Federal, especialmente quando eventual omissão expõe a risco os direitos fundamentais, conforme fora anunciada pelo Ministro Celso de Mello[11], em seu pronunciamento nos autos:

> (...) É que, se tais Poderes do Estado agirem de modo irrazoável ou procederem com a clara intenção de neutralizar, comprometendo-a, a eficácia dos direitos sociais, econômicos e culturais, afetando, como decorrência causal de uma injustificável inércia estatal ou de um abusivo comportamento governamental,

11. É certo que não se inclui, ordinariamente, no âmbito das funções institucionais do Poder Judiciário - e nas desta Suprema Corte, em especial - a atribuição de formular e de implementar políticas públicas (José Carlos Vieira de Andrade, "Os Direitos Fundamentais na Constituição Portuguesa de 1976", p. 207, item n. 05, 1987, Almedina, Coimbra), pois, nesse domínio, o encargo reside, primariamente, nos Poderes Legislativo e Executivo. Tal incumbência, no entanto, embora em bases excepcionais, poderá atribuir-se ao Poder Judiciário, se e quando os órgãos estatais competentes, por descumprirem os encargos político-jurídicos que sobre eles incidem, vierem a comprometer, com tal comportamento, a eficácia e a integridade de direitos individuais e/ou coletivos impregnados de estatura constitucional, ainda que derivados de cláusulas revestidas de conteúdo programático. Cabe assinalar, presente esse contexto - consoante já proclamou esta Suprema Corte - que o caráter programático das regras inscritas no texto da Carta Política "não pode converter-se em promessa constitucional inconsequente, sob pena de o Poder Público, fraudando justas expectativas nele depositadas pela coletividade, substituir, de maneira ilegítima, o cumprimento de seu impostergável dever, por um gesto irresponsável de infidelidade governamental ao que determina a própria Lei Fundamental do Estado" (RTJ 175/1212-1213, Rel. Min. Celso de Mello). (...) Não obstante a formulação e a execução de políticas públicas dependam de opções políticas a cargo daqueles que, por delegação popular, receberam investidura em mandato eletivo, cumpre reconhecer que não se revela absoluta, nesse domínio, a liberdade de conformação do legislador, nem a de atuação do Poder Executivo. É que, se tais Poderes do Estado agirem de modo irrazoável ou procederem com a clara intenção de neutralizar, comprometendo-a, a eficácia dos direitos sociais, econômicos e culturais, afetando, como decorrência causal de uma injustificável inércia estatal ou de um abusivo comportamento governamental, aquele núcleo intangível consubstanciador de um conjunto irredutível de condições mínimas necessárias a uma existência digna e essenciais à própria sobrevivência do indivíduo, aí, então, justificar-se-á, como precedentemente já enfatizado – e até mesmo por razões fundadas em um imperativo ético-jurídico -, a possibilidade de intervenção do Poder Judiciário, em ordem a viabilizar, a todos, o acesso aos bens cuja fruição lhes haja sido injustamente recusada pelo Estado. Extremamente pertinentes, a tal propósito, as observações de Andreas Joachim Krell ("Direitos Sociais e Controle Judicial no Brasil e na Alemanha", p. 22-23, 2002, Fabris): "A constituição confere ao legislador uma margem substancial de autonomia na definição da forma e medida em que o direito social deve ser assegurado, o chamado 'livre espaço de conformação' (...). Num sistema político pluralista, as normas constitucionais sobre direitos sociais devem ser abertas para receber diversas concretizações consoante as alternativas periodicamente escolhidas pelo eleitorado. A apreciação dos fatores econômicos para uma tomada de decisão quanto às possibilidades e aos meios de efetivação desses direitos cabe, principalmente, aos governos e parlamentos.

Em princípio, o Poder Judiciário não deve intervir em esfera reservada a outro Poder para substituí-lo em juízos de conveniência e oportunidade, querendo controlar as opções legislativas de organização e prestação, a não ser, excepcionalmente, quando haja uma violação evidente e arbitrária, pelo legislador, da incumbência constitucional. No entanto, parece-nos cada vez mais necessária a revisão do vetusto dogma da Separação dos Poderes em relação ao controle dos gastos públicos e da prestação dos serviços básicos no Estado Social, visto que os Poderes Legislativo e Executivo no Brasil se mostraram incapazes de garantir um cumprimento racional dos respectivos preceitos constitucionais.(STF, ADPF 45, Min. Celso de Mello).

> aquele núcleo intangível consubstanciador de um conjunto irredutível de condições mínimas necessárias a uma existência digna e essenciais à própria sobrevivência do indivíduo, aí, então, justificar-se-á, como precedentemente já enfatizado – e até mesmo por razões fundadas em um imperativo ético--jurídico -, a possibilidade de intervenção do Poder Judiciário, em ordem a viabilizar, a todos, o acesso aos bens cuja fruição lhes haja sido injustamente recusada pelo Estado.

Em outras situações, mas também sobre a implementação de políticas públicas, o mesmo Supremo Tribunal Federal assim deliberou:

> 1. É firme o entendimento deste Tribunal de que o Poder Judiciário pode, sem que fique configurada violação ao princípio da separação dos Poderes, determinar a implementação de políticas públicas nas questões relativas ao direito constitucional à saúde. [...] 3. Agravo regimental a que se nega provimento" (ARE 947.823 AgR, Relator: Min. Edson Fachin, Primeira Turma, julgado em 28/6/2016).
>
> "O Supremo Tribunal Federal fixou entendimento no sentido de que 'embora resida, primariamente, nos Poderes Legislativo e Executivo, a prerrogativa de formular e executar políticas públicas, revela-se possível, no entanto, ao Poder Judiciário determinar, ainda que em bases excepcionais, especialmente nas hipóteses de políticas públicas definidas pela própria Constituição, sejam essas implementadas pelos órgãos estatais inadimplentes, cuja omissão - por importar em descumprimento dos encargos políticos-jurídicos que sobre eles incidem em caráter mandatório - mostra-se apta a comprometer a eficácia e a integridade de direitos sociais impregnados de estatura constitucional'. Precedentes. Agravo regimental a que se nega provimento" (RE 595.595 AgR, Relator: Min. Eros Grau, julgado em 29/05/2009).
>
> Também, o Superior Tribunal de Justiça (STJ) já decidiu reiteradas vezes que o Poder Judiciário não apenas pode, mas deve intervir no campo das políticas públicas destinadas à concretização de direitos sociais e da própria dignidade da pessoa humana, especialmente que se coloca em risco a efetividade e concretude de normas constitucionais. "a jurisprudência desta Corte orienta-se pela viabilidade de condenação por danos morais coletivos em sede de ação civil pública, assim como pela possibilidade de intervenção do Judiciário na implementação de políticas públicas em casos excepcionais, sem que, com isso, haja violação do princípio da separação de poderes. (AREsp 1069543/SP[12], Rel. Min. Benedito Gonçalves, julgado em 27/06/2017).

---

12. Precedentes: i) AgInt no REsp 1.528.392/SP, Rel. Min. Herman Benjamin, Segunda Turma, DJe 05/05/2017; REsp 1.487.046/MT, Rel. Min. Luis Felipe Salomão, Quarta Turma, DJe 16/05/2017; REsp 1.473.846/SP, Rel. Min. Ricardo Villas Bôas Cueva, Terceira Turma, DJe 24/02/2017; EREsp 1.367.923/RJ, Rel. Min. João Otávio de Noronha, Corte Especial, DJe 15/03/2017; AgInt no AREsp 1.004.637/SP, Rel. Min. Luis Felipe Salomão, Quarta Turma, DJe 20/02/2017; REsp 1.635.465/SP, Rel. Min. Herman Benjamin, Segunda Turma, DJe 27/04/2017; ii) AgInt no REsp 1.553.112/CE, Rel. Min. Gurgel de Faria, Primeira Turma, DJe

Aliás, marcante na história recente da Corte Superior a conclusão tomada no REsp nº 931.513/RS, de relatoria do Min. Herman Benjamin, no ano de 2009:

> 1. Quanto mais democrática uma sociedade, maior e mais livre deve ser o grau de acesso aos tribunais que se espera seja garantido pela Constituição e pela lei à pessoa, individual ou coletivamente. 2. Na Ação Civil Pública, em caso de dúvida sobre a legitimação para agir de sujeito intermediário? Ministério Público, Defensoria Pública e associações, p. ex. ?, sobretudo se estiver em jogo a dignidade da pessoa humana, o juiz deve optar por reconhecê-la e, assim, abrir as portas para a solução judicial de litígios que, a ser diferente, jamais veriam seu dia na Corte. 3. A categoria ético-política, e também jurídica, dos sujeitos vulneráveis inclui um subgrupo de sujeitos hipervulneráveis, entre os quais se destacam, por razões óbvias, as pessoas com deficiência física, sensorial ou mental.[13]

10/03/2017; REsp 1.637.827/PR, Rel. Min. Herman Benjamin, Segunda Turma, DJe 19/12/2016; AgRg no REsp 1.072.817/MG, Rel. Min. Napoleão Nunes Maia Filho, Primeira Turma, DJe 11/03/2016; AgRg no RMS 38.966/SC, Rel. Min. Jorge Mussi, Quinta Turma, DJe 17/09/2014; REsp 1.367.549/MG, Rel. Min. Humberto Martins, Segunda Turma, DJe 08/09/2014" (AREsp 1069543/SP, Rel. Min. Benedito Gonçalves, julgado em 27/06/2017).

13. Em continuação: "4. É dever de todos salvaguardar, da forma mais completa e eficaz possível, os interesses e direitos das pessoas com deficiência, não sendo à toa que o legislador refere-se a uma "obrigação nacional a cargo do Poder Público e da sociedade" (Lei 7.853/89, art. 1°, § 2°, grifo acrescentado). 5. Na exegese da Lei 7.853/89, o juiz precisa ficar atento ao comando do legislador quanto à finalidade maior da lei-quadro, ou seja, assegurar "o pleno exercício dos direitos individuais e sociais das pessoas portadoras de deficiência, e sua efetiva integração social" (art. 1°, caput, grifo acrescentado). 6. No campo da proteção das pessoas com deficiência, ao Judiciário imputam-se duas ordens de responsabilidade: uma administrativa, outra judicial. A primeira, na estruturação de seus cargos e serviços, consiste na exigência de colaborar, diretamente, com o esforço nacional de inclusão social desses sujeitos. A segunda, na esfera hermenêutica, traduz-se no mandamento de atribuir à norma que requer interpretação ou integração o sentido que melhor e mais largamente ampare os direitos e interesses das pessoas com deficiência. 7. A própria Lei 7.853/89 se encarrega de dispor que, na sua "aplicação e interpretação", devem ser considerados "os valores básicos da igualdade de tratamento e oportunidade, da justiça social, do respeito e dignidade da pessoa humana, do bem-estar, e outros indicados na Constituição ou justificados pelos princípios gerais de direito" (art. 1°, § 1°). 8. Por força da norma de extensão ("outros interesses difusos e coletivos", consoante o art. 129, III, da Constituição de 1988; "qualquer outro interesse difuso ou coletivo", nos termos do art. 110 do Código de Defesa do Consumidor; e "outros interesses difusos, coletivos e individuais indisponíveis e homogêneos", na fórmula do art. 25, IV, alínea "a", da Lei Orgânica Nacional do Ministério Público), cabe ao Judiciário, para fins de legitimação ad causam na Ação Civil Pública, incorporar ao rol legal ? em *numerus apertus*, importa lembrar ? novos direitos e interesses, em processo de atualização permanente da legislação. 9. A tutela dos interesses e direitos dos hipervulneráveis é de inafastável e evidente conteúdo social, mesmo quando a Ação Civil Pública, no seu resultado imediato, aparenta amparar uma única pessoa apenas. É que, nesses casos, a ação é pública, não por referência à quantidade dos sujeitos afetados ou beneficiados, em linha direta, pela providência judicial (= critério quantitativo dos beneficiários imediatos), mas em decorrência da própria natureza da relação jurídica-base de inclusão social imperativa. Tal perspectiva? que se apoia no pacto jurídico-político da sociedade, apreendido em sua globalidade e nos bens e valores ético-políticos que o abrigam e o legitimam? realça a necessidade e a indeclinabilidade de proteção jurídica especial a toda uma categoria de indivíduos (= critério qualitativo dos beneficiários diretos), acomodando um feixe de obrigações vocalizadas como *jus cogens*. 10. Ao se

Portanto, nota-se que o Superior Tribunal de Justiça, há algum tempo, criou a expressão "hipervulneráveis" para se referir a pessoas ou a uma só pessoa em situação de extrema vulnerabilidade, ou seja, para se referir a pessoas que reúnem algumas condições que as deixam numa situação de dificuldade exacerbada, especialmente quanto ao exercício de direitos e liberdades e, em relação a esses grupos, o STJ impõe um amparo estatal e uma tutela jurisdicional ainda mais potencializada e efetiva. Realmente, a partir de julgados relatados especialmente pelo Ministro Herman Benjamin, o STJ passou a fazer referência aos "hipervulneráveis", tais como as pessoas com deficiência, os "refugiados ambientais" ou outras pessoas em situação de maior dificuldade, a fim de justificar uma proteção estatal maior, especialmente via ação civil pública a ser manejada especialmente pelos Órgãos independentes como o Ministério Público e a Defensoria Pública.

Enfim, a tutela coletiva, a judicialização de políticas públicas sociais e a atuação desses Órgãos fazem com que o "Brasil real" seja cada vez mais visto e tocado pelo "Brasil oficial", o que talvez confortaria, um pouco, Ariano Suassuna.

1.5 O *MÍNIMO EXISTENCIAL*: O REAL E O JURÍDICO

Para se pensar, refletir ou interpretar o mínimo existencial - que, na essência, não é um simples princípio jurídico, mas sim uma condição necessária de humanidade, - o intérprete deve fazer um exercício necessário e não só chegar à consciência jurídica da expressão, mas tentar chegar, em pensamento e na

---

proteger o hipervulnerável, a rigor quem verdadeiramente acaba beneficiada é a própria sociedade, porquanto espera o respeito ao pacto coletivo de inclusão social imperativa, que lhe é caro, não por sua faceta patrimonial, mas precisamente por abraçar a dimensão intangível e humanista dos princípios da dignidade da pessoa humana e da solidariedade. Assegurar a inclusão judicial (isto é, reconhecer a legitimação para agir) dessas pessoas hipervulneráveis, inclusive dos sujeitos intermediários a quem incumbe representá-las, corresponde a não deixar nenhuma ao relento da Justiça por falta de porta-voz de seus direitos ofendidos. 11. Maior razão ainda para garantir a legitimação do Parquet se o que está sob ameaça é a saúde do indivíduo com deficiência, pois aí se interpenetram a ordem de superação da solidão judicial do hipervulnerável com a garantia da ordem pública de bens e valores fundamentais ? *In casu* não só a existência digna, mas a própria vida e a integridade físico-psíquica em si mesmas, como fenômeno natural. 12. A possibilidade, retórica ou real, de gestão individualizada desses direitos (até o extremo dramático de o sujeito, in concreto, nada reclamar) não os transforma de indisponíveis (porque juridicamente irrenunciáveis *in abstracto*) em disponíveis e de indivisíveis em divisíveis, com nome e sobrenome. Será um equívoco pretender lê-los a partir da cartilha da autonomia privada ou do *ius dispositivum*, pois a ninguém é dado abrir mão da sua dignidade como ser humano, o que equivaleria, por presunção absoluta, a maltratar a dignidade de todos, indistintamente. 13. O Ministério Público possui legitimidade para defesa dos direitos individuais indisponíveis, mesmo quando a ação vise à tutela de pessoa individualmente considerada. Precedentes do STJ. 14. Deve-se, concluir, por conseguinte, pela legitimidade do Ministério Público para ajuizar, na hipótese dos autos, Ação Civil Pública com o intuito de garantir fornecimento de prótese auditiva a portador de deficiência." (REsp nº 931.513/RS, de Relatoria do Min. Herman Benjamin, no ano de 2009)

prática, à realidade, especialmente no Brasil. Hoje, temos milhares de pessoas vivendo em situação de rua, mais de 12 milhões de desempregados, uma população sem a necessária assistência médica, sem acesso a medicamentos. Há milhares de crianças sem acesso a creches e à própria educação básica.

Ainda, é preciso acreditar e ter a sensibilidade de que o Estado e mesmo a sociedade ainda praticam todas as formas de discriminação racial, religiosa, sexual e de origem – muitas vezes em silêncio. Outrossim, grande parte da população mais carente de recursos não tem acesso à moradia digna, à segurança e ao saneamento básico.

Também, milhares de mães pelo Brasil não têm acesso à assistência gestacional, ao pré-natal informado e orientado, além do que muitas e muitas pessoas estão em estado agudo de dependência química, e o Estado não tem demonstrado condições de enfrentar todos esses temas, especialmente agora que vive intensa e grave crise fiscal.

Por fim, mas não menos grave, não podemos nos esquecer dos refugiados ambientais, especialmente depois dos eventos nas cidades mineiras de Mariana e de Brumadinho.

Portanto, são tais as situações reais das pessoas no Brasil, que ainda vivem de forma distante do que entendemos **"mínimo existencial"**.

Enfim, esse exercício é necessário, é uma condição para qualquer intérprete que busque entender e dimensionar essa condição da pessoa e a partir de então manejar os direitos fundamentais, dando-lhes a necessária amplitude e promoção. Assim, a tutela potencializada e efetiva de direitos fundamentais é pressuposto e condição para todo e qualquer Estado Democrático de Direito.

Portanto, nesse contexto, o acesso à justiça e as formas de tutela molecular de direitos assumem funções essenciais e irrenunciáveis.

Pois bem. A ideia de "mínimo existencial" varia conforme as condições socioeconômicas de cada sociedade. Trata-se de um conceito circunstancial. Com a pandemia do novo coronavírus, alguns direitos – antes mais secundários – assumem relevância maior e posições de destaque e de prioridade. Por exemplo, passaram a integrar o "mínimo existencial" os direitos à renda familiar mínima, à informação, ao acesso à vacina, à internação emergencial, a uma gestão pública eficiente e adequada da crise sanitária (seja no aspecto preventivo, seja no terapêutico-curativo), dentre outros.

Em termos legislativos, foi promulgada a Lei nº 13.979, de 6 de fevereiro de 2020, com a previsão de medidas emergenciais decorrentes da crise sanitária instalada. Para essa lei (art. 2º), "considera-se: I - isolamento: separação de pessoas doentes ou contaminadas, ou de bagagens, meios de transporte, mercadorias ou encomendas postais afetadas, de outros, de maneira a evitar a contaminação ou a propagação do coronavírus; e II - quarentena: restrição de atividades ou separação de pessoas suspeitas de contaminação das pessoas que não estejam doentes, ou de bagagens, contêineres, animais, meios de transporte ou mercadorias suspeitos de contaminação, de maneira a evitar a possível contaminação ou a propagação do coronavírus".

E, para as pessoas atingidas pelas medidas nela previstas, a Lei apresenta um rol extremamente modesto e enxuto de direitos, muito aquém do que se esperava: "I - o direito de serem informadas permanentemente sobre o seu estado de saúde e a assistência à família conforme regulamento; II - o direito de receberem tratamento gratuito; III - o pleno respeito à dignidade, aos direitos humanos e às liberdades fundamentais das pessoas, conforme preconiza o Artigo 3 do Regulamento Sanitário Internacional, constante do Anexo ao Decreto nº 10.212, de 30 de janeiro de 2020 (art. 3º, § 2º)". O problema maior foi que nem mesmo os direitos previstos nessa lei foram observados, como o direito à informação, por exemplo.

Agora, sobre a gestão pública eficiente e adequada da crise, o Supremo Tribunal Federal decidiu que do todos os entes da federação são solidariamente responsáveis por essa gestão. Segundo notícias[14] do próprio Tribunal:

> O Plenário do Supremo Tribunal Federal (STF), em sessão realizada nesta quarta-feira (06/05/2020), decidiu que estados e municípios, no âmbito de suas competências e em seu território, podem adotar, respectivamente, medidas de restrição à locomoção intermunicipal e local durante o estado de emergência decorrente da pandemia do novo coronavírus, sem a necessidade de autorização do Ministério da Saúde para a decretação de isolamento, quarentena e outras providências. Por maioria de votos, os ministros deferiram medida cautelar na Ação Direta de Inconstitucionalidade (ADI) 6343, ajuizada pelo partido Rede Sustentabilidade, para suspender parcialmente a eficácia de dispositivos das Medidas Provisórias (MPs) 926/2020 e 927/2020. Segundo a decisão, a União também tem competência para a decretação das mesmas medidas, no âmbito de suas atribuições, quando houver interesse nacional. Ademais, a Corte decidiu que a adoção de medidas restritivas relativas à locomoção e ao transporte, por qualquer dos entes federativos, deve estar embasada em recomendação técnica

14. Disponível em Portal STF http://www.stf.jus.br/portal/cms/verNoticiaDetalhe.asp?idConteudo=44281, Acesso em 29/01/21.

fundamentada de órgãos da vigilância sanitária e tem de preservar o transporte de produtos e serviços essenciais, assim definidos nos decretos da autoridade federativa competente. As MPs alteraram dispositivos da Lei 13.979/2020, que trata das medidas para enfrentamento da pandemia, e impuseram aos entes federados a obrigação de seguir as recomendações dos órgãos federais sobre o tema.

Um aspecto técnico-jurídico interessante foi trazido pelo Ministro Gilmar Mendes, especialmente sobre a interpretação das normas constitucionais relativas ao tema:

> Estamos diante de conflito aparente de normas constitucionais. Isso porque o art. 21, XVIII, da Constituição estabelece ser competência da União planejar e promover a defesa permanente contra as calamidades públicas, especialmente as secas e as inundações; ao passo que o art. 23, II, dispõe ser competência comum da União, Estados, Distrito Federal e Municípios cuidar da saúde e assistência públicas. Ademais, o art. 22, X e XI, determina ser competência privativa da União legislar sobre trânsito e transporte, bem como sobre o regime dos portos, navegação lacustre, fluvial, marítima, aérea e aeroespacial; enquanto o art. 24, XII, estatui a competência concorrente da União, dos Estados e do Distrito Federal para editar normas sobre previdência social, proteção e defesa da saúde. O art. 30, I, ainda dispõe ser competência dos Municípios legislar sobre assuntos de interesse local.

Após, observa o Min. Gilmar Mendes que "a relação entre União, Estados e Municípios preocupa. Independentemente do direcionamento da política pública de saúde que se pretenda adotar, é inviável que ela seja executada sem uma articulação mínima com os Estados e Municípios. Temos visto muitas experiências exitosas nos governos estaduais, que inclusive poderiam servir de modelo nacional, mas que encontram resistência por parte do próprio Governo Federal".

Em seguida, o mesmo Ministro apresenta-nos ponto relevante sobre o contexto hospitalar brasileiro: "é importante registrar que a quantidade de hospitais federais é muito reduzida, são basicamente cerca de 50 hospitais universitários federais, de modo que a execução efetiva de medidas de saúde em hospitais públicos para combater a pandemia do Covid-19 recai sobre os Estados e Municípios, que justamente por isso têm sido cautelosos quanto às medidas de distanciamento social, para evitar um colapso do sistema público de saúde".

Por fim, Gilmar Mendes conclui seu raciocínio de forma muito feliz, especialmente ao nos presentear com a ideia de "lealdade federativa", tão necessária nesse momento, mas ainda tão distante da nossa realidade:

> Assim, a princípio, tanto a União, quanto os Estados e os Municípios podem (e devem) adotar imposição de distanciamento social, suspensão de atividades de ensino, restrições de comércio, atividades culturais, circulação de pessoas. Essa resposta é ideal? Muito provavelmente, não. O ideal é que aqui nós tivéssemos uma integração que, de alguma forma, o poder se vocalizasse a uma única voz. Mas não é o que está a ocorrer no texto constitucional, que claramente institui esse regime de necessária cooperação entre os entes em matéria de competências administrativas comuns como a saúde. É preciso entender o federalismo cooperativo nessa dimensão. Aqui, há duas lealdades que precisam ser explicitadas. Os órgãos constitucionais têm que atuar de forma leal e fiel ao texto constitucional. Além disso, eles devem reciprocamente lealdade federativa. O Presidente da República não pode atropelar competências federativas, assim como os Estados e Municípios não podem atropelar as competências da União. Os alemães cunharam a expressão *Bundestreu*, que pode aqui ser traduzida como "lealdade federativa". É preciso entender nesse sentido de que há um dever recíproco de respeito e coordenação no exercício dessas competências federativas.

Aliás, para não dizer mais, apenas com base nesse princípio da "lealdade administrativa", não poderia, como muito aconteceu, um Município – por conta de pressão política dos setores de comércio e de serviços locais – desrespeitar normas estaduais (mais restritivas) sobre o isolamento e distanciamento sociais. Em outras palavras, por esse princípio, as normas restritivas decorrentes dos programas estaduais de enfrentamento da crise sanitária (o chamado "plano São Paulo", por exemplo) devem necessariamente ser observadas pelos Municípios, sem flexibilizá-las, podendo apenas as instâncias locais aumentarem as restrições diante de suas específicas necessidades.

De volta ao julgado, um aspecto colocado é de extrema relevância, qual seja: a preponderância da ciência em detrimento de opiniões pessoais – muitas vezes fundadas em ideologias outras, narrativas negacionistas ou de bases conspiratórias. A ideia trazida pelo Min. Dias Toffoli, que presidia a Suprema Corte, é a de que um vilão viral desconhecido e potente somente pode e deve ser enfrentado com o conhecimento científico, afastando-se ideologias e a politização das medidas de contenção e de tratamento:

> Em seu voto-vista, apresentado na retomada do julgamento na sessão de hoje (06/05/2020), o presidente do STF, ministro Dias Toffoli, entendeu que devem ser observadas as competências concorrentes e suplementares de estados e municípios para a adoção das medidas. Ele destacou a necessidade de que as providências estatais, em todas as suas esferas, devem se dar por meio de ações coordenadas e planejadas pelos entes e órgãos competentes. Segundo Toffoli, essas medidas devem estar fundadas, necessariamente, em informações e dados científicos, "e não em singelas opiniões pessoais de quem não detém competência ou formação técnica para tanto". A fim de evitar eventuais excessos dos entes federados, o presidente propôs que essa exigência fosse explicitada na decisão. O objetivo é resguardar a locomoção dos produtos e dos serviços essenciais e impedir quaisquer embaraços ao trânsito necessário à sua continuidade. "A competência dos estados e municípios, assim como a da União, não lhes conferem carta branca para limitar a circulação de pessoas e mercadorias com base, unicamente, na conveniência e na oportunidade do ato", afirmou.[15]

Realmente, conforme anotou o então Ministro Presidente em seu voto, "a gravidade da situação vivenciada exige a tomada de medidas coordenadas e voltadas ao bem comum, sempre respeitados a competência constitucional de cada ente da Federação e o resguardo de sua necessária autonomia para assim proceder. Por outro lado, a situação que ora vivemos também exige a tomada de providências estatais em todas as esferas de atuação da federação, mas sempre por meio de ações coordenadas e devidamente planejadas pelos entes e órgãos competentes, e fundadas necessariamente em informações e dados científicos, e não em singelas opiniões pessoais de quem não detém competência ou formação técnica para tanto."

De fato, diante da crise sanitária instalada, o mínimo que se espera do Poder Público, como principal responsável pela prestação adequada e eficiente da saúde pública, é uma ação coordenada e organizada, fundada na ciência.

1.6 CLASSIFICAÇÃO DOS DIREITOS COLETIVOS EM SENTIDO AMPLO

A classificação dos direitos coletivos em sentido amplo decorre da própria evolução deles. Aqueles **"essencialmente coletivos"**[16] (difusos e coletivos

15. Disponível em Portal STF http://www.stf.jus.br/portal/cms/verNoticiaDetalhe.asp?idConteudo=44281, Acesso em 29/01/21.

16. Deve-se creditar a José Carlos Barbosa Moreira a criação das expressões "essencialmente coletivos" e "acidentalmente coletivos", para se referir aos direitos/interesses difusos e aos coletivos em sentido estrito - quanto à primeira - e, sobre essa última, aos direitos/interesses individuais homogêneos.

em sentido estrito) foram contemplados pela tutela coletiva há tempos mais remotos, seja no Direito Romano, seja no Direito Anglo-Saxão. Já os direitos **"artificialmente coletivos"** (individuais homogêneos) formam uma realidade jurídica mais recente, a partir de uma arquitetura científica nova que adota e fomenta a forma molecular de proteção dos direitos, em detrimento da tutela atomizada deles. O próprio art. 81 do CDC é resultado direto dessa evolução.

Realmente, a Lei nº 8.078/90, que instituiu o Código de Defesa do Consumidor – CDC, dispõe, no parágrafo único de seu artigo 81, que a defesa coletiva será exercida quando se tratar de: "interesses ou direitos difusos, assim entendidos, para efeitos deste Código, os transindividuais, de natureza indivisível, de que sejam titulares pessoas indeterminadas e ligadas por circunstâncias de fato (I); interesses ou direitos coletivos, assim entendidos, para efeitos deste Código, os transindividuais de natureza indivisível de que seja titular grupo, categoria ou classe de pessoas ligadas entre si ou com a parte contrária por uma relação jurídica base (II); interesses ou direitos individuais homogêneos, assim entendidos, os decorrentes de origem comum (III)".

Esta categorização ou classificação dos direitos coletivos, como gênero, em três espécies distintas (difusos, coletivos em *estrito senso* e individuais homogêneos) não tem precedentes no sistema brasileiro.

Assim, o que marca os **direitos difusos** são as características: as pessoas são indeterminadas e o objeto é indivisível. Não se consegue aqui identificar as pessoas titulares ou separar a cota de direito de cada um. O direito ao meio ambiente saudável, por exemplo.

Um equívoco que deve ser desfeito é quanto à extensão dos danos. Para que o direito ou interesse seja difuso não precisa ter o dano uma extensão global, nacional ou regional, sendo que também pode ser local. Por exemplo, uma propaganda enganosa feita em uma rádio de extensão municipal, de difusão local, atingirá os direitos dos consumidores ouvintes daquele município. As pessoas são indeterminadas e o objeto é indivisível. Assim, presente a natureza difusa.

Os **direitos ou interesses coletivos em sentido estrito** são definidos por dois critérios especialmente: relacionam-se a pessoas integrantes de grupo, categoria ou classe e o objeto é também indivisível. Essas pessoas podem ser identificáveis, mas o objeto deve ser insusceptível de divisão, de individualização. Em regra, há uma relação jurídica base que pode ser representada por um contrato, um processo, ou por até uma mera expectativa de direito. Por exemplo, a nulidade em um contrato bancário de adesão atinge inicialmente todos os contratantes. As pessoas são, portanto, identificáveis, mas o objeto (a ilegalidade) é indivisível.

Nos **direitos individuais homogêneos**, as pessoas são identificáveis e estão ligadas por uma causa (origem) comum. Nesses casos, em regra, um fato gera danos para várias pessoas e esses prejuízos são individuais e susceptíveis de individualização.

Contudo, trata-se de tema relativamente novo da realidade jurídica do Brasil e que ainda está em plena construção.

Aliás, recentemente, o Superior Tribunal de Justiça entendeu por afastar a existência de interesses ou direitos coletivos em sentido amplo, por concluir que o Poder Judiciário poderia decidir de forma diversa para cada interessado, embora presente o "fato comum": "Tem-se Ação Civil Pública ajuizada pelo Núcleo de Defesa do Consumidor da Defensoria Pública Estadual em favor de servidores públicos estaduais e municipais da capital do Estado do Rio de Janeiro, ativos, inativos e pensionistas, da administração pública direta e indireta, que mantêm contratos de abertura de conta-corrente nos bancos réus para receberem sua remuneração mensal e contraem variadas modalidades de empréstimos com amortização mediante retenção das verbas de natureza alimentar depositadas na conta-corrente, o que constituiria cláusula contratual abusiva a ser vedada pelo Judiciário. Mostra-se, assim, correto o v. acórdão estadual ao decretar a carência de ação, por entender que, apesar de se vislumbrar, na hipótese, um grupo determinável de indivíduos, ligados por circunstâncias de fato comuns, já que todos são servidores públicos, ativos, inativos ou pensionistas, e são obrigados a abrir conta-corrente nas instituições bancárias rés indicadas pelo órgão pagador, para recebimento dos vencimentos, proventos ou pensões e outros benefícios, o direito dessas pessoas não pode ser conceituado como coletivo ou individual homogêneo, pois diz respeito a variadas modalidades de empréstimos e seus interesses, e supostos prejuízos são heterogêneos e disponíveis. Não há como decidir a lide de modo uniforme para todos os correntistas, reconhecendo-se como abusivas as cláusulas dos contratos de empréstimos que autorizem a retenção de vencimentos, proventos ou pensão, pois eventual ilegalidade ou abuso somente poderá ser reconhecida caso a caso. Cabe lembrar que nem todos os contraentes de variados empréstimos têm uma mesma situação financeira, quando, por exemplo: uns percebem elevados rendimentos; outros têm mais de um vencimento, aposentadoria ou pensão; outros, ainda, recebem remuneração de cargo público somada a ganhos privados de outras fontes lícitas, enfim, as situações são heterogêneas e o direito de fazer uso da remuneração é disponível. Nada impede que boa parte dos consumidores tenha interesse em aceitar a forma de amortização de empréstimo pela retenção dos vencimentos, proventos ou pensão depositados em conta-corrente, o que, certamente, assegura ao tomador de empréstimo maior volume de crédito e menores taxas de juros. Agravo interno provido para conhecer do agravo e negar provimento ao recurso especial, mantendo-se a extinção da ação civil pública, sem resolução do mérito" (AgInt no AREsp 197916/RJ, Rel. Min. Raul Araújo, julgado em 06/11/2018).

De outra parte, há direitos que não são coletivos, mesmo artificialmente, mas que têm sido objeto de tutela coletiva. De fato, devemos citar que pode ser objeto de ação civil pública **direitos individuais indisponíveis** como aqueles relativos à saúde, à educação, ainda que envolvam uma só pessoa. Essa extensão do objeto da tutela coletiva aconteceu especialmente por interpretação do Superior Tribunal de Justiça, que autorizou, portanto, que uma ação civil pública tenha como interessado uma só pessoa, desde que o direito tutelado seja indisponível. Então, o STJ acaba por ampliar o conceito de direitos coletivos em sentido amplo, porque entende que o termo "pública" constante da expressão "ação civil pública" abrange também direitos indisponíveis, já que sobre eles existiria um interesse da sociedade em tutelá-los. Então, o STJ acabou por relacionar o interesse indisponível e os interesses coletivos, isso para justificar a propositura de uma ação civil pública mesmo no caso de interesses individuais comuns, mas indisponíveis.

Por fim, devemos observar que um mesmo fato pode gerar reflexos nos três tipos de direitos ou interesses coletivos em sentido amplo. São possíveis três aspectos jurídicos de um mesmo fato.

Por exemplo, uma indústria lança material nocivo em um rio, sem nenhuma licença ambiental de funcionamento. A poluição no rio atinge os peixes da região e a vida dos pescadores profissionais dali e de suas famílias. No caso exposto, temos reflexos nos três direitos: há repercussões nos direitos difusos ligados ao meio ambiente; nos direitos coletivos em sentido estrito quanto à interdição da atividade empresarial e os empregados; e nos direitos individuais homogêneos dos mesmos pescadores, pois sofreram prejuízos individuais, em valores proporcionais à quantidade de pesca diária.

Não podemos deixar de citar o desastre de Brumadinho (Empresa Vale), que também ilustra violações dos três direitos coletivos em sentido amplo: dos direitos difusos ligados ao meio ambiente e à saúde dos moradores; dos direitos coletivos em sentido estrito quanto aos empregados mortos ou lesionados; dos direitos individuais homogêneos das famílias atingidas pela lama, quanto aos prejuízos sofridos.

Assim, a título de arremate, os direitos coletivos de modo amplo formam um campo jurídico ainda recente no Brasil, em pleno desenvolvimento, mas digno da máxima atenção e potencialidade.

Por fim, vale a pena mencionar que existem alguns projetos de lei em tramitação no Poder Legislativo federal para estabelecer uma nova lei da ação civil pública, com avanços e alguns retrocessos.

Por oportuno, apresentamos aqui, a título de ilustração, os conceitos dos direitos coletivos em sentido amplo apresentados nessas propostas legislativas.

O Projeto de Lei nº 1641/2021, proposto pela Deputado Paulo Teixeira, diz: "consideram-se (art. 3º, §º): I - direitos difusos os transindividuais, de natureza indivisível, de que seja titular a coletividade local, regional ou nacional, ou pessoas indeterminadas e ligadas por circunstâncias de fato; II – direitos coletivos os transindividuais, de natureza indivisível, de que seja titular grupo, classe ou categoria de pessoas ligadas entre si ou com a parte contrária por uma relação jurídica base; III – direitos individuais homogêneos, assim considerados os direitos individuais que recomendem ou exijam proteção conjunta em razão de características tais como a predominância das questões comuns sobre as particulares, a necessidade de preservar a isonomia e a restituição integral, a facilitação de acesso à prova, a garantia de acesso à justiça, a melhor gestão do serviço judiciário ou a repercussão de cada pretensão individual sobre as demais".

Como se nota, os direitos individuais homogêneos seriam conceituados de forma diversa, com base na atual doutrina, a qual destaca a "preponderância das questões comuns" como ponto central desse conceito, já que são divisíveis por natureza.

Já o Projeto de Lei nº 4778/2020, do Deputado Marcos Pereira, apresenta-nos:

> Art. 2º A defesa dos direitos coletivos ou a defesa coletiva de direitos individuais homogêneos será exercida em conformidade com esta lei, quando se tratar de:
>
> I – direitos difusos, assim entendidos, para efeitos desta lei, os transindividuais, de natureza indivisível, de que sejam titulares pessoas indeterminadas e ligadas entre si por circunstâncias de fato;
>
> II – direitos coletivos no sentido estrito, assim entendidos, para efeitos desta lei, os transindividuais, de natureza indivisível, de que seja titular grupo, categoria ou classe de pessoas ligadas entre si ou com a parte contrária por uma relação jurídica base;
>
> III – direitos individuais homogêneos, assim entendidos os decorrentes de origem comum e que apresentem caráter predominantemente homogêneo.

Enfim, nota-se pequenas variações de uma proposta para outra, mas elas não alteram a essência desses direitos, tampouco seus conceitos técnicos.

2

DOS DIREITOS SOCIAIS

2.1 IGUALDADE E LIBERDADE

O direito à igualdade e o direito à liberdade caminham juntos, inter-relacionam-se e, necessariamente, completam-se, isso porque quando a igualdade é violada, a liberdade também o é e, de outro lado, quando uma liberdade é lesada, por consequência natural, o direito à igualdade também será preterido. Por exemplo: quando o Estado, por meio de um agente de segurança, promove uma revista pessoal em uma pessoa negra, que tenha tatuagens, sem atitude suspeita e que se comportava de forma exatamente igual à outra pessoa branca, o Estado viola os direitos à igualdade e à liberdade daquela pessoa revistada. Em outros termos, quando o Estado cerceia a liberdade de alguém sem nenhuma razoabilidade ou fundamento plausível estará, necessariamente, violando o direito à igualdade.

Isso ocorreu, por exemplo, quando o Poder Público limitou a liberdade de candidato tatuado em concurso público, o que foi corrigido pelo Supremo Tribunal Federal. No Recurso Extraordinário nº 898.450, com repercussão geral reconhecida, o Supremo Tribunal Federal firmou o entendimento acerca das restrições feitas a indivíduos com tatuagens em concursos público. O Plenário da Suprema Corte entendeu que os editais de concurso público não podem estabelecer restrições a indivíduos com tatuagem, salvo em situações excepcionais, em que a simbologia do desenho represente violação a valores constitucionalmente protegidos, como por exemplo tatuagens que contenham obscenidades, ideologias terroristas, que sejam discriminatórias, que preguem a violência e a criminalidade, a discriminação de raça, credo, sexo ou origem.

No caso, destaca-se o entendimento do Min. Luiz Fux: "Destarte, toda lei deve respeitar os ditames constitucionais, mormente quando referir-se à tutela ou restrição a direitos fundamentais, o que nos leva à conclusão de que os obstáculos para o acesso a cargos públicos devem estar estritamente relacionados com a natureza e as atribuições das funções a serem desempenhadas." Enfim, por maioria de votos, o Plenário deu provimento ao RE nº 898450 para impedir que o candidato fosse eliminado do certame por ter tatuagens consideradas não agressivas.

De fato, se o Estado exige em um concurso público um critério restritivo sem nenhuma razoabilidade ou fundamento ele viola o direito à igualdade e também atinge a liberdade de eventuais interessados na participação do certame e, por consequência, no ingresso naquela carreira pública. Assim, nessa amplitude e dimensão que esses direitos merecem, eles caminham juntos e se completam.

Portanto, a partir dessa visão, poderíamos facilmente concluir que tanto a igualdade quanto a liberdade ocupam espaços relevantes nas três principais **dimensões dos direitos humanos.**

Ambos os direitos estão na primeira dimensão, no campo das chamadas liberdades públicas, assim como também estão na segunda dimensão, no campo dos direitos sociais, uma vez que, quando o Estado não promove uma ação afirmativa ou não concretiza uma igualdade material num contexto em que ela seria exigível, está necessariamente cerceando as possibilidades de pessoas vulneráveis e, assim, a liberdade. Portanto, ambos os direitos estão no campo da segunda dimensão e não apenas a igualdade ou a igualdade material.

Por fim, eles também estão na terceira dimensão dos direitos humanos, pois integram, ambos, os direitos coletivos, uma vez que são basicamente duas das principais pilastras de um Estado democrático de Direito. Qualquer pacto social ou Constituição democrática preza pelos direitos à igualdade e à liberdade, sob pena de comprometer a paz, a harmonia social e a própria unidade daquela nação. Por exemplo: quando um Estado assume a feição ou certo perfil étnico em detrimento de um grupo de pessoas ou tribo, cria um inimigo para aquela nação, cria um grupo que não se sente incluído naquele conjunto de cidadãos e, por consequência, naquela nação, o que fomenta, portanto, a hostilidade.

A antropologia estuda esse fenômeno no campo do chamado "tribalismo". De forma muito simples, se um sujeito não se sentir pertencente a certo grupo, terá ele maior e natural tendência a atacá-lo. Por isso, o tema "pertencimento" assume um destaque no que tange à ação do Estado em relação a qualquer cidadão, especialmente quanto à sua liberdade.

Isso acontece e sempre aconteceu em vários países do Oriente Médio e em muitos países da África, cujos governantes são de certa etnia, religião ou grupo e acabam segregando ou sonegando direitos legítimos de outros grupos, dando ensejo a conflitos internos exatamente por falta de integração, por falta de uma união nacional entre os grupos diversos.

Enfim, concluirmos que o tratamento isonômico das pessoas e o respeito à liberdade em todos os sentidos são pilares de um Estado democrático de Direito e são condições especial para a paz social e harmonia de uma nação.

Realmente, a liberdade e a igualdade formaram o núcleo da bandeira contra os Estados absolutos na Europa. O absolutismo foi vencido pela burguesia, sob o céu da liberdade e o sobre o chão da igualdade, embora há quem diga que os interesses econômicos dessa classe ascendente foram o combustível da revolução. Enfim, o fato foi que a Europa assistiu à renúncia do poder absoluto, pelos monarcas, em favor da liberdade e da igualdade, no decorrer dos séculos XII, XIII e XIV.

Para ilustrar, na Inglaterra, é muito comentado o reconhecimento de liberdades feito pelo Rei João (*Sem terra*), ao ceder e dispor de parte dos seus poderes absolutos na chamada **"Carta Magna"**, que dizia, entre outros dispositivos: "Nenhum homem livre será preso, aprisionado ou privado de uma propriedade, ou tornado fora-da-lei, ou exilado, ou de maneira alguma destruído, nem agiremos contra ele ou mandaremos alguém contra ele, a não ser por julgamento legal dos seus pares, ou pela lei da terra". Eis o embrião de princípios constitucionais da legalidade e do devido processo legal.

Após irradiar por várias Constituições pelo mundo, as caras ideias do texto inglês chegaram até a Constituição Federal do Brasil de 1988, em forma de direitos fundamentais:

> Art. 5º Todos são iguais perante a lei, sem distinção de qualquer natureza, garantindo-se aos brasileiros e aos estrangeiros residentes no País a inviolabilidade do direito à vida, à liberdade, à igualdade, à segurança e à propriedade, nos termos seguintes: I - homens e mulheres são iguais em direitos e obrigações, nos termos desta Constituição; II - ninguém será obrigado a fazer ou deixar de fazer alguma coisa senão em virtude de lei; III - ninguém será submetido a tortura nem a tratamento desumano ou degradante; IV - é livre a manifestação do pensamento, sendo vedado o anonimato; (...) VI - é inviolável a liberdade de consciência e de crença, sendo assegurado o livre exercício dos cultos religiosos e garantida, na forma da lei, a proteção aos locais de culto e a suas liturgias; (...) VIII - ninguém será privado de direitos por motivo de crença religiosa ou de convicção filosófica ou política, salvo se as invocar para eximir-se de obrigação legal a todos imposta e recusar-se a cumprir prestação alternativa, fixada em lei; IX - é livre a expressão da ati-

> vidade intelectual, artística, científica e de comunicação, independentemente de censura ou licença; X - são invioláveis a intimidade, a vida privada, a honra e a imagem das pessoas, assegurado o direito a indenização pelo dano material ou moral decorrente de sua violação;

Aliás, não por outro motivo, os princípios da igualdade e da liberdade foram tratados com destaque no âmbito internacional, especialmente após a *Declaração Universal dos Direitos Humanos*, da ONU, em 1948: "Todos os seres humanos nascem livres e iguais em dignidade e direitos".

Em seguida, o Pacto Internacional sobre Direitos Civis e Políticos[1] (*Pacto de Nova Iorque* - 1966), por exemplo, dispõe:

> Artigo 2 - 1. Os Estados Partes do presente pacto comprometem-se a respeitar e garantir a todos os indivíduos que se achem em seu território e que estejam sujeitos a sua jurisdição os direitos reconhecidos no presente Pacto, sem discriminação alguma por motivo de raça, cor, sexo, língua, religião,

---

1. Os Estados Partes do presente Pacto,
Considerando que, em conformidade com os princípios proclamados na Carta das Nações Unidas, o reconhecimento da dignidade inerente a todos os membros da família humana e de seus direitos iguais e inalienáveis constitui o fundamento da liberdade, da justiça e da paz no mundo,
Reconhecendo que esses direitos decorrem da dignidade inerente à pessoa humana,
(...)
Acordam o seguinte:
Artigo 2
1. Os Estados Partes do presente pacto comprometem-se a respeitar e garantir a todos os indivíduos que se achem em seu território e que estejam sujeitos a sua jurisdição os direitos reconhecidos no presente Pacto, sem discriminação alguma por motivo de raça, cor, sexo, língua, religião, opinião política ou de outra natureza, origem nacional ou social, situação econômica, nascimento ou qualquer condição. (...)
Artigo 3
Os Estados Partes no presente Pacto comprometem-se a assegurar a homens e mulheres igualdade no gozo de todos os direitos civis e políticos enunciados no presente Pacto. (...)
Artigo 18 (...)
3. A liberdade de manifestar a própria religião ou crença estará sujeita apenas a limitações previstas em lei e que se façam necessárias para proteger a segurança, a ordem, a saúde ou a moral públicas ou os direitos e as liberdades das demais pessoas.
Artigo 19
1. ninguém poderá ser molestado por suas opiniões.
2. Toda pessoa terá direito à liberdade de expressão; esse direito incluirá a liberdade de procurar, receber e difundir informações e ideias de qualquer natureza, independentemente de considerações de fronteiras, verbalmente ou por escrito, em forma impressa ou artística, ou por qualquer outro meio de sua escolha.
3. O exercício do direito previsto no parágrafo 2 do presente artigo implicará deveres e responsabilidades especiais. Consequentemente, poderá estar sujeito a certas restrições, que devem, entretanto, ser expressamente previstas em lei e que se façam necessárias para:
a) assegurar o respeito dos direitos e da reputação das demais pessoas;
b) proteger a segurança nacional, a ordem, a saúde ou a moral públicas.

> opinião política ou de outra natureza, origem nacional ou social, situação econômica, nascimento ou qualquer condição. (...).

Nota-se, pela abordagem adotada no Pacto acima, a essencialidade do respeito à igualdade e à dignidade das demais pessoas.

Para arrematar o tópico acima, citamos, por oportuno e a partir de uma questão concreta, o julgado do Supremo Tribunal Federal, no julgamento da ADI nº 4277 e ADPF nº 132, quando reconheceu, em ambos os casos, a união estável para casais do mesmo sexo.

Na ADI nº 4277, o objeto da ação era a declaração de reconhecimento da união entre pessoas do mesmo sexo como entidade familiar, bem como que fossem reconhecidos os mesmos direitos e deveres dos companheiros nas uniões estáveis aos companheiros nas uniões homoafetivas.

Na ADPF nº 132, discutiu-se o fato de que o não reconhecimento da união homoafetiva contraria preceitos fundamentais como igualdade, liberdade e também a dignidade da pessoa humana, direitos todos garantidos na Constituição. Sob este fundamento o STF estendeu a aplicação do previsto no artigo 1.723 do Código Civil às uniões homoafetivas de funcionários públicos civis do Rio de Janeiro.

Para a decisão da ADPF 132, o STF partiu de quatro premissas importantes:

> 1. A homossexualidade é um fato da vida;
> 2. A homossexualidade é uma orientação e não uma opção sexual;
> 3. Independentemente da origem da homossexualidade – isto é, se de raiz genética, social, ambas ou quaisquer outras –, tem-se como certo que um indivíduo é homossexual simplesmente porque o é.
> 4. os homossexuais constituem entre si relações contínuas e duradouras de afeto e assistência recíprocos, com o propósito de compartilhar meios e projetos de vida.

Assim, o julgamento conjunto da ADPF nº 132 e da ADI nº 4277 representou grande passo no reconhecimento da liberdade individual e da efetiva igualdade no trato das relações humanas no Brasil.

Aliás, nessa mesma linha, na ADI nº 4275, o STF deu interpretação conforme a Constituição e o *Pacto de São José da Costa Rica* ao art. 58 da Lei 6.015/73 para conceder aos transgêneros, independentemente da cirurgia de transgenitalização, ou da realização de tratamentos hormonais, o direito à substituição de prenome e sexo diretamente no registro civil, se assim desejarem.

Enfim, novamente o Supremo Tribunal Federal exerceu seu papel de guardião do texto constitucional - e do que ele consagra - ao assegurar a máxima efetividade aos preceitos e direitos fundamentais e condenar antigas e sedimentadas hipocrisias.

2.2 DO PRINCÍPIO DA IGUALDADE E DE SUAS DIMENSÕES

Igualdade significa a equivalência de coisas. Agora, enquanto fenômeno humano, ela significa a equiparação jurídica e sociológica de sujeitos e se funda na própria essência da dignidade da pessoa. Ora, se os seres humanos são únicos na sua essência, enquanto sujeitos de direitos, merecem tratamento isonômico, dos seus pares, da sociedade como um todo e especialmente do Estado.

Para o Estado **liberal** de Direito, bastava a igualdade formal ou o tratamento igualitário perante a lei, ou seja, um não fazer estatal no sentido de não discriminar ou não criar embaraços para um sujeito e privilégios para outros, tudo sem qualquer fundamentação razoável.

Já o Estado **democrático** de Direito caracteriza-se pelo cuidado dispensado à pessoa, sujeito de uma gama de direitos fundamentais e de um mínimo de oportunidades.

Assim, para nós, o princípio da igualdade está muito além do tratamento isonômico perante a lei, mas se refere, em especial, à equalização das condições de vida, à equiparação das oportunidades, com a progressiva anulação das desigualdades fundadas em causas histórico-sociais.

Portanto, a igualdade não é apenas perante a lei, mas perante as condições da vida, perante as oportunidades, cabendo ao Estado a responsabilidade primeira por sua promoção e concretização. Temos, portanto, um **princípio da igualdade qualificada**, formada pelo conjunto da igualdade formal e da igualdade material, com deveres dirigidos ao próprio Estado, segundo ditames constitucionais e legais. Aliás, é exatamente isso que difere o Estado meramente de Direito (liberal) do Estado Democrático de Direito. Neste último, o Estado e a sociedade como um todo são responsáveis pela garantia de um patrimônio jurídico mínimo à cada pessoa.

É exatamente nesse terreno que vivem as chamadas **ações afirmativas**, que seriam as ações especialmente públicas tendentes à redução das desigualdades, ao menos por um período, para fins de equiparação progressiva das condições.

O regime de cotas nas Universidades Públicas, por exemplo, segue essa linha. E o Supremo Tribunal Federal pôde trazer alguns ditames para sua adoção e implementação na ADPF (ação de descumprimento de preceito fundamental) nº 186/DF-2012, quando atestou: "a constitucionalidade do **sistema de reserva de vagas** com base em critérios étnico-raciais no processo seletivo para ingresso em instituição pública de ensino superior".

Realmente, o STF, no julgamento dessa ação, considerou constitucional a reserva de vagas em universidades públicas:

> I- Não contraria ao contrário, prestigia o princípio da igualdade material, previsto no caput do art. 5º da Carta da Republica, a possibilidade de o Estado lançar mão seja de políticas de cunho universalista, que abrangem um número indeterminados de indivíduos, mediante ações de natureza estrutural, seja de ações afirmativas, que atingem grupos sociais determinados, de maneira pontual, atribuindo a estes certas vantagens, por um tempo limitado, de modo a permitir-lhes a superação de desigualdades decorrentes de situações históricas particulares.
> II- O modelo constitucional brasileiro incorporou diversos mecanismos institucionais para corrigir as distorções resultantes de uma aplicação puramente formal do princípio da igualdade.
> III-Esta Corte, em diversos precedentes, assentou a constitucionalidade das políticas de ação afirmativa.[2] (...) (STF - ADPF: 186 DF, Rel. Min. Ricardo Lewandowski, Data de Julgamento: 26/04/2012)

Aliás, o Relator, o Ministro Ricardo Lewandowski, examinou a igualdade sob seu duplo aspecto, o formal e o material, e destacou:

2. Em continuação.

IV - Medidas que buscam reverter, no âmbito universitário, o quadro histórico de desigualdade que caracteriza as relações étnico-raciais e sociais em nosso País, não podem ser examinadas apenas sob a ótica de sua compatibilidade com determinados preceitos constitucionais, isoladamente considerados, ou a partir da eventual vantagem de certos critérios sobre outros, devendo, ao revés, ser analisadas à luz do arcabouço principiológico sobre o qual se assenta o próprio Estado brasileiro.

V- Metodologia de seleção diferenciada pode perfeitamente levar em consideração critérios étnico-raciais ou socioeconômicos, de modo a assegurar que a comunidade acadêmica e a própria sociedade sejam beneficiadas pelo pluralismo de ideias, de resto, um dos fundamentos do Estado brasileiro, conforme dispõe o art. 1º, V, da Constituição.

VI- Justiça social, hoje, mais do que simplesmente redistribuir riquezas criadas pelo esforço coletivo, significa distinguir, reconhecer e incorporar à sociedade mais ampla valores culturais diversificados, muitas vezes considerados inferiores àqueles reputados dominantes.

VII- No entanto, as políticas de ação afirmativa fundadas na discriminação reversa apenas são legítimas se a sua manutenção estiver condicionada à persistência, no tempo, do quadro de exclusão social que lhes deu origem. Caso contrário, tais políticas poderiam converter-se benesses permanentes, instituídas em prol de determinado grupo social, mas em detrimento da coletividade como um todo, situação é escusado dizer incompatível com o espírito de qualquer Constituição que se pretenda democrática, devendo, outrossim, respeitar a proporcionalidade entre os meios empregados e os fins perseguidos. (STF - ADPF: 186 DF, Relator: Min. RICARDO LEWANDOWSKI, Data de Julgamento: 26/04/2012, Tribunal Pleno, Data de Publicação: ACÓRDÃO ELETRÔNICO DJe-205 DIVULG 17-10-2014 PUBLIC 20-10-2014)

> "Para possibilitar que a igualdade material entre as pessoas seja levada a efeito, o Estado pode lançar mão seja de políticas de cunho universalista, que abrangem um número indeterminado de indivíduos, mediante ações de natureza estrutural, seja de ações afirmativas, que atingem grupos sociais determinados, de maneira pontual, atribuindo a estes certas vantagens, por um tempo limitado, de modo a permitir-lhes a superação de desigualdades decorrentes de situações históricas particulares."

Para o julgamento, levou-se em consideração principalmente o critério étnico-racial, ao partir do princípio da solidariedade e de elementos estatísticos para demonstrar a existência de discriminação.

Enfim, em última análise, a decisão busca promover uma "sociedade livre, justa e solidária", tal qual proposto pelo art. 3º da CF.

Também, no julgamento do Recurso Extraordinário nº 591.285, o Supremo Tribunal Federal (STF) analisou a questão da constitucionalidade de políticas públicas para ingresso em ensino superior, quando mais uma vez validou o sistema de cotas em universidade pública: "No caso, trata-se de recurso extraordinário interposto contra acórdão que julgou constitucional a reserva de vagas (sistema de cotas), como forma de ação afirmativa, estabelecido pela Universidade Federal do Rio Grande do Sul - UFRGS como meio de ingresso em seus cursos de nível superior e, em consequência, denegou a segurança." (STF - RE nº 597285/RS, Rel. Min. Ricardo Lewandowski, julgado em 09/02/2011).

Neste julgamento, o entendimento foi de que não houve qualquer irregularidade nos critérios adotados pela Universidade Federal do Rio Grande do Sul, quando da reserva de vagas na proporção de 30% para alunos inseridos no Programa de Inclusão Social (ações afirmativas).

Ainda, o julgado fez menção a argumentos desenvolvidos no julgamento da ADPF 186/DF, como o da constitucionalidade de políticas públicas de ações afirmativas por meio de reserva de vagas ou estabelecimento de cotas, levando em conta o critério étnico.

Posteriormente, sobre as **cotas em concursos públicos**, o STF voltou a ratificar o modelo na ADC (ação direta de constitucionalidade) nº 41/DF – 2017: "1. É constitucional a Lei nº 12.990/2014, que reserva a pessoas negras 20% das vagas oferecidas nos concursos públicos para provimento de cargos efetivos e empregos públicos no âmbito da administração pública federal direta e indireta, por três fundamentos. 1.1. Em primeiro lugar, a desequiparação promovida pela política de ação afirmativa em questão está em consonância com o princípio da isonomia. Ela se funda na necessidade de superar o racismo estrutural e institucional ainda existente na sociedade brasileira, e garantir a igualdade material entre os cidadãos, por meio da distribuição mais equitativa de bens sociais e da promoção do reconhecimento da população afrodescendente. 1.2. Em segundo lugar, não há violação aos princípios do concurso público e da eficiência. A reserva de vagas para negros não os isenta da aprovação no concurso público. Como qualquer outro candidato, o beneficiário da política deve alcançar a nota necessária para que seja considerado apto a exercer, de forma adequada e eficiente, o cargo em questão. Além disso, a incorporação do fator 'raça' como critério de seleção, ao invés de afetar o princípio da eficiência, contribui para sua realização em maior extensão, criando uma 'burocracia representativa', capaz de garantir que os pontos de vista e interesses de toda a população sejam considerados na tomada de decisões estatais. 1.3. Em terceiro lugar, a medida observa o princípio da proporcionalidade em sua tríplice dimensão. A existência de uma política de cotas para o acesso de negros à educação superior não torna a reserva de vagas nos quadros da administração pública desnecessária ou desproporcional em sentido estrito. Isso porque: (i) nem todos os cargos e empregos públicos exigem curso superior; (ii) ainda quando haja essa exigência, os beneficiários da ação afirmativa no serviço público podem não ter sido beneficiários das cotas nas universidades públicas; e (iii) mesmo que o concorrente tenha ingressado em curso de ensino superior por meio de cotas, há outros fatores que impedem os negros de competir em pé de igualdade nos concursos públicos, justificando a política de ação afirmativa instituída pela Lei nº 12.990/2014. 2. Ademais, a fim de garantir a efetividade da política em questão, também é constitucional a instituição de mecanismos para evitar fraudes pelos candidatos. É legítima a utilização, além da autodeclaração, de critérios subsidiários de heteroidentificação (e.g., a exigência de autodeclaração presencial perante a comissão do concurso), desde que respeitada a dignidade da pessoa humana e garantidos o contraditório e a ampla defesa. (...)[3]

Conforme se extrai do julgamento, as ações afirmativas possibilitam políticas de inclusão social e reforçam o combate à discriminação e à separação

3. Em continuação: (...) 3. Por fim, a administração pública deve atentar para os seguintes parâmetros: (i) os percentuais de reserva de vaga devem valer para todas as fases dos concursos; (ii) a reserva deve ser aplicada em todas as vagas oferecidas no concurso público (não apenas no edital de abertura); (iii) os concursos não podem fracionar as vagas de acordo com a especialização exigida para burlar a política de ação afirmativa, que só se aplica em concursos com mais de duas vagas; e (iv) a ordem classificatória obtida a partir da aplicação dos critérios de alternância e proporcionalidade na nomeação dos candidatos aprovados deve produzir efeitos durante toda a carreira funcional do beneficiário da reserva de vagas. 4. Procedência do pedido, para fins de declarar a integral constitucionalidade da Lei nº 12.990/2014. Tese de julgamento: "É constitucional a reserva de 20% das vagas oferecidas nos concursos públicos para provimento de cargos efetivos e empregos públicos no âmbito da administração pública direta e indireta. É legítima a utilização, além da autodeclaração, de critérios subsidiários de heteroidentificação, desde que respeitada a dignidade da pessoa humana e garantidos o contraditório e a ampla defesa"' (Rel. Min. Roberto Barroso).

social em virtude de diferenças econômicas e de classe social e legitimam o art. 6º da CF/88, o qual consagra a educação como um direito social e por isso deve ser garantido igualmente a todos.

Enfim, o STF posiciona-se no sentido fomentar a igualdade no seu duplo aspecto, o formal e o material. Nesse último caso, garante-se àqueles grupos histórica e socialmente não incluídos a oportunidade de qualificação educacional e profissional, como forma de equiparação.

Em outra linha, sobre tema correlato, devemos citar a avaliação do mesmo Supremo Tribunal Federal quando ao **Prouni**, na ADI nº 3.330[4]:

> (...) 5. Não há outro modo de concretizar o valor constitucional da igualdade senão pelo decidido combate aos fatores reais de desigualdade. O desvalor da desigualdade a proceder e justificar a imposição do valor da igualdade. A imperiosa luta contra as relações desigualitárias muito raro se dá pela via do descenso ou do rebaixamento puro e simples dos sujeitos favorecidos. Geralmente se verifica é pela ascensão das pessoas até então sob a hegemonia de outras. Que para tal viagem de verticalidade são compensadas com esse ou aquele fator de supremacia formal. Não é toda superioridade juridicamente conferida que implica negação ao princípio da igualdade. 6. O típico da lei é fazer distinções. Diferenciações. Desigualações. E fazer desigualações para contrabater renitentes desigualações. A lei existe para, diante dessa ou daquela desigualação que se revele densamente perturbadora da harmonia ou do equilíbrio social, impor uma outra desigualação compensatória. A lei como instrumento de reequilíbrio social. 7. Toda a axiologia constitucional é tutelar de segmentos sociais brasileiros historicamente desfavorecidos, culturalmente sacrificados e até perseguidos, como, *verbi gratia*, o segmento dos negros e dos índios. Não por coincidência os que mais se alocam nos patamares patrimonialmente inferiores da pirâmide social. A desigualação em favor dos estudantes que cursaram o ensino médio em escolas públicas e os egressos de escolas privadas que hajam sido contemplados com bolsa integral não ofende a Constituição pátria, porquanto se trata de um descrímen que acompanha

4. Análise inicial: 1. A FENAFISP não detém legitimidade para deflagrar o processo de fiscalização abstrata de constitucionalidade. Isto porque, embora o inciso IX do art. 103 da Constituição Federal haja atribuído legitimidade ativa ad causam às entidades sindicais, restringiu essa prerrogativa processual às confederações sindicais. Precedentes. Ação Direta de Inconstitucionalidade nº 3.379 não conhecida. Participação da entidade no processo, na qualidade de *amicus curiae*.
2. A conversão de medida provisória em lei não prejudica o debate jurisdicional sobre o atendimento dos pressupostos de admissibilidade desse espécime de ato da ordem legislativa. Presentes, no caso, a urgência e relevância dos temas versados na Medida Provisória nº 213/2004.
3. A educação, notadamente a escolar ou formal, é direito social que a todos deve alcançar. Por isso mesmo, dever do Estado e uma de suas políticas públicas de primeiríssima prioridade.
4. A Lei nº 11.096/2005 não laborou no campo material reservado à lei complementar. Tratou, tão-somente, de erigir um critério objetivo de contabilidade compensatória da aplicação financeira em gratuidade por parte das instituições educacionais. Critério que, se atendido, possibilita o gozo integral da isenção quanto aos impostos e contribuições mencionados no art. 8º do texto impugnado.

> a toada da compensação de uma anterior e factual inferioridade ("ciclos cumulativos de desvantagens competitivas"). Com o que se homenageia a insuperável máxima aristotélica de que a verdadeira igualdade consiste em tratar igualmente os iguais e desigualmente os desiguais, máxima que Ruy Barbosa interpretou como o ideal de tratar igualmente os iguais, porém na medida em que se igualem; e tratar desigualmente os desiguais, também na medida em que se desigualem. 8. O PROUNI é um programa de ações afirmativas, que se operacionaliza mediante concessão de bolsas a alunos de baixa renda e diminuto grau de patrimonilização. Mas um programa concebido para operar por ato de adesão ou participação absolutamente voluntária, incompatível, portanto, com qualquer ideia de vinculação forçada. Inexistência de violação aos princípios constitucionais da autonomia universitária (art. 207) e da livre iniciativa (art. 170). (...)[5]

Mais uma vez, abordou-se o tema das ações afirmativas. É que o Estado é responsável pelo destino de seu povo. Deve ele adotar medidas e políticas a partir do triplo olhar: primeiro, deve ser sensível à história de formação sociológica desse povo e o caminho trilhado por cada grupo, tribo ou etnia, considerando-se as suas regiões, hábitos e expectativas, não no sentido de discriminá-los, mas para justificar formas de promoção e efetivação de direitos. Também, deve o Estado olhar o presente, a situação concreta em que se encontra seu povo, suas condições de vida e trabalhar na concretização dos direitos a ele relativos, especialmente os considerados sociais (art. 6º CF). Por fim, deve o mesmo Estado comportar-se no sentido elevar as potencialidades desse povo, no Brasil, na linha da promoção de "uma sociedade mais livre, justa e solidária" (art. 3º, I, CF).

Enfim, as "ações afirmativas" ilustram bem e com precisão a forma com que um Estado Democrático de Direito deve agir em relação aos seus cidadãos, titulares e credores de direitos, nos três ângulos inclusive: passado, presente e futuro.

2.3 DA SAÚDE

2.3.1 Do direito à saúde e de sua previsão constitucional

A saúde é um tema complexo, que traz em seu contexto uma série de aspectos e facetas. A autora Nanci Figueiroa Rezende, no texto "a amplitude

5. Em continuação: 9. O art. 9º da Lei nº 11.096/2005 não desrespeita o inciso XXXIX do art. 5º da Constituição Federal, porque a matéria nele (no art. 9º) versada não é de natureza penal, mas, sim, administrativa. Trata-se das únicas sanções aplicáveis aos casos de descumprimento das obrigações, assumidas pelos estabelecimentos de ensino superior, após a assinatura do termo de adesão ao programa. Sancionamento a cargo do Ministério da Educação, condicionado à abertura de processo administrativo, com total observância das garantias constitucionais do contraditório e da ampla defesa.
10. Ação Direta de Inconstitucionalidade nº 3.379 não conhecida. ADI's 3.314 e 3.330 julgadas improcedentes.

da expressão saúde no marco normativo brasileiro", leciona: "a saúde tem sido conceituada através de diversas visões de mundo numa construção social e histórica. Vai desde a concepção mágico religiosa, passando pela concepção simplista de ausência de doença, até chegar à mais abrangente concepção adotada pela Organização Mundial da Saúde (OMS), como 'um estado de completo bem-estar físico, mental e social, e não apenas a ausência de doença ou enfermidade'.

Prossegue a autora:

> Existem vários termos utilizados para a saúde, tais como saúde física, saúde mental, saúde social, saúde espiritual, saúde ambiental, saúde financeira, saúde profissional etc. Na realidade, o conceito de saúde se refere ao homem. O ambiente, a biologia, fatores sociais e outros são antes de tudo fatores determinantes da saúde humana. (...) Como vimos anteriormente, o conceito de saúde evoluiu nos últimos 100 anos, saindo do conceito simples de ausência de doença para um conceito amplo com várias dimensões, tais como biológica, comportamental, social, ambiental, política e econômica. Os três conceitos que se sobressaem no tema são: o conceito de saúde, o conceito de promoção de saúde e o conceito de cuidados primários na saúde, que são muito importantes, mas frequentemente mal compreendidos. O conceito de saúde da Organização Mundial da Saúde, como 'um estado de completo bem-estar físico, mental e social, e não apenas ausência de doença ou de enfermidade', apesar de representar uma grande conquista por abordar o conceito positivo de saúde e ser importante do ponto de vista prático, pois quem não alcança tal estado estaria doente e nesse caso todos nós estaríamos doentes, ou seja, seríamos seis bilhões de doentes na Terra com o sonho de se tornar saudável. Por outro lado, o conceito de saúde do ponto de vista médico, como integridade anatômica e funcional ou ausência de doença, pode não ser conveniente, já que existem pessoas com alteração anatômica e funcional que não apresentam sintomas ou estão bem, tornando difícil para nós rotulá-las como 'doentes'".[6]

Enquanto um direito, em linhas gerais e iniciais, podemos dizer que temos uma dupla universalidade, a ativa e a passiva. Ou seja, todos têm direito à saúde e também todos, como integrantes da sociedade, somos responsáveis pela sua promoção e preservação.

Em nível internacional, o *Protocolo Adicional à Convenção Americana Sobre Direitos Humanos em Matéria de Direitos Econômicos, Sociais e Culturais – Protocolo de San Salvador*, adotado em São Salvador, El Salvador, em 17 de

6. REZENDE, Nanci Figueiroa. *A amplitude da expressão saúde no marco normativo brasileiro*. In: *Direito à Vida e à Saúde*. BLIACHERIENE, Ana Carla e SEBASTIÃO DOS SANTOS, José (org.). São Paulo: Atlas, 2010, p. 222 e 230).

novembro de 1988, ratificado pela República Federativa do Brasil em 21 de agosto de 1996, estabelece, em seu artigo 10, o direito à saúde: "Toda pessoa tem direito à saúde, entendida como o gozo do mais alto bem-estar físico, mental e social".

Agora, em termos de saúde enquanto política pública, o Estado é o maior responsável e provedor. Eis a saúde enquanto direito público subjetivo.

A doutrina ainda não conseguiu definir, com a exatidão científica, quando e onde o Império ou Estado de Direito assumiu para si a obrigação de assistir seus súditos ou cidadãos.

Sabe-se, porém, que, na dimensão e extensão do que se tem hoje (direito universal), tal fenômeno é recente, provavelmente do século XX. Contudo, outras formas de assistência pública à saúde, certamente não universais, podem ser notadas no decorrer da história. O próprio conceito de "hospital" remete-nos à Europa da Idade Média, quando instituições religiosas assumiram os cuidados de doentes e peregrinos (séculos VI e VIII).

Agora, talvez a **primeira vez** que o Estado (Império) teria assumido concretamente esse papel de cuidado à saúde foi na França do século XVII, quando o rei Luís XIV, em 1670, determinou a construção do **"Hôtel National des Invalides" ("Hospital dos Inválidos")**, em Paris, para acolher os soldados franceses após atingidos nas guerras, para que passassem seus dias futuros em recuperação e maior tranquilidade (*ceux qui ont exposé leur vie et prodigué leur sang pour la défense de la monarchie (...) passent le reste de leur jours dans la tranquillité*), conforme anotou o édito Real de 1670. Tratava-se de uma forma de retribuição pelos serviços prestados ao Império. Enfim, talvez tenhamos ali o embrião, ainda que modesto e limitado, do que se tem hoje por direito público à saúde.

No Brasil atual, após alguns séculos e em outro contexto, a Constituição Federal de 1988 traz um conjunto de normas relativas à saúde como um direito público subjetivo.

De início, há a nobre previsão da necessária preservação e promoção da dignidade da pessoa humana, destaco, como fundamento da República Federativa do Brasil, e não apenas de parte ou de setor do Direito ou de um ou outro microssistema.

> Art. 1º A República Federativa do Brasil, formada pela união indissolúvel dos Estados e Municípios e do Distrito Federal, constitui-se em Estado Democrático de Direito e tem como fundamentos: (...) III - a dignidade da pessoa humana;

Após, a Constituição Federal apresenta, no art. 5º, *caput,* aqueles que seriam os direitos fundamentais do tipo "direitos-fins", na medida que seus incisos apresentam os direitos da mesma estirpe, mas tipo "direitos-meios".

Assim, como "direitos-fins", a Constituição Federal prevê que "todos são iguais perante a lei, sem distinção de qualquer natureza, garantindo-se aos brasileiros e aos estrangeiros residentes no País a inviolabilidade do direito à vida, à liberdade, à igualdade, à segurança e à propriedade" (*caput*).

Em seguida - e isso é muito esquecido quando se trata do tema – temos a previsão da proteção e da preservação da saúde mental, via previsão dos direitos fundamentais à vida privada e à intimidade (direito à paz), nos incisos abaixo:

> IV - é livre a manifestação do pensamento, sendo vedado o anonimato;
> V - é assegurado o direito de resposta, proporcional ao agravo, além da indenização por dano material, moral ou à imagem;
> VI - é inviolável a liberdade de consciência e de crença, sendo assegurado o livre exercício dos cultos religiosos e garantida, na forma da lei, a proteção aos locais de culto e a suas liturgias;
> VII - é assegurada, nos termos da lei, a prestação de assistência religiosa nas entidades civis e militares de internação coletiva;
> VIII - ninguém será privado de direitos por motivo de crença religiosa ou de convicção filosófica ou política, salvo se as invocar para eximir-se de obrigação legal a todos imposta e recusar-se a cumprir prestação alternativa, fixada em lei;
> IX - é livre a expressão da atividade intelectual, artística, científica e de comunicação, independentemente de censura ou licença;
> X - são invioláveis a intimidade, a vida privada, a honra e a imagem das pessoas, assegurado o direito a indenização pelo dano material ou moral decorrente de sua violação;

Aliás, não é excessivo afirmar que a reiterada violação da intimidade e da vida privada e ainda a prática cotidiana da censura atingem em cheio a saúde mental.

No seu corpo, a Constituição Federal prevê a proteção à saúde de pessoas ou grupos específicos (presos, trabalhadores, pessoas com deficiência, criança e adolescente, e índios):

> Art. 5º, XLIX - é assegurado aos presos o respeito à integridade física e moral;
> Art. 7º São direitos dos trabalhadores urbanos e rurais, além de outros que visem à melhoria de sua condição social: (...) XXII - redução dos riscos inerentes ao trabalho, por meio de normas de saúde, higiene e segurança;

> Art. 23. É competência comum da União, dos Estados, do Distrito Federal e dos Municípios: (...) II - cuidar da saúde e assistência pública, da proteção e garantia das pessoas portadoras de deficiência;
> Art. 227. É dever da família, da sociedade e do Estado assegurar à criança, ao adolescente e ao jovem, com absoluta prioridade, o direito à vida, à saúde, à alimentação, à educação, ao lazer, à profissionalização, à cultura, à dignidade, ao respeito, à liberdade e à convivência familiar e comunitária, além de colocá-los a salvo de toda forma de negligência, discriminação, exploração, violência, crueldade e opressão.
> Art. 231. São reconhecidos aos índios sua organização social, costumes, línguas, crenças e tradições, e os direitos originários sobre as terras que tradicionalmente ocupam, competindo à União demarcá-las, proteger e fazer respeitar todos os seus bens. § 1º São terras tradicionalmente ocupadas pelos índios as por eles habitadas em caráter permanente, as utilizadas para suas atividades produtivas, as imprescindíveis à preservação dos recursos ambientais necessários a seu bem-estar e as necessárias a sua reprodução física e cultural, segundo seus usos, costumes e tradições.

Em termos de competência legislativa, a Constituição Federal apresentou um sistema de concorrência, mas com critérios:

> Art. 24. Compete à União, aos Estados e ao Distrito Federal legislar concorrentemente[7] sobre: XII - previdência social, proteção e defesa da saúde;

Por fim, resta-nos analisar o capítulo específico dirigido ao tema: a saúde, pela Constituição Federal, inserida no contexto da ordem social, na parte da seguridade social (a qual "compreende um conjunto integrado de ações de iniciativa dos Poderes Públicos e da sociedade, destinadas a assegurar os direitos relativos à saúde, à previdência e à assistência social" – art. 194, CF).

Assim, na Constituição Federal de 88, na parte "ordem social", há a previsão da "seguridade social" integrada pela saúde, previdência social e assistência social. Assim, basicamente essa seguridade social visa garantir: a segurança física do indivíduo que seria a saúde prestada pelo Estado; a segurança existencial do indivíduo para que tenha o mínimo de condições de vida e de sobrevivência, e isso é feito pela assistência social; e pela segurança econômica desse indivíduo que trabalhou durante sua vida toda e precisa de uma garantia de estabilidade

7. Os parágrafos do dispositivo regulamentam a dinâmica dessa competência: § 1º No âmbito da legislação concorrente, a competência da União limitar-se-á a estabelecer normas gerais. § 2º A competência da União para legislar sobre normas gerais não exclui a competência suplementar dos Estados. § 3º Inexistindo lei federal sobre normas gerais, os Estados exercerão a competência legislativa plena, para atender a suas peculiaridades. § 4º A superveniência de lei federal sobre normas gerais suspende a eficácia da lei estadual, no que lhe for contrário.

financeira para quando não possuir mais condições físicas e psicológicas de exercer uma atividade laboral nas condições que exercia anteriormente.

Desta forma, a seguridade social prevista na CF/88 pode ser entendida como gênero, garantidas as seguranças física, existencial e econômica do indivíduo a partir dos direitos à saúde, à assistência social e à previdência social, respectivamente.

Em linhas gerais, a partir do que prevê a Constituição Federal de 1988, a prestação de saúde é regida basicamente por dois princípios: do lado de quem presta, o Estado, prevalece a regra da responsabilidade solidária. Rege aqui o princípio da solidariedade, ou seja, todos os entes da federação são solidariamente responsáveis pela prestação do direito à saúde.

É verdade que a lei estabelece uma divisão administrativa de atribuições. É que a lei que regulamenta o Sistema Único de Saúde - SUS traz regras de divisão administrativa das competências, mas essa divisão de tarefas não impede ou reduz a responsabilidade solidária de todos da federação.

Sobre o tema, aliás, entendeu o Superior Tribunal de Justiça que o Poder Judiciário poderá exigir do Poder Executivo medidas voltadas ao fornecimento de medicamentos, em julgamento de recurso repetitivo:

> "Constitui obrigação do Poder Público o fornecimento de medicamentos não incorporados em atos normativos do SUS, desde que presentes, cumulativamente, os requisitos fixados neste julgado, a saber: I - Comprovação, por meio de laudo médico fundamentado e circunstanciado expedido por médico que assiste o paciente, da imprescindibilidade ou necessidade do medicamento, assim como da ineficácia, para o tratamento da moléstia, dos fármacos fornecidos pelo SUS; II - Incapacidade financeira de arcar com o custo do medicamento prescrito; e III - Existência de registro na ANVISA do medicamento." (REsp nº 1.657.156/RJ, Rel Min. Benedito Gonçalves, julgado em 04/05/2018)

Em outra ocasião: "A intervenção do Judiciário na implementação de políticas públicas, notadamente para garantir a prestação de direitos sociais, como a saúde, não viola o princípio da separação de poderes" (STJ, AgInt no REsp 1.553.112/CE, Rel. Min. Gurgel de Faria, DJe 10/3/2017).

Nessa linha, vale a pena a menção ao trabalho da Defensoria Pública paulista:

> "A pedido da Defensoria Pública, TJ-SP determina fornecimento de *canabidiol* a homem em tratamento médico em Marília. A Defensoria Pública de SP obteve no Tribunal de Justiça (TJ-SP) uma decisão que obriga o Estado e o Município de Marília a fornecer o medicamento EVR 50 mg, conhe-

cido como *canabidiol*, a um homem em tratamento contra distonia severa, doença caracterizada por espasmos musculares involuntários que produzem movimentos e posturas anormais. Daniel (nome fictício) tem a doença desde a infância, apresentando movimentos involuntários e enrijecimento dos músculos e, por conta disso, não pode se locomover. Ele já faz uso de outros medicamentos, contudo apresenta falhas medicamentosas, o que levou os médicos responsáveis por seu caso a indicarem o tratamento com a substância canabinóide como o mais adequado para o seu quadro clínico, sendo imperioso o uso de *canabidiol* de forma contínua e indeterminada, conforme prescrição médica. (...)[8] No acórdão proferido pela 3ª Câmara de Direito Público do Tribunal estadual, o recurso foi acolhido, obrigando o Poder Público a fornecer o medicamento solicitado enquanto for necessário ao tratamento. Em seu voto, o Desembargador relator, Marrey Uint pontuou que a Corte vem decidindo em favor da obrigação de fornecimento de medicações até mesmo quando não estão disponíveis em rede pública de saúde, prevalecendo o disposto no art. 196 da Constituição Federal, que classifica a saúde como direito de todos e dever do Estado. 'Nenhuma regra de hermenêutica pode se sobrepor ao princípio mais importante estabelecido na Constituição de 1988, art. 196. Cabe interpretar a Lei de forma mais humana, buscando um fim justo, qual seja, a preservação da vida', observou o magistrado" (Disponível em https://www.defensoria.sp.def.br/dpesp, datado de 01/07/2019, acesso em 12/07/2019).

Aliás, quanto à obrigação do Estado de fornecer medicamentos, o Superior Tribunal de Justiça, em julgamento de recurso especial repetitivo, chegou a traçar alguns critérios naquela ocasião: "A concessão dos medicamentos não incorporados em atos normativos do SUS exige a presença cumulativa dos seguintes requisitos: (i) Comprovação, por meio de laudo médico fundamentado e circunstanciado expedido por médico que assiste o paciente, da imprescindibilidade ou necessidade do medicamento, assim como da ineficácia, para o

8. Segue a parte recortada da notícia: Por não ter condições econômicas de arcar com os custos do medicamento, Daniel formulou pedido administrativo para a Secretaria de Saúde do Estado, solicitando o fornecimento do canabidiol. Contudo, teve seu pedido negado, o que o fez procurar intervenção judicial para assegurar o provisionamento da medicação. Em juízo de primeiro grau, o pedido foi considerado improcedente. O argumento utilizado na decisão foi de que o medicamento não é padronizado pelo SUS e não possui registro na Anvisa (Agência Nacional de Vigilância Sanitária). Em recurso apresentado ao TJ-SP, a Defensora Pública Andrea da Silva Lima afirmou que, por conta do estado de saúde de Daniel, 'se ficar sem o medicamento necessário para o tratamento de sua enfermidade, poderá ter piora em seu quadro clínico, gerando danos irreversíveis à sua saúde, sendo imprescindível o uso da medicação pleiteada, nas doses indicadas e durante o tempo necessário'. Ainda segundo a Defensora, apesar do medicamento pleiteado pelo autor não ser padronizado pelo SUS e não possuir registro na Anvisa, tal fato por si só não deve constituir óbice ao seu fornecimento. 'A substância foi reclassificada, deixando de constar na lista de substâncias proibidas e passando a constar na lista de substâncias controladas, permitindo a sua exportação em caráter excepcional', afirmou. Andrea da Silva Lima demonstrou ainda que há jurisprudência no sentido de provimento de pedidos semelhantes.

tratamento da moléstia, dos fármacos fornecidos pelo SUS; (ii) incapacidade financeira de arcar com o custo do medicamento prescrito; (iii) existência de registro na ANVISA do medicamento" (REsp nº 1.657.156/RJ, Rel. Min. Benedito Gonçalves, julgamento em 25/04/2018).

Veja que o STJ exige, de início, que o medicamento tenha registro na ANVISA para que seja fornecido no âmbito do SUS, além de outras burocracias estabelecidas para o fornecimento do produto.

Agora, mais recentemente, o Supremo Tribuna Federal foi mais ampliativo na interpretação do direito ao acesso ao medicamento. De fato, em maio de 2019, o STF, no julgamento do Recurso Extraordinário nº 657.718, com repercussão geral reconhecida, produziu a seguinte tese:

> 1) O Estado não pode ser obrigado a fornecer medicamentos experimentais.
> 2) A ausência de registro na Anvisa impede, como regra geral, o fornecimento de medicamento por decisão judicial.
> 3) É possível, excepcionalmente, a concessão judicial de medicamento sem registro sanitário, em caso de mora irrazoável da Anvisa em apreciar o pedido (prazo superior ao previsto na Lei 13.411/2016), quando preenchidos três requisitos: I – a existência de pedido de registro do medicamento no Brasil, salvo no caso de medicamentos órfãos para doenças raras e ultrarraras; II – a existência de registro do medicamento em renomadas agências de regulação no exterior; III – a inexistência de substituto terapêutico com registro no Brasil.
> 4) As ações que demandem o fornecimento de medicamentos sem registro na Anvisa deverão ser necessariamente propostas em face da União.

Também, no dia 23 de maio de 2019, o mesmo STF definiu a seguinte tese de repercussão geral no RE 855.178:

> "Os entes da federação, em decorrência da competência comum, são solidariamente responsáveis nas demandas prestacionais na área da saúde e, diante dos critérios constitucionais de descentralização e hierarquização, compete à autoridade judicial direcionar o cumprimento conforme as regras de repartição de competências e determinar o ressarcimento a quem suportou o ônus financeiro".

De outro lado, para o usuário do serviço público de saúde, há princípio da universalidade, também previsto na CF/88, já que todos indistintamente têm direito a prestação de saúde pelo Estado, independentemente da classe econômica e outros critérios em geral. São estes, portanto, os dois princípios que regem a questão da saúde no plano constitucional e legal:

> Art. 196. A saúde é direito de todos e dever do Estado, garantido mediante políticas sociais e econômicas que visem à redução do risco de doença e de outros agravos e ao acesso universal e igualitário às ações e serviços para sua promoção, proteção e recuperação. (...)

Sobre a previsão, vale destaque o uso da forma nominal do verbo "garantir" no particípio ("garantido"), e não no gerúndio "garantindo". Isso indica, inegavelmente, que tal direito público e de todos (direito à saúde) é presente e atual, não apenas programático e futuro.[9]

Aliás, conforme a melhor doutrina, "todas as normas constitucionais são verdadeiras normas jurídicas e desempenham uma função útil no ordenamento. A nenhuma norma constitucional pode-se dar uma interpretação que lhe retire ou diminua a razão de ser. Considerando os princípios da força normativa da Constituição e da ótima concretização da norma, à norma constitucional deve ser atribuído o sentido que maior eficácia lhe dê, especialmente quando se trata de norma instituidora de direitos e garantias fundamentais".[10]

> Art. 198. As ações e serviços públicos de saúde integram uma rede regionalizada e hierarquizada e constituem um sistema único, organizado de acordo com as seguintes diretrizes: I - descentralização, com direção única em cada esfera de governo; II - atendimento integral, com prioridade para as atividades preventivas, sem prejuízo dos serviços assistenciais; III - participação da comunidade. § 1º. O sistema único de saúde será financiado, nos termos do art. 195, com recursos do orçamento da seguridade social, da União, dos Estados, do Distrito Federal e dos Municípios, além de outras fontes.

Enfim, a saúde ou a boa saúde é a garantia ou condição para os demais direitos, o que faz dela um direito subjetivo ainda mais essencial, devendo o Estado garanti-lo a todos, de forma universal e com a maior eficácia possível, em termos de prevenção especialmente.

Aliás, em termos de prevenção, deve-se anotar que a vacinação é fundamental. Na atual pandemia (coronavírus), a corrida mundial pela vacina foi acompanhada por todo planeta. As nações, conforme suas condições científicas e recursos financeiros, ou desenvolveram suas próprias vacinas (EUA, China, Rússia, Inglaterra) ou entraram nas filas de compra (Brasil, Espanha, Argentina, Itália). Por aqui, houve um problema que agravou esse processo, qual seja, a

---

9. Cf. DA SILVA, José Afonso. *Comentário contextual à Constituição*. Ed. Malheiros, 2010. 7. Ed. P. 782.

10. PIOVESAN, Flávia. *Direitos humanos e direito constitucional internacional*. Ed. Max Limonad. 5. Ed. 2008. P. 82.

politização das vacinas, com graves impactos na diplomacia e, por consequência, no fornecimento de insumos para a produção local.

Não por acaso, além de apuração na citada *CPI da COVID*, o STF também se dedicou ao tema, especialmente ao aspecto da obrigatoriedade da vacinação. De fato, segundo foi noticiado, "Plenário decide que vacinação compulsória contra Covid-19 é constitucional".[11]

Após anunciadas as opções de vacinas pelos laboratórios internacionais e nacionais, uma avalanche de *fakenews* foi capaz de criar uma certa resistência popular, quase que ideológica, à vacinação. O próprio Presidente da República Jair M. Bolsonaro chegou a dizer publicamente que não tomaria vacina nenhuma.

Diante do dilema, o STF teve de se pronunciar:

> O Plenário do Supremo Tribunal Federal (STF) decidiu que o Estado pode determinar aos cidadãos que se submetam, compulsoriamente, à vacinação contra a Covid-19, prevista na Lei 13.979/2020. De acordo com a decisão, o Estado pode impor aos cidadãos que recusem a vacinação as medidas restritivas previstas em lei (multa, impedimento de frequentar determinados lugares, fazer matrícula em escola), mas não pode fazer a imunização à força. Também ficou definido que os estados, o Distrito Federal e os municípios têm autonomia para realizar campanhas locais de vacinação. O entendimento foi firmado no julgamento conjunto das Ações Diretas de Inconstitucionalidade (ADIs) 6586 e 6587, que tratam unicamente de vacinação contra a Covid-19, e do Recurso Extraordinário com Agravo (ARE) 1267879, em que se discute o direito à recusa à imunização por convicções filosóficas ou religiosas. O exame da matéria foi iniciado na sessão de ontem (16/12/20), com o voto do ministro Ricardo Lewandowski, relator das ADIs. Direito coletivo. Em seu voto, apresentado na sessão de hoje, o ministro Luís Roberto Barroso, relator do ARE 1267879, destacou que, embora a Constituição Federal proteja o direito de cada cidadão de manter suas convicções filosóficas, religiosas, morais e existenciais, os direitos da sociedade devem prevalecer sobre os direitos individuais. Com isso, o Estado pode, em situações excepcionais, proteger as pessoas, mesmo contra sua vontade - como, por exemplo, ao obrigar o uso de cinto de segurança. Para Barroso, não são legítimas as escolhas individuais que atentem contra os direitos de terceiros. Ele lembrou que a vacinação em massa é responsável pela erradicação de uma série de doenças, mas, para isso, é necessário imunizar uma parcela significativa da população, a fim de atingir a chamada imunidade de rebanho. O ministro

11. Portal STF, http://portal.stf.jus.br/processos, acesso em 19/12/20.

também manifestou- se pela constitucionalidade da vacinação obrigatória, desde que o imunizante esteja devidamente registrado por órgão de vigilância sanitária, esteja incluído no Plano Nacional de Imunização (PNI), tenha sua obrigatoriedade incluída em lei ou tenha sua aplicação determinada pela autoridade competente. Meios indiretos (...) Em relação à recusa em vacinar os filhos, o ministro afirmou que a liberdade de crença filosófica e religiosa dos pais não pode ser imposta às crianças, pois o poder da família não existe como direito ilimitado para dirigir o direito dos filhos, mas sim para proteger as crianças contra riscos decorrentes da vulnerabilidade em que se encontram durante a infância e a adolescência. (...) Complexo de direitos. Segundo a ministra Rosa Weber, eventuais restrições às liberdades individuais decorrentes da aplicação das medidas legais aos que recusarem a vacina são imposições do próprio complexo constitucional de direitos, que exige medidas efetivas para a proteção à saúde e à vida. "Diante de uma grave e real ameaça à vida do povo, não há outro caminho a ser trilhado, à luz da Constituição, senão aquele que assegura o emprego dos meios necessários, adequados e proporcionais para a preservação da vida humana", argumentou. Solidariedade. Ao acompanhar os relatores, a ministra Cármen Lúcia defendeu a prevalência do princípio constitucional da solidariedade, pois o direito à saúde coletiva se sobrepõe aos direitos individuais. "A Constituição não garante liberdades às pessoas para que elas sejam soberanamente egoístas", disse. O ministro Gilmar Mendes observou que, enquanto a recusa de um adulto a determinado tratamento terapêutico representa o exercício de sua liberdade individual, ainda que isso implique sua morte, o mesmo princípio não se aplica à vacinação, pois, neste caso, a prioridade é a imunização comunitária. Também para o ministro Marco Aurélio, como está em jogo a saúde pública, um direito de todos, a obrigatoriedade da vacinação é constitucional. "Vacinar-se é um ato solidário, considerados os concidadãos em geral", disse. (...) Teses: A tese de repercussão geral fixada no ARE 1267879 foi a seguinte: "É constitucional a obrigatoriedade de imunização por meio de vacina que, registrada em órgão de vigilância sanitária, tenha sido incluída no plano nacional de imunizações; ou tenha sua aplicação obrigatória decretada em lei; ou seja objeto de determinação da União, dos estados, do Distrito Federal ou dos municípios com base em consenso médico-científico. Em tais casos, não se caracteriza violação à liberdade de consciência e de convicção filosófica dos pais ou responsáveis, nem tampouco ao poder familiar". Nas ADIs, foi fixada a seguinte tese: (I) A vacinação compulsória não significa vacinação forçada, facultada a recusa do usuário, podendo, contudo, ser implementada por meio de medidas indiretas, as quais compreendem, dentre outras, a restrição ao exercício de certas atividades ou à frequência de determinados lugares, desde que previstas em lei, ou dela

> decorrentes, e tenham como base evidências científicas e análises estratégicas pertinentes, venham acompanhadas de ampla informação sobre a eficácia, segurança e contraindicações dos imunizantes, respeitem a dignidade humana e os direitos fundamentais das pessoas; atendam aos critérios de razoabilidade e proporcionalidade; e sejam as vacinas distribuídas universal e gratuitamente. (II) Tais medidas, com as limitações expostas, podem ser implementadas tanto pela União como pelos estados, pelo Distrito Federal e pelos municípios, respeitadas as respectivas esferas de competência.

Assim, em resumo, a Suprema Corte entendeu que a vacina é obrigatória no sentido de autorizar a imposição de restrições àqueles que se recusarem ao procedimento de vacinação. São restrições relativas "ao exercício de certas atividades ou à frequência de determinados lugares", com as cautelas e condições acima expostas. Em outras palavras, ninguém será conduzido compulsoriamente para os postos de vacinação ou presos por desobediência, mas poderão sofrer restrições no exercício de alguns direitos.

Por fim, vale a pena trazer aqui a decisão da Min. Rosa Weber (STF), que determinou à União que reestabelecesse os leitos de UTI/COVID anteriormente aberto nos Estados, no sentido de evitar retrocessos durante a segunda onda da crise sanitária.

Segundo notícia do próprio Tribunal, "a ministra Rosa Weber, do Supremo Tribunal Federal (STF), determinou à União que analise, imediatamente, pedidos de habilitação de novos leitos de UTI formulados pelos Estados do Maranhão, São Paulo e Bahia, junto ao Ministério da Saúde, para o enfrentamento da Covid-19. A relatora também determinou que a União restabeleça nesses estados, de forma imediata e proporcional às outras unidades federativas, os leitos de UTI destinados ao tratamento da Covid-19, caso custeados pelo Ministério da Saúde até dezembro de 2020, mas que tiveram leitos reduzidos nos meses de janeiro e fevereiro de 2021".[12]

Na decisão monocrática, a Ministra destaca a função dos entes federativos na prestação do direito à saúde e os necessários deveres de colaboração e de lealdade que devem existir entre eles:[13]

12. Disponível em http://portal.stf.jus.br/noticias, com acesso em 22/05/21.
13. Disponível em http://portal.stf.jus.br/noticias, com acesso em 22/05/21.

Rosa Weber determinou, ainda, que a União preste suporte técnico e financeiro para a expansão da rede de UTIs nos estados requerentes, de forma proporcional às outras unidades federativas, em caso de evolução da pandemia. A decisão, a ser referendada pelo Plenário da Corte, foi tomada nas Ações Cíveis Originárias (ACOs) 3473 (MA), 3474 (SP) e 3475 (BA), em que a relatora concedeu tutela de urgência.

Redução de leitos. Os estados alegam que a União abandonou o custeio da manutenção dos leitos de UTI destinados ao tratamento da Covid-19. Argumentam que apesar do notório aumento das taxas de internação pelo novo coronavírus, o número de leitos custeados pela União está sendo reduzido sem justificativa razoável nos últimos meses. Com base em dados do Conselho Nacional de Secretários de Saúde, os autores das ações afirmam que em janeiro de 2021 havia 7.017 leitos de financiados pelo Ministério da Saúde e, em fevereiro, 3.187 leitos, contra os 12.003 leitos habilitados em dezembro de 2020.

Lealdade federativa. Nas ACOs, os estados sustentam que estão sofrendo ônus financeiro que não conseguem suportar, diante dos prejuízos causados à população pela privação dos serviços essenciais de saúde pública. Por essa razão, seus procuradores apontam violação ao acesso igualitário às ações e serviços de saúde, conforme previsão constitucional (artigos 6º, 197 e 198). Também ressaltam a competência comum dos entes federados para desenvolver políticas destinadas à promoção, à proteção e à recuperação da saúde (artigo 23, II), alegando que a União deve prover a autonomia e o financiamento dos entes subnacionais na execução e formulação de políticas sanitárias.

Retrocesso não aceitável. Para a ministra Rosa Weber, não é constitucionalmente aceitável qualquer retrocesso nas políticas públicas de saúde, como ocorre com o decréscimo no número de leitos de UTI custeados pela União. A relatora salientou que o recrudescimento das taxas de contaminação, internação e letalidade em decorrência da pandemia da Covid-19 é incontroverso e notório, além de o momento atual se mostrar ainda mais desafiador diante das evidências científicas de novas cepas, mutações e variantes do coronavírus.

A ministra citou diversos precedentes da Corte que, à luz da Constituição Federal, repelem medidas de improviso e sem comprovação científica para combater a pandemia. A ministra Rosa Weber lembrou o julgamento da ADI 6341, no qual o STF entendeu que a solução de conflitos sobre o exercício da competência deve pautar-se pela melhor realização do direito à saúde, amparada em evidências científicas e nas recomendações da Organização Mundial da Saúde (OMS). Em sua decisão, a relatora também afirmou que compete à União planejar e promover a defesa permanente contra as calamidades públicas

(ADPF 756, ADI 6.586 e 6.587). A seu ver, em tema de saúde coletiva, o federalismo de cooperação impõe ao governo federal atuar como ente central no planejamento e coordenação de ações integradas, em especial de segurança sanitária e epidemiológica no enfrentamento à pandemia da Covid-19, inclusive no tocante ao financiamento e apoio logístico aos órgãos regionais e locais de saúde pública (ADPF 672).

Atos administrativos. Para a ministra Rosa Weber, a omissão e a negligência com a saúde coletiva dos brasileiros "têm como consequências esperadas, além das mortes que poderiam ser evitadas, o comprometimento, muitas vezes crônico, das capacidades físicas dos sobreviventes que são significativamente subtraídos em suas esferas de liberdades". Portanto, a relatora concluiu que é de se exigir do governo federal que suas ações sejam respaldadas por critérios técnicos e científicos, e que sejam implantadas as políticas públicas, a partir de atos administrativos lógicos e coerentes.

2.3.2 Lei do Sistema Único de Saúde SUS (Lei nº 8.080/90)

A Lei que regulamenta o Sistema Único de Saúde (SUS), a Lei nº 8.080/90, definiu as competências administrativas dos Entes da Federação, para a prestação do serviço público de saúde, o que não reduz ou mitiga a solidariedade da responsabilização, a partir do reconhecimento do direito fundamental à saúde:

> Art. 2º A saúde é um direito fundamental do ser humano, devendo o Estado prover as condições indispensáveis ao seu pleno exercício.
>
> § 1º O dever do Estado de garantir a saúde consiste na formulação e execução de políticas econômicas e sociais que visem à redução de riscos de doenças e de outros agravos e no estabelecimento de condições que assegurem acesso universal e igualitário às ações e aos serviços para a sua promoção, proteção e recuperação.
>
> § 2º O dever do Estado não exclui o das pessoas, da família, das empresas e da sociedade.

A Lei também define o que seria esse sistema único, antes de estabelecer seus objetivos e as competências: "O conjunto de ações e serviços de saúde, prestados por órgãos e instituições públicas federais, estaduais e municipais, da Administração direta e indireta e das fundações mantidas pelo Poder Público, constitui o Sistema Único de Saúde (SUS)" – art. 4º, *caput.*

> Art. 5º São objetivos do Sistema Único de Saúde SUS:
>
> I - a identificação e divulgação dos fatores condicionantes e determinantes da saúde;

> II - a formulação de política de saúde destinada a promover, nos campos econômico e social, a observância do disposto no § 1º do art. 2º desta lei;
> III - a assistência às pessoas por intermédio de ações de promoção, proteção e recuperação da saúde, com a realização integrada das ações assistenciais e das atividades preventivas.

O sistema único compreende, além de um conjunto de regras e princípios, o anúncio de ações e atividades voltadas à efetivação dos objetivos atribuídos ao mesmo modelo[14].

> Art. 6º Estão incluídas ainda no campo de atuação do Sistema Único de Saúde (SUS):
> I - a execução de ações: a) de vigilância sanitária; b) de vigilância epidemiológica; c) de saúde do trabalhador; e d) de assistência terapêutica integral, inclusive farmacêutica;
> II - a participação na formulação da política e na execução de ações de saneamento básico; (...)
> VI - a formulação da política de medicamentos, equipamentos, imunobiológicos e outros insumos de interesse para a saúde e a participação na sua produção;
> VII - o controle e a fiscalização de serviços, produtos e substâncias de interesse para a saúde;
> VIII - a fiscalização e a inspeção de alimentos, água e bebidas para consumo humano; (...)

---

14. Art. 6º Estão incluídas ainda no campo de atuação do Sistema Único de Saúde (SUS):
I - a execução de ações:
a) de vigilância sanitária;
b) de vigilância epidemiológica;
c) de saúde do trabalhador; e
d) de assistência terapêutica integral, inclusive farmacêutica;
II - a participação na formulação da política e na execução de ações de saneamento básico;
III - a ordenação da formação de recursos humanos na área de saúde;
IV - a vigilância nutricional e a orientação alimentar;
V - a colaboração na proteção do meio ambiente, nele compreendido o do trabalho;
VI - a formulação da política de medicamentos, equipamentos, imunobiológicos e outros insumos de interesse para a saúde e a participação na sua produção;
VII - o controle e a fiscalização de serviços, produtos e substâncias de interesse para a saúde;
VIII - a fiscalização e a inspeção de alimentos, água e bebidas para consumo humano;
IX - a participação no controle e na fiscalização da produção, transporte, guarda e utilização de substâncias e produtos psicoativos, tóxicos e radioativos;
X - o incremento, em sua área de atuação, do desenvolvimento científico e tecnológico;
XI - a formulação e execução da política de sangue e seus derivados.

Ademais, deve-se anotar que o trato jurídico da saúde pelo Estado segue alguns princípios a partir do que define e estabelece a Constituição Federal de 1988[15]. Dentre aqueles mais relevantes, podemos destacar a universalidade do atendimento e a observância da autonomia da pessoa e dos direitos à igualdade e à informação.

> Art. 7º As ações e serviços públicos de saúde e os serviços privados contratados ou conveniados que integram o Sistema Único de Saúde (SUS), são desenvolvidos de acordo com as diretrizes previstas no art. 198 da Constituição Federal, obedecendo ainda aos seguintes princípios: I - universalidade de acesso aos serviços de saúde em todos os níveis de assistência; (...) III - preservação da autonomia das pessoas na defesa de sua integridade física e moral; IV - igualdade da assistência à saúde, sem preconceitos ou privilégios de qualquer espécie; V - direito à informação, às pessoas assistidas, sobre sua saúde; (...) VIII - participação da comunidade; IX - descentralização político-administrativa, com direção única em cada esfera de governo: a) ênfase na descentralização dos serviços para os municípios; b) regionalização e hierarquização da rede de serviços de saúde; (...) XIV – organização de atendimento público específico e especializado para mulheres e vítimas de

---

15. Lei nº 8.080/90, Art. 7º As ações e serviços públicos de saúde e os serviços privados contratados ou conveniados que integram o Sistema Único de Saúde (SUS), são desenvolvidos de acordo com as diretrizes previstas no art. 198 da Constituição Federal, obedecendo ainda aos seguintes princípios:

I - universalidade de acesso aos serviços de saúde em todos os níveis de assistência;

II - integralidade de assistência, entendida como conjunto articulado e contínuo das ações e serviços preventivos e curativos, individuais e coletivos, exigidos para cada caso em todos os níveis de complexidade do sistema;

III - preservação da autonomia das pessoas na defesa de sua integridade física e moral;

IV - igualdade da assistência à saúde, sem preconceitos ou privilégios de qualquer espécie;

V - direito à informação, às pessoas assistidas, sobre sua saúde;

VI - divulgação de informações quanto ao potencial dos serviços de saúde e a sua utilização pelo usuário;

VII - utilização da epidemiologia para o estabelecimento de prioridades, a alocação de recursos e a orientação programática;

VIII - participação da comunidade;

IX - descentralização político-administrativa, com direção única em cada esfera de governo:

a) ênfase na descentralização dos serviços para os municípios;

b) regionalização e hierarquização da rede de serviços de saúde;

X - integração em nível executivo das ações de saúde, meio ambiente e saneamento básico;

XI - conjugação dos recursos financeiros, tecnológicos, materiais e humanos da União, dos Estados, do Distrito Federal e dos Municípios na prestação de serviços de assistência à saúde da população;

XII - capacidade de resolução dos serviços em todos os níveis de assistência; e

XIII - organização dos serviços públicos de modo a evitar duplicidade de meios para fins idênticos.

XIV – organização de atendimento público específico e especializado para mulheres e vítimas de violência doméstica em geral, que garanta, entre outros, atendimento, acompanhamento psicológico e cirurgias plásticas reparadoras, em conformidade com a Lei nº 12.845, de 1º de agosto de 2013. (Redação dada pela Lei nº 13.427, de 2017)

> violência doméstica em geral, que garanta, entre outros, atendimento, acompanhamento psicológico e cirurgias plásticas reparadoras, em conformidade com a Lei nº 12.845, de 1º de agosto de 2013. (Redação dada pela Lei nº 13.427, de 2017)

Quanto às competências administrativas, notamos uma divisão das atribuições segundo a amplitude das atividades e políticas executadas por cada Ente da Federação, priorizando-se as atividades preventivas.

Assim, "à direção nacional do Sistema Único da Saúde (SUS) compete (art. 16): (...) III - definir e coordenar os sistemas: a) de redes integradas de assistência de alta complexidade; b) de rede de laboratórios de saúde pública; c) de vigilância epidemiológica; e d) vigilância sanitária; IV - participar da definição de normas e mecanismos de controle, com órgão afins, de agravo sobre o meio ambiente ou dele decorrentes, que tenham repercussão na saúde humana; (...) Parágrafo único. A União poderá executar ações de vigilância epidemiológica e sanitária em circunstâncias especiais, como na ocorrência de agravos inusitados à saúde, que possam escapar do controle da direção estadual do Sistema Único de Saúde (SUS) ou que representem risco de disseminação nacional.

Por outro lado, os Estados e o Distrito Federal são responsáveis pela adoção de políticas regionais, com atuação supletiva em relação à atividade dos Municípios. "À direção estadual do Sistema Único de Saúde (SUS) compete: I - promover a descentralização para os Municípios dos serviços e das ações de saúde; (...) III - prestar apoio técnico e financeiro aos Municípios e executar supletivamente ações e serviços de saúde; VI - participar da formulação da política e da execução de ações de saneamento básico; (...)".

Agora, aos Municípios compete a prestação direta e imediata dos serviços de saúde, com apoio dos Estados e da União. Portanto, "à direção municipal do Sistema de Saúde (SUS) compete: I - planejar, organizar, controlar e avaliar as ações e os serviços de saúde e gerir e executar os serviços públicos de saúde; II - participar do planejamento, programação e organização da rede regionalizada e hierarquizada do Sistema Único de Saúde (SUS), em articulação com sua direção estadual; (...) IV - executar serviços: a) de vigilância epidemiológica; b) vigilância sanitária; c) de alimentação e nutrição; d) de saneamento básico; e e) de saúde do trabalhador; V - dar execução, no âmbito municipal, à política de insumos e equipamentos para a saúde;"(...).

Por fim, deve-se anotar que "ao Distrito Federal competem as atribuições reservadas aos Estados e aos Municípios" (art. 19).

Enfim, conforme se conclui da análise acima, a Lei nº 8.080/90 especifica algumas atividades a serem desenvolvidas pelos Entes da Federação, de forma harmoniosa e articulada, no sentido de dar sentido ao sistema que promete ser único.

Por derradeiro, devemos lembrar que Lei recente impõe que o Sistema Único de Saúde – SUS promova cirurgia plástica reparadora de sequelas de lesões causadas por atos de violência contra a mulher (Lei nº 13.239/15).

Por essa Lei, "são obrigatórias, nos serviços do SUS, próprios, contratados e conveniados, a oferta e a realização de cirurgia plástica reparadora de sequelas de lesões causadas por atos de violência contra a mulher" (art. 1º). E, com olhar prático, a mesma Lei diz que "os hospitais e os centros de saúde pública, ao receberem vítimas de violência, deverão informá-las da possibilidade de acesso gratuito à cirurgia plástica para reparação das lesões ou sequelas de agressão comprovada" (art. 3º, *caput*).

2.3.3 Direito à saúde de grupos específicos

O direito à saúde tem aspecto universal e deve ser promovida de forma igual a todos. Contudo, alguns grupos de pessoas, por questões pessoais ou circunstanciais, merecem redobrada atenção e cuidado.

2.3.3.1 Saúde das pessoas com deficiência

Sobre as **pessoas com deficiência**, a doutrina moderna, sem desconsiderar ou ignorar as questões pessoais, tem colocado o foco mais na responsabilidade da sociedade que propriamente nas limitações da pessoa com deficiência, no sentido de obrigá-la a promover cuidado, inclusão e acessibilidade. Esse foi o espírito do recente aprovado "Estatuto da pessoa com deficiência" (Lei 13.146/15). Para ela, não seria a pessoa a portadora de limitações, mas a sociedade a responsável por não as superar ou não as compensar.

Nessa linha foi a recente decisão do Superior Tribunal de Justiça[16]:

16. (...) 5. A Convenção Internacional sobre os Direitos das Pessoas com Deficiência - incorporada ao ordenamento pátrio com status de emenda constitucional - alçou a acessibilidade a princípio geral a ser observado pelos Estados Partes, atribuindo-lhe, também, o caráter de direito humano fundamental, sob a visão de que a deficiência não se trata de um problema na pessoa a ser curado, mas de um problema na sociedade, que impõe barreiras que limitam ou até mesmo impedem o pleno desempenho dos papeis sociais (o denominado "modelo social da deficiência").

6. Nessa linha, a Lei 13.146/2015 (Lei Brasileira de Inclusão da Pessoa com Deficiência - LBI) define a acessibilidade como "possibilidade e condição de alcance para utilização, com segurança e autonomia, de espaços, mobiliários, equipamentos urbanos, edificações, transportes, informação e comunicação,

> (...) 5. A Convenção Internacional sobre os Direitos das Pessoas com Deficiência - incorporada ao ordenamento pátrio com *status* de emenda constitucional - alçou a acessibilidade a princípio geral a ser observado pelos Estados Partes, atribuindo-lhe, também, o caráter de direito humano fundamental, sob a visão de que a deficiência não se trata de um problema na pessoa a ser curado, mas de um problema na sociedade, que impõe barreiras que limitam ou até mesmo impedem o pleno desempenho dos papeis sociais (o denominado "modelo social da deficiência"). (...) (REsp nº 1733468/MG, Rel. Min. Nancy Andrighi, julgamento em 19/06/2018).

Ademais, a Lei nº 13.146/15 - Estatuto da Pessoa com Deficiência – promoveu uma verdadeira virada de paradigmas na abordagem do tema. A pessoa com deficiência deixou de ser tratada como um sujeito incapaz e doente, digno de interdição e intervenção, para assumir posições concretas de independência e liberdade.

Realmente, os artigos 6º, 7º[17] e 8º representam bem essa revolução no trato da matéria:

---

inclusive seus sistemas e tecnologias, bem como de outros serviços e instalações abertos ao público, de uso público ou privados de uso coletivo, tanto na zona urbana como na rural, por pessoa com deficiência ou com mobilidade reduzida" (art. 3º, I). E mais, dispõe expressamente tratar-se a acessibilidade um direito da pessoa com deficiência, que visa garantir ao indivíduo "viver de forma independente e exercer seus direitos de cidadania e de participação social" (art. 53).

7. A acessibilidade no transporte coletivo é de nodal importância para a efetiva inclusão das pessoas com deficiência, pois lhes propicia o exercício da cidadania e dos direitos e liberdades individuais, interligando-as a locais de trabalho, lazer, saúde, dentre outros. Sem o serviço adequado e em igualdade de oportunidades com os demais indivíduos, as pessoas com deficiência ficam de fora dos espaços urbanos e interações sociais, o que agrava ainda mais a segregação que historicamente lhes é imposta.

8. Hipótese em que a recorrente, enquanto concessionária de serviço público e atora social, falhou bruscamente no seu dever de promoção da integração e inclusão da pessoa com deficiência, indo na contramão do movimento social-jurídico que culminou na promulgação da Convenção e, no plano interno, na elaboração da LBI.

9. Consoante destacou o acórdão recorrido, houveram sucessivas falhas na prestação do serviço, a exemplo do não funcionamento do elevador de acesso aos ônibus e do tratamento discriminatório dispensado ao usuário pelos prepostos da concessionária. A renitência da recorrente em fornecer o serviço ao recorrido é de tal monta que se chegou à inusitada situação de o usuário "precisar se esconder e pedir a outra pessoa dar o sinal, pois o motorista do ônibus não pararia se o visse no ponto".

10. Nesse cenário, o dano moral, entendido como lesão à esfera dos direitos da personalidade do indivíduo, sobressai de forma patente. As barreiras físicas e atitudinais impostas pela recorrente e seus prepostos repercutiram na esfera da subjetividade do autor-recorrido, restringindo, ainda, seu direito à mobilidade.

11. Não há se falar em redução do quantum compensatório, estimado pelo Tribunal de origem em R$ 25.000,00 (vinte e cinco mil reais), diante da gravidade da agressão à dignidade do recorrido enquanto ser humano. (...) (REsp nº 1733468/MG, Rel. Min. Nancy Andrighi, julgamento em 19/06/2018).

17. Art. 6º A deficiência não afeta a plena capacidade civil da pessoa, inclusive para:

I - casar-se e constituir união estável;

II - exercer direitos sexuais e reprodutivos;

> Art. 8º É dever do Estado, da sociedade e da família assegurar à pessoa com deficiência, com prioridade, a efetivação dos direitos referentes à vida, à saúde, à sexualidade, à paternidade e à maternidade, à alimentação, à habitação, à educação, à profissionalização, ao trabalho, à previdência social, à habilitação e à reabilitação, ao transporte, à acessibilidade, à cultura, ao desporto, ao turismo, ao lazer, à informação, à comunicação, aos avanços científicos e tecnológicos, à dignidade, ao respeito, à liberdade, à convivência familiar e comunitária, entre outros decorrentes da Constituição Federal, da Convenção sobre os Direitos das Pessoas com Deficiência e seu Protocolo Facultativo e das leis e de outras normas que garantam seu bem-estar pessoal, social e econômico.

Aliás, é sabido que a mesma lei promoveu substancial mudança no Código Civil, quanto à capacidade civil e os atos de autodeterminação (Cf. artigo 114).

Ainda, diz a lei (Lei nº 13.146/15 - Estatuto da Pessoa com Deficiência) que:

> Art. 10. Compete ao poder público garantir a dignidade da pessoa com deficiência ao longo de toda a vida. Parágrafo único. Em situações de risco, emergência ou estado de calamidade pública, a pessoa com deficiência será considerada vulnerável, devendo o poder público adotar medidas para sua proteção e segurança.

Sobre o tema aqui proposto e em análise, vale mencionar que o Brasil adota a *Convenção pelo Direito das Pessoas com Deficiência* que enaltece a dignidade humana, a independência, a igualdade e a plena acessibilidade:

> "A fim de possibilitar às pessoas com deficiência viver com autonomia e participar plenamente de todos os aspectos da vida, os Estados Partes deverão tomar as medidas apropriadas para assegurar-lhes o acesso, em igualdade de oportunidades com as demais pessoas, ao meio físico, ao transporte, à informação e comunicação, inclusive aos sistemas e tecnologias da informação e

---

III - exercer o direito de decidir sobre o número de filhos e de ter acesso a informações adequadas sobre reprodução e planejamento familiar;

IV - conservar sua fertilidade, sendo vedada a esterilização compulsória;

V - exercer o direito à família e à convivência familiar e comunitária; e

VI - exercer o direito à guarda, à tutela, à curatela e à adoção, como adotante ou adotando, em igualdade de oportunidades com as demais pessoas. Art. 7º É dever de todos comunicar à autoridade competente qualquer forma de ameaça ou de violação aos direitos da pessoa com deficiência. Parágrafo único. Se, no exercício de suas funções, os juízes e os tribunais tiverem conhecimento de fatos que caracterizem as violações previstas nesta Lei, devem remeter peças ao Ministério Público para as providências cabíveis.

> comunicação, bem como a outros serviços e instalações abertos ou propiciados ao público, tanto na zona urbana como na rural ...." (art. 9º)
> "Os Estados Partes reconhecem o direito das pessoas com deficiência a um padrão adequado de vida para si e para suas famílias, inclusive alimentação, vestuário e moradia adequados, bem como à melhoria constante de suas condições de vida, e deverão tomar as providências necessárias para salvaguardar e promover a realização deste direito sem discriminação baseada na deficiência.
> Os Estados Partes reconhecem o direito das pessoas com deficiência à proteção social e ao desfrute deste direito sem discriminação baseada na deficiência, e deverão tomar as medidas apropriadas para salvaguardar e promover a realização deste direito, tais como:
> (...)
> c) Assegurar o acesso de pessoas com deficiência e suas famílias em situação de pobreza à assistência do Estado em relação a seus gastos ocasionados pela deficiência, inclusive treinamento adequado, aconselhamento, ajuda financeira e cuidados de repouso;" (art. 28)

Mas, voltando ao tema da saúde da pessoa com deficiência, além da promoção dela enquanto política pública, a lei nacional ainda impõe o respeito à sua liberdade e autonomia (Lei nº 13.146/15):

> Art. 11. A pessoa com deficiência não poderá ser obrigada a se submeter a intervenção clínica ou cirúrgica, a tratamento ou a institucionalização forçada.
> Parágrafo único. O consentimento da pessoa com deficiência em situação de curatela poderá ser suprido, na forma da lei.
> Art. 12. O consentimento prévio, livre e esclarecido da pessoa com deficiência é indispensável para a realização de tratamento, procedimento, hospitalização e pesquisa científica. (...)
> Art. 18. É assegurada atenção integral à saúde da pessoa com deficiência em todos os níveis de complexidade, por intermédio do SUS, garantido acesso universal e igualitário.
> § 1º É assegurada a participação da pessoa com deficiência na elaboração das políticas de saúde a ela destinadas.
> § 2º É assegurado atendimento segundo normas éticas e técnicas, que regulamentarão a atuação dos profissionais de saúde e contemplarão aspectos relacionados aos direitos e às especificidades da pessoa com deficiência, incluindo temas como sua dignidade e autonomia.
> § 3º Aos profissionais que prestam assistência à pessoa com deficiência, especialmente em serviços de habilitação e de reabilitação, deve ser garantida capacitação inicial e continuada.
> § 4º As ações e os serviços de saúde pública destinados à pessoa com deficiência devem assegurar:
> I - diagnóstico e intervenção precoces, realizados por equipe multidisciplinar;

> II - serviços de habilitação e de reabilitação sempre que necessários, para qualquer tipo de deficiência, inclusive para a manutenção da melhor condição de saúde e qualidade de vida;
> III - atendimento domiciliar multidisciplinar, tratamento ambulatorial e internação;
> IV - campanhas de vacinação;
> V - atendimento psicológico, inclusive para seus familiares e atendentes pessoais;
> VI - respeito à especificidade, à identidade de gênero e à orientação sexual da pessoa com deficiência;
> VII - atenção sexual e reprodutiva, incluindo o direito à fertilização assistida;
> VIII - informação adequada e acessível à pessoa com deficiência e a seus familiares sobre sua condição de saúde;
> IX - serviços projetados para prevenir a ocorrência e o desenvolvimento de deficiências e agravos adicionais;
> X - promoção de estratégias de capacitação permanente das equipes que atuam no SUS, em todos os níveis de atenção, no atendimento à pessoa com deficiência, bem como orientação a seus atendentes pessoais;
> XI - oferta de órteses, próteses, meios auxiliares de locomoção, medicamentos, insumos e fórmulas nutricionais, conforme as normas vigentes do Ministério da Saúde.
> § 5º As diretrizes deste artigo aplicam-se também às instituições privadas que participem de forma complementar do SUS ou que recebam recursos públicos para sua manutenção. (...)
> Art. 26. Os casos de suspeita ou de confirmação de violência praticada contra a pessoa com deficiência serão objeto de notificação compulsória pelos serviços de saúde públicos e privados à autoridade policial e ao Ministério Público, além dos Conselhos dos Direitos da Pessoa com Deficiência.
> Parágrafo único. Para os efeitos desta Lei, considera-se violência contra a pessoa com deficiência qualquer ação ou omissão, praticada em local público ou privado, que lhe cause morte ou dano ou sofrimento físico ou psicológico.

Enfim, a saúde das pessoas com deficiência assume importância ainda maior, já que os cuidados e a recuperação são processos mais complexos e lentos. Aliás, recentemente, a Defensoria Pública paulista noticiou trabalho nesse campo:

> "Santos: Defensoria obtém liminar que determina o fornecimento de serviço de enfermagem noturna a adolescente com paralisia cerebral.
>
> A Defensoria Pública de SP obteve uma decisão judicial que obriga o Estado e o Município de Santos a fornecerem o serviço de enfermagem noturna a um adolescente. Hoje com 13 anos, Matheus (nome fictício), nasceu com paralisia cerebral grave de 2º grau tetra espástico e epilepsia, e sempre precisou de atendimentos multidisciplinares.

> Em razão de demandas judiciais anteriores, o jovem já vinha recebendo serviços de fisioterapia e fonoaudiologia e utiliza bomba de infusão, fraldas especiais e medicamentos de uso contínuo. Porém, ainda havia a necessidade de ser fornecida a enfermagem noturna. A responsável por cuidar de Matheus é sua avó, de 68 anos.
> Laudo médico anexado ao pedido dá conta de que o jovem 'necessita de cuidador de enfermagem 24 horas por dia continuamente, por risco de morte'. Na ação, o Defensor Público Thiago Santos de Souza destacou que atualmente, sem a enfermagem noturna, a avó de Matheus se encarrega, sozinha, de proceder a broncoaspiração no jovem. 'Porém, embora a guardiã não depreenda esforços para cuidar de Matheus, é imprescindível o profissional de enfermagem no período noturno', afirmou o Defensor.
> Thiago de Souza argumentou que o fornecimento de enfermagem noturna constitui direito constitucional, uma vez que a saúde é direito universal e de responsabilidade do Poder Público. 'A obrigação imposta às rés também decorre de texto constitucional (art. 196), que lhe impõe o dever de garantir a saúde de todos, promovendo-a não só através de disponibilização de hospitais, médicos, enfermeiros, mas, também, de políticas preventivas, como a da enfermagem noturna.'
> Em sua decisão, a Juíza Lívia Maria de Oliveira Costa entendeu que os relatórios dos profissionais que instruíram o pedido demonstram a necessidade dos cuidados de enfermagem 24 horas por dia, sob pena risco de morte. Assim, deferiu a liminar, determinando que os réus providenciem o serviço pleiteado" (Disponível em https://www.defensoria.sp.def.br/dpesp, datado de 05/07/2019, acesso em 12/07/2019).

Portanto, o que se pode concluir é que o Estado deve prover a pessoa com deficiência e também a sociedade de meios eficientes de redução das limitações e de promoção da dignidade humana.

Nesse ponto, devemos atualizar o texto com referência à Lei nº 14.126/2021, ao prever que "fica a visão monocular classificada como deficiência sensorial, do tipo visual, para todos os efeitos legais" (art. 1º, *caput*).

Por fim, oportuno é o tema da **pessoa com o vírus da imunodeficiência humana (HIV) e dos doentes de aids**, considerada pessoa com deficiência. Ademais, desde o ano de 1996, por conta da Lei nº 9.313/96, ela tem direito de receber, gratuitamente, do Sistema Único de Saúde (SUS), "toda a medicação necessária a seu tratamento" (art. 1º). Em 2014, foi editada a Lei nº 12.984/14, que criminaliza condutas "discriminatórias contra o portador do HIV e o doente de aids, em razão da sua condição de portador ou de doente".

Mais recentemente, a Lei nº 13.847/19 dispensa a pessoa com HIV/aids da reavaliação pericial para fins de manutenção dos benefícios previdenciários, tal como a aposentadoria por invalidez.

Aliás, vale a pena mencionar e sugere-se aplicar: a mesma dispensa deve ser estendida para todos os outros fins, ou seja, para todos os benefícios fundados na existência do HIV/aids, pois como é sabido a pessoa com HIV, com o devido tratamento, controla os efeitos do vírus, mas não se livra dele, o que, por si só, já seria suficiente para dispensar as reavaliações periódicas e evitar novos constrangimentos.

Por exemplo, em alguns Municípios, as empresas concessionárias de transporte coletivo urbano exigiam reavaliações periódicas para fins de concessão da gratuidade do transporte, o que pode ser combatido também com fulcro na nova lei, já que o fundamento da medida é permanente e, em tese, irreversível.

2.3.3.2 Saúde da pessoa idosa

Quanto **aos idosos,** o tema da saúde em geral e da saúde pública assume papel de relevo e importância. É que o tempo traz ganhos à mente, mas desgaste ao corpo. O funcionamento das células – ensina a biologia – libera substâncias ruins, cujo acúmulo leva ao envelhecimento celular, dos órgãos e do corpo como um todo. Assim, a experiência da vida é fantástica, mas tem um custo ao físico do ser humano, na velocidade inversamente proporcional aos bons hábitos de cada um, em regra.

Portanto, com o tempo e esse natural processo, a família e o Estado tornam-se cada vez mais responsáveis pelos seus idosos.

Assim, segundo o Estatuto do Idoso, Lei nº 10.741/03, "é obrigação da família, da comunidade, da sociedade e do Poder Público assegurar ao idoso, com absoluta prioridade, a efetivação do direito à vida, à saúde (...)" – art. 3º.

Ademais, "é assegurada a atenção integral à saúde do idoso, por intermédio do Sistema Único de Saúde – SUS, garantindo-lhe o acesso universal e igualitário, em conjunto articulado e contínuo das ações e serviços, para a prevenção, promoção, proteção e recuperação da saúde, incluindo a atenção especial às doenças que afetam preferencialmente os idosos. (art. 15); § 1º A prevenção e a manutenção da saúde do idoso serão efetivadas por meio de: I – cadastramento da população idosa em base territorial; II – atendimento geriátrico e gerontológico em ambulatórios; III – unidades geriátricas de referência, com pessoal especializado nas áreas de geriatria e gerontologia social; IV – atendimento domiciliar, incluindo a internação, para a população que dele necessitar e esteja impossibilitada de se locomover, inclusive para idosos abrigados e acolhidos por instituições públicas, filantrópicas ou sem fins lucrativos e eventualmente conveniadas com o Poder Público, nos meios urbano e rural; V – reabilitação orientada pela geriatria e gerontologia, para redução das sequelas decorrentes do agravo da saúde; § 2º Incumbe ao Poder Público fornecer aos idosos, gratuitamente, medicamentos, especialmente os de uso continuado, assim como próteses, órteses e outros recursos relativos ao tratamento, habilitação ou reabilitação".

Também para garantir o atendimento ao idoso, o Estado deve promover o atendimento em domicílio (*home care*), não podendo se limitar a disponibilizar atendimento nos postos estabelecidos, mesmo com prioridade. É que, muitas vezes, o idoso não ostenta condições de plena locomoção. "É assegurado ao idoso enfermo o atendimento domiciliar pela perícia médica do Instituto Nacional do Seguro Social - INSS, pelo serviço público de saúde ou pelo serviço privado de saúde, contratado ou conveniado, que integre o Sistema Único de Saúde - SUS, para expedição do laudo de saúde necessário ao exercício de seus direitos sociais e de isenção tributária. (Incluído pela Lei nº 12.896, de 2013)" – art. 15, § 6º.

Vale mencionar ainda que o aumento da expectativa de vida fez com que o legislador se preocupasse com os ainda mais idosos. "Em todo atendimento de saúde, os maiores de oitenta anos terão preferência especial sobre os demais idosos, exceto em caso de emergência" (art. 15, § 7º) - (Incluído pela Lei nº 13.466, de 2017)".

Enfim, o tempo impõe cuidado e atenção.

2.3.3.3 *Saúde das crianças e dos adolescentes*

As **crianças e os adolescentes** incluem-se no grupo cuja lei dispensa a prioridade absoluta na atenção e a proteção integral no atendimento, por todos, pela família, pela sociedade e pelo Poder Público.

Segundo a doutrina clássica, "por 'absoluta prioridade' devemos entender que, a criança e o adolescente, deverão estar em primeiro lugar na escala de preocupação dos governantes; devemos entender que, primeiro, devem ser atendidas as necessidades das crianças e adolescentes (...). Por 'absoluta prioridade', entende-se que, na área administrativa, enquanto não existissem creches, escolas, postos de saúde, atendimento preventivo e emergencial às gestantes, dignas moradias e trabalho, não se deveria asfaltar as ruas, construir praças, sambódromos, monumentos artísticos, etc., porque a vida, a saúde, o lar, a prevenção de doenças são mais importantes que as obras de concreto, que ficam para demonstrar o poder do governante".[18]

A Lei nº 8.069/90 (ECA), na linha da doutrina que já se consolidava internacionalmente, impõe a máxima atenção:

> "É dever da família, da comunidade, da sociedade em geral e do poder público assegurar, com absoluta prioridade, a efetivação dos direitos referentes à vida, à saúde, à alimentação, à educação, ao esporte, ao lazer, à profissionalização, à cultura, à dignidade, ao respeito, à liberdade e à convivência familiar e comunitária.
>
> Parágrafo único. A garantia de prioridade compreende: a) primazia de receber proteção e socorro em quaisquer circunstâncias; b) precedência de atendimento nos serviços públicos ou de relevância pública; c) preferência na formulação e na execução das políticas sociais públicas; d) destinação privilegiada de recursos públicos nas áreas relacionadas com a proteção à infância e à juventude" (art. 4º).

Também, no objetivo de concretizar a previsão inicial, a mesma lei apresenta alguns aspectos práticos:

> Art. 7º A criança e o adolescente têm direito a proteção à vida e à saúde, mediante a efetivação de políticas sociais públicas que permitam o nascimento e o desenvolvimento sadio e harmonioso, em condições dignas de existência.

A Jurisprudência é farta ao prever e repetir a obrigação do Poder Público de cuidar e bem atender a criança e o adolescente:

> A dignidade da pessoa humana, notadamente a da criança e do adolescente, é tutelada pela Constituição Federal e pela Lei n. 8.069/90. Assim, é dever inafastável dos Municípios de Carangola, de São Francisco Glória, de Faria Lemos e de Fervedouro empreenderem todos os esforços que efetivem o princípio fundamental de proteção integral à criança e ao adolescente, assegurando abrigo, apoio socioeducativo, sócio familiar e assistência material, moral, médica e psicológica, nos termos do art. 227, da CF, e 4º, 6º, 7º, 15, 70, 86, 87, 88, 90 da Lei n. 8.069/90. O Poder Judiciário, no exercício de sua alta e importante missão constitucional, deve e pode impor ao Poder Executivo Municipal o cumprimento da disposição constitucional que garanta proteção integral à criança e ao adolescente, sob pena de compactuar e legitimar com omissões que maculam direitos fundamentais das crianças e adolescentes, o que é vedado pelo texto constitucional. O posicionamento adotado não macula

18. LIBERATI, Wilson Donizetti. *Comentários ao Estatuto da Criança e do Adolescente*. 1. Ed. São Paulo. Malheiros Editores, 1993, P. 16.

> o princípio constitucional da separação de poderes. O referido princípio não pode ser empregado para justificar a burla à Constituição e para contrariar o interesse público. (...) Falta interesse em resolver o problema. Enquanto nada é feito pelo Poder Executivo, a saúde, a vida, a dignidade, a integridade e a cidadania das crianças e adolescentes ficam ameaçadas e violadas. O Poder Judiciário, no exercício de sua alta e importante missão constitucional, deve e pode impor ao Poder Executivo Municipal o cumprimento da disposição constitucional que garanta proteção integral à criança e ao adolescente, sob pena de compactuar e legitimar com omissões que maculam direitos fundamentais das crianças e adolescentes, o que é vedado pelo texto constitucional. (...) A última esperança das crianças e adolescentes em situações de risco está no Poder Judiciário, e este poder não deve se furtar a cumprir a sua alta e relevante função de tutelar o texto constitucional e de proteger o cidadão e a sociedade do arbítrio estatal. (...). É "hora de atentar-se que o objetivo maior do Estado é proporcionar vida segura com o mínimo de conforto suficiente a atender ao valor maior atinente à preservação da dignidade do homem". (Precedente do STF: AGRRE 271.286-8 - RS).[19]

Aliás, os cuidados com as crianças iniciam-se desde a gestação, em pré-natal, no sentido da prevenção. "Os hospitais e demais estabelecimentos de atenção à saúde de gestantes, públicos e particulares, são obrigados a: (...) III - proceder a exames visando ao diagnóstico e terapêutica de anormalidades no metabolismo do recém-nascido, bem como prestar orientação aos pais; (...) VI - acompanhar a prática do processo de amamentação, prestando orientações quanto à técnica adequada, enquanto a mãe permanecer na unidade hospitalar, utilizando o corpo técnico já existente (Incluído pela Lei nº 13.436, de 2017)" – art. 10.[20]

Ainda devemos lembrar que nova lei visa a proteger a saúde mental ou o estado psicológico da criança e do adolescente, preservando-os de

19. TJMG, 5ª Câmara Cível, Apelação Cível nº 1.0133.05.027113-8/001, Relatora Desª. Maria Elza, D.O. 29/11/2007.

20. Art. 10. Os hospitais e demais estabelecimentos de atenção à saúde de gestantes, públicos e particulares, são obrigados a:

I - manter registro das atividades desenvolvidas, através de prontuários individuais, pelo prazo de dezoito anos;

II - identificar o recém-nascido mediante o registro de sua impressão plantar e digital e da impressão digital da mãe, sem prejuízo de outras formas normatizadas pela autoridade administrativa competente;

III - proceder a exames visando ao diagnóstico e terapêutica de anormalidades no metabolismo do recém-nascido, bem como prestar orientação aos pais;

IV - fornecer declaração de nascimento onde constem necessariamente as intercorrências do parto e do desenvolvimento do neonato;

V - manter alojamento conjunto, possibilitando ao neonato a permanência junto à mãe.

VI - acompanhar a prática do processo de amamentação, prestando orientações quanto à técnica adequada, enquanto a mãe permanecer na unidade hospitalar, utilizando o corpo técnico já existente. (Incluído pela Lei nº 13.436, de 2017)

eventual violência institucional. Trata-se da Lei nº 13.431/17 que será analisada oportunamente.

Também sobre a saúde de crianças, seja ela psicológica, seja física, a Lei nº 13.769/18 incluiu o art. 318-A no Código de Processo Penal para prever a prisão domiciliar à mulher gestante, ou que for mãe ou responsável por crianças ou pessoas com deficiência, em tese, quando estaria em prisão provisória, "desde que: I - não tenha cometido crime com violência ou grave ameaça a pessoa; II - não tenha cometido o crime contra seu filho ou dependente."

Aliás, a questão foi objeto de ***habeas corpus* coletivo** no Supremo Tribunal Federal – conforme será tratado oportunamente – e também de decisões do Superior Tribunal de Justiça (HC 506498/SP, Rel. Min. Reynaldo Soares da Fonseca, julgado em 14/05/2019):

> (...) 3. O regime jurídico da prisão domiciliar, especialmente no que pertine à proteção da integridade física e emocional da gestante e dos filhos menores de 12 anos, e as inovações trazidas pela Lei n. 13.769/2018 decorrem, indiscutivelmente, do resgate constitucional do princípio da fraternidade (Constituição Federal: preâmbulo e art. 3º). 4. Os artigos 318, 318-A e B do Código de Processo Penal (que permitem a prisão domiciliar da mulher gestante ou mãe de filhos com até 12 anos incompletos, dentre outras hipóteses) foram instituídos para adequar a legislação brasileira a um compromisso assumido internacionalmente pelo Brasil nas Regras de Bangkok. "Todas essas circunstâncias devem constituir objeto de adequada ponderação, em ordem a que a adoção da medida excepcional da prisão domiciliar efetivamente satisfaça o princípio da proporcionalidade e respeite o interesse maior da criança. Esses vetores, por isso mesmo, hão de orientar o magistrado na concessão da prisão domiciliar" (STF, HC n. 134.734/SP, relator Ministro Celso de Melo). 5. Aliás, em uma guinada jurisprudencial, o Supremo Tribunal Federal passou a admitir até mesmo o *Habeas Corpus* coletivo (Lei n. 13.300/2016) e concedeu comando geral para fins de cumprimento do art. 318, V, do Código de Processo Penal, em sua redação atual. No ponto, a orientação da Suprema Corte, no Habeas Corpus n. 143.641/SP, da relatoria do Ministro Ricardo Lewandowski, julgado em 20/2/2018, é no sentido de substituição da prisão preventiva pela domiciliar de todas as mulheres presas, gestantes, puérperas ou mães de crianças e deficientes, nos termos do art. 2º do ECA e da Convenção sobre Direitos das Pessoas com Deficiências (Decreto Legislativo 186/2008 e Lei 13.146/2015), salvo as seguintes situações: crimes praticados por elas mediante violência ou grave ameaça, contra seus descendentes ou, ainda, em situações excepcionalíssimas, as quais deverão ser devidamente fundamentadas pelos juízes que denegarem o benefício. (...)

Assim, apesar da crítica da doutrina penalista mais rigorosa, a prisão domiciliar, prevista em lei e reafirmada pela citada decisão judicial, tem por escopos principais a proteção da criança e a preservação da sua incolumidade física e moral.

Por fim, merece citação a Lei nº 14.152/21 que, durante a crise sanitária do novo coronavírus, impõe o acesso facilitado a gestantes e a puérperas aos leitos de terapia intensiva: "até a declaração oficial do término da emergência de saúde pública no Brasil decorrente da pandemia de covid-19, as gestantes e as puérperas devem ter acesso facilitado a cuidados intensivos e à internação em leitos de UTI" (art. 3º).

2.3.3.4 Saúde das pessoas em situação de rua

Outro grupo que merece atenção, especialmente diante do contexto socioeconômico do Brasil atual, incluindo o elevado desemprego e a intensa miséria dos grandes centros urbanos, é aquele das **pessoas em situação de rua.**

Aliás, o Decreto nº 7.053/09 instituiu a Política Nacional para a população em situação de rua e pontua "considera-se população em situação de rua o grupo populacional heterogêneo que possui em comum a pobreza extrema, os vínculos familiares interrompidos ou fragilizados e a inexistência de moradia convencional regular, e que utiliza os logradouros públicos e as áreas degradadas como espaço de moradia e de sustento, de forma temporária ou permanente, bem como as unidades de acolhimento para pernoite temporário ou como moradia provisória" (art. 1º, parágrafo único).

A situação de rua é talvez um dos fenômenos mais complexos do ser humano. Um desafio à antropologia e à política. E isso ocorre devido à variedade de causas e fatores. De forma muito simples, a situação de rua decorre de causas sociais, familiares, de saúde e até pessoais-ideológicas.

As **causas sociais** são aquelas relativas à extrema miséria da pessoa ou de sua família que a conduz à situação do "recurso zero", do "nada ter" em termos econômicos. Um estado de absoluta hipossuficiência financeira que obriga a pessoa a deixar sua moradia, de forma espontânea ou por despejo para se lançar às ruas. Nesses casos, é importante a intervenção do Poder Público via assistência social para fins de amparar essa pessoa ou família até que ela se reabilite socialmente.

As **causas familiares** decorrem, em geral, da exclusão do ente do grupo familiar, normalmente por conta de divergências relativas ao comportamento adotado por um ou pelo outro. Nesse caso, a convivência se torna insuportável e a solução mais simples e normalmente adotada acaba com a saída da pessoa divergente do grupo. Nesses casos, é também importante a ação assistencial do Estado, mas outra importante frente de ação é representada pelas formas de autocomposição de conflitos, tais como a mediação e a conciliação, seja pelo Município, seja pela Defensoria Pública ou então por outra instituição ou entidade que preste esse tipo de atendimento.

As **causas de saúde** são aquelas ligadas ao uso de entorpecentes, em regra. A pessoa torna-se dependente química, doente, portanto. Tal questão, em geral, vem acompanhada do exaurimento patrimonial e da exclusão familiar. Em casos mais agudos de uso compulsivo do crack, por exemplo, muitos dependentes acabam por praticar pequenos furtos e aportam na Justiça criminal e no sistema carcerário pela prática reiterada desses delitos. Nesses casos, é indispensável a intervenção do Poder Público municipal, seja pela assistência social, seja pela saúde, para fins de tratar a pessoa do vício e promover a sua reinserção familiar e profissional.

Também é importante um trabalho com o egresso do sistema prisional, o que hoje tem sido feito, de forma ainda muito modesta e precária, pelos Estados. Tal serviço faz-se necessário para que ela não retome aquele ciclo.

Algumas pessoas em situação rua, por outro lado, adotam espontaneamente esse **modo de vida**, pelas relativas liberdades que ele promove, quais sejam, liberdade financeira (ausência de compromissos financeiros mensais), liberdade familiar, liberdade laboral etc. Nessas hipóteses, torna-se desnecessária a intervenção do Estado, já que incompatível com a própria causa que levara o sujeito à situação de rua (a liberdade). Aqui, deve o Poder Público ser sensível e respeitoso quanto à decisão da pessoa, seu livre arbítrio, já que o Brasil se apresenta como um Estado democrático de Direito. Assim, qualquer intervenção mais cogente será classificada como abuso de poder e violação da liberdade.

Por fim, em qualquer das hipóteses, o que se condena é a mera **ação higienista adotada por alguns Municípios**, como política pública institucionalizada inclusive. Não se pode admitir – e isso pode ser objeto de tutela coletiva, por óbvio – que Municípios utilizem de suas forças (suposto "poder de polícia") para excluir pessoas ou grupos de suas circunscrições ou de uma ou outra região. Exatamente por isso podemos classificar a ação do Município de São Paulo na região chamada de "cracolândia" de desastrosa e abusiva, objeto de impugnação judicial via ação coletiva. Na ocasião, por motivos meramente populistas ou panfletários, a Administração Municipal decidiu afastar as pessoas em situação de rua da região da *Estação da Luz*, no Centro de São Paulo, apenas com o deslocamento físico forçado, sem uma política de acolhimento ou de atendimento multiprofissional dessas pessoas. O resultado – anteriormente anunciado – foi a aglomeração dessas pessoas ou grupos em outros pontos da cidade, sem que o problema fosse seriamente enfrentado.

Sobre essa prática, vale a pena citar notícia publicada no Portal da Defensoria Pública paulista[21]:

> A Defensoria Pública de SP obteve na Justiça decisão que condena o Município de Jacareí a pagar indenização por danos morais e materiais a um homem em situação de rua que teve seus bens e pertences pessoais apreendidos e descartados por agentes municipais. Paulo (nome fictício) procurou a Defensoria e relatou que na ação da Guarda Municipal foram confiscados itens como colchão, lençóis, roupas, sapatos e cobertores, jogando-os em um caminhão de entulhos que se encontrava próximo. Ele afirma ter na ocasião solicitado cópia do processo de apreensão dos bens, sem ter sido atendido. O Defensor Público Bruno Ricardo Miragaia de Souza expediu ofício pedindo esclarecimentos à Secretaria de Assistência Social, que respondeu que a abordagem constituiu uma ação para oferta de serviços socioassistenciais que Paulo recusa, o que, de acordo com o Defensor, demonstrou que a abordagem e apreensão dos bens pessoas foi medida para forçá-lo a sair das ruas. Assim, foi proposta ação indenizatória em face do Município, na qual Bruno Miragaia afirmou que "o poder público não apresentou o auto de apreensão, relação dos bens apreendidos e o procedimento para a retirada de seus pertences, demonstrando total desrespeito ao devido processo legal. "Todo cidadão tem direito à propriedade e à posse, e obviamente a situação de rua não influi em nada neste direito. Assim, quando os bens e pertences pessoais da população em situação de rua são apreendidos por agentes públicos sem qualquer esclarecimento ou informação sobre a forma e mecanismos para reavê-los ou para onde serão levados, e em muitos casos sendo descartados como se lixo fossem, claramente é violado os direitos dessas pessoas", sustentou o Defensor. Na decisão, a Juíza Mariana Sperb, da Vara da Fazenda Pública de Jacareí, acolheu os argumentos da Defensoria e condenou o Município ao pagamento de indenização por danos morais e materiais no valor equivalente a 5 salários mínimos, que hoje correspondem a R$ 5,5 mil. "Efetivamente, não é essa a atitude que se espera de guardas civis. O autor, já humilhado pela condição de 'morador de rua', nenhuma ação tinha tomado contra os guardas, que, sem qualquer propósito, se desfizeram de seus parcos bens, jogando-os junto aos entulhos recolhidos pela limpeza pública", observou

21. Disponível em https://www.defensoria.sp.def.br/dpesp/, acesso em 04/03/2021.

> a Magistrada na sentença. "O simples fato de o autor possuir alguns pertences na via pública não poderia causar prejuízo ou ser considerado como entulho. O ato, por repugnante, deve ser punido. E o Município, por permitir que seus prepostos ajam dessa forma deve indenizar a vítima", concluiu.

Enfim, de volta à normativa, ela diz que "são princípios da Política Nacional para a População em Situação de Rua, além da igualdade e equidade: I - respeito à dignidade da pessoa humana; II - direito à convivência familiar e comunitária; III - valorização e respeito à vida e à cidadania; IV - atendimento humanizado e universalizado; e V - respeito às condições sociais e diferenças de origem, raça, idade, nacionalidade, gênero, orientação sexual e religiosa, com atenção especial às pessoas com deficiência" (art. 5º).

Pela análise cuidadosa e com sensibilidade dos princípios que norteiam essa específica política, nota-se que a preocupação foi essencialmente o reconhecimento da pessoa em situação de rua como verdadeiro "sujeito de direitos", digno de tratamento sem nenhuma discriminação e humanizado.

Em termos normativos, essa política instituída pelo citado Decreto é uma revolução jurídica, embora ainda não tenha reflexos consideráveis na realidade. Mas, pela primeira vez, o Estado edita uma norma nacional para a promoção dos direitos desses grupos. Antes, não havia uma preocupação do Poder Público que legitimasse a criação de uma política pública específica. Primeiro, porque a sociedade como um todo não havia notado a amplitude e complexidade da questão; segundo, pois o problema é relativamente recente, intensificado após o êxodo rural e o processo de automação no campo, processos notados nas últimas décadas, além do forte e presente desemprego.

Quanto à saúde dessas pessoas, o Decreto diz que são objetivos dessa política "assegurar o acesso amplo, simplificado e seguro aos serviços e programas que integram as políticas públicas de saúde, educação, previdência, assistência social, moradia, segurança, cultura, esporte, lazer, trabalho e renda" (art. 7º, I), e "criar meios de articulação entre o Sistema Único de Assistência Social e o Sistema Único de Saúde para qualificar a oferta de serviços" (art. 7º, X).

2.3.3.5 *Saúde das pessoas presas*

Também requer cuidados as **pessoas presas e a saúde delas.** Aliás, não é desnecessário dizer que a pessoa presa não pode ser privada de nenhum direito alheio à sua prisão ou condenação. E, como não poderia ser diferente, o Estado é o responsável por sua custódia.

Não é desnecessário repetir que a Constituição Federal diz que "ninguém será submetido a tortura nem a tratamento desumano ou degradante" (art. 5º, III). Também, além de outras, não haverá penas cruéis (art. 5º, XLVII, "e"). Ademais, "é assegurado aos presos o respeito à integridade física e moral" (art. 5º, XLIX).

Enfim, como está convencionado que a prisão é um instituto necessário para a segurança pública (apesar de algumas teses e ondas de não-encarceramento ou abolicionistas), que ela ocorra da forma mais adequada e compatível com o Estado democrático de Direito, em especial, com respeito à dignidade da pessoa humana.

O Brasil é extremamente encarcerador. O Direito Penal por aqui é utilizado com fins que extrapolam a mera retribuição/prevenção. O país possui a segunda maior população encarcerada do mundo, já que fica atrás apenas dos Estados Unidos, com milhares e milhares de presos sem condenação criminal definitiva (presos provisórios). Assim, a prisão acaba por assumir o papel de "política pública", mas sempre sem desprezar os termos da lei e da Constituição Federal, e em atenção aos diplomas internacionais que tratam do tema inclusive.

Contudo, a realidade ainda está distante disso. O sistema penitenciário nacional convive hoje com superlotação, a falta de recursos, precárias instalações etc.

Entretanto, o artigo 3º da Lei de Execução Penal – LEP (Lei nº 7.210/84) prescreve: "ao condenado e ao internado serão assegurados todos os direitos não atingidos pela sentença ou pela lei".

Sobre o **tema da saúde**, de forma mais específica, a Lei de Execuções Penais – LEP (Lei nº 7.210/84) diz que:

> Art. 14. A assistência à saúde do preso e do internado de caráter preventivo e curativo, compreenderá atendimento médico, farmacêutico e odontológico.
> § 2º Quando o estabelecimento penal não estiver aparelhado para prover a assistência médica necessária, esta será prestada em outro local, mediante autorização da direção do estabelecimento.
> § 3º Será assegurado acompanhamento médico à mulher, principalmente no pré-natal e no pós-parto, extensivo ao recém-nascido. (Incluído pela Lei nº 11.942, de 2009) (...)
> Art. 41 - Constituem direitos do preso: (...)
> VII - assistência material, à saúde, jurídica, educacional, social e religiosa; (...)
> Parágrafo único. Os direitos previstos nos incisos V, X e XV poderão ser suspensos ou restringidos mediante ato motivado do diretor do estabelecimento.

Outrossim, quanto ao tema aqui proposto, vale destacar o trabalho da Defensoria Pública no Brasil em defesa da saúde das pessoas presas, conforme foi divulgado:

> Atendendo a pedido da Defensoria Pública de SP, STF assegura a detentos de penitenciária de Martinópolis direito a banho de sol diário. O Supremo Tribunal Federal (STF) atendeu pedido formulado pela Defensoria Pública de SP e concedeu *habeas corpus* coletivo determinando que a administração da Penitenciária Tacyan Menezes de Lucena, em Martinópolis, adote providências imediatas para assegurar o direito dos detentos ao banho de sol diário. A decisão do Ministro Celso de Mello ordena que seja garantida aos detentos (condenados e provisórios) a saída da cela por no mínimo duas horas por dia.
>
> A determinação consta de liminar concedida em *habeas corpus* coletivo (HC 172136) impetrado pela Defensoria Pública após a instituição constatar, durante inspeção ao estabelecimento prisional, que os presos não saíam de suas celas para o banho de sol. O habeas corpus foi proposto em junho no Supremo após decisão monocrática do Superior Tribunal de Justiça (STJ) que rejeitou outro HC lá impetrado. No pedido, a Defensoria argumenta que a medida requerida tem respaldo na legislação brasileira e em tratados e convenções internacionais, como forma de preservar e proteger o direito dos presos à saúde, à integridade física e o respeito à dignidade, mas estava sendo negligenciada na unidade prisional.
>
> A concessão do habeas corpus coletivo é fruto do trabalho do Núcleo Especializado de Situação Carcerária, que realizou a inspeção e impetrou o pedido, e do Núcleo Especializado de Segunda Instância e Tribunais Superiores que atuou junto ao STF.
>
> No HC, os Defensores Públicos Mateus Oliveira Moro e Leonardo Biagioni de Lima, que assinam a ação, relatam que as celas em questão são extremamente escuras e sem ventilação, uma vez que as portas são chapadas (não gradeadas) e o guichê (minúscula janela na referida porta) permanece fechado durante todo o dia, salvo raras exceções. Eles apontam que o Diretor da unidade prisional confirmou a situação, alegando não haver espaço físico no local, além de afirmar que tal restrição se daria para evitar riscos à segurança e à ordem. 'Não há iluminação no período noturno e, além disso, a unidade prisional está com ocupação superior a 2,2 vezes sua capacidade (1.980 pessoas presas para 872 vagas). Tais condições insalubres e degradantes de luminosidade aumentam sobremaneira a necessidade do banho de sol nos referidos setores', aponta o documento.
>
> Segundo Celso de Mello, o direito à saída da cela por duas horas diárias para banho de sol é 'prerrogativa inafastável' de todos que estão no sistema penitenciário, mesmo no regime disciplinar diferenciado. 'O fato preocupante é que o Estado, agindo com absoluta indiferença em relação à gravidade da questão penitenciária, tem permitido, em razão de sua própria inércia, que se transgrida o direito básico do sentenciado de receber tratamento peni-

> tenciário justo e adequado', observou. Ao final, o Ministro destacou que a adoção das medidas descritas na decisão fará cessar 'o estado de permanente e inaceitável violação aos direitos básicos dos presos', fazendo adequar, em consequência, 'a prática penitenciária à legislação doméstica brasileira e às convenções internacionais de direitos humanos' (Disponível em https://www.defensoria.sp.def.br/dpesp, datado de 10/07/2019, acesso em 12/07/2019).

Outrossim, depois de intenso debate acadêmico e judicial sobre o tema, o mesmo Supremo Tribunal Federal decidiu que é dever do Estado proporcionar condições dignas aos presos sob pena de responsabilização civil pelos danos morais e outros eventualmente sofridos, ocasião na qual anotou que a superlotação é, por si só, causa de tratamento degradante (Recurso Extraordinário nº 580252, com repercussão geral reconhecida).

Nessa linha, condenou o Estado do Mato Grosso do Sul a indenizar detento que sofrera danos morais enquanto integrou seu ambiente carcerário em estado degradante. De fato, a Ementa do julgado registrou:

> "Decisão: O Tribunal, apreciando o tema 365 da repercussão geral, conheceu do recurso extraordinário e deu-lhe provimento, nos termos do voto do Relator, para restabelecer o juízo condenatório nos termos e limites do acórdão proferido no julgamento da apelação, vencidos os Ministros Roberto Barroso, Luiz Fux e Celso de Mello, que, ao darem provimento ao recurso, adotaram a remição de pena como forma de indenização. Em seguida, o Tribunal fixou a seguinte tese: "Considerando que é dever do Estado, imposto pelo sistema normativo, manter em seus presídios os padrões mínimos de humanidade previstos no ordenamento jurídico, é de sua responsabilidade, nos termos do art. 37, § 6º da Constituição, a obrigação de ressarcir os danos, inclusive morais, comprovadamente causados aos detentos em decorrência da falta ou insuficiência das condições legais de encarceramento". Redigirá o acórdão o Ministro Gilmar Mendes (art. 38, IV, "b", do RISTF). Ausente o Ministro Ricardo Lewandowski, participando da "Reunião de preparação para o Seminário de Verão de 2017", na Faculdade de Direito da Universidade de Coimbra, em Portugal. Presidiu o julgamento a Ministra Cármen Lúcia. Plenário, 16.02.2017.

Já, no *Portal* do próprio Supremo Tribunal Federal, a notícia é completa e circunstanciada:

> **Estado deve indenizar preso em situação degradante, decide STF**
> O Supremo Tribunal Federal (STF) definiu, nesta quinta-feira (16), que o preso submetido a situação degradante e a superlotação na prisão tem direito a indenização do Estado por danos morais. No Recurso Extraordinário (RE)

> 580252, com repercussão geral reconhecida, os ministros restabeleceram decisão que havia fixado a indenização em R$ 2 mil para um condenado. No caso concreto, a Defensoria Pública de Mato Grosso do Sul (DP-MS), em favor de um condenado a 20 anos de reclusão, cumprindo pena no presídio de Corumbá (MS), recorreu contra acórdão do Tribunal de Justiça local (TJ-MS) que, embora reconheça que a pena esteja sendo cumprida "em condições degradantes por força do desleixo dos órgãos e agentes públicos", entendeu, no julgamento de embargos infringentes, não haver direito ao pagamento de indenização por danos morais.
>
> O Plenário acompanhou o voto proferido em dezembro de 2014 pelo relator, ministro Teori Zavascki (falecido), no sentido do provimento do recurso. Em seu voto, o ministro restabeleceu o dever de o Estado pagar a indenização, fixada em julgamento de apelação no valor de R$ 2 mil. Ele lembrou que a jurisprudência do Supremo reconhece a responsabilidade do Estado pela integridade física e psíquica daqueles que estão sob sua custódia. Ressaltou também que é notória a situação do sistema penitenciário sul-mato-grossense, com déficit de vagas e lesão a direitos fundamentais dos presos. (...)
>
> Tese
>
> O Plenário aprovou também a seguinte tese, para fim de repercussão geral, mencionando o dispositivo da Constituição Federal que prevê a reparação de danos pelo Estado.
>
> "Considerando que é dever do Estado, imposto pelo sistema normativo, manter em seus presídios os padrões mínimos de humanidade previstos no ordenamento jurídico, é de sua responsabilidade, nos termos do artigo 37, parágrafo 6º, da Constituição, a obrigação de ressarcir os danos, inclusive morais, comprovadamente causados aos detentos em decorrência da falta ou insuficiência das condições legais de encarceramento", diz. (Fonte: http://www.stf.jus.br/portal/cms/verNoticiaDetalhe.asp?idConteudo=336352, acesso em 19/02/17).

Por fim, mas ainda quanto às pessoas presas, vale lembrar do grave e repetido problema do racionamento de água nos estabelecimentos prisionais. Todavia, nas *Regras Mínimas da ONU para Tratamento de Presos,* o fornecimento de água liga-se à saúde e à higiene pessoal. Aliás, o documento internacional goza de caráter vinculante no Brasil por força do artigo 38, da Carta da ONU, adotada via Decreto n. 19.841/45, e dispõe, em sua regra 15, da necessidade de fornecimento de água para os presos: "Será exigido que todos os presos mantenham-se limpos; para este fim, ser-lhes-ão fornecidos água e os artigos de higiene necessários à sua saúde e limpeza".

Ainda, a Resolução nº 14/94 do Conselho Nacional de Política Criminal e Penitenciária, que trata das *Regras Mínimas para o Tratamento do Preso no Brasil,* também deixa claro o que se exige em seu art. 13: "A administração do estabelecimento fornecerá água potável e alimentação aos presos".

Enfim, a saúde é universal e deve ser providas a todos, especialmente a grupos mais vulneráveis, como aqueles das pessoas presas.

2.3.3.6 Da saúde das pessoas com transtornos mentais (Lei nº 10.216/01)

A reforma psiquiátrica é um fenômeno mundial que tem como seu nascedouro a Europa e vem no sentido de revolucionar ou inverter as políticas públicas de enfrentamento, pelo Estado, das questões de saúde mental. Até a primeira metade do século passado, tinha a psiquiatria, como principal instrumento de tratamento e sua grande ferramenta, a internação psiquiátrica, muitas vezes compulsória e involuntária. Isso acontecia tanto na Europa quanto no Brasil.

A partir de novos estudos e uma comoção da sociedade, isso já na segunda metade do século XX, a psiquiatria chegou à conclusão de que a internação deveria se afastar da figura protagonista para assumir um papel secundário ou subsidiário, adotando-se então o tratamento ambulatorial a vestimenta de principal instrumento no manejo da saúde mental.

Desta forma, a nova psiquiatria, a partir da chamada **Reforma Psiquiátrica**, passou a priorizar o tratamento ambulatorial do paciente no seio de sua família, envolvendo a própria sociedade local como principal forma de tratamento, de maneira a evitar a segregação, a exclusão ou o rompimento dos laços familiares e sociais. Isso aconteceu em nível mundial, especialmente na Europa, e depois no Brasil com a aprovação da Lei nº 10.216/01, que cuida das pessoas com transtornos mentais, mas com o intuito de evitar a internação ou deixá-la para um segundo momento, de aplicação subsidiária e após expressa prescrição médica.

Nessa linha, a Lei prevê uma série de direitos das pessoas com transtornos mentais e algumas relevantes diretrizes:

> Art. 1º Os direitos e a proteção das pessoas acometidas de transtorno mental, de que trata esta Lei, são assegurados sem qualquer forma de discriminação quanto à raça, cor, sexo, orientação sexual, religião, opção política, nacionalidade, idade, família, recursos econômicos e ao grau de gravidade ou tempo de evolução de seu transtorno, ou qualquer outra.
>
> Art. 2º Nos atendimentos em saúde mental, de qualquer natureza, a pessoa e seus familiares ou responsáveis serão formalmente cientificados dos direitos enumerados no parágrafo único deste artigo. Parágrafo único. São direitos da pessoa portadora de transtorno mental: I - ter acesso ao melhor tratamento do sistema de saúde, consentâneo às suas necessidades; II - ser tratada com humanidade e respeito e no interesse exclusivo de beneficiar sua saúde, visando alcançar sua recuperação pela inserção na família, no trabalho e na

> comunidade; III - ser protegida contra qualquer forma de abuso e exploração; IV - ter garantia de sigilo nas informações prestadas; V - ter direito à presença médica, em qualquer tempo, para esclarecer a necessidade ou não de sua hospitalização involuntária; VI - ter livre acesso aos meios de comunicação disponíveis; VII - receber o maior número de informações a respeito de sua doença e de seu tratamento; VIII - ser tratada em ambiente terapêutico pelos meios menos invasivos possíveis; IX - ser tratada, preferencialmente, em serviços comunitários de saúde mental.
>
> Art. 3º É responsabilidade do Estado o desenvolvimento da política de saúde mental, a assistência e a promoção de ações de saúde aos portadores de transtornos mentais, com a devida participação da sociedade e da família, a qual será prestada em estabelecimento de saúde mental, assim entendidas as instituições ou unidades que ofereçam assistência em saúde aos portadores de transtornos mentais.

Assim, nesse contexto, a doutrina classifica a internação em três espécies: **a voluntária, involuntária e a compulsória**, e a lei traz alguns ditames que regulamentam esses tipos de internações:

> Art. 6º A internação psiquiátrica somente será realizada mediante laudo médico circunstanciado que caracterize os seus motivos.
>
> Parágrafo único. São considerados os seguintes tipos de internação psiquiátrica:
>
> I - internação voluntária: aquela que se dá com o consentimento do usuário;
>
> II - internação involuntária: aquela que se dá sem o consentimento do usuário e a pedido de terceiro; e
>
> III - internação compulsória: aquela determinada pela Justiça.

Assim, deve o Juiz se basear em laudo médico, salvo em situações de extrema necessidade e urgência, cujas circunstâncias coloquem em risco a vida ou a integridade física do paciente ou de terceiro, hipóteses nas quais se admitirá a internação sem este laudo, mas com determinação expressa de imediata realização de atendimento médico pelo Hospital receptor, sob pena de multa diária ou horária, além da desinternação.

Isso ocorre, pois o artigo 4º da mesma Lei estabelece a excepcionalidade da internação hospitalar, que somente será indicada quando os recursos ambulatoriais mostrarem-se insuficientes ao devido tratamento ou à contenção da pessoa em surto psicótico. Portanto, o Juiz deve, em sua decisão, motivar especificamente a necessidade da internação, ou seja, a ineficácia de outros tratamentos, sob pena de nulidade, além de determinar reavaliações médicas periódicas que indiquem a superação do estado crítico, pois essa medida extrema é excepcional e de curto prazo (precária).

Destarte, o relatório final da *III Conferência Nacional de Saúde Mental*, sugere que "no curso do processo de Reforma Psiquiátrica, é necessário que os gestores estaduais e municipais estabeleçam mecanismos efetivos para o controle das internações psiquiátricas. Com este objetivo, foram aprovadas também as seguintes propostas: Estabelecer formas de controle único para a emissão de AIH (autorização de internação hospitalar), assegurando que todas as internações necessárias sejam autorizadas pelo serviço público, preferencialmente de base territorial, constituído por equipe de saúde mental. A internação e a reinternação psiquiátrica deverão ocorrer após avaliação da equipe técnica de saúde mental dos serviços substitutivos. Estimular a criação de centrais de regulação de internação psiquiátrica com o objetivo de evitar internações não indicadas. Rever o critério de tempo de internação e garantir, por meio de supervisões institucionais e fiscalizações, que o tempo de internação seja o mais breve possível, de acordo com avaliação e conduta psiquiátrica e da equipe multiprofissional."

Enfim, uma intervenção de natureza coletiva, seja pelo Ministério Público, seja pela Defensoria Pública por exemplo, poderia ter como objeto a legalidade das internações, a observância dos direitos dos internados, ou então as condições sanitárias do próprio estabelecimento.

Aliás, para finalizar, quanto à atuação e legitimidade da Defensoria Pública, temos indicado a existência de "**necessitados circunstanciais**" (vulnerabilidade circunstancial) que, independentemente das condições econômicas que ostentam, ou suas famílias, por circunstâncias fáticas, geralmente provisórias e ligadas a uma internação sem consentimento, estão impedidos de custear os serviços de advocacia privada ou ainda de acessar tais ou outros serviços públicos.

Pensemos, por exemplo, naquelas pessoas internadas compulsória ou involuntariamente por supostos transtornos mentais ou, então por drogadição ou alcoolismo, e pelas suas próprias famílias. Ainda que elas sejam economicamente confortáveis – as famílias -, tais pacientes, em regra, não têm acesso a valores ou aos serviços externos, cujas necessidades são supridas pela prestação disponibilizada e monitorada pelas próprias clínicas, mas autorizados pelas famílias que, na maioria das vezes, protagonizam e patrocinam as internações.

Portanto, a atribuição funcional de visitação e fiscalização desses espaços decorre da situação dos chamados "necessitados circunstanciais". Nessa linha, como prerrogativa, cabe ao Defensor Público "comunicar-se, pessoal e reservadamente, com seus assistidos, ainda quando esses se acharem presos ou detidos, mesmo incomunicáveis, tendo livre ingresso em estabelecimentos policiais, prisionais e de internação coletiva, independentemente de prévio agendamento (artigos 44, VII; 89, VII; 128, VI, todos da LC 80/94).

Sobre essa temática da internação involuntária ou compulsória, vale a pena registrar a notícia recente, quando a Defensoria Pública do Estado de São Paulo teve marcante atuação: "A Defensoria Pública obteve na última quarta-feira (17/12/14) uma decisão judicial que determinou a interdição da clínica *Voltar a Viver*, comunidade terapêutica para o tratamento de dependentes químicos localizada em Cajamar, na região metropolitana de São Paulo, por maus tratos e tortura contra pacientes. A Justiça proibiu o recebimento de novos pacientes, sob pena de R$ 50 mil para cada ingresso; deu prazo de 30 dias para a entrega de todos os internos aos familiares ou a remoção para outras unidades, sob pena de multa diária de R$ 50 mil; determinou fiscalizações semanais pela Vigilância Sanitária e a exclusão do site da clínica em 48 horas.

> Segundo a notícia:
>
> "Em inspeção no dia 09/12, o Núcleo de Cidadania e Direitos Humanos da Defensoria Pública e o Conselho Regional de Fisioterapia e Terapia Ocupacional constataram diversas irregularidades e violações de direitos humanos. Pacientes relataram sistemática prática de maus tratos e tortura, violências físicas e psicológicas, como enforcamento, socos e chutes, aplicados como forma de punição. Um interno afirmou que foi agredido e teve o nariz e um dedo quebrados, e clavícula e costela trincadas, sem receber atendimento médico. Segundo relatos, a maioria dos internados involuntariamente (a pedido da família) chega à clínica por meio do "resgate", procedimento em que a pessoa é enforcada e tem pernas e braços amarrados – caracterizando crime de sequestro e cárcere privado. No dia 28/11, agressões a um interno foram o estopim de uma rebelião, que culminou na fuga de vários pacientes e violências posteriores aos recapturados, em represália. (...)[22] As comunidades terapêuticas são regulamentadas pela Resolução-RDC nº 29/2011 da Agência Nacional de Vigilância Sanitária (Anvisa). São serviços de tratamento a pessoas

22. Segue a parte recortada da notícia: Há relatos também do uso de um coquetel de medicamentos que faz os pacientes dormirem por dias e da aplicação de castigos de isolamento. Foram encontrados quartos pequenos ocupados por nove beliches, algumas quebradas e com colchões em mau estado, e armários insuficientes. Havia apenas um vaso sanitário funcionando e um chuveiro com água, para cerca de 80 internos. A inspeção encontrou três adolescentes no local, de 13, 15 e 17 anos, violando-se a legislação, pois esse tipo de instituição só pode receber adultos, e desrespeitando direitos básicos previstos no Estatuto da Criança e do Adolescente. Também não há um procedimento de pedido de alta para o paciente deixar o local; apenas informa-se aos internos e à família que a saída implicaria quebra contratual, o que obrigaria ao pagamento de multa de 20% do contrato (que custa mais de R$ 36 mil). A pedido do Defensor Público Raul Carvalho Nin Ferreira, Coordenador do Núcleo de Cidadania e Direitos Humanos, a Juíza Adriana Nolasco da Silva, da 1ª Vara Judicial de Cajamar, também inspecionou a comunidade terapêutica, no dia 16/12, determinando a remoção de alguns internos, por temores de represálias por terem falado com a Defensoria. Após ingressar como litisconsorte ativo (participação como autora) na ação civil pública que já tramitava contra a comunidade terapêutica, ajuizada pelo Ministério Público, a Defensoria pediu a interdição do estabelecimento, que foi deferida. Nesta quinta-feira (18/12), a instituição solicitou a instauração de um inquérito policial para investigação da prática de tortura no estabelecimento.

com transtornos decorrentes do uso, abuso ou dependência de substâncias psicoativas. Visam a oferecer um ambiente protegido, técnica e eticamente orientado, cujo principal instrumento terapêutico é a convivência com outros pacientes, para resgate da cidadania, reinserção social e reabilitação física e psicológica. A responsabilidade por esses locais deve ser de profissional de nível superior. Não há prescrição de medicamentos, mas são admitidas pessoas usuárias de remédios controlados, desde que tenham as prescrições de seus médicos particulares. Para ser admitido ao local, o paciente deve passar por prévia avaliação médica. Recomenda-se que apenas pacientes com comprometimento leve ou moderado sejam aceitos" (Cf. http://www.defensoria.sp.gov.br).

Portanto, concluímos que o tema da liberdade individual e da saúde mental – além da drogadição – são constantes para aqueles que manejam a tutela coletiva, já que presentes – via de regra – a violação a direitos coletivos em sentido estrito (titulares identificáveis em grupo e objeto indivisível), sendo inegável a presença da vulnerabilidade e da necessária intervenção.

2.4 DA ASSISTÊNCIA SOCIAL

2.4.1 Introdução

Como já dito, na parte "ordem social" da Constituição Federal/88, há a previsão da "seguridade social" integrada pela saúde, previdência social e assistência social. Assim, basicamente, essa seguridade social visa garantir: a **segurança física** do indivíduo que seria a saúde prestada pelo Estado; a **segurança existencial** do indivíduo para que tenha o mínimo de condições de vida e de sobrevivência e isso é feito pela assistência social; e pela **segurança econômica** desse indivíduo que trabalha durante sua vida toda ou durante sua vida jovem e precisa de uma garantia para quando não possuir mais condições físicas e psicológicas de exercer uma atividade laboral nas condições que exercia anteriormente.

Desta forma, a seguridade social prevista na CF/88 pode ser entendida como gênero, garantida a segurança física, existencial e a segurança econômica do indivíduo a partir dos direitos da saúde, dos direitos à assistência social e dos direitos à previdência social, respectivamente.

Na verdade, a própria Constituição Federal diz, inicialmente, que constitui objetivo fundamental da "República Federativa do Brasil erradicar a pobreza e a marginalização e reduzir as desigualdades sociais e regionais" (art. 3º, III, CF). Ademais, "são direitos sociais a educação, a saúde, a alimentação, o trabalho, a moradia, o transporte, o lazer, a segurança, a previdência social, a proteção à maternidade e à infância, a assistência aos desamparados, na forma desta Constituição" (art. 6º).

Podemos concluir que o "democrático" que qualifica o Estado brasileiro significa bem-estar do cidadão e a garantia do mínimo existencial. Assim, o aspecto material da expressão impõe que o Estado garanta às pessoas que aqui vivem ou por aqui passem as condições mínimas de vida e de presença, sem desprezar o aspecto formal de participação e exercício da cidadania.

2.4.2 Lei orgânica da assistência social LOAS (Lei nº 8.742/93)

Na linha traçada pelo Constituinte originário, a Lei nº 8.742/93 dispõe que "a assistência social, direito do cidadão e dever do Estado, é Política de Seguridade Social não contributiva, que provê os mínimos sociais, realizada através de um conjunto integrado de ações de iniciativa pública e da sociedade, para garantir o atendimento às necessidades básicas" (art. 1º).

Nota-se que a grande diferença entre a previdência e a assistência social é exatamente o caráter contributivo da primeira, que inexiste na segunda. No sistema previdenciário, os benefícios se limitam, em regra, aos segurados e aos seus dependentes. Já na assistência social, os benefícios não dependem de contribuição, mas apenas da presença dos requisitos legais e da ausência de impedimentos.

Após, com redação dada pela Lei nº 12.435/11, o art. 2º apresenta-nos os **objetivos da assistência social**: I - a proteção social, que visa à garantia da vida, à redução de danos e à prevenção da incidência de riscos, especialmente: a) a proteção à família, à maternidade, à infância, à adolescência e à velhice; b) o amparo às crianças e aos adolescentes carentes; c) a promoção da integração ao mercado de trabalho; d) a habilitação e reabilitação das pessoas com deficiência e a promoção de sua integração à vida comunitária; e e) a garantia de 1 (um) salário-mínimo de benefício mensal à pessoa com deficiência e ao idoso que comprovem não possuir meios de prover a própria manutenção ou de tê-la provida por sua família; II - a vigilância socioassistencial, que visa a analisar territorialmente a capacidade protetiva das famílias e nela a ocorrência de vulnerabilidades, de ameaças, de vitimizações e danos; III - a defesa de direitos, que visa a garantir o pleno acesso aos direitos no conjunto das provisões socioassistenciais". E, "para o enfrentamento da pobreza, a assistência social realiza-se de forma integrada às políticas setoriais, garantindo mínimos sociais e provimento de condições para atender contingências sociais e promovendo a universalização dos direitos sociais" (parágrafo único).

Pois bem, definidos os objetivos, precisava a legislação definir as formas e frentes de atuação, também aqueles que integrariam o sistema de promoção da assistência social e a divisão das atribuições inclusive.

Para isso, a lei passou a definir **os princípios** que regem a assistência social (art. 4º): I - supremacia do atendimento às necessidades sociais sobre as exigências de rentabilidade econômica; II - universalização dos direitos sociais, a fim de tornar o destinatário da ação assistencial alcançável pelas demais políticas públicas; III - respeito à dignidade do cidadão, à sua autonomia e ao seu direito a benefícios e serviços de qualidade, bem como à convivência familiar e comunitária, vedando-se qualquer comprovação vexatória de necessidade; IV – igualdade de direitos no acesso ao atendimento, sem discriminação de qualquer natureza, garantindo-se equivalência às populações urbanas e rurais; V - divulgação ampla dos benefícios, serviços, programas e projetos assistenciais, bem como dos recursos oferecidos pelo Poder Público e dos critérios para sua concessão.

Quanto aos princípios, é importante que se registre a universalidade do atendimento, pois atinge todos aqueles que preenchem os requisitos legais, indistintamente; e o cuidado com a dignidade do cidadão, a ser entendido em sentido amplo, e não restrito àquele que detenha os direitos políticos. O mesmo inciso III do dispositivo acima citado veda que o Interessado seja tratado de forma vexatória quando tiver que demonstrar o seu estado de necessidade.

Em seguida, apresentou a Lei **as diretrizes** da assistência social: "A organização da assistência social tem como base as seguintes diretrizes: I - descentralização político-administrativa para os Estados, o Distrito Federal e os Municípios, e comando único das ações em cada esfera de governo; II - participação da população, por meio de organizações representativas, na formulação das políticas e no controle das ações em todos os níveis; III - primazia da responsabilidade do Estado na condução da política de assistência social em cada esfera de governo" (art. 5º).

Pois bem. Apesar da descentralização administrativa, as ações e atividades são padronizadas nacionalmente, conforme os serviços anunciados pelo Conselho Nacional de Assistência Social (art. 18, II).

A Lei Federal (Lei nº 8.742/93), após as alterações da Lei nº 12.435/11, passou a prever a existência do **Sistema Único de Assistência Social (SUAS)**, a partir de um paralelo com o já existente SUS, mas com finalidade própria e alguns objetivos principais (art. 6º): I - consolidar a gestão compartilhada, o cofinanciamento e a cooperação técnica entre os entes federativos que, de modo articulado, operam a proteção social não contributiva; II - integrar a rede pública e privada de serviços, programas, projetos e benefícios de assistência social, na forma do art. 6º-C; III - estabelecer as responsabilidades dos entes federativos na organização, regulação, manutenção e expansão das ações de assistência social; IV - definir os níveis de gestão, respeitadas as diversidades regionais e municipais; (...)

Ademais, para dar concretude à proteção dispensada pela assistência social, a nova Lei federal (Lei nº 12.435/11) definiu os **núcleos físicos** por onde os serviços são prestados (art. 6-C): "As proteções sociais, básica e especial, serão ofertadas precipuamente no **Centro de Referência de Assistência Social (Cras)** e no **Centro de Referência Especializado de Assistência Social (Creas)**, respectivamente, e pelas entidades sem fins lucrativos de assistência social de que trata o art. 3º desta Lei. § 1º O **Cras** é a unidade pública municipal, de base territorial, localizada em áreas com maiores índices de vulnerabilidade e risco social, destinada à articulação dos serviços socioassistenciais no seu território de abrangência e à prestação de serviços, programas e projetos socioassistenciais de proteção social básica às famílias. § 2º O **Creas** é a unidade pública de abrangência e gestão municipal, estadual ou regional, destinada à prestação de serviços a indivíduos e famílias que se encontram em situação de risco pessoal ou social, por violação de direitos ou contingência, que demandam intervenções especializadas da proteção social especial. (Incluído pela Lei nº 12.435, de 2011).

Aqui, vale mencionar que são comuns ações coletivas voltadas à implantação desses núcleos físicos em muitos locais ou Municípios, quando inexistentes, o que atinge diretamente a população mais vulnerável e carente do serviço.

Por fim, no SUAS, instituído pela citada Lei nº 12.435/11, os serviços estão separados **em dois grandes grupos**. "A assistência social organiza-se pelos seguintes tipos de proteção: I - **proteção social básica**: conjunto de serviços, programas, projetos e benefícios da assistência social que visa a prevenir situações de vulnerabilidade e risco social por meio do desenvolvimento de potencialidades e aquisições e do fortalecimento de vínculos familiares e comunitários; II - **proteção social especial**: conjunto de serviços, programas e projetos que tem por objetivo contribuir para a reconstrução de vínculos familiares e comunitários, a defesa de direito, o fortalecimento das potencialidades e aquisições e a proteção de famílias e indivíduos para o enfrentamento das situações de violação de direitos" (art. 6º-A).

Enfim, para atribuir maior operabilidade ao serviço, a nova Lei separa-o em dois grandes grupos, conforme as suas finalidades principais e as medidas mais adequadas em cada contexto de vulnerabilidade.

2.4.3 Da tipificação nacional dos serviços socioassistenciais (Resolução do Conselho Nacional de Assistência Social nº 109/09)

Conforme acima anunciado, os serviços de assistência social dividem-se em dois grandes grupos e seriam regulamentados pelo Conselho Nacional de Assistência Social (art. 18, II).

Portanto, para cumprir a sua finalidade prevista em Lei, o Conselho Nacional de Assistência Social editou a **Resolução nº 109/09**, a qual aprovou a tipificação nacional de serviços socioassistenciais, organizados por níveis de complexidade do SUAS: Proteção Social Básica e Proteção Social Especial de Média e Alta Complexidade (art. 1º):

> I - **Serviços de Proteção Social Básica**:
> a) Serviço de Proteção e Atendimento Integral à Família - PAIF;
> b) Serviço de Convivência e Fortalecimento de Vínculos;
> c) Serviço de Proteção Social Básica no domicílio para pessoas com deficiência e idosas.
> II - **Serviços de Proteção Social Especial de Média Complexidade**:
> a) Serviço de Proteção e Atendimento Especializado a Famílias e Indivíduos - PAEFI;
> b) Serviço Especializado em Abordagem Social;
> c) Serviço de Proteção Social a Adolescentes em Cumprimento de Medida Socioeducativa de
> Liberdade Assistida - LA, e de Prestação de Serviços à Comunidade - PSC;
> d) Serviço de Proteção Social Especial para Pessoas com Deficiência, Idosos(as) e suas Famílias;
> e) Serviço Especializado para Pessoas em Situação de Rua.
> III - **Serviços de Proteção Social Especial de Alta Complexidade**:
> a) Serviço de Acolhimento Institucional, nas seguintes modalidades:
> - abrigo institucional;
> - Casa-Lar;
> - Casa de Passagem;
> - Residência Inclusiva.
> b) Serviço de Acolhimento em República;
> c) Serviço de Acolhimento em Família Acolhedora;
> d) Serviço de Proteção em Situações de Calamidades Públicas e de Emergências.

Pois bem. Conforme já dito, os serviços de proteção básica (I) serão prestados nos **Cras**, já aqueles serviços especiais (II e III) serão prestados ou geridos nos **Creas**.

A Resolução nº 109/09, após anunciar os serviços, passa a descrevê-los, bem como seus usuários, os objetivos gerais e específicos, o ambiente físico e os recursos materiais e humanos, os períodos de funcionamento e os impactos esperados.

Por exemplo, em relação ao **serviço especializado à pessoa em situação de rua**, a normativa diz: "Serviço ofertado para pessoas que utilizam as ruas como espaço de moradia e/ou sobrevivência. Tem a finalidade de assegurar atendimento e atividades direcionadas para o desenvolvimento de sociabilidades, na perspectiva de fortalecimento de vínculos interpessoais e/ou familiares que oportunizem a construção de novos projetos de vida. Oferece trabalho técnico para a análise das demandas dos usuários, orientação individual e grupal e encaminhamentos a outros serviços socioassistenciais e das demais políticas públicas que possam contribuir na construção da autonomia, da inserção social e da proteção às situações de violência. Deve promover o acesso a espaços de guarda de pertences, de higiene pessoal, de alimentação e provisão de documentação civil. Proporciona endereço institucional para utilização, como referência, do usuário".

Sobre os objetivos desse específico serviço: "possibilitar condições de acolhida na rede socioassistencial; contribuir para a construção de novos projetos de vida, respeitando as escolhas dos usuários e as especificidades do atendimento; contribuir para restaurar e preservar a integridade e a autonomia da população em situação de rua; promover ações para a reinserção familiar e/ou comunitária".

E, por fim, dentre os impactos esperados, teríamos "construção de novos projetos de vida".

2.5 DA EDUCAÇÃO

2.5.1 Do direito à educação. A Constituição Federal e as Leis

A educação é a garantia e a segurança de um futuro melhor para toda e qualquer sociedade. Considerado "patrono" da educação no Brasil, o Educador Paulo Freire[23] defendia que o conhecimento seria a única forma do sujeito obter a sua concreta e real libertação em relação às forças opressoras, por seus próprios

23. Para o Educador, "a educação como prática da liberdade, ao contrário daquela que é prática da dominação, implica a negação do homem abstrato, isolado, solto, desligado do mundo, assim como também a negação do mundo como realidade ausente dos homens. A reflexão que propõe, por ser autêntica, não é sobre este homem abstração nem sobre este mundo sem homens, mas sobre os homens em suas relações com o mundo. Relações em que consciência e mundo se dão simultaneamente. Não há uma consciência antes e um mundo depois e vice-versa". (...) A educação problematizadora se faz, assim, um esforço permanente através do qual os homens vão percebendo, criticamente, como *estão*

atos e seu mérito, não por concessão ou por generosidade de terceiros. Pregava que a pessoa somente se libertaria do que a oprime a partir de uma consciência de mundo e devidamente incluído na sociedade.

Exatamente nesse sentido foi a recente decisão do Supremo Tribunal Federal (ADPF 461) ao considerar inconstitucional uma lei municipal que vedava a abordagem de temas relativos à orientação sexual nas escolas, destacando o papel emancipatório e transformador da educação:

> 1. Violação à competência privativa da União para legislar sobre diretrizes e bases da educação nacional (CF/88, art. 22, XXIV), bem como à competência deste mesmo ente para estabelecer normas gerais em matéria de educação (CF/88, art. 24, IX). Inobservância dos limites da competência normativa suplementar municipal (CF/88, art. 30, II). 2. Supressão de domínio do saber do universo escolar. Desrespeito ao direito à educação com o alcance pleno e emancipatório que lhe confere a Constituição. Dever do Estado de assegurar um ensino plural, que prepare os indivíduos para a vida em sociedade. Violação à liberdade de ensinar e de aprender (CF/88, arts. 205, art. 206, II, III, V, e art. 214). 3. Comprometimento do papel transformador da educação. Utilização do aparato estatal para manter grupos minoritários em condição de invisibilidade e inferioridade. Violação do direito de todos os indivíduos à igual consideração e respeito e perpetuação de estigmas (CF/88, art. 1º, III, e art. 5º). 4. Violação ao princípio da proteção integral. Importância da educação sobre diversidade sexual para crianças, adolescentes e jovens. Indivíduos especialmente vulneráveis que podem desenvolver identidades de gênero e orientação sexual divergentes do padrão culturalmente naturalizado. Dever do estado de mantê-los a salvo de toda forma de discriminação e opressão. Regime constitucional especialmente protetivo (CF/88, art. 227). 5. Declaração de inconstitucionalidade do art. 3º, X, da Lei 3.468/2015. Arguição de descumprimento de preceito fundamental julgada procedente. (STF – Pleno – ADPF 461 – rel. min. Roberto Barroso – j. 24/08/2020 – p. 22/09/2020)

Aliás, essa ideia central de **educação como meio de conscientização** – e de libertação, ao final - também definiu os objetivos da educação no Brasil, na Lei nº 9.394/96 (lei de diretrizes e bases da educação nacional): "O ensino será ministrado com base nos seguintes princípios (art. 3º): I - igualdade de

sendo no mundo *com que* e *em que* se acham." (FREIRE, Paulo. *Pedagogia do oprimido*. Paz e terra. 60. Ed. 2016. P. 123/125).

condições para o acesso e permanência na escola; II - liberdade de aprender, ensinar, pesquisar e divulgar a cultura, o pensamento, a arte e o saber; III - pluralismo de ideias e de concepções pedagógicas; (...)[24] XII - consideração com a diversidade étnico-racial (Incluído pela Lei nº 12.796, de 2013); XIII - garantia do direito à educação e à aprendizagem ao longo da vida (Incluído pela Lei nº 13.632, de 2018).

A Constituição Federal, consciente da importância da educação, trouxe o respectivo direito no contexto da ordem social, estabelecendo como obrigação do Estado, da sociedade e da família o fomento e inclusão dos jovens no sistema de educação. "A educação, direito de todos e dever do Estado e da família, será promovida e incentivada com a colaboração da sociedade, visando ao pleno desenvolvimento da pessoa, seu preparo para o exercício da cidadania e sua qualificação para o trabalho" (art. 205, CF).

Aliás, segundo a atual Lei do Plano Nacional de Educação - PNE (Lei nº 13.005/14), "são **diretrizes** do PNE (art. 2º): I - erradicação do analfabetismo; II - universalização do atendimento escolar; III - superação das desigualdades educacionais, com ênfase na promoção da cidadania e na erradicação de todas as formas de discriminação; IV - melhoria da qualidade da educação; V - **formação para o trabalho e para a cidadania, com ênfase nos valores morais e éticos em que se fundamenta a sociedade**; VI - promoção do princípio da gestão democrática da educação pública; VII - promoção humanística, científica, cultural e tecnológica do País; VIII - estabelecimento de meta de aplicação de recursos públicos em educação como proporção do Produto Interno Bruto - PIB, que assegure atendimento às necessidades de expansão, com padrão de qualidade e equidade; IX - valorização dos (as) profissionais da educação; X - **promoção dos princípios do respeito aos direitos humanos, à diversidade e à sustentabilidade socioambiental.**"

Pois bem. A partir do que define a Constituição Federal, a educação é classificada em duas: a educação básica e a educação superior. Segundo seu texto, "educação básica obrigatória e gratuita dos 4 (quatro) aos 17 (dezessete) anos de idade, assegurada inclusive sua oferta gratuita para todos os que a ela não tiveram acesso na idade própria" (art. 208, I, CF).

24. São outros objetivos: "IV - respeito à liberdade e apreço à tolerância; V - coexistência de instituições públicas e privadas de ensino; VI - gratuidade do ensino público em estabelecimentos oficiais; VII - valorização do profissional da educação escolar; VIII - gestão democrática do ensino público, na forma desta Lei e da legislação dos sistemas de ensino; IX - garantia de padrão de qualidade; X - valorização da experiência extra-escolar; XI - vinculação entre a educação escolar, o trabalho e as práticas sociais."

Antes dessa faixa etária, o Estado é obrigado a disponibilizar o serviço de creche àquelas famílias que necessitam. Tal serviço tem natureza mista de educação e de assistência social.

O direito à creche é garantido a partir do nascimento da criança. A família tem direito à vaga em creche, sendo um direito público subjetivo e posto em face do Estado. Então, cabe de forma prioritária aos municípios a disponibilização de vagas em creches a partir do nascimento da criança, sendo também um direito previsto na Constituição Federal, mas que não está ligado apenas à educação, mas ainda à assistência social, já que a creche cumpre um duplo papel, quais sejam o pedagógico e o social.

Segundo a Constituição Federal, "o dever do Estado com a educação será efetivado mediante a garantia de (...) educação infantil, em creche e pré-escola, às crianças até 5 (cinco) anos de idade (art. 208, IV)".

Agora, até os 4 anos de idade, essa educação infantil não é de matrícula obrigatória por parte da família, mas facultativa, segundo suas necessidades. Realmente, a obrigatoriedade de matrícula seria a partir dos 4 (quatro) anos. Pela lei, "é dever dos pais ou responsáveis efetuar a matrícula das crianças na educação básica a partir dos 4 (quatro) anos de idade" (art. 6º, Lei nº 9.394/96). Agora, o poder público sim é obrigado a disponibilizar as vagas necessárias para atender a demanda, especialmente os Municípios e o Distrito Federal.

Aliás, o Supremo Tribunal Federal já colocou uma pá de cal na questão, ao reafirmar a obrigação do Estado em disponibilizar as vagas necessárias:

> "A educação infantil representa prerrogativa constitucional indisponível, que, deferida às crianças, a estas assegura, para efeito de seu desenvolvimento integral, e como primeira etapa do processo de educação básica, o atendimento em creche e o acesso à pré-escola (CF, art. 208, IV). - Essa prerrogativa jurídica, em consequência, impõe, ao Estado, por efeito da alta significação social de que se reveste a educação infantil, a obrigação constitucional de criar condições objetivas que possibilitem, de maneira concreta, em favor das 'crianças até 5 (cinco) anos de idade' (CF, art. 208, IV), o efetivo acesso e atendimento em creches e unidades de pré-escola, sob pena de configurar-se inaceitável omissão governamental, apta a frustrar, injustamente, por inércia, o integral adimplemento, pelo Poder Público, de prestação estatal que lhe impôs o próprio texto da Constituição Federal." (...) A noção de 'mínimo existencial', que resulta, por implicitude, de determinados preceitos constitucionais (CF, art. 1º, III, e art. 3º, III), compreende um complexo de prerrogativas cuja concretização revela-se capaz de garantir condições adequadas de existência digna, em ordem a assegurar, à pessoa, acesso efetivo ao direito geral de liberdade e, também, a prestações positivas originárias do Estado, viabilizadoras

da plena fruição de direitos sociais básicos, tais como o direito à educação, o direito à proteção integral da criança e do adolescente, o direito à saúde, o direito à assistência social, o direito à moradia, o direito à alimentação e o direito à segurança. *Declaração Universal dos Direitos da Pessoa Humana*, de 1948 (Artigo XXV). A proibição do retrocesso social como obstáculo constitucional à frustração e ao inadimplemento, pelo poder público, de direitos prestacionais. O princípio da proibição do retrocesso impede, em tema de direitos fundamentais de caráter social, que sejam desconstituídas as conquistas já alcançadas pelo cidadão ou pela formação social em que ele vive. A cláusula que veda o retrocesso em matéria de direitos a prestações positivas do Estado (como o direito à educação, o direito à saúde ou o direito à segurança pública, v.g.) traduz, no processo de efetivação desses direitos fundamentais individuais ou coletivos, obstáculo a que os níveis de concretização de tais prerrogativas, uma vez atingidos, venham a ser ulteriormente reduzidos ou suprimidos pelo Estado. Doutrina. Em consequência desse princípio, o Estado, após haver reconhecido os direitos prestacionais, assume o dever não só de torná-los efetivos, mas, também, se obriga, sob pena de transgressão ao texto constitucional, a preservá-los, abstendo-se de frustrar - mediante supressão total ou parcial - os direitos sociais já concretizados. (...) (ARE 639337 AgR, Relator(a): Min. Celso de Mello, Segunda Turma, julgado em 23/08/2011).[25]

25. A continuação da ementa: "- A educação infantil, por qualificar-se como direito fundamental de toda criança, não se expõe, em seu processo de concretização, a avaliações meramente discricionárias da Administração Pública nem se subordina a razões de puro pragmatismo governamental. - Os Municípios - que atuarão, prioritariamente, no ensino fundamental e na educação infantil (CF, art. 211, § 2º) - não poderão demitir-se do mandato constitucional, juridicamente vinculante, que lhes foi outorgado pelo art. 208, IV, da Lei Fundamental da República, e que representa fator de limitação da discricionariedade político-administrativa dos entes municipais, cujas opções, tratando-se do atendimento das crianças em creche (CF, art. 208, IV), não podem ser exercidas de modo a comprometer, com apoio em juízo de simples conveniência ou de mera oportunidade, a eficácia desse direito básico de índole social. - Embora inquestionável que resida, primariamente, nos Poderes Legislativo e Executivo, a prerrogativa de formular e executar políticas públicas, revela-se possível, no entanto, ao Poder Judiciário, ainda que em bases excepcionais, determinar, especialmente nas hipóteses de políticas públicas definidas pela própria Constituição, sejam estas implementadas, sempre que os órgãos estatais competentes, por descumprirem os encargos político-jurídicos que sobre eles incidem em caráter impositivo, vierem a comprometer, com a sua omissão, a eficácia e a integridade de direitos sociais e culturais impregnados de estatura constitucional. Descumprimento de políticas públicas definidas em sede constitucional: hipótese legitimadora de intervenção jurisdicional. - O Poder Público - quando se abstém de cumprir, total ou parcialmente, o dever de implementar políticas públicas definidas no próprio texto constitucional - transgride, com esse comportamento negativo, a própria integridade da Lei Fundamental, estimulando, no âmbito do Estado, o preocupante fenômeno da erosão da consciência constitucional. Precedentes: ADI 1.484/DF, Rel. Min. Celso de Mello, v.g.. - A inércia estatal em adimplir as imposições constitucionais traduz inaceitável gesto de desprezo pela autoridade da Constituição e configura, por isso mesmo, comportamento que deve ser evitado. É que nada se revela mais nocivo, perigoso e ilegítimo do que elaborar uma Constituição, sem a vontade de fazê-la cumprir integralmente, ou, então, de apenas executá-la com o propósito subalterno de torná-la aplicável somente nos pontos que se mostrarem ajustados à conveniência e aos desígnios dos governantes, em detrimento dos interesses maiores dos cidadãos. - A intervenção do Poder Judiciário, em tema de implementação de políticas governamentais previstas e determinadas no texto constitucional, notadamente na área da educação

Aliás, a lei de diretrizes e bases prevê que "o acesso à educação básica obrigatória é direito público subjetivo, podendo qualquer cidadão, grupo de cidadãos, associação comunitária, organização sindical, entidade de classe ou outra legalmente constituída e, ainda, o Ministério Público, acionar o poder público para exigi-lo" (art. 5º, Lei nº 9.394/96).

A educação básica é composta pela educação infantil, pelo ensino fundamental e o ensino médio. A lei de diretrizes e bases prevê:

> Art. 4º O dever do Estado com educação escolar pública será efetivado mediante a garantia de: I - educação básica obrigatória e gratuita dos 4 (quatro) aos 17 (dezessete) anos de idade, organizada da seguinte forma: (Redação dada pela Lei nº 12.796, de 2013) a) pré-escola; b) ensino fundamental; c) ensino médio; (...)

Há certa divisão das competências entre os entes federativos para promover e disponibilizar vagas no sistema de educação. Essa responsabilidade é de certa forma solidária, mas com algumas prioridades. Assim, o Município é o principal responsável pela educação infantil e pelo ensino fundamental, os Estados[26]

---

infantil (RTJ 199/1219-1220), objetiva neutralizar os efeitos lesivos e perversos, que, provocados pela omissão estatal, nada mais traduzem senão inaceitável insulto a direitos básicos que a própria Constituição da República assegura à generalidade das pessoas. Precedentes. A controvérsia pertinente à "reserva do possível" e a intangibilidade do mínimo existencial: a questão das "escolhas trágicas". A destinação de recursos públicos, sempre tão dramaticamente escassos, faz instaurar situações de conflito, quer com a execução de políticas públicas definidas no texto constitucional, quer, também, com a própria implementação de direitos sociais assegurados pela Constituição da República, daí resultando contextos de antagonismo que impõem, ao Estado, o encargo de superá-los mediante opções por determinados valores, em detrimento de outros igualmente relevantes, compelindo, o Poder Público, em face dessa relação dilemática, causada pela insuficiência de disponibilidade financeira e orçamentária, a proceder a verdadeiras 'escolhas trágicas', em decisão governamental cujo parâmetro, fundado na dignidade da pessoa humana, deverá ter em perspectiva a intangibilidade do mínimo existencial, em ordem a conferir real efetividade às normas programáticas positivadas na própria Lei Fundamental. Magistério da doutrina. - A cláusula da reserva do possível - que não pode ser invocada, pelo Poder Público, com o propósito de fraudar, de frustrar e de inviabilizar a implementação de políticas públicas definidas na própria Constituição - encontra insuperável limitação na garantia constitucional do mínimo existencial, que representa, no contexto de nosso ordenamento positivo, emanação direta do postulado da essencial dignidade da pessoa humana. Doutrina. Precedentes. – (...) Legitimidade jurídica da imposição, ao poder público, das 'astreintes'. - Inexiste obstáculo jurídico processual à utilização, contra entidades de direito público, da multa cominatória prevista no § 5º do art. 461 do CPC. A 'astreinte' - que se reveste de função coercitiva - tem por finalidade específica compelir, legitimamente, o devedor, mesmo que se cuide do Poder Público, a cumprir o preceito, tal como definido no ato sentencial. Doutrina. Jurisprudência." (ARE 639337 AgR, Relator(a): Min. Celso de Mello, Segunda Turma, julgado em 23/08/2011).

26. Art. 10. Os Estados incumbir-se-ão de: I - organizar, manter e desenvolver os órgãos e instituições oficiais dos seus sistemas de ensino; II - definir, com os Municípios, formas de colaboração na oferta do ensino fundamental, as quais devem assegurar a distribuição proporcional das responsabilidades, de acordo com a população a ser atendida e os recursos financeiros disponíveis em cada uma dessas esferas do Poder Público; III - elaborar e executar políticas e planos educacionais, em consonância com as diretrizes e planos nacionais de educação, integrando e coordenando as suas ações e as dos seus Municípios; IV - autorizar, reconhecer, credenciar, supervisionar e avaliar, respectivamente, os cursos das instituições de educação superior e os estabelecimentos do seu sistema de ensino; V - baixar normas

são os responsáveis basicamente pelo ensino médio e também pela educação superior, e a União[27], de forma prioritária, atua na educação superior e na edição de normas gerais, sem excluir a sua responsabilidade em relação às demais.

> Segundo a Lei nº 9.394/96, lei de diretrizes e bases:
>
> Art. 8º A União, os Estados, o Distrito Federal e os Municípios organizarão, em regime de colaboração, os respectivos sistemas de ensino. § 1º Caberá à União a coordenação da política nacional de educação, articulando os diferentes níveis e sistemas e exercendo função normativa, redistributiva e supletiva em relação às demais instâncias educacionais. § 2º Os sistemas de ensino terão liberdade de organização nos termos desta Lei.

Assim, por uma questão de cultura, de prática e até de divisão de responsabilidades administrativas, por prioridades, o Município[28] ficou responsável

complementares para o seu sistema de ensino; VI - assegurar o ensino fundamental e oferecer, com prioridade, o ensino médio; VI - assegurar o ensino fundamental e oferecer, com prioridade, o ensino médio a todos que o demandarem, respeitado o disposto no art. 38 desta Lei; (Redação dada pela Lei nº 12.061, de 2009); VII - assumir o transporte escolar dos alunos da rede estadual. (Incluído pela Lei nº 10.709, de 31.7.2003). Parágrafo único. Ao Distrito Federal aplicar-se-ão as competências referentes aos Estados e aos Municípios.

27. Art. 9º A União incumbir-se-á de: I - elaborar o Plano Nacional de Educação, em colaboração com os Estados, o Distrito Federal e os Municípios; II - organizar, manter e desenvolver os órgãos e instituições oficiais do sistema federal de ensino e o dos Territórios; III - prestar assistência técnica e financeira aos Estados, ao Distrito Federal e aos Municípios para o desenvolvimento de seus sistemas de ensino e o atendimento prioritário à escolaridade obrigatória, exercendo sua função redistributiva e supletiva; IV - estabelecer, em colaboração com os Estados, o Distrito Federal e os Municípios, competências e diretrizes para a educação infantil, o ensino fundamental e o ensino médio, que nortearão os currículos e seus conteúdos mínimos, de modo a assegurar formação básica comum; IV-A - estabelecer, em colaboração com os Estados, o Distrito Federal e os Municípios, diretrizes e procedimentos para identificação, cadastramento e atendimento, na educação básica e na educação superior, de alunos com altas habilidades ou superdotação; V - coletar, analisar e disseminar informações sobre a educação; VI - assegurar processo nacional de avaliação do rendimento escolar no ensino fundamental, médio e superior, em colaboração com os sistemas de ensino, objetivando a definição de prioridades e a melhoria da qualidade do ensino; VII - baixar normas gerais sobre cursos de graduação e pós-graduação; VIII - assegurar processo nacional de avaliação das instituições de educação superior, com a cooperação dos sistemas que tiverem responsabilidade sobre este nível de ensino; IX - autorizar, reconhecer, credenciar, supervisionar e avaliar, respectivamente, os cursos das instituições de educação superior e os estabelecimentos do seu sistema de ensino. (Vide Lei nº 10.870, de 2004) § 1º Na estrutura educacional, haverá um Conselho Nacional de Educação, com funções normativas e de supervisão e atividade permanente, criado por lei. § 2º Para o cumprimento do disposto nos incisos V a IX, a União terá acesso a todos os dados e informações necessários de todos os estabelecimentos e órgãos educacionais. § 3º As atribuições constantes do inciso IX poderão ser delegadas aos Estados e ao Distrito Federal, desde que mantenham instituições de educação superior.

28. Art. 11. Os Municípios incumbir-se-ão de: I - organizar, manter e desenvolver os órgãos e instituições oficiais dos seus sistemas de ensino, integrando-os às políticas e planos educacionais da União e dos Estados; II - exercer ação redistributiva em relação às suas escolas; III - baixar normas complementares para o seu sistema de ensino; IV - autorizar, credenciar e supervisionar os estabelecimentos do seu sistema de ensino; V - oferecer a educação infantil em creches e pré-escolas, e, com prioridade, o ensino fundamental, permitida a atuação em outros níveis de ensino somente quando estiverem atendidas

pelo ensino infantil e o fundamental, os Estados com ensino médio e superior, e a União com a educação superior, sem excluir as demais categorias da Educação, conforme já dito.

Vale dizer também que a divisão das competências acaba por definir os sistemas existentes em cada um dos níveis (Lei nº 9.394/96): "O **sistema federal de ensino** compreende (art. 16): I - as instituições de ensino mantidas pela União; II - as instituições de educação superior mantidas pela iniciativa privada; III - os órgãos federais de educação". Já "**os sistemas de ensino dos Estados e do Distrito Federal** compreendem (art. 17): I - as instituições de ensino mantidas, respectivamente, pelo Poder Público estadual e pelo Distrito Federal; II - as instituições de educação superior mantidas pelo Poder Público municipal; III - as instituições de ensino fundamental e médio criadas e mantidas pela iniciativa privada; IV - os órgãos de educação estaduais e do Distrito Federal, respectivamente. Parágrafo único. No Distrito Federal, as instituições de educação infantil, criadas e mantidas pela iniciativa privada, integram seu sistema de ensino".

Ainda, "**os sistemas municipais de ensino** compreendem (art. 18): I - as instituições do ensino fundamental, médio e de educação infantil mantidas pelo Poder Público municipal; II - as instituições de educação infantil criadas e mantidas pela iniciativa privada; III – os órgãos municipais de educação".

Ainda sobre educação, mesmo diante da amplitude do tema, alguns pontos merecem destaque pelos debates recentemente travados em trono dele.

Um deles é sobre a educação na **rede pública e a religião**, objeto de análise do Supremo Tribunal Federal, na ADI nº 4439[29]: "O ensino religioso

plenamente as necessidades de sua área de competência e com recursos acima dos percentuais mínimos vinculados pela Constituição Federal à manutenção e desenvolvimento do ensino. VI - assumir o transporte escolar dos alunos da rede municipal. (Incluído pela Lei nº 10.709, de 31.7.2003. Parágrafo único. Os Municípios poderão optar, ainda, por se integrar ao sistema estadual de ensino ou compor com ele um sistema único de educação básica.

29 1. O princípio constitucional da laicidade (CF, art. 19, I) apresenta-se com três conteúdos: (i) separação formal entre Estado e Igrejas; (ii) neutralidade estatal em matéria religiosa; e (iii) garantia da liberdade religiosa. 2. O ensino religioso nas escolas públicas, em tese, pode ser ministrado em três modelos: (i) confessional, que tem como objeto a promoção de uma ou mais confissões religiosas; (ii) interconfessional, que corresponde ao ensino de valores e práticas religiosas com base em elementos comuns entre os credos dominantes na sociedade; e (iii) não confessional, que é desvinculado de religiões específicas. 3. Somente o modelo não confessional de ensino religioso nas escolas públicas é capaz de se compatibilizar com o princípio da laicidade estatal. Nessa modalidade, a disciplina consiste na exposição, neutra e objetiva, das doutrinas, práticas, história e dimensões sociais das diferentes religiões (incluindo posições não religiosas), e é ministrada por professores regulares da rede pública de ensino, e não por pessoas vinculadas às confissões religiosas. 4. Procedência do pedido. Interpretação conforme a Constituição do art. 33, caput e §§ 1º e 2º, da Lei nº 9.394/96, e do art. 11, § 1º, do Acordo Brasil-Santa Sé, aprovado por meio do Decreto Legislativo nº 698/2009 e promulgado pelo Decreto nº

ministrado em escolas públicas deve ser de matrícula efetivamente facultativa e ter caráter não confessional, vedada a admissão de professores na qualidade de representantes das religiões para ministrá-lo".

Nota-se claramente que o STF optou por adotar um meio termo na conclusão da questão, não para vetar o ensino religioso, mas no sentido de traçar diretrizes que o adequam com o modelo laico e democrático de Estado.

Pois bem, para ilustrar a atuação institucional da Defensoria Pública em relação à educação e ao atendimento da criança e adolescente, citamos recente notícia:

> A Defensoria Pública de SP em Registro (a 188 km da Capital) obteve em 5/12 uma decisão liminar que determinou o acompanhamento por um cuidador especializado a uma criança de nove anos com deficiência, que cursa ensino básico na rede municipal. (...) No entanto, o município havia interrompido o tratamento e destinado o profissional para outra aluna, alegando que esta tinha uma deficiência mais severa. O pedido da Defensoria foi atendido pela juíza Barbara Donadio Antunes Chinen, da 3ª Vara do Foro de Registro, que estabeleceu o prazo de dez dias para o seu cumprimento. (...) As Professoras que acompanharam a menina nos últimos anos relataram a importância da sua permanência em ensino regular para o seu processo de socialização. Além disso, a presença de cuidadores garante um aproveitamento ainda melhor das atividades propostas, segundo o Terapeuta Ocupacional que analisou a situação. A Defensoria Pública argumentou que é de suma importância reconhecer a educação inclusiva como um direito, previsto em lei, e que, além de contribuir para o desenvolvimento da pessoa com deficiência, é uma maneira de promover a valorização da diversidade" (Cf. http://www.defensoria.sp.gov.br).

Enfim, nota-se que a educação especial requer diagnóstico precoce e atendimento interdisciplinar e integral, de forma inclusiva, sem nenhum tipo de segregação ou isolamento.

Por fim, não é excessivo lembrar que o direito à educação compreende também o transporte adequado desses alunos:

> APELAÇÃO e REEXAME NECESSÁRIO – Ação civil pública – Obrigação de fazer que visa compelir o Estado a providenciar a transferência ou transporte

7.107/2010, para assentar que o ensino religioso em escolas públicas somente pode ter natureza não confessional, com proibição da admissão de professores na qualidade de representantes das confissões religiosas. 5. Tese do julgamento: "O ensino religioso ministrado em escolas públicas deve ser de matrícula efetivamente facultativa e ter caráter não confessional, vedada a admissão de professores na qualidade de representantes das religiões para ministrá-lo". (ADI 4439).

escolar de alunos da zona rural – Pedido procedente – Alegação de desacerto do julgado por violação à separação dos poderes e não observância da teoria da reserva do possível e que os preceitos esculpidos nos arts. 206 e 208 são de ordem programática – Descabimento – Alunos que frequentam instituição de ensino estadual distante de suas residências, localizadas na zona rural do município – Responsabilidade do poder público de fornecer transporte escolar reconhecida – Intervenção judicial necessária para garantir o efetivo acesso dos menores ao serviço de educação – Longa distância a ser vencida até a escola em que matriculados que espelha hipótese de oferta irregular do serviço – Inteligência dos arts. 53, I, e 54, I, VII e § 2º, do ECA - Precedente – Garantia de escolarização que constitui direito subjetivo do menor – Responsabilidade do Estado na oferta dos respectivos serviços caracterizada por ato plenamente vinculado – Inteligência dos arts. 206, I, 208, VII, da CF, 53, I, 54, VII do ECA e artigo 4º, inciso VIII, da Lei nº 9.394/96 (LDB) – Possibilidade do judiciário apreciar a omissão do administrador frente a Lei por ser ato plenamente vinculado - Estabelecimento de prazo de 10 dias para cumprimento voluntário, não contestado – Pedido de exclusão ou mitigação da *astreinte* – Impossibilidade – Demora na implementação da obrigação que aponta a desídia administrativa e insuficiência do montante inicialmente fixado – Apelação e reexame necessário não providos. (TJSP; Apelação Cível 1003161-21.2018.8.26.0244; Relator: Renato Genzani Filho; Órgão Julgador: Câmara Especial; Foro de Iguapé - 2ª Vara; Data do Julgamento: 01/09/2020; Data de Registro: 01/09/2020)

Enfim, cabe ao Estado disponibilizar todos os meios para o adequado acesso à educação.

2.5.2 Da Política Nacional de proteção dos direitos da pessoa com transtorno do espectro autista (Lei nº 12.764/12)

O quadro autista não possui um padrão característico e de imediata identificação, mas pode manifestar-se a partir de uma série de espectros, sendo o mais importante o chamado *Transtorno Global de Desenvolvimento* (CID 84.0). Assim, trata-se de questão cuja complexidade inicia-se na sua própria identificação e reconhecimento.

Em geral, a pessoa/criança com autismo tem dificuldade de atenção, de comunicação e de aprendizagem, não interage com a intensidade comum às demais pessoas, e apresenta alguns atos de agressividade. De modo geral, a criança com autismo sofre com suas graves crises, chegando a ficar dias sem dormir, em estado de intensa ansiedade.

Há variação na presença dessas características, podendo estar todas elas presentes ou não.

Na verdade, trata-se de pessoa que exige atenção, especialmente quanto à sua eficiente e adequada educação, pois necessita de apoio pedagógico e terapêutico especializado, além do atendimento nas áreas de terapia ocupacional e fonoaudiologia, o que – em regra - não está disponível na rede pública de ensino do Estado ou do Município. Na maioria dos Municípios ou Estados, aliás, inexiste um atendimento especializado.

De fato, em regra, a rede pública não dispõe de profissionais capacitados para atendimento de pessoas com autismo, sendo que, quando possui professores de educação especial, não dispõe de cuidador, ou vice-versa, quando o autista fica sem qualquer acompanhamento educacional.

Outro aspecto relevante nos cuidados destinados à pessoa autista refere-se à integração dela ao grupo, sendo inviável a separação ou o isolamento, que pode agravar, de forma irreversível, eventual diagnóstico.

Por questão de extrema necessidade, recentemente, foi promulgada a *Lei Berenice Piana* (Lei 12.764/12), que instituiu a *Política Nacional de Defesa dos Direitos das Pessoas com Autismo.*

A citada Lei, ao tentar definir a pessoa com espectro autista, apresenta: "é considerada pessoa com transtorno do espectro autista aquela portadora de síndrome clínica caracterizada na forma dos seguintes incisos I ou II (art. 1º, § 1º):

> I - deficiência persistente e clinicamente significativa da comunicação e da interação sociais, manifestada por deficiência marcada de comunicação verbal e não verbal usada para interação social; ausência de reciprocidade social; falência em desenvolver e manter relações apropriadas ao seu nível de desenvolvimento;
>
> II - padrões restritivos e repetitivos de comportamentos, interesses e atividades, manifestados por comportamentos motores ou verbais estereotipados ou por comportamentos sensoriais incomuns; excessiva aderência a rotinas e padrões de comportamento ritualizados; interesses restritos e fixos.
>
> § 2º A pessoa com transtorno do espectro autista é considerada pessoa com deficiência, para todos os efeitos legais.

Pelo que se nota, a partir da análise do art. 1º, § 1º, da Lei nº 12.764/12, o dispositivo utiliza do critério alternativo, e não cumulativo, isso por conta da variedade dos espectros autistas, e dos inúmeros quadros pelos quais o autismo pode se apresentar.

Sobre a política específica, "são diretrizes da Política Nacional de Proteção dos Direitos da Pessoa com Transtorno do Espectro Autista: I - a intersetorialidade no desenvolvimento das ações e das políticas e no atendimento à pessoa com transtorno do espectro autista; II - a participação da comunidade na formulação de políticas públicas voltadas para as pessoas com transtorno do espectro autista e o controle social da sua implantação, acompanhamento e avaliação; III - a atenção integral às necessidades de saúde da pessoa com transtorno do espectro autista, objetivando o diagnóstico precoce, o atendimento multiprofissional e o acesso a medicamentos e nutrientes; V - o estímulo à inserção da pessoa com transtorno do espectro autista no mercado de trabalho, observadas as peculiaridades da deficiência e as disposições da Lei no 8.069, de 13 de julho de 1990 (Estatuto da Criança e do Adolescente); VI - a responsabilidade do poder público quanto à informação pública relativa ao transtorno e suas implicações; VII - o incentivo à formação e à capacitação de profissionais especializados no atendimento à pessoa com transtorno do espectro autista, bem como a pais e responsáveis; VIII - o estímulo à pesquisa científica, com prioridade para estudos epidemiológicos tendentes a dimensionar a magnitude e as características do problema relativo ao transtorno do espectro autista no País" (art. 2º).

Em regra, a política de atendimento é norteada pela responsabilidade do Poder Público, o atendimento interdisciplinar, a proteção integral, a inclusão na família e na comunidade, além da capacitação profissional.

Também, como todo sistema jurídico voltado aos cuidados de grupos mais vulneráveis, a Lei apresenta uma **relação de direitos**:

> Art. 3º São direitos da pessoa com transtorno do espectro autista: I - a vida digna, a integridade física e moral, o livre desenvolvimento da personalidade, a segurança e o lazer; II - a proteção contra qualquer forma de abuso e exploração; III - o acesso a ações e serviços de saúde, com vistas à atenção integral às suas necessidades de saúde, incluindo: a) o diagnóstico precoce, ainda que não definitivo; b) o atendimento multiprofissional; c) a nutrição adequada e a terapia nutricional; d) os medicamentos; e) informações que auxiliem no diagnóstico e no tratamento; IV - o acesso: a) à educação e ao ensino profissionalizante; b) à moradia, inclusive à residência protegida; c) ao mercado de trabalho; d) à previdência social e à assistência social.
>
> Parágrafo único. Em casos de comprovada necessidade, a pessoa com transtorno do espectro autista incluída nas classes comuns de ensino regular, nos termos do inciso IV do art. 2º, terá direito a acompanhante especializado.

Assim, pode-se perceber que o legislador se preocupou com o diagnóstico precoce (art. 3º, III, "a") para que os efeitos do quadro não se agravassem ou se intensificassem, o que poderia prejudicar eventual tratamento.

Outros direitos[30] foram previstos na Lei específica e devem ser conhecidos e cobrados em favor desse grupo de pessoas que permaneceu, por muitos anos, na escuridão do desconhecimento e nas encostas da omissão.

Agora, finalmente, mas não sem o devido esforço, o sistema busca organizar uma proteção integral, em várias frentes e em diversificados aspectos.

Por fim, devemos citar a Lei nº 13.977/20 que, dentre outras questões, institui a carteira de identificação da pessoa com transtorno do espectro autista (Ciptea), "com vistas a garantir atenção integral, pronto atendimento e prioridade no atendimento e no acesso aos serviços públicos e privados, em especial nas áreas de saúde, educação e assistência social (art. 3º-A, da Lei nº 12.764/12).

2.5.3 Da Política Nacional de leitura e escrita (Lei nº 13.696/18)

Ora, se a educação é o combustível cultural de uma nação, a condição para sua evolução em sentido amplo – e efetiva libertação -, a leitura e a escrita são seus principais instrumentos. Aliás, todos os índices de desenvolvimento humano passam pelas questões da educação, dos índices de analfabetismo e dos níveis de leitura/escrita. A leitura informa, esclarece, inclui e liberta.

Com essa perspectiva, foi aprovada recentemente a Lei nº 13.696/18, que institui a *Política Nacional de leitura e escrita*.

Nessa linha, "são **diretrizes** da Política Nacional de Leitura e Escrita (art. 2º): I - a universalização do direito ao acesso ao livro, à leitura, à escrita, à literatura e às bibliotecas; II - o reconhecimento da leitura e da escrita como um direito, a fim de possibilitar a todos, inclusive por meio de políticas de estímulo à leitura, as condições para exercer plenamente a cidadania, para viver uma vida digna e para contribuir com a construção de uma sociedade mais justa (...)".[31]

---

30. Art. 4º A pessoa com transtorno do espectro autista não será submetida a tratamento desumano ou degradante, não será privada de sua liberdade ou do convívio familiar nem sofrerá discriminação por motivo da deficiência. Parágrafo único. Nos casos de necessidade de internação médica em unidades especializadas, observar-se-á o que dispõe o art. 4º da Lei nº 10.216, de 6 de abril de 2001.

    Art. 5º A pessoa com transtorno do espectro autista não será impedida de participar de planos privados de assistência à saúde em razão de sua condição de pessoa com deficiência, conforme dispõe o art. 14 da Lei nº 9.656, de 3 de junho de 1998.

31. Em continuação: "III - o fortalecimento do Sistema Nacional de Bibliotecas Públicas (SNBP), no âmbito do Sistema Nacional de Cultura (SNC); IV - a articulação com as demais políticas de estímulo à leitura, ao conhecimento, às tecnologias e ao desenvolvimento educacional, cultural e social do País, especialmente com a Política Nacional do Livro, instituída pela Lei nº 10.753, de 30 de outubro de 2003; V - o

Também, "*são* **objetivos** da Política Nacional de Leitura e Escrita (art. 3º: I - democratizar o acesso ao livro e aos diversos suportes à leitura por meio de bibliotecas de acesso público, entre outros espaços de incentivo à leitura, de forma a ampliar os acervos físicos e digitais e as condições de acessibilidade; (...) III - valorizar a leitura e o incremento de seu valor simbólico e institucional por meio de campanhas, premiações e eventos de difusão cultural do livro, da leitura, da literatura e das bibliotecas" (...).

Enfim, de forma quase que inédita no universo jurídico nacional, a nova Lei visa a fomentar a leitura no Brasil, já que os índices de leitura por aqui nunca foram elevados, sequer medianos, mas baixos, sendo que o novo modelo de enfrentamento tem por meta a melhoria desse triste quadro.

2.6 DA SEGURANÇA ALIMENTAR

2.6.1 Do direito à alimentação como direito fundamental social

A segurança alimentar está no cerne do que se convencionou chamar de "mínimo existencial". Também é condição para a garantia dos direitos fundamentais à vida digna e à integridade física. O acesso à alimentação adequada assegura condições para o trabalho, a educação, a liberdade de expressão etc. Enfim, trata-se de **direito fundamental-meio** para que outros possam ser realizados.

Evidentemente, o Estado é garantidor desse direito, especialmente quando se analisa a questão do mínimo existencial. Nessa linha, vale a pena citar a notícia da Defensoria Pública do Estado de São Paulo sobre ação judicial acerca do tema:

> A Defensoria Pública de SP obteve na última quarta-feira (29/5) uma decisão de mérito do Tribunal de Justiça paulista (TJ-SP) que determina que o Estado de São Paulo e o Município de Presidente Prudente disponibilizem uma unidade do restaurante popular "Bom Prato" na cidade. A rede de restaurantes populares Bom Prato, que tem como público-alvo pessoas em situação de rua, de baixa renda, idosas e/ou em condição de vulnerabilidade social, é uma política pública inserida no Programa Estadual de Alimentação e Nutrição, da Secretaria Estadual de Desenvolvimento Social, e consiste no oferecimento de alimentação de qualidade a preços acessíveis, também contando com serviços de *internet* gratuita e cursos de qualificação nalgumas unidades. A ação, proposta pelo Defensor Público Orivaldo de Souza Ginel Junior, apontou que a

---

reconhecimento das cadeias criativa, produtiva, distributiva e mediadora do livro, da leitura, da escrita, da literatura e das bibliotecas como integrantes fundamentais e dinamizadoras da economia criativa.

> região de Presidente Prudente é a terceira mais pobre do estado, de acordo com o Índice Paulista de Responsabilidade Social. No entanto, não conta ainda com nenhuma unidade da rede de restaurantes. O Defensor também pontuou que a alimentação é um direito humano fundamental, garantido nos sistemas global, interamericano e nacional de direitos humanos. Disse, ainda, que o direito à alimentação integra o chamado mínimo existencial, e não se pode opor contra ele qualquer óbice orçamentário.[32]

Enfim, a segurança alimentar foi incluída no campo constitucional pela Emenda Constitucional nº 64/10, que passou a prevê-la no artigo 6º da Lei Maior, entre os direitos sociais: "São direitos sociais a educação, a saúde, **a alimentação**, o trabalho, a moradia, o lazer, a segurança, a previdência social, a proteção à maternidade e à infância, a assistência aos desamparados, na forma desta Constituição".

Recentemente, embora sem ingressar no mérito da ação, o Supremo Tribunal Federal manteve a obrigação solidária dos entes públicos de prestarem alimentos a imigrantes venezuelanos, sem suspensão da liminar oriunda do Tribunal local.

Na ocasião, foi veiculado pelo próprio *Portal de notícias* da Suprema Corte:[33]

> Mantida decisão que obrigou fornecimento de refeições a migrantes e refugiados em Manaus (AM). O presidente do Supremo Tribunal Federal (STF),

32. Em continuação da notícia: "Em relação à questão orçamentária, Orivaldo ainda afirmou que a receita do Município de Presidente Prudente cresce progressivamente todos os anos e que parte da verba prevista no orçamento está destacada para contratação de serviços de arbitragem para campeonatos de futebol e para instalação de recipientes para alimentação e hidratação de cães e gatos de rua em áreas públicas. "Essa política parece indicar que o Município estaria mais preocupado com o acolhimento e com alimentos dos animais do que com a miséria e a fome das pessoas hipossuficientes", afirmou. Em primeira instância, o pedido feito pela Defensoria Pública foi indeferido pela Vara da Fazenda Pública de Presidente Prudente, sob argumento de que não houve negligência na implementação de políticas públicas previstas na Constituição Federal. No entanto, após apelação interposta pela Defensoria e sustentação oral realizada pela Defensora Pública Luciana Jordão, Coordenadora do Núcleo de Segunda Instância e Tribunais Superiores, os Desembargadores da 8ª Câmara de Direito Público do TJ-SP, em votação unânime, afirmaram que houve inércia da administração municipal e que a alegação genérica de falta de verba não pode impedir o atendimento da demanda. "O número de pessoas desprovidas de moradia é considerável e constitui contingente populacional cujas necessidades materiais mínimas de vida com dignidade, especialmente, alimentação adequada, devem ser lembradas pela administração pública por ocasião da elaboração da lei orçamentária. A falta de recursos não deve servir de subterfúgio para a manutenção do desatendimento do direito social". Dessa forma, determinaram que Estado e Município implementem uma unidade da rede Bom Prato na cidade, com oferecimento de, no mínimo, café da manhã e almoço, sob pena de multa diária de R$ 5 mil. (Disponível em https://www.defensoria.sp.def.br, acesso em 07/06/19).
33. *Portal do STF*, http://portal.stf.jus.br/noticias/verNoticiaDetalhe.asp?idConteudo=457560&ori=1, acesso em 18/12/20.

ministro Luiz Fux, negou pedido de suspensão de decisão do Tribunal Regional Federal (TRF-1) que determinou à União, ao Estado do Amazonas e ao Município de Manaus o fornecimento de refeições diárias necessárias a migrantes e refugiados atendidos pela Operação Acolhida. Na ação originária, o Ministério Público Federal apontava suposta omissão quanto ao fornecimento de alimentos aos imigrantes venezuelanos. Na Suspensão de Tutela Provisória (STP) 705, o Município de Manaus sustentou não haver provas da acusação e acrescentou que a decisão do TRF-1 nao individualizou a distribuição de competências entre os entes responsáveis, violando o princípio da separação dos Poderes. Alegou, ainda, que a determinação, ao considerar a elevada multa fixada, geraria danos à economia municipal em tempos de combate à pandemia da Covid-19. No STF, no entanto, Fux não observou potencial lesão de natureza grave ao interesse público que justificasse a concessão do pedido de suspensão. Isso porque, explicou o ministro, a obrigação foi determinada em solidariedade com a União e o Estado do Amazonas, "a possibilitar à municipalidade a busca de soluções interfederativas cooperativas ou mesmo futuro ressarcimento frente a estes entes maiores pelas despesas que tiver frente no cumprimento da decisão". O presidente do STF mencionou voto da ministra Rosa Weber, no julgamento da Ação Cível Originária (ACO) 3121, ao considerar que a decisão do TRF-1 está em conformidade com a jurisprudência do STF, no sentido da aplicação do princípio da solidariedade entre os entes federados com relação às demandas referentes aos serviços públicos prestados a refugiados e/ou estrangeiros migrantes para o território nacional. "Portanto, sem adentrar ao exame do acerto ou desacerto da decisão de origem quanto à existência de omissão da municipalidade no fornecimento de alimentos aos refugiados, em razão dos estritos limites de cognição possíveis no âmbito da suspensão, verifico que a decisão impugnada não deixou de aplicar o entendimento desta Suprema Corte firmado no julgamento em referência", concluiu o ministro.

Assim, apenas para ilustrar, a segurança alimentar é direito fundamental básico, de base humanista e pertencente ao grupo de direitos que integram o chamado "mínimo existencial".

Também devemos lembrar importante decisão do Superior Tribunal de Justiça[34], de fevereiro de 2021, no sentido de que o neto com deficiência teria direito à pensão alimentícia decorrente do falecimento do avô:

---

34. Disponível em https://www.stj.jus.br/sites/portalp/Paginas/Comunicacao/Noticias, acesso em 17/02/21. Segundo a matéria houve aqui uma "reorientação jurisprudencial. Em seu voto, o ministro Raul Araújo

> Neto absolutamente incapaz que esteve sob guarda do avô tem direito à pensão por morte do tipo vitalícia. Em julgamento de embargos de divergência, a Corte Especial do Superior Tribunal de Justiça (STJ) garantiu o direito à pensão por morte do tipo vitalícia a um homem com grave deficiência física e psíquica que era menor de idade e estava sob a guarda de fato do avô materno quando este morreu. Com a decisão, o colegiado reafirmou entendimentos recentes da Primeira Seção no sentido de que a legislação previdenciária deve ser interpretada em conformidade com o artigo 33, parágrafo 3º, do Estatuto da Criança e do Adolescente (ECA), que confere ao menor sob guarda a condição de dependente para fins previdenciários. Além disso, a Corte apontou que o entendimento é o mais condizente com os direitos fundamentais reconhecidos pelo Brasil em favor das crianças e adolescentes com deficiência. Os embargos foram interpostos pelo autor, representado por sua mãe, contra o acórdão da Sexta Turma que deu provimento a recurso do Instituto Nacional do Seguro Social (INSS). A Sexta Turma rejeitou o pedido de pensão por morte do segurado por concluir que o menor sob guarda deixou de ter direito ao benefício com a edição da Lei 9.528/1997, que alterou a redação do parágrafo 2º do artigo 16 da Lei da Previdência Social (Lei 8213/1991). À época do julgamento, a Sexta Turma ainda era competente para julgar matéria previdenciária. Nos embargos, a defesa alegou que os direitos fundamentais da criança e do adolescente são elencados na Constituição Federal com status de prioridade absoluta. Nesse sentido, argumentou que a regra previdenciária do ECA tem primazia sobre a previsão normativa em matéria de pensão por morte contida na Lei da Previdência Social.

Trata-se de uma decisão que altera anterior posicionamento do STJ e merece destaque por enaltecer o aspecto humanitário dessa prestação alimentícia.

2.6.2 Do Sistema Nacional de segurança alimentar e nutricional (Lei nº 11.346/06)

Antes da EC nº 64/10 acima citada, o legislador já havia se antecipado e promulgado a Lei nº 11.346/06, que criou o ***Sistema Nacional de segurança***

---

explicou que a Terceira Seção havia fixado entendimento contrário à concessão de pensão por morte em caso de menor sob guarda quando o óbito do segurado ocorresse a partir da vigência da MP 1.523/1996 (convertida na Lei 9.528/1997). Isso porque o colegiado compreendia que a norma previdenciária possuía preponderância em relação ao ECA, em razão de sua natureza específica na comparação com o caráter geral do estatuto. De acordo com o relator, a mudança de posicionamento do STJ na matéria ocorreu após a competência para o julgamento de processos de direito previdenciário ser deslocada da Terceira para a Primeira Seção. Ele lembrou que a seção de direito público fixou tese reconhecendo o direito à pensão por morte para menor sob guarda, desde que comprovada a dependência econômica, mesmo que o falecimento do segurado tenha ocorrido depois das mudanças na Lei da Previdência Social. Segundo a seção de direito público, a orientação se baseava na qualidade de lei especial do ECA em relação à legislação previdenciária.

alimentar e nutricional, "por meio do qual o poder público, com a participação da sociedade civil organizada, formulará e implementará políticas, planos, programas e ações com vistas em assegurar o direito humano à alimentação adequada" (art. 1º).

Após, a Lei deixa claro que o direito à alimentação é de natureza pública. "A alimentação adequada é direito fundamental do ser humano, inerente à dignidade da pessoa humana e indispensável à realização dos direitos consagrados na Constituição Federal, devendo o poder público adotar as políticas e ações que se façam necessárias para promover e garantir a segurança alimentar e nutricional da população" (art. 2º). A adoção dessas políticas e ações deverá levar em conta as dimensões ambientais, culturais, econômicas, regionais e sociais (§ 1º); É dever do poder público respeitar, proteger, promover, prover, informar, monitorar, fiscalizar e avaliar a realização do direito humano à alimentação adequada, bem como garantir os mecanismos para sua exigibilidade" (§ 2º).

Devemos dizer aqui, porque oportuno, que o Brasil é considerado "país em desenvolvimento", mas com elevados índices de miserabilidade e de fome, com grande parte da população carente em condições indignas e abaixo da linha da pobreza, especialmente nas periferias dos grandes centros urbanos.

Assim, para tentar reverter esse quadro, o legislador criou o sistema específico já citado.

Para isso, definiu que a "segurança alimentar e nutricional abrange (art. 4º): "a ampliação das condições de acesso aos alimentos por meio da produção, em especial da agricultura tradicional e familiar, do processamento, da industrialização, da comercialização, incluindo-se os acordos internacionais, do abastecimento e da distribuição de alimentos, incluindo-se a água, bem como das medidas que mitiguem o risco de escassez de água potável, da geração de emprego e da redistribuição da renda; (I); a conservação da biodiversidade e a utilização sustentável dos recursos (II); a promoção da saúde, da nutrição e da alimentação da população, incluindo-se grupos populacionais específicos e populações em situação de vulnerabilidade social (III); a garantia da qualidade biológica, sanitária, nutricional e tecnológica dos alimentos, bem como seu aproveitamento, estimulando práticas alimentares e estilos de vida saudáveis que respeitem a diversidade étnica e racial e cultural da população (IV); a produção de conhecimento e o acesso à informação (V); e a implementação de políticas públicas e estratégias sustentáveis e participativas de produção, comercialização e consumo de alimentos, respeitando-se as múltiplas características culturais do País (VI); a formação de estoques reguladores e estratégicos de alimentos (VII).

De modo geral, a lei indica que o Estado assumiu a responsabilidade de garantir a segurança alimentar e nutricional, em especial das "populações em situação de vulnerabilidade social".

Para implementar essa política, a lei cria o Sistema nacional de segurança alimentar e nutricional – SISAN, "integrado por um conjunto de órgãos e entidades da União, dos Estados, do Distrito Federal e dos Municípios e pelas instituições privadas, com ou sem fins lucrativos, afetas à segurança alimentar e nutricional e que manifestem interesse em integrar o Sistema, respeitada a legislação aplicável" (art. 7º).

Aliás, o SISAN "reger-se-á pelos seguintes princípios: I – universalidade e eqüidade no acesso à alimentação adequada, sem qualquer espécie de discriminação; II – preservação da autonomia e respeito à dignidade das pessoas; III – participação social na formulação, execução, acompanhamento, monitoramento e controle das políticas e dos planos de segurança alimentar e nutricional em todas as esferas de governo; e IV – transparência dos programas, das ações e dos recursos públicos e privados e dos critérios para sua concessão" (art. 8º).

Enfim, o Estado democrático de Direito caracteriza-se pela garantia do que chamamos "mínimo existencial", que é a condição inicial e inarredável da necessária dignidade da pessoa humana.[35]

35. Por fim, devemos destacar as diretrizes e os princípios do Sistema Nacional de segurança alimentar e nutricional: Art. 8º O SISAN reger-se-á pelos seguintes princípios: I – universalidade e equidade no acesso à alimentação adequada, sem qualquer espécie de discriminação; II – preservação da autonomia e respeito à dignidade das pessoas; III – participação social na formulação, execução, acompanhamento, monitoramento e controle das políticas e dos planos de segurança alimentar e nutricional em todas as esferas de governo; e IV – transparência dos programas, das ações e dos recursos públicos e privados e dos critérios para sua concessão. Art. 9º O SISAN tem como base as seguintes diretrizes: I – promoção da intersetorialidade das políticas, programas e ações governamentais e não-governamentais; II – descentralização das ações e articulação, em regime de colaboração, entre as esferas de governo; III – monitoramento da situação alimentar e nutricional, visando a subsidiar o ciclo de gestão das políticas para a área nas diferentes esferas de governo; IV – conjugação de medidas diretas e imediatas de garantia de acesso à alimentação adequada, com ações que ampliem a capacidade de subsistência autônoma da população; V – articulação entre orçamento e gestão; e VI – estímulo ao desenvolvimento de pesquisas e à capacitação de recursos humanos. Destacamos aqui o princípio da universalidade no atendimento e da participação social na definição dessa política específica.

3

DOS DIREITOS DOS GRUPOS VULNERÁVEIS ESPECÍFICOS

3.1 INTRODUÇÃO. O NECESSÁRIO RESPEITO À COLETIVIDADE E A QUESTÃO DO DANO MORAL COLETIVO

Quando a Constituição de um Estado democrático de Direito estabelece, dentre seus objetivos, a construção de uma "sociedade solidária", não se poderá olvidar que o respeito e o combate ao preconceito, de todo o gênero, deverão ocorrer e intensificar-se por todos os lados, contextos e relações jurídicas, seja no âmbito individual, seja em nível coletivo. Precisa-se não tolerar o intolerante.

Assim, a partir dessa premissa e num corte temático mais limitado, é equivocado imaginar que as liberdades de expressão e de opinião são irrestritas quando não dirigidas a indivíduos específicos. Trata-se de uma ilusão obsoleta considerar que a personalidade e os direitos dela decorrentes limitam-se ao âmbito pessoal do indivíduo, sendo um grupo inatingível.

Na verdade, os direitos da personalidade ou aqueles ligados a certos aspectos culturais, religiosos, étnicos etc., são tuteláveis via ações coletivas, especialmente pela tutela específica e inibitória ou, se necessário, pela responsabilidade civil via **dano moral coletivo**.

Nessa linha, apresenta-se o dano moral coletivo um importante instrumento de defesa da sociedade e dos seus valores democráticos.

Realmente, considerando que a Jurisprudência nacional, especialmente no âmbito do Superior Tribunal de Justiça, admite o dano moral coletivo, pode-se dizer que a tutela da personalidade independe de dor ou sofrimento individual ou de algumas pessoas identificáveis.

Aliás, a evolução jurisprudencial restou muito bem descrita no voto do Min. Luis Felipe Salomão, no REsp nº 1.517.973, julgado em 16/11/2017:

> A matéria não é nova no âmbito desta Corte Superior. Inicialmente, em julgamento por maioria, houve resistência jurisprudencial ao reconhecimento da categoria de dano moral coletivo, ao fundamento de que o dano extrapatrimonial vincular-se-ia necessariamente à noção de dor, sofrimento psíquico, de caráter individual, razão pela qual haveria incompatibilidade desse tipo de condenação com a noção de transindividualidade (REsp 598.281/MG, Rel. Ministro Luis Fux, Rel. p/ Acórdão Ministro Teori Albino Zavascki, Primeira Turma, julgado em 02.05.2006, DJ 01.06.2006). Posteriormente, sobreveio julgamento da Segunda Turma, de relatoria da eminente Ministra Eliana Calmon, que, em caso de indevida submissão de idosos a procedimento de cadastramento para gozo de benefício de passe livre, reconheceu a configuração do dano moral coletivo, apontando a prescindibilidade da comprovação de dor, de sofrimento e de abalo psicológico, suscetíveis de apreciação na esfera do indivíduo, mas inaplicável aos interesses difusos e coletivos (REsp 1.057.274/RS, Rel. Ministra Eliana Calmon, Segunda Turma, julgado em 01.12.2009, DJe 26.02.2010). Atualmente, a maioria ampla dos precedentes admite a possibilidade de condenação por dano moral coletivo, considerando-o categoria autônoma de dano, para cujo reconhecimento não se fazem necessárias indagações acerca de dor psíquica, sofrimento ou outros atributos próprios do dano individual.

Após, o Ministro passa a citar alguns julgados que ilustram a evolução e, finalmente, a adoção da tese do dano moral não individual:

> Se, diante do caso concreto, for possível identificar situação que importe lesão à esfera moral de uma comunidade - isto é, violação de direito transindividual de ordem coletiva, de valores de uma sociedade atingidos sob o ponto de vista jurídico, de forma a envolver não apenas a dor psíquica, mas qualquer abalo negativo à moral da coletividade - exsurge o dano moral coletivo. (REsp 1.402.475/SE, Rel. Ministro Herman Benjamin, Segunda Turma, julgado em 09.05.2017, DJe 28.06.2017)

Aliás, no tocante à constatação desse dano moral coletivo, como ele não depende de casos concretos de dor ou sofrimento, o seu reconhecimento também dispensa a prova dos efeitos, bastando-se que se prove a causa: a conduta ilícita e injusta de certa repercussão e não tolerabilidade:

> O dano moral coletivo é aferível *in re ipsa*, ou seja, sua configuração decorre da mera constatação da prática de conduta ilícita que, de maneira injusta e intolerável, viole direitos de conteúdo extrapatrimonial da coletividade, revelando-se despicienda a demonstração de prejuízos concretos ou de efetivo abalo moral. (REsp 1.487.046/MT, Rel. Ministro Luis Felipe Salomão, Quarta Turma, julgado em 28.03.2017, DJe 16.05.2017) É cabível, em tese, por violação a direitos transindividuais, a condenação por dano moral coletivo,

> como categoria autônoma de dano, a qual não se relaciona necessariamente com aqueles tradicionais atributos da pessoa humana (dor, sofrimento ou abalo psíquico). (REsp 1.349.188/RJ, Rel. Ministro Luis Felipe Salomão, Quarta Turma, julgado em 10.05.2016, DJe 22.06.2016)

Após a referência aos julgados, o Min. Luis Felipe Salomão passa a citar esclarecedora doutrina sobre o tema, a qual merece ser aqui repetida, com toda *venia*: "'É bem verdade, anote-se, que, nesses casos de danos coletivos, não se pode ignorar a recorrente presença de efeitos negativos que o ato lesivo porventura venha a produzir, em relação a determinadas coletividades de pessoas atingidas, apreendidos em dimensão subjetiva, como a repulsa, o abalo psíquico ou a consternação, entre outras reações. Todavia, é de absoluta importância ressaltar que a caracterização do dano moral coletivo não se vincula nem se condiciona diretamente à observação ou demonstração efetiva de tais efeitos negativos, visto que constituem eles, quando perceptíveis coletivamente, mera consequência do dano produzido pela conduta do agente, não se apresentando, evidentemente, como pressuposto para a sua configuração. (...) (...) reafirma-se, a compreensão do dano moral coletivo não se conjuga diretamente com a ideia de demonstração de elementos como perturbação, aflição ou transtorno coletivo. Firma-se, sim, objetivamente, dizendo respeito ao fato que reflete uma violação intolerável de direitos coletivos e difusos, cuja essência é tipicamente extrapatrimonial. Essa violação, não podendo ser tolerada em um sistema de justiça social ínsito ao regime democrático, rendeu ensejo à previsão, no ordenamento jurídico, do meio e da forma necessários e adequados a proporcionar uma reparação devida, de maneira a sancionar o ofensor e inibir condutas ofensivas a tais direitos transindividuais, pela relevância social da sua proteção (STJ, REsp nº 1.517.973, julgado em 16/11/2017).[1]

Portanto, concluímos que a liberdade de expressão e de opinião preserva seus limites ou contornos mesmo diante da coletividade ou de pessoas e grupos indeterminados.

---

1. Em continuação: "Nessa linha de raciocínio, faz-se imperioso salientar que o dano decorrente da conduta antijurídica, que lesa a esfera de interesses da coletividade, deve apresentar-se com real significância, ou seja, de maneira a afetar inescusável e intoleravelmente valores e interesses coletivos fundamentais. Também é importante esclarecer-se que a observação do dano moral coletivo pode decorrer da identificação ou visualização de um padrão de conduta da parte, com evidente alcance potencial lesivo à coletividade, em um universo de afetação difusa. Explica-se: ainda que, em determinado caso concreto, apenas imediatamente se observe que a conduta ilícita afete, de forma direta, somente uma ou mesmo poucas pessoas, nestas situações importa volver-se o olhar para a conduta do ofensor, como um standard comportamental, verificando-se que, a princípio vista apenas sob o ângulo individual, a violação perpetrada enseja repercussão coletiva, exatamente por atingir, indistintamente, bens e valores de toda uma coletividade de pessoas."' (STJ, REsp nº 1.517.973, julgado em 16/11/2017).

A título de exemplo, imaginemos a seguinte situação: uma autora relativamente conhecida no cenário nacional publica um livro sobre o tema "maternidade e os desafios enfrentados pela mulher no campo profissional e nas funções públicas". Um jornalista, também renomado, ao comentar o lançamento da obra, faz o seguinte comentário, em vídeo divulgado na *internet*: "as mulheres deveriam se contentar com seus hábitos naturais, quais sejam: a procriação e os cuidados domésticos. Assim, elas seriam mais felizes e melhor aceitas na sociedade". A Defensoria Pública do Estado ingressa com ação civil pública para, em tutela de urgência, interromper a veiculação do material e, ao final, condenar seu autor em danos morais coletivos.

Nesse caso, a ação coletiva tem ampla fundamentação direito material: dignidade da pessoa humana (art. 1º, III, CF); direito ao não preconceito (art. 3º, IV, CF); direito à honra (art. 4º, LACP); direito à igualdade (art. 5º, I, e art. 226, § 5º, CF); direito à livre produção intelectual (art. 5º, IV e IX, CF). Também teria extensa base processual: direito de ação (art. 5º, XXXV, CF); legitimidade ativa da Defensoria Pública (art. 134, CF, LC 80/94, art. 5º, II, LACP); princípio da variabilidade do pedido (art. 83 do CDC e art. 3º LACP); princípio da máxima tutela jurisdicional (art. 11 da LACP, 84 CDC e CPC); proteção aos direitos difusos (art. 81, I, CDC).

Enfim, uma situação aparentemente comum ou banal, não normal diante do conteúdo do comentário, possui vasto lastro jurídico no Brasil, o que não apenas viabiliza, mas impõe, a adoção do instrumento da ação coletiva, para fins de coibir violações como a acima citada.

Por fim, para que a abordagem do dano moral coletivo reste efetivamente completa, devemos lembrar que a Terceira Turma do Superior Tribunal de Justiça (STJ) – um pouco isolada nessa questão -, embora reconheça o dano moral coletivo e também entenda que ele independa do sofrimento ou dor individual, tem entendido que a conduta geradora desse dano deve ser relevante no sentido de gerar abalo social ou de massa e ainda ultrapassar os níveis de tolerabilidade, sendo que a mera ilegalidade ou ilicitude da conduta não seria suficiente para gerar o que a Terceira Turma (STJ) considera um dano moral coletivo: "(...) 8. O dano moral coletivo, compreendido como o resultado de uma lesão à esfera extrapatrimonial de determinada comunidade, se dá quando a conduta agride, de modo totalmente injusto e intolerável, o ordenamento jurídico e os valores éticos fundamentais da sociedade em si considerada, a provocar repulsa e indignação na consciência coletiva (arts. 1º da Lei nº 7.347/1985, 6º, VI, do CDC e 944 do CC, bem como o Enunciado nº 456 da V Jornada de Direito Civil). 9. Não basta a mera infringência à lei ou ao contrato para a caracterização do dano moral coletivo. É essencial que o ato antijurídico praticado atinja alto grau de reprovabilidade e transborde os lindes do individualismo, afetando, por sua gravidade e repercussão, o círculo primordial de valores sociais. Com efeito, para não haver o seu desvirtuamento, a banalização deve ser evitada. 10. Na hipótese, o simples fato de a mantenedora do "cadastro de passagem" não ter se desincumbido do ônus de providenciar a comunicação prévia do consumidor que teve seus dados ali incluídos, ainda que tenha representado ofensa ao comando legal do § 2º do art. 43 do CDC, passou ao largo de produzir sofrimentos, intranquilidade social ou alterações relevantes na ordem extrapatrimonial coletiva, descaracterizando, assim, o dano moral coletivo" (STJ, REsp nº 1726270/BA, Rel. Min. Nancy Andrighi, Rel. p/ Acórdão Min. Ricardo Villas Bôas Cueva, Órgão Julgador, Terceira Turma, julgamento 27/11/2018).

Neste julgado, a Min. e Relatora original Nancy Andrighi entendeu que houve gravidade suficiente para impor o dano moral coletivo, mas restou vencida: "o pressuposto da ocorrência de referido dano de amplitude coletiva é, portanto, a violação injusta e intolerável a valores fundamentais titularizados pela coletividade. Essa transgressão foi verificada na hipótese em exame, haja vista o 'cadastro de passagem' ter sido constituído em manifesta e intolerável violação ao direito de privacidade e de autodeterminação informativa sobre os dados pessoais dos consumidores, que é valor fundamental, por estar relacionado ao princípio da dignidade da pessoa humana. Observa-se, portanto, que foram indicadas vulnerações graves à moralidade pública, de significância razoável que ultrapassa os limites da tolerabilidade, razão pela qual foram verificados os requisitos necessários à condenação das recorridas à compensação de danos morais coletivos. (...) Assim, tendo em vista que a função do dano moral coletivo é: a) proporcionar uma reparação indireta à lesão de um direito extrapatrimonial da coletividade; b) sancionar o ofensor; e c) inibir condutas ofensivas a esses direitos transindividuais, fixa-se o valor dos danos morais coletivos em R$ 200.000,00 (duzentos mil reais), a serem destinados ao Fundo de Defesa dos Direitos Difusos, nos termos do art. 13 da Lei 7.347/85" (Voto da Ministra vencida).

Diante desse contexto hermenêutico da Terceira Turma do STJ sobre o tema, temos de nos posicionar: para evitar que a questão fique no campo do subjetivismo, somos forçados a entender que a violação a direitos coletivos em sentido amplo, por mera ilegalidade ou ilicitude da conduta, gera presunção relativa de dano moral coletivo, atribuindo-se ao autor da conduta ou ao demandado demonstrar que, apesar de sua conduta desalinhada, que os efeitos não suplantaram os graus da tolerabilidade ou que obteve êxito na contenção dos danos, mantendo-os na área da tolerabilidade.

Realmente, parece-nos que a eficácia da tutela coletiva e o combate às violações de massa indicam a necessidade de um sistema de tutela jurisdicional mais ousado, livre das amarras da doutrina individualista, para alcançar níveis de proteção preventiva e efetivamente robustos, para distanciar a sociedade de condutas ilícitas que, de um modo ou de outro, atingem os seus direitos coletivos e/ou seus grupos mais vulneráveis.

Apesar da inversão do ônus da prova já ocupar o campo das regras das ações coletivas (art. 6º, VIII, CDC), aqui, quanto à extensão do dano e à sua repercussão, deve-se atribuir ao demandado ou responsável o ônus da prova da bagatela ou insignificância de sua conduta.

3.2 DA LIBERDADE INDIVIDUAL: ORIENTAÇÃO SEXUAL E IDENTIDADE DE GÊNEROS

A questão da orientação sexual e da identidade de gêneros tem estreita relação com o combate ao preconceito na atualidade. É que certa onda ideológica conservadora tem dominado as pautas de discussões e narrativas de exaltação religiosa e da instituição da família tradicional tem recebido destaques que seriam improváveis há alguns anos atrás.

Aliás, merece citação aqui a "**Carta de Princípios de Yogyakarta**", aprovada em 2006, na Indonésia, após trabalho da Comissão Internacional de Juristas e o Serviço Internacional de Direitos Humanos. Disso, resultou-se a edição de um conjunto de princípios jurídicos sobre orientação sexual e identidade de gênero.

Conforme a introdução da Carta, "todos os seres humanos nascem livres e iguais em dignidade e direitos. Todos os direitos humanos são universais, interdependentes, indivisíveis e inter-relacionados. A orientação sexual e a identidade de gênero são essenciais para a dignidade e humanidade de cada pessoa e não devem ser motivo de discriminação ou abuso.[2]

2. Em continuação: "Muitos avanços já foram conseguidos no sentido de assegurar que as pessoas de todas as orientações sexuais e identidades de gênero possam viver com a mesma dignidade e respeito a que todas as pessoas têm direito. Atualmente, muitos Estados possuem leis e constituições que garantem os direitos de igualdade e não-discriminação, sem distinção por motivo de sexo, orientação sexual ou identidade de gênero. Entretanto, violações de direitos humanos que atingem pessoas por causa de sua orientação sexual ou identidade de gênero, real ou percebida, constituem um padrão global e consolidado, que causa sérias preocupações. O rol dessas violações inclui execuções extrajudiciais, tortura e maus-tratos, agressões sexuais e estupro, invasão de privacidade, detenção arbitrária, negação de oportunidades de emprego e educação e sérias discriminações em relação ao gozo de outros

Além disso, a mesma Carta apresenta-nos as duas principais definições dos temas por ela tratados:

> Compreendemos **orientação sexual** como uma referência à capacidade de cada pessoa de ter uma profunda atração emocional, afetiva ou sexual por indivíduos de gênero diferente, do mesmo gênero ou de mais de um gênero, assim como ter relações íntimas e sexuais com essas pessoas.
>
> Compreendemos **identidade de gênero** a profundamente sentida experiência interna e individual do gênero de cada pessoa, que pode ou não corresponder ao sexo atribuído no nascimento, incluindo o senso pessoal do corpo (que pode envolver, por livre escolha, modificação da aparência ou função corporal por meios médicos, cirúrgicos ou outros) e outras expressões de gênero, inclusive vestimenta, modo de falar e maneirismos."

Aliás, como direitos humanos que são os direitos ligados ao tema, o primeiro e principal responsável por sua defesa e exercício *é certamente o Estado. É por isso que dizemos que os direitos humanos são, primeiramente, "direitos públicos subjetivos".*

Nessa linha, o diploma internacional apresenta as obrigações do Estado: "Os Estados deverão: a) Incorporar os princípios da universalidade, inter-relacionalidade, interdependência e indivisibilidade de todos os direitos humanos nas suas constituições nacionais ou em outras legislações apropriadas e assegurar o gozo universal de todos os direitos humanos; b) Emendar qualquer legislação, inclusive a criminal, para garantir sua coerência com o gozo universal de todos os direitos humanos; c) Implementar programas de educação e conscientização para promover e aprimorar o gozo pleno de todos os direitos humanos por todas as pessoas, não importando sua orientação sexual ou identidade de gênero; d) Integrar às políticas de Estado e ao processo decisório uma abordagem pluralista que reconheça e afirme a inter-relacionalidade e indivisibilidade de todos os aspectos da identidade humana, inclusive aqueles relativos à orientação sexual e identidade de gênero".

Nesse contexto de conscientização política e enfrentamento judicial de todas as formas de discriminação, especialmente por questões íntimas e pessoais, vale citar que o Supremo Tribunal Federal, em junho de 2019, decidiu, pelo

---

direitos humanos. Estas violações são com frequência agravadas por outras formas de violência, ódio, discriminação e exclusão, como aquelas baseadas na raça, idade, religião, deficiência ou status econômico, social ou de outro tipo. Muitos Estados e sociedades impõem normas de gênero e orientação sexual às pessoas por meio de costumes, legislação e violência e exercem controle sobre o modo como elas vivenciam seus relacionamentos pessoais e como se identificam. O policiamento da sexualidade continua a ser poderosa força subjacente à persistente violência de gênero, bem como à desigualdade entre os gêneros."

Tribunal pleno, que **a homofobia constitui crime equiparado ao delito de racismo**. Segundo o Portal daquela Corte Suprema:

> "O Plenário do Supremo Tribunal Federal (STF) entendeu que houve omissão inconstitucional do Congresso Nacional por não editar lei que criminalize atos de homofobia e de transfobia. O julgamento da Ação Direta de Inconstitucionalidade por Omissão (ADO) 26, de relatoria do ministro Celso de Mello, e do Mandado de Injunção (MI) 4733, relatado pelo ministro Edson Fachin, foi concluído na tarde desta quinta-feira (13). Por maioria, a Corte reconheceu a mora do Congresso Nacional para incriminar atos atentatórios a direitos fundamentais dos integrantes da comunidade LGBT. Os ministros Celso de Mello, Edson Fachin, Alexandre de Moraes, Luís Roberto Barroso, Rosa Weber, Luiz Fux, Cármen Lúcia e Gilmar Mendes votaram pelo enquadramento da homofobia e da transfobia como tipo penal definido na Lei do Racismo (Lei 7.716/1989) até que o Congresso Nacional edite lei sobre a matéria. Nesse ponto, ficaram vencidos os ministros Ricardo Lewandowski e Dias Toffoli, por entenderem que a conduta só pode ser punida mediante lei aprovada pelo Legislativo. O ministro Marco Aurélio não reconhecia a mora.
>
> Primeira a votar na sessão de hoje, a ministra Cármen Lúcia acompanhou os relatores pela procedência dos pedidos. Ela avaliou que, após tantas mortes, ódio e incitação contra homossexuais, não há como desconhecer a inércia do legislador brasileiro e afirmou que tal omissão é inconstitucional. 'A reiteração de atentados decorrentes da homotransfobia revela situação de verdadeira barbárie. Quer-se eliminar o que se parece diferente física, psíquica e sexualmente', disse.
>
> Para a ministra, a singularidade de cada ser humano não é pretexto para a desigualdade de dignidades e direitos, e a discriminação contra uma pessoa atinge igualmente toda a sociedade. 'A tutela dos direitos fundamentais há de ser plena, para que a Constituição não se torne mera folha de papel', finalizou. (...)
>
> Por maioria, o Plenário aprovou a tese proposta pelo relator da ADO, ministro Celso de Mello, formulada em três pontos. O primeiro prevê que, até que o Congresso Nacional edite lei específica, as condutas homofóbicas e transfóbicas, reais ou supostas, se enquadram nos crimes previstos na Lei 7.716/2018 e, no caso de homicídio doloso, constitui circunstância que o qualifica, por configurar motivo torpe. No segundo ponto, a tese prevê que a repressão penal à prática da homotransfobia não alcança nem restringe o exercício da liberdade religiosa, desde que tais manifestações não configurem discurso de ódio. Finalmente, a tese estabelece que o conceito de racismo ultrapassa aspectos estritamente biológicos ou fenotípicos e alcança a negação da dignidade e da humanidade de grupos vulneráveis. Ficou vencido o ministro Marco Aurélio (Disponível em https://portal.stf.jus.br/noticias, acesso em 24/06/19)".

Enfim, segundo a tese conclusiva editada pela Corte, "o conceito de racismo, compreendido em sua dimensão social, projeta-se para além de aspectos estritamente biológicos ou fenotípicos, pois resulta, enquanto manifestação de poder, de uma construção de índole histórico-cultural motivada pelo objetivo de justificar a desigualdade e destinada ao controle ideológico, à dominação política, à subjugação social e à negação da alteridade, da dignidade e da humanidade daqueles que, por integrarem grupo vulnerável (LGBTI+) e por não pertencerem ao estamento que detém posição de hegemonia em uma dada estrutura social, são considerados estranhos e diferentes, degradados à condição de marginais do ordenamento jurídico, expostos, em consequência de odiosa inferiorização e de perversa estigmatização, a uma injusta e lesiva situação de exclusão do sistema geral de proteção do direito (Disponível em https://portal.stf.jus.br/noticias, acesso em 24/06/19)".

Vale, por ser pertinente, lembrar do caso concreto em que trabalhamos, sobre a colocação, no ano de 2011, por certa Entidade religiosa na cidade de Ribeirão Preto, Estado de São Paulo, de *outdoor* discriminatório, bem às vésperas do movimento de orgulho LGBTT na cidade, e no percurso que faria a manifestação.

As placas traziam os seguintes dizeres: "Assim diz DEUS: "Se também um homem se deitar com outro homem, como se fosse mulher, ambos praticam coisa abominável..." Levítico 20:13 (RA) "Por causa das coisas que estas pessoas fazem, Deus as entrega a paixões vergonhosas. Pois até as mulheres trocam as relações naturais pelas que são contra a natureza. E também os homens deixam as relações naturais com as mulheres e se queimam de paixão uns pelos outros. Homens têm relações vergonhosas uns com os outros e por isso recebem em si mesmos o castigo que merecem por causa dos seus erros." Rm 1:26-27 (NTLH) "Portanto, arrependam-se e voltem para Deus, a fim de que Ele perdoe os pecados de vocês." Atos 3:19 (NTLH).

A mensagem exposta em via pública, que aparentemente veicula simples passagens bíblicas, traz, de fato, não só expressões, mas, também, um contexto discriminatório, preconceituoso e, especialmente homofóbico, gerando ofensa direta à população LGBT+ (lésbicas, gays, bissexuais, travestis e transexuais) e indignação de boa parte da sociedade onde está inserida, a qual observa e respeita os princípios fundamentais de direitos à dignidade humana, esculpidos na Constituição Federal de 1988 e nos tratados internacionais dos quais o Brasil é signatário.

Expressões usadas, tais como "praticam coisa abominável", "paixões vergonhosas", "relações vergonhosas", "recebem em si mesmos o castigo que merecem por causa de seus erros", remetem os reais e atuais personagens desta mensagem a situação de inferiorização de suas pessoas, como se fossem de segunda categoria ou pior, degradando-os como seres humanos, desrespeitando-os na condição humana em que se inserem a partir de suas orientações sexuais e de suas identidades de gênero.

É possível compreender melhor o contexto da referida mensagem, de natureza discriminatória, quando é sabido que ocorreria, na cidade de Ribeirão Preto e na mesma época, o evento denominado "7ª Parada do Orgulho LGBTT".

Enfim, há de se considerar que o direito ao respeito (e o dever de respeitar) pertence e cabe a todos os seres humanos em sociedade, porquanto iguais segundo o princípio primeiro de todas as Declarações de Direitos e Constituições democráticas do mundo. O respeito ao direito de liberdade de orientação sexual e de identidade de gênero não deve ser relegado a categoria inferior, porquanto não o é. Expressar ideias, conceitos e pensamentos, é possível. O que não é possível, nem legal, é usá-los para depreciar e ofender a dignidade e a personalidade de outras pessoas.

No caso, o pedido de tutela antecipada, em sede liminar, foi deferido (sendo que as placas foram retiradas antes da ocorrência da manifestação) e a ação civil pública, ao final, julgada procedente.

3.3 A QUESTÃO ÉTNICA NO BRASIL E O ESTATUTO DA IGUALDADE RACIAL (LEI Nº 12.288/10)

A efetiva igualdade no Brasil é algo ainda muito distante e abstrato. O Brasil recebeu um modelo de colonização de exploração, com intenso uso da escravidão como principal força de trabalho, cujas leis abolicionistas vieram ainda muito tarde. Mesmo com o fim desse sistema laboral, a efetiva inclusão social e a igualdade material ainda são realidade sobremodo distantes.

É nessa *seara que a Constituição Federal de 1988 foi promulgada para dispor que "c*onstitui objetivos fundamentais da República Federativa do Brasil: (...) IV - promover o bem de todos, sem preconceitos de origem, raça, sexo, cor, idade e quaisquer outras formas de discriminação" (art. 3º, CF).

No ano de 2010, foi editada a Lei nº 12.288, que "institui o Estatuto da Igualdade Racial, destinado a garantir à população negra a efetivação da igualdade de oportunidades, a defesa dos direitos étnicos individuais, coletivos e difusos e o combate à discriminação e às demais formas de intolerância étnica" (art. 1º).

Ainda, diz que "é dever do Estado e da sociedade garantir a igualdade de oportunidades, reconhecendo a todo cidadão brasileiro, independentemente da etnia ou da cor da pele, o direito à participação na comunidade, especialmente nas atividades políticas, econômicas, empresariais, educacionais, culturais e esportivas, defendendo sua dignidade e seus valores religiosos e culturais" (art. 2º).

Aliás, para facilitar a aplicação da lei e a divulgação dos preceitos legais, a Lei nº 12.288/10 apresenta uma relação conceitual importante (art. 1º, parágrafo único): "discriminação racial ou étnico-racial: toda distinção, exclusão, restrição ou preferência baseada em raça, cor, descendência ou origem nacional ou étnica que tenha por objeto anular ou restringir o reconhecimento, gozo ou exercício, em igualdade de condições, de direitos humanos e liberdades fundamentais nos campos político, econômico, social, cultural ou em qualquer outro campo da vida pública ou privada" – I; e "ações afirmativas: os programas e medidas especiais adotados pelo Estado e pela iniciativa privada para a correção das desigualdades raciais e para a promoção da igualdade de oportunidades" - VI.[3]

Em geral, o que se busca em última análise é o combate rigoroso a todas as formas de discriminação e a promoção da inclusão via ações afirmativas.

Como já explorado anteriormente, as ações afirmativas são institutos de compensação pelas históricas injustiças. Uma dívida do Estado e da sociedade perante grupos específicos que passa a ser quitada via ações de inclusão, conscientização e de integração. Não são privilégios, pois o tratamento diferenciado é justificado na razoabilidade da causa e na proporcionalidade do efeito (da medida). Também não são medidas eternas e estáticas, mas temporárias e dinâmicas, que acompanham os fatos e a própria realidade. "Os programas de ação afirmativa constituir-se-ão em políticas públicas destinadas a reparar as distorções e desigualdades sociais e demais práticas discriminatórias adotadas, nas esferas pública e privada, durante o processo de formação social do País" (art. 4º, parágrafo único).

3. Em continuação: "II - desigualdade racial: toda situação injustificada de diferenciação de acesso e fruição de bens, serviços e oportunidades, nas esferas pública e privada, em virtude de raça, cor, descendência ou origem nacional ou étnica; III - desigualdade de gênero e raça: assimetria existente no âmbito da sociedade que acentua a distância social entre mulheres negras e os demais segmentos sociais; IV - população negra: o conjunto de pessoas que se autodeclaram pretas e pardas, conforme o quesito cor ou raça usado pela Fundação Instituto Brasileiro de Geografia e Estatística (IBGE), ou que adotam autodefinição análoga; V - políticas públicas: as ações, iniciativas e programas adotados pelo Estado no cumprimento de suas atribuições institucionais; VI - ações afirmativas: os programas e medidas especiais adotados pelo Estado e pela iniciativa privada para a correção das desigualdades raciais e para a promoção da igualdade de oportunidades.

Por exemplo, conforme a mesma Lei, "o Poder Executivo federal poderá implementar critérios para provimento de cargos em comissão e funções de confiança destinados a ampliar a participação de negros, buscando reproduzir a estrutura da distribuição étnica nacional ou, quando for o caso, estadual, observados os dados demográficos oficiais" (art. 42).

De forma mais concreta, a Lei passou a descrever as principais formas de promoção das políticas públicas aqui tratadas: "A participação da população negra, em condição de igualdade de oportunidade, na vida econômica, social, política e cultural do País será promovida, prioritariamente, por meio de (art. 4º): I - inclusão nas políticas públicas de desenvolvimento econômico e social; (...) e VII - implementação de programas de ação afirmativa destinados ao enfrentamento das desigualdades étnicas no tocante à educação, cultura, esporte e lazer, saúde, segurança, trabalho, moradia, meios de comunicação de massa, financiamentos públicos, acesso à terra, à Justiça, e outros".[4]

Trata-se de Lei importante que serve de fundamento para as medidas voltadas à promoção da substancial igualdade étnico-racial.

Aliás, na parte destinada à educação, a Lei diz que "o poder público adotará programas de ação afirmativa" (art. 15), o que fomentou a adoção das cotas nas universidades públicas, modelo já subscrito e ratificado pelo Supremo Tribunal Federal (no julgado referente à reserva de vagas para negros nas universidades federais).

Por fim, a Lei dispõe que as medidas previstas no Estatuto, em especial as ações afirmativas, não excluem outras eventualmente adotadas por quaisquer dos entes federativos, e que tais medidas serão acompanhadas pelo Poder Público para se aferir a eficácia delas:

> Art. 58. As medidas instituídas nesta Lei não excluem outras em prol da população negra que tenham sido ou venham a ser adotadas no âmbito da União, dos Estados, do Distrito Federal ou dos Municípios.

4. Em continuação: "II - adoção de medidas, programas e políticas de ação afirmativa; III - modificação das estruturas institucionais do Estado para o adequado enfrentamento e a superação das desigualdades étnicas decorrentes do preconceito e da discriminação étnica; IV - promoção de ajustes normativos para aperfeiçoar o combate à discriminação étnica e às desigualdades étnicas em todas as suas manifestações individuais, institucionais e estruturais; V - eliminação dos obstáculos históricos, socioculturais e institucionais que impedem a representação da diversidade étnica nas esferas pública e privada; VI - estímulo, apoio e fortalecimento de iniciativas oriundas da sociedade civil direcionadas à promoção da igualdade de oportunidades e ao combate às desigualdades étnicas, inclusive mediante a implementação de incentivos e critérios de condicionamento e prioridade no acesso aos recursos públicos; VII - implementação de programas de ação afirmativa destinados ao enfrentamento das desigualdades étnicas no tocante à educação, cultura, esporte e lazer, saúde, segurança, trabalho, moradia, meios de comunicação de massa, financiamentos públicos, acesso à terra, à Justiça, e outros" (art. 4º).

> Art. 59. O Poder Executivo federal criará instrumentos para aferir a eficácia social das medidas previstas nesta Lei e efetuará seu monitoramento constante, com a emissão e a divulgação de relatórios periódicos, inclusive pela rede mundial de computadores.

Enfim, o sistema ora em análise visa a promover medidas que façam refletir a composição social da sociedade brasileira nos mais variados entes e instâncias, estabelecendo-se a real e substancial igualdade.

3.4 DOS DIREITOS DA CRIANÇA E DO ADOLESCENTE

3.4.1 Introdução. As novidades da Constituição Federal e do ECA

O sistema de proteção da criança e do adolescente vigente no Brasil desde a Constituição Federal de 88, e regulamentado pelo Estatuto da Criança e do Adolescente (ECA) e leis posteriores, tem dois grandes princípios ou pilares centrais. O primeiro deles é o da **proteção integral**, que traz a orientação de que seja dada, em extensão ou em profundidade, à criança e ao adolescente, a máxima proteção e o maior cuidado possível. Aliás, essa proteção deve ser observada por todos que estão no horizonte de desenvolvimento desses sujeitos de direitos: a família, a sociedade e Estado. Esse grande princípio da proteção integral existe em si mesmo, diferentemente do que ocorre com o segundo pilar, o **da prioridade absoluta**, pois este tem a sua razão de ser na comparação com outros grupos de princípios, de direitos, e significa que a proteção integral da criança e adolescente tem prioridade em relação à proteção de outros grupos, o que confere aos direitos das crianças e dos adolescentes uma posição de supremacia na carta geral de direitos existentes no Brasil.

Desta forma, ainda que outros grupos tenham o direito à tutela e ao cuidado, a atenção conferida à criança e ao adolescente goza de prioridade absoluta, ou seja, está numa posição de destaque em relação a outros sistemas de proteção. A lei atribui ao sistema de proteção da criança e do adolescente esse destaque por dois motivos: o primeiro é a evidente vulnerabilidade da criança e do adolescente, especialmente em um país como Brasil, cujo Estado, a família e a sociedade, muitas vezes, omitem-se em relação à infância, especialmente à infância carente e à primeira infância. O segundo motivo é que a criança e o adolescente integraram a sociedade do futuro e ela será definida exatamente a partir da forma e do cuidado com que os tratamos, hoje.

Assim, o novo direito da criança e do adolescente, inaugurado no Brasil com Carta/88 e regulamentado pelo Estatuto da Criança e do Adolescente, trouxe importante revolução. É que de uma forma inédita e inovadora, ele passa a tratar a criança e adolescentes como **sujeitos de direitos** e não mais objetos de intervenção estatal. Assim, pela primeira vez no Brasil, rompeu-se com a tradicional doutrina *menorista*, de natureza intervencionista e segregatória. Talvez esta seja a grande inovação desse novo horizonte.

Essa guinada teórica é reflexo direto do ambiente jurídico internacional sobre o tema da juventude. Já em 1966, o *Pacto Internacional sobre Direitos Civis e Políticos* (***Pacto de Nova Iorque***) prescreveu:

> Artigo 24
>
> 1. Toda criança terá direito, sem discriminação alguma por motivo de cor, sexo, língua, religião, origem nacional ou social, situação econômica ou nascimento, às medidas de proteção que a sua condição de menor requerer por parte de sua família, da sociedade e do Estado.

Além dessa previsão, também no âmbito global, criou-se um microssistema de proteção da criança e do adolescente, a partir de **três diplomas internacionais específicos**: Regras Mínimas das Nações Unidas para a Administração da Justiça da Infância e da Juventude (*Regras de Beijing* – ONU, Resolução nº 40/33 – 1985); Regras Mínimas das Nações Unidas para a *Proteção dos Jovens Privados de Liberdade* (ONU, Resolução nº 45/113 – 1990); Princípios das Nações Unidas para a Prevenção da Delinquência Juvenil - *Diretrizes de Riad.*

Quanto às *Regras de Beijing*, podemos citar os seguintes dispositivos:

> 1. Orientações fundamentais (...)
>
> 1.4 A Justiça da Infância e da Juventude será concebida como parte integrante do processo de desenvolvimento nacional de cada país e deverá ser administrada no marco geral de justiça social para todos os jovens, de maneira que contribua ao mesmo tempo para a sua proteção e para a manutenção da paz e da ordem na sociedade. (...)
>
> 7. Direitos dos jovens
>
> 7.1 Respeitar-se-ão as garantias processuais básicas em todas as etapas do processo, como a presunção de inocência, o direito de ser informado das acusações, o direito de não responder, o direito à assistência judiciária, o direito à presença dos pais ou tutores, o direito à confrontação com testemunhas e a interrogá-las e o direito de apelação ante uma autoridade superior. (...)[5]

5. Em continuação: "15.1 O jovem terá direito a se fazer representar por um advogado durante todo o processo ou a solicitar assistência judiciária gratuita, quando prevista nas leis do país. (...) 17. Princípios norteadores da decisão judicial o das medidas. 17.1 A decisão da autoridade competente pautar-se-á pelos seguintes princípios: a) a resposta à infração será sempre proporcional não só às circunstâncias e à gravidade da infração, mas também às circunstâncias e às necessidades do jovem, assim como às necessidades da sociedade; b) as restrições à liberdade pessoal do jovem serão impostas somente

Agora, quanto à *Regras Mínimas das Nações Unidas para a Proteção dos Jovens Privados de Liberdade*, podemos citar:

> 1. O sistema de justiça da infância e da juventude deverá respeitar os direitos e a segurança dos jovens e fomentar seu bem-estar físico e mental. Não deveria ser economizado esforço para abolir, na medida do possível, a prisão de jovens. (...)
> 3. O objetivo das seguintes regras é estabelecer normas mínimas aceitas pelas Nações Unidas para a proteção dos jovens privados de liberdade em todas as suas formas, de maneira compatível com os direitos humanos e liberdades fundamentais, e com vistas a se opor aos efeitos prejudiciais de todo tipo de detenção e a fomentar a integração na sociedade.
> 4. Estas Regras deverão ser aplicadas, imparcialmente, a todos os jovens, sem discriminação de nenhum tipo por razão de raça, cor, sexo, idioma, religião, nacionalidade, opinião política ou de outro tipo, práticas ou crenças culturais, fortuna, nascimento, situação de família, origem étnica ou social ou incapacidade. Deverão ser respeitadas as crenças religiosas e culturais, assim como as práticas e preceitos morais dos jovens. (...)[6]

---

após estudo cuidadoso e se reduzirão ao mínimo possível; c) não será imposta a privação de liberdade pessoal a não ser que o jovem tenha praticado ato grave, envolvendo violência contra outra pessoa ou por reincidência no cometimento de outras infrações sérias, e a menos que não haja outra medida apropriada; d) o bem-estar do jovem será o fator preponderante no exame dos casos. (...)" (*Regras de Beijing*).

6. Em continuação:"8. As autoridades competentes procurarão, a todo momento, que o público compreenda, cada vez mais, que o cuidado dos jovens detidos e sua preparação para a reintegração à sociedade constituem um serviço social de grande importância e, deverão ser adotadas medidas eficazes para fomentar os contatos abertos entre os jovens e a comunidade local.9. Nenhuma das disposições contidas nas presentes regras deverá ser interpretada no sentido de se excluir a aplicação dos instrumentos e normas pertinentes das Nações Unidas, nem dos referentes aos direitos humanos, reconhecidos pela comunidade internacional e relativos à atenção e à proteção de crianças e adolescentes. (...) 12. A privação da liberdade deverá ser efetuada em condições e circunstâncias que garantam o respeito aos direitos humanos dos jovens. Deverá ser garantido, aos jovens reclusos em centros, o direito a desfrutar de atividades e programas úteis que sirvam para fomentar e garantir seu são desenvolvimento e sua dignidade, promover seu sentido de responsabilidade e fomentar, neles, atitudes e conhecimentos que ajudem a desenvolver suas possibilidades como membros da sociedade. (...) 14. A proteção dos direitos individuais dos jovens no que diz respeito, especialmente, à legalidade da execução das medidas de detenção, será garantida pela autoridade judicial competente, enquanto que os objetivos de integração social deverão ser garantidos por um órgão devidamente constituído que esteja autorizado a visitar os jovens e que não pertença à administração do centro de detenção, através de inspeções regulares e outras formas de controle. (...) 18. As condições de detenção de um jovem que não tenha sido julgado deverão ser ajustadas às seguintes Regras e a outras disposições concretas que sejam necessárias e apropriadas, dadas as exigências da presunção de inocência, da duração da detenção e da condição e circunstâncias jurídicas dos jovens. Entre essas disposições, figurarão as seguintes, sem que esta enumeração tenha caráter limitativo: a) Os jovens terão direito à assessoria jurídica e poderão solicitar assistência jurídica gratuita, quando existente, e se comunicar com seus assessores jurídicos. Nessa comunicação, deverá ser respeitada a intimidade e seu caráter confidencial. b) Deverá ter dada aos jovens a oportunidade de efetuar um trabalho remunerado e de continuar estudos ou capacitação, mas não serão obrigados a isso. Em nenhum caso será mantida a detenção por razões de trabalho, estudos ou capacitação. c) Os jovens estarão autorizados a receber e conservar materiais de entretenimento

Sobre as *Regras de Riad*, temos os seguintes princípios fundamentais:

> 1. A prevenção da delinquência juvenil é uma parte essencial da prevenção do crime na sociedade. Ao enveredarem por atividades lícitas e socialmente úteis e ao adotarem uma orientação humanista em relação à sociedade e à vida, os jovens podem desenvolver atitudes não criminógenas.
>
> 2. Uma prevenção bem sucedida da delinquência juvenil requer esforços por parte de toda a sociedade para assegurar o desenvolvimento harmonioso dos adolescentes, com respeito e promoção de sua personalidade, desde a mais tenra idade. (...)[7]

Assim, no período que antecedeu a Constituição Federal e o ECA (décadas de 80 e 90), no âmbito internacional, a comunidade jurídica já preparava e editava diplomas de proteção da criança e do adolescente, os quais permitiram que o sistema brasileiro se invertesse e abandonasse a antiga e falida teoria *menorista*, para adotar o sistema da proteção integral.

Realmente, a partir desse panorama, produziu-se internamente uma carta legal de direitos fundamentais das crianças e adolescentes, o que forma a base legal da proteção integral, aliás, que não admite retrocessos ou redução. Vejamos.

> "É dever da família, da sociedade e do Estado assegurar à criança, ao adolescente e ao jovem, com absoluta prioridade, o direito à vida, à saúde, à alimentação, à educação, ao lazer, à profissionalização, à cultura, à dignidade, ao respeito, à liberdade e à convivência familiar e comunitária, além de

e recreio que sejam compatíveis com os interesses da administração da justiça". (*Regras Mínimas das Nações Unidas para a Proteção dos Jovens Privados de Liberdade*).

7. Também em prosseguimento: "5. Deverá reconhecer-se a necessidade e a importância de adotar políticas progressivas de prevenção da delinquência, de efetuar um estudo sistemático, de elaborar medidas que evitem criminalizar e penalizar um menor por um comportamento que não cause danos sérios ao seu desenvolvimento ou prejudique os outros. Tais políticas e medidas devem envolver: a) A promoção de oportunidades, em especial oportunidades educacionais, para satisfazer as várias necessidades dos jovens e servir como enquadramento de apoio para salvaguardar o desenvolvimento pessoal de todos os jovens, em especial daqueles que se encontram manifestamente em perigo ou em situação de risco social e têm necessidade de cuidados e proteção especiais. b) A adoção de concepções e de métodos especialmente adaptados à prevenção da delinquência e concretizadas nas leis, processos, instituições, instalações e numa rede de serviços destinada a reduzir a motivação, a necessidade e as oportunidades da prática de infrações e a eliminar as condições que dão lugar a tal comportamento: c) Uma intervenção oficial cuja finalidade primordial seja velar pelo interesse gera; do jovem e seja guiada pela justiça e equidade; d) A proteção do bem-estar, desenvolvimento, direitos e interesses de todos os jovens; e) A consideração de que o comportamento ou conduta dos jovens, que não é conforme às normas e valores sociais gerais, faz muitas vezes parte do processo de maturação e crescimento e tende a desaparecer espontaneamente na maior parte dos indivíduos na transição para a idade adulta; f) A consciência de que, na opinião predominante dos peritos, rotular um jovem como desviante, delinquente ou pré-delinquente contribui muitas vezes, para o desenvolvimento pelos jovens de um padrão consistente de comportamento indesejável". (*Regras de Riad*).

colocá-los a salvo de toda forma de negligência, discriminação, exploração, violência, crueldade e opressão" (art. 227)[8], com redação dada pela Emenda Constitucional nº 65, de 2010.

Já o Estatuto da Criança e do Adolescente estabelece que "a criança e o adolescente gozam de todos os direitos fundamentais inerentes à pessoa humana, sem prejuízo da proteção integral de que trata esta Lei, assegurando-se-lhes, por lei ou por outros meios, todas as oportunidades e facilidades, a fim de lhes facultar o desenvolvimento físico, mental, moral, espiritual e social, em condições de liberdade e de dignidade" (art. 3º)[9].

---

8. Em continuação: § 1º O Estado promoverá programas de assistência integral à saúde da criança, do adolescente e do jovem, admitida a participação de entidades não governamentais, mediante políticas específicas e obedecendo aos seguintes preceitos: (Redação dada Pela Emenda Constitucional nº 65, de 2010) I - aplicação de percentual dos recursos públicos destinados à saúde na assistência materno-infantil; II - criação de programas de prevenção e atendimento especializado para as pessoas portadoras de deficiência física, sensorial ou mental, bem como de integração social do adolescente e do jovem portador de deficiência, mediante o treinamento para o trabalho e a convivência, e a facilitação do acesso aos bens e serviços coletivos, com a eliminação de obstáculos arquitetônicos e de todas as formas de discriminação. (Redação dada Pela Emenda Constitucional nº 65, de 2010) (...) § 3º O direito a proteção especial abrangerá os seguintes aspectos: I - idade mínima de quatorze anos para admissão ao trabalho, observado o disposto no art. 7º, XXXIII; II - garantia de direitos previdenciários e trabalhistas; III garantia de acesso do trabalhador adolescente e jovem à escola; (Redação dada Pela Emenda Constitucional nº 65, de 2010) IV - garantia de pleno e formal conhecimento da atribuição de ato infracional, igualdade na relação processual e defesa técnica por profissional habilitado, segundo dispuser a legislação tutelar específica; V - obediência aos princípios de brevidade, excepcionalidade e respeito à condição peculiar de pessoa em desenvolvimento, quando da aplicação de qualquer medida privativa da liberdade; VI - estímulo do Poder Público, através de assistência jurídica, incentivos fiscais e subsídios, nos termos da lei, ao acolhimento, sob a forma de guarda, de criança ou adolescente órfão ou abandonado; VII - programas de prevenção e atendimento especializado à criança, ao adolescente e ao jovem dependente de entorpecentes e drogas afins. (Redação dada Pela Emenda Constitucional nº 65, de 2010) § 4º A lei punirá severamente o abuso, a violência e a exploração sexual da criança e do adolescente. (...) Art. 228. São penalmente inimputáveis os menores de dezoito anos, sujeitos às normas da legislação especial.

9. Em prosseguimento: "Parágrafo único. Os direitos enunciados nesta Lei aplicam-se a todas as crianças e adolescentes, sem discriminação de nascimento, situação familiar, idade, sexo, raça, etnia ou cor, religião ou crença, deficiência, condição pessoal de desenvolvimento e aprendizagem, condição econômica, ambiente social, região e local de moradia ou outra condição que diferencie as pessoas, as famílias ou a comunidade em que vivem. (incluído pela Lei nº 13.257, de 2016) Art. 4º É dever da família, da comunidade, da sociedade em geral e do poder público assegurar, com absoluta prioridade, a efetivação dos direitos referentes à vida, à saúde, à alimentação, à educação, ao esporte, ao lazer, à profissionalização, à cultura, à dignidade, ao respeito, à liberdade e à convivência familiar e comunitária. Parágrafo único. A garantia de prioridade compreende: a) primazia de receber proteção e socorro em quaisquer circunstâncias; b) precedência de atendimento nos serviços públicos ou de relevância pública; c) preferência na formulação e na execução das políticas sociais públicas; d) destinação privilegiada de recursos públicos nas áreas relacionadas com a proteção à infância e à juventude. Art. 5º Nenhuma criança ou adolescente será objeto de qualquer forma de negligência, discriminação, exploração, violência, crueldade e opressão, punido na forma da lei qualquer atentado, por ação ou omissão, aos seus direitos fundamentais. (...) Art. 6º Na interpretação desta Lei levar-se-ão em conta os fins sociais a que ela se dirige, as exigências do bem comum, os direitos e deveres individuais e coletivos, e a condição peculiar da criança e do adolescente como pessoas em desenvolvimento. Art. 7º A criança e o adolescente têm

Enfim, o sistema de atenção e cuidado destinado às crianças e aos adolescentes, e inaugurado no Brasil pela Constituição Federal e pelo ECA, visa mais à proteção (integral) e à garantia de direitos, que propriamente à intervenção estatal, sendo essa uma grande virada de modelo e leitura da questão.

Por fim, vale a pena destacar que uma violação a direitos de uma criança ou de um adolescente, quase sempre, terá repercussão coletiva, pois são pessoas em desenvolvimento que representam o futuro de uma sociedade. Foi nesse sentido a recente decisão do Tribunal de Justiça do Estado de São Paulo, ao impor – além de outras penas - indenização por dano moral coletivo após exposição abusiva da imagem de uma criança por certa emissora de TV:

> 1. *In casu*, a sentença julgou procedente a ação civil pública movida pelo Ministério Público para condenar a Rádio e Televisão Record S/A ("Record") ao pagamento de indenização pelos danos morais difusos no valor de cem mil reais (R$ 100.000,00) a ser revertido ao fundo gerido pelo CMDCA; ao pagamento de indenização pelos danos morais causados ao menor E. R. A. S., no mesmo valor, a ser revertido ao próprio garoto; e ao pagamento de multa por infração ao art. 258 do ECA, no valor de 10 salários de referência a ser revertida em favor do fundo gerido pelo CMDCA. 2. A criança participou de programa televisivo sem que houvesse autorização judicial para tanto, tendo ficado no ar por cerca de duas horas em horário vespertino dominical, e submetida a situações vexatórias e constrangedoras. 3. Ao permitir a participação de criança em programa televisivo, de natureza equiparada a espetáculo público, sem autorização judicial a apelante violou objetivamente o art. 258 do Estatuto da Criança e do Adolescente, sendo configurada infração administrativa. 4. A despeito de trechos em que E. R. A. S. é elogiado pela inegável habilidade como dançarino é também inegável que há oportunidades em que a imagem da criança é explorada e exposta de maneira constrangedora e vexatória como instrumento de entretenimento da plateia e da audiência. Assim sendo, a conduta da empresa viola os direitos fundamentais da criança, gerando responsabilidade civil. 5. Há de se reconhecer também o dano moral difuso advindo da conduta da apelante, tendo em vista que sua ação de exaltar determinados valores é apta a trazer significativa distorção da compreensão de direitos e garantias previstos no ordenamento jurídico pátrio, com grave impacto na ordem extrapatrimonial coletiva. 6. A indenização por dano moral tem caráter propedêutico e possui como objetivos a reparação do dano e a pedagógica punição, adequada e proporcional ao dano. No caso,

direito a proteção à vida e à saúde, mediante a efetivação de políticas sociais públicas que permitam o nascimento e o desenvolvimento sadio e harmonioso, em condições dignas de existência. (...)

> parece razoável manter o importe fixado na origem em R$ 100.000,00 (cem mil reais) em favor do garoto e a mesma quantia em favor do Conselho dos Direitos da Criança e do Adolescente, valor que pode ser plenamente arcado pela empresa sem impossibilitar o seu regular funcionamento ao mesmo tempo em que constitui impacto financeiro que não pode ser desprezado, causando repercussão positiva tanto na família do ofendido e como na Administração Pública voltada à promoção dos interesses da criança e do adolescente. 7. Recurso não provido. (TJSP; Apelação Cível 1023974-79.2019.8.26.0100; Relator (a): Luis Soares de Mello (Vice Presidente); Órgão Julgador: Câmara Especial; Foro Central Cível - Vara da Infância e da Juventude; Data do Julgamento: 14/07/2020; Data de Registro: 06/08/2020)

Enfim, ficou claro o entendimento da Câmara Especial do Tribunal de Justiça paulista no sentido de que certas violações têm efeitos coletivos, inevitavelmente. A crítica que se deve fazer fica apenas por conta do uso da palavra "menor", que nos remete ao sistema "menorista", há muito abolido, sem nenhuma saudade daquele período.

3.4.2 Do Sistema de garantia dos direitos da criança e do adolescente (Resolução nº 113/06 do Conselho Nacional dos Direitos da Criança e do Adolescente – CONANDA)

Os Conselhos Nacionais, dentre eles o Conselho Nacional dos Direitos da Criança e do Adolescente – CONANDA, têm por principal finalidade a definição de normas regulamentares de aplicação nacional, em todo o Brasil e que incidem sobre os Estados, o Distrito Federal e os Municípios. Eis a amplitude do conceito "nacional".

É que algumas políticas, pela relevância e amplitude delas, devem ser uniformes nacionalmente, pelo interesse geral inclusive. Isso ocorre com temas como o meio ambiente (CONANDA), o criança e o adolescente (CONANDA) etc. Nesses casos, a lei não poderia prever todas as hipóteses, e os atos normativos dos Ministérios (Federais) não poderiam obrigar os demais entes da Federação, mas apenas a União, por vedação direta decorrente do pacto federativo. Assim, os Conselhos Nacionais teriam a relevante função de regulamentar temas de interesse nacional.

Nessa linha, o **Conselho Nacional dos Direitos da Criança e do Adolescente – CONANDA** foi criado pela Lei nº 8.242/91, que estabelece: "compete ao CONANDA: I - elaborar as normas gerais da política nacional de atendimento dos direitos da criança e do adolescente, fiscalizando as ações de execução, observadas as linhas de ação e as diretrizes estabelecidas nos arts. 87 e 88 da Lei nº 8.069, de 13 de julho de 1990 (Estatuto da Criança e do Adolescente)" (art. 2º, I).

Assim, no exercício dessa atribuição, o CONANDA editou a **Resolução nº 113/06**, que dispõe sobre "os parâmetros para a institucionalização e fortalecimento do Sistema de garantia dos direitos da criança e do adolescente".

> Portanto, a citada Resolução prevê:
>
> Art. 1º O Sistema de Garantia dos Direitos da Criança e do Adolescente constitui-se na articulação e integração das instâncias públicas governamentais e da sociedade civil, na aplicação de instrumentos normativos e no funcionamento dos mecanismos de promoção, defesa e controle para a efetivação dos direitos humanos da criança e do adolescente, nos níveis Federal, Estadual, Distrital e Municipal. (art. 1º, *caput*). (...) Art. 2º Compete ao Sistema de Garantia dos Direitos da Criança e do Adolescente promover, defender e controlar a efetivação dos direitos civis, políticos, econômicos, sociais, culturais, coletivos e difusos, em sua integralidade, em favor de todas as crianças e adolescentes, de modo que sejam reconhecidos e respeitados como sujeitos de direitos e pessoas em condição peculiar de desenvolvimento; colocando-os a salvo de ameaças e violações a quaisquer de seus direitos, além de garantir a apuração e reparação dessas ameaças e violações (art. 2º, *caput*).

Notamos que o núcleo da normativa segue os parâmetros da CF e do ECA, especialmente quanto ao tratamento das crianças e dos adolescentes como "sujeitos de direitos".

Já em relação aos atos concretos desse sistema específico, a Resolução apresenta que "os órgãos públicos e as organizações da sociedade civil, que integram esse Sistema, deverão exercer suas funções, em rede, a partir de **três eixos estratégicos de ação**: I - defesa dos direitos humanos; II - promoção dos direitos humanos; e III - controle da efetivação dos direitos humanos" (art. 5º).

Quanto ao primeiro eixo, de **defesa de direitos**, a normativa dedicou-se à questão do acesso à justiça, com destaque à atuação da Defensoria Pública e do Ministério Público:

> Art. 6º O eixo da defesa dos direitos humanos de crianças e adolescentes caracteriza-se pela garantia do acesso à justiça, ou seja, pelo recurso às instâncias públicas e mecanismos jurídicos de proteção legal dos direitos humanos, gerais e especiais, da infância e da adolescência, para assegurar a impositividade deles e sua exigibilidade, em concreto. (...)

> Art. 8º Para os fins previstos no art. 7º, é assegurado o acesso à justiça de toda criança ou adolescente, na forma das normas processuais, através de qualquer dos órgãos do Poder Judiciário, do Ministério Público e da Defensoria Pública.
> § 1º Será prestada assessoria jurídica e assistência judiciária gratuita a todas as crianças ou adolescentes e suas famílias, que necessitarem, preferencialmente através de defensores públicos, na forma da Lei Complementar de Organização da Defensoria Pública.
> § 2º A não garantia de acesso à Defensoria Pública deverá implicar em sanções judiciais e administrativas cabíveis, a serem aplicadas quando da constatação dessa situação de violação de direitos humanos.

Após, devemos citar os programas e serviços previstos para a garantia dos direitos humanos das crianças e adolescentes. Aliás, esses programas e serviços se dividem basicamente em: "serviços e programas de execução de medidas específicas de proteção de direitos humanos" (I) e "programas de execução de medidas socioeducativas" (II).

Sobre esses últimos, temos que "os programas de execução de medidas socioeducativas são destinados ao atendimento dos adolescentes autores de ato infracional, em cumprimento de medida judicial socioeducativa, aplicada na forma da lei, em decorrência de procedimento apuratório, onde se assegure o respeito estrito ao princípio constitucional do devido processo legal" (art. 19, *caput*)[10].

Por fim, mas de grande relevância, a Resolução CONANDA nº 113/06 passa a distribuir as atribuições dos entes federativos na concretização desse sistema especial:

Assim, "incumbe à União (art. 28): I - elaborar os Planos Nacionais de Proteção de Direitos Humanos e de Socioeducação, em colaboração com os estados, o Distrito Federal e os municípios; II - prestar assistência técnica e

---

10. Em continuação: "§ 2º Estes programas se estruturam e organizam, sob forma de um Sistema Nacional de Atendimento Socioeducativo - SINASE em cumprimento dos seguintes princípios norteadores: I - prevalência do conteúdo educativo sobre os sancionatórios e meramente de contenção, no atendimento socioeducativo; II - ordenação do atendimento socioeducativo e da sua gestão, a partir do projeto político-pedagógico; III - construção, monitoramento e avaliação do atendimento socioeducativo, com a participação proativa dos adolescentes socioeducandos; IV - exemplaridade, presença educativa e respeito à singularidade do adolescente socioeducando, como condições necessárias no atendimento socioeducativo; V - disciplina como meio para a realização do processo socioeducativo; VI - exigência e compreensão enquanto elementos primordiais de reconhecimento e respeito ao adolescente durante o processo socioeducativo; VII - dinâmica institucional favorecendo a horizontalidade na socialização das informações e dos saberes entre equipe multiprofissional (técnicos e educadores); VIII - organização espacial e funcional dos programas de atendimento socioeducativo como sinônimo de condições de vida e de possibilidades de desenvolvimento pessoal e social para o adolescente; IX - respeito à diversidade étnica/racial, de gênero, orientação sexual e localização geográfica como eixo do processo socioeducativo; e X - participação proativa da família e da comunidade no processo socioeducativo."

financeira aos estados, ao Distrito Federal e aos municípios para o desenvolvimento de seus sistemas de proteção especial de direitos e de atendimento socioeducativo, no exercício de sua função supletiva; (...)".[11]

Já aos Estados incumbe "I - elaborar os planos estaduais de defesa de direitos e de atendimento socioeducativo, em colaboração com os municípios; II - instituir, regular e manter seus sistemas de defesa de direitos e de atendimento socioeducativo, respeitadas as diretrizes gerais dos respectivos Planos Nacionais; III - criar e manter os programas de defesa de direitos e de atendimento socioeducativo, para a execução das medidas próprias;".[12]

Por fim, "incumbe aos municípios (art. 30): I - instituir, regular e manter os seus sistemas de defesa de direitos e de atendimento socioeducativo, respeitadas as diretrizes gerais dos Planos Nacionais e Estaduais, respectivos; II - criar e manter os programas de defesa de direitos e de atendimento socioeducativo para a execução das medidas de meio aberto; e III - baixar normas complementares para a organização e funcionamento dos programas de seus sistemas de defesa de direitos e de atendimento socioeducativo".

Assim, sem afastar a responsabilidade de todos no manejo dos direitos das crianças e adolescentes, a normatiza divide as atribuições para garantir operabilidade ao sistema.

3.4.3 Dos direitos processuais e do sistema de execução de medida socioeducativa (SINASE)

Dentro da teoria da proteção integral, que rompeu com o modelo assistencialista do *menorismo*, a criança e o adolescente passaram a ser tratados como sujeitos de direitos, no campo processual inclusive.

Portanto, um dos importantes efeitos da adoção da nova doutrina – de inspiração internacional -, foi a extensão de direitos processuais antes previstos apenas para adultos ao campo juvenil, quando se adotou a seguinte regra:

11. Em prosseguimento: "III - colher informações sobre a organização e funcionamento dos sistemas, entidades e programas de atendimento e oferecer subsídios técnicos para a qualificação da oferta; IV - estabelecer diretrizes gerais sobre as condições mínimas das estruturas físicas e dos recursos humanos das unidades de execução; e V - instituir e manter processo nacional de avaliação dos sistemas, entidades e programas de atendimento. (...)"

12. Em continuação: "IV - baixar normas complementares para a organização e funcionamento dos seus sistemas de defesa de direitos e de atendimento e dos sistemas municipais; V - estabelecer, com os municípios, as formas de colaboração para a oferta dos programas de defesa de direitos e de atendimento socioeducativo em meio aberto; e VI - apoiar tecnicamente os municípios e as entidades sociais para a regular oferta de programas de defesa de direitos e de atendimento socioeducativo em meio aberto. (...)"

nenhum direito processual previsto para o adulto, dentro do devido processo legal e constitucional, poderá ser subtraído dos adolescentes que respondam por eventuais atos infracionais. Trata-se de uma espécie de patrimônio mínimo jurídico assegurado ao adolescente a partir do que já se reconhece e se pratica em relação aos adultos.

Nessa linha, o ECA traz as seguintes previsões: "Nenhum adolescente será privado de sua liberdade sem o devido processo legal" (art. 110).

E, "são asseguradas ao adolescente, entre outras, as seguintes garantias (art. 111): I - pleno e formal conhecimento da atribuição de ato infracional, mediante citação ou meio equivalente; II - igualdade na relação processual, podendo confrontar-se com vítimas e testemunhas e produzir todas as provas necessárias à sua defesa; III - defesa técnica por advogado; IV - assistência judiciária gratuita e integral aos necessitados, na forma da lei; V - direito de ser ouvido pessoalmente pela autoridade competente; VI - direito de solicitar a presença de seus pais ou responsável em qualquer fase do procedimento. (...)"

Sobre as instituições incumbidas da aplicação desses direitos, o ECA prevê que "é garantido o acesso de toda criança ou adolescente à Defensoria Pública, ao Ministério Público e ao Poder Judiciário, por qualquer de seus órgãos" (art. 141).

Na mesma linha, a execução das medidas socioeducativas, impostas após processo de apuração de ato infracional, é e deve ser de natureza judicial, embora haja a participação operacional de órgãos e entidades variados.

Aliás, até recentemente inexistia uma lei que regulamentasse a execução dessas medidas, que relacionasse os direitos do adolescente em cumprimento de medida socioeducativa.

Contudo, a Lei nº 12.594/12 trouxe uma série de avanços, sendo o principal deles a instituição do processo de execução, a ser seguido no curso da aplicação da medida socioeducativa. Portanto, hoje, tal atividade estatal não pode ser compreendida ou tratada se não pelo prisma do processo democrático, dialético e participativo.

De fato, o artigo 39 da Lei nº 12.594/12 determina que "para aplicação das medidas socioeducativas de prestação de serviços à comunidade, liberdade assistida, semiliberdade ou internação, será constituído processo de execução para cada adolescente (...)". Se não bastasse, o artigo 36 deixa evidente o caráter jurisdicional dessa atividade estatal ao tratar da "competência para jurisdicionar a execução das medidas socioeducativas (...)".

Pois bem, processo não é mero procedimento, sendo aquele o único instrumento apto a intervir e a mitigar os direitos subjetivos dos jurisdicionados.

Por isso, ele deve ser, ontologicamente, dialético, multilateral, horizontal, participativo, cooperativo, contraditório, efetivo, com duração razoável. Aliás, toda carga principiológica do processo contida na Constituição Federal deve ser transladada para o campo da execução da medida socioeducativa.

Enfim, segundo a Lei nº 12.594/12, "a execução das medidas socioeducativas reger-se-á pelos seguintes princípios (art. 35): I - legalidade, não podendo o adolescente receber tratamento mais gravoso do que o conferido ao adulto; II - excepcionalidade da intervenção judicial e da imposição de medidas, favorecendo-se meios de autocomposição de conflitos; III - prioridade a práticas ou medidas que sejam restaurativas e, sempre que possível, atendam às necessidades das vítimas; (...) VIII - não discriminação do adolescente, notadamente em razão de etnia, gênero, nacionalidade, classe social, orientação religiosa, política ou sexual, ou associação ou pertencimento a qualquer minoria ou status; e IX - fortalecimento dos vínculos familiares e comunitários no processo socioeducativo".

Portanto, temos agora a completa judicialização do manejo dos direitos dos adolescentes em conflito com a lei. A sua responsabilização será toda judicial, da acusação até os termos da execução, o que representa efetivo avanço na linha de aquisição de direitos.

Pois bem, ainda sobre o tema da execução de medida socioeducativa, recentemente, o Superior Tribunal de Justiça condenou o Estado de Minas Gerais por submeter adolescente à internação em estabelecimento destinado a adultos:

> 1. Na origem, trata-se de Ação Civil Pública proposta pela Defensoria Pública contra o Estado de Minas Gerais, com o objetivo de compeli-lo a executar medida de internação de adolescente em estabelecimento apropriado, fixando-se multa diária para o caso de descumprimento, além de condenação ao pagamento de indenização por dano moral coletivo. Segundo os autos, menores custodiados, após completarem 18 anos, eram transferidos para celas de presos provisórios e definitivos, obrigados a vestir o mesmo uniforme vermelho, recebendo idêntico tratamento dos detentos maiores de idade. 2. O acórdão recorrido não questiona a existência dos fatos, tendo dirimido a controvérsia nos seguintes termos: "não mais persiste a situação de adolescentes acautelados no CERESP"; logo, "não há dúvidas que em determinado período houve irregularidades nas medidas de internação no município de Ipatinga". (...) ESTATUTO DA CRIANÇA E DO ADOLESCENTE 3. O Estatuto da Criança e do Adolescente dispõe que "a internação deverá ser cumprida em entidade exclusiva para adolescentes, em local distinto daquele destinado ao abrigo, obedecida rigorosa separação

por critérios de idade, compleição física e gravidade da infração" (art. 123, *caput*, grifo acrescentado). Indo além, o legislador assenta que "a internação, decretada ou mantida pela autoridade judiciária, não poderá ser cumprida em estabelecimento prisional" (art. 185, *caput*, do ECA, grifo acrescentado). Lidos conjuntamente, esses dois dispositivos revelam prescrição absoluta e inafastável, o coração mesmo do regime disciplinar humanizado do ECA. Descumpri-los significa apagar o mecanismo mais poderoso de tutela da dignidade de jovens submetidos à medida de internação, pondo abaixo o edifício do Estatuto. DANO MORAL COLETIVO 4. No Brasil, o dano moral supraindividual (coletivo ou difuso) integra a matriz da responsabilidade civil. Consoante o Código Civil, "Aquele que, por ação ou omissão voluntária, negligência ou imprudência, violar direito e causar dano a outrem, ainda que exclusivamente moral, comete ato ilícito" (art. 186, grifo acrescentado). A referência civilista vem explicitada, na sua dimensão coletiva *lato sensu*, pela Lei da Ação Civil Pública: "Regem-se pelas disposições desta Lei, sem prejuízo da ação popular, as ações de responsabilidade por danos morais e patrimoniais causados" a todo e qualquer "interesse difuso ou coletivo" (art. 1º, caput e inciso IV, grifo acrescentado). 5. Na hipótese dos autos, cristalino o direito à indenização por danos morais coletivos, diante da lesão enorme e irreversível causada à coletividade, por conta de alojamento, em estabelecimento impróprio, de sentenciados à internação, em patente violação à norma legal expressa. *In casu*, os jovens infratores, em vez de receberem orientação, em condições de dignidade, capaz de prepará-los para retorno à vida em liberdade, foram tratados como prisioneiros comuns, transformada em verdadeira universidade do crime a garantia legal indisponível de "proteção integral" e de "desenvolvimento físico, mental, moral, espiritual e social" (art. 3º, *caput*, do ECA). FATO NOTÓRIO E DANO *IN RE IPSA* 6. O Tribunal de origem, embora reconheça os graves fatos narrados pela Defensoria Pública, nega a existência de dano moral coletivo. Inexistiria prova de que "as irregularidades tenham causado impacto na comunidade local", daí "a impossibilidade de gerar um dano moral coletivo, não sendo razoável impor ao réu o pagamento de uma vultuosa indenização" (grifo acrescentado). (...) 8. Em instâncias de violação clamorosa de direitos humanos fundamentais, despicienda perícia para confirmar existência e contornos de dano moral coletivo. Primeiro, porque o juiz reúne em si a tripla posição processual de árbitro da realidade genética, da qualificação jurídica e da quantificação monetária do fato moral coletivo. Segundo, porque em situações de ataque brutal à dignidade da pessoa humana e a valores elementares do Estado Social de Direito, o dano moral coletivo se presume: a barbárie dispensa prova técnica de sua lesividade extrapatrimonial, já que se apresenta *in re ipsa*, ociosa então a intermediação de

> expertos técnicos. 9. Ademais, escusável demonstrar conexão direta do prejuízo moral com as vítimas particulares afetadas, pois não se cobra indenização por dano individual. Há vitupério não patrimonial e supraindividual de natureza difusa, com reflexos negativos em amplíssimos e festejados valores sociais. Não só cada menor ilegalmente detido foi atingido, mas também toda a comunidade local. Precedentes do STJ. 10. Configura dano moral coletivo ofensa a direitos coletivos ou difusos de caráter extrapatrimonial associados a sujeitos ou bens vulneráveis e hipervulneráveis - pessoas com deficiência, consumidor, criança e adolescente, idoso, meio ambiente, ordem urbanística, entre outros. Impossível, nesse campo, preconizar ou antecipar catálogo de infrações capazes de disparar tal resposta jurídica, bastando realçar o cuidado que se deve ter para não banalizar mecanismo tão medular na proteção de direitos, valores e bens preciosos da sociedade contemporânea. APLICAÇÃO VINCULADA DA VERBA INDENIZATÓRIA 11. Na presente demanda, os recursos da indenização pelo dano moral coletivo devem ser estritamente aplicados na área dos direitos da criança e do adolescente. Em circunstâncias tão peculiares como a dos autos, há de se evitar que a quantia indenizatória acabe diluída em Fundo federal ou estadual dedicado ao universo heterogêneo dos direitos coletivos e difusos. O art. 13 da Lei Federal 7.347/1985 estabelece que os valores de eventual indenização sejam destinados à "reconstituição" dos bens atingidos pela conduta combatida, vocábulo genérico que abrange tanto restauração in natura do bem atingido como prevenção de ofensas futuras. Logo, a *ratio* da norma não veda ao juiz a possibilidade - se entender mais eficaz, célere e eficiente - de aplicar imediata, direta e localmente os valores da condenação em dinheiro, dispensada a intermediação do Fundo instituído pela lei. CONCLUSÃO 12. Submeter jovem a tratamento prisional destinado a adultos, máxime em condições degradantes, equivale a extirpar a dignidade e a desrespeitar "condição peculiar de pessoa em desenvolvimento" (art. 121, *caput*, do ECA), dotada de carências e garantias especiais - absolutas e indisponíveis - em decorrência da sua inimputabilidade etária. Mais do que direitos e valores individuais, tais comportamentos, mormente quando praticados por agente ou órgão estatal, agridem o sentido mais profundo de civilização que nos rege como povo. No Estado de Direito, ofensas desse jaez não devem permanecer impunes, nem minimizadas por juízes: ao final das contas, a primeira vítima a sucumbir em episódios de insanidade estatal ou privada contra direitos humanos fundamentais vem a ser o próprio sentimento maior de Justiça. 13. Recurso Especial provido (STJ – 2.ª T. – REsp 1793332 / MG – min. HERMAN BENJAMIN – j. 05/09/2019 – p. 26/08/2020).

Às vezes, alguns temas parecem pacificados e incontroversos, mas a realidade ainda nos surpreende com certos absurdos.

Por fim, não é excessivo lembrar que as medidas socioeducativas em meio aberto serão cumpridas conforme estrutura organizada e gerida pelo Município, sendo obrigatória a sua implementação:

> Apelação e Reexame Necessário – Ação Civil Pública – Obrigação de fazer imposta à Municipalidade – Garantia de estrutura mínima para o atendimento aos programas socioeducativos de liberdade assistida e prestação de serviços à comunidade – Obrigação do Município, como ente federativo gestor do CREAS, assegurando o seu regular funcionamento – Medidas empreendidas pela Municipalidade insuficientes em relação à demanda – Imperativa a implementação do CREAS, nos termos do Plano Municipal de Atendimento Socioeducativo em Meio Aberto, prazo de implementação escoado em dezembro de 2015, em respeito à preservação do Princípio da Proteção Integral e do Melhor Interesse da Criança e do Adolescente – Atuação do Poder Judiciário dentro dos limites da função jurisdicional – Estabelecimento do limite total da multa coercitiva em R$25.000,00, segundo a jurisprudência deste C. Câmara Especial – Recurso voluntário e remessa necessária parcialmente providos. (TJSP. Apelação Cível 1007298-41.2019.8.26.0590; Relator (a): Magalhães Coelho(Pres. da Seção de Direito Público); Órgão Julgador: Câmara Especial; Foro de São Vicente - 3ª Vara Criminal; Data do Julgamento: 10/09/2020; Data de Registro: 10/09/2020)

Enfim, em se tratando de crianças e adolescentes, o Estado não pode falhar ou se omitir, sob pena de responsabilização.

3.4.4 A escuta especializada e o depoimento especial Lei nº 13.431/17

Em outra linha de proteção e de preservação de direitos, o legislador brasileiro decidiu proteger a criança e adolescente contra o que chamamos de **"violência institucional"**, aquela praticada pelo próprio Estado quando recorre a essas pessoas para exercer suas funções, especialmente a de investigação e de responsabilização penal.

Assim, ele o fez na Lei nº 13.431/17, a qual "normatiza e organiza o sistema de garantia de direitos da criança e do adolescente vítima ou testemunha de violência, cria mecanismos para prevenir e coibir a violência, nos termos do art. 227 da Constituição Federal, da Convenção sobre os Direitos da Criança e seus protocolos adicionais, da Resolução nº 20/2005 do Conselho Econômico e Social das Nações Unidas e de outros diplomas internacionais, e estabelece medidas de assistência e proteção à criança e ao adolescente em situação de violência" (art. 1º).

Em outros termos, a lei visa mitigar os efeitos colaterais que atingem crianças e adolescentes vítimas e testemunhas, para fins de reduzir o que se chama de "violência institucional" ("a praticada por instituição pública ou conveniada, inclusive quando gerar revitimização" – art. 4º, IV).

Portanto, sem prejuízo de outros direitos já previstos em lei e na Constituição Federal, a nova lei apresenta o seguinte rol de direitos (art. 5º): "A aplicação desta Lei, sem prejuízo dos princípios estabelecidos nas demais normas nacionais e internacionais de proteção dos direitos da criança e do adolescente, terá como base, entre outros, os direitos e garantias fundamentais da criança e do adolescente a:

> I - receber prioridade absoluta e ter considerada a condição peculiar de pessoa em desenvolvimento;
> II - receber tratamento digno e abrangente;
> III - ter a intimidade e as condições pessoais protegidas quando vítima ou testemunha de violência;
> IV - ser protegido contra qualquer tipo de discriminação, independentemente de classe, sexo, raça, etnia, renda, cultura, nível educacional, idade, religião, nacionalidade, procedência regional, regularidade migratória, deficiência ou qualquer outra condição sua, de seus pais ou de seus representantes legais; (...)[13]

Dessa forma, visa-se preservar a intimidade e a integridade moral da criança e adolescente que, muitas vezes, já vêm sofrendo os efeitos de um crime ou de um ato ilícito.

13. Em prosseguimento: "V - receber informação adequada à sua etapa de desenvolvimento sobre direitos, inclusive sociais, serviços disponíveis, representação jurídica, medidas de proteção, reparação de danos e qualquer procedimento a que seja submetido; VI - ser ouvido e expressar seus desejos e opiniões, assim como permanecer em silêncio; VII - receber assistência qualificada jurídica e psicossocial especializada, que facilite a sua participação e o resguarde contra comportamento inadequado adotado pelos demais órgãos atuantes no processo; VIII - ser resguardado e protegido de sofrimento, com direito a apoio, planejamento de sua participação, prioridade na tramitação do processo, celeridade processual, idoneidade do atendimento e limitação das intervenções; IX - ser ouvido em horário que lhe for mais adequado e conveniente, sempre que possível; X - ter segurança, com avaliação contínua sobre possibilidades de intimidação, ameaça e outras formas de violência; XI - ser assistido por profissional capacitado e conhecer os profissionais que participam dos procedimentos de escuta especializada e depoimento especial; XII - ser reparado quando seus direitos forem violados; XIII - conviver em família e em comunidade; XIV - ter as informações prestadas tratadas confidencialmente, sendo vedada a utilização ou o repasse a terceiro das declarações feitas pela criança e pelo adolescente vítima, salvo para os fins de assistência à saúde e de persecução penal; XV - prestar declarações em formato adaptado à criança e ao adolescente com deficiência ou em idioma diverso do português. Parágrafo único. O planejamento referido no inciso VIII, no caso de depoimento especial, será realizado entre os profissionais especializados e o juízo. Art. 6º A criança e o adolescente vítima ou testemunha de violência têm direito a pleitear, por meio de seu representante legal, medidas protetivas contra o autor da violência.

Em linhas gerais, para se cumprir as metas da lei, criou-se os institutos da escuta especializada e do depoimento especial:

> Art. 7º **Escuta especializada** é o procedimento de entrevista sobre situação de violência com criança ou adolescente perante órgão da rede de proteção, limitado o relato estritamente ao necessário para o cumprimento de sua finalidade.
>
> Art. 8º **Depoimento especial** é o procedimento de oitiva de criança ou adolescente vítima ou testemunha de violência perante autoridade policial ou judiciária.
>
> Art. 9º A criança ou o adolescente será resguardado de qualquer contato, ainda que visual, com o suposto autor ou acusado, ou com outra pessoa que represente ameaça, coação ou constrangimento.
>
> Art. 10. A escuta especializada e o depoimento especial serão realizados em local apropriado e acolhedor, com infraestrutura e espaço físico que garantam a privacidade da criança ou do adolescente vítima ou testemunha de violência.

Portanto, em definitivo, especialmente quando envolver crianças e adolescentes, os fins (eventual responsabilização) não justificam os meios, os quais devem se adequar à lei e ao espírito de máxima e mais completa proteção.

3.5 DOS DIREITOS DAS PESSOAS COM DEFICIÊNCIA (LEI Nº 7.853/89 E LEI Nº 13.146/15)

O **conceito de pessoa com deficiência (PCD)** sempre trouxe debate quanto à sua definição, pois a questão toca campos multidisciplinares e variados. Aliás, por exemplo, ela traz certa problemática especialmente quanto à permanência ou à provisoriedade da limitação.

Segundo a lei mais recente, "considera-se pessoa com deficiência aquela que tem impedimento de longo prazo de natureza física, mental, intelectual ou sensorial, o qual, em interação com uma ou mais barreiras, pode obstruir sua participação plena e efetiva na sociedade em igualdade de condições com as demais pessoas" (art. 2º, Lei nº 13.146/15 - Estatuto da Pessoa com Deficiência). Adotou-se aqui o aspecto da longa duração.

Contudo, a *Convenção Interamericana para a Eliminação de Todas as Formas de Discriminação contra as Pessoas Portadoras de Deficiência*, adotada no Brasil pelo Decreto Legislativo nº 3.956/2001, afasta a necessidade de permanência: "O termo 'deficiência' significa uma restrição física, mental ou sensorial, de natureza permanente ou transitória, que limita a capacidade de exercer uma ou mais atividades essenciais da vida diária, causada ou agravada pelo ambiente econômico e social" (I).

Colocada a questão, fica a dúvida: que caminho seguir? Ou então: a limitação deve ser sempre permanente?

O romântico humanista certamente diria que não, já que, quanto maior a extensão dos direitos, melhor.

Entendemos, nesse caso, que esse aspecto temporal pode variar conforme o tipo de aplicação prática da lei ou o tipo de ação afirmativa que se busca efetivar.

Por exemplo, para fins de se garantir vaga especial em estacionamentos, é evidente que um sujeito com a perna quebrada e toda imobilizada deverá ser considerado pessoa com deficiência – PCD.

Agora, para fins de reserva de vagas em concursos públicos ou então para isenções fiscais, não faria sentido admitirmos que uma pessoa de temporária ou breve limitação, como a fratura da tíbia por exemplo, seja uma das beneficiárias, sob pena de incorrermos em privilégios inclusive.

Aliás, a nova Lei trata da "pessoa com mobilidade reduzida", cuja causa pode ser temporária (art. 3º, IX), e não apenas permanente, com alguns efeitos legais.

Às vezes ainda o próprio grau de deficiência pode interferir no seu reconhecimento: "O portador de surdez unilateral não se qualifica como pessoa com deficiência para o fim de disputar as vagas reservadas em concursos públicos" (Súmula nº 552, STJ).

A Lei nº 13.146/15 - Estatuto da Pessoa com Deficiência – trouxe importantes e modernos conceitos. "Para fins de aplicação desta Lei, consideram-se (art. 3º)[14]: I - acessibilidade: possibilidade e condição de alcance para utilização,

14. Em prosseguimento: "IV - barreiras: qualquer entrave, obstáculo, atitude ou comportamento que limite ou impeça a participação social da pessoa, bem como o gozo, a fruição e o exercício de seus direitos à acessibilidade, à liberdade de movimento e de expressão, à comunicação, ao acesso à informação, à compreensão, à circulação com segurança, entre outros, classificadas em: a) barreiras urbanísticas: as existentes nas vias e nos espaços públicos e privados abertos ao público ou de uso coletivo; b) barreiras arquitetônicas: as existentes nos edifícios públicos e privados; c) barreiras nos transportes: as existentes nos sistemas e meios de transportes; d) barreiras nas comunicações e na informação: qualquer entrave, obstáculo, atitude ou comportamento que dificulte ou impossibilite a expressão ou o recebimento de mensagens e de informações por intermédio de sistemas de comunicação e de tecnologia da informação; e) barreiras atitudinais: atitudes ou comportamentos que impeçam ou prejudiquem a participação social da pessoa com deficiência em igualdade de condições e oportunidades com as demais pessoas; f) barreiras tecnológicas: as que dificultam ou impedem o acesso da pessoa com deficiência às tecnologias; V - comunicação: forma de interação dos cidadãos que abrange, entre outras opções, as línguas, inclusive a Língua Brasileira de Sinais (Libras), a visualização de textos, o Braille, o sistema de sinalização ou de comunicação tátil, os caracteres ampliados, os dispositivos multimídia,

com segurança e autonomia, de espaços, mobiliários, equipamentos urbanos, edificações, transportes, informação e comunicação, inclusive seus sistemas e tecnologias, bem como de outros serviços e instalações abertos ao público, de uso público ou privados de uso coletivo, tanto na zona urbana como na rural, por pessoa com deficiência ou com mobilidade reduzida; (...)"

Nesse contexto de reconhecimento de direitos, merece referência o julgado na ADI nº 5357, quando o Supremo Tribunal Federal analisou a constitucionalidade de alguns dispositivos do Estatuto da Pessoa com Deficiência (Lei 13.146/2015) e julgou constitucionais normas que obrigam escolas privadas a promoverem a inserção de pessoas com deficiência no ensino regular e as medidas de adaptação necessárias sem que ônus financeiro seja repassado às mensalidades, anuidades e matrículas:

> 1. A Convenção Internacional sobre os Direitos da Pessoa com Deficiência concretiza o princípio da igualdade como fundamento de uma sociedade democrática que respeita a dignidade humana. 2. À luz da Convenção e, por consequência, da própria Constituição da República, o ensino inclusivo em todos os níveis de educação não é realidade estranha ao ordenamento jurídico pátrio, mas sim imperativo que se põe mediante regra explícita. 3.

---

assim como a linguagem simples, escrita e oral, os sistemas auditivos e os meios de voz digitalizados e os modos, meios e formatos aumentativos e alternativos de comunicação, incluindo as tecnologias da informação e das comunicações; VI - adaptações razoáveis: adaptações, modificações e ajustes necessários e adequados que não acarretem ônus desproporcional e indevido, quando requeridos em cada caso, a fim de assegurar que a pessoa com deficiência possa gozar ou exercer, em igualdade de condições e oportunidades com as demais pessoas, todos os direitos e liberdades fundamentais; VII - elemento de urbanização: quaisquer componentes de obras de urbanização, tais como os referentes a pavimentação, saneamento, encanamento para esgotos, distribuição de energia elétrica e de gás, iluminação pública, serviços de comunicação, abastecimento e distribuição de água, paisagismo e os que materializam as indicações do planejamento urbanístico; VIII - mobiliário urbano: conjunto de objetos existentes nas vias e nos espaços públicos, superpostos ou adicionados aos elementos de urbanização ou de edificação, de forma que sua modificação ou seu traslado não provoque alterações substanciais nesses elementos, tais como semáforos, postes de sinalização e similares, terminais e pontos de acesso coletivo às telecomunicações, fontes de água, lixeiras, toldos, marquises, bancos, quiosques e quaisquer outros de natureza análoga; IX - pessoa com mobilidade reduzida: aquela que tenha, por qualquer motivo, dificuldade de movimentação, permanente ou temporária, gerando redução efetiva da mobilidade, da flexibilidade, da coordenação motora ou da percepção, incluindo idoso, gestante, lactante, pessoa com criança de colo e obeso; X - residências inclusivas: unidades de oferta do Serviço de Acolhimento do Sistema Único de Assistência Social (Suas) localizadas em áreas residenciais da comunidade, com estruturas adequadas, que possam contar com apoio psicossocial para o atendimento das necessidades da pessoa acolhida, destinadas a jovens e adultos com deficiência, em situação de dependência, que não dispõem de condições de autossustentabilidade e com vínculos familiares fragilizados ou rompidos; XI - moradia para a vida independente da pessoa com deficiência: moradia com estruturas adequadas capazes de proporcionar serviços de apoio coletivos e individualizados que respeitem e ampliem o grau de autonomia de jovens e adultos com deficiência; XII - atendente pessoal: pessoa, membro ou não da família, que, com ou sem remuneração, assiste ou presta cuidados básicos e essenciais à pessoa com deficiência no exercício de suas atividades diárias, excluídas as técnicas ou os procedimentos identificados com profissões legalmente estabelecidas; (...)

> Nessa toada, a Constituição da República prevê em diversos dispositivos a proteção da pessoa com deficiência, conforme se verifica nos artigos 7º, XXXI, 23, II, 24, XIV, 37, VIII, 40, § 4º, I, 201, § 1º, 203, IV e V, 208, III, 227, § 1º, II, e § 2º, e 244. 4. Pluralidade e igualdade são duas faces da mesma moeda. O respeito à pluralidade não prescinde do respeito ao princípio da igualdade. E na atual quadra histórica, uma leitura focada tão somente em seu aspecto formal não satisfaz a completude que exige o princípio. Assim, a igualdade não se esgota com a previsão normativa de acesso igualitário a bens jurídicos, mas engloba também a previsão normativa de medidas que efetivamente possibilitem tal acesso e sua efetivação concreta. 5. O enclausuramento em face do diferente furta o colorido da vivência cotidiana, privando-nos da estupefação diante do que se coloca como novo, como diferente. 6. É somente com o convívio com a diferença e com o seu necessário acolhimento que pode haver a construção de uma sociedade livre, justa e solidária, em que o bem de todos seja promovido sem preconceitos de origem, raça, sexo, cor, idade e quaisquer outras formas de discriminação (Art. 3º, I e IV, CRFB). 7. A Lei nº 13.146/2015 indica assumir o compromisso ético de acolhimento e pluralidade democrática adotados pela Constituição ao exigir que não apenas as escolas públicas, mas também as particulares deverão pautar sua atuação educacional a partir de todas as facetas e potencialidades que o direito fundamental à educação possui e que são densificadas em seu Capítulo IV (ADI 5357 MC-Ref, Tribunal Pleno, Rel. Min. Edson Fachin, DJe 10.11.2016).

Enfim, na decisão, verdadeiro marco hermenêutico, o Supremo Tribunal Federal deixa claro que entidades particulares também estão comprometidas e vinculadas aos objetivos da República Federativa do Brasil, especialmente em tema tão nobre e sensível quanto o é a educação.

Aliás, vale lembrar que há muito tempo a Corte Suprema Americana considerou inconstitucional o modelo de educação de alguns Estados do Sul que separavam as escolas públicas de brancos das de negros, embora os Estados tivessem provado que as condições de ambas fossem equiparadas ou similares. A Corte Suprema de lá considerou que a integração configura importante ingrediente da educação e formação social da pessoa (Cf. filme "Separados, mas iguais").

Sobre a questão da acessibilidade, muito cara nesse contexto, o Superior Tribunal de Justiça tem se posicionado no sentido de impedir a prorrogação irracional ou a omissão na efetivação de direitos:

> (...) Trata-se na origem de Ação Civil Pública proposta em desfavor de empresa de transporte coletivo visando sua condenação em promover a adaptação dos terminais de acesso e de todos os veículos de transporte in-

tramunicipal às pessoas com deficiência bem como a indenizá-las por danos morais sofridos decorrentes do impedimento ou da dificuldade de acesso ao transporte por falta de adaptação técnica. Inicialmente, cabe destacar que a Lei n. 10.048/2000, em seu art. 5º, § 2º, prevê o prazo de 180 dias, a contar da sua regulamentação, para que os proprietários de veículos de transporte coletivo procedam às adaptações necessárias ao acesso facilitado das pessoas portadoras de deficiência. Essa regulamentação se deu apenas com a edição do Decreto n. 5.296/2004. Por outro lado, a Lei n. 10.098/2000 prevê expressamente que os veículos de transporte coletivo deverão cumprir os requisitos de acessibilidade estabelecidos nas normas técnicas específicas. Nesse contexto legislativo, discute-se o prazo para adaptação de veículos de transporte coletivo para pessoas deficientes. De fato, a regulamentação preceituada pelo art. 38, § 3º, do referido Decreto dispõe que a frota de veículos de transporte coletivo rodoviário e a infraestrutura dos serviços deste transporte deverão estar totalmente acessíveis no prazo máximo de 120 meses a contar da data de sua publicação. Contudo, não há como acolher a tese de que embora a Lei n. 10.048/2000 tenha fixado prazo de 180 dias a contar de sua regulamentação, apenas em 3.12.2004, data da publicação do Decreto n. 5.296/2004, é que tal regulamentação ocorreu, com a fixação de prazo de 10 anos para efetivação de todas as adaptações de veículos de transporte coletivo para as pessoas com deficiência. Admitir esse entendimento significa aceitar que a lei fique subordinada a seu regulamento.[15] (REsp nº 1.292.875/PR, Rel. Min. Herman Benjamin, por unanimidade, julgado em 15/12/2016).

Também, sobre a acessibilidade às informações em contratos bancários, subscritos por pessoas com deficiência visual, o Superior Tribunal de Justiça determinou a disponibilização de documentos em *braille*:

15. Em continuação da ementa: "Ademais, o Decreto, ao prorrogar, por dez anos, a efetividade da garantia de acessibilidade às pessoas com deficiência, concebida para produzir efeitos o quanto antes, mostra-se ilegal, e já frustra o escopo da norma. Além do mais, apesar do disposto nos arts. 5º, § 2º, da Lei n. 10.048/2000, e 38, §§ 2º, 3º e 5º, do Decreto n. 5.296/2004, o fato é que, com o advento da Lei n. 10.098/2000, a discussão sobre o prazo para adaptação dos veículos de transporte coletivo para pessoas deficientes perdeu a razão de ser, pois a citada lei, publicada em 20.12.2000, disciplinou a matéria em seu art. 16 – que remete aos requisitos de acessibilidade preceituados nas normas técnicas específicas. Nesse sentido, pode-se concluir que, muito antes do Decreto n. 5.296/2004, existiam diversas normas regulamentares sobre a acessibilidade dos transportes coletivos editadas pela Associação Brasileira de Normas Técnicas (ABNT). Especificamente acerca do transporte rodoviário, existia a NBR 14022/1997, posteriormente substituída da pela Portaria 260/2007 do Inmetro. Assim, a previsão do mencionado decreto é inócua ante a previsão do art. 16 da Lei n. 10.098/2000, não podendo ato normativo subordinado estabelecer prazo superior ao previsto em lei, ato normativo primário. Portanto, desde a edição da Lei n. 10.098/2000, a adaptação dos veículos de transporte coletivo foi suficientemente regulamentada – o que resulta na caracterização da mora da empresa em promover as adaptações necessárias, a partir da vigência da legislação supra." (REsp nº 1.292.875/PR, Rel. Min. Herman Benjamin, por unanimidade, julgado em 15/12/2016).

As instituições financeiras devem utilizar o sistema *braille* na confecção dos contratos bancários de adesão e todos os demais documentos fundamentais para a relação de consumo estabelecida com indivíduo portador de deficiência visual. Pela ordem cronológica, destaca-se, de início, o art. 1º da Lei 4.169/1962, que oficializou as Convenções Braille para uso na escrita e leitura dos cegos e o Código de Contrações e Abreviaturas *Braille*. Posteriormente, a Lei 10.048/2000, ao conferir prioridade de atendimento às pessoas portadoras de deficiência, textualmente impôs às instituições financeiras a obrigação de conferir tratamento prioritário, e, por conseguinte, diferenciado, aos indivíduos que ostentem as aludidas restrições. A referida Lei, ao estabelecer normas gerais e critérios básicos para a promoção da acessibilidade das pessoas portadores de deficiência ou com mobilidade reduzida, bem explicitou a necessidade de supressão de todas as barreiras e de obstáculos, em especial, nos meios de comunicação. E, por fim, em relação ao micro-sistema protetivo das pessoas portadoras de deficiência, cita-se à colação o Decreto 6.949/2009, que promulgou a Convenção Internacional sobre os Direitos das Pessoas com Deficiência e seu Protocolo Facultativo, cujo texto possui valor equivalente ao de uma emenda constitucional, e, por veicular direitos e garantias fundamentais do indivíduo, tem aplicação concreta e imediata (art. 5º, §§ 1º e 3º, da CF). Nesse ínterim, assinala-se que a convenção sob comento impôs aos Estados signatários a obrigação de assegurar o exercício pleno e equitativo de todos os direitos humanos e liberdades fundamentais pelas pessoas portadoras de deficiência, conferindo-lhes tratamento materialmente igualitário (diferenciado na proporção de sua desigualdade) e, portanto, não discriminatório, acessibilidade física e de comunicação e informação, inclusão social, autonomia e independência (na medida do possível, naturalmente), e liberdade para fazer suas próprias escolhas, tudo a viabilizar a consecução do princípio maior da dignidade da pessoa humana. Especificamente sobre a barreira da comunicação, a Convenção, é certo, referiu-se expressamente ao método *braille*, sem prejuízos de outras formas e sempre com atenção à denominada "adaptação razoável", como forma de propiciar aos deficientes visuais o efetivo acesso às informações. (...)[16] (REsp nº 1.315.822/RJ, Rel. Min. Marco Aurélio Bellizze, julgado em 24/3/2015).

---

16. Em continuação: "Nesses termos, valendo-se das definições trazidas pelo Tratado, pode-se afirmar, com segurança, que a não utilização do método *braille*durante todo o ajuste bancário levado a efeito com pessoa portadora de deficiência visual (providência, é certo, que não importa em gravame desproporcional à instituição financeira), impedindo-a de exercer, em igualdade de condições com as demais pessoas, seus direitos básicos de consumidor, a acirrar a inerente dificuldade de acesso às correlatas informações, consubstancia, a um só tempo, intolerável discriminação por deficiência e inobservância da almejada "adaptação razoável". A utilização do método *braille*nos ajustes bancários com pessoas portadoras de deficiência visual encontra lastro, ainda, indiscutivelmente, na legislação consumerista, que preconiza ser direito básico do consumidor o fornecimento de informação suficientemente adequada e clara do produto ou serviço oferecido, encargo, é certo, a ser observado não apenas por ocasião da celebração do ajuste, mas também durante toda a contratação. No caso do consumidor deficiente visual, a consecução deste direito, no bojo de um contrato bancário de adesão, somente é alcançada (de modo pleno, ressalta-se), por meio da utilização do método *braille*, a facilitar, e mesmo

Outro julgado relevante do Superior Tribunal de Justiça que merece citação refere-se à questão do momento em que se deve avaliar a compatibilidade entre a limitação apresentada pelo candidato em concurso público e o efetivo exercício do cargo:

> Trata-se de REsp em que se discute o momento em que o candidato portador de deficiência física deve ser avaliado a respeito de sua capacidade em desenvolver as tarefas inerentes ao cargo público para o qual foi aprovado. *In casu*, o recorrente inscreveu-se em certame público nas vagas asseguradas aos deficientes físicos, para concorrer ao cargo de médico do trabalho. Aprovado na prova escrita, foi submetido a exame médico admissional que concluiu pela incompatibilidade entre as funções a serem desenvolvidas e a deficiência apresentada (mudez), sendo excluído do concurso. Inicialmente, ressaltou o Min. Relator, que a Lei n. 7.853/1989 estabelece as regras gerais sobre o apoio às pessoas portadoras de deficiência e sua integração social. Assim, conforme o referido diploma legal, o poder público assume a responsabilidade de fazer valer a determinação constitucional de desenvolvimento de políticas públicas voltadas ao portador de deficiência física, bem como é vedado qualquer tipo de discriminação ou preconceito. (...)[17] (REsp nº 1.179.987/PR, Rel. Min. Jorge Mussi, julgado em 13/9/2011).

---

a viabilizar, a integral compreensão e reflexão acerca das cláusulas contratuais submetidas a sua apreciação, especialmente aquelas que impliquem limitações de direito, assim como dos extratos mensais, dando conta dos serviços prestados, taxas cobradas etc. Ressalte-se que, considerada a magnitude dos direitos sob exame, de assento constitucional e legal, afigura-se de menor, ou sem qualquer relevância, o fato de a Resolução 2.878/2001 do BACEN, em seu art. 12, exigir, sem prejuízo de outras providências a critério das instituições financeiras, que as contratações feitas com deficientes visuais sejam precedidas de leitura, em voz alta, por terceiro, das cláusulas contratuais, na presença de testemunhas. Este singelo procedimento, a toda evidência, afigura-se insuficiente, senão inócuo, ao fim que se destina. De fato, esse proceder não confere ao consumidor deficiente visual, como seria de rigor, pleno acesso às informações, para melhor nortear as suas escolhas, bem como para permitir seja aferido, durante toda a contratação, a correlação e mesmo a correção entre os serviços efetivamente prestados com o que restou pactuado (taxas cobradas, condições, consectários de eventual inadimplemento etc.). Nesse contexto, é manifesta, ainda, a afronta ao direito à intimidade do consumidor deficiente visual que, para simples conferência acerca da correção dos serviços prestados, ou mesmo para mera obtenção de prestação de contas, deve se dirigir a agência bancária e, forçosamente, franquear a terceiros, o conteúdo de sua movimentação financeira. O simples envio mensal dos extratos em *braille* afigurar-se-ia providência suficiente e razoável para conferir ao cliente, nessas condições, tratamento digno e isonômico. Deve-se, pois, propiciar ao consumidor nessas condições, não um tratamento privilegiado, mas sim diferenciado, na medida de sua desigualdade, a propiciar-lhes igualdade material de tratamento. É de se concluir, assim, que a obrigatoriedade de confeccionar em *braille* os contratos bancários de adesão e todos os demais documentos fundamentais para a relação de consumo estabelecida com indivíduo portador de deficiência visual, além de encontrar esteio no ordenamento jurídico nacional, afigura-se absolutamente razoável, impondo à instituição financeira encargo próprio de sua atividade, adequado e proporcional à finalidade perseguida, consistente em atender ao direito de informação do consumidor, indispensável à validade da contratação, e, em maior extensão, ao princípio da dignidade da pessoa humana." (REsp nº 1.315.822/RJ, Rel. Min. Marco Aurélio Bellizze, julgado em 24/3/2015)

17. Em prosseguimento: "Registrou, ainda, que o Dec. n. 3.298/1999 o qual regulamentou a mencionada lei, ao dispor sobre a inserção do deficiente na Administração Pública, determinou que o exame da compatibilidade no desempenho das atribuições do cargo seja realizado por equipe multiprofissional

Por fim, dois pontos devem ser destacados: primeiro, "a pessoa com deficiência não está obrigada à fruição de benefícios decorrentes de ação afirmativa" (art. 4º, § 2º, da Lei nº 13.146/15).

Segundo, a deficiência não atinge os direitos da personalidade: "A deficiência não afeta a plena capacidade civil da pessoa, inclusive para: I - casar-se e constituir união estável; II - exercer direitos sexuais e reprodutivos; III - exercer o direito de decidir sobre o número de filhos e de ter acesso a informações adequadas sobre reprodução e planejamento familiar; IV - conservar sua fertilidade, sendo vedada a esterilização compulsória; V - exercer o direito à família e à convivência familiar e comunitária; e VI - exercer o direito à guarda, à tutela, à curatela e à adoção, como adotante ou adotando, em igualdade de oportunidades com as demais pessoas". (art. 6º da Lei nº 13.146/15).

Por fim, as ações afirmativas mais conhecidas são o atendimento prioritário, a reserva de vagas em estacionamento e as cotas obrigatórias em concursos públicos – 5%[18] (Lei nº 13.146/15):

> Art. 9º A pessoa com deficiência tem direito a receber atendimento prioritário, sobretudo com a finalidade de: I - proteção e socorro em quaisquer circunstâncias; II - atendimento em todas as instituições e serviços de atendimento ao público; III - disponibilização de recursos, tanto humanos quanto tecnológicos, que garantam atendimento em igualdade de condições com as demais pessoas; IV - disponibilização de pontos de parada, estações e terminais acessíveis de transporte coletivo de passageiros e garantia de segurança no embarque e no desembarque; V - acesso a informações e disponibilização

---

durante o estágio probatório. Isso porque o poder público deve assegurar aos deficientes condições necessárias previstas em lei e na Constituição Federal, para que possam exercer suas atividades conforme as limitações que apresentam. Desse modo, entendeu não atender à determinação legal a avaliação realizada em exame médico admissional que, de forma superficial, atestou a impossibilidade do exercício da função pública pelo recorrente, sem observar os parâmetros estabelecidos no § 1º do art. 43 do citado decreto. Ademais, no estágio probatório, o recorrente poderá demonstrar sua adaptação ao exercício do cargo, pois é nesse período que a Administração deve observar assiduidade, disciplina, capacidade de iniciativa, produtividade e responsabilidade do servidor nos termos do art. 20 da Lei n. 8.112/1990, além de avaliar, de forma concreta, a adaptação ao serviço e as qualidades do agente aprovado em concurso público, após a sua investidura em cargo de provimento efetivo. Diante disso, a Turma deu parcial provimento ao recurso para afastar o óbice apresentado pela Administração e assegurar ao recorrente a permanência no certame para o cargo de médico do trabalho." (REsp nº 1.179.987/PR, Rel. Min. Jorge Mussi, julgado em 13/9/2011)

18. Art. 47. Em todas as áreas de estacionamento aberto ao público, de uso público ou privado de uso coletivo e em vias públicas, devem ser reservadas vagas próximas aos acessos de circulação de pedestres, devidamente sinalizadas, para veículos que transportem pessoa com deficiência com comprometimento de mobilidade, desde que devidamente identificados. § 1º As vagas a que se refere o caput deste artigo devem equivaler a 2% (dois por cento) do total, garantida, no mínimo, 1 (uma) vaga devidamente sinalizada e com as especificações de desenho e traçado de acordo com as normas técnicas vigentes de acessibilidade. (...)

de recursos de comunicação acessíveis; VI - recebimento de restituição de imposto de renda; VII - tramitação processual e procedimentos judiciais e administrativos em que for parte ou interessada, em todos os atos e diligências. *§ 1º Os direitos previstos neste artigo são extensivos ao acompanhante da pessoa com deficiência ou ao seu atendente pessoal, exceto quanto ao disposto nos incisos VI e VII deste artigo. § 2º Nos serviços de emergência públicos e privados, a prioridade conferida por esta Lei é condicionada aos protocolos de atendimento médico.*

Enfim, o sistema jurídico especial visa a reduzir as limitações naturais das pessoas com deficiência, ao promover ações afirmativas e, também, ao impedir discriminações e a redução de direitos.

Por fim, deve-se anotar que o tratamento jurídico da pessoa com deficiência passou por substancial guinada com a Lei nº 13.146/15, por influência internacional inclusive. É que ela deixou de ser tratada como incapaz e dependente para assumir autonomia antes sonegada.

Aliás, a nova Lei torna a interdição e a própria curatela algo excepcional, sendo que ela cria o instrumento da "tomada apoiada de decisão", que visa a auxiliar a pessoa em situações pontuais. Trata-se de uma faculdade sua e impõe a instauração de um processo judicial. Pelo Estatuto da pessoa com deficiência, "é facultado à pessoa com deficiência a adoção de processo de tomada de decisão apoiada" (art. 84, § 2º).

Realmente, houve a inclusão no Código Civil de dispositivos que regulamentam esse processo: "A tomada de decisão apoiada é o processo pelo qual a pessoa com deficiência elege pelo menos 2 (duas) pessoas idôneas, com as quais mantenha vínculos e que gozem de sua confiança, para prestar-lhe apoio na tomada de decisão sobre atos da vida civil, fornecendo-lhes os elementos e informações necessários para que possa exercer sua capacidade (art. 1.783-A). (...)[19] § 9º A pessoa apoiada pode, a qualquer tempo, solicitar o término de acordo firmado em processo de tomada de decisão apoiada.

19. Seguem os demais parágrafos do dispositivo: § 1º Para formular pedido de tomada de decisão apoiada, a pessoa com deficiência e os apoiadores devem apresentar termo em que constem os limites do apoio a ser oferecido e os compromissos dos apoiadores, inclusive o prazo de vigência do acordo e o respeito à vontade, aos direitos e aos interesses da pessoa que devem apoiar. § 2º O pedido de tomada de decisão apoiada será requerido pela pessoa a ser apoiada, com indicação expressa das pessoas aptas a prestarem o apoio previsto no caput deste artigo. § 3º Antes de se pronunciar sobre o pedido de tomada de decisão apoiada, o juiz, assistido por equipe multidisciplinar, após oitiva do Ministério Público, ouvirá pessoalmente o requerente e as pessoas que lhe prestarão apoio. § 4º A decisão tomada por pessoa apoiada terá validade e efeitos sobre terceiros, sem restrições, desde que esteja inserida nos limites do apoio acordado. § 5º Terceiro com quem a pessoa apoiada mantenha relação negocial pode solicitar que os apoiadores contra-assinem o contrato ou acordo, especificando, por escrito, sua função em relação ao apoiado. § 6º Em caso de negócio jurídico que possa trazer risco ou prejuízo relevante,

Enfim, a nova Lei, com o objetivo de preservar a autonomia da pessoa e ainda assegurar que essa liberdade não a prejudique, institui o instrumento em comento, uma importante novidade.

3.6 DOS DIREITOS DOS IDOSOS

A vida não é outra senão no tempo. É o conjunto de atos e fatos nesse tempo. Mas o tempo tem um custo à biologia do ser. Desconhecemos seres vivos eternos. É que o próprio metabolismo celular produz substâncias não integralmente benéficas às células, as quais não conseguem eliminar todas elas e, assim, com o decorrer dos anos, perecem.

O ser humano acompanha essa linha relacional entre sua biologia e o tempo. Quanto mais esse passar, mais aquele envelhecerá, claro, na velocidade inversamente proporcional à sua qualidade de vida e aos seus bons hábitos. Ou seja, quanto mais o sujeito se cuida, mental e fisicamente, mais lentos serão os efeitos do tempo, ao menos em rega.

Em outro aspecto, as sociedades estão cada vez mais envelhecidas, pois os níveis de natalidade são cada vez mais baixos e a expectativa de vida eleva-se gradativamente.

Portanto, o tema dos direitos dos idosos jamais foi tão caro e presente. "O envelhecimento é um direito personalíssimo e a sua proteção um direito social" (art. 8º da Lei nº 10.741/03 - Estatuto do Idoso – EI).

No Brasil, a Constituição Federal de 1988 prescreve que "constituem objetivos fundamentais da República Federativa do Brasil: (...) IV - promover o bem de todos, sem preconceitos de origem, raça, sexo, cor, idade e quaisquer outras formas de discriminação" (art. 3º).

Além disso, no capítulo dedicado à família, dentro da ordem social:

> Art. 230. A família, a sociedade e o Estado têm o dever de amparar as pessoas idosas, assegurando sua participação na comunidade, defendendo sua dignidade e bem-estar e garantindo-lhes o direito à vida. *§ 1º Os programas de amparo aos idosos serão executados preferencialmente em seus lares. § 2º Aos maiores de sessenta e cinco anos é garantida a gratuidade dos transportes coletivos urbanos.*

havendo divergência de opiniões entre a pessoa apoiada e um dos apoiadores, deverá o juiz, ouvido o Ministério Público, decidir sobre a questão. § 7º Se o apoiador agir com negligência, exercer pressão indevida ou não adimplir as obrigações assumidas, poderá a pessoa apoiada ou qualquer pessoa apresentar denúncia ao Ministério Público ou ao juiz. § 8º Se procedente a denúncia, o juiz destituirá o apoiador e nomeará, ouvida a pessoa apoiada e se for de seu interesse, outra pessoa para prestação de apoio.

Na Lei nº 10.741/03 (Estatuto do Idoso – EI), a definição de idoso seguiu o critério etário/biológico, embora as limitações decorrentes da idade variem conforme os hábitos de cada um, conforme já dito.

Assim, idosos são "pessoas com idade igual ou superior a 60 (sessenta) anos" – art. 1º do EI.

Para a máxima proteção, prescreve a Lei que "o idoso goza de todos os direitos fundamentais inerentes à pessoa humana, sem prejuízo da proteção integral de que trata esta Lei, assegurando-se-lhe, por lei ou por outros meios, todas as oportunidades e facilidades, para preservação de sua saúde física e mental e seu aperfeiçoamento moral, intelectual, espiritual e social, em condições de liberdade e dignidade" (art. 2º).

Como está expresso na Constituição Federal, são obrigados/devedores a família, a sociedade e o Estado. Sobre esse, "é obrigação do Estado, garantir à pessoa idosa a proteção à vida e à saúde, mediante efetivação de políticas sociais públicas que permitam um envelhecimento saudável e em condições de dignidade" (art. 9º, EI).

Na família do idoso, todos são igualmente responsáveis por ele e por seu bem-estar, solidariamente. "A obrigação alimentar é solidária, podendo o idoso optar entre os prestadores" (art. 12, EI).

Ademais, como também ocorre com as pessoas com deficiência, os idosos gozam, além de outros benefícios, de reserva de unidades habitacionais. "Nos programas habitacionais, públicos ou subsidiados com recursos públicos, o idoso goza de prioridade na aquisição de imóvel para moradia própria, observado o seguinte: I - reserva de pelo menos 3% (três por cento) das unidades habitacionais residenciais para atendimento aos idosos"; (Redação dada pela Lei nº 12.418, de 2011) – art. 38, EI.

Há ainda a prioridade da tramitação processual, sobre a qual o Superior Tribunal do Justiça já entendeu que o benefício depende de pedido expresso:

> A prioridade na tramitação do feito é direito subjetivo da pessoa idosa e a lei lhe concede legitimidade exclusiva para a postulação do requerimento do benefício. Para dar efetividade ao art. 230 da Constituição Federal, a Lei nº 10.471/2003 - Estatuto do Idoso - estabelece a preferência no processamento dos feitos nos quais figura como parte ou interveniente pessoa com idade igual ou superior a 60 (sessenta) anos. Assim, o idoso fará jus ao benefício nos processos em que atuar como parte - autor, réu ou litisconsorte - ou como interveniente, assim considerado aquele que ingressa nos autos por meio da assistência, da denunciação da lide ou do chamamento ao processo, etc (arts. 119 a 132 do CPC/2015). De acordo com a dicção legal, cabe

> ao idoso postular a obtenção do benefício fazendo prova da sua idade. Depende, portanto, de manifestação de vontade do interessado, por se tratar de direito subjetivo processual. A necessidade do requerimento é justificada pelo fato de que nem toda tramitação prioritária será benéfica ao idoso, especialmente em processos nos quais há alta probabilidade de que o resultado lhe seja desfavorável. Cabe ao titular do direito à preferência, por meio de pedido dirigido ao magistrado, demonstrar o seu interesse em fazer jus ao benefício legal. Se a lei exige a iniciativa do idoso, aquele que carece dessa condição não pode requerer a prioridade em nome de outrem por faltar-lhe legitimidade. No caso dos autos, a exequente - pessoa jurídica - postula a prioridade na tramitação da execução de título extrajudicial pelo fato de um dos executados ser pessoa idosa. Desse modo, correto o entendimento de que lhe falta legitimidade e interesse para formular o mencionado pedido visto que a lei concede a legitimidade exclusiva ao idoso ao estabelecer que somente o interessado, fazendo a comprovação da sua idade, pode postular o referido benefício legal. (REsp *nº* 1.801.884-SP, Rel. Min. Ricardo Villas Bôas Cueva, Terceira Turma, por maioria, julgado em 21/05/2019).

Sobre o transporte gratuito, o Estatuto do idoso (Lei nº 10.741/03) regulamentou a questão, embora o dispositivo constitucional já tivesse aplicabilidade direta e eficácia imediata (segundo a clássica doutrina de José Afonso da Silva), conforme ADI nº 3.768/DF (STF).

Enfim, segundo a lei: "Aos maiores de 65 (sessenta e cinco) anos fica assegurada a gratuidade dos transportes coletivos públicos urbanos e semiurbanos, exceto nos serviços seletivos e especiais, quando prestados paralelamente aos serviços regulares" (art. 39)[20].

Já "no sistema de transporte coletivo interestadual observar-se-á, nos termos da legislação específica (art. 40): I – a reserva de 2 (duas) vagas gratuitas por veículo para idosos com renda igual ou inferior a 2 (dois) salários-mínimos; II – desconto de 50% (cinquenta por cento), no mínimo, no valor das passagens, para os idosos que excederem as vagas gratuitas, com renda igual ou inferior a 2 (dois) salários-mínimos".

Aqui, é evidente que uma lei pode ampliar um direito constitucional, normalidade essa que não ocorre se houver uma limitação não autorizada por

---

20. Os parágrafos: § 1º Para ter acesso à gratuidade, basta que o idoso apresente qualquer documento pessoal que faça prova de sua idade. § 2º Nos veículos de transporte coletivo de que trata este artigo, serão reservados 10% (dez por cento) dos assentos para os idosos, devidamente identificados com a placa de reservado preferencialmente para idosos. § 3º No caso das pessoas compreendidas na faixa etária entre 60 (sessenta) e 65 (sessenta e cinco) anos, ficará a critério da legislação local dispor sobre as condições para exercício da gratuidade nos meios de transporte previstos no caput deste artigo.

ela mesma. Assim, pode sim o Estatuto do Idoso ou uma lei local ampliar um direito anunciado pelo constituinte.

Aliás, sobre a extensão do direito à gratuidade, decidiu o Superior Tribunal de Justiça:

> A reserva de 2 (duas) vagas gratuitas por veículo para idosos com renda igual ou inferior a 2 (dois) salários-mínimos, prevista no art. 40, I, do Estatuto do Idoso, não se limita ao valor das passagens, abrangendo eventuais custos relacionados diretamente com o transporte, em que se incluem as tarifas de pedágio e de utilização dos terminais. A controvérsia cinge-se a saber se o direito do idoso a duas vagas gratuitas, no transporte interestadual, compreende, além do valor das passagens, as tarifas de pedágio e de utilização dos terminais rodoviários. (...)[21] Nesse sentido, a reserva de 2 (duas) vagas gratuitas por veículo para idosos com renda igual ou inferior a 2 (dois) salários-mínimos, não se limita ao valor das passagens, abrangendo eventuais custos relacionados diretamente com o transporte, onde se incluem as tarifas de pedágio e de utilização dos terminais. (...)[22] (REsp nº 1.543.465-RS, Rel. Min. Napoleão Nunes Maia Filho, por unanimidade, julgado em 13/12/2018, DJe 04/02/2019).

Deve-se pontuar ainda que o idoso tem descontos nos ingressos de eventos culturais e artísticos. Aliás, aportou no Superior Tribunal de Justiça a questão acerca do desconto no transporte público turístico de Curitiba/PR, quando o STJ entendeu que sim (REsp nº 1512087/PR, Rel. Min. Herman Benjamin, julgamento em 02/02/2016):

---

21. A parte subtraída da ementa: "Vale dizer, se a gratuidade abrange tais valores, o disposto no Decreto n. 5.943/2006 e na Resolução n. 1.692 da ANTT estão eivados de nulidade, por extrapolar o poder regulamentar. A gratuidade do transporte ao idoso, vale lembrar, não foi estabelecida somente pela Lei n. 10.741/2003. Encontra, antes disso, suporte constitucional (art. 230, § 2º). Nota-se, nesse particular, que o constituinte teve especial atenção ao transporte dos idosos, revelando-se tratar, além de um direito, de uma verdadeira garantia, pois tem por escopo, além de facilitar o dever de amparo ao idoso, assegurar sua participação na comunidade, seu bem-estar e sua dignidade, conforme o disposto nos arts. 229 e 230 da Constituição Federal. Além disso, tal gratuidade foi também prevista no art. 40, I, da Lei n. 10.741/2003, inserida no Capítulo X, atinente ao transporte, e que se encontra fincada no título referente aos direitos fundamentais, devendo ser objeto de interpretação teleológica e sistemática. Verifica-se, ademais, que a referida legislação de regência assegura a reserva de 2 vagas gratuitas por veículo para idosos com renda igual ou inferior a 2 (dois) salários-mínimos, não estabelecendo qualquer condicionante além do critério de renda a ser observado."

22. Parte final da ementa: "Vale dizer, deve-se garantir ao idoso com reduzido poder aquisitivo, a dispensa do pagamento de valor que importe em obstáculo ao transporte interestadual, de forma a conferir a completa efetividade à norma. Note-se, ainda, em relação ao pedágio, que o custo para a operacionalização das empresas de transportes é estável. Independemente de o veículo transportar 5 ou 30 passageiros, um ou dois idosos com a garantia da gratuidade, o valor devido ao pedágio será o mesmo. Sendo assim, a questão atinente ao equilíbrio econômico-financeiro deverá ser resolvida pelas transportadoras com o poder concedente, com a observância do disposto na legislação específica."

> 1. *In casu*, o Tribunal a quo, ao delinear a moldura fática da *vexata quaestio*, evidenciou que o serviço de transporte prestado é destinado ao lazer. 2. Tratando-se de serviço diretamente vinculado ao lazer - visita a pontos turísticos da cidade -, o idoso faz jus à benesse legal relativa ao desconto de 50% (cinquenta por cento) no valor do ingresso. Consoante entendimento do Superior Tribunal de Justiça, importa registrar que a Lei 10.741/03, que instituiu o Estatuto do Idoso, previu no seu art. 23 descontos de pelo menos 50% nos ingressos para eventos artísticos, culturais, esportivos e de lazer, bem como o acesso preferencial aos respectivos locais (Art. 23 – A participação dos idosos em atividades culturais e de lazer será proporcionada mediante descontos de pelo menos 50% (cinquenta por cento) nos ingressos para eventos artísticos, culturais, esportivos e de lazer, bem como o acesso preferencial aos respectivos locais). Precedentes do STJ. 3. Recurso Especial provido, para assegurar o desconto tarifário previsto no Estatuto do Idoso.

Há também a reserva de vagas aos idosos: "*É assegurada a reserva, para os idosos, nos termos da lei local, de 5% (cinco por cento) das vagas nos estacionamentos públicos e privados, as quais deverão ser posicionadas de forma a garantir a melhor comodidade ao idoso*" (art. 41).

Sobre a tutela coletiva, devemos reiterar que a Defensoria Pública é sim legitimada ativa para a proteção dos direitos dos idosos, sem necessidade de prévia avaliação da renda:

> A Defensoria Pública tem legitimidade para propor ação civil pública em defesa de interesses individuais homogêneos de consumidores idosos que tiveram plano de saúde reajustado em razão da mudança de faixa etária, ainda que os titulares não sejam carentes de recursos econômicos. A atuação primordial da Defensoria Pública, sem dúvida, é a assistência jurídica e a defesa dos necessitados econômicos. Entretanto, ela também exerce atividades de auxílio aos necessitados jurídicos, os quais não são, necessariamente, carentes de recursos econômicos. Isso ocorre, por exemplo, quando a Defensoria exerce as funções de curador especial (art. 9º, II, do CPC) e de defensor dativo (art. 265 do CPP). No caso, além do direito tutelado ser fundamental (direito à saúde), o grupo de consumidores potencialmente lesado é formado por idosos, cuja condição de vulnerabilidade já é reconhecida na própria Constituição Federal, a qual dispõe no art. 230 que: "A família, a sociedade e o Estado têm o dever de amparar as pessoas idosas, assegurando sua participação na comunidade, defendendo sua dignidade e bem-estar e garantindo-lhes o direito à vida". (...)[23] (EREsp nº 1.192.577-RS, Rel. Min. Laurita Vaz, julgado em 21/10/2015, DJe 13/11/2015).

23. Parte final da ementa: Dessa forma, nos termos do assentado no julgamento do REsp 1.264.116-RS (Segunda Turma, DJe 13/4/2012), "A expressão 'necessitados' (art. 134, caput, da Constituição), que

Enfim, observa-se um exercício no sentido de se criar uma eficiente rede de proteção aos idosos, nos mais variados e complexos aspectos.

3.7 DOS ÍNDIOS E DAS COMUNIDADES QUILOMBOLAS

Uma palavra muito bem ilustra a luta pela preservação de grupos indígenas e quilombolas no Brasil: **resistência**.

As comunidades indígenas e quilombolas integram a nação brasileira, o que podemos chamar de "povo brasileiro". Ademais, participaram, de certa forma, do pacto político republicano de 1988, pois houve certa representação, mas são inegavelmente "minorias" e, é certo, não tiveram grandes poderes de decisão na elaboração da Constituição Federal e também não têm substancial influência política nos processos legislativos, ou seja, na criação de leis, ou nos procedimentos administrativos nas mais variadas instâncias. Assim, devem ser tratados como "minorias" e grupos vulneráveis.

Também é preciso haver a compreensão de que essas comunidades têm suas metas e objetivos próprios, muito além da mera sobrevivência ou preservação, como a questão da resistência cultural por exemplo, o que deve ser totalmente compreendido pelos operadores do Direito e do sistema de tutela coletiva.

Enfim, são grupos étnicos específicos que ocupam áreas não urbanas, em regra, e conservam seus costumes e tradições. Vários temas e variados aspectos permitiriam textos e teses múltiplas sobre os índios e os quilombolas.

Contudo, para os fins aqui propostos, dois pontos são fundamentais: **a educação e a proteção da terra**, via demarcação.

Sobre a **educação**, deve ser ela especial para preservar a cultura de cada grupo e não impor valores não cultivados originalmente nesses grupos. A educação a eles destinada deve respeitar seus costumes e crenças, e adaptar-se aos hábitos locais, como condição de preservação e sobrevivência.

A Constituição Federal dispõe que "o ensino fundamental regular será ministrado em língua portuguesa, assegurada às comunidades indígenas também a utilização de suas línguas maternas e processos próprios de aprendizagem"

---

qualifica, orienta e enobrece a atuação da Defensoria Pública, deve ser entendida, no campo da Ação Civil Pública, em sentido amplo, de modo a incluir, ao lado dos estritamente carentes de recursos financeiros - os miseráveis e pobres -, os hipervulneráveis (isto é, os socialmente estigmatizados ou excluídos, as crianças, os idosos, as gerações futuras), enfim, todos aqueles que, como indivíduo ou classe, por conta de sua real debilidade perante abusos ou arbítrio dos detentores de poder econômico ou político, 'necessitem' da mão benevolente e solidarista do Estado para sua proteção, mesmo que contra o próprio Estado".

(art. 210, § 2º). Aliás, a *Lei Nacional de Diretrizes e Bases da Educação* (Lei nº 9.394/96) repete a mesma regra (art. 32, § 3º).

O texto maior ainda dispõe que "o Estado garantirá a todos o pleno exercício dos direitos culturais e acesso às fontes da cultura nacional, e apoiará e incentivará a valorização e a difusão das manifestações culturais (art. 215). § 1º O Estado protegerá as manifestações das culturas populares, indígenas e afro-brasileiras, e das de outros grupos participantes do processo civilizatório nacional".

E "o fechamento de escolas do campo, indígenas e quilombolas será precedido de manifestação do órgão normativo do respectivo sistema de ensino, que considerará a justificativa apresentada pela Secretaria de Educação, a análise do diagnóstico do impacto da ação e a manifestação da comunidade escolar" (Lei nº 9.394/96, art. 28, par. único).

Também, o art. 78 da *Lei Nacional de Diretrizes e Bases da Educação* (Lei nº 9.394/96) dispõe:

> Art. 78. O Sistema de Ensino da União, com a colaboração das agências federais de fomento à cultura e de assistência aos índios, desenvolverá programas integrados de ensino e pesquisa, para oferta de educação escolar bilingue e intercultural aos povos indígenas, com os seguintes objetivos: I - proporcionar aos índios, suas comunidades e povos, a recuperação de suas memórias históricas; a reafirmação de suas identidades étnicas; a valorização de suas línguas e ciências; II - garantir aos índios, suas comunidades e povos, o acesso às informações, conhecimentos técnicos e científicos da sociedade nacional e demais sociedades indígenas e não-índias.

Por fim, o *Plano Nacional de Educação* (Lei nº 13.005/14) prevê também atenção às comunidades indígenas e quilombolas:

> Art. 8º Os Estados, o Distrito Federal e os Municípios deverão elaborar seus correspondentes planos de educação, ou adequar os planos já aprovados em lei, em consonância com as diretrizes, metas e estratégias previstas neste PNE, no prazo de 1 (um) ano contado da publicação desta Lei. § 1º Os entes federados estabelecerão nos respectivos planos de educação estratégias que: I - assegurem a articulação das políticas educacionais com as demais políticas sociais, particularmente as culturais; II - considerem as necessidades específicas das populações do campo e das comunidades indígenas e quilombolas, asseguradas a equidade educacional e a diversidade cultural; (...)

O outro ponto central é a **demarcação de terras indígenas e quilombolas.**

Sobre isso, a Constituição Federal prevê: "São reconhecidos aos índios sua organização social, costumes, línguas, crenças e tradições, e os direitos originários sobre as terras que tradicionalmente ocupam, competindo à União demarcá-las, proteger e fazer respeitar todos os seus bens (art. 231).

E que "são terras tradicionalmente ocupadas pelos índios as por eles habitadas em caráter permanente, as utilizadas para suas atividades produtivas, as imprescindíveis à preservação dos recursos ambientais necessários a seu bem-estar e as necessárias a sua reprodução física e cultural, segundo seus usos, costumes e tradições" (§ 1º)[24].

Aliás, o Supremo Tribunal Federal julgou válida a demarcação contínua – e não apenas por ilhas -, no conhecido julgamento sobre a *Raposa Serra do Sol* (Pet 3388 ED - Terceiros/RR, rel. Min. Roberto Barroso, 23.10.2013. Pet-3388), resumido no *Informativo STF* nº 725:

> O Plenário, por maioria, proveu em parte embargos de declaração opostos de decisão proferida em sede de ação popular (Pet 3388/RR, DJe de 1º.7.2010), na qual julgara-se parcialmente procedente o pedido formulado para, observadas algumas condições, declarar a validade da Portaria 534, de 13.4.2005, do Ministro de Estado da Justiça, que demarcou a Terra Indígena Raposa Serra do Sol, e do Decreto Presidencial de 15.4.2005, que a homologou. (...) Em seguida, o Plenário proveu parcialmente embargos de declaração nos quais, em face da condicionante do acórdão a estipular que o usufruto dos índios não compreenderia a garimpagem ou a faiscação, que dependeriam de permissão de lavra garimpeira, alegava-se que caberia apenas aos indígenas o aproveitamento de jazimento mineral localizado naquelas terras. A Corte rememorou que o acórdão embargado não discutira à exaustão o regime legal e regulamentar aplicável à espécie, mas apenas definira que o usufruto não conferiria aos índios o direito de explorar os recursos minerais sem autorização da União, nos termos de lei específica (CF, artigos 176, § 1º, e 231, § 3º). Diferenciou-se mineração, como atividade econômica, das formas tradicionais de extrativismo, praticadas imemorialmente, nas quais a coleta constituiria expressão cultural de determinadas comunidades indígenas. Assim, no primeiro caso, não haveria como afastarem-se as exigências

24. Os outros parágrafos: "§ 2º As terras tradicionalmente ocupadas pelos índios destinam-se a sua posse permanente, cabendo-lhes o usufruto exclusivo das riquezas do solo, dos rios e dos lagos nelas existentes. § 3º O aproveitamento dos recursos hídricos, incluídos os potenciais energéticos, a pesquisa e a lavra das riquezas minerais em terras indígenas só podem ser efetivados com autorização do Congresso Nacional, ouvidas as comunidades afetadas, ficando-lhes assegurada participação nos resultados da lavra, na forma da lei. § 4º As terras de que trata este artigo são inalienáveis e indisponíveis, e os direitos sobre elas, imprescritíveis. § 5º É vedada a remoção dos grupos indígenas de suas terras, salvo, «ad referendum» do Congresso Nacional, em caso de catástrofe ou epidemia que ponha em risco sua população, ou no interesse da soberania do País, após deliberação do Congresso Nacional, garantido, em qualquer hipótese, o retorno imediato logo que cesse o risco."

constitucionais citadas. Ademais, indagava-se como se realizaria o pagamento de indenização quando a feitura de obras públicas, fora da terra indígena, prejudicasse o usufruto exclusivo dos índios sobre a área. Esclareceu-se que o ponto não integraria o objeto da ação e, por isso, não teria sido abordado na decisão embargada. Salientou-se que a configuração do dever de indenizar dependeria de pressupostos que deveriam ser examinados em cada caso concreto, à luz da legislação pertinente. (...)

Já no tocante às comunidades quilombolas, o Supremo Tribunal Federal julgou válido o Decreto nº 4.887/2003 que regulamenta a demarcação dos territórios quilombolas (ADI 3.239):

> 1. Ato normativo autônomo, a retirar diretamente da Constituição da República o seu fundamento de validade, o Decreto nº 4.887/2003 apresenta densidade normativa suficiente a credenciá-lo ao controle abstrato de constitucionalidade. (...)[25] 4. O art. 68 do ADCT assegura o direito dos remanescentes das comunidades dos quilombos de ver reconhecida pelo Estado a propriedade sobre as terras que histórica e tradicionalmente ocupam – direito fundamental de grupo étnico-racial minoritário dotado de eficácia plena e aplicação imediata. Nele definidos o titular (remanescentes das comunidades dos quilombos), o objeto (terras por eles ocupadas), o conteúdo (direito de propriedade), a condição (ocupação tradicional), o sujeito passivo (Estado) e a obrigação específica (emissão de títulos), mostra-se apto o art. 68 do ADCT a produzir todos os seus efeitos, independentemente de integração legislativa. 5. Disponíveis à atuação integradora tão-somente os aspectos do art. 68 do ADCT que dizem com a regulamentação do comportamento do Estado na implementação do comando constitucional, não se identifica, na edição do Decreto 4.887/2003 pelo Poder Executivo, mácula aos postulados da legalidade e da reserva de lei. Improcedência do pedido de declaração de inconstitucionalidade formal por ofensa ao art. 84, IV e VI, da Constituição da República. 6. O compromisso do Constituinte com a construção de uma sociedade livre, justa e solidária e com a redução das desigualdades sociais (art. 3º, I e III, da CF) conduz, no tocante ao reconhecimento da propriedade das terras ocupadas pelos remanescentes das comunidades dos quilombos, à convergência das dimensões da luta pelo reconhecimento – expressa no fator de determinação da identidade distintiva de grupo étnico-cultural – e da demanda por justiça socioeconômica, de caráter redistributivo – com-

25. Parte recortada da ementa: "2. Inocorrente a invocada ausência de cotejo analítico na petição inicial entre o ato normativo atacado e os preceitos da Constituição tidos como malferidos, uma vez expressamente indicados e esgrimidas as razões da insurgência. 3. Não obsta a cognição da ação direta a falta de impugnação de ato jurídico revogado pela norma tida como inconstitucional, supostamente padecente do mesmo vício, que se teria por repristinada. Cabe à Corte, ao delimitar a eficácia da sua decisão, se o caso, excluir dos efeitos da decisão declaratória eventual efeito repristinatório quando constatada incompatibilidade com a ordem constitucional."

preendida no fator de medição e demarcação das terras. 7. Incorporada ao direito interno brasileiro, a Convenção 169 da Organização Internacional do Trabalho – OIT sobre Povos Indígenas e Tribais, consagra a "consciência da própria identidade" como critério para determinar os grupos tradicionais aos quais aplicável, enunciando que Estado algum tem o direito de negar a identidade de um povo que se reconheça como tal. 8. Constitucionalmente legítima, a adoção da autoatribuição como critério de determinação da identidade quilombola, além de consistir em método autorizado pela antropologia contemporânea, cumpre adequadamente a tarefa de trazer à luz os destinatários do art. 68 do ADCT, em absoluto se prestando a inventar novos destinatários ou ampliar indevidamente o universo daqueles a quem a norma é dirigida. O conceito vertido no art. 68 do ADCT não se aparta do fenômeno objetivo nele referido, a alcançar todas as comunidades historicamente vinculadas ao uso linguístico do vocábulo quilombo. Adequação do emprego do termo "quilombo" realizado pela Administração Pública às balizas linguísticas e hermenêuticas impostas pelo texto-norma do art. 68 do ADCT. Improcedência do pedido de declaração de inconstitucionalidade do art. 2°, § 1°, do Decreto 4.887/2003. 9. Nos casos Moiwana v. Suriname (2005) e Saramaka v. Suriname (2007), a Corte Interamericana de Direitos Humanos reconheceu o direito de propriedade de comunidades formadas por descendentes de escravos fugitivos sobre as terras tradicionais com as quais mantêm relações territoriais, ressaltando o compromisso dos Estados partes (Pacto de San José da Costa Rica, art. 21) de adotar medidas para garantir o seu pleno exercício. 10. O comando para que sejam levados em consideração, na medição e demarcação das terras, os critérios de territorialidade indicados pelos remanescentes das comunidades quilombolas, longe de submeter o procedimento demarcatório ao arbítrio dos próprios interessados, positiva o devido processo legal na garantia de que as comunidades tenham voz e sejam ouvidas. Improcedência do pedido de declaração de inconstitucionalidade do art. 2º, §§ 2º e 3º, do Decreto 4.887/2003. 11. Diverso do que ocorre no tocante às terras tradicionalmente ocupadas pelos índios – art. 231, § 6º – a Constituição não reputa nulos ou extintos os títulos de terceiros eventualmente incidentes sobre as terras ocupadas por remanescentes das comunidades dos quilombos, de modo que a regularização do registro exige o necessário o procedimento expropriatório. A exegese sistemática dos arts. 5º, XXIV, 215 e 216 da Carta Política e art. 68 do ADCT impõe, quando incidente título de propriedade particular legítimo sobre as terras ocupadas por quilombolas, seja o processo de transferência da propriedade mediado por regular procedimento de desapropriação. Improcedência do pedido de declaração de inconstitucionalidade material do art. 13 do Decreto 4.887/2003. Ação direta de inconstitucionalidade julgada improcedente.

Segundo Marcus Vinicius F. Coêlho, em artigo específico sobre o tema da demarcação de terras quilombolas e a citada ação: "Há situações em que a efetiva realização da justiça envolve não apenas uma dimensão econômico-política, mas também, de forma imbricada, uma dimensão cultural e identitária. Esse foi o caso do julgamento da ADI 3.239, na qual o STF reconheceu a constitucionalidade do decreto que regulamenta a demarcação dos territórios quilombolas, como direito fundamental de grupo étnico-racial minoritário dotado de eficácia plena e imediata".[26]

Contudo, antes do julgamento da ADI nº 3239 pelo Supremo Tribunal Federal, o Superior Tribunal de Justiça já havia decidiu pela eficácia e validade do Decreto de 2003, que assegura às comunidades quilombolas o direito à propriedade. Naquela ocasião, nada mais fez que dar maior amplitude à regra constitucional:

> Dois são os pedidos apresentados pelas autoras e serão analisados de forma individual. a) Declaração de inconstitucionalidade do art. 2º do Decreto nº 4.887, de 20 de novembro de 2003. O conteúdo de referida previsão é: Art. 2º Consideram-se remanescentes das comunidades dos quilombos, para os fins deste Decreto, os grupos étnico-raciais, segundo critérios de auto-atribuição, com trajetória histórica própria, dotados de relações territoriais específicas, com presunção de ancestralidade negra relacionada com a resistência à opressão histórica sofrida. § 1º Para os fins deste Decreto, a caracterização dos remanescentes das comunidades dos quilombos será atestada mediante autodefinição da própria comunidade. *§ 2º São terras ocupadas por remanescentes das comu-*

26. Prossegue o autor: "A ação foi proposta pelo então *Partido da Frente Liberal*, hoje *Democratas*, em face do Decreto 4.887/2003, que regulamenta o procedimento para identificação, reconhecimento, delimitação, demarcação e titulação das terras ocupadas por remanescentes das comunidades dos quilombos, objeto do art. 68 do Ato das Disposições Constitucionais Transitórias. O requerente arguiu existência de inconstitucionalidade formal, alegando que o decreto teria invadido esfera reservada à lei ao pretender regulamentar diretamente, sem supedâneo em lei formal, o art. 68 do ADCT. Apontou, também, inconstitucionalidade material em relação (i) ao critério de autoatribuição para a identificação das comunidades quilombolas, (ii) quanto à criação de despesas, por parte do decreto, quando este prevê a desapropriação das terras e, por fim, (iii) o que chamou de excessiva amplitude e sujeição aos indicativos fornecidos pelos próprios interessados para a caracterização das áreas a serem reconhecidas aos remanescentes das comunidades quilombolas. O relator do caso, ministro Cezar Peluso, havia reconhecido a inconstitucionalidade formal do decreto, por ofensa aos princípios da legalidade e da reserva de lei, ao entendimento de que o art. 68 do ADCT, necessariamente, deveria ser complementado por lei em sentido formal. Reconheceu, ainda, a inconstitucionalidade material da norma, nos termos do alegado pelo requerente. Após pedido de vista pela ministra Rosa Weber, esta proferiu o voto que conduziu à divergência e ao indeferimento da ação. No tocante à alegada inconstitucionalidade formal, o voto da ministra, corroborado pela maioria da Corte, assentou que é cabível o controle concentrado de ato normativo infralegal quando este ostenta coeficiente mínimo de normatividade, generalidade e abstração. No caso, o STF entendeu que o decreto materializa ato normativo autônomo, a retirar diretamente da Constituição da República o seu fundamento de validade, apresentando apresenta densidade normativa suficiente a credenciá-lo ao controle abstrato de constitucionalidade" (Justiça racial como reconhecimento e redistribuição para quilombolas. Disponível em https://www.conjur.com.br/2019-mai-26/constituicao-justica-racial-reconhecimento-redistribuicao-quilombolas, acesso em 26/05/2019).

nidades dos quilombos as utilizadas para a garantia de sua reprodução física, social, econômica e cultural. *§ 3º* Para a medição e demarcação das terras, serão levados em consideração critérios de territorialidade indicados pelos remanescentes das comunidades dos quilombos, sendo facultado à comunidade interessada apresentar as peças técnicas para a instrução procedimental. O art. 68 da ADCT da CF de 1988, diz: Art. 68. Aos remanescentes das comunidades dos quilombos que estejam ocupando suas terras é reconhecida a propriedade definitiva, devendo o Estado emitir-lhes os títulos respectivos. (...)[27] E, diferente do que defendido pelas Autoras, o Decreto 4.887/03 não ampliou a ordem constitucional, apenas delimitou como ocorrerá o procedi-

27. A parte recortada da ementa: "Não há inconstitucionalidade no art. 2º do Decreto 4.887/03. A ADIN 3239-DF está em trâmite no STF desde 25/06/2004 e, até o momento, não houve julgamento, o que autoriza reconhecer que referido Decreto está em plena vigência, diante da presunção de constitucionalidade que atinge os atos normativos. O reconhecimento de inconstitucionalidade somente pode ocorrer quando é evidente, clara, expressa dita situação, mas não quando deixa dúvidas, como ensina Carlos Maximiliano: Todas as presunções militam a favor da validade de um ato, legislativo ou executivo; portanto, se a incompetência, a falta de jurisdição ou a inconstitucionalidade, em geral, não estão acima de toda dúvida razoável, interpreta-se e resolve-se pela manutenção do deliberado por qualquer dos três ramos em que se divide o Poder Público. Entre duas exegeses possíveis, prefere-se a que não infirma o ato de autoridade. (Hermenêutica e aplicação do direito. Rio de Janeiro: Forense, 2011, p. 250). O que se discute neste feito é se o art. 2º do Decreto 4.887/03 transbordou os limites definidos pelo art. 68 da ADCT, quando definiu o que deve ser considerado "remanescente das comunidades quilombolas". Dita situação não ocorreu. O caput do art. 2º diz que são "remanescentes das comunidades dos quilombos os grupos étnico-raciais, segundo critérios de auto-atribuição, com trajetória histórica própria, dotados de relações territoriais específicas, com presunção de ancestralidade negra relacionada com a resistência à opressão histórica sofrida". Em nada inovou o conceito esmiuçado no caput do art. 2º do Decreto 4.887/03, apenas estabelecendo com clareza o que o próprio art. 68 da ADCT já havia indicado, de que aos remanescentes das comunidades dos quilombos deveria ser reconhecida a propriedade das terras. O Decreto apenas cumpriu o seu papel de estipular o procedimento que será adotado em casos como o ora analisado. Nada mais, já que o próprio art. 68 da ADCT é suficiente para que se reconheça, em favor dos remanescentes de quilombos, o direito às terras, sendo verdadeira norma constitucional de eficácia plena, conforme classificação de José Afonso da Silva. As normas de eficácia plena, como o art. 68 da ADCT, são conceituadas pelo doutrinador Marcelo Novelino assim: A Constituição de 1988 revela uma acentuada tendência no sentido de deixar ao legislador ordinário a complementação de suas normas. Não obstante, a maioria de seus dispositivos, sobretudo os referentes à organização e limitação dos poderes estatais, acolhe normas de eficácia plena. Estas possuem aplicabilidade direta e imediata por não dependerem de legislação posterior para sua inteira operatividade, estando aptas a produzir, desde sua entrada em vigor, seus efeitos essenciais (eficácia positiva e negativa). Por terem aplicabilidade integral, estas normas não podem sofrer restrições por parte do legislador infraconstitucional, o que não significa a impossibilidade de regulamentação de certos interesses nela consagrados. As normas de eficácia plena possuem todos os elementos e requisitos para a sua incidência direta, isto é, sua regulamentação normativa é precisa a ponto de possibilitar que dela seja extraída a conduta positiva ou negativa a ser seguida. São normas consideradas completas, o que não significa serem necessariamente efetivas. Sua eficácia não depende da intermediação do legislador. (Direito Constitucional. Rio de Janeiro: Forense, 2012, p. 107/108). O art. 68 da ADCT, ao reconhecer que aos remanescentes das comunidades dos quilombos seria reconhecida a propriedade definitiva das terras que ocupavam, não deixou dúvidas da ordem direta e clara ao Estado, sem necessidade de que normatividade ulterior lhe viesse dar eficácia.

O Decreto 4.887/03 não surgiu para regulamentar, alterar, disciplinar o art. 68 da ADCT, mas tão somente para estabelecer o procedimento para identificação, reconhecimento, delimitação, demarcação e titulação de ditas terras. O que se vê é que tão somente o art. 68 da ADCT seria insuficiente para disciplinar o procedimento a ser adotado nos processos administrativos, que embasam desapropriação com o fim

> mento para que, ao final, seja reconhecida a propriedade definitiva em favor dos remanescentes das comunidades quilombolas. Diante desta constatação e da ausência, até o momento, do julgamento da ADIN 3239, pelo STF, o Decreto 4.887/03 está em pleno vigor e não há qualquer causa que autorize reconhecer sua inconstitucionalidade (STJ, REsp nº 1.231.460, Rel. Min. Benedito Gonçalves, publicação em 11/10/2017).

No mesmo julgado, foram feitas referências às recomendações recebidas pelo Brasil para melhor cuidar e proteger essas terras às comunidades quilombolas, o que merece ser trazido para este estudo:

> No que diz respeito aos compromissos firmados pelo Brasil, no âmbito do Direito Internacional, é de se verificar o conteúdo de determinados relatórios da ONU a respeito da questão específica. O Comitê de Direitos Econômicos, Sociais e Culturais, apreciando informe do Brasil a respeito do cumprimento do Pacto Internacional, em 26-06-2003, (http://www2.ohchr.org/english/bodies/cescr/docs/publications/CESCR Compilacion(1989-2004).pdf), manifestou sua preocupação com: a) generalização de uma "discriminação arraigada contra afro-brasileiros, povos indígenas e grupos minoritários, como são as comunidades ciganas e os quilombos" (item 20); b) o despejo forçado dos quilombos de suas terras ancestrais, que são "expropriadas, com impunidade, por empresas mineradoras e outras empresas comerciais" (nº 36). Daí as recomendações de que o país adotasse: a) "todo tipo de medidas eficazes para proibir a discriminação de raça, cor, origem étnica ou sexo em todos os aspectos da vida econômica, social e cultural, garantindo "igualdade de oportunidades aos afro-brasileiros, indígenas, quilombos e ciganos, "especialmente em matéria de emprego, saúde e educação" (nº 44); b) "medidas que garantam às terras ancestrais a quilombos e a que se vele para que todo despejo forçado que se pratique cumpra as diretrizes estabelecidas na Observação Geral nº7 deste Comitê" (item 59). (STJ, REsp nº 1.231.460, Rel. Min. Benedito Gonçalves, publicação em 11/10/2017).

Após, no ano de 2018, *o próprio Supremo Tribunal Federal, no julgamento da citada Adin nº 3239, garantiu o direito à propriedade aos quilombolas*. Vale a pena a referência ao voto do Ministro Luís Roberto Barroso, pela improcedência da ação:

> O ministro também considerou legítimo o critério da autodefinição, lembrando que esse critério não é único, mas o início de todo um procedimento que inclui laudos antropológicos e outros, que tornam possível afastar

determinado pela Constituição Federal, mas não a estipulação do próprio direito material, qual seja, de que seria reconhecida a propriedade das terras ocupadas por remanescentes de quilombos."

> eventuais fraudes. Quanto ao marco temporal, o ministro disse que, além das comunidades que estavam presentes na área quando da promulgação da Constituição de 1988, também fazem *jus* ao direito aquelas que tiverem sido forçadamente desapossadas, vítimas de esbulho renitente, cujo comportamento à luz da cultura aponta para sua inequívoca intenção de voltar ao território, desde que relação com a terra tenha sido preservada. (STF, ADI *nº* 3239, Disponível em http://www.stf.jus.br/portal, acesso em 20/10/19).

Ainda, para fins de ilustração, apresentamos casos concretos de atuação da Defensoria Pública do Estado de São Paulo em favor de comunidades quilombolas do **Vale do Ribeira**, pelo combativo trabalho de Andrew Toshio Hayama, quem relatou as experiências em obra coletiva por nós organizada:

> Os quilombolas do Bairro Ilhas, na cidade de Barra do Turvo, em processo inicial, porém acelerado, de reconstrução histórica, organização política e assunção de identidade étnica, foram privados de acesso à fonte de água que abastecia há mais de vinte anos a comunidade. Fazendeira que ocupa território originalmente quilombola levantou cerca e vedou a utilização da passagem tradicional. A Defensoria Pública, acionada pelo quilombo, e fazendo uso contra hegemônico do direito civil, costumeiramente manejado e manipulado contra as comunidades tradicionais, ingressou com pedido de tutela territorial quilombola por meio de usucapião de servidão de passagem com reintegração de posse, concedida em sede de tutela antecipada pelo juízo de Jacupiranga. (...) O aquilombamento de Mandira, a um só tempo nome de terra e nome de gente, reconhecido até mesmo internacionalmente e mote de inúmeras pesquisas acadêmicas , ainda clama, contudo, por justiça e pelo direito de autogoverno em território ancestral, usurpado por cidadãos da elite paulistana em plena ditadura civil-militar, dentre eles um dos filhos do Ministro da Justiça à época do negócio. Conforme relatos orais, históricos e documentais, além de sofrerem assédio e ameaças, os quilombolas foram ludibriados e prejudicados em negócios jurídicos irregulares, embasados inclusive em assinaturas falsificadas, resultando em verdadeiro exílio dos mandiranos no seio do próprio território, na medida em que, reduzidos a apenas 56 alqueires de um universo total de 600, foram defenestrados para as periferias e extremidades da área, em espaços pouco propícios a práticas agrícolas tradicionais e dos quais não possuíam memória afetiva e etnoarqueológica. Ajuizou-se, portanto, na Comarca de Cananeia, pedido de tutela territorial quilombola mediante declaração de inexistência de negócios jurídicos.[28]

---

28. HAYAMA, Andrew Toshio. Artigo *Defensoria Pública na ribeira do Direito: caminhos quilombolas.* In *Temas aprofundados da Defensoria Pública – Vol. 02.* Editora *Juspodivm*. RÉ, Aluísio Iunes M Ruggeri; e DOS REIS, Gustavo Augusto Soares. 2014. P. 598/599.

Enfim, devemos dizer, para arrematar, que para grupos como os dos quilombolas ou dos indígenas, a terra tem um significado extremamente peculiar e mais intenso. Não se limita ao conceito de propriedade, absolutamente, mas significa sobrevivência física, metal e cultural. De fato, a terra aqui representa, além da garantia de alimentação, manutenção de vida e de cultura. Ademais, a segurança espacial traz pacificação, já que no Brasil são comuns e recorrentes os conflitos fundiários, sendo a demarcação um importante instrumento de sobrevivência e paz.

Com a pandemia do novo coronavírus, outra grande preocupação foi com a saúde e a assistência médica aos povos indígenas e às comunidades quilombolas. Aliás, para esse tema específico, foi aprovada a Lei nº 14.021/20 que "dispõe sobre medidas de proteção social para prevenção do contágio e da disseminação da Covid-19 nos territórios indígenas; cria o plano emergencial para enfrentamento à Covid-19 nos territórios indígenas; estipula medidas de apoio às comunidades quilombolas, aos pescadores artesanais e aos demais povos e comunidades tradicionais para o enfrentamento à Covid-19".

Conforme artigo 2º, "os povos indígenas, as comunidades quilombolas, os pescadores artesanais e os demais povos e comunidades tradicionais serão considerados como grupos em situação de extrema vulnerabilidade e, portanto, de alto risco e destinatários de ações relacionadas ao enfrentamento de emergências epidêmicas e pandêmicas", e que "todas as medidas e garantias previstas nesta Lei levarão em consideração a organização social, as línguas, os costumes, as tradições e o direito à territorialidade dos povos indígenas, nos termos do art. 231 da Constituição Federal , das comunidades quilombolas, nos termos do § 5º do art. 216 da Constituição Federal e do art. 68 do Ato das Disposições Constitucionais Transitórias , dos pescadores artesanais e dos demais povos e comunidades tradicionais" (art. 3º).

Por fim, a mesma lei diz que "enquanto perdurar o período de calamidade pública em saúde decorrente da pandemia da Covid-19, serão adotadas medidas urgentes para mitigar os seus efeitos entre os quilombolas, os pescadores artesanais e os demais povos e comunidades tradicionais do País" (art. 14).

3.8 DOS DIREITOS À ASSISTÊNCIA JURÍDICA INTEGRAL E GRATUITA

3.8.1 A evolução: da assistência judiciária à jurídica no Brasil

No Brasil, a assistência "judiciária" resgata seu assento constitucional com a Constituição de 1946, o que corrobora seu perfil democrático, no artigo 141, parágrafo 35, ao dizer, como havia dito em 1934 (aqui pela primeira vez), que o

Poder Público, na forma que a lei estabelecer, concederá **assistência judiciária** aos necessitados.

Finalmente, o Texto de 1988 fornece guarida à Defensoria Pública em seu texto, com previsão expressa que a ela cabe a implementação e a gestão do serviço público de **assistência jurídica, integral e gratuita**, aos necessitados, na medida em que o artigo 134 faz referência ao artigo 5º, inciso LXXIV, o que é o bastante para se concluir acerca do modelo público adotado.

Mas, destacamos a alteração do termo "judiciária" para "jurídica", mais amplo e profundo. Assim, tal serviço público não se limitará à atuação demandista ou apenas perante o Poder Judiciário (atuação reacionária), mas contemplará a pacificação social em sentido amplo (atuação positiva e preventiva), preferencialmente na forma extrajudicial, com a adoção de instrumentos como o atendimento interdisciplinar, a conciliação, a mediação, enfim, a mais ampla orientação jurídica, com intensa educação em direitos inclusive. Pelo menos é o que se espera e se almeja.

Em outros termos, a assistência jurídica integral e gratuita, como está hoje na Constituição Federal de 1988, nem sempre teve, no cenário jurídico, a extensão e a dimensão que ela possui atualmente. Nas constituições pretéritas, tinha-se o direito à "assistência judiciária", que de certa forma era limitado ao acesso ao Judiciário. Assim, os órgãos e aqueles que prestavam essa assistência, em alguns Estados, já pela Defensoria Pública e, em outros, por algumas instituições, atendiam aos mandamentos constitucionais, apesar da modesta previsão daquela ocasião.

Aliás, tratava-se de fenômeno recente na história jurídica do Brasil. Assim, prestava-se a **assistência judiciária** a partir de uma visão demantista/reacionária, segundo a qual a resolução dos conflitos era feita basicamente via Judiciário, com pouca ou nenhuma utilização de instrumentos de autocomposição como a mediação, a conciliação e a arbitragem, tampouco de meios de prevenção. Assim, essa assistência – salvo raras exceções – limitava-se única e exclusivamente à missão de levar as questões ao Poder Judiciário, em regra, para fins exclusivamente ressarcitórios. Enfim, substancialmente, era nisso que se resumia a chamada "assistência judiciária".

Portanto, é correto dizer que a Constituição Federal de 88 revolucionou a prestação desse serviço ao prever não mais a manca "assistência judiciária", mas a "assistência jurídica", que tem uma amplitude bem maior e se expande por muito além da questão do acesso ao Judiciário. Destarte, a **assistência jurídica** é integrada por educação em direitos, orientação e assessoria jurídica, independentemente da demanda judicial, a qual assume certo papel de subsidiariedade.

Também inclui formas extrajudiciais de composição do conflito como a mediação e a conciliação. De outra ponta, preocupa-se muito mais com a prevenção, a tutela inibitória que propriamente com os pedidos ressarcitórios, o que – em termos de tutela coletiva – assume tons de essencialidade.

Atualmente, além dos Defensores Públicos (órgãos de execução), a Defensoria Pública conta com um corpo de profissionais multidisciplinares da psicologia, da assistência social, especialmente para dialogar com a rede municipal de proteção à pessoa, quando o usuário do serviço ou algum parente está em estado de abandono socioeconômico ou em outras hipóteses cabíveis.

Evidentemente, também inclui o acionamento/provocação do Poder Judiciário, mas não é essa a finalidade exclusiva, e sim a assistência jurídica de uma forma integral. Em outras palavras, pensando no futuro, pode ser que a ação judicial seja, talvez um dia, uma atividade meramente subsidiária da assistência jurídica integral.

Enfim, a Defensoria Pública é o órgão público responsável, de forma exclusiva, pela assistência jurídica, podendo ela formar ou estabelecer convênios para a prestação ou a complementação desse serviço, sem deixar de ser ela a principal e direta fornecedora, tudo com vistas à recente decisão do Supremo Tribunal Federal de que o modelo de assistência jurídica adotado no Brasil é o **modelo público**, cabendo então à Defensoria Pública, instituição independente e autônoma, a prestação da assistência jurídica de forma direta, ou seja, exercido por ela mesma, ou de forma indireta, por meios convênios firmados e geridos pela própria Defensoria Pública.

Exatamente por isso, a lei diz que é função institucional da Defensoria Pública, dentre outras: "(...) promover, prioritariamente, a solução extrajudicial dos litígios, visando à composição entre as pessoas em conflito de interesses, por meio de mediação, conciliação, arbitragem e demais técnicas de composição e administração de conflitos" (art. 4º, II, LC 80/94).

3.8.2 Natureza jurídica. A assistência jurídica como direito coletivo em sentido amplo

Tudo indica que a natureza jurídica do direito à assistência jurídica integral e gratuita chega ao campo dos direitos difusos, ao menos em regra, sem prejuízo de atender a outros direitos. É que o acesso à assistência jurídica integral pode assumir a feição de direito ou interesse difuso ou, eventualmente, dos outros direitos coletivos em sentido amplo.

Realmente, a assistência jurídica - em toda sua amplitude e extensão - é um instrumento de cidadania em primeiro lugar, que permite ou viabiliza o acesso a direitos especialmente em favor de pessoas ou grupo de pessoas de baixa renda, necessitados no sentido legal do termo. Ela também tem sido importantíssima na questão de direitos difusos, não necessariamente ligados a grupos específicos de pessoas. Agora, como se trata de um serviço público que também vem a atuar no âmbito da coletividade, pode-se afirmar que a assistência jurídica pública e gratuita tem a natureza de direito difuso já que, de forma direta ou indireta, toda comunidade é beneficiada. De fato, as violações de direitos e as injustiças decorrentes da sua ausência afetam toda a sociedade.

Realmente, embora a assistência jurídica seja dirigida especialmente aos necessitados (art. 134, CF) – o que poderia induzir o estudioso à exclusiva classificação de direito ou interesse coletivo em sentido estrito, já que restrita a tal grupo – não se pode olvidar que tal direito público é também de interesse geral da sociedade, por variados motivos.

Primeiro, porque a Emenda Constitucional nº 80/14 positivou, em nível constitucional, a função institucional da Defensoria Pública de "promover direitos humanos", que assume inegavelmente o caráter difuso.

Segundo, restou pacificado, seja a partir da interpretação de dispositivos legais, seja diante de variados julgados jurisprudenciais, que a legitimidade ativa da Defensoria Pública para propor ações coletivas também contempla a tutela de direitos difusos, de interesses indeterminados e indivisíveis, portanto.

Por fim, a manutenção de injustiças e a sonegação de direitos cria ou fomenta a criação de pessoas ou grupos marginalizados, o que é prejudicial à toda coletividade. De fato, merece citação o entendimento do Supremo Tribunal Federal, na ADI por omissão nº 4270, diante da ausência da Defensoria Pública no Estado de Santa Catarina, que solidificou o modelo público de assistência jurídica, ocasião que seu Relator, o Ministro Joaquim Barbosa, faz referência expressa aos efeitos deletérios à sociedade carente desse serviço: "Confira-se, por fim, a dura realidade vivenciada pelos detentos do Estado de Santa Catarina, os quais, além de conviverem com as péssimas condições estruturais dos presídios daquela unidade da Federação, não contam, ao contrário daqueles recolhidos em unidades prisionais de outros Estados ou da União, com defensores públicos lotados nas próprias penitenciárias e centros de detenção. Essa realidade, que poderia ser facilmente alterada com a criação da defensoria pública, tem impacto direto sobre a regularidade da execução penal, gerando, como consequência, o indesejável fato do encarceramento ilegal ou por tempo que excede o do regular cumprimento da pena. (...) A falta de Defensores Públicos na execução penal gera gargalos que atravancam e conspiram contra a melhora do sistema. A ausência de ao menos um Defensor Público em cada unidade prisional dificulta e obstaculiza a veiculação de demandas, reclamações e providências em condições de impor ao Poder Judiciário um substrato que resulte numa ação coordenada para a cobrança de responsabilidades. Essa situação gera uma crise aos direitos do homem."

Assim, a assistência jurídica assume um perfil de direito difuso, mas tem também a natureza de direito coletivo já que busca, de forma prioritária, a defesa de direitos de pessoas necessitadas, conforme previsto na Constituição Federal. Contudo, o acesso à assistência jurídica é indivisível, de maneira que as pessoas podem até ser determinadas, mas o direito à assistência jurídica não é susceptível de divisão. Por isso, é possível afirmar que a assistência jurídica pode ser direito difuso e/ou coletivo, mas não tem a natureza de um direito individual homogêneo, por conta da sua natureza indivisível.

3.8.3 A Emenda Constitucional nº 80/14

A Emenda Constitucional nº 80/14 representa um dos principais diplomas normativos de direitos humanos pós 1988. O Brasil jamais teve uma Instituição Pública destinada, específica e expressamente, à promoção de direitos humanos. Mas, agora tem quem o faça: a Defensoria Pública.

Não por mero acaso, a Defensoria Pública é a instituição democrática mais próxima da sociedade e aberta/sensível às suas transformações, principalmente dos seus setores mais vulneráveis, que estão inseridos em contextos sociais, econômicos e jurídicos de contradições e demagogias.

Também, ainda vivemos uma crise no sistema de Justiça, excludente, elitista, burocratizado e obsoleto. Os processos, de modo geral, não cumprem seu papel, mas servem para a legitimação de um sistema ineficiente, mas fundado em legalismos e formalismos arcaicos que sustentam o *status a quo*, marcado pelo "patrimonialismo" nas relações obrigacionais e pelo "patriarcalismo" nas relações pessoais, tudo dentro de uma estrutura rígida e imóvel de poder.

Nesse contexto, a mudança passa pelo acesso às **Instituições democráticas**, em especial por aquela responsável pela prestação da assistência jurídica, a Defensoria Pública, com perfil aberto e objetivos emancipatórios bem definidos e sedimentados.

Por outro lado, temos uma Constituição Federal "modelo", que prevê um Estado democrático e social de Direito, mas que ainda carece de concretização e da devida força normativa. O papel provedor do Estado, não raras vezes, não passa de mera retórica e, em certas ocasiões, de assistencialismos eleitoreiros. Assim, o Poder Judiciário e todas as Instituições essenciais à Justiça devem necessariamente inserir nas suas pautas e decisões políticas os objetivos fundamentais da nossa República.

Aliás, tais princípios não são abstratos, distantes e meramente programáticos, mas devem integrar nossa realidade, nosso debate, enfim, todos os processos decisórios de Poder Público, nos três poderes e em todas as esferas, com ampla participação social e transparência, seja no contexto da atividade-fim, seja no âmbito da atividade-meio.

Por outro lado, numa abordagem empírica, deparamo-nos com uma sociedade carente de políticas públicas adequadas e efetivas, de planejamento social, de justiça, enfim, de uma estrutura socioeconômica viável para seu progresso e desenvolvimento.

A Defensoria Pública, por sua vez, é essencialmente fenômeno da segunda geração dos direitos humanos: direitos sociais. É fato que tutela a liberdade, a propriedade (primeira geração), bem como o meio ambiente e o consumidor (terceira geração), mas a sua essência se assenta – substancialmente - na promoção dos direitos de segunda geração: os sociais. A própria abertura e o constante contato entre o Órgão e a sociedade mais necessitada reafirma essa constatação.

Então, a ela coube a garantia da tábua mínima de dignidade humana, a qual exige assistência à saúde, à educação, à alimentação e jurídica, os pilares do que podemos chamar de "mínimo existencial".

Exatamente por isso que a Emenda Constitucional n. 80 atribuiu à Defensoria Pública a função de "promover direitos humanos". Ora, o verbo promover coaduna-se muito mais com os direitos sociais de segunda geração que com os demais. É a promoção de direitos sociais, talvez, a principal função institucional da Defensoria Pública.

Enfim, se para outras Instituições, a promoção dos direitos humanos é atividade eventual, indireta ou circunstancial, para a Defensoria Pública, ela é essencial ou ontológica.

3.8.4 A assistência jurídica integral e gratuita quanto serviço público

A assistência jurídica integral e gratuita aos necessitados é um serviço público e assim deve ser analisada, especialmente quanto aos direitos dos usuários desse serviço.

Assim, além de incidir diretamente o Código de Defesa do Consumidor, no que couber, a legislação específica apresenta-nos regras que visam garantir um serviço qualificado, amplo e independente.

Ademais, anota-se que o Supremo Tribunal Federal já decidiu que tal serviço será prestado na forma de modelo público, pela Defensoria Pública, diretamente ou por convênios firmados exclusivamente por ela. Isso porque a Suprema Corte, quando do julgamento das Ações Diretas de Inconstitucionalidade por Omissão acerca da ausência da Instituição no Estado de Santa Catarina, por maioria, julgou procedente pedido formulado nas duas ações diretas, ajuizadas pela Associação Nacional dos Defensores Públicos da União e pela Associação Nacional dos Defensores Públicos, para declarar a inconstitucionalidade do art. 104 da Constituição do Estado de Santa Catarina, que autorizava a prestação de serviços de assistência judiciária pela *Ordem dos Advogados do Brasil*, em substituição à Defensoria Pública (ADI 3892 e ADI 4270).

Nessa linha, a Lei Complementar nº 80/1994, alterada pela Lei Complementar nº 132/2009, dispõe: "São objetivos da Defensoria Pública (Art. 3º-A) (Incluído pela Lei Complementar nº 132, de 2009): I – a primazia da dignidade da pessoa humana e a redução das desigualdades sociais; II – a afirmação do Estado Democrático de Direito; III – a prevalência e efetividade dos direitos humanos; e IV – a garantia dos princípios constitucionais da ampla defesa e do contraditório.

Ademais, "são funções institucionais da Defensoria Pública, dentre outras (art. 4º): I – prestar orientação jurídica e exercer a defesa dos necessitados, em todos os graus; (Redação dada pela Lei Complementar nº 132, de 2009) II – promover, prioritariamente, a solução extrajudicial dos litígios, visando à composição entre as pessoas em conflito de interesses, por meio de mediação, conciliação, arbitragem e demais técnicas de composição e administração de conflitos; (Redação dada pela Lei Complementar nº 132, de 2009) III – promover a difusão e a conscientização dos direitos humanos, da cidadania e do ordenamento jurídico; (Redação dada pela Lei Complementar nº 132, de 2009) (...) VII – promover ação civil pública e todas as espécies de ações capazes de propiciar a adequada tutela dos direitos difusos, coletivos ou individuais homogêneos quando o resultado da demanda puder beneficiar grupo de pessoas hipossuficientes; (Redação dada pela Lei Complementar nº 132, de 2009) VIII – exercer a defesa dos direitos e interesses individuais, difusos, coletivos e individuais homogêneos e dos direitos do consumidor, na forma do inciso LXXIV do art. 5º da Constituição Federal; (Redação dada pela Lei Complementar nº 132, de 2009) (...) X – promover a mais ampla defesa dos direitos fundamentais dos necessitados, abrangendo seus direitos individuais, coletivos, sociais, econômicos, culturais e ambientais, sendo admissíveis todas as espécies de ações capazes de propiciar sua adequada e efetiva tutela; (Redação dada pela Lei Complementar nº 132, de 2009) (...).[29]

Agora, talvez a maior virtude da Lei Complementar nº 132/09 tenha sido a previsão de "direitos dos assistidos da Defensoria Pública", sem prejuízo de outros previstos no ordenamento jurídico (art. 4º-A). Dentre eles, devemos mencionar o direito à qualidade e à eficiência do atendimento (II).

Ademais, a Lei Complementar estadual (SP) nº 988/06 ainda traz outros direitos dos usuários, com destaque à forma participativa de gestão da Instituição, mediante Conferências e Pré-Conferências periódicas, com monitoramento das metas aprovadas. "São direitos das pessoas que buscam atendimento na Defensoria Pública (art. 6º): I - a informação[30]; II - a qualidade[31] na execução

29. Seguem os parágrafos do dispositivo: "§ 2º As funções institucionais da Defensoria Pública serão exercidas inclusive contra as Pessoas Jurídicas de Direito Público. § 4º O instrumento de transação, mediação ou conciliação referendado pelo Defensor Público valerá como título executivo extrajudicial, inclusive quando celebrado com a pessoa jurídica de direito público. (Incluído pela Lei Complementar nº 132, de 2009). § 5º A assistência jurídica integral e gratuita custeada ou fornecida pelo Estado será exercida pela Defensoria Pública. (Incluído pela Lei Complementar nº 132, de 2009). § 6º A capacidade postulatória do Defensor Público decorre exclusivamente de sua nomeação e posse no cargo público. (Incluído pela Lei Complementar nº 132, de 2009). § 7º Aos membros da Defensoria Pública é garantido sentar-se no mesmo plano do Ministério Público. (Incluído pela Lei Complementar nº 132, de 2009). § 8º Se o Defensor Público entender inexistir hipótese de atuação institucional, dará imediata ciência ao Defensor Público-Geral, que decidirá a controvérsia, indicando, se for o caso, outro Defensor Público para atuar. (Incluído pela Lei Complementar nº 132, de 2009). § 9º O exercício do cargo de Defensor Público é comprovado mediante apresentação de carteira funcional expedida pela respectiva Defensoria Pública, conforme modelo previsto nesta Lei Complementar, a qual valerá como documento de identidade e terá fé pública em todo o território nacional. (Incluído pela Lei Complementar nº 132, de 2009). § 10. O exercício do cargo de Defensor Público é indelegável e privativo de membro da Carreira. (Incluído pela Lei Complementar nº 132, de 2009). § 11. Os estabelecimentos a que se refere o inciso XVII do caput reservarão instalações adequadas ao atendimento jurídico dos presos e internos por parte dos Defensores Públicos, bem como a esses fornecerão apoio administrativo, prestarão as informações solicitadas e assegurarão acesso à documentação dos presos e internos, aos quais é assegurado o direito de entrevista com os Defensores Públicos. (Incluído pela Lei Complementar nº 132, de 2009)".

30. Seguem o parágrafo relativo: "§ 1° - O direito previsto no inciso I deste artigo consubstancia-se na obtenção de informações precisas sobre: I - o horário de funcionamento dos órgãos da Defensoria Pública; II - o tipo de atividade exercida em cada órgão, sua localização exata e a indicação do responsável pelo atendimento ao público; III - os procedimentos para acesso a exames, formulários e outros dados necessários à execução das funções; IV - a tramitação dos procedimentos administrativos e dos processos judiciais em que figure como interessado; V - as decisões proferidas e a respectiva motivação, inclusive opiniões divergentes, constantes dos procedimentos administrativos e dos processos judiciais em que figure como interessado; VI - o acesso à Ouvidoria-Geral, encarregada de receber denúncias, reclamações ou sugestões".

31. O parágrafo relativo: "§ 2° - O direito à qualidade na execução das funções exige dos membros e servidores da Defensoria Pública: I - urbanidade e respeito no atendimento às pessoas que buscam assistência na Defensoria Pública; II - atendimento por ordem de chegada, assegurada prioridade a pessoas idosas, grávidas, doentes e portadoras de necessidades especiais; III - igualdade de tratamento, vedado qualquer tipo de discriminação; IV - racionalização na execução das funções; V - adequação

das funções; III - a participação[32] na definição das diretrizes institucionais da Defensoria Pública e no acompanhamento da fiscalização das ações e projetos desenvolvidos pela Instituição, da atividade funcional e da conduta pública dos membros e servidores".

Por fim, devemos lembrar que é dever funcional[33] do Defensor Público paulista a **desburocratização do atendimento**, o que amplia ainda mais o acesso à Justiça, que é o que se espera com o atendimento de assistência jurídica integral e gratuita.

Já no tocante à acessibilidade do serviço de assistência jurídica gratuita e da própria Defensoria Pública, a Emenda Constitucional nº 80/2014[34] impõe que haja, pelo menos, um Defensor Público em cada uma das Comarcas do Brasil, no prazo de 8 anos, também com vista ao acesso à Justiça, no sentido mais amplo do termo.

entre meios e fins, vedada a imposição de exigências, obrigações, restrições e sanções não previstas em lei; VI - cumprimento de prazos e normas procedimentais; VII - fixação e observância de horário e normas compatíveis com o bom atendimento das pessoas que buscam a Defensoria Pública; VIII - adoção de medidas de proteção à saúde ou segurança das pessoas que buscam atendimento na Defensoria Pública; X - manutenção de instalações limpas, sinalizadas, acessíveis e adequadas ao serviço ou atendimento; XI - observância dos deveres, proibições e impedimentos previstos nesta lei".

32. O parágrafo relativo: "§ 3º - O direito previsto no inciso III deste artigo será efetivado através da Conferência Estadual e das Pré-Conferências Regionais da Defensoria Pública, do Plano Anual de Atuação da Defensoria Pública e da Ouvidoria-Geral da Defensoria Pública, na forma desta lei."

33. LCE(SP) nº 988/06: Artigo 164 - São deveres dos membros da Defensoria Pública do Estado, além de outros previstos em lei: I - prestar aos necessitados atendimento de qualidade, tratando-os com urbanidade e respeito, nos termos do artigo 6º desta lei complementar; II - racionalizar, simplificar e desburocratizar os procedimentos, evitando solicitar aos usuários documentos ou diligências prescindíveis à prestação do serviço; (...)

34. A EC: Art. 2º O Ato das Disposições Constitucionais Transitórias passa a vigorar acrescido do seguinte art. 98: "Art. 98. O número de defensores públicos na unidade jurisdicional será proporcional à efetiva demanda pelo serviço da Defensoria Pública e à respectiva população. § 1º No prazo de 8 (oito) anos, a União, os Estados e o Distrito Federal deverão contar com defensores públicos em todas as unidades jurisdicionais, observado o disposto no caput deste artigo. § 2º Durante o decurso do prazo previsto no § 1º deste artigo, a lotação dos defensores públicos ocorrerá, prioritariamente, atendendo as regiões com maiores índices de exclusão social e adensamento populacional.»

4

DO DIREITO DO CONSUMIDOR

4.1 DA INTRODUÇÃO

O Direito do Consumidor, que no Brasil tem como principal lei o Código de Defesa do Consumidor - CDC (Lei nº 8.078/90), representa um fenômeno jurídico relativamente novo.

Aliás, tal Lei, de certa forma, revolucionou o direito brasileiro e, basicamente, essa revolução se deu em três grandes aspectos: de forma inédita reconheceu-se **a vulnerabilidade** de uma das partes e esse reconhecimento não havia acontecido em outros contextos jurídicos, outras leis ou em outros sistemas legais por aqui. Assim, pela primeira vez, o Código de Defesa do Consumidor, de forma inédita e inovadora, reconheceu a vulnerabilidade de uma das partes, no caso, o consumidor.

De fato, a jurisprudência reafirma essa situação para definir a condição de "consumidor":

> 1. A relação jurídica qualificada por ser "de consumo" não se caracteriza pela presença de pessoa física ou jurídica em seus polos, mas pela presença de uma parte vulnerável de um lado (consumidor), e de um fornecedor, de outro. - Mesmo nas relações entre pessoas jurídicas, se da análise da hipótese concreta decorrer inegável vulnerabilidade entre a pessoa-jurídica consumidora e a fornecedora, deve-se aplicar o CDC na busca do equilíbrio entre as partes. (...)[1] (STJ, REsp 476.428/SC, Rel. Min. Nancy Andrighi, Terceira Turma, DJ 09/05/2005).

---

1. A continuação da Ementa: "2. Ao consagrar o critério finalista para interpretação do conceito de consumidor, a jurisprudência deste STJ também reconhece a necessidade de, em situações específicas, abrandar o rigor do critério subjetivo do conceito de consumidor, para admitir a aplicabilidade do CDC nas relações entre fornecedores e consumidores-empresários em que fique evidenciada a relação de consumo. São equiparáveis a consumidor todas as pessoas, determináveis ou não, expostas às práticas comerciais abusivas".

Aliás, o conceito de vulnerabilidade é amplo, não se limitando à questão econômica. Assim, "deve-se abrandar a teoria finalista, admitindo a aplicação das normas do CDC a determinados consumidores profissionais, desde que seja demonstrada a vulnerabilidade técnica, jurídica ou econômica" (STJ, REsp 1.010.834/GO, Rel. Min. Nancy Andrighi, DJe 13/10/2010).

O segundo ponto relevante dessa revolução jurídica foi a criação de uma **nova teoria dos contratos**, baseada principalmente na boa-fé das partes, especialmente a boa-fé objetiva, fundada naquela atitude de cooperação/parceria, e não propriamente na interpretação literal das cláusulas contratuais – como ocorria no campo do antigo direito civil e do dogma *pacta sunt servanda*. Esse é o segundo aspecto ou elemento dessa revolução jurídica: o estabelecimento de uma nova teoria geral dos contratos, que depois iria repercutir no atual Código Civil (2002) e na sua nova teoria contratual.

Aliás, por oportuno, merece citação a atuação da Defensoria Pública paulista em questão contratual civil, mas certamente inspirada na nova teoria dos contratos, com base consumerista:

> "A Defensoria Pública de SP obteve uma decisão judicial que reconhece a figura do "estado de perigo" na assinatura de um contrato de prestação de serviços entre hospital particular e familiar de um paciente internado às pressas, impedindo a cobrança de dívida de R$ 115 mil. Luiz (nome fictício) é motorista de caminhão e, segunda consta nos autos, sofreu uma parada cardiorrespiratória quando realizava uma entrega próximo a um hospital particular, na Capital – quando então foi socorrido e levado ao local. Ao dirigir-se ao estabelecimento, sua companheira foi obrigada a assinar alguns documentos, antes mesmo de saber o estado de saúde do paciente. (...)[2] Na sentença, o Juiz Heitor Ferreira do Amparo, da 2ª Vara Cível de Araraquara – cidade onde vivem o paciente e sua companheira -, considerou que o

2. Segue aqui a parte recortada: A companheira de Luiz, assim que teve ciência de que o hospital era particular, prontamente solicitou a transferência para a rede pública de saúde, o que aconteceu somente 5 dias depois. Por esses dias de tratamento, Luiz e sua companheira foram cobrados por uma dívida de mais de R$ 115 mil, que pode ser ainda maior - uma vez que os honorários médicos não estão contabilizados nesse valor. Na ação, os Defensores Públicos Matheus Bortoletto Raddi e Eduardo Queiroz Carboni Nogueira, que atuaram no caso, apontaram que o caso se enquadra no chamado 'estado de perigo', previsto no artigo 156 Código Civil: 'Configura-se o estado de perigo quando alguém, premido da necessidade de salvar-se, ou a pessoa de sua família, de grave dano conhecido pela outra parte, assume obrigação excessivamente onerosa'. De acordo com os Defensores, o Código Civil busca resguardar a autonomia da vontade, 'já que ninguém manifesta livremente a vontade se a sua integridade físico-psíquica, ou de seu familiar, encontra-se ameaçada', afirmaram. Por essa razão, solicitaram que o contrato assinado entre o hospital e a companheira de Luiz fosse anulado. Eles também apontam que, uma vez anulado o negócio jurídico, 'poderá o hospital demandar contra o Estado, visando, em ação própria, obter o ressarcimento dos valores gastos com o tratamento do usuário do SUS, acidentalmente paciente do hospital particular'.

> contrato foi celebrado quando Luiz encontrava-se em 'estado de perigo'. 'As despesas decorrentes da internação do paciente por longo período pela falta de vaga junto a hospital público não devem ser atribuídas aos autores [Luiz e sua companheira], eis que ausente qualquer conduta deliberada que o justificasse', afirmou. Dessa forma, declarou nulo o contrato celebrado, bem como as despesas dele provenientes" (Disponível em https://www.defensoria.sp.def.br/dpesp, acesso em 25/07/2019)

Por fim, o terceiro elemento dessa revolução foi **a revisão da teoria das responsabilidades**, tendo o Código de Defesa do Consumidor inovado de forma substancial nessa teoria. Enquanto o Código Civil de 1916 trazia uma responsabilidade civil fundada basicamente na culpa, nos elementos subjetivos, o Código de Defesa do Consumidor, por outro lado, traz como regra a responsabilidade objetiva e, aliás, isso vem a repercutir futuramente no Código Civil de Miguel Reale (2002).

Conclui-se que o Direito do Consumidor, especialmente a partir de sua grande lei, o Código de Defesa do Consumidor, revolucionou juridicamente no Brasil com esses três elementos: reconheceu a vulnerabilidade de uma das partes; apresentou uma nova teoria geral dos contratos e reescreveu a teoria da responsabilidade civil, o que futuramente viria a repercutir em outras leis que também definiram outras partes vulneráveis ou em leis que adotam essas novas teorias de contrato e de responsabilização.

De fato, em relação à responsabilidade civil, que no Código Civil então vigente (1916) era basicamente subjetiva e fundada na culpa - com raras e pontuais exceções -, veio a estabelecer a forma objetiva como regra geral, com base na teoria do risco do empreendimento.

É que o CDC trouxe a inovadora classificação da responsabilidade com base no vício do produto ou do serviço e, de outra ponta, a responsabilidade pelo fato do produto ou do serviço, quando houver um defeito. Na primeira hipótese, o prejuízo ao consumidor se restringe ao produto adquirido ou ao serviço contratado, ou seja, quando o fornecedor ou prestador em sentido amplo não corresponder às expectativas. Já, em relação ao fato do produto ou do serviço, haverá danos externos, seja para o próprio consumidor, seja para terceiros, mas em razão de um defeito. Aliás, este poderá ser de concepção, de produção, ou então de comercialização.

Quanto à teoria dos contratos, o CDC também inova ao impor às partes, especialmente ao fornecedor, os deveres de boa-fé objetiva (retidão e cooperação), de segurança, de informação etc. Ainda, o CDC preza pela manutenção do equilíbrio da relação, com a possibilidade de mera modificação contratual (na hipótese de prestações desproporcionais) ou de revisão contratual (sempre que houver fato superveniente – independentemente da previsibilidade).

Aliás, essa boa-fé é sempre enaltecida em doutrina e jurisprudência: "A essência do microssistema de defesa do consumidor se encontra no reconhecimento de sua vulnerabilidade em relação aos fornecedores de produtos e serviços, que detêm todo o controle do mercado, ou seja, sobre o que produzir, como produzir e para quem produzir, sem falar-se na fixação de suas margens de lucro. O CDC adotou formas abertas e conceitos indeterminados para definir as práticas e cláusulas abusivas, encarregando o magistrado da tarefa de examinar, em cada hipótese concreta, a efetiva ocorrência de referidas práticas ilegais. A boa-fé objetiva é uma norma de conduta que impõe a cooperação entre os contratantes em vista da plena satisfação das pretensões que servem de ensejo ao acordo de vontades que dá origem à avença, sendo tratada, de forma expressa, no CDC, no reconhecimento do direito dos consumidores de proteção contra métodos comerciais coercitivos ou desleais bem como práticas e cláusulas abusivas ou impostas no fornecimento de produtos ou serviços (art. 6º, IV, do CDC). (...)[3] (STJ, REsp 1737428/RS, Rel. Min. Nancy Andrighi, data de Julgamento 12/03/2019).

Também inovou o CDC ao prever a inédita possibilidade de **inversão do ônus da prova** no processo civil que trata de relação de consumo, em favor do consumidor, "quando, a critério do juiz, for verossímil a alegação ou quando for ele hipossuficiente, segundo as regras ordinárias de experiências" (art. 6º, VIII), regra essa que adquiriu corpo e força no decorrer no tempo, passando a ser adotada também no processo coletivo com temas diversos do consumidor (meio ambiente, por exemplo).

Aliás, em termos de tutela coletiva, o CDC foi ainda mais criativo ao desenhar o microssistema de tutela coletiva, quando passou a interagir com a lei da ação civil pública e com outras leis da mesma natureza. Além disso, o CDC regulamentou a tutela coletiva de interesses ou direitos individuais

3. Segue a parte recortada: 8. Segundo a lesão enorme, são abusivas as cláusulas contratuais que configurem lesão pura, decorrentes da simples quebra da equivalência entre as prestações, verificada, de forma objetiva, mesmo que não exista vício na formação do acordo de vontades (arts. 39, V, 51, IV, § 1º, III, do CDC). 9. Uma das formas de violação da boa-fé objetiva é a venda casada (*tying arrangement*), que consiste no prejuízo à liberdade de escolha do consumidor decorrente do condicionamento, subordinação e vinculação da aquisição de um produto ou serviço (principal - "*tying*") à concomitante aquisição de outro (secundário - "*tied*"), quando o propósito do consumidor é, unicamente, o de obter o produto ou serviço principal (STJ, REsp 1737428/RS, Rel. Min. Nancy Andrighi, data de Julgamento 12/03/2019).

homogêneos e temas específicos e complexos, como o pedido e a competência nas ações coletivas, ou então a coisa julgada coletiva e seus efeitos. Enfim, uma verdadeira revolução jurídica.

4.2 RELAÇÃO JURÍDICA DE CONSUMO. OS PRINCIPAIS CONCEITOS E INSTRUMENTOS

Em linhas gerais, as normas de proteção do consumidor não escondem a proteção de um dos lados dessa relação jurídica específica. São normas voltadas para a proteção dessa parte. E por que esse tratamento? De um lado, o consumidor em geral não domina as técnicas de produção, não domina o conteúdo jurídico dos contratos, não compreende todas as cláusulas contratuais e, por isso, esse sistema específico serviria para compensar essa natural fragilidade, seja no aspecto técnico, seja no aspecto jurídico.

Além disso, de outro lado, o que não é muito comentado pela doutrina, são as técnicas de mercado, técnicas de publicidade e propaganda, aliadas à prática capitalista de modo geral que criam no consumidor uma confiança. Por exemplo, uma marca de renome traz implicitamente certo sentimento de garantia, de confiança, que faz com que o consumidor busque adquirir determinados produtos sem tomar a mínima cautela, por aceitar integrar uma relação jurídica disponível no mercado de forma geral, como algo já reconhecido e por ele acolhido. Assim, o sistema capitalista e essa oferta em massa criam no consumidor uma confiança natural e é exatamente ela que o sistema busca proteger.

Pois bem. Precisa então a lei ou mesmo o estudioso definir todas as espécies de consumidores.

O Código de Defesa do Consumidor - CDC brasileiro de 1990 considera ou imagina o consumidor em algumas posições ou situações e, de acordo com elas, busca protegê-lo da forma mais completa possível. Por exemplo, o CDC considera o **"consumidor passivo" (I)**, **"o consumidor contratante" (II)** e o **"consumidor prejudicado" (III).**

São três figuras de consumidor que, a partir delas, poderemos abordam grande parte do sistema protetivo, como ponto de partido inclusive, o que nos parece inédito em termos de estudo da matéria.

Em relação ao **primeiro (I)**, o CDC visa regulamentar as práticas comerciais que tem esse consumidor como seu alvo, como, por exemplo, na oferta e na publicidade, bem como em outras ações dos fornecedores em geral, que atuam no mercado e miram esses potenciais contratantes. É o chamado "consumidor em sentido coletivo".

Segundo a lei, "equipara-se a consumidor a coletividade de pessoas, ainda que indetermináveis, que haja intervindo nas relações de consumo" (art. 2°, par. único, CDC). Ainda, em outra ocasião, diz que, "para os fins deste Capítulo (práticas comerciais) e do seguinte (proteção comercial), equiparam-se aos consumidores todas as pessoas determináveis ou não, expostas às práticas nele previstas" (art. 29, *caput*).

Para eles, mesmo que ausente uma relação jurídica já consolidada, o CDC prescreve alguns direitos, dentre eles, "a proteção contra a publicidade enganosa e abusiva, métodos comerciais coercitivos ou desleais, bem como contra práticas e cláusulas abusivas ou impostas no fornecimento de produtos e serviços" (art. 6º, IV, CDC).

Portanto, como se nota e no corte temático aqui exposto, o consumidor não é apenas aquele que integra o final da cadeia de produção, o "destinatário final", mas todos aqueles que podem ser potencialmente atingidos pelas práticas comerciais, sendo seu conceito o mais amplo possível.

Conforme recente julgado do Superior Tribunal de Justiça, "encontra-se um conceito próprio e amplíssimo de consumidor, desenhado em resposta às peculiaridades das práticas comerciais, notadamente os riscos que, *in abstracto*, acarretam para toda a coletividade, e não apenas para os eventuais contratantes *in concreto* (STJ, RMS 27.541/TO, Rel. Min. Herman Benjamin, DJe 27/04/2011).

Nessa linha, outra grande preocupação do legislador foi em relação àqueles que estão expostos a todas as formas de apresentação do produto ou do serviço no mercado de consumo, para evitar o uso do engodo ou então a captação enganosa de consumidores. "Toda informação ou publicidade, suficientemente precisa, veiculada por qualquer forma ou meio de comunicação com relação a produtos e serviços oferecidos ou apresentados, obriga o fornecedor que a fizer veicular ou dela se utilizar e integra o contrato que vier a ser celebrado" (art. 30, CDC). Outrossim, "a oferta e apresentação de produtos ou serviços devem assegurar informações corretas, claras, precisas, ostensivas e em língua portuguesa sobre suas características, qualidades, quantidade, composição, preço, garantia, prazos de validade e origem, entre outros dados, bem como sobre os riscos que apresentam à saúde e segurança dos consumidores" (art. 31, CDC).[4]

4. A Lei prossegue nessa mesma linha e objetivo: Parágrafo único. As informações de que trata este artigo, nos produtos refrigerados oferecidos ao consumidor, serão gravadas de forma indelével. (Incluído pela

Aliás, sobre o tema, merece anotação a ação da Defensoria Pública paulista em face de Instituição de Ensino Superior que praticou propaganda enganosa em detrimento dos direitos de consumidora aluna:

> Após ação da Defensoria, TJ-SP condena instituição de ensino superior por propaganda enganosa e determina pagamento de indenização a aluna. A Pedido da Defensoria Pública de SP, o Tribunal de Justiça do Estado (TJ-SP) condenou a Uniesp (União Nacional das Instituições de Ensino Superior Privadas) a indenizar uma ex-aluna por danos morais. No entendimento da Defensoria, acatado pela Corte, a instituição praticou propaganda enganosa. Gabriela (nome fictício) ingressou no curso de ensino superior de Administração atraída pela campanha publicitária amplamente divulgada e intitulada "Uniesp paga" ou "Uniesp pode pagar", programa social que oferece bolsas de estudos a alunos contratantes do Fies (Fundo de Financiamento Estudantil do Governo Federal), ficando a instituição comprometida a pagar o financiamento. No segundo semestre do curso, ela foi transferida para a Faculdade Centro Paulistano, do mesmo grupo educacional. Após a conclusão do curso, no entanto, mesmo cumpridas todas as exigências dos contratos, Gabriela foi surpreendida com um ofício emitido pela Uniesp, informando que os encargos do contrato de financiamento do Fies ficariam ao cargo da estudante. Impossibilitada de efetuar os pagamentos, Gabriela teve seu CPF incluído no cadastro de maus pagadores, a pedido do Banco do Brasil, responsável pelo fundo. (...)[5] A Defensora Pública Maria Claudia Solano

Lei nº 11.989, de 2009) Art. 32. Os fabricantes e importadores deverão assegurar a oferta de componentes e peças de reposição enquanto não cessar a fabricação ou importação do produto. Parágrafo único. Cessadas a produção ou importação, a oferta deverá ser mantida por período razoável de tempo, na forma da lei. Art. 33. Em caso de oferta ou venda por telefone ou reembolso postal, deve constar o nome do fabricante e endereço na embalagem, publicidade e em todos os impressos utilizados na transação comercial. Parágrafo único. É proibida a publicidade de bens e serviços por telefone, quando a chamada for onerosa ao consumidor que a origina. (Incluído pela Lei nº 11.800, de 2008). Da Publicidade Art. 36. A publicidade deve ser veiculada de tal forma que o consumidor, fácil e imediatamente, a identifique como tal. Parágrafo único. O fornecedor, na publicidade de seus produtos ou serviços, manterá, em seu poder, para informação dos legítimos interessados, os dados fáticos, técnicos e científicos que dão sustentação à mensagem. Art. 37. É proibida toda publicidade enganosa ou abusiva. § 1° É enganosa qualquer modalidade de informação ou comunicação de caráter publicitário, inteira ou parcialmente falsa, ou, por qualquer outro modo, mesmo por omissão, capaz de induzir em erro o consumidor a respeito da natureza, características, qualidade, quantidade, propriedades, origem, preço e quaisquer outros dados sobre produtos e serviços. § 2° É abusiva, dentre outras a publicidade discriminatória de qualquer natureza, a que incite à violência, explore o medo ou a superstição, se aproveite da deficiência de julgamento e experiência da criança, desrespeita valores ambientais, ou que seja capaz de induzir o consumidor a se comportar de forma prejudicial ou perigosa à sua saúde ou segurança. § 3° Para os efeitos deste código, a publicidade é enganosa por omissão quando deixar de informar sobre dado essencial do produto ou serviço. Art. 38. O ônus da prova da veracidade e correção da informação ou comunicação publicitária cabe a quem as patrocina.

5. A parte recortada da nota: A justificativa dada pela Uniesp foi a de que a estudante teria descumprido itens do contrato, como a sua transferência para outra faculdade e não ter atingido a nota mínima do Enade (Exame Nacional de Desempenho de Estudantes). Ocorre que, na realidade, a transferência foi imposta pela própria instituição, e não por vontade própria da estudante. Quanto à nota no exame,

Pereira entrou com ação pedindo a inexigibilidade dos débitos decorrentes do financiamento estudantil, a condenação da instituição ao pagamento de indenização por danos morais e à retirada, por parte do Banco do Brasil, do CPF de Gabriela do cadastro de inadimplentes. Em juízo de primeiro grau, o pedido foi indeferido. A Defensoria Pública, então, interpôs recurso ao TJ-SP. (...) No acórdão, o Desembargador Relator Gilberto Leme, da 5ª Câmara de Direito Privado do TJ-SP, entendeu que "exigir do aluno algo que não lhe foi esclarecido é ferir o direito básico do consumidor, mormente por se tratar de contrato de adesão que exige termos claros e precisos (art. 54, § 3.º, do Código de Direito do Consumidor), devendo a instituição de ensino cumprir a obrigação assumida de garantir o pagamento do contrato do Fies". Assim, deu provimento ao pedido da Defensoria, desobrigando Gabriela dos pagamentos do financiamento, determinando a retirada imediata de seu nome dos cadastros de inadimplência e estipulando o pagamento de indenização por danos morais. (Disponível em https://www.defensoria.sp.def.br/dpesp, acesso em 12/08/2019).

Ainda sobre esse "consumidor passivo", aquele alvo de práticas comerciais abusivas e predatórias, devemos tratar da questão da **"taxa de conveniência"**. Ela é cobrada quando um ingresso ou um *ticket* é adquirido pela *internet,* sob o argumento de que o consumidor que optou por esse caminho utilizou-se de certa comodidade ou facilidade nessa aquisição, não tendo enfrentado filas ou o risco do esgotamento dos ingressos vendidos presencialmente.

Ocorre que, muitas e muitas vezes, ou não se tem ingressos vendidos de forma presencial (apenas pela *internet*), ou então eles são disponibilizados em quantidades extremamente menores apenas para "justificar" a cobrança daquela taxa, mas logo se esgotam. Enfim, nesses dois casos, a opção ao consumidor é fictícia, o que o leva – obrigatoriamente – à aquisição virtual e ao pagamento da "taxa de conveniência", nessas condições, verdadeira "venda casada" em decorrência da falta de opção ao consumidor.

Aliás, o Superior Tribunal de Justiça já se manifestou sobre o tema, no sentido de condenar a prática:

"Salienta-se preliminarmente que a venda casada "às avessas", indireta ou dissimulada consiste em se admitir uma conduta de consumo intimamente relacionada a um produto ou serviço, mas cujo exercício, é restringido à única opção oferecida pelo próprio fornecedor, limitando, assim, a liberdade

---

além de, ao contrário do que alegou a Uniesp, Gabriela ter atingido a nota mínima, o Enade não avalia apenas o aluno, mas também a Faculdade, não sendo, portanto, instrumento próprio para avaliação de desempenho individual.

de escolha do consumidor. A venda pela *internet*, que alcança interessados em número infinitamente superior do que a venda por meio presencial, privilegia os interesses dos produtores e promotores do espetáculo cultural de terem, no menor prazo possível, vendidos os espaços destinados ao público e realizado o retorno dos investimentos até então empregados. Ademais, a fim de preservar a boa-fé e a liberdade contratual dos consumidores, os produtores e promotores do espetáculo cultural, ao optarem por submeter os ingressos à venda terceirizada em meio virtual (da *internet*), devem oferecer ao consumidor diversas opções de compra em diversos sítios eletrônicos, caso contrário, a liberdade dos consumidores de escolha da intermediadora da compra é cerceada, de modo a ficar configurada a venda casada, ainda que em sua modalidade indireta ou "às avessas", nos termos do art. 39, I e IX, do CDC. Além disso, é fictícia a liberdade do consumidor em optar pela aquisição virtual ou pela presencial, ante a uma acentuada diferença de benefícios entre essas duas opções: ou o consumidor adquire seu ingresso por meio virtual e se submete à cobrança da taxa, tendo ainda que pagar uma nova taxa para receber o ingresso em seu domicílio; ou, a despeito de residir ou não na cidade em que será realizado o espetáculo cultural, adquire o ingresso de forma presencial, correndo o risco de que todos os ingressos já tenham sido vendidos em meio virtual, enfrentando filas e deslocamentos. Assim, não fosse a restrição da liberdade contratual bastante para macular a validade da cobrança da taxa de conveniência, por violação da boa-fé objetiva, esses fatores adicionais agora enumerados também têm o condão de modificar substancialmente o cálculo da proporcionalidade das prestações envolvidas no contrato, não sendo mais possível vislumbrar o equilíbrio pretendido pelas partes no momento da contratação ou eventual vantagem ao consumidor com o oferecimento conjunto dos serviços. (...)[6] (STJ, REsp 1.737.428/RS, Rel. Min. Nancy Andrighi, julgado em 12/03/2019, DJe 15/03/2019, Inf. nº 644, de abril de 2019).

De outro lado, o CDC considera o **"consumidor contratante" (II)** trazendo uma série de regras voltadas à boa prática contratual e, por isso, prevê a relação de cláusulas abusivas, no objetivo de proteger o consumidor contratante

6. Segue aqui a parte recortada: "Por fim, o serviço de intermediação apresenta mais uma peculiaridade: a de que não há declaração clara e destacada de que o consumidor está assumindo um débito que é de responsabilidade do incumbente – produtor ou promotor do espetáculo cultural – não se podendo, nesses termos, reconhecer a validade da transferência do encargo (assunção de dívida pelo consumidor). Verifica-se, portanto, da soma desses fatores, o desequilíbrio do "contrato, tornando-o desvantajoso ao consumidor enquanto confere vantagem sem correspectivo (sem "sinalagma", do grego, câmbio) ao fornecedor", o que também acaba por vulnerar o princípio da vedação à lesão enorme, previsto nos arts. 39, V, e 51, IV, do CDC. Desse modo, deve ser reconhecida a abusividade da prática da venda casada imposta ao consumidor em prestação manifestamente desproporcional, devendo ser admitido que a remuneração da intermediadora da venda, mediante a taxa de conveniência, deveria ser de responsabilidade dos promotores e produtores de espetáculos culturais, verdadeiros beneficiários do modelo de negócio escolhido."

que não domina todos os aspectos jurídicos do contrato. Esse é o também chamado "consumidor *standard* ou em sentido estrito". "Consumidor é toda pessoa física ou jurídica que adquire ou utiliza produto ou serviço como destinatário final (art. 2º, *caput*).

Nesse contexto, o critério do "destinatário final" serve para distinguir o consumidor daqueles que integram a cadeia produtiva. Aliás, a pessoa jurídica pode sim ser "consumidora", desde seja a derradeira destinatária do produto ou serviço. Trata-se da adoção da teoria finalista, na qual o consumidor será aquele que dará um uso direto e imediato ao produto ou serviço, sem que lhe seja dada a destinação profissional ou lucrativa.

Aliás, assim tem decidido o Superior Tribunal de Justiça: "é sempre a situação do caso em concreto que será hábil a demonstrar se existe ou não relação de consumo, sendo o emprego final do produto determinante para conferir à pessoa jurídica a qualidade de consumidora, tendo como parâmetro, além da utilização de insumo imprescindível à atividade, também a sua vulnerabilidade" (STJ, REsp 1176019/RS[7], Rel. Min. Luis Felipe Salomão, divulgado em 17/11/2015).

Ao voltar à lei, temos a positivação de algumas práticas condenadas e sujeitas à invalidação e/ou à responsabilização. "É vedado ao fornecedor de produtos ou serviços, dentre outras práticas abusivas (art. 39): I - condicionar o fornecimento de produto ou de serviço ao fornecimento de outro produto ou serviço, bem como, sem justa causa, a limites quantitativos; (...)[8] IV - prevalecer-se da fraqueza ou ignorância do consumidor, tendo em vista sua idade, saúde, conhecimento ou condição social, para impingir-lhe seus produtos ou serviços; V - exigir do consumidor vantagem manifestamente excessiva; VI - executar serviços sem a prévia elaboração de orçamento e autorização expressa do consumidor, ressalvadas as decorrentes de práticas anteriores entre as partes; VII - repassar informação depreciativa, referente a ato praticado pelo consumidor no exercício de seus direitos"; (...).[9]

7. A parte inicial da ementa: "1. O art. 2º do Código de Defesa do Consumidor abarca expressamente a possibilidade de as pessoas jurídicas figurarem como consumidores, não havendo, portanto, critério pessoal de definição de tal conceito. 2. A caracterização do consumidor deve partir da premissa de ser a pessoa jurídica destinatária final do produto ou serviço, sem deixar de ser apreciada a questão da vulnerabilidade."

8. II - recusar atendimento às demandas dos consumidores, na exata medida de suas disponibilidades de estoque, e, ainda, de conformidade com os usos e costumes; III - enviar ou entregar ao consumidor, sem solicitação prévia, qualquer produto, ou fornecer qualquer serviço.

9. VIII - colocar, no mercado de consumo, qualquer produto ou serviço em desacordo com as normas expedidas pelos órgãos oficiais competentes ou, se normas específicas não existirem, pela Associação Brasileira de Normas Técnicas ou outra entidade credenciada pelo Conselho Nacional de Metrologia,

Ainda em relação ao "consumidor contratante", mas eventualmente inadimplente, o CDC preocupou-se com a forma de cobrança: "na cobrança de débitos, o consumidor inadimplente não será exposto a ridículo, nem será submetido a qualquer tipo de constrangimento ou ameaça" (art. 42, *caput*).

Agora, se a dívida apresentada for indevida, ainda que paga pelo consumidor, terá ele direito à "repetição do indébito, por valor igual ao dobro do que pagou em excesso, acrescido de correção monetária e juros legais" (art. 42, par. único).

Em relação aos contratos de consumo e suas interpretações, o CDC apresentou um rol de direitos e princípios de tutela do consumidor[10]. Por fim, a Lei considera absolutamente nulas algumas cláusulas contratuais que podem mitigar ou relativizar direitos dos consumidores. "São nulas de pleno direito, entre outras, as cláusulas contratuais relativas ao fornecimento de produtos e serviços que (art. 51): I - impossibilitem, exonerem ou atenuem a responsabilidade do fornecedor por vícios de qualquer natureza dos produtos e serviços ou impliquem renúncia ou disposição de direitos. Nas relações de consumo

---

Normalização e Qualidade Industrial (Conmetro); IX - recusar a venda de bens ou a prestação de serviços, diretamente a quem se disponha a adquiri-los mediante pronto pagamento, ressalvados os casos de intermediação regulados em leis especiais; (Redação dada pela Lei nº 8.884, de 11.6.1994)

X - elevar sem justa causa o preço de produtos ou serviços. (Incluído pela Lei nº 8.884, de 11.6.1994) XI - Dispositivo incluído pela MPV nº 1.890-67, de 22.10.1999, transformado em inciso XIII, quando da conversão na Lei nº 9.870, de 23.11.1999 XII - deixar de estipular prazo para o cumprimento de sua obrigação ou deixar a fixação de seu termo inicial a seu exclusivo critério. (Incluído pela Lei nº 9.008, de 21.3.1995) XIII - aplicar fórmula ou índice de reajuste diverso do legal ou contratualmente estabelecido (Incluído pela Lei nº 9.870, de 23.11.1999) XIV - permitir o ingresso em estabelecimentos comerciais ou de serviços de um número maior de consumidores que o fixado pela autoridade administrativa como máximo. (Incluído pela Lei nº 13.425, de 2017) Parágrafo único. Os serviços prestados e os produtos remetidos ou entregues ao consumidor, na hipótese prevista no inciso III, equiparam-se às amostras grátis, inexistindo obrigação de pagamento. (...)

10. Art. 46. Os contratos que regulam as relações de consumo não obrigarão os consumidores, se não lhes for dada a oportunidade de tomar conhecimento prévio de seu conteúdo, ou se os respectivos instrumentos forem redigidos de modo a dificultar a compreensão de seu sentido e alcance. Art. 47. As cláusulas contratuais serão interpretadas de maneira mais favorável ao consumidor. Art. 48. As declarações de vontade constantes de escritos particulares, recibos e pré-contratos relativos às relações de consumo vinculam o fornecedor, ensejando inclusive execução específica, nos termos do art. 84 e parágrafos. Art. 49. O consumidor pode desistir do contrato, no prazo de 7 dias a contar de sua assinatura ou do ato de recebimento do produto ou serviço, sempre que a contratação de fornecimento de produtos e serviços ocorrer fora do estabelecimento comercial, especialmente por telefone ou a domicílio. Parágrafo único. Se o consumidor exercitar o direito de arrependimento previsto neste artigo, os valores eventualmente pagos, a qualquer título, durante o prazo de reflexão, serão devolvidos, de imediato, monetariamente atualizados. Art. 50. A garantia contratual é complementar à legal e será conferida mediante termo escrito. Parágrafo único. O termo de garantia ou equivalente deve ser padronizado e esclarecer, de maneira adequada em que consiste a mesma garantia, bem como a forma, o prazo e o lugar em que pode ser exercitada e os ônus a cargo do consumidor, devendo ser-lhe entregue, devidamente preenchido pelo fornecedor, no ato do fornecimento, acompanhado de manual de instrução, de instalação e uso do produto em linguagem didática, com ilustrações.

entre o fornecedor e o consumidor pessoa jurídica, a indenização poderá ser limitada, em situações justificáveis; II - subtraiam ao consumidor a opção de reembolso da quantia já paga, nos casos previstos neste código; III - transfiram responsabilidades a terceiros; IV - estabeleçam obrigações consideradas iníquas, abusivas, que coloquem o consumidor em desvantagem exagerada, ou sejam incompatíveis com a boa-fé ou a equidade; VI - estabeleçam inversão do ônus da prova em prejuízo do consumidor"; (...)[11].

Por fim, o Código de Defesa do Consumidor, diante do consumo em massa ou em larga escala, dedicou-se à proteção dos consumidores diante dos chamados "contratos de adesão", por considerar a mínima ou praticamente nula participação do consumidor na lavratura desses contratos, bem como a vulnerabilidade técnica dele para compreender todos os termos e suas extensões[12].

Aliás, a informação clara e precisa é direito nobre do consumidor, pois o conhecimento de aspectos da contratação reduz a sua vulnerabilidade, podendo validar cláusulas contratuais inclusive, mesmo diante de obrigações por

11. A continuação da Lei: "VII - determinem a utilização compulsória de arbitragem; VIII - imponham representante para concluir ou realizar outro negócio jurídico pelo consumidor; IX - deixem ao fornecedor a opção de concluir ou não o contrato, embora obrigando o consumidor; X - permitam ao fornecedor, direta ou indiretamente, variação do preço de maneira unilateral; XI - autorizem o fornecedor a cancelar o contrato unilateralmente, sem que igual direito seja conferido ao consumidor; XII - obriguem o consumidor a ressarcir os custos de cobrança de sua obrigação, sem que igual direito lhe seja conferido contra o fornecedor; XIII - autorizem o fornecedor a modificar unilateralmente o conteúdo ou a qualidade do contrato, após sua celebração; XIV - infrinjam ou possibilitem a violação de normas ambientais; XV - estejam em desacordo com o sistema de proteção ao consumidor; XVI - possibilitem a renúncia do direito de indenização por benfeitorias necessárias. § 1º Presume-se exagerada, entre outros casos, a vantagem que: I - ofende os princípios fundamentais do sistema jurídico a que pertence; II - restringe direitos ou obrigações fundamentais inerentes à natureza do contrato, de tal modo a ameaçar seu objeto ou equilíbrio contratual; III - se mostra excessivamente onerosa para o consumidor, considerando-se a natureza e conteúdo do contrato, o interesse das partes e outras circunstâncias peculiares ao caso. § 2º A nulidade de uma cláusula contratual abusiva não invalida o contrato, exceto quando de sua ausência, apesar dos esforços de integração, decorrer ônus excessivo a qualquer das partes. § 4º É facultado a qualquer consumidor ou entidade que o represente requerer ao Ministério Público que ajuíze a competente ação para ser declarada a nulidade de cláusula contratual que contrarie o disposto neste código ou de qualquer forma não assegure o justo equilíbrio entre direitos e obrigações das partes. (...)

12. "Dos Contratos de Adesão Art. 54. Contrato de adesão é aquele cujas cláusulas tenham sido aprovadas pela autoridade competente ou estabelecidas unilateralmente pelo fornecedor de produtos ou serviços, sem que o consumidor possa discutir ou modificar substancialmente seu conteúdo. § 1º A inserção de cláusula no formulário não desfigura a natureza de adesão do contrato. § 2º Nos contratos de adesão admite-se cláusula resolutória, desde que a alternativa, cabendo a escolha ao consumidor, ressalvando-se o disposto no § 2º do artigo anterior. § 3º Os contratos de adesão escritos serão redigidos em termos claros e com caracteres ostensivos e legíveis, cujo tamanho da fonte não será inferior ao corpo doze, de modo a facilitar sua compreensão pelo consumidor. (Redação dada pela nº 11.785, de 2008) § 4º As cláusulas que implicarem limitação de direito do consumidor deverão ser redigidas com destaque, permitindo sua imediata e fácil compreensão."

ele assumidas e presumidamente desfavoráveis: "É válida a cláusula contratual que transfere ao promitente-comprador a obrigação de pagar a comissão de corretagem nos contratos de promessa de compra e venda de unidade autônoma em regime de incorporação imobiliária, desde que previamente informado o preço total da aquisição da unidade autônoma, com o destaque do valor da comissão de corretagem (STJ, REsp 1.599.511/SP, Rel. Min. Paulo de Tarso Sanseverino, julgado em 24/8/2016).

Em outro caso, "o transporte aéreo é serviço essencial e pressupõe continuidade. Considera-se prática abusiva o cancelamento de voos sem razões técnicas ou de segurança inequívocas. Também é prática abusiva o descumprimento do dever de informar o consumidor, por escrito e justificadamente, quando tais cancelamentos vierem a ocorrer" (STJ, REsp 1.469.087/AC. Rel. Min. Humberto Martins, julgado em 18/8/2016).

Sobre o dever de informação do fornecedor ou prestador de serviço – ou, pelo consumidor, o direito de obter informações claras e precisas -, quando se trata de procedimentos de saúde (médicos ou cirúrgicos), esse dever/direito é ainda maior, restando-o potencializado. É que a pessoa tem a soberania sobre seu corpo, sobre a sua integridade física e, portanto, deve decidir da forma mais segura e informada acerca das intervenções a que irá se submeter.

Foi nessa linha que decidiu o Superior Tribunal de Justiça: "O médico deverá ser condenado a pagar indenização por danos morais ao paciente que teve sequelas em virtude de complicações ocorridas durante a cirurgia caso ele não tenha explicado ao paciente os riscos do procedimento. O dever de informar é dever de conduta decorrente da boa-fé objetiva e sua simples inobservância caracteriza inadimplemento contratual, fonte de responsabilidade civil per se. A indenização, nesses casos, é devida pela privação sofrida pelo paciente em sua autodeterminação, por lhe ter sido retirada a oportunidade de ponderar os riscos e vantagens de determinado tratamento que, ao final, lhe causou danos que poderiam não ter sido causados caso não fosse realizado o procedimento, por opção do paciente. O ônus da prova quanto ao cumprimento do dever de informar e obter o consentimento informado do paciente é do médico ou do hospital, orientado pelo princípio da colaboração processual, em que cada parte deve contribuir com os elementos probatórios que mais facilmente lhe possam ser exigidos". (STJ, REsp 1540580/DF, Rel. Min. Lázaro Guimarães [Desembargador Convocado do TRF 5ª Região], Rel. Acd. Min. Luis Felipe Salomão, julgado em 02/08/2018).

Por fim o CDC considera o **"consumidor concretamente prejudicado" (III)**, por vício ou por defeito do produto ou serviço, e cria um sistema peculiar e inovador de responsabilidade do fornecedor em sentido amplo, sendo esta uma responsabilidade potencializada, em regra, objetiva e solidária em relação a todos aqueles que integram a cadeia de produção, tudo isso considerando o consumidor efetivamente lesionado, que não é apenas aquele que participou de uma relação de consumo, mas qualquer cidadão que seja atingido ou tenha seu patrimônio atingido por conta de um defeito do produto ou serviço, aliás, segundo impõe o artigo 17 do CDC[13] ("consumidor *bystander*").

Aliás, "segundo a Lei, "são direitos básicos do consumidor: (...) VI - a efetiva prevenção e reparação de danos patrimoniais e morais, individuais, coletivos e difusos". E, "tendo mais de um autor a ofensa, todos responderão solidariamente pela reparação dos danos previstos nas normas de consumo" (art. 7º, par. único).

Enfim, o Código de Defesa do Consumidor estabeleceu duas formas de responsabilização do fornecedor em sentido amplo: a primeira decorre de evento danoso causado por **defeito** do produto ou serviço (acidente de consumo), cujos prejuízos extrapolam a própria integridade do que foi adquirido ou contratado. Na segunda, a responsabilidade decorre da não adequação do produto ou serviço para os fins a que se propõe. Trata-se aqui de **vício**. Aliás, tais responsabilidades têm prazos de cobrança diversos pelo CDC:

> 2. O Código de Defesa do Consumidor estabelece dois regimes jurídicos para a responsabilidade civil do fornecedor: a responsabilidade por fato do produto ou serviço (arts. 12 a 17) e a responsabilidade por vício do produto ou serviço (arts. 18 a 25). Basicamente, a distinção entre ambas reside em que, na primeira, além da desconformidade do produto ou serviço com uma expectativa legítima do consumidor, há um acontecimento externo (acidente de consumo) que causa dano material ou moral ao consumidor. Na segunda, o prejuízo do consumidor decorre do defeito interno do produto ou serviço (incidente de consumo). 3. Para cada um dos regimes jurídicos, o CDC estabeleceu limites temporais próprios para a responsabilidade civil do fornecedor: prescrição de 5 anos (art. 27) para a pretensão indenizatória pelos acidentes de consumo; e decadência de 30 ou 90 dias (art. 26) para a reclamação pelo consumidor, conforme se trate de produtos ou serviços não duráveis ou duráveis. 4. Tratando-se de vício oculto do produto, o prazo decadencial tem início no momento em que evidenciado o defeito, e a reclamação do consumidor formulada diretamente ao fornecedor obsta o prazo de decadência até a resposta negativa deste (REsp 1303510/SP, Rel. Min. João Otávio de Noronha, julgado em 03/11/2015).

13. Art. 17. Para os efeitos desta Seção, equiparam-se aos consumidores todas as vítimas do evento.

No defeito[14], a responsabilidade ocorre quando o produto ou serviço é causa de danos outros que extrapolam a sua simples depreciação. Por exemplo, "a aquisição de produto de gênero alimentício contendo em seu interior corpo estranho, expondo o consumidor à risco concreto de lesão à sua saúde e segurança, ainda que não ocorra a ingestão de seu conteúdo, dá direito à compensação por dano moral, dada a ofensa ao direito fundamental à alimentação adequada, corolário do princípio da dignidade da pessoa humana. Hipótese em que se caracteriza defeito do produto (art. 12, CDC), o qual expõe o consumidor à risco concreto de dano à sua saúde e segurança, em clara infringência ao dever legal dirigido ao fornecedor, previsto no art. 8º do CDC (...)" (STJ, REsp 1744321/RJ, Rel. Min. Nancy Andrighi, data de Julgamento 05/02/2019).

Aqui, por oportuno, devemos lembrar que há certo tempo a jurisprudência tem admitido, sem oscilações, o dano moral coletivo, o qual dispensa a comprovação da dor ou do sofrimento. Em julgado recente, o Superior Tribunal de Justiça reafirmou seu entendimento: O dano moral sofrido pela coletividade decorre do caráter altamente viciante de jogos de azar, passíveis de afetar o bem-estar do jogador e desestruturar o ambiente familiar. A responsabilidade civil é objetiva, respondendo o réu, "independentemente da existência de culpa, pela reparação dos danos causados aos consumidores" (art. 12, *caput*, do CDC). O dano moral coletivo prescinde da comprovação de dor, de sofrimento e de abalo psicológico, pois tal comprovação, embora possível na esfera individual, torna-se inaplicável quando se cuida de interesses difusos e coletivos. (STJ, REsp 1.464.868/SP, Rel. Min. Herman Benjamin, julgado em 22/11/2016).

---

14. Art. 12. O fabricante, o produtor, o construtor, nacional ou estrangeiro, e o importador respondem, independentemente da existência de culpa, pela reparação dos danos causados aos consumidores por defeitos decorrentes de projeto, fabricação, construção, montagem, fórmulas, manipulação, apresentação ou acondicionamento de seus produtos, bem como por informações insuficientes ou inadequadas sobre sua utilização e riscos. § 1° O produto é defeituoso quando não oferece a segurança que dele legitimamente se espera, levando-se em consideração as circunstâncias relevantes, entre as quais: I - sua apresentação; II - o uso e os riscos que razoavelmente dele se esperam; III - a época em que foi colocado em circulação. § 2º O produto não é considerado defeituoso pelo fato de outro de melhor qualidade ter sido colocado no mercado. § 3° O fabricante, o construtor, o produtor ou importador só não será responsabilizado quando provar: I - que não colocou o produto no mercado; II - que, embora haja colocado o produto no mercado, o defeito inexiste; III - a culpa exclusiva do consumidor ou de terceiro. (...) Art. 14. O fornecedor de serviços responde, independentemente da existência de culpa, pela reparação dos danos causados aos consumidores por defeitos relativos à prestação dos serviços, bem como por informações insuficientes ou inadequadas sobre sua fruição e riscos. § 1° O serviço é defeituoso quando não fornece a segurança que o consumidor dele pode esperar, levando-se em consideração as circunstâncias relevantes, entre as quais: I - o modo de seu fornecimento; II - o resultado e os riscos que razoavelmente dele se esperam; III - a época em que foi fornecido. § 2º O serviço não é considerado defeituoso pela adoção de novas técnicas. § 3° O fornecedor de serviços só não será responsabilizado quando provar: I - que, tendo prestado o serviço, o defeito inexiste; II - a culpa exclusiva do consumidor ou de terceiro.

De outra ponta, o comerciante também estará sujeito à responsabilização, mas em casos específicos (art. 13, CDC), não amplamente, mas nos casos previstos em lei: "o comerciante é igualmente responsável, nos termos do artigo anterior, quando: I - o fabricante, o construtor, o produtor ou o importador não puderem ser identificados; II - o produto for fornecido sem identificação clara do seu fabricante, produtor, construtor ou importador; III - não conservar adequadamente os produtos perecíveis".

Ademais, os profissionais liberais respondem pelos defeitos dos serviços mediante apuração de culpa, sendo subjetiva a sua responsabilidade (art. 14, § 4º).

Aliás, a jurisprudência do Superior Tribunal de Justiça tem reafirmado a responsabilidade do prestador de serviço nas hipóteses de defeito daquilo que é prestado: "De acordo com o disposto no art. 14 do CDC, o fornecedor responde, independentemente de culpa, pela reparação dos danos causados aos consumidores por defeitos relativos à prestação dos serviços, bem como por informações insuficientes ou inadequadas sobre sua fruição e riscos. O defeito do serviço se apresenta como pressuposto especial à responsabilidade civil do fornecedor pelo acidente de consumo, devendo ser averiguado conjuntamente com os demais pressupostos da responsabilidade civil objetiva, quais sejam, a conduta, o nexo de causalidade e o dano efetivamente sofrido pelo consumidor. (...)[15] Hipótese em que o Tribunal de origem reconheceu a ocorrência do acidente de consumo a partir dos fundamentos de que o nexo de causalidade só pode ser elidido se comprovada a culpa exclusiva da vítima e de que é irrelevante apreciar a alegação de inexistência do defeito, porquanto ligada à ideia de culpa, cuja verificação é desnecessária no contexto da responsabilidade civil objetiva. Recurso especial conhecido e parcialmente provido." (STJ, REsp 1734099/MG, Rel. Min. Nancy Andrighi, julgado em 04/12/2018).

Vale dizer que, em relação ao caso fortuito, a doutrina divide-o em interno e externo. No primeiro, haveria a responsabilidade do fornecedor, pois a ele cabe o dever de segurança e de informação. No segundo, de outro lado, já não haveria a responsabilidade já que existente certa imprevisibilidade.

15. Segue a parte recortada: "5. O Código de Defesa do Consumidor, com o objetivo de facilitar a defesa, em juízo, dos direitos dos consumidores-vítimas dos acidentes de consumo, conferindo-lhes maior proteção, estabeleceu hipótese legal de inversão do ônus da prova, determinando que cabe ao fornecedor, no desiderato de se eximir de responsabilidade, comprovar alguma das excludentes previstas no § 3º do art. 14 do CDC, ou seja, que o defeito inexiste ou que o dano resulta de culpa exclusiva do consumidor ou de terceiro. 6. Demonstrando o consumidor, na ação por si ajuizada, que o dano sofrido decorreu do serviço prestado pelo fornecedor, a esse último compete comprovar, por prova cabal, que o evento danoso não derivou de defeito do serviço, mas de outros fatores."

Em recente julgado, o Superior Tribunal de Justiça posicionou-se: "A Súmula 130 do STJ prevê o seguinte: a empresa responde, perante o cliente, pela reparação de dano ou furto de veículo ocorridos em seu estacionamento. (...)[16] Por outro lado, não se aplica a Súmula 130 do STJ em caso de roubo de cliente de lanchonete *fast-food*, se o fato ocorreu no estacionamento externo e gratuito por ela oferecido. Nesta situação, tem-se hipótese de caso fortuito (ou motivo de força maior), que afasta do estabelecimento comercial proprietário da mencionada área o dever de indenizar. Logo, a incidência do disposto na Súmula 130 do STJ não alcança as hipóteses de crime de roubo a cliente de lanchonete praticado mediante grave ameaça e com emprego de arma de fogo, ocorrido no estacionamento externo e gratuito oferecido pelo estabelecimento comercial" (STJ, REsp 1.431.606/SP, Rel. Min. Paulo de Tarso Sanseverino, julgado em 15/08/2017).

Em outro caso, o consumidor teria sido vítima de delito em situação alheia ao serviço prestado, por exemplo, vítima de roubo em ponto de ônibus[17]: "Na hipótese, sequer é possível imputar à transportadora eventual negligência, pois, como restou consignado pela instância ordinária, o autor do ilícito foi identificado e detido pela equipe de segurança da concessionária de transporte coletivo, tendo sido, inclusive, conduzido à Delegacia de Polícia, estando apto, portanto, a responder pelos seus atos penal e civilmente" (STJ, REsp 1748295/SP, Rel. Min. Luis Felipe Salomão, Rel. para acórdão Ministro Marco Buzzi, julgado em 13/12/2018).

De outro lado, a responsabilidade por vício é aquela cujo prejuízo está inerente ao próprio bem. "Os fornecedores de produtos de consumo duráveis ou não duráveis respondem solidariamente pelos vícios de qualidade ou quantidade que os tornem impróprios ou inadequados ao consumo a que se destinam ou lhes diminuam o valor, assim como por aqueles decorrentes da disparidade, com a indicações constantes do recipiente, da embalagem, rotulagem ou mensagem

---

16. O recorte: "2. Em casos de roubo, o STJ tem admitido a interpretação extensiva da Súmula 130 do STJ, para entender que há o dever do fornecedor de serviços de indenizar, mesmo que o prejuízo tenha sido causado por roubo, se este foi praticado no estacionamento de empresas destinadas à exploração econômica direta da referida atividade (empresas de estacionamento pago) ou quando o estacionamento era de um grande shopping center ou de uma rede de hipermercado."

17. 1. Nos termos da jurisprudência desta Corte Superior, não há responsabilidade da empresa de transporte coletivo em caso de ilícito alheio e estranho à atividade de transporte, pois o evento é considerado caso fortuito ou força maior, excluindo-se, portanto, a responsabilidade da empresa transportadora. Precedentes do STJ. 2. Não pode haver diferenciação quanto ao tratamento da questão apenas à luz da natureza dos delitos.

publicitária, respeitadas as variações decorrentes de sua natureza, podendo o consumidor exigir a substituição das partes viciadas (art. 18).[18]

Vale ainda destacar que, em relação ao "consumidor passivo" (I), tem-se a proteção de direitos difusos já que não é possível determinar quem são esses consumidores alvos das práticas comerciais (oferta, publicidade etc.). Em relação ao "consumidor contratante" (II), tem-se a proteção dos direitos coletivos em sentido estrito, porque são consumidores determináveis que integram a relação de consumo contratual entre fornecedor e consumido. Por fim, tem-se a proteção dos direitos individuais homogêneos quando levado em consideração os "consumidores prejudicados" (III), porque são pessoas identificáveis e o objeto de proteção é divisível, qual seja a indenização cabível a cada um, cujo valor deverá ser quantificável a partir de um processo liquidação.

18. O prosseguimento da Lei, aqui pertinente: § 1° Não sendo o vício sanado no prazo máximo de trinta dias, pode o consumidor exigir, alternativamente e à sua escolha: I - a substituição do produto por outro da mesma espécie, em perfeitas condições de uso; II - a restituição imediata da quantia paga, monetariamente atualizada, sem prejuízo de eventuais perdas e danos; III - o abatimento proporcional do preço. § 2° Poderão as partes convencionar a redução ou ampliação do prazo previsto no parágrafo anterior, não podendo ser inferior a sete nem superior a cento e oitenta dias. Nos contratos de adesão, a cláusula de prazo deverá ser convencionada em separado, por meio de manifestação expressa do consumidor. § 3° O consumidor poderá fazer uso imediato das alternativas do § 1° deste artigo sempre que, em razão da extensão do vício, a substituição das partes viciadas puder comprometer a qualidade ou características do produto, diminuir-lhe o valor ou se tratar de produto essencial. § 4° Tendo o consumidor optado pela alternativa do inciso I do § 1° deste artigo, e não sendo possível a substituição do bem, poderá haver substituição por outro de espécie, marca ou modelo diversos, mediante complementação ou restituição de eventual diferença de preço, sem prejuízo do disposto nos incisos II e III do § 1° deste artigo. § 5° No caso de fornecimento de produtos in natura, será responsável perante o consumidor o fornecedor imediato, exceto quando identificado claramente seu produtor. § 6° São impróprios ao uso e consumo: I - os produtos cujos prazos de validade estejam vencidos; II - os produtos deteriorados, alterados, adulterados, avariados, falsificados, corrompidos, fraudados, nocivos à vida ou à saúde, perigosos ou, ainda, aqueles em desacordo com as normas regulamentares de fabricação, distribuição ou apresentação; III - os produtos que, por qualquer motivo, se revelem inadequados ao fim a que se destinam. Art. 19. Os fornecedores respondem solidariamente pelos vícios de quantidade do produto sempre que, respeitadas as variações decorrentes de sua natureza, seu conteúdo líquido for inferior às indicações constantes do recipiente, da embalagem, rotulagem ou de mensagem publicitária, podendo o consumidor exigir, alternativamente e à sua escolha: I - o abatimento proporcional do preço; II - complementação do peso ou medida; III - a substituição do produto por outro da mesma espécie, marca ou modelo, sem os aludidos vícios; IV - a restituição imediata da quantia paga, monetariamente atualizada, sem prejuízo de eventuais perdas e danos. § 1° Aplica-se a este artigo o disposto no § 4° do artigo anterior. § 2° O fornecedor imediato será responsável quando fizer a pesagem ou a medição e o instrumento utilizado não estiver aferido segundo os padrões oficiais. Art. 20. O fornecedor de serviços responde pelos vícios de qualidade que os tornem impróprios ao consumo ou lhes diminuam o valor, assim como por aqueles decorrentes da disparidade com as indicações constantes da oferta ou mensagem publicitária, podendo o consumidor exigir, alternativamente e à sua escolha: I - a reexecução dos serviços, sem custo adicional e quando cabível; II - a restituição imediata da quantia paga, monetariamente atualizada, sem prejuízo de eventuais perdas e danos; III - o abatimento proporcional do preço. § 1° A reexecução dos serviços poderá ser confiada a terceiros devidamente capacitados, por conta e risco do fornecedor. § 2° São impróprios os serviços que se mostrem inadequados para os fins que razoavelmente deles se esperam, bem como aqueles que não atendam as normas regulamentares de prestabilidade.

Enfim, é interessante notar aqui que o CDC considera praticamente três tipos de consumidores e esses tipos se enquadram perfeitamente nos termos do artigo 81 do CDC.[19]

Em relação ao "fornecedor", igualmente, o conceito também é sobremodo amplo, já que se pretende tutelar o consumidor e seu estado. Assim, o "fornecedor" não é apenas aquele que integra efetivamente a cadeia de produção, mas também aqueles que se apresentam como tal: "1. A adoção da teoria da aparência pela legislação consumerista conduz à conclusão de que o conceito legal do art. 3º do Código de Defesa do Consumidor abrange também a figura do fornecedor aparente, compreendendo aquele que, embora não tendo participado diretamente do processo de fabricação, apresenta-se como tal por ostentar nome, marca ou outro sinal de identificação em comum com o bem que foi fabricado por um terceiro, assumindo a posição de real fabricante do produto perante o mercado consumidor. 2. O fornecedor aparente em prol das vantagens da utilização de marca internacionalmente reconhecida, não pode se eximir dos ônus daí decorrentes, em atenção à teoria do risco da atividade adotada pelo Código de Defesa do Consumidor. Dessa forma, reconhece-se a responsabilidade solidária do fornecedor aparente para arcar com os danos causados pelos bens comercializados sob a mesma identificação (nome/marca), de modo que resta configurada sua legitimidade passiva para a respectiva ação de indenização em razão do fato ou vício do produto ou serviço" (STJ, REsp 1580432/SP, Rel. Min. Marco Buzzi, data de Julgamento 06/12/2018).

Quanto ao consumidor lesado, o CDC diz que aquele que for cobrado indevidamente tem direito de receber o dobro do que pagou indevidamente (art. 42, parágrafo único). Em 2020, o Superior Tribunal de Justiça – ao pacificar questão até então controvertida dentro do próprio Tribunal -, por sua Corte Especial, entendeu que essa obrigação não depende da comprovação de má-fe do fornecedor, bastando que sua conduta tenha sido incompatível com a boa-fé objetiva: "a repetição em dobro, prevista no parágrafo único do art. 42 do CDC, é cabível quando a cobrança indevida consubstanciar conduta

19. Art. 81. A defesa dos interesses e direitos dos consumidores e das vítimas poderá ser exercida em juízo individualmente, ou a título coletivo. Parágrafo único. A defesa coletiva será exercida quando se tratar de: I - interesses ou direitos difusos, assim entendidos, para efeitos deste código, os transindividuais, de natureza indivisível, de que sejam titulares pessoas indeterminadas e ligadas por circunstâncias de fato; II - interesses ou direitos coletivos, assim entendidos, para efeitos deste código, os transindividuais, de natureza indivisível de que seja titular grupo, categoria ou classe de pessoas ligadas entre si ou com a parte contrária por uma relação jurídica base; III - interesses ou direitos individuais homogêneos, assim entendidos os decorrentes de origem comum.

contrária à boa-fé objetiva, ou seja, deve ocorrer independentemente da natureza do elemento volitivo" (Embargos de divergência em agravo em recurso especial 2014/0270797-3 - EAREsp 600663/RS, Rel. Ministro Herman Benjamin, julgado em 21/10/2020).

Enfim, tem-se aí, em resumo, o sistema de proteção do consumidor, cujas regras estendem-se e aplicam-se às mais variadas relações jurídicas, tais como nos planos de saúde, na prestação de serviços públicos remunerados por tarifas etc.

4.3 DOS DIREITOS DOS USUÁRIOS DE PLANOS DE SAÚDE

4.3.1 Introdução e regulamentação legal

Mesmo após a Constituição Federal de 1988, que impôs ao Poder Público a regulamentação e a fiscalização dos serviços de saúde pela iniciativa privada (arts. 197 e 199), por muito tempo faltou uma legislação específica sobre o tema, até 1998, dez anos depois, quando algo começou a mudar nesse campo.

Para os Defensores Públicos paulistas Daniela B. Trettel e Luiz Fernando B. Miranda "a Lei nº 9.656/98 regulamentou uma série de lacunas no setor de planos de saúde, criadoras de iniquidades e desequilíbrio na relação entre usuários e operadoras de planos de saúde. Estabeleceu regras para criação de reservas financeiras nas empresas, visando evitar 'quebras' e descontinuidade de assistência; impediu exclusões em razão de idade, deficiências ou doenças preexistentes; proibiu limitações temporais ou numéricas de internações; proibiu a imposição de carências adicionais em razão de inadimplência; garantiu o atendimento a recém-nascidos por 30 dias e a sua inclusão sem carências no plano da mãe, desde que realizada durante esses mesmos 30 dias; estabeleceu carências de apenas 24 horas para cobertura de urgências e emergências; proibiu taxativamente a rescisão unilateral de contratos individuais; e dispôs sobre alguma regulamentação de descredenciamento de prestadores (hospitais)".[20]

Entretanto, mesmo antes, vale mencionar, o CDC já incidia sobre essas específicas relações jurídicas, aliás, conforme já estava pacífico na jurisprudência: "Aplica-se o Código de Defesa do Consumidor aos contratos de plano de saúde" (Súmula nº 469/STJ), e "a cláusula contratual de plano de saúde que prevê carência para utilização dos serviços de assistência médica nas situações

20. TRETTEL, Daniela Batalha. MIRANDA, Luiz Fernando Baby. Artigo *Planos de saúde e outras relações de consumo: o que a Defensoria Pública tem a ver com isso?* In: *Temas aprofundados da Defensoria Pública* 2. Ed. Editora Juspodivm, 2014.

de emergência ou de urgência é considerada abusiva se ultrapassado o prazo máximo de 24 horas contado da data da contratação" (Súmula 597/STJ).

Portanto, a falta de uma legislação específica levou o jurista a estender as regras consumeristas aos planos de saúde, o que foi salutar, mas não tão eficiente quanto uma lei própria e dirigida ao tema, o que foi superado em 1998, com a edição da Lei nº 9.656/98, apesar de algumas e fundadas críticas ao seu texto.

4.3.2 Dos direitos dos usuários de planos de saúde (Lei nº 9.656/98)

Os contratos de planos de saúde são autênticos contratos de seguro-saúde e possuem basicamente três características fundamentais que devem ser consideradas na interpretação das suas cláusulas, bem como na aplicação das leis vigentes na relação do consumidor com o gestor do plano de saúde. São elas: **essencialidade do serviço**, **dependência progressiva** e a **gestão compensatória**. Em outras palavras, os contratos de planos de saúde, pelas suas peculiaridades, possuem as três características essenciais a serem consideradas e enaltecidas.

Pela **essencialidade do serviço**, é pacífico que o objeto desses contratos é o atendimento médico e os cuidados de saúde do contratante e de sua família, independentemente da modalidade de plano contratado. Esse objeto, que está dentro do contexto da dignidade da pessoa humana, é de fundamental importância para a interpretação das cláusulas contratuais, das obrigações pactuadas e dos direitos decorrentes desse contrato. Assim, qualquer intérprete que for analisar um contrato de plano de saúde tem que ter em mente que, se de um lado temos uma empresa fornecedora desse seguro saúde, de outro, temos pessoas e famílias que confiaram suas saúdes nesse mecanismo de garantia da dignidade.

Aliás, em atenção exatamente a esse aspecto (essencialidade), o Superior Tribunal de Justiça, recentemente, decidiu que, em tese, a operadora de seguro de saúde coletivo por adesão pode promover a não renovação do contrato, mas não sem amparo aos consumidores:

> 1. Ação de obrigação de fazer c/c indenização por danos materiais e compensação de dano moral ajuizada em 31/03/2015, da qual foram extraídos os presentes recursos especiais, interpostos em 18/05/2017 e 22/05/2017 e atribuído ao gabinete em 04/04/2018. 2. O propósito dos recursos consiste em decidir sobre a validade da manifestação da operadora de seguro de saúde coletivo por adesão pela não renovação do contrato; sobre a possibilidade de obriga-la a manter o

vínculo com o universo de beneficiários; bem como sobre a configuração de dano moral pela negativa de cobertura do atendimento médico. 3. A ANS, no exercício de seu poder normativo e regulamentar acerca dos planos de saúde coletivos - ressalvados, apenas, os de autogestão -, deve observar os ditames do CDC. 4. Se, de um lado, a Lei 9.656/1998 e seus regulamentos autorizam a operadora do seguro de saúde coletivo por adesão a não renovar o contrato; de outro lado, o CDC impõe que os respectivos beneficiários, que contribuíram para o plano, não fiquem absolutamente desamparados, sem que lhes seja dada qualquer outra alternativa para manter a assistência a sua saúde e de seu grupo familiar. 5. A interpretação puramente literal do art. 3º da Resolução CONSU nº 19/1999 agrava sobremaneira a situação de vulnerabilidade do consumidor que contribuiu para o serviço e favorece o exercício arbitrário, pelas operadoras de seguro de saúde coletivo, do direito de não renovar o contrato celebrado por adesão, o que não tolera o CDC, ao qual estão subordinadas. 6. O diálogo das fontes entre o CDC e a Lei 9.656/1998, com a regulamentação dada pela Resolução CONSU nº 19/1999, exige uma interpretação que atenda a ambos os interesses: ao direito da operadora, que pretende se desvincular legitimamente das obrigações assumidas no contrato celebrado com a estipulante, corresponde o dever de proteção dos consumidores (beneficiários), que contribuíram para o seguro de saúde e cujo interesse é na continuidade do serviço. 7. Na ausência de norma legal expressa que resguarde o consumidor na hipótese de resilição unilateral do contrato coletivo pela operadora, há de se reconhecer o direito à portabilidade de carências, permitindo, assim, que os beneficiários possam contratar um novo plano de saúde, observado o prazo de permanência no anterior, sem o cumprimento de novos períodos de carência ou de cobertura parcial temporária e sem custo adicional pelo exercício do direito. 8. A orientação adotada pela jurisprudência desta Corte é a de ser possível, em determinadas situações fáticas, afastar a presunção de dano moral na hipótese em que a recusa de cobertura pelo plano de saúde decorrer de dúvida razoável na interpretação do contrato, por não configurar conduta ilícita capaz de ensejar o dever de compensação. 9. Hipótese em que, além de a atuação da operadora estar revestida de aparente legalidade, a afastar a ocorrência do ato ilícito, não sobressai do contexto delineado na origem que tal fato tenha agravado eventual aflição psicológica e de angústia dos beneficiários, tampouco que estivessem em situação de urgente e flagrante necessidade de atendimento médico, a afastar a configuração do dano moral. 10. Recursos especiais conhecidos, desprovido o dos beneficiários e provido o da operadora. (STJ, REsp 1732511/SP, Relatora Ministra NANCY ANDRIGHI, Órgão Julgador T3 - TERCEIRA TURMA, j. 04/08/2020).

Assim, o STJ promoveu uma interpretação sistemática das normas vigentes sobre o tema para, sem negar a possibilidade de não renovação pela operadora, garantir certo amparo jurídico aos consumidores, consciente da essencialidade desse serviço.

Pela característica da **dependência progressiva**, deve-se entender: aquele que contrata um plano de saúde, normalmente uma pessoa mais jovem, com o decorrer do tempo, terá sua saúde debilitada e de seus familiares, todos em situação mais vulnerável, os quais acabam tornando-se mais dependentes do plano e dos seus serviços. Assim, as garantias de estabilidade e a sua segurança jurídica devem ser maiores na medida em que esse contrato se torna mais antigo, mesmo porque, aquele que não é tão jovem ou o idoso terá muito mais dificuldade de contratar um novo plano de saúde – sem contar eventual carência -, tornando-se cada vez mais dependente do seu contrato original.

Essa característica também é central na interpretação das cláusulas contratuais, na imposição de obrigações aos fornecedores/prestadores desse serviço e, também, por consequência, na interpretação dos direitos decorrentes deste contrato, especialmente para o consumidor ou sua família, que ficará - na medida que o tempo corre -, cada vez mais ligado ao contrato.

Em terceiro lugar, tem-se a característica da **gestão compensatória**, a qual significa que a saúde orçamentária do prestador de serviço não está vinculada ao valor cobrado e ao custo de um ou outro consumidor, já que existe uma compensação financeira que deve ser gerida pela prestadora desse seguro-saúde.

Na verdade, existe uma série de compensações e, por isso, eventual gasto maior em relação a um ou outro consumidor, normalmente de idade mais avançada, não justifica – em regra - a elevação do custo do seu plano, já que cabe à prestadora de serviço promover as compensações naturais desse tipo de contrato.

Essas compensações ocorrem em relação àqueles jovens que contratam planos novos e que passam por períodos de carência. Nesse período, especialmente durante a carência, embora a fornecedora do plano de saúde receba as prestações normais, praticamente não tem custo em relação àqueles segurados novos. Também, como dito, os segurados mais jovens não têm gastos elevados que atinjam o aporte feito por eles mensalmente e esses "créditos" são compensados com outros gastos de pessoas com a saúde mais debilitada. Então, seja por questão de idade, seja por questões ligadas às peculiaridades de cada contratante, é natural que haja uma compensação. Aliás, é por isso que devemos olhar com certa censura e condenação para elevação de valores por conta da idade, justamente porque cabe ao plano de saúde promover as necessárias e naturais compensações financeiras, entre aqueles mais jovens e aqueles de mais idade.

Assim, para fins didáticos, são as características peculiares dos contratos de planos de saúde: essencialidade do serviço (I), dependência progressiva (II) e da gestão econômica compensatória (III).

Para ilustrar, quanto à **essencialidade** da prestação em tela (I), o Tribunal de Justiça do Estado de São Paulo aprovou relevantes súmulas[21] sobre os planos de saúde.

Realmente, as súmulas trazem posições interpretativas favoráveis aos consumidores, reflexos diretos do princípio da essencialidade:

> Súmula 99 - Não havendo, na área do contrato de plano de saúde, atendimento especializado que o caso requer, e existindo urgência, há responsabilidade solidária no atendimento ao conveniado entre as cooperativas de trabalho médico da mesma operadora, ainda que situadas em bases geográficas distintas.
> Súmula 100 - O contrato de plano/seguro saúde submete-se aos ditames do Código de Defesa do Consumidor e da Lei n. 9.656/98, ainda que a avença tenha sido celebrada antes da vigência desses diplomas legais.
> Súmula 101 - O beneficiário do plano de saúde tem legitimidade para acionar diretamente a operadora mesmo que a contratação tenha sido firmada por seu empregador ou associação de classe.
> Súmula 102 - Havendo expressa indicação médica, é abusiva a negativa de cobertura de custeio de tratamento sob o argumento da sua natureza experimental ou por não estar previsto no rol de procedimentos da ANS.

---

21. "Os enunciados — que já tinham sido pacificados pelas Câmaras de Direito Comum —, foram aprovados por unanimidade, à exceção da súmula 102, que gerou discussões a respeito da questão dos danos morais, já que alguns desembargadores mostraram preocupação em aprovar o texto que incentivasse as pessoas a buscar, nos tribunais, a compensação financeira por aborrecimentos cotidianos. A aprovação desta súmula é de extrema importância para os que necessitam de radioterapia por IRMT e cirurgias quimio-intraoperatórias, consideradas caras e 'experimentais'. Assim como é importante, também, a aprovação da súmula 99 que abrange a responsabilidade solidária no atendimento das cooperativas médicas, como as do Sistema Unimed, e da que prevê a cobertura para medicamentos *off-label*. (...) Além disso, a aprovação da súmula 103 elimina de vez a carência, nos casos de urgência/emergência, decorridas as 24 horas do contrato. O plano deverá oferecer a cobertura que, por incrível que pareça, era negada na resolução 13/1998 do Conselho de Saúde Suplementar (CONSU). Os juristas acertaram em favorecer o contratante, partindo do entendimento que os contratos de plano ou seguro saúde estão sob a regência da Lei 9.656/98 e do Código de Defesa do Consumidor, mesmo para os contratos firmados antes da lei. Caminhamos muito, mas ainda há questões importantes que não foram sumuladas, como a do acesso à quimioterapia oral e o reajuste aos 59 anos, usado como artimanha pelos planos para arrancar do consumidor o que não pode mais ser feito depois dos 60, já que a partir dessa idade os beneficiários estão protegidos pelo Estatuto do Idoso. As decisões do TJ-SP certamente contribuirão para diminuir a litigiosidade ou abreviar os processos e liminares, que poderão ser aprovados em primeira instância, reduzindo os custos sociais e financeiros da saúde" (SILVA, Renata Vilhena. Disponível em: https://www.conjur.com.br, acesso em 30 de março de 2019).

> Súmula 103 - É abusiva a negativa de cobertura em atendimento de urgência e/ou emergência a pretexto de que está em curso período de carência que não seja o prazo de 24 horas estabelecido na Lei n. 9.656/98.
> Súmula 104 - A continuidade do exercício laboral após a aposentadoria do beneficiário do seguro saúde coletivo não afasta a aplicação do art. 31 da Lei n. 9.656/98.
> Súmula 105 - Não prevalece a negativa de cobertura às doenças e às lesões preexistentes se, à época da contratação de plano de saúde, não se exigiu prévio exame médico admissional.

O Superior Tribunal de Justiça também tem sido sensível ao aspecto essencial do serviço de plano de saúde: "a Jurisprudência deste Superior Tribunal de Justiça está firmada no sentido de que, ainda que possível o contrato de saúde prever limitação aos direitos do consumidor, evidencia abusividade a exclusão do custeio dos meios necessários ao melhor tratamento clínico ou internação hospitalar" (STJ, AgInt no AREsp 1296865/SP, Rel. Min. Paulo de Tarso Sanseverino, julgado em 03/12/2018).

Em outra hipótese: "a operadora de plano de saúde não pode negar o fornecimento de tratamento prescrito pelo médico sob o pretexto de que a sua utilização em favor do paciente está fora das indicações descritas na bula/manual registrado na ANVISA (uso *off-label*)" (STJ, REsp 1721705/SP, Rel. Min. Nancy Andrighi, julgado em 28/08/2018).

Aliás, por oportuno, merece destaque a atuação da Defensoria Pública paulista no sentido de garantir ao segurado atendimento adequado e emergencial e a proteção contra cobranças abusivas pelos planos: "a Defensoria Pública de SP obteve junto ao Tribunal de Justiça do Estado (TJ-SP), decisão que obriga uma operadora de planos de saúde a indenizar uma paciente cujo nome foi inserido no cadastro de inadimplentes por não arcar com o tratamento emergencial da filha durante o período de carência. Além disso, a empresa foi obrigada a arcar com o pagamento de todo o tratamento oferecido à criança".[22]

22. A continuação da matéria: "Marina (nome fictício) é beneficiária de um plano de saúde com vigência desde novembro de 2017. Em abril de 2018, ela deu entrada em um pronto socorro conveniado com sua filha de 1 ano que apresentava, segundo boletim médico, bronquite e pneumonia. Diante da gravidade do quadro de saúde, a criança foi internada pelo convênio médico na UTI Pediátrica do Hospital e mantida sob cuidados médicos por cerca de uma semana, quando recebeu alta. Embora se tratasse de quadro emergencial, a Amil Assistência Médica negou a cobertura do tratamento de urgência sob o argumento de que haveria a necessidade de aguardar o prazo de carência. Em virtude disso, a unidade hospitalar passou a cobrar Marina o valor de R$ 27.153,40 referente ao tratamento. Como ela não tinha recursos para arcar com a cobrança, no mês seguinte, seu nome foi inscrito em cadastros de inadimplentes. Marina procurou o atendimento da Defensoria Pública em Itaquera e foi assistida pelo Defensor Vinícius Conceição Silva e pela Defensora Yasmin Mercadante Pestana – que judicializaram a questão argumentando que a criança corria risco de morte. Apontaram, ainda, que a

Sobre a dependência progressiva (II), a Lei dos Planos de Saúde traz relevantes dispositivos voltados à manutenção da relação contratual.

Realmente, quanto **ao aposentado** nos planos coletivos, dispõe:

> Art. 31. Ao aposentado que contribuir para produtos de que tratam o inciso I e o § 1º do art. 1º desta Lei, em decorrência de vínculo empregatício, pelo prazo mínimo de dez anos, é assegurado o direito de manutenção como beneficiário, nas mesmas condições de cobertura assistencial de que gozava quando da vigência do contrato de trabalho, desde que assuma o seu pagamento integral. (Redação dada pela Medida Provisória nº 2.177-44, de 2001) § 1º Ao aposentado que contribuir para planos coletivos de assistência à saúde por período inferior ao estabelecido no *caput* é assegurado o direito de manutenção como beneficiário, à razão de um ano para cada ano de contribuição, desde que assuma o pagamento integral do mesmo. (Redação dada pela Medida Provisória nº 2.177-44, de 2001)

Por outro lado, em situação de inadimplemento, a manutenção do contrato é mais garantida que nos contratos comuns. Aliás, também considerando essa dependência progressiva e ainda a essencialidade, já defendemos, há muito, a incidência da regra do adimplemento substancial.

Para nós, é aplicável a 'teoria do adimplemento substancial' para a manutenção dos contratos de plano de saúde, ainda que transcorrido o prazo de 60 dias do inadimplemento e mesmo que tenha ocorrido a regular notificação do segurando/beneficiário, desde que não haja reincidência ou má-fé.

A ideia tem por escopo fornecer um amparo jurídico ao cliente de plano de saúde, em muitos casos pessoa idosa, que por longo tempo pagou regularmente suas prestações, mas que deixara de adimplir uma ou algumas delas e, por tal razão, teve extinto seu contrato de seguro saúde ou corre o risco de tê-lo.

Lei Federal 9.656/98 – que dispõe sobre os planos e seguros privados de assistência à saúde – prevê a obrigação das operadoras de planos de saúde, nos casos de urgência e emergência, custearem todas as despesas relativas à internação e ao tratamento do beneficiário.

Na ação movida, a Defensoria Pública pediu que a Amil fosse obrigada a custear todas as despesas da criança perante o Hospital e condenada ao pagamento de danos morais de R$ 10 mil. Na sentença, a Justiça acatou os argumentos da Defensoria Pública e determinou que a Amil realizasse o pagamento dos valores decorrentes do atendimento emergencial da criança, bem como o pagamento da indenização. A empresa recorreu da sentença perante o TJ-SP. No julgamento, realizado em junho de 2019, a 1ª Câmara de Direito Privado do TJ-SP negou provimento ao recurso da Amil e manteve a íntegra da sentença proferida pelo Juízo de 1º grau. No acórdão, a Relatora Desembargadora Christine Santini aponta que a 'recusa [do atendimento emergencial] era totalmente injustificável em face da urgência caracterizada, vez que decorrido o prazo de 24 horas previsto em lei, denotando a atitude reiterada de operadoras de planos de saúde na negativa de cobertura de procedimentos necessários no momento em que o consumidor se encontra mais fragilizado'" (Disponível em https://www.defensoria.sp.def.br, acesso em 25/07/2019).

Nesse caso, defendemos que o inadimplemento de parte mínima das prestações não deva levar à resolução do contrato de plano de saúde, mas elas hão de ser cobradas pelos meios ordinários de execução, salvo se a situação de mora persistir por considerável período após regular e clara notificação do consumidor, ou se ocorrer reiterados períodos de inadimplência.

É que podem ocorrer situações de pessoas, em geral idosas, que sempre pagaram regularmente seus planos e, no momento de suas vidas que mais necessitam, em razão de eventual inadimplência, voluntária ou não, perdem o direito ao gozo dos benefícios de um plano de saúde e são obrigadas a se submeterem a novos contratos, excessivamente onerosos em razão de suas condições pessoais, além da exigência de novos prazos de carência e da ausência de doenças pré-existentes. Portanto, a manutenção do antigo contrato é, sem dúvida, a medida mais adequada e justa.

Em tese, a Lei nº 9656/98, no seu artigo 13, permite a rescisão unilateral do contrato de plano de saúde, após período superior a 60 (sessenta) dias de inadimplemento, consecutivos ou não, nos últimos 12 (doze) meses de vigência do contrato, "desde que o consumidor seja comprovadamente notificado até o 50º (quinquagésimo) dia da inadimplência" (art. 13, § único, II):

> "Os contratos de produtos de que tratam o inciso I e o § 1º do art. 1º desta Lei têm renovação automática a partir do vencimento do prazo inicial de vigência, não cabendo a cobrança de taxas ou qualquer outro valor no ato da renovação. Parágrafo único. Os produtos de que trata o *caput*, contratados individualmente, terão vigência mínima de um ano, sendo vedadas: (...) II a suspensão ou a rescisão unilateral do contrato, salvo por fraude ou não-pagamento da mensalidade por período superior a sessenta dias, consecutivos ou não, nos últimos doze meses de vigência do contrato, desde que o consumidor seja comprovadamente notificado até o quinquagésimo dia de inadimplência".

Porém, em casos de planos com longo tempo de vigência e pagamentos regulares no decorrer dos anos, não é justo que o inadimplemento de parcela mínima das prestações acarrete a rescisão unilateral, pela operadora do plano, ainda que cumpridas as determinações da Lei nº 9656/98, acima descritas.

De fato, a função social dos contratos, a boa-fé objetiva, o ideal de manutenção das relações jurídicas para a completude de seus ciclos vitais, e a teoria do adimplemento substancial são as bases jurídicas para a tese aqui defendida.

Assim, a opção por resolver o contrato em razão do cumprimento tardio não deve ser encarada com excessiva rigidez. Conforme a esclarecida doutrina de Antunes Varela, "a resolução deve ocorrer apenas quando a prestação perca parte substancial de sua utilidade, tornando objetivamente justificada a decisão do credor de se libertar da sua obrigação apenas quando a mora equiparar-se ao seu não cumprimento definitivo".[23]

Por outro lado, "o reflexo maior do regramento jurídico moderno dos contratos é justamente conferir a eles uma conotação de cooperação, em que as partes não são apenas credora e devedora uma da outra, mas partícipes de um processo que visa ao adimplemento. O dever de cooperação mútuo inclui o dever de compreensão mútuo, decorrente de uma relação norteada pela boa-fé objetiva entre partes, já que esta 'polariza todo o direito das obrigações', conforme previsões do Código Civil (art. 422) e do Código de Defesa do Consumidor (art. 4º, III)".[24]

Por ser a boa-fé objetiva verdadeira fonte de integração do contrato, é necessário que as partes compreendam a situação uma das outras, para que, a partir disso, integrem as lacunas resultantes de uma execução contratual que transcende a previsão seca das cláusulas contratuais e chegue aos reais problemas da vida cotidiana, direcionando os caminhos para que a obrigação possa efetivamente gerar os melhores resultados para ambos.

Conforme lição de Cláudia Lima Marques, "em um contrato de longa duração e cativo como o de plano e seguro-saúde, o que o consumidor almeja é a cobertura dos eventos de saúde do futuro, e não só os do presente. Logo, seu interesse básico (base do negócio, causa inicial e final) é justamente a continuação do vínculo".[25]

Sustenta-se, inclusive, que o princípio da conservação dos contratos está implícito no art. 6º, V, e explícito no art. 51, §2º, do Código de Defesa do Consumidor - CDC, traduzindo a intenção do legislador de conservar as relações contratuais sempre que possível, para que a ruptura não traga mais desvantagens do que benefícios ao consumidor.

Na hipótese em questão, se o interesse no fim do negócio jurídico é unicamente do fornecedor (a operadora de plano de saúde), o consumidor deve ser protegido para que os contratos sejam mantidos, quando o contrário importar

---

23. ANTUNES VARELA, João de Matos. *Direito das obrigações*. Rio de Janeiro: Forense, 1978. v. 2. p. 55.
24. MARTINS-COSTA, Judith. *Comentários ao Novo Código Civil: do direito das obrigações, do adimplemento e da extinção das obrigações*. 2. ed. Rio de Janeiro: Forense, 2005. v.5. t.1. p. 57.
25. MARQUES, Cláudia Lima. *Conflito de leis no tempo e direito adquirido dos consumidores de planos e seguros de saúde*. In: MARQUES, Cláudia Lima; LOPES, José Roberto de Lima; PFEIFFER, Roberto Augusto Castellanos (Orgs.). *Saúde e responsabilidade: seguros e planos de assistência privada à saúde*. São Paulo: RT, 1999. p. 152.

em prática que o coloque em situação difícil, como ocorre com idosos doentes, já "hipervulneráveis", em razão da idade (art. 2º da Lei n. 10.741/2003).

Como se não bastasse, a jurisprudência acatou, para solucionar conflitos oriundos de diversos tipos de contrato, a "teoria do adimplemento substancial", a qual determina que, quando uma das partes está muito próxima de adimplir toda a soma, o contrato não deva ser resolvido, para que a parte credora se utilize das vias normais de cobrança, sem, contudo, privar a parte devedora do bem jurídico essencial previsto em contrato:

> Apelação cível. Ação de apreensão e depósito. Venda com reserva de domínio. Adimplemento substancial. A teoria do adimplemento substancial atua como instrumento de equidade, impondo que, nas hipóteses em que a extinção da obrigação pelo pagamento esteja muito próxima do final, exclua-se a possibilidade de resolução do contrato, permitindo-se tão-somente a propositura da ação de cobrança do saldo em aberto. O adimplemento de 90% das parcelas avençadas no contrato de compra e venda com reserva de domínio conduz à ausência de mora, que, por ser pressuposto de constituição e desenvolvimento válido e regular do processo de apreensão e depósito, enseja a extinção do feito sem resolução de mérito. Negado seguimento. (TJRS. 14ª Câm. Cível. Apelação Cível nº 70027842699. Rel. Des. Katia Elenise Oliveira da Silva, julg. 16 dez.2008, publ. 16 jan.2009).

Por derradeiro, não podemos nos esquecer que a questão envolve o direito fundamental à saúde e à vida. São direitos essenciais do ser humano que também devem ser observados nas relações privadas, segundo a "teoria da eficácia horizontal dos direitos fundamentais"[26], que aqui serve bem de substrato.

Enfim, a partir da compreensão dos aspectos centrais dessas relações, especialmente da essencialidade e da dependência progressiva do consumidor, não se pode olvidar do cabimento da tese acima e da justiça contratual decorrente desse adimplemento substancial.

Assim, em termos práticos e de tutela jurisdicional, o direito ao resgate do contrato de plano de saúde pode ser garantido por meio de ação declaratória de manutenção de vínculo contratual, cumulada com ação de obrigação de fazer (restabelecer a cobertura e expedir boletos bancários), com pedido de tutela antecipada, proposta contra a empresa operadora do plano de saúde. Caso não concedida a antecipação da tutela liminarmente, deve-se apresentar

---

26. Cf. SARMENTO, Daniel. *Direitos fundamentais e relações privadas*. 2. Ed. Rio de Janeiro. *Lumen Juris*, 2006; SARLET, Ingo Wolfgang. *A eficácia dos direitos fundamentais*. 7. Ed. Porto Alegre, Ed. Livraria do Advogado, 2007.

o agravo de instrumento e pleitear, ao Desembargador Relator, a concessão de efeito ativo ao recurso para restabelecer a cobertura do plano e a expedição de boletos bancários para o pagamento das respectivas prestações, nos valores originalmente contratados.

No que toca à **gestão econômica compensatória** (III), aspecto também chamado de "solidariedade intergeracional", o Superior Tribunal de Justiça, em julgamento de recursos especiais repetitivos, tentou trazer alguns parâmetros para a interpretação da questão dos reajustes nos planos de saúde e eventuais abusos:

> Recurso Especial Repetitivo. Negativa de prestação jurisdicional. Não ocorrência. Civil. Plano de saúde. Modalidade individual ou familiar. Cláusula de reajuste de mensalidade por mudança de faixa etária. Legalidade. Último grupo de risco. Percentual de reajuste. Definição de parâmetros. Abusividade. Não caracterização. Equilíbrio financeiro-atuarial do contrato. (...)[27] 10.

27. Segue o miolo da ementa: 1. A variação das contraprestações pecuniárias dos planos privados de assistência à saúde em razão da idade do usuário deverá estar prevista no contrato, de forma clara, bem como todos os grupos etários e os percentuais de reajuste correspondentes, sob pena de não ser aplicada (arts. 15, caput, e 16, IV, da Lei nº 9.656/1998). 2. A cláusula de aumento de mensalidade de plano de saúde conforme a mudança de faixa etária do beneficiário encontra fundamento no mutualismo (regime de repartição simples) e na solidariedade intergeracional, além de ser regra atuarial e asseguradora de riscos. 3. Os gastos de tratamento médico-hospitalar de pessoas idosas são geralmente mais altos do que os de pessoas mais jovens, isto é, o risco assistencial varia consideravelmente em função da idade. Com vistas a obter maior equilíbrio financeiro ao plano de saúde, foram estabelecidos preços fracionados em grupos etários a fim de que tanto os jovens quanto os de idade mais avançada paguem um valor compatível com os seus perfis de utilização dos serviços de atenção à saúde. 4. Para que as contraprestações financeiras dos idosos não ficassem extremamente dispendiosas, o ordenamento jurídico pátrio acolheu o princípio da solidariedade intergeracional, a forçar que os de mais tenra idade suportassem parte dos custos gerados pelos mais velhos, originando, assim, subsídios cruzados (mecanismo do *community rating* modificado). 5. As mensalidades dos mais jovens, apesar de proporcionalmente mais caras, não podem ser majoradas demasiadamente, sob pena de o negócio perder a atratividade para eles, o que colocaria em colapso todo o sistema de saúde suplementar em virtude do fenômeno da seleção adversa (ou antisseleção). 6. A norma do art. 15, § 3º, da Lei nº 10.741/2003, que veda "a discriminação do idoso nos planos de saúde pela cobrança de valores diferenciados em razão da idade", apenas inibe o reajuste que consubstanciar discriminação desproporcional ao idoso, ou seja, aquele sem pertinência alguma com o incremento do risco assistencial acobertado pelo contrato. 7. Para evitar abusividades (Súmula nº 469/STJ) nos reajustes das contraprestações pecuniárias dos planos de saúde, alguns parâmetros devem ser observados, tais como (i) a expressa previsão contratual; (ii) não serem aplicados índices de reajuste desarrazoados ou aleatórios, que onerem em demasia o consumidor, em manifesto confronto com a equidade e as cláusulas gerais da boa-fé objetiva e da especial proteção ao idoso, dado que aumentos excessivamente elevados, sobretudo para esta última categoria, poderão, de forma discriminatória, impossibilitar a sua permanência no plano; e (iii) respeito às normas expedidas pelos órgãos governamentais: a) No tocante aos contratos antigos e não adaptados, isto é, aos seguros e planos de saúde firmados antes da entrada em vigor da Lei nº 9.656/1998, deve-se seguir o que consta no contrato, respeitadas, quanto à abusividade dos percentuais de aumento, as normas da legislação consumerista e, quanto à validade formal da cláusula, as diretrizes da Súmula Normativa nº 3/2001 da ANS. b) Em se tratando de contrato (novo) firmado ou adaptado entre 2/1/1999 e 31/12/2003, deverão ser cumpridas as regras constantes na Resolução CONSU nº 6/1998, a qual determina a observância de 7 (sete) faixas etárias e do limite de variação entre a primeira e a última (o reajuste dos maiores de

TESE para os fins do art. 1.040 do CPC/2015: O reajuste de mensalidade de plano de saúde individual ou familiar fundado na mudança de faixa etária do beneficiário é válido desde que (i) haja previsão contratual, (ii) sejam observadas as normas expedidas pelos órgãos governamentais reguladores e (iii) não sejam aplicados percentuais desarrazoados ou aleatórios que, concretamente e sem base atuarial idônea, onerem excessivamente o consumidor ou discriminem o idoso." (REsp 1568244/RJ, Rel. Min. Ricardo Villas Bôas Cueva, julgado em 14/12/2016).

Bem, se o Superior Tribunal de Justiça teve o mérito de regulamentar a questão, de outro lado, acabou que autorizando, ainda que de forma monitorada e com critérios, os reajustes segundo a faixa etária, o que é digno de críticas.

Mas a dúvida que subsistiu é: será possível o reajuste por faixa etária mesmo ao idoso maior de 60 (sessenta) anos?

A partir de leitura minuciosa do voto do Min. Relator, pode-se concluir que: a) A todos os contratos de planos de saúde, novos ou antigos, aplica-se o CDC, pois este é norma cogente, que retroage, portanto; b) Aos contratos anteriores ao Estatuto do Idoso, é possível o reajuste pela faixa etária, mesmo após os 60 anos, desde respeitada a **Resolução CONSU nº 6/1998**, fixando a observância, pelas operadoras, de 7 (sete) faixas etárias, além de determinar que o valor estabelecido para a última delas (70 anos) não superasse a 6 (seis) vezes o valor da faixa inicial (0 a 17 anos).[28] c) Já aos contratos posteriores ao

---

70 anos não poderá ser superior a 6 (seis) vezes o previsto para os usuários entre 0 e 17 anos), não podendo também a variação de valor na contraprestação atingir o usuário idoso vinculado ao plano ou seguro saúde há mais de 10 (dez) anos. c) Para os contratos (novos) firmados a partir de 1º/1/2004, incidem as regras da RN nº 63/2003 da ANS, que prescreve a observância (i) de 10 (dez) faixas etárias, a última aos 59 anos; (ii) do valor fixado para a última faixa etária não poder ser superior a 6 (seis) vezes o previsto para a primeira; e (iii) da variação acumulada entre a sétima e décima faixas não poder ser superior à variação cumulada entre a primeira e sétima faixas. 8. A abusividade dos aumentos das mensalidades de plano de saúde por inserção do usuário em nova faixa de risco, sobretudo de participantes idosos, deverá ser aferida em cada caso concreto. Tal reajuste será adequado e razoável sempre que o percentual de majoração for justificado atuarialmente, a permitir a continuidade contratual tanto de jovens quanto de idosos, bem como a sobrevivência do próprio fundo mútuo e da operadora, que visa comumente o lucro, o qual não pode ser predatório, haja vista a natureza da atividade econômica explorada: serviço público impróprio ou atividade privada regulamentada, complementar, no caso, ao Serviço Único de Saúde (SUS), de responsabilidade do Estado. 9. Se for reconhecida a abusividade do aumento praticado pela operadora de plano de saúde em virtude da alteração de faixa etária do usuário, para não haver desequilíbrio contratual, faz-se necessária, nos termos do art. 51, § 2º, do CDC, a apuração de percentual adequado e razoável de majoração da mensalidade em virtude da inserção do consumidor na nova faixa de risco, o que deverá ser feito por meio de cálculos atuariais na fase de cumprimento de sentença.

28. Art. 1° Para efeito do disposto no artigo 15 de Lei 9.656/98, as variações das contraprestações pecuniárias em razão da idade do usuário e de seus dependentes, obrigatoriamente, deverão ser estabelecidas nos contratos de planos ou seguros privados a assistência à saúde, observando-se as 07 (sete) faixas etárias discriminadas abaixo: I - 0 (zero) a 17 (dezessete) anos de idade; II - 18 (dezoito) a 29 (vinte e

Estatuto do Idoso, as regras aplicáveis são aquelas da Resolução Normativa nº 63/2003 da ANS:

> Art. 2º Deverão ser adotadas dez faixas etárias, observando-se seguinte tabela: I - 0 (zero) a 18 (dezoito) anos; II - 19 (dezenove) a 23 (vinte e três) anos; III - 24 (vinte e quatro) a 28 (vinte e oito) anos; IV - 29 (vinte e nove) a 33 (trinta e três) anos; V - 34 (trinta e quatro) a 38 (trinta e oito) anos; VI - 39 (trinta e nove) a 43 (quarenta e três) anos; VII - 44 (quarenta e quatro) a 48 (quarenta e oito) anos; VIII - 49 (quarenta e nove) a 53 (cinqüenta e três) anos; IX - 54 (cinqüenta e quatro) a 58 (cinqüenta e oito) anos; X - 59 (cinqüenta e nove) anos ou mais.
>
> Art. 3º Os percentuais de variação em cada mudança de faixa etária deverão ser fixados pela operadora, observadas as seguintes condições: I - o valor fixado para a última faixa etária não poderá ser superior a seis vezes o valor da primeira faixa etária; II - a variação acumulada entre a sétima e a décima faixas não poderá ser superior à variação acumulada entre a primeira e a sétima faixas; III – as variações por mudança de faixa etária não podem apresentar percentuais negativos.

Enfim, a partir de julgados do Superior Tribunal de Justiça e das Resoluções acima citadas temos a completa regulamentação do que determina a lei. Embora não represente o mundo ideal, pior seria se nada tivéssemos, como já ocorreu no passado.

4.4 DOS USUÁRIOS DE SERVIÇOS PÚBLICOS

4.4.1 Da necessária eficiência na administração pública

Alguns serviços oferecidos, prestados ou disponibilizados ao público, pela necessidade e importância à sociedade, bem como por questão

nove) anos de idade: III - 30 (trinta) a 39 (trinta e nove) anos de idade; IV - 40 (quarenta) a 49 (quarenta e nove) anos de idade; V - 50 (cinqüenta) a 59 (cinqüenta e nove) anos de idade; VI - 60 (sessenta) a 69 (sessenta e nove) anos de idade; VII- 70 (setenta) anos de idade ou mais. Art. 2º - As operadoras de planos e seguros privados de assistência à saúde poderão adotar por critérios próprios os valores e fatores de acréscimos das contraprestações entre as faixas etárias, desde que o valor fixado para a última faixa etária, não seja superior a seis vezes o valor da primeira faixa etária, obedecidos os parâmetros definidos no Art. 1º desta Resolução. § 1º A variação de valor na contraprestação pecuniária não poderá atingir o usuário com mais de 60 (sessenta) anos de idade, que participa de um plano ou seguro há mais de 10 (dez) anos, conforme estabelecido na Lei nº 9.656/98. § 2º A contagem do prazo estabelecido no parágrafo anterior deverá considerar cumulativamente os períodos de dois ou mais planos ou seguros, quando sucessivos e ininterruptos, numa mesma operadora, independentemente de eventual alteração em sua denominação social, controle empresarial, ou na sua administração, desde que caracterizada a sucessão. § 3º As operadoras de planos e seguros privados de assistência à saúde podem oferecer produtos que tenham valores iguais em faixas etárias diferentes.

econômico-estratégica, são assumidos pelo Poder Público, sendo dele a responsabilidade de prestá-los diretamente, de concedê-los à iniciativa privada, ou então de promover a devida fiscalização. São os chamados "serviços públicos".

Esses serviços públicos, como atos do Poder Público, devem seguir os princípios da Administração Pública, dentre eles, o da eficiência. Assim, deve-se prestar o melhor serviço com o menor ônus possível, conforme artigo 37, "caput"[29], da Constituição Federal.

Ademais, devemos citar a edição da **Lei nº 13.460/17**, a qual "estabelece normas básicas para participação, proteção e defesa dos direitos do usuário dos serviços públicos prestados direta ou indiretamente pela administração pública" (art. 1º, *caput*), considerando como tal o "órgão ou entidade integrante da administração pública de qualquer dos Poderes da União, dos Estados, do Distrito Federal e dos Municípios, a Advocacia Pública e a Defensoria Pública" (art. 2º, III).

Sem prejuízo da incidência do Código de Defesa do Consumidor e de outras normas que consagram direitos aos usuários, "os serviços públicos e o atendimento do usuário serão realizados de forma adequada, observados os princípios da regularidade, continuidade, efetividade, segurança, atualidade, generalidade, transparência e cortesia" (art. 4º).

Aliás, nessa linha de reafirmação de direitos, temos:

> Art. 5º O usuário de serviço público tem direito à adequada prestação dos serviços, devendo os agentes públicos e prestadores de serviços públicos observar as seguintes diretrizes: I - urbanidade, respeito, acessibilidade e cortesia no atendimento aos usuários; II - presunção de boa-fé do usuário; III - atendimento por ordem de chegada, ressalvados casos de urgência e aqueles em que houver possibilidade de agendamento, asseguradas as prioridades legais às pessoas com deficiência, aos idosos, às gestantes, às lactantes e às pessoas acompanhadas por crianças de colo; IV - adequação entre meios e fins, vedada a imposição de exigências, obrigações, restrições e sanções não previstas na legislação; V - igualdade no tratamento aos usuários, vedado qualquer tipo de discriminação; VI - cumprimento de prazos e normas procedimentais; VII - definição, publicidade e observância de horários e normas compatíveis com o bom atendimento ao usuário; VIII - adoção de medidas visando a proteção à saúde e a segurança dos usuários; IX - autenticação de documentos pelo próprio agente público, à vista dos originais apresentados

29. "A administração pública direta e indireta de qualquer dos Poderes da União, dos Estados, do Distrito Federal e dos Municípios obedecerá aos princípios de legalidade, impessoalidade, moralidade, publicidade e eficiência (...)".

pelo usuário, vedada a exigência de reconhecimento de firma, salvo em caso de dúvida de autenticidade; X - manutenção de instalações salubres, seguras, sinalizadas, acessíveis e adequadas ao serviço e ao atendimento; XI - eliminação de formalidades e de exigências cujo custo econômico ou social seja superior ao risco envolvido; XII - observância dos códigos de ética ou de conduta aplicáveis às várias categorias de agentes públicos; XIII - aplicação de soluções tecnológicas que visem a simplificar processos e procedimentos de atendimento ao usuário e a propiciar melhores condições para o compartilhamento das informações; XIV - utilização de linguagem simples e compreensível, evitando o uso de siglas, jargões e estrangeirismos; e XV - vedação da exigência de nova prova sobre fato já comprovado em documentação válida apresentada; XVI – comunicação prévia ao consumidor de que o serviço será desligado em virtude de inadimplemento, bem como do dia a partir do qual será realizado o desligamento, necessariamente durante horário comercial. **(Incluído pela Lei nº 14.015, de 2020)**

Além disso, "são direitos básicos do usuário (art. 6º): I - participação no acompanhamento da prestação e na avaliação dos serviços; II - obtenção e utilização dos serviços com liberdade de escolha entre os meios oferecidos e sem discriminação; III - acesso e obtenção de informações relativas à sua pessoa constantes de registros ou bancos de dados, observado o disposto no inciso X do caput do art. 5º da Constituição Federal e na Lei nº 12.527, de 18 de novembro de 2011; IV - proteção de suas informações pessoais, nos termos da Lei nº 12.527, de 18 de novembro de 2011; V - atuação integrada e sistêmica na expedição de atestados, certidões e documentos comprobatórios de regularidade; e VI - obtenção de informações precisas e de fácil acesso nos locais de prestação do serviço, assim como sua disponibilização na *internet*, especialmente sobre: a) horário de funcionamento das unidades administrativas; b) serviços prestados pelo órgão ou entidade, sua localização exata e a indicação do setor responsável pelo atendimento ao público; c) acesso ao agente público ou ao órgão encarregado de receber manifestações; d) situação da tramitação dos processos administrativos em que figure como interessado; e e) valor das taxas e tarifas cobradas pela prestação dos serviços, contendo informações para a compreensão exata da extensão do serviço prestado; VII – comunicação prévia da suspensão da prestação de serviço. **(Incluído pela Lei nº 14.015, de 2020)** Parágrafo único. É vedada a suspensão da prestação de serviço em virtude de inadimplemento por parte do usuário que se inicie na sexta-feira, no sábado ou no domingo, bem como em feriado ou no dia anterior a feriado. **(Incluído pela Lei nº 14.015, de 2020)**

Assim, o serviço público, pelo interesse público envolvido, deve ser entendido mais como um dever do Estado que uma forma oficial de exercício de poder.

Por fim, como a nova Lei estabelece o acesso a informações, para fins de adequada participação inclusive, devemos lembrar, por oportuno, a incidência da **Lei de acesso à informação (Lei nº 12.527/11)**, que regulamenta de certa forma o inciso XXXIII do art. 5º da Constituição Federal.

De fato, pela citada Lei, "os procedimentos previstos nesta Lei destinam-se a assegurar o direito fundamental de acesso à informação e devem ser executados em conformidade com os princípios básicos da administração pública e com as seguintes diretrizes: I - observância da publicidade como preceito geral e do sigilo como exceção; II - divulgação de informações de interesse público, independentemente de solicitações; III - utilização de meios de comunicação viabilizados pela tecnologia da informação; IV - fomento ao desenvolvimento da cultura de transparência na administração pública; V - desenvolvimento do controle social da administração pública.

Aliás, "subordinam-se ao regime desta Lei: I - os órgãos públicos integrantes da administração direta dos Poderes Executivo, Legislativo, incluindo as Cortes de Contas, e Judiciário e do Ministério Público; II - as autarquias, as fundações públicas, as empresas públicas, as sociedades de economia mista e demais entidades controladas direta ou indiretamente pela União, Estados, Distrito Federal e Municípios" (art. 1º, § único). Vale lembrar que também se aplica à Defensoria Pública, por óbvio.

Assim, "cabe aos órgãos e entidades do poder público, observadas as normas e procedimentos específicos aplicáveis, assegurar a: I - gestão transparente da informação, propiciando amplo acesso a ela e sua divulgação; II - proteção da informação, garantindo-se sua disponibilidade, autenticidade e integridade; e III - proteção da informação sigilosa e da informação pessoal, observada a sua disponibilidade, autenticidade, integridade e eventual restrição de acesso".

Enfim, com o acesso à informação garantido e a previsão de direitos dos usuários do serviço público, em tese, teríamos o alicerce ou as condições mínimas para se cobrar serviços de qualidade e, finalmente, o exercício pleno da cidadania.

4.4.2 Dos direitos dos usuários de serviço público em geral (Leis nº 8.987/95 e nº 13.460/17)

Os serviços públicos estão sujeitos às regras do Código de Defesa do Consumidor, segundo impõe seu próprio texto (arts. 6º, X e 22, CDC). Assim, todos os direitos previstos no sistema de proteção do consumidor são aplicáveis aos usuários de serviços públicos.

Além disso, a Lei nº 8.987/95 exige o **serviço público adequado**: "Toda concessão ou permissão pressupõe a prestação de serviço adequado ao pleno atendimento dos usuários, conforme estabelecido nesta Lei, nas normas pertinentes e no respectivo contrato" (art. 6º).[30]

Ademais, a lei prevê uma série de direitos a esses usuários: "sem prejuízo do disposto na Lei no 8.078, de 11 de setembro de 1990, são direitos e obrigações dos usuários (art. 7º): I - receber serviço adequado; II - receber do poder concedente e da concessionária informações para a defesa de interesses individuais ou coletivos; (...).[31]

Agora, a questão que mais aparece em atendimentos ao público refere-se às formas adotadas pelas concessionárias para **a cobrança de dívidas, com a interrupção do serviço** inclusive.

Sobre a regularidade da cobrança, não podemos ignorar os termos dos artigos 42 e 42-A do CDC, respectivamente: "Na cobrança de débitos, o consumidor inadimplente não será exposto a ridículo, nem será submetido a qualquer tipo de constrangimento ou ameaça. Parágrafo único. O consumidor cobrado em quantia indevida tem direito à repetição do indébito, por valor igual ao dobro do que pagou em excesso, acrescido de correção monetária e juros legais, salvo hipótese de engano justificável"; "em todos os documentos de cobrança de débitos apresentados ao consumidor, deverão constar o nome, o endereço e o número de inscrição no Cadastro de Pessoas Físicas – CPF ou no Cadastro Nacional de Pessoa Jurídica – CNPJ do fornecedor do produto ou serviço correspondente (Incluído pela Lei nº 12.039, de 2009)".

Sobre a interrupção do serviço público em si, a lei (Lei nº 8.987/95) exige algumas condições:

> Art. 6º (...) § 3º Não se caracteriza como descontinuidade do serviço a sua interrupção em situação de emergência ou após prévio aviso, quando: I - motivada por razões de ordem técnica ou de segurança das instalações; e, II - por inadimplemento do usuário, considerado o interesse da coletividade.

---

30. São parágrafos do artigo: § 1º Serviço adequado é o que satisfaz as condições de regularidade, continuidade, eficiência, segurança, atualidade, generalidade, cortesia na sua prestação e modicidade das tarifas. § 2º A atualidade compreende a modernidade das técnicas, do equipamento e das instalações e a sua conservação, bem como a melhoria e expansão do serviço.

31. Os demais incisos: III - obter e utilizar o serviço, com liberdade de escolha entre vários prestadores de serviços, quando for o caso, observadas as normas do poder concedente. (Redação dada pela Lei nº 9.648, de 1998) IV - levar ao conhecimento do poder público e da concessionária as irregularidades de que tenham conhecimento, referentes ao serviço prestado; V - comunicar às autoridades competentes os atos ilícitos praticados pela concessionária na prestação do serviço; VI - contribuir para a permanência das boas condições dos bens públicos através dos quais lhes são prestados os serviços.

> § 4º A interrupção do serviço na hipótese prevista no inciso II do § 3º deste artigo não poderá iniciar-se na sexta-feira, no sábado ou no domingo, nem em feriado ou no dia anterior a feriado. (**Incluído pela Lei nº 14.015, de 2020**)

Agora, quando o serviço é considerado essencial e relevante para a dignidade da pessoa humana (fornecimento de água potável ou de energia elétrica), e o consumo da respectiva unidade equipara-se à média local, sempre entendemos descabido o corte, especialmente quando claro o estado de miséria ou hipossuficiência da família, devendo a concessionária promover as medidas judiciais cabíveis para a cobrança da dívida.

Nessa linha, citamos o seguinte julgado do Superior Tribunal de Justiça:

> 1. A 1ª Seção, no julgamento do RESP nº 363.943/MG, assentou o entendimento de que é lícito à concessionária interromper o fornecimento de energia elétrica, se, após aviso prévio, o consumidor de energia elétrica permanecer inadimplente no pagamento da respectiva conta (Lei 8.987/95, art. 6º, § 3º, II). 2. Ademais, a 2ª Turma desta Corte, no julgamento do RESP nº 337.965/MG conclui que o corte no fornecimento de água, em decorrência de mora, além de não malferir o Código do Consumidor, é permitido pela Lei nº 8.987/95. 3. Não obstante, ressalvo o entendimento de que o corte do fornecimento de serviços essenciais - água e energia elétrica – como forma de compelir o usuário ao pagamento de tarifa ou multa, extrapola os limites da legalidade e afronta a cláusula pétrea de respeito à dignidade humana, porquanto o cidadão se utiliza dos serviços públicos posto essenciais para a sua vida, curvo-me ao posicionamento majoritário da Seção. 4. Hodiernamente, inviabiliza-se a aplicação da legislação infraconstitucional impermeável aos princípios constitucionais, dentre os quais sobressai o da dignidade da pessoa humana, que é um dos fundamentos da República, por isso que inaugura o texto constitucional, que revela o nosso ideário como nação. 5. *In casu*, o litígio não gravita em torno de uma empresa que necessita da energia para insumo, tampouco de pessoas jurídicas portentosas, mas de uma pessoa física miserável e desempregada, de sorte que a ótica tem que ser outra. Como afirmou o Ministro Francisco Peçanha Martins noutra ocasião, temos que enunciar o direito aplicável ao caso concreto, não o direito em tese. Forçoso, distinguir, em primeiro lugar, o inadimplemento perpetrado por uma pessoa jurídica portentosa e aquele inerente a uma pessoa física que está vivendo no limite da sobrevivência biológica. 6. Em segundo lugar, a Lei de Concessões estabelece que é possível o corte considerado o interesse da coletividade, que significa interditar o corte de energia de um hospital ou de uma universidade, bem como o de uma pessoa que não possui condições financeiras para pagar conta de luz de valor módico, máxime quando a concessionária tem os meios jurídicos legais da ação de cobrança. A responsabilidade patrimonial no direito bra-

> sileiro incide sobre o patrimônio do devedor e, neste caso, está incidindo sobre a própria pessoa. 7. Outrossim, é voz corrente que o 'interesse da coletividade' refere-se aos municípios, às universidades, hospitais, onde se atingem interesses plurissubjetivos. 8. Destarte, mister analisar que as empresas concessionárias ressalvam evidentemente um percentual de inadimplemento na sua avaliação de perdas, e os fatos notórios não dependem de prova (*notoria nom egent probationem*), por isso que a empresa recebe mais do que experimenta inadimplementos. 9. Esses fatos conduzem a conclusão contrária à possibilidade de corte do fornecimento de serviços essenciais de **pessoa física em situação de miserabilidade**, em contra-partida ao corte de pessoa jurídica portentosa, que pode pagar e protela a prestação da sua obrigação, aproveitando-se dos meios judiciais cabíveis. 10. Recurso especial provido, ante a função uniformizadora desta Corte.

Agora, reconhecemos a forte corrente que defende a interrupção nas hipóteses de inadimplemento, para se garantir a saúde do serviço como um todo, salvo nos casos que envolvam o interesse público (hospitais, creches e escolas públicas – STJ, EREsp nº 845.982/RJ, Min. Rel. Luiz Fux).

Mesmo para aqueles que admitem, é unânime que a interrupção depende de aviso prévio, o qual deve ser com garantia de recebimento (A.R.), se for por carta ou então na própria fatura, conforme todas as regras previstas no art. 173 da **Resolução Normativa ANEEL nº 414/10**.

Aliás, essa Resolução Normativa ANEEL nº 414/10, com alterações posteriores, no seu artigo 172, disciplina a suspensão do fornecimento do serviço de energia elétrica por inadimplemento.

Para a citada normativa, deverá haver a notificação prévia, e o débito não pode ser antigo, mas recente (90 dias):

> Art. 172. A suspensão por inadimplemento, precedida da notificação prevista no art. 173, ocorre pelo: I – não pagamento da fatura relativa à prestação do serviço público de distribuição de energia elétrica; (...)
>
> § 1º Na hipótese dos incisos I a IV, a apresentação da quitação do débito à equipe responsável, no momento precedente à suspensão do fornecimento, obsta sua efetivação, ainda que se trate de quitação intempestiva, ressalvada, nesta hipótese, a cobrança do consumidor pelo serviço correspondente à visita técnica. § 2º É vedada a suspensão do fornecimento após o decurso do prazo de 90 (noventa) dias, contado da data da fatura vencida e não paga, salvo comprovado impedimento da sua execução por determinação judicial ou outro motivo justificável, ficando suspensa a contagem pelo período do

> impedimento. § 3º Para as unidades consumidoras classificadas nas Subclasses Residencial Baixa Renda deve ocorrer com intervalo mínimo de 30 (trinta) dias entre a data de vencimento da fatura e a data da suspensão do fornecimento. (...) § 5º A distribuidora deve adotar o horário de 8h às 18h, em dias úteis, para a execução da suspensão do fornecimento da unidade consumidora.[32]

Enfim, a posição que admite a interrupção é majoritária hoje nos tribunais, desde que observadas as condições legais e com as ressalvas acima e abaixo citadas (STJ, REsp nº 705.203/SP, Rel. Min. Eliana Calmon; ou STJ, EREsp nº 302.620/SP, Rel. Min. José Delgado).

Por fim, duas importantes observações devem ser feitas e sempre lembradas, também a partir de julgados do Superior Tribunal de Justiça:

1) quando o valor da dívida é objeto de ação judicial, enquanto não se resolver a lide, a interrupção não poderá ocorrer por conta dos valores em análise: "Há ilegalidade na interrupção no fornecimento de energia elétrica nos casos de dívidas contestadas em Juízo, decorrentes de suposta fraude no medidor do consumo de energia elétrica, pois o corte configura constrangimento ao consumidor que procura discutir no Judiciário débito que considera indevido" (STJ, AgRg no Ag nº 1.214.882/RS, Rel. Min. Humberto Martins, 2010);
2) também não se permite a interrupção em relação a débitos pretéritos, pois o STJ tem entendido que a própria demora seria incompatível com a medida extrema e que não haveria urgência na adoção dela: "É ilegítimo o corte no fornecimento de serviços públicos essenciais quando: a) a inadimplência do consumidor decorrer de débitos pretéritos; b) o débito originar-se de suposta fraude no medidor de consumo de energia, apurada unilateralmente pela concessionária; e c) inexistir aviso prévio ao consumidor inadimplente. Precedentes do STJ" (STJ, AREsp nº 335.531/PE, decisão monocrática Min. Assusete Magalhães, 2014).

---

32. Os próximos artigos, também relevantes: Art. 173. Para a notificação de suspensão do fornecimento à unidade consumidora, prevista na seção III deste Capítulo, a distribuidora deve observar as seguintes condições: I – a notificação seja escrita, específica e com entrega comprovada ou, alternativamente, impressa em destaque na fatura, com antecedência mínima de: (...) b) 15 (quinze) dias, nos casos de inadimplemento. (...) § 2º A notificação a consumidor titular de unidade consumidora, devidamente cadastrada junto à distribuidora, onde existam pessoas usuárias de equipamentos de autonomia limitada, vitais à preservação da vida humana e dependentes de energia elétrica, deve ser feita de forma escrita, específica e com entrega comprovada. (...) Art. 174. A suspensão do fornecimento é considerada indevida quando o pagamento da fatura tiver sido realizado até a data limite prevista na notificação para suspensão do fornecimento ou, ainda, quando a suspensão for efetuada sem observar o disposto nesta Resolução.

Sobre os débitos pretéritos, eventual interrupção pode gerar direito à indenização ao consumidor lesado, conforme notícia[33]:

> Ribeirão Preto: após ação da Defensoria, TJ-SP determina pagamento de indenização a mulher que teve a luz cortada por débitos antigos. Após ação proposta pela Defensoria Pública de SP, o Tribunal de Justiça do Estado (TJ-SP) confirmou a condenação da companhia de energia elétrica CPFL (Companhia Paulista de Força e Luz) a pagar indenização por danos morais a uma consumidora que teve corte de fornecimento em sua residência por débitos pretéritos. O caso aconteceu em Ribeirão Preto. Antônia (nome fictício) firmou acordo com a empresa de energia elétrica consistente no parcelamento em 6 parcelas de débitos vencidos de sua conta de luz. No entanto, ela pagou apenas a primeira parcela, não tendo conseguindo quitar as demais em razão de dificuldades financeiras. Contudo, desde a celebração do acordo, ela pagou todas contas regulares de energia elétrica. Ainda assim, teve o fornecimento de energia cortado. Assim, Antônia procurou a Defensoria Pública, que ajuizou ação solicitando a retomada imediata do fornecimento de energia, além de pleitear o pagamento de indenização por danos morais. Na ação, a Defensora Pública Luciana Rocha Barros Veloni Alvarenga argumentou que a dívida pela qual fora suspenso o serviço era antiga, referente a parcelamento e que as contas regulares do consumo estavam sendo pagas normalmente, de modo que não havia atraso que justificasse o corte. Ela pontuou que há entendimento pacífico no sentido de que o débito que autoriza o corte é recente. Ela argumentou ainda que o corte foi realizado em um domingo, contrariando a normativa da Aneel (Agência Nacional de Energia Elétrica). Em Juízo de primeiro grau, o pedido foi acolhido integralmente, determinando o restabelecimento do serviço e indenização de R$ 10 mil a título de reparação por danos morais. Após recurso interposto pela ré, a 25ª Câmara de Direito Privado do TJ-SP proferiu acórdão confirmando, por unanimidade, a decisão anterior. "Tem-se que a energia é serviço de caráter essencial, com importância indubitável à vida moderna, e que, embora admissível a interrupção do fornecimento por inadimplemento sem justa causa, diante da realidade dos autos, a suspensão afigura-se como exercício abusivo de direito, deixando de se pautar pelos limites impostos por seus fins econômicos ou sociais e pela boa-fé", observou o Relator, Desembargador Hugo Crepaldi.

Assim, em relação à interrupção do serviço público, todos os detalhes acima expostos são relevantes, com destaque feito ao julgado que impede a interrupção quando claro o estado de miserabilidade.

33. Disponível no *Portal da DPESP*, https://www.defensoria.sp.def.br/dpesp/, acesso em 04/02/2021.

4.4.3 As políticas tarifárias e a impugnação via ações coletivas

De início, deve-se consignar o cenário jurídico sobre o tema. A política tarifária de serviços públicos ou o sistema que rege as tarifas de serviços públicos, especialmente os oferecidos por meio de concessionárias de serviço público, é regida por dois sistemas aparentemente antagônicos. De um lado, as tarifas são **regidas pelo Código de Defesa do Consumidor**, já que não são tributos e, portanto, não são regidas pelo Código Tributário Nacional, mas pelas regras de proteção do consumidor previstas no CDC, especialmente para o combate de práticas abusivas. Ou seja, todo sistema que tutela os consumidores em geral se aplica às tarifas de serviços públicos (arts. 22 e 42 do CDC).

Em contrapartida, do outro lado, nós temos o sistema de contratos públicos que também se aplica a essas políticas tarifárias. Assim, o regime jurídico de contratos públicos, especialmente as regras voltadas à concessão de serviços públicos, também incide sobre a política tarifária. Ainda, nessa linha temos doutrinas e julgados que hora pendem para a proteção do consumidor, hora dão prioridade ao **equilíbrio econômico-financeiro do contrato** e, nesse caso, dão mais liberdade às concessionárias na definição dessas tarifas de serviços públicos, em detrimento dos consumidores.

Assim, é possível perceber uma variação de julgados e de olhares para esse mesmo tema, que hora pedem para a proteção do consumidor (usuários de serviços públicos), hora pedem a favor das concessionárias.

Realmente, o Supremo Tribunal Federal já consignou que "o reajuste de tarifas do serviço público é manifestação de uma política tarifária, solução, em cada caso, de um complexo problema de ponderação entre a exigência de ajustar o preço do serviço às situações econômicas concretas do seguimento social dos respectivos usuários ao imperativo de manter a viabilidade econômico-financeiro do empreendimento do concessionário" (RE 191.532-SP, Rel. Min. Sepúlveda Pertence, Primeira Turma, DJ 29/8/1997).

Em análise de recurso de suspensão de segurança, o Superior Tribunal de Justiça posicionou-se nessa linha:

> "trata-se de ação popular ajuizada por parlamentares estaduais e federais, com pedido de antecipação dos efeitos da tutela, para suspender o aumento das tarifas cobradas de usuários da integração entre metrô, trens e ônibus municipais em terminais metropolitanos da Grande São Paulo. (...) Sendo assim, a interferência judicial para invalidar a estipulação das tarifas de transporte público urbano não pode ser admitida na hipótese, por violar gravemente a ordem pública. Frise-se que a legalidade estrita pressupõe a legitimidade

> do ato administrativo praticado pelo Poder Público, até prova definitiva em contrário – mormente nos casos em que houver, por parte da Fazenda estadual, esclarecimento de que a metodologia adotada para fixação dos preços era técnica. Por certo, a cautela impediria a decisão de sustar a recomposição tarifária estipulada pelo Poder Público para a devida manutenção do equilíbrio econômico-financeiro dos contratos de concessão de serviço público. Postura tão drástica deveria ocorrer somente após a constatação, estreme de dúvidas, de ilegalidade – desfecho que, em regra, se mostra possível somente após a devida instrução, com o decurso da tramitação completa do processo judicial originário. Por seu turno, a doutrina leciona que o Judiciário esbarra na dificuldade de concluir se um ato administrativo cuja motivação alegadamente política seria concretizado, ou não, caso o órgão público tivesse se valido tão somente de metodologia técnica. De qualquer forma, essa discussão seria inócua, pois, segundo a doutrina Chenery – a qual reconheceu o caráter político da atuação da Administração Pública dos Estados Unidos da América –, as cortes judiciais estão impedidas de adotarem fundamentos diversos daqueles que o Poder Executivo abraçaria, notadamente nas questões técnicas e complexas, em que os tribunais não têm a expertise para concluir se os critérios adotados pela Administração são corretos. Por todos esses motivos – inclusive em razão da impossibilidade de se reconhecer, na presente via, que ocorreu aumento abusivo de tarifas, está demonstrada, repita-se, acentuada ofensa à ordem pública – o que legitima a decisão que cassou a tutela antecipada deferida nos autos da ação popular, até o trânsito em julgado da decisão de mérito" (STJ, Informativo nº 0605, AgInt no AgInt na SLS 2.240-SP, Rel. Min. Laurita Vaz, por unanimidade, julgado em 7/6/2017).

Já em outra situação, decidiu a Superior Corte que "a tarifa de água deve ser calculada com base no consumo efetivamente medido no hidrômetro e que a tarifa por estimativa de consumo é ilegal por ensejar enriquecimento ilícito da concessionária. É da concessionária a obrigação pela instalação do hidrômetro, e a cobrança, no caso de inexistência do referido aparelho, deve ser cobrada pela tarifa mínima" (STJ, AgInt no REsp 1589490/RJ, Rel. Min. OG Fernandes, julgado em 15/03/2018).

Em termos de tutela coletiva, após a consolidação do microssistema processual, o Poder Público, talvez temeroso que esse instrumento se voltasse contra ele, ou por ser ele o grande violador de normas e direitos coletivos, buscou certa blindagem e criou alguns escudos para se resguardar desse instrumento de tutela, que tem um potencial elevadíssimo e, portanto, a partir de medidas provisórias, que depois foram confirmadas pelo Congresso Nacional, ele se blindou, relativamente.

Dentre outras proteções, o Poder Público conseguiu inserir o **parágrafo único no artigo 1º da Lei da ação civil pública**, a fim de proibir ações civis públicas com objeto ligado à matéria tributária e outros temas correlatos, mas especialmente para vedar que ações coletivas fossem propostas sobre essas questões.

Caso se atribua respaldo constitucional ao dispositivo restritivo, faz-se necessário fazer **importantes observações**: a **primeira** é que essa vedação não se aplica ao mandado de segurança coletivo, isso porque o *mandamus* tem como principal objetivo, de forma muito simples, atingir ou impugnar atos ilegais do Poder Público. Portanto, o objetivo principal do mandado de segurança é exatamente a impugnação de atos público ilegais, abusivos e constitucionais. Assim, não faria nenhum sentido, em termos de uma interpretação sistemática de uma hermenêutica lógica, que houvesse vedação também para o mandado de segurança coletivo, portanto não se estende a vedação do artigo primeiro da lei da ação civil pública ao mandado de segurança coletivo.

A **segunda** observação relevante é de que, em relação às tarifas (preços públicos), conforme hoje se entende, não se tratam de "tributos". Assim, essa vedação legal não milita nesse campo, ou seja, é possível ação civil pública para tratar de questões relativas às tarifas ou preços públicos, especialmente em relação à cobrança delas por concessionárias de serviço público. Então, por exemplo, as tarifas de transporte coletivo, de água e de energia elétrica podem ser contestadas por ação civil pública, já que a tarifa ou preço público não é tributo no sentido técnico da palavra e, por isso, podem ser objeto de tutela coletiva:

> O Superior Tribunal de Justiça adota a orientação firmada no REsp n. 1.117.903/RS (DJe 1º/2/2010), sob o rito dos recursos representativos da controvérsia, de que os serviços de fornecimento de água e esgoto são remunerados por preço público (tarifa), e não por taxa, razão por que não se lhes aplicam os prazos prescricionais do Código Tributário Nacional e do Decreto n. 20.910/1932" (AgInt no REsp 1589490/RJ, Rel. Min. OG Fernandes, julgado em 15/03/2018).

Aliás, o mesmo STJ, Primeira Turma, admitiu ação civil pública sobre a tarifa de telefonia móvel:

> Entre outras questões julgadas neste processo, foi decidido que o MP possui legitimidade ativa para propor ação civil pública a fim de tutelar direitos individuais homogêneos, porque caracterizado o relevante interesse social, inclusive quando decorrentes da prestação de serviços públicos - habilitação de linha telefônica móvel. Por outro lado, a Lei n. 9.472/1997, ao criar a Agência Nacional de Telecomunicações - (Anatel), órgão regulador das tele-

comunicações, conferiu-lhe, entre outras, a competência para expedir normas sobre prestação de serviços de telecomunicações. Contudo, esse poder regulamentador encontra limites nos preceitos normativos superiores, cabendo ao Poder Judiciário negar a sua aplicação toda vez que contrariar tais preceitos. Portanto, não se pode confundir a competência para expedir normas - que o acórdão a quo não infirmou - com a legitimidade da própria norma editada no exercício daquela competência, essa sim negada pelo acórdão. *In casu*, o MP ajuizou ação civil pública, por considerar abusiva a prática de condicionar a habilitação de celular pós-pago (cuja tarifa é menor que a do pré-pago) à inexistência de restrição do crédito dos consumidores ou à apresentação de comprovante de crédito (cartão de banco ou cartão de crédito). O juiz monocrático indeferiu o pedido do Parquet, porém o tribunal de origem reformou a sentença, impedindo as empresas de telecomunicações de condicionar a habilitação de linha celular no plano de serviço básico à apresentação de comprovantes de crédito ou à inexistência de restrição creditícia em nome do interessado, salvo a relacionada a dívidas com a própria concessionária. Decidindo dessa forma, o acórdão de origem não contrariou os princípios da livre iniciativa, da intervenção estatal mínima ou do regime privado da prestação do serviço. Como ressaltado pelo Min. Relator, tais princípios, de origem constitucional, não têm caráter absoluto. Pelo contrário, como todo princípio, a relatividade é da sua natureza, uma vez que sua aplicação não dispensa, nem pode dispensar, um sistema metódico de harmonização com outros princípios da mesma hierarquia, igualmente previstos naquela lei, como o do respeito ao usuário e da função social do serviço de telefonia. Deverão ser também harmonizados com os direitos dos usuários, notadamente o de não ser discriminado quanto às condições de acesso e fruição do serviço (art. 3º, III, da Lei n. 9.472/1997), bem como com o das obrigações das prestadoras, nomeadamente as de universalização do serviço, assim consideradas as que objetivam possibilitar o acesso de qualquer pessoa ou instituição de interesse público a serviço de telecomunicações, independentemente de sua localização e condição socioeconômica, bem como as destinadas a permitir a utilização das telecomunicações em serviços essenciais de interesse público (artigo 79, § 1º, da Lei n. 9.472/1997). Ressalte-se, por fim, que a controvérsia assumiu um perfil eminentemente constitucional, não só porque exige juízo de ponderação e de harmonização entre os princípios e valores decorrentes da Constituição, mas, sobretudo, porque seu desenlace envolve necessariamente juízo sobre a adequada aplicação do princípio constitucional da isonomia. Precedente citado: REsp 417.804-PR, DJ 16/5/2005. REsp 984.005-PE, Rel. Min. Teori Albino Zavascki, julgado em 13/9/2011" (Cf. Informativo nº 0483).

Além disso, vale dizer que, em relação a elas – as tarifas -, também se aplica o Código de Defesa do Consumidor e toda a sua proteção prevista em lei e na jurisprudência do Direito consumerista.

Então, em conclusão, às tarifas não se aplica a vedação tratada aqui e, melhor ainda, aplica-se Código de Defesa do Consumidor, especialmente a regra da restituição em dobro quando houver uma cobrança indevida, conforme previsto no CDC e aplicável às tarifas (artigos 22 e 42 do CDC).

Aliás, em um caso específico, após pedido de suspensão de liminar, foi ele submetido ao Superior Tribunal de Justiça, que ratificou a natureza consumerista: "somente será cabível o pedido de suspensão quando a decisão proferida contra o Poder Público puder provocar grave lesão à ordem, à saúde, à segurança e à economia públicas. II - *In casu*, não importa grave lesão à economia pública a decisão que, considerando o fornecimento de água como relação contratual consumerista, sem compulsoriedade, permitiu aos usuários o requerimento de desligamento do sistema quando o imóvel não esteja habitado" (AgRg na SLS 1828/SC, Rel. Min. Felix Fischer, julgado 19/02/2014).

Por fim, devemos lembrar que a Lei nº 13.673/18 alterou a Lei nº 8.987/95 para impor que "a concessionária deverá divulgar em seu sítio eletrônico, de forma clara e de fácil compreensão pelos usuários, tabela com o valor das tarifas praticadas e a evolução das revisões ou reajustes realizados nos últimos cinco anos (art. 9º, § 5º)."

O objetivo do dispositivo é informar os usuários do serviço e fomentar o controle e a participação popular.

5

DO DIREITO AMBIENTAL

5.1 INTRODUÇÃO

O direito ambiental, assim como os demais direitos difusos, é uma preocupação relativamente recente, pois surge na segunda metade do século XX e tem uma amplitude mundial. De fato, a preocupação com o meio ambiente tem algumas décadas e nasceu a partir dos efeitos oriundos da intensa industrialização, da expansão das áreas agrícolas para campos até então preservados, de acidentes em usinas nucleares, do consumo em massa e dos resíduos dele etc. Portanto, o contexto é de produção e consumo em larga escala e, por consequência, de degradação decorrente disso tudo, o que fez com que a comunidade internacional voltasse seus olhares para o meio ambiente como o alvo ou o principal prejudicado, a nível global inclusive. Aliás, pela sensibilidade do tema e sua extraterritorialidade, reconheceu-se o chamado caráter intergeracional, pois há claros reflexos às presentes e futuras gerações.

Em nível internacional**, o primeiro grande evento** sobre o meio ambiente ocorreu em 1972, a *Conferência das Nações Unidas sobre o Meio Ambiente Humano*, reunida em *Estocolmo* de 5 a 16 de junho daquele ano.

Na ocasião, proclamou-se que:

> 1. O homem é ao mesmo tempo obra e construtor do meio ambiente que o cerca, o qual lhe dá sustento material e lhe oferece oportunidade para desenvolver-se intelectual, moral, social e espiritualmente. Em larga e tortuosa evolução da raça humana neste planeta chegou-se a uma etapa em que, graças à rápida aceleração da ciência e da tecnologia, o homem adquiriu o poder de transformar, de inúmeras maneiras e em uma escala sem precedentes, tudo que o cerca. Os dois aspectos do meio ambiente humano, o natural e o artificial, são essenciais para o bem-estar do homem e para o gozo dos direitos humanos fundamentais, inclusive o direito à vida mesma.

2. A proteção e o melhoramento do meio ambiente humano é uma questão fundamental que afeta o bem-estar dos povos e o desenvolvimento econômico do mundo inteiro, um desejo urgente dos povos de todo o mundo e um dever de todos os governos.

Além disso, foram aprovados alguns princípios que se consagraram como os grandes e **primeiros pilares do direito ambiental** no mundo todo. Seguem apenas os iniciais, para ilustração:

Princípio 1 - O homem tem o direito fundamental à liberdade, à igualdade e ao desfrute de condições de vida adequadas em um meio ambiente de qualidade tal que lhe permita levar uma vida digna e gozar de bem-estar, tendo a solene obrigação de proteger e melhorar o meio ambiente para as gerações presentes e futuras. A este respeito, as políticas que promovem ou perpetuam o apartheid, a segregação racial, a discriminação, a opressão colonial e outras formas de opressão e de dominação estrangeira são condenadas e devem ser eliminadas. **Princípio 2** - Os recursos naturais da terra incluídos o ar, a água, a terra, a flora e a fauna e especialmente amostras representativas dos ecossistemas naturais devem ser preservados em benefício das gerações presentes e futuras, mediante uma cuidadosa planificação ou ordenamento. **Princípio 3** - Deve-se manter, e sempre que possível, restaurar ou melhorar a capacidade da terra em produzir recursos vitais renováveis. **Princípios 4** - O homem tem a responsabilidade especial de preservar e administrar judiciosamente o patrimônio da flora e da fauna silvestres e seu habitat, que se encontram atualmente, em grave perigo, devido a uma combinação de fatores adversos. Consequentemente, ao planificar o desenvolvimento econômico deve-se atribuir importância à conservação da natureza, incluídas a flora e a fauna silvestres.

Aliás, apesar de leis anteriores já regulamentarem atividades com impactos ambientais, essa preocupação foi efetivamente absorvida pelo Constituinte de 1988, o que resultou num capítulo extenso acerca do meio ambiente. Não é por acaso que a nossa Constituição/88 já foi chamada de "constituição verde".

Todos têm direito ao meio ambiente ecologicamente equilibrado, bem de uso comum do povo e essencial à sadia qualidade de vida, impondo-se ao Poder Público e à coletividade o dever de defendê-lo e preservá-lo para as presentes e futuras gerações (art. 225, CF).

Aliás, sem titubear, a Constituição Federal impõe uma série de obrigações ao Poder Público. "Para assegurar a efetividade desse direito, incumbe ao Poder Público (§ 1º): preservar e restaurar os processos ecológicos essenciais e prover o manejo ecológico das espécies e ecossistemas (I); preservar a diversidade e a integridade do patrimônio genético do País e fiscalizar as entidades dedicadas à pesquisa e manipulação de material genético (II).[1]

Após 20 anos da Conferência em Estocolmo, ocorreu a conhecida **ECO-92, no Rio de Janeiro**, também promovida pelas Nações Unidas. Na ocasião, foi aprovada nova declaração (*Declaração do Rio de Janeiro sobre o meio ambiente e desenvolvimento*), além de duas convenções internacionais, uma sobre a mudança de clima e a segunda sobre a biodiversidade, além de um plano de ação chamado "Agenda 21".

A Declaração citada é marcada pelo princípio do desenvolvimento sustentável, conforme os primeiros dos seus princípios:

> **Princípio 1** - Os seres humanos estão no centro das preocupações com o desenvolvimento sustentável. Têm direito a uma vida saudável e produtiva, em harmonia com a natureza. **Princípio 2** - Os Estados, de acordo com a Carta das Nações Unidas e com os princípios do direito internacional, têm o direito soberano de explorar seus próprios recursos segundo suas próprias políticas de meio ambiente e de desenvolvimento, e a responsabilidade de assegurar que atividades sob sua jurisdição ou seu controle não causem danos ao meio ambiente de outros Estados ou de áreas além dos limites da jurisdição nacional. **Princípio 3** - O direito ao desenvolvimento deve ser exercido de modo a permitir que sejam atendidas equitativamente as necessidades de desenvolvimento e de meio ambiente das gerações presentes e futuras. **Princípio 4** - Para alcançar o desenvolvimento sustentável, a proteção ambiental constituirá parte integrante do processo de desenvolvimento e não pode ser considerada isoladamente deste. **Princípio 5** - Para todos os Estados e todos os indivíduos, como requisito indispensável para o desenvolvimento sustentável, irão cooperar na tarefa essencial de erradicar a pobreza, a fim de reduzir as disparidades de padrões de vida e melhor atender às necessidades da maioria da população do mundo. (...) **Princípio 25** - A paz, o desenvolvimento e a proteção ambiental são interdependentes e indivisíveis".

1. Os incisos que seguem: "III - definir, em todas as unidades da Federação, espaços territoriais e seus componentes a serem especialmente protegidos, sendo a alteração e a supressão permitidas somente através de lei, vedada qualquer utilização que comprometa a integridade dos atributos que justifiquem sua proteção; IV - exigir, na forma da lei, para instalação de obra ou atividade potencialmente causadora de significativa degradação do meio ambiente, estudo prévio de impacto ambiental, a que se dará publicidade; V - controlar a produção, a comercialização e o emprego de técnicas, métodos e substâncias que comportem risco para a vida, a qualidade de vida e o meio ambiente; VI - promover a educação ambiental em todos os níveis de ensino e a conscientização pública para a preservação do meio ambiente; VII - proteger a fauna e a flora, vedadas, na forma da lei, as práticas que coloquem em risco sua função ecológica, provoquem a extinção de espécies ou submetam os animais a crueldade."

Já a *Agenda 21* definiu um plano global de ação, com aspectos mais práticos e funcionais. Na ocasião, "179 países participantes da Rio 92 acordaram e assinaram a *Agenda 21* Global, um programa de ação baseado num documento de 40 capítulos, que constitui a mais abrangente tentativa já realizada de promover, em escala planetária, um novo padrão de desenvolvimento, denominado 'desenvolvimento sustentável'. O termo 'Agenda 21' foi usado no sentido de intenções, desejo de mudança para esse novo modelo de desenvolvimento para o século XXI".[2]

No seu preâmbulo, a "Agenda 21" pontua as preocupações centrais sobre o meio ambiente e os objetivos almejados:

> 1.1. A humanidade se encontra em um momento de definição histórica. Defrontamo-nos com a perpetuação das disparidades existentes entre as nações e no interior delas, o agravamento da pobreza, da fome, das doenças e do analfabetismo, e com a deterioração contínua dos ecossistemas de que depende nosso bem-estar. Não obstante, caso se integrem as preocupações relativas a meio ambiente e desenvolvimento e a elas se dedique mais atenção, será possível satisfazer às necessidades básicas, elevar o nível da vida de todos, obter ecossistemas melhor protegidos e gerenciados e construir um futuro mais próspero e seguro. São metas que nação alguma pode atingir sozinha; juntos, porém, podemos -- em uma associação mundial em prol do desenvolvimento sustentável. (...) 1.3. A Agenda 21 está voltada para os problemas prementes de hoje e tem o objetivo, ainda, de preparar o mundo para os desafios do próximo século. Reflete um consenso mundial e um compromisso político no nível mais alto no que diz respeito a desenvolvimento e cooperação ambiental. O êxito de sua execução é responsabilidade, antes de mais nada, dos Governos. Para concretizá-la, são cruciais as estratégias, os planos, as políticas e os processos nacionais. A cooperação internacional deverá apoiar e complementar tais esforços nacionais. Nesse contexto, o sistema das Nações Unidas tem um papel fundamental a desempenhar. Outras organizações internacionais, regionais e subregionais também são convidadas a contribuir para tal esforço. A mais ampla participação pública e o envolvimento ativo das organizações não-governamentais e de outros grupos também devem ser estimulados.

Quanto ao tema meio ambiente e populações mais pobres, a "Agenda 21" destaca:

> 3.2. (...) Uma estratégia voltada especificamente para o combate à pobreza, portanto, é requisito básico para a existência de desenvolvimento sustentável.

2. Disponível em http://www.mma.gov.br, acesso em 10/06/2019.

> A fim de que uma estratégia possa fazer frente simultaneamente aos problemas da pobreza, do desenvolvimento e do meio ambiente, é necessário que se comece por considerar os recursos, a produção e as pessoas, bem como, simultaneamente, questões demográficas, o aperfeiçoamento dos cuidados com a saúde e a educação, os direitos da mulher, o papel dos jovens, dos indígenas e das comunidades locais, e, ao mesmo tempo, um processo democrático de participação, associado a um aperfeiçoamento de sua gestão.

Por sua vez, **o Código Florestal de 2012**, apesar de alguns importantes retrocessos, veio para reafirmar o compromisso assumido pelo Constituinte, especificamente sobre as florestas no Brasil (art. 1º, parágrafo único):

> Tendo como objetivo o desenvolvimento sustentável, esta Lei atenderá aos seguintes princípios: I - afirmação do compromisso soberano do Brasil com a preservação das suas florestas e demais formas de vegetação nativa, bem como da biodiversidade, do solo, dos recursos hídricos e da integridade do sistema climático, para o bem estar das gerações presentes e futuras; (...)[3]

Por fim, nesta introdução, devemos lembrar que o meio ambiente não é apenas o natural, mas inclui o artificial e o histórico-cultural. O meio ambiente natural compreende a biota como um todo: animais, vegetais, água, terra, ar etc. O meio ambiente artificial é aquele construído pelo homem para a sua vida em sociedade, especialmente no espaço urbano. Por fim, o meio ambiente histórico-cultural inclui tudo que foi produzido e erguido no passado, que traz informações relevantes sobre a história, o modo de vida, hábitos e o caminhar de cada povo ou comunidade em seus respectivos espaços.

3. Os incisos seguintes: "II - reafirmação da importância da função estratégica da atividade agropecuária e do papel das florestas e demais formas de vegetação nativa na sustentabilidade, no crescimento econômico, na melhoria da qualidade de vida da população brasileira e na presença do País nos mercados nacional e internacional de alimentos e bioenergia; (Incluído pela Lei nº 12.727, de 2012). III - ação governamental de proteção e uso sustentável de florestas, consagrando o compromisso do País com a compatibilização e harmonização entre o uso produtivo da terra e a preservação da água, do solo e da vegetação; (Incluído pela Lei nº 12.727, de 2012). IV - responsabilidade comum da União, Estados, Distrito Federal e Municípios, em colaboração com a sociedade civil, na criação de políticas para a preservação e restauração da vegetação nativa e de suas funções ecológicas e sociais nas áreas urbanas e rurais; (Incluído pela Lei nº 12.727, de 2012). V - fomento à pesquisa científica e tecnológica na busca da inovação para o uso sustentável do solo e da água, a recuperação e a preservação das florestas e demais formas de vegetação nativa; (Incluído pela Lei nº 12.727, de 2012). VI - criação e mobilização de incentivos econômicos para fomentar a preservação e a recuperação da vegetação nativa e para promover o desenvolvimento de atividades produtivas sustentáveis. (Incluído pela Lei nº 12.727, de 2012)."

5.2 DOS CONCEITOS E DEFINIÇÕES

Alguns microssistemas legais, pelas suas peculiaridades, ao serem regulamentados, trazem, por didática e operabilidade, os principais conceitos e as mais usadas definições de elementos e institutos que integram esse específico de normas.

Nessa linha, o Código Florestal apresenta relação minuciosa de alguns conceitos:

> Art. 3º Para os efeitos desta Lei, entende-se por: I - Amazônia Legal: os Estados do Acre, Pará, Amazonas, Roraima, Rondônia, Amapá e Mato Grosso e as regiões situadas ao norte do paralelo 13° S, dos Estados de Tocantins e Goiás, e ao oeste do meridiano de 44° W, do Estado do Maranhão; II - Área de Preservação Permanente - APP: área protegida, coberta ou não por vegetação nativa, com a função ambiental de preservar os recursos hídricos, a paisagem, a estabilidade geológica e a biodiversidade, facilitar o fluxo gênico de fauna e flora, proteger o solo e assegurar o bem-estar das populações humanas; III - Reserva Legal: área localizada no interior de uma propriedade ou posse rural, delimitada nos termos do art. 12, com a função de assegurar o uso econômico de modo sustentável dos recursos naturais do imóvel rural, auxiliar a conservação e a reabilitação dos processos ecológicos e promover a conservação da biodiversidade, bem como o abrigo e a proteção de fauna silvestre e da flora nativa; (...) VI - uso alternativo do solo: substituição de vegetação nativa e formações sucessoras por outras coberturas do solo, como atividades agropecuárias, industriais, de geração e transmissão de energia, de mineração e de transporte, assentamentos urbanos ou outras formas de ocupação humana; VII - manejo sustentável: administração da vegetação natural para a obtenção de benefícios econômicos, sociais e ambientais, respeitando-se os mecanismos de sustentação do ecossistema objeto do manejo e considerando-se, cumulativa ou alternativamente, a utilização de múltiplas espécies madeireiras ou não, de múltiplos produtos e subprodutos da flora, bem como a utilização de outros bens e serviços; (...) XX - área verde urbana: espaços, públicos ou privados, com predomínio de vegetação, preferencialmente nativa, natural ou recuperada, previstos no Plano Diretor, nas Leis de Zoneamento Urbano e Uso do Solo do Município, indisponíveis para construção de moradias, destinados aos propósitos de recreação, lazer, melhoria da qualidade ambiental urbana, proteção dos recursos hídricos, manutenção ou melhoria paisagística, proteção de bens e manifestações culturais; (...) XXVII - crédito de carbono: título de direito sobre bem intangível e incorpóreo transacionável. (Incluído pela Lei nº 12.727, de 2012).

O legislador acreditou que, seja pela relevância dos temas, seja por conta de alguns assuntos sobremodo específicos e técnicos, não comuns no cotidiano do cidadão ou mesmo do jurista, que a apresentação de alguns conceitos e definições tornaria o sistema com maior potencial e operabilidade.

5.3 PRINCÍPIOS DO DIREITO AMBIENTAL

Os princípios são regras gerais que assumem, basicamente, **dupla função**: a função cogente e a função integradora ou informativa. Pela primeira, convencionou-se que os princípios também são capazes de criar direitos e obrigações, concretamente inclusive. Aqui, os princípios, por mais gerais e abstratos que são, diante dos casos concretos, são capazes de criar direitos e obrigações ambientais. Já na função integradora-informativa, os princípios inspiram e fomentam interpretações e aplicações variadas da norma, de forma mais teleológica inclusive, além de dar sentido aos sistemas jurídicos especiais, como o do Direito Ambiental, por exemplo. Realmente, aqui, não há diferença: os princípios criam regras e ainda dão unidade e harmonia ao sistema como um todo.

Assim, são princípios do moderno direito ambiental:

a) **Princípio da intergeração**

O bem ambiental suplanta a atual geração, é dinâmico (não estático), alcançando as futuras. Por isso, trata-se de bem intergeracional, aliás, conforme a própria Constituição Federal já teria anunciado (art. 225). Ora, se o meio ambiente equilibrado é um direito de todos, bem comum, inclui nessa universalidade as futuras gerações.

Ademais, devemos consignar que um dano ambiental, a depender de sua dimensão, pode atingir grandes áreas e durar por décadas ou séculos. Por exemplo, um grande desmatamento seguido de desertificação é algo irreversível. Ou então um vazamento de material radioativo também é algo grave e permanente, com efeitos duradouros e cumulativos, que atingirão as presentes e futuras gerações.

Enfim, tal questão é considerada em diferentes aspectos, como por exemplo para fins de afastar o direito adquirido: "Inexiste direito adquirido a poluir ou degradar o meio ambiente. O tempo é incapaz de curar ilegalidades ambientais de natureza permanente, pois parte dos sujeitos tutelados - as gerações futuras - carece de voz e de representantes que falem ou se omitam em seu nome (STJ, AgInt no REsp nº 1283547/SC, Rel. Min. Regina Helena Costa, julgado em 23/10/2018, Primeira Turma).

b) **Princípio do interesse difuso e do bem comum**

O meio ambiente ecologicamente equilibrado é, em regra, um bem indivisível, que pertence a todos, sem distinção. "Todos têm direito ao meio ambiente ecologicamente equilibrado, bem de uso comum do povo e essencial à sadia qualidade de vida, (...)" – art. 225, *caput*, CF.

Aliás, o Código Florestal é claro ao prever o bem ambiental como de natureza difusa e coletiva, cuja defesa suplanta os interesses individuais ou de grupos ou até nações, sendo de cunho universal:

> As florestas existentes no território nacional e as demais formas de vegetação nativa, reconhecidas de utilidade às terras que revestem, são bens de interesse comum a todos os habitantes do País, exercendo-se os direitos de propriedade com as limitações que a legislação em geral e especialmente esta Lei estabelecem (art. 2º).

Enfim, o meio ambiente é, em regra, um direito difuso, insusceptível de apropriação ou capitalização, portanto, indivisível por natureza.

c) **Princípio do desenvolvimento sustentável e responsável**

Mesmo no campo do direito ambiental podemos dizer hoje, com muita tranquilidade, especialmente depois dos desastres que ocorreram no Estado de Minas Gerais (Mariana e Brumadinho), que a questão ambiental deve ser regida especialmente pelo princípio do desenvolvimento sustentável e responsável.

De outro modo, qualquer atividade que possa eventualmente gerar impacto ou risco ao meio ambiente e à população desse espaço deve sofrer uma intensa fiscalização em todas as fases de sua instalação e de sua operação.

Em outros termos, qualquer atividade potencialmente lesiva, seja ao meio ambiente seja à comunidade que nele está inserida, deve ser permanentemente fiscalizada e controlada. Assim, podemos dizer que temos **o princípio do desenvolvimento economicamente sustentável e socialmente responsável**. E essa responsabilidade social não é apenas responsabilidade indenizatória, mas é uma responsabilidade muito mais preventiva, inibitória e reintegratória do que propriamente ressarcitória. Ou seja, a responsabilidade daqueles que manejam bens ambientais e exercem atividades potencialmente lesivas deve ser anterior ao dano, no sentido da prevenção em especial.

Vale dizer ainda que o Código Florestal trouxe algumas diretrizes sobre o princípio em tela:

> Art. 1º-A. (...) Parágrafo único. Tendo como objetivo o desenvolvimento sustentável, esta Lei atenderá aos seguintes princípios: II - reafirmação da importância da função estratégica da atividade agropecuária e do papel das florestas e demais formas de vegetação nativa na sustentabilidade, no crescimento econômico, na melhoria da qualidade de vida da população brasileira

> e na presença do País nos mercados nacional e internacional de alimentos e bioenergia; (...) III - ação governamental de proteção e uso sustentável de florestas, consagrando o compromisso do País com a compatibilização e harmonização entre o uso produtivo da terra e a preservação da água, do solo e da vegetação; (...) V - fomento à pesquisa científica e tecnológica na busca da inovação para o uso sustentável do solo e da água, a recuperação e a preservação das florestas e demais formas de vegetação nativa; VI - criação e mobilização de incentivos econômicos para fomentar a preservação e a recuperação da vegetação nativa e para promover o desenvolvimento de atividades produtivas sustentáveis.

Enfim, a sustentabilidade é, em termos jurídicos, a condição inarredável para o uso dos recursos ambientais, fazendo-o consciente, responsável e precavido. Ora, se a comunidade internacional concluiu que os recursos ambientais podem ser convertidos em favor das respectivas comunidades, que esse uso seja de forma sustentável, garantindo-os e preservando-os para as presentes e futuras gerações.

d) **Princípio da responsabilidade objetiva e *propter rem*:**

A questão da responsabilização ambiental tem especial relevância e variadas funções. Como o meio ambiente é bem de interesse comum e indisponível, de caráter intergeracional, a imposição de sanções penais, administrativas e civis deve ocorrer de forma a efetivamente inibir e não fomentar danos e degradações.

> Aliás, a jurisprudência segue essa linha há tempos:
>
> (...) 2. O princípio da insignificância não possui substrato teórico apto a viabilizar a sua incidência na esfera da responsabilidade civil ambiental. Toda conduta de degradação ambiental lesiona o bem jurídico tutelado, pois a defesa de nossas biotas perpassa pela prevenção e preservação, logo, por mais que o dano seja ínfimo (baixa destruição da biota), a lesão à educação socioambiental afasta o requisito da mínima lesividade da conduta. 3. O bem ambiental é imensurável, não tem valor patrimonial, trata-se de um bem difuso, essencial à coletividade. Dessa forma, a violação da norma ambiental e do equilíbrio sistêmico não comporta a ideia de inexpressividade da conduta para aplicação do princípio da insignificância, pois o interesse protegido envolve toda a sociedade e, em nome do bem-estar desta, é que deve ser aplicada. 4. Em qualquer quantidade que seja derramamento de óleo é poluição, seja por inobservância dos padrões ambientais (inteligência do art. 3º, III, e, da Lei n. 6.938/1981, c/c o art. 17 da Lei n. 9.966/2000), seja por conclusão lógica dos princípios da solidariedade, dimensão ecológica da dignidade humana, prevenção, educação ambiental e preservação das gerações futuras. 6. Recurso especial provido para reconhecer a inaplicabilidade do princípio da insignificância em matéria de responsabilidade civil ambiental.

(STJ, AREsp: 667867 SP 2015/0041944-0, Rel. Min. Og Fernandes, julgado em 17/10/2018, Segunda Turma).

Ainda, a responsabilidade ambiental não é pessoal ou subjetiva, pois o que se prioriza aqui é inibir o dano e não o tornar lucrativo, além de sancionar os seus responsáveis. Nesse sentido, a transmissão subjetiva da propriedade não impede a chamada do atual proprietário ou possuidor, sem prejuízo da solidariedade que existe entre todos.

Segundo o Superior Tribunal de Justiça, "a responsabilidade por dano ambiental é objetiva, informada pela teoria do risco integral, sendo o nexo de causalidade o fator aglutinante que permite que o risco se integre na unidade do ato, sendo descabida a invocação, pela empresa responsável pelo dano ambiental, de excludentes de responsabilidade civil para afastar sua obrigação de indenizar; b) em decorrência do acidente, a empresa deve recompor os danos materiais e morais causados; c) na fixação da indenização por danos morais, recomendável que o arbitramento seja feito caso a caso e com moderação, proporcionalmente ao grau de culpa, ao nível socioeconômico do autor, e, ainda, ao porte da empresa, orientando-se o juiz pelos critérios sugeridos pela doutrina e jurisprudência, com razoabilidade, valendo-se de sua experiência e bom senso, atento à realidade da vida e às peculiaridades de cada caso, de modo que, de um lado, não haja enriquecimento sem causa de quem recebe a indenização e, de outro, haja efetiva compensação pelos danos morais experimentados por aquele que fora lesado (REsp nº 1374284/MG, Rel. Min. Luis Felipe Salomão, julgado em 27/08/2014).[4]

Aliás, o Código Florestal traz relevante regra que reafirma a natureza objetiva e *propter rem* da responsabilidade ambiental: "As obrigações previstas nesta Lei têm natureza real e são transmitidas ao sucessor, de qualquer natureza, no caso de transferência de domínio ou posse do imóvel rural" (Art. 2º, § 2º).

Nessa linha, decidiu recentemente o Superior Tribunal de Justiça: "Esta Corte Superior possui entendimento pacífico no sentido de que a responsabilidade civil pela reparação dos danos ambientais adere à propriedade, como obrigação *propter rem*, sendo possível cobrar também do atual proprietário condutas derivadas de danos provocados pelos proprietários antigos. Foi essa

4. Em outra situação, o mesmo STJ: "Inviabilidade de alegação de culpa exclusiva de terceiro, ante a responsabilidade objetiva. - A alegação de culpa exclusiva de terceiro pelo acidente em causa, como excludente de responsabilidade, deve ser afastada, ante a incidência da teoria do risco integral e da responsabilidade objetiva ínsita ao dano ambiental (art. 225, § 3º, da CF e do art. 14, § 1º, da Lei nº 6.938/81), responsabilizando o degradador em decorrência do princípio do poluidor-pagador" (REsp nº 1114398/PR, Rel. Min. Sidnei Beneti, julgado em 08/02/2012).

a jurisprudência invocada pela origem para manter a decisão agravada. (REsp nº 1251697, Rel. Min. Mauro Campbell Marques, julgado em 12/04/2012, Segunda Turma).

No tema da responsabilidade civil, há entendimento no sentido de que ela não prescreve, especialmente quando o dano é permanente e contínuo: "Não existe prescrição, pois a manutenção das construções na área de preservação ambiental impede que a vegetação se regenere, prolongando-se, assim, os danos causados ao meio ambiente. No caso em tela, a lesão perpetuou-se, recriando ou renovando a cada dia a pretensão jurídica do titular do direito ofendido. Não há que se falar de prescrição em ações de natureza ambiental decorrentes de dano permanente, ao menos enquanto se perpetuar o dano ambiental" (REsp nº 1081257/SP, Rel. Min. Og Fernandes, julgado em 05/06/2018, Segunda Turma).

Agora, uma advertência parece-nos pertinente: a potencialização da responsabilidade não significa que ela prescinde de seus elementos de formação, tais como o dano e o nexo causal: "a responsabilidade civil objetiva por dano ambiental não exclui a comprovação da efetiva ocorrência de dano e do nexo de causalidade com a conduta do agente, pois estes são elementos essenciais ao reconhecimento do direito de reparação" (STJ, AgInt no AREsp nº 884867/PR, Rel. Min. Maria Isabel Gallotti, julgado em 22/05/2018).

Por fim, devemos registrar que a ocorrência do dano ambiental muitas vezes não atinge ou prejudica eventual responsabilização por danos individuais (homogêneos ou não): "o pescador profissional é parte legítima para postular indenização por dano ambiental que acarretou a redução da pesca na área atingida, podendo se utilizar do registro profissional para tanto, ainda que concedido posteriormente ao sinistro, e de outros meios de prova que sejam suficientes ao convencimento do juiz acerca do exercício dessa atividade. Acórdão recorrido em sintonia com o respectivo entendimento" (STJ, AREsp nº 1163644/PR, Rel. Min. Maria Isabel Gallotti, Data de publicação: DJ 02/02/2018).

e) **Princípio da responsabilidade pública comum**

O Estado é responsável pela preservação do meio ambiente, sendo que todos Entes Federados carregam essa responsabilidade, já que o meio ambiente ecologicamente equilibrado é um bem de interesse comum e indisponível.

Contudo, a Constituição Federal, por questão de ordem prática e para evitar a sobreposição e eventual contradição de normas, estabelece regras de competência legislativa e administrativa, com base na extensão do interesse em análise.

Aliás, o Supremo Tribunal Federal - STF posicionou-se recentemente no sentido de se considerar inválida lei municipal que vedava a queima da cana-de-açúcar, pois estava em desarmonia com regras estaduais pré-estabelecidas.

No julgamento do Recurso Extraordinário nº 586.224, que teve repercussão geral reconhecida, o STF firmou a tese de que "o município é competente para legislar sobre meio ambiente com a União e o estado no limite do seu interesse local e desde que tal regramento seja harmônico com a disciplina estabelecida pelos demais entes federados." Assim, a Suprema Corte declarou a inconstitucionalidade da Lei 1.952/1995, do Município de Paulínia (SP), que proibia totalmente a queima da palha de cana-de-açúcar em seu território:

> 1. O Município é competente para legislar sobre meio ambiente com União e Estado, no limite de seu interesse local e desde que tal regramento seja e harmônico com a disciplina estabelecida pelos demais entes federados (art. 24, VI c/c 30, I e II da CRFB). 2. O Judiciário está inserido na sociedade e, por este motivo, deve estar atento também aos seus anseios, no sentido de ter em mente o objetivo de saciar as necessidades, visto que também é um serviço público. 3. *In casu*, porquanto inegável conteúdo multidisciplinar da matéria de fundo, envolvendo questões sociais, econômicas e políticas, não é permitido a esta Corte se furtar de sua análise para o estabelecimento do alcance de sua decisão. São elas: (i) a relevante diminuição – progressiva e planejada – da utilização da queima de cana-de-açúcar; (ii) a impossibilidade do manejo de máquinas diante da existência de áreas cultiváveis acidentadas; (iii) cultivo de cana em minifúndios; (iv) trabalhadores com baixa escolaridade; (v) e a poluição existente independentemente da opção escolhida. 4. Em que pese a inevitável mecanização total no cultivo da cana, é preciso reduzir ao máximo o seu aspecto negativo. Assim, diante dos valores sopesados, editou-se uma lei estadual que cuida da forma que entende ser devida a execução da necessidade de sua respectiva população. Tal diploma reflete, sem dúvida alguma, uma forma de compatibilização desejável pela sociedade, que, acrescida ao poder concedido diretamente pela Constituição, consolida de sobremaneira seu posicionamento no mundo jurídico estadual como um standard a ser observado e respeitado pelas demais unidades da federação adstritas ao Estado de São Paulo. 5. Sob a perspectiva estritamente jurídica, é interessante observar o ensinamento do eminente doutrinador Hely Lopes Meireles, segundo o qual "se caracteriza pela predominância e não pela exclusividade do interesse para o município, em relação ao do Estado e da União. Isso porque não há assunto municipal que não seja reflexamente de interesse estadual e nacional. A diferença é apenas de grau, e não de substância."(Direito Administrativo Brasileiro. São Paulo: Malheiros Editores, 1996. p. 121.) 6. Função precípua do município, que é atender diretamente o cidadão. Destarte, não é permitida uma interpretação pelo Supremo Tribunal Federal, na qual não se reconheça o interesse do município

> em fazer com que sua população goze de um meio ambiente equilibrado. 7. Entretanto, impossível identificar interesse local que fundamente a permanência da vigência da lei municipal, pois ambos os diplomas legislativos têm o fito de resolver a mesma necessidade social, que é a manutenção de um meio ambiente equilibrado no que tange especificamente a queima da cana-de-açúcar. 8. Distinção entre a proibição contida na norma questionada e a eliminação progressiva disciplina na legislação estadual, que gera efeitos totalmente diversos e, caso se opte pela sua constitucionalidade, acarretará esvaziamento do comando normativo de quem é competente para regular o assunto, levando ao completo descumprimento do dever deste Supremo Tribunal Federal de guardar a imperatividade da Constituição. 9. Recurso extraordinário conhecido e provido para declarar a inconstitucionalidade da Lei Municipal nº 1.952, de 20 de dezembro de 1995, do Município de Paulínia. (RE 586.224 – data do julgamento: 08/05/2015).

Assim, apesar da responsabilidade solidária na fiscalização e na preservação do meio ambiente, em termos de competência legislativa, algumas regras estipulam critérios de atuação.

Agora, como dito, em relação à atuação fiscalizatória do Estado, exige-se a maior eficiência e prontidão, sob pena de incorrer o Estado em inaceitável omissão, com resultados sem precedentes:

> (...) 2. Nos termos dos arts. 9º, IV, e 10 da Lei 6.938/1981, exigem licenciamento ambiental - cujo resultado formal é a expedição, ou não, de autorização ou licença - tanto atividade como construção, instalação, funcionamento e ampliação de empreendimento efetiva ou potencialmente degradadores do meio ambiente. Pratica ilícito administrativo, civil e penal quem atua sem licença ou autorização ambiental, ou desrespeita condição ou obrigação da emitida. 3. Sem fiscalização independente, íntegra, universal, metódica, preventiva, eficaz e respeitada pelos infratores em potencial, o Direito Ambiental e as normas que o compõem nunca passarão de figuras retóricas que, em vez de realmente defenderem os bens ambientais constitucionalmente reconhecidos e garantidos, se prestam quando muito a enganar os beneficiários da legislação com promessas ilusórias e correlatas expectativas de amparo autêntico. Em tal conjuntura de omissão, inércia e descuido com a fiscalização, transmuda-se proteção em encenação estatal, típica do Estado Teatral, e, no seu rastro, revela-se um "Direito Ambiental de mentirinha". Por isso, a Lei 6.938/1981 incluiu a "fiscalização do uso dos recursos ambientais" no receituário fundamental e estruturante que delimita e viabiliza a Política Nacional do Meio Ambiente (art. 2º, III). Logo, querer limitar, corroer ou fragilizar a função pública fiscalizatória dos órgãos ambientais equivale a arrancar os olhos e as mãos do guardião dos direitos de todos e das gerações futuras. 4. O dever-poder de licenciamento e o dever-poder de

fiscalização não se confundem, embora ambos integrem a esfera do chamado poder de polícia ambiental (*rectius*, dever-poder de implementação). Pacífico o entendimento do STJ de que a competência de fiscalização de atividades e empreendimentos degradadores do meio ambiente é partilhada entre União, Estados e Municípios, sobretudo quando o infrator opera sem licença ou autorização ambiental. Tal orientação jurisprudencial coaduna-se com o espírito da Lei Complementar 140/2011, editada após a lavratura do auto impugnado, e o arcabouço constitucional de organização e funcionamento do Poder Público no terreno ambiental. (...)[5] (STJ, REsp nº 1728334/RJ, Rel. Min. Herman Benjamin, julgado em 05/06/2018, Segunda Turma).

Por fim, vale mencionar que o Código Florestal trouxe algumas diretrizes de interpretação da nova lei e do direito ambiental como um todo, mas em artigo incluído pela Lei nº 12.727, de 2012:

> Art. 1º-A. Esta Lei estabelece normas gerais sobre a proteção da vegetação, áreas de Preservação Permanente e as áreas de Reserva Legal; a exploração florestal, o suprimento de matéria-prima florestal, o controle da origem dos produtos florestais e o controle e prevenção dos incêndios florestais, e prevê instrumentos econômicos e financeiros para o alcance de seus objetivos. Parágrafo único. Tendo como objetivo o desenvolvimento sustentável, esta Lei atenderá aos seguintes princípios: I - afirmação do compromisso soberano do Brasil com a preservação das suas florestas e demais formas de vegetação nativa, bem como da biodiversidade, do solo, dos recursos hídricos e da integridade do sistema climático, para o bem estar das gerações presentes e futuras; (...) IV - responsabilidade comum da União, Estados, Distrito

5. Diz a parte recortada: "5. Consoante a Lei Complementar 140/2011, "Compete ao órgão responsável pelo licenciamento ou autorização, conforme o caso, de um empreendimento ou atividade, lavrar auto de infração ambiental e instaurar processo administrativo para a apuração de infrações à legislação ambiental cometidas pelo empreendimento ou atividade licenciada ou autorizada" (art. 17, grifos acrescentados). Assim, o enxugamento de competências do dispositivo em questão incide apenas e tão somente em situação de existência de regular e prévia licença ou autorização ambiental. E, ainda assim, conforme o caso, pois primeiro, por óbvio descabe a órgão ou nível da federação, ao licenciar sem competência, barrar ou obstaculizar de ricochete a competência de fiscalização legítima de outrem; e, segundo, a concentração orgânica da ação licenciadora e fiscalizadora restringe-se a infrações que decorram, de maneira direta, dos deveres e exigências da licença ou autorização antecedentemente expedida. 6. Incompatível com os princípios de regência do Estado de Direito Ambiental vigente no Brasil a possibilidade de licença ou autorização tácita, automática ou por protocolo, derivada de omissão da Administração Pública em deferir ou não o pleito do empreendedor. No nosso ordenamento, o silêncio administrativo perante simples protocolo do pedido, gera - até manifestação expressa em sentido contrário - presunção iuris et de iure (absoluta) de não licenciamento ambiental. E qualquer norma que estabeleça o contrário sofrerá de grave e incontornável anomalia constitucional, pois inverte a ordem lógica e temporal da licença, que deve ser sempre prévia, sob pena de perder por completo sua legitimidade ética, sentido prático e valor preventivo. Em síntese, o vácuo administrativo não corresponde a deferimento, pois nada cria e nada consente ou valida. A morosidade do administrador corrige-se com os instrumentos legalmente previstos, tanto disciplinares como de improbidade administrativa, jamais punindo o inocente, ou seja, o favorecido pelo licenciamento, a coletividade presente e futura."

Federal e Municípios, em colaboração com a sociedade civil, na criação de políticas para a preservação e restauração da vegetação nativa e de suas funções ecológicas e sociais nas áreas urbanas e rurais;

Enfim, respeito e responsabilidade são questões centrais na análise da questão ambiental, embora hoje exista uma onda que pregue a relativização de preceitos já consolidados e mundialmente adotados.

f) **Princípio da prevenção e da tutela específica**

Tudo que é relevante e único deve ser protegido, pela dificuldade ou até impossibilidade de renovação ou restauração. Um meio ambiente, por exemplo, pode ser resultado de milhões de anos, de séculos ou décadas. Esse tempo e sua história tornam-no único, digno da máxima e específica proteção.

Por isso, se eventual projeto pode gerar danos ambientais irreparáveis, em regra, deve ser obstado. Assim, não se admite a sua mera e direta compensação em perdas e danos como algo corriqueiro ou natural.

Aliás, é exatamente para se apurar esses potenciais danos que a Constituição Federal e a lei exigem o chamado **estudo de impacto ambiental** (EIA) – art. 225, § 1º, IV, CF: "Para assegurar a efetividade desse direito, incumbe ao Poder Público exigir, na forma da lei, para instalação de obra ou atividade potencialmente causadora de significativa degradação do meio ambiente, estudo prévio de impacto ambiental, a que se dará publicidade".

Porém, devemos dizer que a Lei nº 6.938/81 já previa a necessidade do estudo (art. 10), mas a regulamentação veio com a Resolução CONAMA nº 1/86, e depois com a de nº 237/97[6]. "A licença ambiental para empreendimen-

6. Art. 1º - Para efeito desta Resolução são adotadas as seguintes definições:

I - Licenciamento Ambiental: procedimento administrativo pelo qual o órgão ambiental competente licencia a localização, instalação, ampliação e a operação de empreendimentos e atividades utilizadoras de recursos ambientais , consideradas efetiva ou potencialmente poluidoras ou daquelas que, sob qualquer forma, possam causar degradação ambiental, considerando as disposições legais e regulamentares e as normas técnicas aplicáveis ao caso.

II - Licença Ambiental: ato administrativo pelo qual o órgão ambiental competente, estabelece as condições, restrições e medidas de controle ambiental que deverão ser obedecidas pelo empreendedor, pessoa física ou jurídica, para localizar, instalar, ampliar e operar empreendimentos ou atividades utilizadoras dos recursos ambientais consideradas efetiva ou potencialmente poluidoras ou aquelas que, sob qualquer forma, possam causar degradação ambiental.

III - Estudos Ambientais: são todos e quaisquer estudos relativos aos aspectos ambientais relacionados à localização, instalação, operação e ampliação de uma atividade ou empreendimento, apresentado como subsídio para a análise da licença requerida, tais como: relatório ambiental, plano e projeto de controle ambiental, relatório ambiental preliminar, diagnóstico ambiental, plano de manejo, plano de recuperação de área degradada e análise preliminar de risco. IV – Impacto Ambiental Regional: é todo e qualquer impacto ambiental que afete diretamente (área de influência direta do projeto), no todo ou em parte, o território de dois ou mais Estados.

tos e atividades consideradas efetiva ou potencialmente causadoras de significativa degradação do meio dependerá de prévio estudo de impacto ambiental e respectivo relatório de impacto sobre o meio ambiente (EIA/RIMA), ao qual dar-se-á publicidade, garantida a realização de audiências públicas, quando couber, de acordo com a regulamentação" (art. 3º, Res. 237).

Tempo depois, a Resolução CONAMA nº 378/06 foi promulgada para detalhar os empreendimentos potencialmente geradores de impactos ambientais.

Aqui, vale a pena destacar que o licenciamento ambiental tem sido objeto de análise legislativa, no âmbito federal, para que a matéria sofra nova e ampla regulamentação legal, já com aprovação na Câmara dos Deputados (PL nº 3729/2004).

Também merece ser destacado que o mesmo projeto de lei, numa análise mais superficial, pretende a flexibilização e a simplificação do procedimento de licenciamento ambiental praticado atualmente, o que tem sido objeto de duras críticas por parte de ambientalistas e juristas da área.

Por exemplo, hoje, o licenciamento ambiental conta basicamente com três fases subsequentes e obrigatórias (licença prévia, licença de instalação, licença de operação), mas a proposta legislativa apresenta meios que dispensam esse procedimento, simplificando-o. De fato, está definida, no projeto, a chamada "licença ambiental única (LAU): licença que, em uma única etapa, atesta a viabilidade da instalação, ampliação e operação de atividade ou empreendimento, aprova as ações de controle e monitoramento ambiental e estabelece condicionantes ambientais para a sua instalação e operação e, quando necessário, para a sua desativação" (art. 3º, XXVII). Ou então, para ilustrar, "o licenciamento ambiental simplificado pela modalidade bifásica consiste na aglutinação de duas licenças em uma única, podendo ser aplicado nos casos em que as características da atividade ou do empreendimento sejam compatíveis com esse procedimento, conforme avaliação motivada da autoridade licenciadora" (art. 19).

Enfim, são medidas que, se aprovadas, certamente tornarão o licenciamento ambiental um procedimento bem mais simples e flexível que aquele praticado atualmente, podendo – tais propostas – serem consideradas retrocessos em termos de proteção ambiental, especialmente em relação a obras e a projetos potencialmente lesivos ao meio ambiente.

Sobre a tutela específica, devemos dizer que, em matéria ambiental, mais interessa a restauração do ambiente degradado que o mero ressarcimento em valor ou outra medida compensatória, medidas aplicadas apenas excepcionalmente.

Aliás, decidiu o Superior Tribunal de Justiça: "Em tema de direito ambiental, não se admite a incidência da teoria do fato consumado. Precedentes do STJ e STF. Verificou-se nos autos que houve a realização de edificações (casas de veraneio) dentro de uma área de preservação permanente, assim como a supressão quase total da vegetação local. Constatado tal fato, deve-se proceder, nos termos da sentença, às medidas necessárias para restabelecer a referida área. Cumpre salientar que as exceções legais a esse entendimento encontram-se previstas nos arts. 61-A a 65 do Código Florestal, nas quais decerto não se insere a pretensão de manutenção de casas de veraneio (REsp nº 1510392/MS, Rel. Min. Herman Benjamin, julgado em 25/04/2017, Segunda Turma).[7]

Agora, diferente é a situação de edificações construídas em época que inexistia vedação legal, havendo verdadeiro direito adquirido ou ato jurídico perfeito:

> (...) 2. Analisa-se a evolução normativa da proteção às áreas de preservação ambiental, nomenclatura inaugurada pela MP 2.166-67/2001, mas que remonta à edição do primeiro Código Florestal Brasileiro (Decreto 24.643/1934). Esse diploma, no entanto, prescrevia a necessidade de observância do que se chamava de florestas protetoras, pressupondo, portanto, a presença de vegetação predominantemente composta de árvores que produzam cobertura de copa. 3. A inovação albergada no "atual" Código Florestal Brasileiro (Lei 4.771/1965) manteve a proteção dirigida às florestas, estendendo, no entanto, a sua importância, caracterizada no enquadramento como bem de interesse comum, posteriormente sedimentado na Constituição Federal de 1988. 4. A norma conduzia à intelecção de que somente merecia proteção especial as áreas cobertas por vegetação, não resguardando aquelas que, apesar de não plantadas ou descobertas, contribuíam para a preservação dos recursos hídricos, estabilidade geológica, biodiversidade, fauna e flora. Foi com a intensificação do debate acerca da necessidade de alcance dessas áreas que adveio a MP 2.166-67/2001, que, modificando o art. 1º, § 2º, II do Código Florestal, trouxe a previsão expressa de extensão da proteção ao território que abriga paisagem que, embora desprovida de vegetação, tem importância para a manutenção do ecossistema. Certo é, portanto, que até o ano de 2001 nao havia proteção legislativa específica para as áreas descobertas, como na espécie dos presentes autos, não sendo possível, ou mesmo razoável, a aplicação retroativa da inovação normativa para a pretensão de demolir edificações levantadas quando não havia vedação legal para sua construção. (STJ, AgInt no REsp nº 1519909/RS, Rel. Min. Napoleão Nunes Maia Filho, julgado em 19/03/2019, Primeira Turma).

7. A propósito: AgRg nos EDcl no REsp 1.381.341/MS, Rel. Ministro Humberto Martins, Segunda Turma, DJe 25.5.2016; e REsp 1.362.456/MS, Rel. Ministro Mauro Campbell Marques, Segunda Turma, DJe 28.6.2013.

Ainda sobre a tutela específica, aliás como ocorre nas ações coletivas como um todo, admite-se **a cumulação de pedidos**: "O Superior Tribunal de Justiça tem entendimento consolidado segundo o qual é possível a cumulação de obrigações de fazer, de não fazer e de indenizar nos casos de lesão ao meio ambiente, contudo, a necessidade do cumprimento de obrigação de pagar quantia deve ser aferida em cada situação analisada (AgInt no REsp nº 1538727/SC, Rel. Min. Regina Helena Costa, julgado em 07/08/2018).

Enfim, o princípio em tela impõe a proteção inibitória e antecipada, sendo o dano ambiental a representação do fracasso de todo sistema de proteção e, por sua vez, a indenização um mero consolo.

g) **Princípio da precaução**

O princípio da precaução tem praticamente a mesma finalidade que o da prevenção, com uma diferença: os possíveis danos ambientais não são plenamente atestados pelo "estado da ciência". Ou seja, em tese, não se pode saber, com certeza científica e de forma antecipada, quais os prováveis danos ambientais, a intensidade deles e seus efeitos.

Sobre o princípio, a doutrina festeja e comemora a aplicação da regra da inversão do ônus da prova, como será exposto aqui, quando caberia ao potencial poluidor a demonstração da ausência de danos ou de potencial lesivo, antes com base no CDC (art. 6º, VIII) e agora com fulcro no art. 373, § 1º, do CPC, mas sempre em favor da proteção ambiental, nunca contra.

A jurisprudência do Superior Tribunal de Justiça tem seguido essa linha há certo tempo (REsp nº 1.330.027/SP).

Contudo, refletimos sobre isso e perguntamos: será que essa inversão do ônus da prova não outorgaria "carta branca" ao empreendedor, mesmo em projetos cujos efeitos são imprevisíveis? Em outros termos, será que a Justiça está preparada e disposta a analisar essas provas invertidas? Ou então: temos um Poder Judiciário em condições de apreciar essas provas técnicas e complexas, a adequação delas inclusive?

Enfim, a reflexão não visa a obstar o exercício do direito ao acesso à Justiça ou à prova, tampouco burocratizar os procedimentos de licenciamento ambiental, mas apenas a advertir os seus destinatários acerca das cautelas e cuidados necessários a serem tomados. Realmente, não se pode admitir que essa inversão do ônus da prova possa, em última análise, converter-se em um privilégio ao empreendedor e que ele fique livre ao provar apenas formalmente que não gerará efeitos deletérios ao meio ambiente. A prova da ausência de dano ou de risco ao meio ambiente deve ser completa, legítima, robusta e substancial.

h) **Princípio da informação e da participação**

Ora, se o meio ambiente é um bem de todos, nada mais natural que as decisões relevantes a ele precedam de participação popular, por variados meios inclusive.

Aliás, para que se chegue a uma participação qualificada, relevante a **educação ambiental**, conforme já previa a Constituição Federal[8].

Na lei, "entendem-se por educação ambiental os processos por meio dos quais o indivíduo e a coletividade constroem valores sociais, conhecimentos, habilidades, atitudes e competências voltadas para a conservação do meio ambiente, bem de uso comum do povo, essencial à sadia qualidade de vida e sua sustentabilidade" (art. 1º, Lei nº 9.795/99[9]).

Ainda, "a educação ambiental é um componente essencial e permanente da educação nacional, devendo estar presente, de forma articulada, em todos os níveis e modalidades do processo educativo, em caráter formal e não-formal" (art. 2º).

---

8. "Para assegurar a efetividade desse direito, incumbe ao Poder Público: (...) VI - promover a educação ambiental em todos os níveis de ensino e a conscientização pública para a preservação do meio ambiente" (art. 225, § 1º, VI, CF).

9. Art. 4º São princípios básicos da educação ambiental:

I - o enfoque humanista, holístico, democrático e participativo;

II - a concepção do meio ambiente em sua totalidade, considerando a interdependência entre o meio natural, o sócio-econômico e o cultural, sob o enfoque da sustentabilidade;

III - o pluralismo de idéias e concepções pedagógicas, na perspectiva da inter, multi e transdisciplinaridade;

IV - a vinculação entre a ética, a educação, o trabalho e as práticas sociais;

V - a garantia de continuidade e permanência do processo educativo;

VI - a permanente avaliação crítica do processo educativo;

VII - a abordagem articulada das questões ambientais locais, regionais, nacionais e globais;

VIII - o reconhecimento e o respeito à pluralidade e à diversidade individual e cultural.

Art. 5º São objetivos fundamentais da educação ambiental:

I - o desenvolvimento de uma compreensão integrada do meio ambiente em suas múltiplas e complexas relações, envolvendo aspectos ecológicos, psicológicos, legais, políticos, sociais, econômicos, científicos, culturais e éticos;

II - a garantia de democratização das informações ambientais;

III - o estímulo e o fortalecimento de uma consciência crítica sobre a problemática ambiental e social;

IV - o incentivo à participação individual e coletiva, permanente e responsável, na preservação do equilíbrio do meio ambiente, entendendo-se a defesa da qualidade ambiental como um valor inseparável do exercício da cidadania;

V - o estímulo à cooperação entre as diversas regiões do País, em níveis micro e macrorregionais, com vistas à construção de uma sociedade ambientalmente equilibrada, fundada nos princípios da liberdade, igualdade, solidariedade, democracia, justiça social, responsabilidade e sustentabilidade;

VI - o fomento e o fortalecimento da integração com a ciência e a tecnologia;

VII - o fortalecimento da cidadania, autodeterminação dos povos e solidariedade como fundamentos para o futuro da humanidade.

Assim, mais instruída e consciente, a comunidade poderá participar e garantir qualidade a esse processo democrático.

Também é condição necessária para uma boa participação o acesso às informações. A Lei nº 10.650/03 foi promulgada para definir a forma de acesso aos dados relativos ao meio ambiente (art. 2º):

> Os órgãos e entidades da Administração Pública, direta, indireta e fundacional, integrantes do Sisnama, ficam obrigados a permitir o acesso público aos documentos, expedientes e processos administrativos que tratem de matéria ambiental e a fornecer todas as informações ambientais que estejam sob sua guarda, em meio escrito, visual, sonoro ou eletrônico, especialmente as relativas a: I - qualidade do meio ambiente; II - políticas, planos e programas potencialmente causadores de impacto ambiental; III - resultados de monitoramento e auditoria nos sistemas de controle de poluição e de atividades potencialmente poluidoras, bem como de planos e ações de recuperação de áreas degradadas; IV - acidentes, situações de risco ou de emergência ambientais; V - emissões de efluentes líquidos e gasosos, e produção de resíduos sólidos; VI - substâncias tóxicas e perigosas; VII - diversidade biológica; VIII - organismos geneticamente modificados.

Aliás, essa participação poderá ocorrer, basicamente, por **consultas ou audiências públicas.**

Em regra, em matéria ambiental, as consultas públicas são obrigatórias, sob pena de anular todo o procedimento: "Respeitado o sigilo industrial, assim solicitando e demonstrando pelo interessado o RIMA será acessível ao público. Suas cópias permanecerão à disposição dos interessados, nos centros de documentação ou bibliotecas da SEMA e do estadual de controle ambiental correspondente, inclusive o período de análise técnica (art. 11, *caput*). Ao determinar a execução do estudo de impacto ambiental e apresentação do RIMA, o estadual competente ou o IBAMA ou, quando couber o Município, determinará o prazo para recebimento dos comentários a serem feitos pelos órgãos públicos e demais interessados e, sempre que julgar necessário, promoverá a realização de audiência pública para informação sobre o projeto e seus impactos ambientais e discussão do RIMA (art. 11, § 2º, da Resolução CONAMA nº 01/86).

Nessa linha, a Resolução CONAMA nº 09/87 melhor define as formas de participação popular:

> Art. 1º - A Audiência Pública referida na RESOLUÇÃO/CONAMA/n.º 001/86, tem por finalidade expor aos interessados o conteúdo do produto

> em análise e do seu referido RIMA, dirimindo dúvidas e recolhendo dos presentes as críticas e sugestões a respeito. (...)[10]

Ademais, a Lei 9.985/00, que institui **Sistema Nacional de Unidades de Conservação**, prevê que:

> Art. 3º O Sistema Nacional de Unidades de Conservação da Natureza - SNUC é constituído pelo conjunto das unidades de conservação federais, estaduais e municipais, de acordo com o disposto nesta Lei. (...) Art. 5º O SNUC será regido por diretrizes que: (...) III - assegurem a participação efetiva das populações locais na criação, implantação e gestão das unidades de conservação; (...) Art. 22. As unidades de conservação são criadas por ato do Poder Público. (...) § 2º A criação de uma unidade de conservação deve ser precedida de estudos técnicos e de consulta pública que permitam identificar a localização, a dimensão e os limites mais adequados para a unidade, conforme se dispuser em regulamento. § 3º No processo de consulta de que trata o § 2º, o Poder Público é obrigado a fornecer informações adequadas e inteligíveis à população local e a outras partes interessadas.

Aliás, exatamente nessa linha, foi divulgada a notícia acerca de atuação da Defensoria Pública paulista, no ano de 2014:

> A Defensoria Pública de SP em Registro obteve em 28/5 uma decisão liminar em uma ação civil pública que suspende o procedimento para criação do Parque Estadual Taquari, de forma a garantir o direito das comunidades tradicionais que vivem na cidade de Eldorado (cerca de 140km da Capital), região do Vale do Paraíba. Segundo consta na ação, a Unidade de Conservação do Parque Estadual Taquari está prevista para ser instalada no imóvel particular da Fazenda Nova Trieste, cujos proprietários já investem em estrutura e segurança para a integridade da biodiversidade, de acordo com o estudo que embasa o projeto para criação do parque. No entanto, a proposta de criação da área ladeia territórios tradicionais (quilombola e indígena), de assentados,

10. Seguem os demais dispositivos: "Art. 2º - Sempre que julgar necessário, ou quando for solicitado por entidade civil, pelo Ministério Público, ou por 50 (cinqüenta) ou mais cidadãos, o Órgão de Meio Ambiente promoverá a realização de audiência pública. § 1º - O Órgão de Meio Ambiente, a partir da data do recebimento do RIMA, fixará em edital e anunciará pela imprensa local a abertura do prazo que será no mínimo de 45 dias para solicitação de audiência pública. § 2º - No caso de haver solicitação de audiência pública e na hipótese do Órgão Estadual não realizá-la, a licença concedida não terá validade. § 3º - Após este prazo, a convocação será feita pelo Órgão Licenciador, através de correspondência registrada aos solicitantes e da divulgação em órgãos da imprensa local. § 4º - A audiência pública deverá ocorrer em local acessível aos interessados. § 5º - Em função da localização geográfica dos solicitantes, e da complexidade do tema, poderá haver mais de uma audiência pública sobre o mesmo projeto de respectivo Relatório de Impacto Ambiental - RIMA. Art. 3º - A audiência pública será dirigida pelo representante do Órgão licenciador que, após a exposição objetiva do projeto e do seu respectivo RIMA, abrirá as discussões com os interessados presentes."

> pequenos produtores e extrativistas, que serão afetados com medida. "Não se mensuram nem se prospectam as consequências e os impactos aos territórios e ao modo de vida das comunidades que o Parque Estadual e a zona de amortecimento inevitavelmente acarretarão", afirmou o Defensor Público Andrew Toshio Hayama, responsável pelo caso. O Defensor aponta, ainda, que a falta de estudo técnico prévio e de relatório de impacto econômico e social da chamada "zona de amortecimento" – onde está localizada a população que será atingida – gera grave defeito no procedimento para criação do Parque Estadual. "A Defensoria Pública, ao apurar a existência de inúmeras irregularidades no processo administrativo de criação do Parque Estadual, pretende assegurar direito de informação e de participação à sociedade de Eldorado e especialmente à população tradicional e de assentados extrativistas, que terão seus territórios fatalmente afetados e suas dinâmicas sociais modificadas sem que isso seja objeto de qualquer consideração". (...)[11] (Disponível em: http// www.defensoria.sp.def.br, acesso em 15/10/19).

Enfim, a participação popular deve ser efetiva, não apenas formal ou aparente, mas de forma a influenciar substancialmente os processos decisórios.

i) **Princípio da vedação do retrocesso**

O meio ambiente é o principal alvo da instabilidade e alternância político-legislativa. Isso porque os grupos políticos ambientalistas e ruralistas alternam-se no poder e, a cada mudança, o grupo que assume promove algumas mudanças, umas de evolução, outras de retrocesso quanto à proteção do meio ambiente, apesar de uma hipotética vedação.

Aliás, são recorrentes as teses atuais de que inexiste o aquecimento global, que a preservação ambiental promove subdesenvolvimento e pobreza, que os recursos ambientais são infinitos etc.

Na verdade, o meio ambiente requer urgente tutela, maior que a existente nos dias atuais, e sem retrocessos. É que o Supremo Tribunal Federal cedeu e ratificou pontos de retrocessos ao analisar o Código Florestal de 2012:

---

11. A sequência da notícia: Andrew Toshio Hayama também evidencia que a intenção não é impedir a criação do parque, mas apenas que seja considerada a comunidade afetada pela nova unidade de conservação. "Isso não significa que o Estado de SP não possa retomar as discussões a respeito da criação do parque, apenas que as faça respeitando o modelo procedimental aplicável e os marcos do devido processo socioambiental, desde o início". Na decisão liminar, o Juiz Raphael Ernane Neves, da Vara única da Comarca de Eldorado, suspendeu o procedimento de criação do Parque Estadual Taquari. "O procedimento de criação do parque em debate encontra-se em vias de finalização sem que se tenha oportunizado, aparentemente, um amplo debate acerca do referido processo, gerando riscos reais aos assistidos, especialmente considerando a ausência de estudo relacionado ao impacto aos confrontantes da área (...) Anoto que a presente demanda não visa desconstituir o mérito da iniciativa estatal, mas sim debater acerca da forma".

O Plenário, em conclusão de julgamento, conheceu em parte de ação direta e, nessa parte, julgou procedente o pedido para, sem pronunciamento de nulidade, declarar a inconstitucionalidade da Medida Provisória 558/2012, convertida na Lei 12.678/2012. (...) Quanto ao aspecto formal, o Tribunal reafirmou a possibilidade, ainda que em caráter excepcional, de declaração de inconstitucionalidade de medidas provisórias quando se afigure evidente o abuso do poder de legislar pelo Chefe do Executivo, em razão da indubitável ausência dos requisitos constitucionais de relevância e urgência. Asseverou que não ficou demonstrado, de forma satisfatória, a presença dos mencionados requisitos. À época da edição da medida provisória, os empreendimentos hidrelétricos que justificariam a desafetação das áreas protegidas ainda dependiam de licenciamentos ambientais, nos quais deveriam ser analisados os impactos e avaliada a conveniência e escolha dos sítios a serem efetivamente alagados. Reconheceu a impossibilidade de diminuição ou supressão de espaços territoriais especialmente protegidos por meio de medida provisória. A proteção ao meio ambiente é um limite material implícito à edição de medida provisória, ainda que não conste expressamente do elenco das limitações previstas no art. 62, § 1º, da CF. Ademais, normas que importem diminuição da proteção ao meio ambiente equilibrado só podem ser editadas por meio de lei formal, com amplo debate parlamentar e participação da sociedade civil e dos órgãos e instituições de proteção ambiental, como forma de assegurar o direito de todos ao meio ambiente ecologicamente equilibrado. A adoção de medida provisória nessas hipóteses possui evidente potencial de causar prejuízos irreversíveis ao meio ambiente na eventualidade de não ser convertida em lei. Sob o prisma material, o Colegiado considerou que a norma impugnada contrariou o princípio da proibição de retrocesso socioambiental. Isso porque as alterações legislativas atingiram o núcleo essencial do direito fundamental ao meio ambiente ecologicamente equilibrado (art. 225 da CF). Enfatizou, ainda, que a aplicação do princípio da proibição do retrocesso socioambiental não pode engessar a ação legislativa e administrativa, sendo forçoso admitir certa margem de discricionariedade às autoridades públicas em matéria ambiental (ADI 4.350/DF). Contudo, o que se consumou foi a indevida alteração de reservas florestais com gravosa diminuição da proteção de ecossistemas, à revelia do devido processo legislativo, por ato discricionário do Poder Executivo, e em prejuízo da proteção ambiental de parques nacionais. Por fim, o Tribunal julgou procedente a ação, sem pronunciamento de nulidade, ao fundamento de que o irreversível alagamento das áreas desafetadas e a execução dos empreendimentos hidrelétricos já não permite a invalidação dos efeitos produzidos, dada a impossibilidade material de reversão ao 'status quo ante'" (STF, Pleno, ADI 4.717/DF, Rel. Min. Cármen Lúcia, j. 05.04.2018, informativo nº 896).

Realmente, o Código Florestal trouxe alguns pontos de retrocesso, mas a jurisprudência do Superior Tribunal de Justiça tem nos apresentado o chamado

"direito ambiental adquirido": "O novo Código Florestal não pode retroagir para atingir o ato jurídico perfeito, os direitos ambientais adquiridos e a coisa julgada, tampouco para reduzir de tal modo e sem as necessárias compensações ambientais o patamar de proteção de ecossistemas frágeis ou espécies ameaçadas de extinção, a ponto de transgredir o limite constitucional intocável e intransponível da 'incumbência' do Estado de garantir a preservação e a restauração dos processos ecológicos essenciais (art. 225, § 1º, I)" (AgRg no REsp 1.434.797/PR, Rel. Min. Humberto Martins, Segunda Turma, DJe 07/06/2016).

Por fim, vale lembrar que o Governo Federal, a partir de uma visão político-ambiental liberal e fundada no princípio pragmático da menor intervenção/regulação possível, após modificar substancialmente a composição do CONAMA (Conselho Nacional do Meio Ambiente), por meio dele, aprovou a Resolução nº 500/2020, de 19/10/2020, que revogava uma série de importantes Resoluções deste Órgão, em claro e evidente retrocesso.

De fato, dizia a nova Resolução:

> Art. 1º Fica declarada a revogação da:
>
> I - Resolução nº 284, de 30 agosto de 2001, que dispõe sobre o licenciamento de empreendimentos de irrigação.[12]
>
> II - Resolução nº 302, de 20 de fevereiro de 2002, que dispõe sobre os parâmetros, definições e limites de Áreas de Preservação Permanente de reservatórios artificiais e o regime de uso do entorno;[13] e
>
> III - Resolução nº 303, de 13 de maio de 2002, que dispõe sobre parâmetros, definições e limites de Áreas de Preservação Permanente.[14]

12. Resolução 284/2001. Tema: Licenciamento ambiental para irrigação. O que previa: A resolução 284/2001 padronizava o licenciamento ambiental para empreendimentos de irrigação, determinando como a água deveria ser utilizada nas atividades agropecuária. A resolução como era antes da revogação, priorizava projetos com "equipamentos e métodos de irrigação mais eficientes, em relação ao menor consumo de água e de energia". O que mudou: a resolução foi revogada. Fonte: https://g1.globo.com/natureza/noticia, acesso em 29.09.20.
13. Resolução 302/2002. Tema: preservação de áreas no entorno de reservatórios d'água. O que previa: dispunha sobre os parâmetros, definições e limites de Áreas de Preservação Permanente (APPs) de reservatórios artificiais e o regime de uso do entorno. Ela determinava uma faixa mínima de 30 metros ao seu redor dos reservatórios como APPs. É o caso de represas como a Cantareira, em São Paulo. A resolução impedia a exploração da área para habitação e usos econômicos, buscando garantir a preservação e qualidade da água. O que mudou: a resolução foi revogada. Impacto: "Uma vez perdendo esses critérios, nós teríamos uma possibilidade, primeiro, de expansão imobiliária, segundo, de não recuperação dessas APPs", disse Carlos Bocuhy, presidente do Proam (Instituto Brasileiro de Proteção Ambiental). Fonte: https://g1.globo.com/natureza/noticia, acesso em 29.09.20.
14. Resolução 303/2002. Tema: proteção dos manguezais e faixas de restinga do litoral brasileiro. O que previa: protegia toda a extensão dos manguezais e faixas de restinga do litoral brasileiro, determinando

Ocorre que, rápida e felizmente, no sentido de evitar o retrocesso que se fazia, o Supremo Tribunal Federal suspendeu os efeitos da nova norma revogadora e restabeleceu as antigas regras.

De fato, segundo notícia do próprio STF[15], de 30/11/2020:

> Plenário confirma restabelecimento de normas do Conama sobre áreas de proteção e licenciamento. Resoluções tratam do licenciamento para empreendimentos de irrigação e dos limites de Áreas de Preservação Permanente, como dunas, manguezais e restingas. Por unanimidade, o Plenário do Supremo Tribunal Federal (STF) referendou medidas liminares concedidas pela ministra Rosa Weber para suspender os efeitos da Resolução 500/2020 do Conselho Nacional do Meio Ambiente (Conama), que revogou três resoluções do órgão as quais tratavam de empreendimentos de irrigação, da faixa mínima de distância ao redor de Áreas de Preservação Permanente (APPs) e da proteção de manguezais e restingas. As decisões se deram na sessão virtual finalizada em 27/11, no exame das Arguições de Descumprimento de Preceito Fundamental (ADPFs) 747, 748 e 749, ajuizadas, respectivamente, pelo Partido dos Trabalhadores (PT), pelo Partido Socialista Brasileiro (PSB) e pela Rede Sustentabilidade. Princípios basilares. Em seu voto, a relatora reafirmou os fundamentos adotados na concessão das cautelares. Em sua avaliação, a revogação das normas protetivas, sem que se procedesse à sua substituição ou atualização, compromete não apenas o cumprimento da legislação como a observância de compromissos internacionais assumidos pelo Brasil. Para a ministra Rosa Weber, a resolução vulnera princípios basilares da Constituição Federal, pois sonega proteção adequada e suficiente ao direito fundamental ao meio ambiente equilibrado. Ela observa que seu provável efeito prático, além da sujeição da segurança hídrica de parcelas da população a riscos desproporcionais, é o recrudescimento da supressão de cobertura vegetal em áreas legalmente protegidas. "O Estado brasileiro tem o dever – imposto tanto pela Constituição da República quanto por tratados internacionais de que signatário – de manter política pública eficiente de defesa

tais como Áreas de Preservação Permanente (APP). Era complementada pela resolução 302/2002 e alterada pela resolução 341/2003. O que mudou: a resolução foi revogada. Impacto: "O único instrumento jurídico efetivo utilizado pelo MP-SP para proteção das restingas é a resolução 303/2002. Uma vez revogada essa resolução, nós perdemos a proteção da faixa dos 300 metros a partir da praia-mar, e isso significa um grande boom imobiliário de resorts, de empreendimentos em todo o Brasil que seriam beneficiados com esse desguarnecimento de um compartimento ambiental importantíssimo", analisa Carlos Bocuhy, presidente do Proam (Instituto Brasileiro de Proteção Ambiental). Fonte: https://g1.globo.com/natureza/noticia, acesso em 29.09.20.

15. Disponível em http://portal.stf.jus.br/noticias, acesso em 26/05/2020.

> e preservação do meio ambiente, bem como de preservar e restaurar os processos ecológicos essenciais", ressaltou. Modificações ambientais. A ministra destacou que a revogação da Resolução 284/2001 sinaliza a dispensa de licenciamento para empreendimentos de irrigação, mesmo quando potencialmente causadores de modificações ambientais significativas. A seu ver, a medida viola o artigo 225 da Constituição, que assegura o direito ao meio ambiente ecologicamente equilibrado, impondo ao Poder Público e à coletividade o dever de defendê-lo e preservá-lo para as presentes e futuras gerações. Em relação à Resolução 302/2002, que prevê parâmetros, definições e limites de APPs de reservatórios artificiais e institui a elaboração obrigatória de plano ambiental de conservação e uso do seu entorno, a relatora salientou que a sua revogação viola as medidas previstas nessa área no novo Código Florestal (Lei 12.651/2012), consideradas constitucionais pelo STF. Por último, a ministra Rosa Weber frisou que a Resolução 303/2002, que considera que as áreas de dunas, manguezais e restingas têm função fundamental na dinâmica ecológica da zona costeira, é plenamente compatível com o direito fundamental ao meio ambiente equilibrado.

Assim, diante de um programa político-ideológico de tom claramente liberal fica ainda mais relevante o papel das Instituições democráticas como guardiãs do princípio da vedação do retrocesso.

j) **Princípio da função socioambiental da propriedade**

A função socioambiental da propriedade determina que a propriedade deva receber tratamento e uso compatíveis com as normas e princípios ambientais, sob pena de relativizar o próprio direito de propriedade.

Embora a Constituição Federal de 1988 tenha sido generosa em relação à tutela do meio ambiente, ela não foi expressa em relação a esse princípio. No ano de 2002, porém, o Código Civil (Lei nº 10.406/02) – fruto de longo e intenso debate pela comunidade jurídica nacional, veio a consagrar expressamente o princípio:

> Art. 1.228. O proprietário tem a faculdade de usar, gozar e dispor da coisa, e o direito de reavê-la do poder de quem quer que injustamente a possua ou detenha. § 1º O direito de propriedade deve ser exercido em consonância com as suas finalidades econômicas e sociais e de modo que sejam preservados, de conformidade com o estabelecido em lei especial, a flora, a fauna, as belezas naturais, o equilíbrio ecológico e o patrimônio histórico e artístico, bem como evitada a poluição do ar e das águas.

Nota-se que a função socioambiental, da forma que foi colocada no Código Civil, tornou-se verdadeira condição de fruição das faculdades inerentes ao direito de propriedade. Aliás, é significativa a colocação desse princípio logo no primeiro artigo que detalhava o direito de propriedade, logo na inauguração do título que trataria do mais clássico instituto do direito civil: a propriedade, tornando-a condicionada e dependente do cumprimento dessa função socioambiental.

Aliás, exatamente por esse destaque, a partir de uma interpretação constitucional do tema, tenho defendido que podemos falar em **"abandono socioambiental da propriedade"**, que pode levar à sua perda, na linha do que dispõe o art. 1228, III, CC: "Além das causas consideradas neste Código, perde-se a propriedade: (...) III - por abandono". Em seguida, a lei diz:

> Art. 1.276. O imóvel urbano que o proprietário abandonar, com a intenção de não mais o conservar em seu patrimônio, e que se não encontrar na posse de outrem, poderá ser arrecadado, como bem vago, e passar, três anos depois, à propriedade do Município ou à do Distrito Federal, se se achar nas respectivas circunscrições. § 1º O imóvel situado na zona rural, abandonado nas mesmas circunstâncias, poderá ser arrecadado, como bem vago, e passar, três anos depois, à propriedade da União, onde quer que ele se localize. § 2º Presumir-se-á de modo absoluto a intenção a que se refere este artigo, quando, cessados os atos de posse, deixar o proprietário de satisfazer os ônus fiscais.

Aliás, poderíamos sugerir a inclusão, nesse último parágrafo, do seguinte trecho, em continuação: "ou as obrigações ambientais".

Assim, com a sugestão acima, teríamos: "Presumir-se-á de modo absoluto a intenção a que se refere este artigo, quando, cessados os atos de posse, deixar o proprietário de satisfazer os ônus fiscais ou as obrigações ambientais".

Dessa forma, caso um proprietário deixe de atender as obrigações ambientais, ainda que satisfaça os ônus fiscais, poderia ser, a propriedade, objeto de arrecadação, nos termos desse dispositivo, com a sua perda por "abandono socioambiental".

5.4 ESPAÇOS AMBIENTALMENTE PROTEGIDOS

Os ambientes ou os espaços ambientalmente protegidos são basicamente três: áreas de preservação permanente, as reservas legais e as unidades de conservação. Essas áreas são legalmente protegidas e a definição delas segue alguns critérios específicos que as fazem peculiares.

Aliás, a Constituição Federal diz que "incumbe ao Poder Público: (...) definir, em todas as unidades da Federação, espaços territoriais e seus componentes a serem especialmente protegidos, sendo a alteração e a supressão permitidas somente através de lei, vedada qualquer utilização que comprometa a integridade dos atributos que justifiquem sua proteção" (art. 225, § 1º, inciso III).

As **áreas de preservação permanente (APP)** são espaços locais protegidos para que outros aspectos do meio ambiente sejam consequentemente resguardados, tal como o entorno dos rios, ou o declive das encostas. Tudo isso para que esses espaços naturalmente sensíveis como o rio ou a encosta sejam preservados. Em outros termos, as margens dos rios são protegidas para que os rios tenham vida longa, ou as encostas são resguardadas para que elas não cedam, para que não haja deslizamentos. Assim, as áreas de preservação permanente (APP) servem para a preservação de espaços ambientalmente sensíveis.

O artigo 4º do Código Florestal (Lei nº 12.651/12) define essas áreas de preservação permanente. Por exemplo, "considera-se área de preservação permanente, em zonas rurais ou urbanas, para os efeitos desta Lei: I - as faixas marginais de qualquer curso d'água natural perene e intermitente, excluídos os efêmeros, desde a borda da calha do leito regular, em largura mínima de: (Incluído pela Lei nº 12.727, de 2012) a) 30 (trinta) metros, para os cursos d'água de menos de 10 (dez) metros de largura; b) 50 (cinquenta) metros, para os cursos d'água que tenham de 10 (dez) a 50 (cinquenta) metros de largura; c) 100 (cem) metros, para os cursos d'água que tenham de 50 (cinquenta) a 200 (duzentos) metros de largura; d) 200 (duzentos) metros, para os cursos d'água que tenham de 200 (duzentos) a 600 (seiscentos) metros de largura; e) 500 (quinhentos) metros, para os cursos d'água que tenham largura superior a 600 (seiscentos) metros; (...) V - as encostas ou partes destas com declividade superior a 45º, equivalente a 100% (cem por cento) na linha de maior declive" (...).

Vale mencionar que, recentemente, o Supremo Tribunal Federal julgou a ADIN nº 4903 sobre a constitucionalidade de alguns dispositivos deste Código Florestal, alguns relativos à APP:

> O Tribunal, nos termos do voto do Relator, ora reajustado, julgou parcialmente procedente a ação, para: (...)[16] vi) por unanimidade, reconhecer a

16. Segue a parte recortada: i) por maioria, vencidos os Ministros Edson Fachin e Gilmar Mendes, e, em parte, o Ministro Alexandre de Moraes, declarar a inconstitucionalidade das expressões "gestão de resíduos" e "instalações necessárias à realização de competições esportivas estaduais, nacionais ou internacionais", contidas no art. 3º, VIII, b, da Lei 12.651/2012 (Código Florestal); ii) por maioria, dar interpretação conforme a Constituição ao art. 3º, VIII e IX, do Código Florestal, de modo a se condicionar a intervenção excepcional em APP, por interesse social ou utilidade pública, à inexistência de alternativa técnica e/ou locacional à atividade proposta, vencidos, em parte, os Ministros Gilmar Mendes e Celso de Mello; iii) por maioria, vencidos os Ministros Gilmar Mendes, e, em parte, a Ministra Cármen Lúcia (Presidente), dar interpretação conforme a Constituição ao art. 3º, XVII, do Código Florestal, para fixar a interpretação

> constitucionalidade do art. 4º, III, do Código Florestal; vii) por maioria, dar interpretação conforme ao art. 4º, IV, do Código Florestal, para fixar a interpretação de que os entornos das nascentes e dos olhos d'água intermitentes configuram área de preservação ambiental, vencidos o Ministro Gilmar Mendes e, em parte, os Ministros Marco Aurélio e Cármen Lúcia (Presidente); viii) por maioria, vencidos os Ministros Cármen Lúcia (Presidente) e Ricardo Lewandowski, reconhecer a constitucionalidade do art. 4º, §1º, do Código Florestal; ix) por maioria, vencidos os Ministros Cármen Lúcia (Presidente) e Ricardo Lewandowski, reconhecer a constitucionalidade do art. 4º, § 4º, do Código Florestal; x) por unanimidade, reconhecer a constitucionalidade do art. 4º, § 5º, do Código Florestal; xi) por unanimidade, reconhecer a constitucionalidade do art. 4º, § 6º, e incisos, do Código Florestal; xii) por maioria, vencidos, em parte, os Ministros Marco Aurélio e Ricardo Lewandowski, o Tribunal reconheceu a constitucionalidade do art. 5º do Código Florestal; xiii) por unanimidade, reconhecer a constitucionalidade do art. 8º, § 2º, do Código Florestal; xiv) por maioria, vencidos, em parte, os Ministros Cármen Lúcia (Presidente) e Ricardo Lewandowski, reconhecer a constitucionalidade do art. 11 do Código Florestal; xv) por maioria, vencidos os Ministros Relator, Marco Aurélio, Edson Fachin, Roberto Barroso e Ricardo Lewandowski, reconhecer a constitucionalidade do art. 17, § 3º, do Código Florestal; xvi) por unanimidade, julgou constitucional o art. 62 do Código Florestal. (Disponível em http://www.stf.jus.br/portal, acesso em 19/10/19).

Enfim, o Supremo Tribunal Federal não acolheu todos os pleitos dos ambientalistas, que questionavam alguns retrocessos da nova Lei, apesar de alguns pontos positivos da decisão.

Devemos dizer que algumas áreas podem ser declaradas de preservação permanente por ato do Poder Público (art. 6º, Código Florestal[17]).

---

de que os entornos das nascentes e dos olhos d'água intermitentes configuram área de preservação permanente; iv) por maioria, reconhecer a constitucionalidade do art. 3º, XIX, do Código Florestal, vencidos, em parte, os Ministros Cármen Lúcia (Presidente) e Ricardo Lewandowski, que declaravam inconstitucional, por arrastamento, o art. 4º, I, do Código Florestal; v) por maioria, vencidos os Ministros Alexandre de Moraes e Gilmar Mendes, declarar a inconstitucionalidade das expressões "demarcadas" e "tituladas", contidas no art. 3º, parágrafo único, do Código Florestal.

17. Art. 6º Consideram-se, ainda, de preservação permanente, quando declaradas de interesse social por ato do Chefe do Poder Executivo, as áreas cobertas com florestas ou outras formas de vegetação destinadas a uma ou mais das seguintes finalidades: I - conter a erosão do solo e mitigar riscos de enchentes e deslizamentos de terra e de rocha; II - proteger as restingas ou veredas; III - proteger várzeas; IV - abrigar exemplares da fauna ou da flora ameaçados de extinção; V - proteger sítios de excepcional beleza ou de valor científico, cultural ou histórico; VI - formar faixas de proteção ao longo de rodovias e ferrovias; VII - assegurar condições de bem-estar público; VIII - auxiliar a defesa do território nacional, a critério das autoridades militares. IX - proteger áreas úmidas, especialmente as de importância internacional. (Incluído pela Lei nº 12.727, de 2012).

Sobre o uso da área de preservação (APP) pelo proprietário ou possuidor, em regra, ele é proibido, para a própria preservação do espaço: "a vegetação situada em área de preservação permanente deverá ser mantida pelo proprietário da área, possuidor ou ocupante a qualquer título, pessoa física ou jurídica, de direito público ou privado (art. 7º). § 1º Tendo ocorrido supressão de vegetação situada em Área de Preservação Permanente, o proprietário da área, possuidor ou ocupante a qualquer título é obrigado a promover a recomposição da vegetação, ressalvados os usos autorizados previstos nesta Lei. § 2º A obrigação prevista no § 1º tem natureza real e é transmitida ao sucessor no caso de transferência de domínio ou posse do imóvel rural. (...) É permitido o acesso de pessoas e animais às Áreas de Preservação Permanente para obtenção de água e para realização de atividades de baixo impacto ambiental (art. 9º)".

Ademais, lembrarmos que será possível a regularização fundiária em APP, desde que seja de interesse social: "A intervenção ou a supressão de vegetação nativa em Área de Preservação Permanente somente ocorrerá nas hipóteses de utilidade pública, de interesse social ou de baixo impacto ambiental previstas nesta Lei (art. 8º) § 1º A supressão de vegetação nativa protetora de nascentes, dunas e restingas somente poderá ser autorizada em caso de utilidade pública. § 2º A intervenção ou a supressão de vegetação nativa em Área de Preservação Permanente de que tratam os incisos VI e VII do caput do art. 4º poderá ser autorizada, excepcionalmente, em locais onde a função ecológica do manguezal esteja comprometida, para execução de obras habitacionais e de urbanização, inseridas em projetos de regularização fundiária de interesse social, em áreas urbanas consolidadas ocupadas por população de baixa renda". Aliás, o Supremo Tribunal Federal, na mesma ADIN nº 4903, declarou constitucional esse dispositivo, conforme acima anotado.

Por oportuno, devemos repetir que a Lei nº 13.465/17 inseriu o artigo no Código Florestal, para tratar especificamente sobre a regularização fundiária em APP:

> Art. 64. Na Reurb-S dos núcleos urbanos informais que ocupam Áreas de Preservação Permanente, a regularização fundiária será admitida por meio da aprovação do projeto de regularização fundiária, na forma da lei específica de regularização fundiária urbana. (Redação dada pela Lei nº 13.465, de 2017) § 1º O projeto de regularização fundiária de interesse social deverá incluir estudo técnico que demonstre a melhoria das condições ambientais em relação à situação anterior com a adoção das medidas nele preconizadas. § 2º O estudo técnico mencionado no § 1º deverá conter, no mínimo, os seguintes elementos: I - caracterização da situação ambiental da área a ser regularizada; II - especificação dos sistemas de saneamento básico;

> III - proposição de intervenções para a prevenção e o controle de riscos geotécnicos e de inundações; IV - recuperação de áreas degradadas e daquelas não passíveis de regularização; V - comprovação da melhoria das condições de sustentabilidade urbano-ambiental, considerados o uso adequado dos recursos hídricos, a não ocupação das áreas de risco e a proteção das unidades de conservação, quando for o caso; VI - comprovação da melhoria da habitabilidade dos moradores propiciada pela regularização proposta; e VII - garantia de acesso público às praias e aos corpos d'água.

Por outro lado, as **reservas legais** são áreas que formam parcelas do imóvel para fins de proteção ambiental. São fatias das propriedades destinadas à evolução de florestas. São áreas locais dentro de cada propriedade que segue um percentual legal que varia conforme a região do país, sem uma funcionalidade específica como ocorre com a APP. As reservas legais não têm finalidade de proteger ambientes sensíveis, mas são fatias de propriedade que não podem ter destinação econômica direta, mas carecem ser reservadas como, por exemplo, a formação de vegetações e a procriação de animais selvagens, dentre outros fins.

Por exemplo, pelo Código Florestal, "todo imóvel rural deve manter área com cobertura de vegetação nativa, a título de Reserva Legal, sem prejuízo da aplicação das normas sobre as Áreas de Preservação Permanente, observados os seguintes percentuais mínimos em relação à área do imóvel, excetuados os casos previstos no art. 68 desta Lei (art. 12): (Redação dada pela Lei nº 12.727, de 2012). I - localizado na Amazônia Legal: a) 80% (oitenta por cento), no imóvel situado em área de florestas; b) 35% (trinta e cinco por cento), no imóvel situado em área de cerrado; c) 20% (vinte por cento), no imóvel situado em área de campos gerais; II - localizado nas demais regiões do País: 20% (vinte por cento)."

Mais uma vez, agora na ADIN nº 4901, o Supremo Tribunal Federal deixou sedimentar retrocessos perigosos do Código Florestal quanto às reservas legais, especialmente quanto à relativização da proteção dispensada à Amazônia Legal:

> O Tribunal, nos termos do voto do Relator, ora reajustado, julgou parcialmente procedente a ação, para: i) por maioria, vencidos os Ministros Marco Aurélio, Edson Fachin, Roberto Barroso, Rosa Weber e Ricardo Lewandowski, reconhecer a constitucionalidade do art. 12, § 4º, da Lei 12.651/2012 (Código Florestal); ii) por maioria, vencidos os Ministros Marco Aurélio, Edson Fachin, Roberto Barroso, Rosa Weber e Ricardo Lewandowski, reconhecer a constitucionalidade do art. 12, § 5º, do Código Florestal; iii) por maioria, reconhecer a constitucionalidade do art. 12, § 6º, do Código

> Florestal, vencidos os Ministros Cármen Lúcia (Presidente), Edson Fachin e Rosa Weber; iv) por maioria, reconhecer a constitucionalidade do art. 12, § 7º, vencidos os Ministros Cármen Lúcia, Edson Fachin e Rosa Weber; v) por maioria, reconhecer a constitucionalidade do art. 12, § 8º, do Código Florestal, vencidos os Ministros Cármen Lúcia (Presidente), Edson Fachin e Rosa Weber; vi) por maioria, vencido o Ministro Edson Fachin, reconhecer a constitucionalidade do art. 13, § 1º, do Código Florestal; vii) por maioria, vencidos os Ministros Edson Fachin e Rosa Weber e, em parte, os Ministros Marco Aurélio e Ricardo Lewandowski, reconhecer a constitucionalidade do art. 15 do Código Florestal; (...) (Disponível em http://www.stf.jus.br/portal, acesso em 19/10/19).

A título de exemplo, dois dispositivos que permitem a redução dos percentuais de reserva foram validados pelo STF (art. 12): "§ 4º Nos casos da alínea a do inciso I, o poder público poderá reduzir a Reserva Legal para até 50% (cinquenta por cento), para fins de recomposição, quando o Município tiver mais de 50% (cinquenta por cento) da área ocupada por unidades de conservação da natureza de domínio público e por terras indígenas homologadas. § 5º Nos casos da alínea a do inciso I, o poder público estadual, ouvido o Conselho Estadual de Meio Ambiente, poderá reduzir a Reserva Legal para até 50% (cinquenta por cento), quando o Estado tiver Zoneamento Ecológico-Econômico aprovado e mais de 65% (sessenta e cinco por cento) do seu território ocupado por unidades de conservação da natureza de domínio público, devidamente regularizadas, e por terras indígenas homologadas."

Na propriedade, como a reserva legal não cumpre uma função ambiental específica, ela poderia, em tese, estar em qualquer dos seus cantos. Mas, a lei prevê critérios da definição dessas reservas. "A localização da área de Reserva Legal no imóvel rural deverá levar em consideração os seguintes estudos e critérios (art. 14): I - o plano de bacia hidrográfica; II - o Zoneamento Ecológico-Econômico; III - a formação de corredores ecológicos com outra Reserva Legal, com Área de Preservação Permanente, com Unidade de Conservação ou com outra área legalmente protegida; IV - as áreas de maior importância para a conservação da biodiversidade; e V - as áreas de maior fragilidade ambiental (...)."

Por fim, perguntamos se será possível considerar o espaço de APP para fins de integralizar o percentual da reserva legal? A própria Lei responde: "Será admitido o cômputo das Áreas de Preservação Permanente no cálculo do percentual da Reserva Legal do imóvel, desde que (art. 15): I - o benefício previsto neste artigo não implique a conversão de novas áreas para o uso alternativo do solo; II - a área a ser computada esteja conservada ou em processo de recuperação, conforme comprovação do proprietário ao órgão estadual integrante do Sisnama; e III - o proprietário ou possuidor tenha requerido inclusão do imóvel no Cadastro Ambiental Rural - CAR, nos termos desta Lei. (...)[18] § 4º É dispensada a aplicação do inciso I do caput deste artigo, quando as Áreas de Preservação Permanente conservadas ou em processo de recuperação, somadas às demais florestas e outras formas de vegetação nativa existentes em imóvel, ultrapassarem: (Incluído pela Lei nº 12.727, de 2012) I - 80% (oitenta por cento) do imóvel rural localizado em áreas de floresta na Amazônia Legal; e (Incluído pela Lei nº 12.727, de 2012)".

Notamos que este §4º acima citado, de certa forma, autoriza o desmatamento (a conversão de novas áreas para o uso alternativo do solo) na área da Amazônia Legal se a soma de todas as florestas da propriedade atingir 80% do imóvel, o que é um retrocesso sem precedentes.

O pior que a Suprema Corte, no julgamento da ADIN nº 4901, "por maioria, vencidos os Ministros Edson Fachin e Rosa Weber e, em parte, os Ministros Marco Aurélio e Ricardo Lewandowski, reconheceu a constitucionalidade do art. 15 do Código Florestal" (Disponível em http://www.stf.jus.br/portal, acesso em 19/10/19). Em resumo, o STF praticamente afastou, na avaliação dessa nova Lei (Código Florestal), a incidência do princípio da vedação do retrocesso em matéria ambiental.

Realmente, constou, no voto do Min. Rel. Celso de Mello, nenhum direito é absoluto e a ponderação deve nortear os processos decisórios. Para ele, deverá haver a adequada e concreta compatibilização entre a norma ambiental e as necessidades sociais e econômicas da atualidade: "A superação dos antagonismos existentes entre princípios e valores constitucionais há de resultar da utilização de critérios que permitam ao poder público ponderar e avaliar, em função de determinado contexto e sob uma perspectiva axiológica concreta, qual deva ser o direito a preponderar no caso, considerada a situação de conflito ocorrente, desde que, no entanto, a utilização do método da ponderação de bens e interesses não importe em esvaziamento do conteúdo essencial dos direitos fundamentais, entre os quais avulta, por sua significativa importância, o direito à preservação do meio ambiente".

18. Seguem os parágrafos cortados: "§ 1º O regime de proteção da Área de Preservação Permanente não se altera na hipótese prevista neste artigo. § 2º O proprietário ou possuidor de imóvel com Reserva Legal conservada e inscrita no Cadastro Ambiental Rural - CAR de que trata o art. 29, cuja área ultrapasse o mínimo exigido por esta Lei, poderá utilizar a área excedente para fins de constituição de servidão ambiental, Cota de Reserva Ambiental e outros instrumentos congêneres previstos nesta Lei. § 3º O cômputo de que trata o caput aplica-se a todas as modalidades de cumprimento da Reserva Legal, abrangendo a regeneração, a recomposição e a compensação. (Redação dada pela Lei nº 12.727, de 2012)."

O mais grave é que parte mais ambientalista da doutrina, pelo pioneirismo inclusive, que sempre lutou pela proteção ambiental, também tem flexibilizado suas críticas e aplaudido a Suprema Corte:

> Como se vê, parece ter concluído o Supremo Tribunal Federal, na linha do que há muito vimos sustentando, que as alterações inseridas na Lei Federal 12.651/2012 – debatida por anos no Congresso Nacional – não significaram as propaladas rebeldias à Constituição, em ordem a autorizar sua supressão do ordenamento. De fato, não se pode ignorar que o meio ambiente, como realidade histórica resultante da interação da espécie humana com o mundo natural, compreende todas as interferências do homem no meio físico. Assim, antigas e expressivas obras humanas, olhadas sob a ótica do conhecimento científico e da legislação contemporânea, ainda que tenham alterado o ambiente natural – favorável ou desfavoravelmente –, integram hoje o ambiente construído, tendo agregado por mais das vezes melhorias à nossa civilização. Por certo, na interpretação da Lei e da Constituição Federal, é preciso considerar esses fatos passados, certo de que o uso e a ocupação do ambiente se deram sob uma realidade jurídica distinta da atual, e que, não obstante, produziram seus efeitos jurídicos, mesmo que acompanhados de danos ambientais que, à época, não estavam presentes na consciência dos responsáveis ou mesmo da coletividade. Isso, por si só, já implica o reconhecimento de que, em que pesem determinadas alterações trazidas pela Lei Florestal possam não ser consideradas as ideais, foram reputadas pelo legislador adequadas e suficientes à realidade atual, notadamente porque cuidaram de observar os aspectos históricos de ocupação do solo e de apropriação dos bens ambientais (MATTEI, Juliana Flávia e MILARÉ, Édis. Artigo *O STF, o desenvolvimento sustentável e o fortalecimento da Lei Florestal.* Disponível em https://www.conjur.com.br/2019-ago-28/opiniao-stf, acesso em 20/10/19).

Na verdade, não questionamos a relevância da variável "social" na análise da questão ambiental, mas indicamos a ocorrência de uma série de retrocessos graves, em curto período incluive. Por exemplo, a autorização do desmatamento na Amazônia Legal em nada tem a ver com a questão social ou de justiça ambiental.

De fato, uma coisa é a positiva previsão de regularização fundiária de interesse social em APP, saudável e aconselhável, desde que preenchidos os requisitos legais, dentre eles, a realização de estudos mais detidos e pormenorizados. Outra bem diversa é a autorização ampla e abstrata para se desmatar na área da Amazônia Legal.

Por fim, as **unidades de conservação**, por sua vez, não são áreas locais, mas áreas regionais preservadas para que a vegetação diversificada de várias regiões do Brasil seja protegida. Trata-se do "espaço territorial e seus recursos ambientais, incluindo as águas jurisdicionais, com características naturais relevantes, legalmente instituído pelo Poder Público, com objetivos de conservação e limites definidos, sob regime especial de administração, ao qual se aplicam garantias adequadas de proteção" (art. 2º, I, Lei nº 9.985/00).

Ou seja, busca-se a tutela da vegetação natural típica de cada região do país e, por serem áreas maiores, espaços regionais, as restrições são um pouco menores, como por exemplo, nos planos de manejo[19] e, aliás, em algumas áreas, é permitida a exploração econômica inclusive, a depender da sua natureza e da compatibilidade entre a preservação dessas áreas e certa atividade de lucro.

Aliás, a proteção das unidades de conservação está inserida em um sistema nacional: "o Sistema Nacional de Unidades de Conservação da Natureza - SNUC é constituído pelo conjunto das unidades de conservação federais, estaduais e municipais, de acordo com o disposto nesta Lei" (art. 3º).

E, são objetivos desse sistema nacional (art. 4º): "I - contribuir para a manutenção da diversidade biológica e dos recursos genéticos no território nacional e nas águas jurisdicionais; II - proteger as espécies ameaçadas de extinção no âmbito regional e nacional; III - contribuir para a preservação e a restauração da diversidade de ecossistemas naturais; IV - promover o desenvolvimento sustentável a partir dos recursos naturais; V - promover a utilização dos princípios e práticas de conservação da natureza no processo de desenvolvimento; (...)[20] XIII - proteger os recursos naturais necessários à subsistência de populações tradicionais, respeitando e valorizando seu conhecimento e sua cultura e promovendo-as social e economicamente."

De outra ponta, são diretrizes do sistema nacional (SNUC), segundo artigo 5º da Lei: "I - assegurem que no conjunto das unidades de conservação estejam representadas amostras significativas e ecologicamente viáveis das diferentes populações, habitats e ecossistemas do território nacional e das águas jurisdicionais, salvaguardando o patrimônio biológico existente; II - assegurem os mecanismos e procedimentos necessários ao envolvimento da sociedade no estabelecimento e na revisão da política nacional de unidades de conservação;

---

19. "As unidades de conservação devem dispor de um Plano de Manejo" (art. 27).

20. Seguem os incisos recortados: "VI - proteger paisagens naturais e pouco alteradas de notável beleza cênica; VII - proteger as características relevantes de natureza geológica, geomorfológica, espeleológica, arqueológica, paleontológica e cultural; VIII - proteger e recuperar recursos hídricos e edáficos; IX - recuperar ou restaurar ecossistemas degradados; X - proporcionar meios e incentivos para atividades de pesquisa científica, estudos e monitoramento ambiental; XI - valorizar econômica e socialmente a diversidade biológica; XII - favorecer condições e promover a educação e interpretação ambiental, a recreação em contato com a natureza e o turismo ecológico;"

III - assegurem a participação efetiva das populações locais na criação, implantação e gestão das unidades de conservação; IV - busquem o apoio e a cooperação de organizações não-governamentais, de organizações privadas e pessoas físicas para o desenvolvimento de estudos, pesquisas científicas, práticas de educação ambiental, atividades de lazer e de turismo ecológico, monitoramento, manutenção e outras atividades de gestão das unidades de conservação; V - incentivem as populações locais e as organizações privadas a estabelecerem e administrarem unidades de conservação dentro do sistema nacional; (...)".[21]

Pois bem. As Unidades de Conservação têm uma tradicional classificação, conforme as regiões, as características da vegetação local e os objetivos de cada espaço. Assim, elas podem ser (art. 7º): I - Unidades de Proteção Integral[22]; II - Unidades de Uso Sustentável[23]. "O objetivo básico das Unidades de Proteção Integral é preservar a natureza, sendo admitido apenas o uso indireto dos seus recursos naturais, com exceção dos casos previstos nesta Lei" (§ 1º). "O objetivo básico das Unidades de Uso Sustentável é compatibilizar a conservação da natureza com o uso sustentável de parcela dos seus recursos naturais" (§ 2º).

Por fim, devemos lembrar que "a criação de uma unidade de conservação deve ser precedida de estudos técnicos e de consulta pública" (...) (art. 22, § 2º); e que "a desafetação ou redução dos limites de uma unidade de conservação

---

21. São os incisos recortados: "VI - assegurem, nos casos possíveis, a sustentabilidade econômica das unidades de conservação; VII - permitam o uso das unidades de conservação para a conservação in situ de populações das variantes genéticas selvagens dos animais e plantas domesticados e recursos genéticos silvestres; VIII - assegurem que o processo de criação e a gestão das unidades de conservação sejam feitos de forma integrada com as políticas de administração das terras e águas circundantes, considerando as condições e necessidades sociais e econômicas locais; IX - considerem as condições e necessidades das populações locais no desenvolvimento e adaptação de métodos e técnicas de uso sustentável dos recursos naturais; X - garantam às populações tradicionais cuja subsistência dependa da utilização de recursos naturais existentes no interior das unidades de conservação meios de subsistência alternativos ou a justa indenização pelos recursos perdidos; XI - garantam uma alocação adequada dos recursos financeiros necessários para que, uma vez criadas, as unidades de conservação possam ser geridas de forma eficaz e atender aos seus objetivos; XII - busquem conferir às unidades de conservação, nos casos possíveis e respeitadas as conveniências da administração, autonomia administrativa e financeira; e XIII - busquem proteger grandes áreas por meio de um conjunto integrado de unidades de conservação de diferentes categorias, próximas ou contíguas, e suas respectivas zonas de amortecimento e corredores ecológicos, integrando as diferentes atividades de preservação da natureza, uso sustentável dos recursos naturais e restauração e recuperação dos ecossistemas."

22. Art. 8º O grupo das Unidades de Proteção Integral é composto pelas seguintes categorias de unidade de conservação: I - Estação Ecológica; II - Reserva Biológica; III - Parque Nacional; IV - Monumento Natural; V - Refúgio de Vida Silvestre. (...)

23. Art. 14. Constituem o Grupo das Unidades de Uso Sustentável as seguintes categorias de unidade de conservação: I - Área de Proteção Ambiental; II - Área de Relevante Interesse Ecológico; III - Floresta Nacional; IV - Reserva Extrativista; V - Reserva de Fauna; VI – Reserva de Desenvolvimento Sustentável; e VII - Reserva Particular do Patrimônio Natural.

só pode ser feita mediante lei específica" (art. 22, § 7º), embora a sua criação não dependa de lei.

5.5 PROTEÇÃO JURÍDICA DOS RECURSOS HÍDRICOS. POLÍTICA NACIONAL DE RECURSOS HÍDRICOS (LEI Nº 9.433/97)

A água é a razão e a causa de toda vida no planeta. A ciência é unânime ao atribuir à água o crédito pela existência da vida na Terra. Mas, atualmente, a mesma água tornou-se talvez o maior problema para as futuras gerações, sem ignorar a crise hídrica que já atinge milhões de pessoas pelo mundo.

De fato, água significa sobrevivência, qualidade de vida, evolução econômico-social etc. Não por acaso, as grandes cidades da antiguidade formaram-se nas margens dos grandes rios da África, Ásia e Europa. Enfim, a água é um bem de elevada nobreza. Mas, requer atenção por sua finitude.

Nessa linha, o Superior Tribunal de Justiça já decidiu, em julgado recente: "Indiscutível que sem água não há vida. Por força de lei, abastecimento público é uso prioritário por excelência dos recursos hídricos (art. 1º, III, da Lei 9.433/1997). Logo, qualquer outro emprego da água, de suas fontes e do entorno dos rios, lagos, reservatórios e fontes subterrâneas que venha a ameaçar, dificultar, encarecer ou inviabilizar o consumo humano, imediato ou futuro, deve ser combatido pelo Estado, na sua posição de guardião maior da vida das pessoas, com medidas enérgicas e eficazes de prevenção, fiscalização, repressão e recuperação. (...)[24] 4. Nas metrópoles, caracterizadas pela alta densidade populacional, o valor da água se avulta diante da crescente escassez, que as assola de maneira geral, agravando-se pelas mudanças climáticas: o que se tem já não basta para abastecer sequer os 'com água', muito menos os milhões ainda 'sem água', os carentes ou excluídos desse serviço tão vital à dignidade da pessoa humana. (...)" (STJ, REsp nº 1376199/SP, Rel. Min. Herman Benjamin, julgado em 19/08/2014).

---

24. Seguem as partes recortadas: "3. Qualquer outro interesse igualmente legítimo - habitação, comércio, indústria, lazer, agricultura, mineração - empalidece diante da imprescindibilidade e caráter insubstituível da água, recurso precioso que só existe onde existe, ao contrário de atividades concorrentes que, além de fungíveis, podem, em tese, ser localizadas e exploradas em variados pontos do território. (...) 5. E nem se fale em direito adquirido à ocupação, prévia ou não, pois, nos planos ético e jurídico, ninguém possui ou incorpora, legitimamente, direito de matar de sede seus semelhantes, pouco importando o pretexto do momento, da crise habitacional à crise econômica, da especulação imobiliária ao exercício de iniciativas produtivas úteis, que geram trabalho e renda."

Aliás, a comunidade internacional há muito tem se preocupado com a questão. No Brasil, instituiu-se recentemente a atual *Política Nacional de Recursos Hídricos* (Lei nº 9.433/97), a qual se baseia "nos seguintes fundamentos (art. 1º): I - **a água é um bem de domínio público**; II - a água é um recurso natural limitado, dotado de valor econômico; III - em situações de escassez, o uso prioritário dos recursos hídricos é o consumo humano e a dessedentação de animais; IV - a gestão dos recursos hídricos deve sempre proporcionar o uso múltiplo das águas; V - a bacia hidrográfica é a unidade territorial para implementação da Política Nacional de Recursos Hídricos e atuação do Sistema Nacional de Gerenciamento de Recursos Hídricos; VI - a gestão dos recursos hídricos deve ser descentralizada e contar com a participação do Poder Público, dos usuários e das comunidades".

Nessa linha, são objetivos da *Política Nacional de Recursos Hídricos*: I - assegurar à atual e às futuras gerações a necessária disponibilidade de água, em padrões de qualidade adequados aos respectivos usos; II - a utilização racional e integrada dos recursos hídricos, incluindo o transporte aquaviário, com vistas ao desenvolvimento sustentável; III - a prevenção e a defesa contra eventos hidrológicos críticos de origem natural ou decorrentes do uso inadequado dos recursos naturais. IV - incentivar e promover a captação, a preservação e o aproveitamento de águas pluviais" (art. 2º).

Vale destacar que, segundo a normativa, a água é um bem comum e com valor econômico. Aliás, a Lei prevê a possibilidade de cobrança pela captação e uso da água. "A cobrança pelo uso de recursos hídricos objetiva: I - reconhecer a água como bem econômico e dar ao usuário uma indicação de seu real valor; II - incentivar a racionalização do uso da água; III - obter recursos financeiros para o financiamento dos programas e intervenções contemplados nos planos de recursos hídricos" (art. 19).

Após estudo e pesquisa, anotou Larissa Braga que "a competência para estabelecer mecanismos de cobrança de usuários que captem água, lancem efluentes no corpo hídrico ou retirem água de manancial para irrigação, abastecimento humano ou com fins industriais ficou ao cargo dos Comitês de Bacia Hidrográfica (CBH). Muito embora existam diversos desses comitês, esse tipo de medida ainda é exceção no país. No *site* da Agência Nacional de Águas é possível obter dados sobre a evolução da cobrança. Até o ano de 2017, apenas os CBHs dos estados de Ceará, Minas Gerais, Paraíba, Rio de Janeiro e São Paulo instituíram a cobrança".[25]

25. CASARES, Larissa Braga Macias. Artigo *É necessário voltar as atenções à política de recursos hídricos*. Disponível em https://www.conjur.com.br/2018-out-04/larissa-casares-preciso-dar-atencao-politica--recursos-hidricos, acesso em 20/10/19.

Enfim, a nova Lei apresenta uma série de instrumentos voltados à consecução dos objetivos dessa específica política, entretanto, o caminho a ser trilhado para a efetiva proteção desse nobre bem ainda é longo e a completa conscientização algo distante.

5.6 DOS RESÍDUOS SÓLIDOS

5.6.1 Da introdução

No Brasil, o tratamento jurídico do tema dos resíduos sólidos, pela recente lei promulgada (Lei nº 12.305/10), tem por base ou fundamento **três grandes objetivos**. Em outras palavras, o tratamento legal do tema aqui abordado tem três grandes preocupações.

A **primeira** é o meio ambiente sadio, a forma com que esses resíduos serão descartados e qual será a destinação desse material pós-consumo. De fato, "são princípios da Política Nacional de Resíduos Sólidos: I - a prevenção e a precaução; II - o poluidor-pagador e o protetor-recebedor; III - a visão sistêmica, na gestão dos resíduos sólidos, que considere as variáveis ambiental, social, cultural, econômica, tecnológica e de saúde pública; IV - o desenvolvimento sustentável; V - a ecoeficiência, mediante a compatibilização entre o fornecimento, a preços competitivos, de bens e serviços qualificados que satisfaçam as necessidades humanas e tragam qualidade de vida e a redução do impacto ambiental e do consumo de recursos naturais a um nível, no mínimo, equivalente à capacidade de sustentação estimada do planeta"; (...) – art. 6º, da Lei nº 12.305/10.

A **segunda** grande preocupação é a questão do saneamento básico, ou seja, a saúde preventiva. De fato, no espaço em que não há um tratamento de esgoto e uma destinação segura e sustentável de resíduos sólidos, o risco de proliferação de doenças será muito maior (art. 6º, III – vide acima).

Ainda, a **terceira** preocupação desse sistema legal é com assistência social ou a geração de renda das pessoas mais carentes que trabalham/laboram no recolhimento e reciclagem desse material (resíduos sólidos).

Realmente, na linha desses objetivos, "são princípios da Política Nacional de Resíduos Sólidos: (...) VI - a cooperação entre as diferentes esferas do poder público, o setor empresarial e demais segmentos da sociedade; VII - a responsabilidade compartilhada pelo ciclo de vida dos produtos; VIII - o reconhecimento do resíduo sólido reutilizável e reciclável como um bem econômico e de valor social, gerador de trabalho e renda e promotor de cidadania" (art. 6º).

Destarte, ilude-se aquele que pensa que o sistema de resíduos sólidos é uma questão exclusivamente ambiental. É muito mais do que isso. Trata-se também de uma questão de saúde pública e de assistência social relacionada à geração de renda daquelas pessoas que se dedicam ao recolhimento e à reciclagem desse material.

Desse modo, é um sistema jurídico complexo e inovador, que cria uma série de direitos e deveres, especialmente em relação ao Poder Público, e impõe o apoio a ser destinado às associações ou aos grupos de pessoas que se voltam para o recolhimento de reciclável, embora, na prática, muitas vezes, esses deveres não são minimamente cumpridos.

Em outra linha, mas como objetivos dessa política, temos o "incentivo à indústria da reciclagem, tendo em vista fomentar o uso de matérias-primas e insumos derivados de materiais recicláveis e reciclados" (VI), e a "integração dos catadores de materiais reutilizáveis e recicláveis nas ações que envolvam a responsabilidade compartilhada pelo ciclo de vida dos produtos" (XII) - art. 7º, Lei nº 12.305/10.

Por fim, nesse sentido, a lei determina que o Poder Público poderá incentivar a implantação de associações de catadores de materiais recicláveis, o que interpretamos mais como obrigação legal que uma mera faculdade:

> Art. 42. O poder público poderá instituir medidas indutoras e linhas de financiamento para atender, prioritariamente, às iniciativas de: (...) III - implantação de infraestrutura física e aquisição de equipamentos para cooperativas ou outras formas de associação de catadores de materiais reutilizáveis e recicláveis formadas por pessoas físicas de baixa renda.

Enfim, a responsabilidade do Poder Público deve ser potencializada nesse contexto de gestão dos resíduos sólidos, como prioridade, aliás. Foi nesse sentido que decidiu o Superior Tribunal de Justiça:

> (...) Por outro lado, forçoso reconhecer que o Município gradualmente vem promovendo as medidas necessárias à gestão adequada dos resíduos sólidos, dentre as quais se verifica o auxílio à criação e organização de associação de catadores, por meio de capacitação técnica e subsídios para a manutenção de suas atividades, e a implantação de programa de coleta seletiva. Todavia,

> conforme se depreende do próprio relatório que integra a minuta do Plano de Saneamento Básico, as ações realizadas pelo Município apresentam diversas deficiências que precisam ser corrigidas, dentre as principais destaca-se: a inadequação e precariedade do local utilizado com centro de triagem; falta de maquinário adequado para separação do material reciclável; inexistência de programa de educação ambiental a fomentar a segregação de lixo para reciclagem; a necessidade de ampliação da coleta seletiva; a implantação de programa de compostagem e implantação adequada de aterro sanitário (fis.559/611). Portanto, diante da omissão e inadequação das medidas adotadas, a tutela jurisdicional pretendida pelo Ministério Público com a condenação nas obrigações de fazer se traduz como meio necessário a assegurar a efetiva adequação às disposições contidas na Política Nacional de Resíduos Sólidos. No entanto, importante observar que as obrigações de fazer devem guardar correlação com a situação econômico-financeira do Município, levando-se em conta a sua realidade orçamentária, a sua população e os recursos disponíveis, de modo a viabilizar a execução das medidas dentro de prazos razoáveis. (...) (STJ, AREsp 1.251.315, Rel. Min. Francisco Falcão, publicado em 21/06/2018).

Aliás, a lei havia fixado um prazo, embora descumprido na grande maioria dos municípios brasileiros: "A disposição final ambientalmente adequada dos rejeitos, observado o disposto no § 1º do art. 9º, deverá ser implantada em até 4 (quatro) anos após a data de publicação desta Lei" (art. 54).

Enfim, a lei idealiza um sistema de responsabilidades para o melhor e mais adequado manejo dos resíduos sólidos, com foco na atuação do Poder Público municipal, mas sem abandonar **o conceito de "responsabilidade compartilhada"**, definida na lei como o "conjunto de atribuições individualizadas e encadeadas dos fabricantes, importadores, distribuidores e comerciantes, dos consumidores e dos titulares dos serviços públicos de limpeza urbana e de manejo dos resíduos sólidos, para minimizar o volume de resíduos sólidos e rejeitos gerados, bem como para reduzir os impactos causados à saúde humana e à qualidade ambiental decorrentes do ciclo de vida dos produtos" (art. 3º, XVII).

Para isso, a lei impõe que os Municípios e o Distrito Federal estabeleçam um **plano de gestão integrada**: "a elaboração de plano municipal de gestão integrada de resíduos sólidos, nos termos previstos por esta Lei, é condição para o Distrito Federal e os Municípios terem acesso a recursos da União, ou por ela controlados, destinados a empreendimentos e serviços relacionados à limpeza urbana e ao manejo de resíduos sólidos, ou para serem beneficiados por incentivos ou financiamentos de entidades federais de crédito ou fomento para tal finalidade" (art. 18).

De outra ponta, os empreendedores e geradores de resíduos (art. 20) devem produzir seus planos de gerenciamento, aliás, como "parte integrante do processo de licenciamento ambiental do empreendimento ou atividade pelo órgão competente do Sisnama" (art. 24).

Esses planos devem conter, no mínimo (art. 21): "I - descrição do empreendimento ou atividade; II - diagnóstico dos resíduos sólidos gerados ou administrados, contendo a origem, o volume e a caracterização dos resíduos, incluindo os passivos ambientais a eles relacionados; III - observadas as normas estabelecidas pelos órgãos do Sisnama, do SNVS e do Suasa e, se houver, o plano municipal de gestão integrada de resíduos sólidos: a) explicitação dos responsáveis por cada etapa do gerenciamento de resíduos sólidos; b) definição dos procedimentos operacionais relativos às etapas do gerenciamento de resíduos sólidos sob responsabilidade do gerador; (...)[26]."

Por fim, devemos destacar os principais pontos desta política nacional: responsabilidade compartilhada (Poder Público, Produtor/Fornecedor/Sociedade), reaproveitamento dos resíduos recicláveis, planejamento e sustentabilidade.

5.6.2 Dos instrumentos da Política Nacional de Resíduos Sólidos (Lei nº 12.305/10)

Após a Lei nº 12.305/10 prever os objetivos da Política Nacional de Resíduos Sólidos, ela passa elencar os instrumentos pelos quais aqueles objetivos poderão ser alcançados. Realmente, "são instrumentos da Política Nacional de Resíduos Sólidos, entre outros (art. 8º): I - os planos de resíduos sólidos; II - os inventários e o sistema declaratório anual de resíduos sólidos; III - a coleta seletiva, os sistemas de logística reversa e outras ferramentas relacionadas à implementação da responsabilidade compartilhada pelo ciclo de vida dos produtos; IV - o incentivo à criação e ao desenvolvimento de cooperativas ou

26. Seguem os incisos recortados: "IV - identificação das soluções consorciadas ou compartilhadas com outros geradores; V - ações preventivas e corretivas a serem executadas em situações de gerenciamento incorreto ou acidentes; VI - metas e procedimentos relacionados à minimização da geração de resíduos sólidos e, observadas as normas estabelecidas pelos órgãos do Sisnama, do SNVS e do Suasa, à reutilização e reciclagem; VII - se couber, ações relativas à responsabilidade compartilhada pelo ciclo de vida dos produtos, na forma do art. 31; VIII - medidas saneadoras dos passivos ambientais relacionados aos resíduos sólidos; IX - periodicidade de sua revisão, observado, se couber, o prazo de vigência da respectiva licença de operação a cargo dos órgãos do Sisnama".

de outras formas de associação de catadores de materiais reutilizáveis e recicláveis; V - o monitoramento e a fiscalização ambiental, sanitária e agropecuária; VI - a cooperação técnica e financeira entre os setores público e privado para o desenvolvimento de pesquisas de novos produtos, métodos, processos e tecnologias de gestão, reciclagem, reutilização, tratamento de resíduos e disposição final ambientalmente adequada de rejeitos"; (...)[27].

Enfim, o que notamos é um sistema complexo de normatização, planejamento e gestão desses resíduos sólidos, uma revolução em termos de enfrentamento jurídico da questão.

5.6.3 Dos conceitos e definições

Como já dito, alguns sistemas especiais de normas, para terem maior amplitude e operabilidade, trazem conceitos legais de institutos e elementos peculiares a eles.

Nessa linha, a *Lei de Gestão dos Resíduos Sólidos* (Lei nº 12.305/10) apresenta uma relação de conceitos úteis à compreensão e à interpretação da lei.

Para os efeitos desta Lei, entende-se por (art. 3º): (...)[28] IV - ciclo de vida do produto: série de etapas que envolvem o desenvolvimento do produto, a obtenção de matérias-primas e insumos, o processo produtivo, o consumo e a disposição final; V - coleta seletiva: coleta de resíduos sólidos previamente segregados conforme sua constituição ou composição; VI - controle social:

27. Seguem aqui os incisos recortados: "VII - a pesquisa científica e tecnológica; VIII - a educação ambiental; IX - os incentivos fiscais, financeiros e creditícios; X - o Fundo Nacional do Meio Ambiente e o Fundo Nacional de Desenvolvimento Científico e Tecnológico; XI - o Sistema Nacional de Informações sobre a Gestão dos Resíduos Sólidos (Sinir); XII - o Sistema Nacional de Informações em Saneamento Básico (Sinisa); XIII - os conselhos de meio ambiente e, no que couber, os de saúde; XIV - os órgãos colegiados municipais destinados ao controle social dos serviços de resíduos sólidos urbanos; XV - o Cadastro Nacional de Operadores de Resíduos Perigosos; XVI - os acordos setoriais; XVII - no que couber, os instrumentos da Política Nacional de Meio Ambiente, entre eles: a) os padrões de qualidade ambiental; b) o Cadastro Técnico Federal de Atividades Potencialmente Poluidoras ou Utilizadoras de Recursos Ambientais; c) o Cadastro Técnico Federal de Atividades e Instrumentos de Defesa Ambiental; d) a avaliação de impactos ambientais; e) o Sistema Nacional de Informação sobre Meio Ambiente (Sinima); f) o licenciamento e a revisão de atividades efetiva ou potencialmente poluidoras; XVIII - os termos de compromisso e os termos de ajustamento de conduta; XIX - o incentivo à adoção de consórcios ou de outras formas de cooperação entre os entes federados, com vistas à elevação das escalas de aproveitamento e à redução dos custos envolvidos".

28. Seguem os incisos recortados: "I - acordo setorial: ato de natureza contratual firmado entre o poder público e fabricantes, importadores, distribuidores ou comerciantes, tendo em vista a implantação da responsabilidade compartilhada pelo ciclo de vida do produto; II - área contaminada: local onde há contaminação causada pela disposição, regular ou irregular, de quaisquer substâncias ou resíduos; III - área órfã contaminada: área contaminada cujos responsáveis pela disposição não sejam identificáveis ou individualizáveis;"

conjunto de mecanismos e procedimentos que garantam à sociedade informações e participação nos processos de formulação, implementação e avaliação das políticas públicas relacionadas aos resíduos sólidos; VII - destinação final ambientalmente adequada: destinação de resíduos que inclui a reutilização, a reciclagem, a compostagem, a recuperação e o aproveitamento energético ou outras destinações admitidas pelos órgãos competentes do Sisnama, do SNVS e do Suasa, entre elas a disposição final, observando normas operacionais específicas de modo a evitar danos ou riscos à saúde pública e à segurança e a minimizar os impactos ambientais adversos; VIII - disposição final ambientalmente adequada: distribuição ordenada de rejeitos em aterros, observando normas operacionais específicas de modo a evitar danos ou riscos à saúde pública e à segurança e a minimizar os impactos ambientais adversos; (...)[29] XVIII - reutilização: processo de aproveitamento dos resíduos sólidos sem sua transformação biológica, física ou físico-química, observadas as condições e os padrões estabelecidos pelos órgãos competentes do Sisnama e, se couber, do SNVS e do Suasa; XIX - serviço

29. Aqui, os incisos recortados: "IX - geradores de resíduos sólidos: pessoas físicas ou jurídicas, de direito público ou privado, que geram resíduos sólidos por meio de suas atividades, nelas incluído o consumo; X - gerenciamento de resíduos sólidos: conjunto de ações exercidas, direta ou indiretamente, nas etapas de coleta, transporte, transbordo, tratamento e destinação final ambientalmente adequada dos resíduos sólidos e disposição final ambientalmente adequada dos rejeitos, de acordo com plano municipal de gestão integrada de resíduos sólidos ou com plano de gerenciamento de resíduos sólidos, exigidos na forma desta Lei; XI - gestão integrada de resíduos sólidos: conjunto de ações voltadas para a busca de soluções para os resíduos sólidos, de forma a considerar as dimensões política, econômica, ambiental, cultural e social, com controle social e sob a premissa do desenvolvimento sustentável; XII - logística reversa: instrumento de desenvolvimento econômico e social caracterizado por um conjunto de ações, procedimentos e meios destinados a viabilizar a coleta e a restituição dos resíduos sólidos ao setor empresarial, para reaproveitamento, em seu ciclo ou em outros ciclos produtivos, ou outra destinação final ambientalmente adequada; XIII - padrões sustentáveis de produção e consumo: produção e consumo de bens e serviços de forma a atender as necessidades das atuais gerações e permitir melhores condições de vida, sem comprometer a qualidade ambiental e o atendimento das necessidades das gerações futuras; XIV - reciclagem: processo de transformação dos resíduos sólidos que envolve a alteração de suas propriedades físicas, físico-químicas ou biológicas, com vistas à transformação em insumos ou novos produtos, observadas as condições e os padrões estabelecidos pelos órgãos competentes do Sisnama e, se couber, do SNVS e do Suasa; XV - rejeitos: resíduos sólidos que, depois de esgotadas todas as possibilidades de tratamento e recuperação por processos tecnológicos disponíveis e economicamente viáveis, não apresentem outra possibilidade que não a disposição final ambientalmente adequada; XVI - resíduos sólidos: material, substância, objeto ou bem descartado resultante de atividades humanas em sociedade, a cuja destinação final se procede, se propõe proceder ou se está obrigado a proceder, nos estados sólido ou semissólido, bem como gases contidos em recipientes e líquidos cujas particularidades tornem inviável o seu lançamento na rede pública de esgotos ou em corpos d'água, ou exijam para isso soluções técnica ou economicamente inviáveis em face da melhor tecnologia disponível; XVII - responsabilidade compartilhada pelo ciclo de vida dos produtos: conjunto de atribuições individualizadas e encadeadas dos fabricantes, importadores, distribuidores e comerciantes, dos consumidores e dos titulares dos serviços públicos de limpeza urbana e de manejo dos resíduos sólidos, para minimizar o volume de resíduos sólidos e rejeitos gerados, bem como para reduzir os impactos causados à saúde humana e à qualidade ambiental decorrentes do ciclo de vida dos produtos, nos termos desta Lei;"

público de limpeza urbana e de manejo de resíduos sólidos: conjunto de atividades previstas no art. 7º da Lei nº 11.445, de 2007.

Enfim, quando uma lei institui um sistema novo ou uma política pública específica, ela deve se preocupar com a sua operabilidade e eficácia. Assim, uma técnica mundialmente consagrada em relação a isso refere-se à apresentação dos conceitos e definições, para fins pedagógicos inclusive. Tal técnica legislativa é salutar e deve ser aplaudida.

6

DIREITO URBANÍSTICO E DA MOBILIDADE URBANA

6.1 DIREITO URBANÍSTICO: INTRODUÇÃO

O direito urbanístico possui três aspectos que o fazem peculiar. **Primeiro**, o seu objeto, o espaço urbano, possui certa estabilidade ou rigidez e, por isso, deve ser pensado para as presentes e futuras gerações, com absoluto e adequado planejamento. Por exemplo, uma via aberta ou um equipamento instalado permanecerá por anos ou décadas, dando ensejo a novas e novas vias e a outros equipamentos. Assim, um planejamento ruim ou a falta dele terá reflexos irreversíveis para o futuro, o que deve ser evitado.

Segundo, o mesmo objeto (espaço urbano) é composto basicamente por bens públicos e bens particulares, cada qual com suas finalidades, mas com coexistência e usos necessariamente harmoniosos, destacando-se a função social da propriedade.

Por fim, **em terceiro**, a gestão ou a administração do espaço urbano não se limita ao campo administrativo-discricionário, mas há de ser democrática e participativa.

Sobre **o primeiro ponto (planejamento)**, podemos citar os seguintes dispositivos legais, que também concretizam importantes princípios da política urbana e se ligam ao tema.

Na Constituição Federal, está dito que o "plano diretor, aprovado pela Câmara Municipal, obrigatório para cidades com mais de vinte mil habitantes, é o instrumento básico da política de desenvolvimento e de expansão urbana" e que "a propriedade urbana cumpre sua função social quando atende às exigências fundamentais de ordenação da cidade expressas no plano diretor",

§§ 1º e 2º do art. 182. Enfim, restou claro o necessário planejamento no que tange à expansão urbana.

Não por outro motivo, o mesmo texto constitucional determinou que aos Municípios competem "promover, no que couber, adequado ordenamento territorial, mediante planejamento e controle do uso, do parcelamento e da ocupação do solo urbano" (art. 30, VIII, CF).

Já o Estatuto da Cidade (Lei nº 10.257/01) prevê que "a política urbana tem por objetivo ordenar o pleno desenvolvimento das funções sociais da cidade e da propriedade urbana, mediante a garantia do direito a cidades sustentáveis, entendido como o direito à terra urbana, à moradia, ao saneamento ambiental, à infraestrutura urbana, ao transporte e aos serviços públicos, ao trabalho e ao lazer, para as presentes e futuras gerações" (art. 2º, I), bem como "o planejamento do desenvolvimento das cidades, da distribuição espacial da população e das atividades econômicas do Município e do território sob sua área de influência, de modo a evitar e corrigir as distorções do crescimento urbano e seus efeitos negativos sobre o meio ambiente" (art. 2º, IV).

O mesmo Estatuto da Cidade dispõe que "serão utilizados, entre outros instrumentos: I – planos nacionais, regionais e estaduais de ordenação do território e de desenvolvimento econômico e social; II – planejamento das regiões metropolitanas, aglomerações urbanas e microrregiões; III – planejamento municipal, em especial: a) plano diretor; b) disciplina do parcelamento, do uso e da ocupação do solo; c) zoneamento ambiental; d) plano plurianual; e) diretrizes orçamentárias e orçamento anual; f) gestão orçamentária participativa; g) planos, programas e projetos setoriais; e h) planos de desenvolvimento econômico e social" (art. 4º).

Já o **segundo ponto (funcionalização da propriedade)**, que se refere à organização e ordenação dos bens públicos e privados no espaço urbano, segundo uma função social, tem regras constitucionais desde o art. 5º, incisos XXII e XXIII, e art. 182, *caput*, segundo o qual "a política de desenvolvimento urbano, executada pelo Poder Público municipal, conforme diretrizes gerais fixadas em lei, tem por objetivo ordenar o pleno desenvolvimento das funções sociais da cidade e garantir o bem- estar de seus habitantes".

Além disso, ainda na Constituição Federal, "é facultado ao Poder Público municipal, mediante lei específica para área incluída no plano diretor, exigir, nos termos da lei federal, do proprietário do solo urbano não edificado, subutilizado ou não utilizado, que promova seu adequado aproveitamento, sob pena, sucessivamente, de: I - parcelamento ou edificação compulsórios;

II - imposto sobre a propriedade predial e territorial urbana progressivo no tempo; III - desapropriação com pagamento mediante títulos da dívida pública de emissão previamente aprovada pelo Senado Federal, com prazo de resgate de até dez anos, em parcelas anuais, iguais e sucessivas, assegurados o valor real da indenização e os juros legais" (art. 182, §4º), o que não nos parece mera faculdade do Poder Público, mas verdadeira obrigação.

O Estatuto da Cidade (Lei nº 10.257/01), de sua parte, anota que é objetivo da política urbana a "ordenação e controle do uso do solo, de forma a evitar: a) a utilização inadequada dos imóveis urbanos; b) a proximidade de usos incompatíveis ou inconvenientes; c) o parcelamento do solo, a edificação ou o uso excessivos ou inadequados em relação à infraestrutura urbana; d) a instalação de empreendimentos ou atividades que possam funcionar como pólos geradores de tráfego, sem a previsão da infraestrutura correspondente; e) a retenção especulativa de imóvel urbano, que resulte na sua subutilização ou não utilização; f) a deterioração das áreas urbanizadas; g) a poluição e a degradação ambiental; h) a exposição da população a riscos de desastres" (art. 2º, VI).

Por fim, no que se refere ao **terceiro e derradeiro ponto (participação)**, a gestão democrática assume condição essencial para a concretização da política urbana. Exatamente por isso, o Estatuto da Cidade diz que "a política urbana tem por objetivo ordenar o pleno desenvolvimento das funções sociais da cidade e da propriedade urbana, mediante: (...) audiência do Poder Público municipal e da população interessada nos processos de implantação de empreendimentos ou atividades com efeitos potencialmente negativos sobre o meio ambiente natural ou construído, o conforto ou a segurança da população" (art. 2º, XIII).

Portanto, em resumo, nesta introdução, colocamos que o direito urbanístico tem priorizado os três pontos relevantes acima citados (planejamento, função social e participação), o que tem tornado esse microssistema ainda mais importante e peculiar, de imprescindível estudo e atenção em termos de direitos difusos e coletivos.

6.2 DIRETRIZES GERAIS E PRINCÍPIOS DA POLÍTICA URBANA NO BRASIL

O direito urbanístico forma-se sobre um verdadeiro microssistema que dialoga com outros ramos do Direito Público ou do Privado. Contudo, com suas autênticas especificidades, esse sistema tem uma principiologia própria.

O **princípio da dignidade da pessoa humana**, com ampla incidência no direito urbanístico, impõe especialmente ao Estado o dever de cuidado e de promoção de direitos fundamentais, com destaque aos sociais. Realmente, a intervenção do Estado sobre o espaço urbano deve priorizar as medidas tendentes a melhorar a qualidade de vida das pessoas que ali ocupam e que venham a ocupar no futuro, garantindo-lhes o acesso à moradia digna, segurança em sentido amplo, saúde e participação na sua gestão e planejamento.

O princípio da dignidade da pessoa, na verdade, é um megaprincípio que se coloca, jurídica e politicamente, acima dos princípios gerais do Direito, já que é, na verdade, uma ideia, um pensamento universal do humanismo global.

Ele exige a compreensão da seguinte classificação: as pessoas em geral devem ser classificadas segundo suas funções, suas atividades, suas crenças, suas etnias, seus gêneros. Aliás, podem ser consideradas de acordo com essa classificação, já que é fato que elas são naturalmente diferentes.

Isso que foi dito logo acima está correto? Absolutamente que não. Na verdade, o princípio da dignidade da pessoa humana determina exatamente o contrário do que colocamos no parágrafo supra.

Toda pessoa humana, indistintamente, deve ser tratada com dignidade, respeito e consideração. A pessoa humana é um ente, jurídico e politicamente, universal, de maneira que todos, invariavelmente, devem ser tratados com respeito e promoção do mínimo existencial, observando-se, para cada um, o mínimo de condições de vida, ou seja, independentemente das atividades que exerce, da classe social, da etnia, da crença etc. Então, para concluir, a pessoa humana é universal e todos invariavelmente devem ser tratados com respeito e dignidade, e em atenção às condições mínimas de vida.

Portanto, como visto, a dignidade da pessoa humana dialoga de forma muito próxima com o princípio da igualdade, aliás, o princípio da igualdade em seus aspectos formal e substancial, que, nesse segundo aspecto, tem o caráter essencial da própria existência. Enfim, que a ela sejam fornecidas as condições mínimas para uma vida digna, a qual já é aproveitada por outras pessoas. Então, essa dignidade da pessoa humana impõe moradia digna, alimentação suficiente, educação de qualidade, serviços de saúde acessíveis e eficientes, transporte público de qualidade, condições urbanísticas dignas e, tudo isso, a partir do aspecto material da igualdade e, por consequência, do próprio sentido material da dignidade da pessoa humana.

Sobre esse importante princípio, verdadeiro núcleo axiológico e intocável do sistema jurídico nacional, devemos mencionar que, felizmente, a pandemia do novo coronavírus chegou a sensibilizar os operadores do Direito para que remoções forçadas e despejos ficassem suspensos nesse período.

De fato, o Núcleo Especializado de Habitação e Urbanismo da Defensoria Pública paulista fez circular orientações para um trabalho institucional nesse sentido. Segundo ele, "o controle da doença depende da permanência das pessoas e famílias em suas casas. Entretanto, há, ao menos, dois grupos populacionais que não podem praticar adequadamente esta medida de prevenção à difusão viral: a população em situação de rua e os moradores de habitações precárias inaptas à prática do isolamento domiciliar de parte do núcleo familiar (como casas superlotadas e sem acesso à infraestrutura de fornecimento de água e coleta de esgoto)."

Aliás, a Organização das Nações Unidas - ONU[1] passou a tratar do tema como preocupação central nesse período:[2]

> "Como as pessoas são chamadas a ficar em casa, é vital que os governos tomem medidas urgentes para ajudar as pessoas sem moradia adequada. As medidas do COVID-19 para ficar em casa e praticar o distanciamento social devem refletir que isso é extremamente difícil para alguns - por exemplo, pessoas vivendo em condições de superlotação e sem acesso a água e saneamento.
>
> - As boas práticas para abordar as pessoas que vivem em moradias inadequadas e os sem-teto incluem o fornecimento de moradias de emergência (incluindo o uso de unidades habitacionais vazias e abandonadas, aluguel de curto prazo disponível) com serviços para as pessoas afetadas pelo vírus e que precisam se isolar.
>
> - As autoridades devem tomar cuidado especial para impedir que outras pessoas se tornem desabrigadas - por exemplo, quando as pessoas enfrentam despejos quando a perda de renda torna impossível o pagamento de hipotecas e aluguéis.

1. *Declaração de política do ONU-Habitat sobre a prevenção de despejos e remoções durante a Covid-19.* Consoante este documento, a ONU-HABITAT estimula os estimula os Estados-Membros e os governos em todos os níveis a parar todos os despejos e remoções neste momento. Em casos excepcionais em que despejos e remoções são inevitáveis, deve-se, no mínimo, garantir que sejam conduzidos de acordo com os requisitos das obrigações internacionais de direitos humanos, bem como com as leis nacionais pertinentes, e que sejam fornecidas as máximas proteções possíveis para garantir a saúde e a segurança das pessoas afetadas. Nesses casos excepcionais, os despejos devem, ao menos: - Ser "proporcionais" e prever a avaliação do impacto da decisão e do benefício potencial para vários grupos, inclusive por meio de uma avaliação de impacto de despejo e consultas à comunidade. Despejos e remoções justificados por planejamento urbano ou desenvolvimento de infraestrutura, bem como para reintegração de terras públicas, não devem ser realizados durante a crise da COVID-19, pois colocariam em risco a saúde dos moradores e de toda a população e afetariam desproporcionalmente o seu direito à saúde. - Promover o bem-estar geral e mostrar evidências de tal resultado. Assim, durante a crise da COVID-19, só devem ser permitidos despejos e remoções que visem evitar o contágio dos moradores. E, mesmo nestes casos, os benefícios esperados para as populações afetadas e as medidas para mitigar os riscos de contágio devem ser claros e publicamente delineados.
2. Conferir: https://www.ohchr.org/EN/NewsEvents/Pages/COVID19Guidance.aspx

> Boas práticas, como moratórias em despejos, adiamentos de pagamentos de hipotecas devem ser amplamente replicados.
>
> - Quando e onde as medidas de contenção são aplicadas, ninguém deve ser punido por não ter casa ou viver em moradias inadequadas" (tradução livre)

Exatamente nessa linha, especialmente nesse período, as Defensorias Públicas têm trabalhado no sentido de evitar remoções forçadas e despejos. Alguns Tribunais também têm decidido nesse sentido. Por exemplo: "Agravo de instrumento. Insurgência contra decisão que deferiu a tutela provisória postulada em ação de imissão de posse. Terreno ocupado por inúmeras famílias, para fins de moradia, há mais de uma década. Situação de urgência não caracterizada. Ausência dos requisitos legais para a concessão da liminar. Apreciação de recurso acerca do mesmo objeto controvertido por esta C. Câmara (Agravo de Instrumento nº 2236725-09.2019.8.26.0000), que vislumbrou a presença de litígio coletivo pela posse de bem imóvel no caso em comento. Fato de o imóvel estar localizado em APP que não obsta o entendimento aqui consolidado, podendo o Ministério Público ou as autoridades públicas tomar providências para sanar os vícios constatados no local. Cenário pandêmico provocado pelo novo Coronavírus que torna necessária a suspensão imediata da deliberação combatida. Decisão reformada. Recurso provido. (TJSP, Agravo de Instrumento n.º 2025755-94.2020.8.26.0000 – 3.ª Câmara de Direito Privado – Rel. Beretta da Silveira – julg. 15.07.2020).

Aliás, vale mencionar que, no dia 02/03/21, o Conselho Nacional de Justiça – CNJ aprovou a Recomendação n.º 90/2021[3], que recomenda aos órgãos do Poder Judiciário nacional que redobrem as cautelas na solução de conflitos sobre desocupação coletiva, seja de imóveis urbanos, seja de rurais, durante o período da pandemia do coronavírus (Covid-19).

Como se sabe, para situações excepcionais e inevitáveis, a citada recomendação fez referência às condições estabelecidas na Resolução no 10, de 17 de outubro de 2018, do Conselho Nacional de Direitos Humanos, que determina:

3. Dispõe a referida Recomendação: Art. 1º. Recomendar aos órgãos do Poder Judiciário que, enquanto perdurar a situação de pandemia de Covid-19, avaliem com especial cautela o deferimento de tutela de urgência que tenha por objeto desocupação coletiva de imóveis urbanos e rurais, sobretudo nas hipóteses que envolverem pessoas em estado de vulnerabilidade social e econômica. Parágrafo único. A avaliação a que se refere o caput poderá considerar, dentre outros aspectos, o grau de acesso da população afetada às vacinas ou a tratamentos disponíveis para o enfrentamento da Covid-19. Art. 2.º. Recomendar aos órgãos do Poder Judiciário que, antes de decidir pela expedição de mandado de desocupação coletiva de imóveis urbanos e rurais, verifiquem se estão atendidas as diretrizes estabelecidas na Resolução no 10, de 17 de outubro de 2018, do Conselho Nacional de Direitos Humanos.

> Art. 1º Esta resolução tem por destinatários os agentes e as instituições do Estado, inclusive do sistema de justiça, cujas finalidades institucionais demandem sua intervenção, nos casos de conflitos coletivos pelo uso, posse ou propriedade de imóvel, urbano ou rural, envolvendo grupos que demandam proteção especial do Estado, tais como trabalhadores e trabalhadoras rurais sem terra e sem teto, povos indígenas, comunidades quilombolas, povos e comunidades tradicionais, pessoas em situação de rua e atingidos e deslocados por empreendimentos, obras de infraestrutura ou congêneres. § 1º Os despejos e deslocamentos forçados de grupos que demandam proteção especial do Estado implicam violações de direitos humanos e devem ser evitados, buscando-se sempre soluções alternativas. § 2º Os despejos e deslocamentos forçados de grupos que demandam proteção especial do Estado só podem eventualmente ocorrer mediante decisão judicial, nos termos desta resolução, e jamais por decisão meramente administrativa. § 3º Os direitos humanos das coletividades devem preponderar em relação ao direito individual de propriedade. § 4º Quando se tratar de imóvel público, a efetivação da função social deverá ser respeitada, assegurando-se a regularização fundiária dos ocupantes. (...) Art. 3º A atuação do Estado deve ser orientada à solução pacífica e definitiva dos conflitos, primando pela garantia de permanência dos grupos em situação de vulnerabilidade nas áreas em que vivem, ocupam e reivindicam, em condições de segurança e vida digna. Art. 4º A efetivação da função social da terra, da cidade, e da propriedade alcança tanto a propriedade privada quanto a pública, urbana e rural, impondo ao Estado formular e executar políticas que visem ao acesso, a permanência, a justa distribuição e utilização dos imóveis para a moradia e para atividades rurais, e, ainda, que respeitem e facilitem o reconhecimento dos territórios para reprodução dos modos de vida dos povos indígenas, das comunidades quilombolas e dos povos e comunidades tradicionais. Art. 5º A presença e a permanência das populações e sujeitos coletivos na perspectiva de luta por direitos não pode ser objeto de nenhum tipo de repressão ou perseguição administrativa, civil ou criminal.

Enfim, se é que podemos falar em aspectos positivos dessa terrível crise sanitária, o sistema jurídico nacional sensibilizou-se no sentido de restringir os despejos e desocupações forçadas nesse período. Só esperamos que essas diretrizes se perpetuem para além da crise e se reconheça, em definitivo, que tais práticas ou atos são, por si só, violadores de direitos humanos e incompatíveis com a necessária preservação da dignidade da pessoa humana.

Exatamente nesse sentido foi a recente decisão obtida na Comarca de Ribeirão Preto, após intervenção da Defensoria Pública do Estado, que suspendeu decisão anterior de reintegração de posse:[4]

> "A Defensoria Pública de SP obteve uma decisão judicial que revogou uma ordem de reintegração de posse da área conhecida como Comunidade da Fé, em Ribeirão Preto, atualmente ocupada por cerca de 50 famílias. Segundo consta nos autos, a reintegração de posse havia sido determinada para acontecer nos próximos dias, sem que todas as famílias tivessem sido citadas, e sem a comprovação de que os moradores ocupam o local a menos de um ano e um dia – requisito exigido pela lei para que a decisão de reintegração pudesse ser concedida de forma liminar. Além disso, também não houve intimação para a Defensoria Pública atuar no processo, como determina o Código de Processo Civil em casos de ações possessórias que envolvam grande número de pessoas em situação de vulnerabilidade. Na ação, a Defensora Ana Simone Viana Cotta Lima e o Defensor Victor Hugo Albernaz Junior, que atuam no caso, apontaram ainda que, no contexto atual de crise sanitária em que vive o país em razão da pandemia de covid-19, a reintegração de posse, sem a devida realocação dessas pessoas, configura uma violência desarrazoada em face da população vulnerável. "Além da aglomeração de pessoas para o cumprimento das ordens remocionistas (policiais, guardas civis, oficiais de justiça, bombeiros, socorristas, zoonoses, etc) em um mesmo espaço físico - que, no nosso entender, não deve ser a prioridade de alocação de recursos e energias neste contexto - a maior preocupação, naturalmente, é a falta de amparo às pessoas removidas, que guardam vulnerabilidades variadas e agravadas para além da precariedade habitacional e da hipossuficiência econômica - são idosos, crianças, adolescentes, pessoas com deficiência e mobilidade reduzida, pessoas com possíveis doenças crônicas, dentre outros. É inegável que o desamparo dessas pessoas será ainda mais agravado na atual circunstância epidemiológica", pontuaram os Defensores. A Defensoria também consignou que a Constituição Federal assegura como princípio fundamental a dignidade da pessoa humana, bem como os direitos sociais, entre eles, a moradia. Cita, ainda, os diversos tratados internacionais dos quais o Brasil é signatário, tratados esses que também garantem o direito à moradia como direito fundamental. Na decisão, a Juíza Mayra Callegari Gomes de Almeida, da 6ª Vara Cível de Ribeirão Preto, considerou as argumentações apresentadas pela Defensoria Pública e determinou a citação de todos os ocupantes do imóvel.

4. Disponível em https://www.defensoria.sp.def.br/dpesp/Conteudos/Noticias, acesso em 22/05/21.

> Considerando, ainda, a controvérsia sobre o tempo da posse do imóvel, bem como as circunstâncias sanitárias enfrentadas neste momento de pandemia, revogou a liminar de reintegração de posse anteriormente deferida.

Em segundo, o **princípio das cidades sustentáveis** exige que o espaço urbano seja considerado e tratado como algo relevante para as presentes e futuras gerações. Exatamente por isso, o Estatuto da Cidade (Lei nº 10.257/01) diz que "a política urbana tem por objetivo ordenar o pleno desenvolvimento das funções sociais da cidade e da propriedade urbana, mediante: garantia do direito a cidades sustentáveis, entendido como o direito à terra urbana, à moradia, ao saneamento ambiental, à infraestrutura urbana, ao transporte e aos serviços públicos, ao trabalho e ao lazer, para as presentes e futuras gerações" (art. 2º, I).

Enfim, cidade sustentável é aquela planejada, com espaço urbano que ofereça condições dignas de vida e que respeite os seus valores e bens ambientais.

Em seguida, pelo **princípio da função social do espaço urbano** podemos concluir que esse objeto do direito urbanístico (espaço urbano) deve ser tratado como de interesse público e indisponível, fazendo com que o próprio sistema de normas seja de ordem pública.

Por isso, o Estatuto da Cidade apresenta, preliminarmente, que "esta Lei, denominada Estatuto da Cidade, estabelece normas de ordem pública e interesse social que regulam o uso da propriedade urbana em prol do bem coletivo, da segurança e do bem-estar dos cidadãos, bem como do equilíbrio ambiental" (art. 1º, parágrafo único).

O **princípio da segurança da moradia** tem importante função na garantia da estabilidade da relação pessoa-moradia, a partir da análise dessa moradia como verdadeira extensão dos direitos da personalidade de seus usuários e da família (em sentido amplo).

Aliás, um dos reflexos desse princípio é exatamente a vedação de despejos forçados sem prévia alternativa de moradia adequada, e também a proteção jurídica da posse nos cortiços ou em ocupações informais.

Realmente, por oportuno, vale a pena citar recente atuação da Defensoria Pública paulista no sentido de amparar juridicamente algumas dezenas de famílias deslocadas a partir da desocupação de "Pinheirinho", famosa ação violenta do Estado ocorrida em São José dos Campos/SP:

> A Defensoria Pública de SP obteve uma decisão que suspende a reintegração de posse de um terreno ocupado por cerca de 200 famílias carentes na cidade

> de Jacareí, conhecido como Quilombo Coração Valente, até que seja julgado o mérito de um recurso da Defensoria. De acordo com o Defensor Público Bruno Miragaia, responsável pelo caso, os moradores se dizem remanescentes do Pinheirinho, ocupação em São José dos Campos de onde mais de 1.600 famílias foram removidas à força em 2012, em cumprimento de reintegração de posse que ficou marcada pela violência. Posteriormente, chegaram a integrar um grupo de mais de mil famílias que ocuparam outra área em Jacareí e também foram alvo de reintegração de posse. A Defensoria imprimiu diversos esforços para evitar o deslocamento forçado desse terreno em Jacareí sem que antes houvesse atendimento habitacional, pedindo disponibilização de local de moradia para as famílias, meios de transporte de móveis e informação sobre a data para a reintegração, mas sem sucesso. Com medo de sofrerem uma remoção violenta, as famílias se dispersaram por outros locais antes do cumprimento da ordem de remoção compulsória.

Após se instalarem em outra área, as 200 famílias em questão foram alvo de nova ação de reintegração de posse, ajuizada pelo suposto proprietário do terreno. Em primeira instância, a Justiça deferiu o pedido liminar pela reintegração, que a Defensoria conseguiu barrar após interpor recursos de agravo de instrumento e embargos de declaração, em decisão de 17/7 proferida pelo Desembargador relator, Thiago de Siqueira, da 14ª Câmara de Direito Privado do Tribunal de Justiça do Estado. Os efeitos da decisão valem pelo menos até que seja julgado o mérito do agravo de instrumento. (...)[5] (Disponível em https://www.defensoria.sp.def.br/dpesp, acesso em 25/07/2019).

O **princípio da gestão democrática** requer participação e poder de influência, com consideração efetiva do que é dito e colocado nos eventos públicos de audiência ou consulta. Por isso, também é instrumento da política urbana a "gestão democrática por meio da participação da população e de associações representativas dos vários segmentos da comunidade na formulação, execução e acompanhamento de planos, programas e projetos de desenvolvimento urbano

5. Segue a parte recortada da matéria: "Entre outros argumentos, a Defensoria Pública apontou que não ficaram demonstrados, pelo autor da ação, o exercício da posse e a função social da propriedade; a necessidade de apresentação de alternativa habitacional e, portanto, de intimação do Estado e do Município ao processo, e também de audiência de mediação coletiva, com participação da Defensoria, do Ministério Público, da Prefeitura, do Incra e do Instituto de Terras do Estado de São Paulo. Paralelamente à defesa das famílias em processos de reintegração de posse, os Defensores Bruno Miragaia e José Rodolfo Stutz Cunha ajuizaram, em novembro de 2018, uma ação civil pública buscando garantir atendimento habitacional e impedir que, antes disso, o poder público promova remoções forçadas, de forma administrativa ou judicial. Miragaia explica que a intenção é evitar que as famílias tenham que viver novamente outra situação de reintegração de posse e falta de moradia. 'Essas pessoas ocupam uma área, depois sofrem uma reintegração, e assim sucessivamente. Então está comprovado que elas não têm para onde ir. Para que isso não aconteça novamente, o poder público tem que adotar medidas', afirma o Defensor Público".

(II), e a "cooperação entre os governos, a iniciativa privada e os demais setores da sociedade no processo de urbanização, em atendimento ao interesse social" (III), ambos do art. 2º do Estatuto da Cidade.

O mesmo Estatuto da Cidade impõe: "Para garantir a gestão democrática da cidade, deverão ser utilizados, entre outros, os seguintes instrumentos (art. 43): I – órgãos colegiados de política urbana, nos níveis nacional, estadual e municipal; II – debates, audiências e consultas públicas; III – conferências sobre assuntos de interesse urbano, nos níveis nacional, estadual e municipal; IV – iniciativa popular de projeto de lei e de planos, programas e projetos de desenvolvimento urbano".

Aliás, com base nesse princípio da participação, o Tribunal de Justiça de São Paulo (TJSP) determinou a suspensão da tramitação de projeto de lei municipal (da Capital), sobre uma intervenção urbana (*Arco do Jurubatuba* na região sul de São Paulo) que afetaria áreas de ZEIS sem que elas possuíssem seus Conselhos Gestores e que sem eles a população afetada sequer poderia participar desse processo. Em resumo, o projeto afetaria aproximadamente 150 mil habitantes, com mais de 40 comunidades pobres e 66 áreas demarcadas como Zonas Especiais de Interesse Social (ZEIS), conforme nota técnica da SP Urbanismo.

Assim, diante desse quadro, o TJSP concedeu a tutela antecipada, em grau de recurso (agravo de instrumento nº 2072081-49.2019.8.26.0000 – 10ª Câmara de Direito Público) para sustar a tramitação do projeto de lei municipal: (...)[6] Dessa forma, considerando que o PIU Arco Jurubatuba implicará em intervenções nas ZEIS que estão localizadas em seu perímetro, conforme consta da minuta do Projeto de Lei e reconhecido pela própria Prefeitura em suas contrarrazões, mostra-se necessário, neste primeiro momento, a prévia constituição e participação dos respectivos conselhos gestores. Isso porque, pela sua própria natureza jurídica, os Projetos de Intervenção Urbana visam a transformações estruturais de áreas subutilizadas e com potencial de transformação (previamente definidas no Plano Diretor), de tal sorte que os conselhos

---

6. Segue a parte inicial recortada: "Com relação à probabilidade do direito, entendo presentes os elementos necessários para a reforma da decisão agravada e a consequente concessão da liminar pretendida, respeitado, contudo, o entendimento em sentido contrário manifestado pelo D. juízo de primeiro grau. Isso porque, há indícios de que a elaboração do Projeto de Intervenção Urbana Arco Jurubatuba acabou por desrespeitar a gestão democrática da cidade, no que diz respeito à participação dos moradores das ZEIS por meio dos respectivos conselhos gestores. (...) No entanto, o art. 48 do Plano Diretor estabelece que deverão ser constituídos conselhos gestores nas ZEIS 1 e 3, quando habitadas por população de baixa renda, com o objetivo de participar da formulação e implementação das intervenções a serem realizadas em suas áreas."

gestores das ZEIS que serão afetadas não podem ficar à margem desse processo decisório, sob risco de não se ver corretamente tutelado o direito da população que vive nessas áreas (...)[7].

Assim, como se nota, a mera ausência dos Conselhos Gestores das ZEIS impediu a tramitação do projeto de lei exatamente por ausência do indispensável elemento democrático no procedimento: a participação popular.

O **princípio da adequada infraestrutura** está intimamente ligado às necessidades da moradia digna e acessível, e da saúde em sentido amplo e preventivo. Não por acaso, o Estatuto da Cidade (Lei nº 10.257/01) também apresenta como diretriz da política urbana a "oferta de equipamentos urbanos e comunitários, transporte e serviços públicos adequados aos interesses e necessidades da população e às características locais" (V, art. 2º). Em especial, tal princípio está dirigido ao Poder Público, como o principal responsável pela adequação desse espaço.

Contudo, a lei não deixa de impor à iniciativa privada regra de conduta quando novos espaços forem criados e capitalizados: trata-se do **princípio da ordenação regular do solo urbano**. Por ele, o particular deve atender às regras de uso e parcelamento do solo urbano e o Poder Público agiria mais como fiscal ou, em última instância, de restaurador/garante. Por isso, temos as regras do Estatuto da Cidade (art. 2º, VI) e a própria Lei de uso e parcelamento do solo: Lei nº 6766/79:

> Estatuto da Cidade (Lei nº 10.257/01): art. 2º: "A política urbana tem por objetivo ordenar o pleno desenvolvimento das funções sociais da cidade e da propriedade urbana, mediante as seguintes diretrizes gerais: (...) VI – ordenação e controle do uso do solo, de forma a evitar: a) a utilização inadequada dos imóveis urbanos; b) a proximidade de usos incompatíveis ou inconvenientes; c) o parcelamento do solo, a edificação ou o uso excessivos ou inadequados em relação à infraestrutura urbana; d) a instalação de

---

7. Aqui a parte final retirada: "Enfim, considerando o impacto concreto que as disposições do PIU Arco Jurubatuba impõem às áreas de ZEIS, sobretudo pelas disposições viárias discriminadas, que, ao que se indica a esta altura, ao menos parcialmente as desnaturam, importando em futuras remoções, na hipótese a prévia instituição dos Conselhos Gestores se faz necessária. Até para efeitos da segurança jurídica das obras e empreendimentos que se seguirem, a regularização das providências previamente se mostra prudente, inclusive para evitar posteriores interdições e dispêndio de custos desnecessários. Dessa forma, pelos motivos expostos acima, reformo, em parte, a decisão agravada, para suspender a tramitação do Projeto de Lei nº 204/2018 até decisão final nos autos principais, determinando a devolução da minuta do projeto de lei às corréus Prefeitura de São Paulo e SP Urbanismo, para que sejam constituídos os conselhos gestores das ZEIS 1 e 3, que deverão participar da formulação e implementação das intervenções a serem realizadas em suas respectivas áreas, nos termos do art. 48 do PDE."

empreendimentos ou atividades que possam funcionar como polos geradores de tráfego, sem a previsão da infraestrutura correspondente; e) a retenção especulativa de imóvel urbano, que resulte na sua subutilização ou não utilização; f) a deterioração das áreas urbanizadas; g) a poluição e a degradação ambiental; h) a exposição da população a riscos de desastres. (Incluído dada pela Lei nº 12.608, de 2012)".

Lei de Uso e Parcelamento do Solo (Lei nº 6766/79): Art. 2º. O parcelamento do solo urbano poderá ser feito mediante loteamento ou desmembramento, observadas as disposições desta Lei e as das legislações estaduais e municipais pertinentes. (...)[8] § 5º A infraestrutura básica dos parcelamentos é constituída pelos equipamentos urbanos de escoamento das águas pluviais, iluminação pública, esgotamento sanitário, abastecimento de água potável, energia elétrica pública e domiciliar e vias de circulação. (Redação dada pela Lei nº 11.445, de 2007). § 6º A infraestrutura básica dos parcelamentos situados nas zonas habitacionais declaradas por lei como de interesse social (ZHIS) consistirá, no mínimo, de: I - vias de circulação; II - escoamento das águas pluviais; III - rede para o abastecimento de água potável; e IV - soluções para o esgotamento sanitário e para a energia elétrica domiciliar. (...)[9]

8. § 1º Considera-se loteamento a subdivisão de gleba em lotes destinados a edificação, com abertura de novas vias de circulação, de logradouros públicos ou prolongamento, modificação ou ampliação das vias existentes. § 2º Considera-se desmembramento a subdivisão de gleba em lotes destinados a edificação, com aproveitamento do sistema viário existente, desde que não implique na abertura de novas vias e logradouros públicos, nem no prolongamento, modificação ou ampliação dos já existentes. § 4º Considera-se lote o terreno servido de infraestrutura básica cujas dimensões atendam aos índices urbanísticos definidos pelo plano diretor ou lei municipal para a zona em que se situe. (Incluído pela Lei nº 9.785, de 1999)

9. § 7º O lote poderá ser constituído sob a forma de imóvel autônomo ou de unidade imobiliária integrante de condomínio de lotes. (Incluído pela Lei nº 13.465, de 2017) § 8º Constitui loteamento de acesso controlado a modalidade de loteamento, definida nos termos do § 1º deste artigo, cujo controle de acesso será regulamentado por ato do poder público Municipal, sendo vedado o impedimento de acesso a pedestres ou a condutores de veículos, não residentes, devidamente identificados ou cadastrados. (Incluído pela Lei nº 13.465, de 2017) Art. 3º Somente será admitido o parcelamento do solo para fins urbanos em zonas urbanas, de expansão urbana ou de urbanização específica, assim definidas pelo plano diretor ou aprovadas por lei municipal. (Redação dada pela Lei nº 9.785, de 1999) Parágrafo único - Não será permitido o parcelamento do solo: I - em terrenos alagadiços e sujeitos a inundações, antes de tomadas as providências para assegurar o escoamento das águas; II - em terrenos que tenham sido aterrados com material nocivo à saúde pública, sem que sejam previamente saneados; III - em terrenos com declividade igual ou superior a 30% (trinta por cento), salvo se atendidas exigências específicas das autoridades competentes; IV - em terrenos onde as condições geológicas não aconselham a edificação; V - em áreas de preservação ecológica ou naquelas onde a poluição impeça condições sanitárias suportáveis, até a sua correção. Art. 4º. Os loteamentos deverão atender, pelo menos, aos seguintes requisitos: I - as áreas destinadas a sistemas de circulação, a implantação de equipamento urbano e comunitário, bem como a espaços livres de uso público, serão proporcionais à densidade de ocupação prevista pelo plano diretor ou aprovada por lei municipal para a zona em que se situem. (Redação dada pela Lei nº 9.785, de 1999) II - os lotes terão área mínima de 125m^2 (cento e vinte e cinco metros quadrados) e frente mínima de 5 (cinco) metros, salvo quando o loteamento se destinar a urbanização específica ou edificação de conjuntos habitacionais de interesse social, previamente aprovados pelos órgãos públicos competentes; III - ao longo das águas correntes e dormentes e das faixas de domínio público das rodovias e ferrovias, será obrigatória a reserva de uma faixa não-edificável de

Aliás, a regularidade que se impõe não é apenas a administrativa, mas também a registral, já que o loteador não pode alienar ou comercializar lotes sem o devido registro, sendo crime[10] tal prática.

Vale mencionar ainda que o registro do empreendimento também é regulado pela Lei nº 6.766/79: "Aprovado o projeto de loteamento ou de desmembramento, o loteador deverá submetê-lo ao registro imobiliário dentro de 180 (cento e oitenta) dias, sob pena de caducidade da aprovação, acompanhado dos seguintes documentos (art. 18): I - título de propriedade do imóvel ou certidão da matrícula, ressalvado o disposto nos §§ 4º e 5º; (Redação dada pela Lei nº 9.785, de 1999) II - histórico dos títulos de propriedade do imóvel, abrangendo os últimos 20 (vintes anos), acompanhados dos respectivos comprovantes"; (...)[11].

---

15 (quinze) metros de cada lado, salvo maiores exigências da legislação específica; (Redação dada pela Lei nº 10.932, de 2004) IV - as vias de loteamento deverão articular-se com as vias adjacentes oficiais, existentes ou projetadas, e harmonizar-se com a topografia local. § 1º A legislação municipal definirá, para cada zona em que se divida o território do Município, os usos permitidos e os índices urbanísticos de parcelamento e ocupação do solo, que incluirão, obrigatoriamente, as áreas mínimas e máximas de lotes e os coeficientes máximos de aproveitamento. (Redação dada pela Lei nº 9.785, de 1999) § 2º Consideram-se comunitários os equipamentos públicos de educação, cultura, saúde, lazer e similares. § 3º Se necessária, a reserva de faixa não-edificável vinculada a dutovias será exigida no âmbito do respectivo licenciamento ambiental, observados critérios e parâmetros que garantam a segurança da população e a proteção do meio ambiente, conforme estabelecido nas normas técnicas pertinentes. (Incluído pela Lei nº 10.932, de 2004)

§ 4º No caso de lotes integrantes de condomínio de lotes, poderão ser instituídas limitações administrativas e direitos reais sobre coisa alheia em benefício do poder público, da população em geral e da proteção da paisagem urbana, tais como servidões de passagem, usufrutos e restrições à construção de muros. (Incluído pela Lei nº 13.465, de 2017)

10. Lei nº 6.766/79: Art. 50. Constitui crime contra a Administração Pública. I - dar início, de qualquer modo, ou efetuar loteamento ou desmembramento do solo para fins urbanos, sem autorização do órgão público competente, ou em desacordo com as disposições desta Lei ou das normas pertinentes do Distrito Federal, Estados e Municípios; II - dar início, de qualquer modo, ou efetuar loteamento ou desmembramento do solo para fins urbanos sem observância das determinações constantes do ato administrativo de licença; III - fazer ou veicular em proposta, contrato, prospecto ou comunicação ao público ou a interessados, afirmação falsa sobre a legalidade de loteamento ou desmembramento do solo para fins urbanos, ou ocultar fraudulentamente fato a ele relativo. Pena: Reclusão, de 1(um) a 4 (quatro) anos, e multa de 5 (cinco) a 50 (cinquenta) vezes o maior salário mínimo vigente no País. Parágrafo único - O crime definido neste artigo é qualificado, se cometido. I - por meio de venda, promessa de venda, reserva de lote ou quaisquer outros instrumentos que manifestem a intenção de vender lote em loteamento ou desmembramento não registrado no Registro de Imóveis competente. II - com inexistência de título legítimo de propriedade do imóvel loteado ou desmembrado, ressalvado o disposto no art. 18, §§ 4º e 5º, desta Lei, ou com omissão fraudulenta de fato a ele relativo, se o fato não constituir crime mais grave. (Redação dada pela Lei nº 9.785, de 1999) Pena: Reclusão, de 1 (um) a 5 (cinco) anos, e multa de 10 (dez) a 100 (cem) vezes o maior salário mínimo vigente no País.

11. III - certidões negativas: a) de tributos federais, estaduais e municipais incidentes sobre o imóvel; b) de ações reais referentes ao imóvel, pelo período de 10 (dez) anos; c) de ações penais com respeito ao crime contra o patrimônio e contra a Administração Pública. IV - certidões: a) dos cartórios de protestos de títulos, em nome do loteador, pelo período de 10 (dez) anos; b) de ações pessoais relativas ao loteador, pelo período de 10 (dez) anos; c) de ônus reais relativos ao imóvel; d) de ações penais

Como se nota, o direito urbanístico dialoga-se com outros e próximos ramos do Direito, tanto do Público quanto do Privado.

6.3 PRINCIPAIS INSTITUTOS OU INSTRUMENTOS DA POLÍTICA URBANA NACIONAL

O direito urbanístico no sentido amplo é ramo do direito muito específico, possui finalidades próprias, princípios particulares e instrumentos/institutos que concretizam todo esse microssistema de regulação da política urbana e do manejo desse espaço. Aliás, esses instrumentos e institutos podem ser classificados de duas formas ou em dois grupos: podem ser de **gestão-planejamento** ou então de **regularização**.

No **primeiro grupo**, estão os institutos aplicados pelo Poder Público no sentido de gerir o espaço urbano, de planejamento e, ainda, no sentido de gestão orçamentária.

Já no **segundo grupo**, o Poder Público intervém para regularizar uma situação fática que está em desacordo com as regras, os princípios do direito urbanístico ou, então, situações que exigem uma readequação, uma declaração de direitos ou até mesmo uma intervenção ativa do Estado no sentido de

---

contra o loteador, pelo período de 10 (dez) anos. V - cópia do ato de aprovação do loteamento e comprovante do termo de verificação pela Prefeitura Municipal ou pelo Distrito Federal, da execução das obras exigidas por legislação municipal, que incluirão, no mínimo, a execução das vias de circulação do loteamento, demarcação dos lotes, quadras e logradouros e das obras de escoamento das águas pluviais ou da aprovação de um cronograma, com a duração máxima de quatro anos, acompanhado de competente instrumento de garantia para a execução das obras; (Redação dada pela Lei nº 9.785, de 1999) VI - exemplar do contrato padrão de promessa de venda, ou de cessão ou de promessa de cessão, do qual constarão obrigatoriamente as indicações previstas no art. 26 desta Lei; VII - declaração do cônjuge do requerente de que consente no registro do loteamento. § 1º - Os períodos referidos nos incisos III, alínea b e IV, alíneas a, e d, tomarão por base a data do pedido de registro do loteamento, devendo todas elas serem extraídas em nome daqueles que, nos mencionados períodos, tenham sido titulares de direitos reais sobre o imóvel. § 2º - A existência de protestos, de ações pessoais ou de ações penais, exceto as referentes a crime contra o patrimônio e contra a administração, não impedirá o registro do loteamento se o requerente comprovar que esses protestos ou ações não poderão prejudicar os adquirentes dos lotes. Se o Oficial do Registro de Imóveis julgar insuficiente a comprovação feita, suscitará a dúvida perante o juiz competente. § 3º - A declaração a que se refere o inciso VII deste artigo não dispensará o consentimento do declarante para os atos de alienação ou promessa de alienação de lotes, ou de direitos a eles relativos, que venham a ser praticados pelo seu cônjuge. § 4º O título de propriedade será dispensado quando se tratar de parcelamento popular, destinado às classes de menor renda, em imóvel declarado de utilidade pública, com processo de desapropriação judicial em curso e imissão provisória na posse, desde que promovido pela União, Estados, Distrito Federal, Municípios ou suas entidades delegadas, autorizadas por lei a implantar projetos de habitação. (Incluído pela Lei nº 9.785, de 1999) § 5º No caso de que trata o § 4º, o pedido de registro do parcelamento, além dos documentos mencionados nos incisos V e VI deste artigo, será instruído com cópias autênticas da decisão que tenha concedido a imissão provisória na posse, do decreto de desapropriação, do comprovante de sua publicação na imprensa oficial e, quando formulado por entidades delegadas, da lei de criação e de seus atos constitutivos. (Incluído pela Lei nº 9.785, de 1999)

melhorar as condições habitacionais de determinado local, por exemplo, no que diz respeito ao saneamento básico, à energia elétrica, à saúde, a equipamentos públicos etc.

Enfim, os institutos de direito urbanístico podem ser reunidos nesses dois grupos:

I – Institutos de Gestão e Planejamento:

a) **Plano Diretor[12]:** Como já foi dito aqui, o planejamento é algo nobre e central na questão urbanística e habitacional. É que uma decisão ou um ato nesse campo tem também efeitos futuros, duradouros e irreversíveis, em cadeia inclusive. É que, de um projeto urbanístico, por exemplo, nascem outros e outros. Como o crescer de uma árvore: os novos ramos despontam dos anteriores e assim sucessivamente. Por isso, o planejamento é essencial e necessário.

Nessa linha, diz o Estatuto da Cidade (EC): "a política urbana tem por objetivo ordenar o pleno desenvolvimento das funções sociais da cidade e da propriedade urbana, mediante as seguintes diretrizes gerais: (...) IV – planejamento do desenvolvimento das cidades, da distribuição espacial da população e das atividades econômicas do Município e do território sob sua área de influência, de modo a evitar e corrigir as distorções do crescimento urbano e seus efeitos negativos sobre o meio ambiente".

Sobre o plano diretor, o Estatuto da Cidade prescreve que "a propriedade urbana cumpre sua função social quando atende às exigências fundamentais de ordenação da cidade expressas no plano diretor, assegurando o atendimento das necessidades dos cidadãos quanto à qualidade de vida, à justiça social e ao desenvolvimento das atividades econômicas, respeitadas as diretrizes previstas no art. 2º desta Lei" (art. 39).

> Art. 40. O plano diretor, aprovado por lei municipal, é o instrumento básico da política de desenvolvimento e expansão urbana. § 1º O plano diretor é parte integrante do processo de planejamento municipal, devendo o plano plurianual, as diretrizes orçamentárias e o orçamento anual incorporar as diretrizes e as prioridades nele contidas. § 2º O plano diretor deverá englobar o território do Município como um todo. § 3º A lei que instituir o plano diretor deverá ser revista, pelo menos, a cada dez anos. § 4º No processo de elaboração do plano diretor e na fiscalização de sua implementação, os Poderes Legislativo e Executivo municipais garantirão: I – a promoção de audiências públicas e debates com a participação da população e de associa-

12. CF, art. 182, § 1º: O plano diretor, aprovado pela Câmara Municipal, obrigatório para cidades com mais de vinte mil habitantes, é o instrumento básico da política de desenvolvimento e de expansão urbana.

ções representativas dos vários segmentos da comunidade; II – a publicidade quanto aos documentos e informações produzidos; III – o acesso de qualquer interessado aos documentos e informações produzidos[13].

---

13. Art. 41. O plano diretor é obrigatório para cidades:

I – com mais de vinte mil habitantes;

II – integrantes de regiões metropolitanas e aglomerações urbanas;

III – onde o Poder Público municipal pretenda utilizar os instrumentos previstos no § 4º do art. 182 da Constituição Federal;

IV – integrantes de áreas de especial interesse turístico;

V – inseridas na área de influência de empreendimentos ou atividades com significativo impacto ambiental de âmbito regional ou nacional.

VI - incluídas no cadastro nacional de Municípios com áreas suscetíveis à ocorrência de deslizamentos de grande impacto, inundações bruscas ou processos geológicos ou hidrológicos correlatos. (Incluído pela Lei nº 12.608, de 2012)

§ 1º No caso da realização de empreendimentos ou atividades enquadrados no inciso V do caput, os recursos técnicos e financeiros para a elaboração do plano diretor estarão inseridos entre as medidas de compensação adotadas.

§ 2º No caso de cidades com mais de quinhentos mil habitantes, deverá ser elaborado um plano de transporte urbano integrado, compatível com o plano diretor ou nele inserido.

§ 3º As cidades de que trata o caput deste artigo devem elaborar plano de rotas acessíveis, compatível com o plano diretor no qual está inserido, que disponha sobre os passeios públicos a serem implantados ou reformados pelo poder público, com vistas a garantir acessibilidade da pessoa com deficiência ou com mobilidade reduzida a todas as rotas e vias existentes, inclusive as que concentrem os focos geradores de maior circulação de pedestres, como os órgãos públicos e os locais de prestação de serviços públicos e privados de saúde, educação, assistência social, esporte, cultura, correios e telégrafos, bancos, entre outros, sempre que possível de maneira integrada com os sistemas de transporte coletivo de passageiros. (Incluído pela Lei nº 13.146, de 2015)

Art. 42. O plano diretor deverá conter no mínimo:

I – a delimitação das áreas urbanas onde poderá ser aplicado o parcelamento, edificação ou utilização compulsórios, considerando a existência de infraestrutura e de demanda para utilização, na forma do art. 5º desta Lei;

II – disposições requeridas pelos arts. 25, 28, 29, 32 e 35 desta Lei;

III – sistema de acompanhamento e controle. (...)

Art. 42-B. Os Municípios que pretendam ampliar o seu perímetro urbano após a data de publicação desta Lei deverão elaborar projeto específico que contenha, no mínimo: (Incluído pela Lei nº 12.608, de 2012)

I - demarcação do novo perímetro urbano; (Incluído pela Lei nº 12.608, de 2012)

II - delimitação dos trechos com restrições à urbanização e dos trechos sujeitos a controle especial em função de ameaça de desastres naturais; (Incluído pela Lei nº 12.608, de 2012)

III - definição de diretrizes específicas e de áreas que serão utilizadas para infraestrutura, sistema viário, equipamentos e instalações públicas, urbanas e sociais; (Incluído pela Lei nº 12.608, de 2012)

IV - definição de parâmetros de parcelamento, uso e ocupação do solo, de modo a promover a diversidade de usos e contribuir para a geração de emprego e renda; (Incluído pela Lei nº 12.608, de 2012)

V - a previsão de áreas para habitação de interesse social por meio da demarcação de zonas especiais de interesse social e de outros instrumentos de política urbana, quando o uso habitacional for permitido; (Incluído pela Lei nº 12.608, de 2012)

VI - definição de diretrizes e instrumentos específicos para proteção ambiental e do patrimônio histórico e cultural; e (Incluído pela Lei nº 12.608, de 2012)

VII - definição de mecanismos para garantir a justa distribuição dos ônus e benefícios decorrentes do processo de urbanização do território de expansão urbana e a recuperação para a coletividade da valorização imobiliária resultante da ação do poder público.

Pois bem. Como se pode notar, além do planejamento urbano, a participação é outro aspecto de extrema e elevada nobreza. Conforme acima, o art. 40, § 4º, do Est. da Cidade impõe a ampla divulgação e participação – por audiências públicas -, nos procedimentos de elaboração (e alteração) do plano diretor. De fato, temos entendido que a alteração nada mais é que uma reelaboração, o que impõe a adoção dos mesmos mecanismos adotados na criação.

Aliás, a mesma Lei (EC) apresenta algumas formas de participação, sem excluir outras:

> Art. 43. Para garantir a gestão democrática da cidade, deverão ser utilizados, entre outros, os seguintes instrumentos: I – órgãos colegiados de política urbana, nos níveis nacional, estadual e municipal; II – debates, audiências e consultas públicas; III – conferências sobre assuntos de interesse urbano, nos níveis nacional, estadual e municipal; IV – iniciativa popular de projeto de lei e de planos, programas e projetos de desenvolvimento urbano;

b) **Parcelamento ou Edificação Compulsórios**: CF, art. 182, § 4º, I. Na linha colocada pelo Estatuto da Cidade, "Lei municipal específica para área incluída no plano diretor poderá determinar o parcelamento, a edificação ou a utilização compulsórios do solo urbano não edificado, subutilizado ou não utilizado, devendo fixar as condições e os prazos para implementação da referida obrigação" (art. 5º).

Embora a própria Constituição Federal e a Lei tenham indicado que seria mera "faculdade" do Poder Público a implementação do "parcelamento ou edificação compulsórios", a partir de uma análise da questão sob o prisma da função social da propriedade, podemos sugerir que é obrigação do Poder Público, após a aprovação da lei municipal, a aplicação das medidas aqui previstas

Talvez a opção seja do legislador local, em aprovar ou não uma lei municipal com esse conteúdo. Agora, uma vez aprovada, não existe nenhuma faculdade na adoção dos instrumentos aqui previstos.

---

§ 1º O projeto específico de que trata o caput deste artigo deverá ser instituído por lei municipal e atender às diretrizes do plano diretor, quando houver. (Incluído pela Lei nº 12.608, de 2012)

§ 2º Quando o plano diretor contemplar as exigências estabelecidas no caput, o Município ficará dispensado da elaboração do projeto específico de que trata o caput deste artigo. (Incluído pela Lei nº 12.608, de 2012)

§ 3º A aprovação de projetos de parcelamento do solo no novo perímetro urbano ficará condicionada à existência do projeto específico e deverá obedecer às suas disposições. (Incluído pela Lei nº 12.608, de 2012)

c) **Imposto sobre a Propriedade Predial e Territorial Urbana Progressivo no Tempo**: CF, art. 182, § 4º, II. Não adotadas as determinações de parcelamento ou edificação da área, deverá o Poder Público fazer incidir o chamado IPTU progressivo ou, nos termos da lei, "o Município procederá à aplicação do imposto sobre a propriedade predial e territorial urbana (IPTU) progressivo no tempo, mediante a majoração da alíquota pelo prazo de cinco anos consecutivos" (art. 7º, Est. da Cidade).

É evidente que a aplicação do instituto depende de lei específica, sendo que sua aprovação depende de decisão política local (legislativo municipal). Mas, aprovada a lei e diante da hipótese em questão, deve o Poder Público local aplicar a majoração progressiva da alíquota, sob pena de incorrer em responsabilidade fiscal inclusive (renúncia de receita).

Aliás, o próprio § 3º do mesmo art. 7º diz que "é vedada a concessão de isenções ou de anistia relativas à tributação progressiva de que trata este artigo".

d) **Gestão Orçamentária Participativa**: Est. da Cidade, art. 4º, III, "f". Como já exposto acima, a participação é elemento essencial na gestão urbana das cidades. De fato, a mesma Lei (Estatuto da Cidade) diz que "incluirá a realização de debates, audiências e consultas públicas sobre as propostas do plano plurianual, da lei de diretrizes orçamentárias e do orçamento anual, como condição obrigatória para sua aprovação pela Câmara Municipal" (art. 44).

Como se tem notado, alguns Municípios adotaram o hábito de promover "orçamentos participativos", com audiências públicas realizadas antes da aprovação anual das leis orçamentárias, o que deve ser comemorado, aliás, na linha do que prescreve o art. 43 da Lei (EC).

e) **Zonas Especiais de Interesse Social (ZEIS)**: Est. da Cidade, art. 4º, V, "f". Sobre o tema (Zonas Especiais de Interesse Social), além da previsão na Constituição Federal e no Estatuto da Cidade, ainda no grupo dos institutos de administração e de gestão, a Lei nº 13.465/2017 (Lei da Reurb), trouxe:

> Art. 18. O Município e o Distrito Federal poderão instituir como instrumento de planejamento urbano Zonas Especiais de Interesse Social (ZEIS), no âmbito da política municipal de ordenamento de seu território. § 1º Para efeitos desta Lei, considera-se ZEIS a parcela de área urbana instituída pelo plano diretor ou definida por outra lei municipal, destinada preponderantemente à população de baixa renda e sujeita a regras específicas de parcelamento, uso e ocupação do solo. § 2º A Reurb não está condicionada à existência de ZEIS.

Nessas Zonas Especiais de Interesse Social (ZEIS), a gestão do espaço urbano – e eventual regularização fundiária - há de ser necessariamente participativa e democrática, com limitações e regras específicas decorrentes da sua peculiar natureza e dos fins específicos a que se propõe.

Agora, a lei foi clara ao dispor que a regularização fundiária, mesmo aquela de interesse social (Reurb-S), não depende da existência da ZEIS.

f) **Outorga onerosa do direito de construir e de alteração de uso**: Est. da Cidade, art. 4º, V, "n". Algumas áreas, de ocupação mais densa (áreas centrais, por exemplo), têm seus índices populacionais atingidos ou no limite, sendo que não poderia o Poder Público autorizar que outros empreendimentos fossem realizados nessas regiões.

Contudo, a lei autoriza que haja sim a outorga do direito de construir, desde que essa outorga seja onerosa, mediante o pagamento de um valor pelo empreendedor interessado:

> Art. 28. O plano diretor poderá fixar áreas nas quais o direito de construir poderá ser exercido acima do coeficiente de aproveitamento básico adotado, mediante contrapartida a ser prestada pelo beneficiário. § 1º Para os efeitos desta Lei, coeficiente de aproveitamento é a relação entre a área edificável e a área do terreno.
> § 2º O plano diretor poderá fixar coeficiente de aproveitamento básico único para toda a zona urbana ou diferenciado para áreas específicas dentro da zona urbana. § 3º O plano diretor definirá os limites máximos a serem atingidos pelos coeficientes de aproveitamento, considerando a proporcionalidade entre a infraestrutura existente e o aumento de densidade esperado em cada área. (...)[14]

É importante dizer que os recursos oriundos dessa cobrança serão destinados, dentre outros fins, à construção de moradia para a população de baixa renda (art. 31, do Estatuto da Cidade), "serão aplicados com as finalidades previstas nos incisos I a IX do art. 26[15] desta Lei".

---

14. Os artigos seguintes: Art. 29. O plano diretor poderá fixar áreas nas quais poderá ser permitida alteração de uso do solo, mediante contrapartida a ser prestada pelo beneficiário. Art. 30. Lei municipal específica estabelecerá as condições a serem observadas para a outorga onerosa do direito de construir e de alteração de uso, determinando: I – a fórmula de cálculo para a cobrança; II – os casos passíveis de isenção do pagamento da outorga; III – a contrapartida do beneficiário.

15. Os incisos referidos: I – regularização fundiária; II – execução de programas e projetos habitacionais de interesse social; III – constituição de reserva fundiária; IV – ordenamento e direcionamento da expansão urbana; V – implantação de equipamentos urbanos e comunitários; VI – criação de espaços públicos de lazer e áreas verdes; VII – criação de unidades de conservação ou proteção de outras áreas de interesse ambiental; VIII – proteção de áreas de interesse histórico, cultural ou paisagístico; IX – (vetado).

Enfim, essa destinação nobre e socialmente importante realça ainda mais a relevância desse instrumento e justifica sua maior e mais intensa adoção, embora a prática tenha demonstrado o completo esquecimento, a banalização.

II – Institutos de Regularização:

Na linha do que foi acima exposto, nesse segundo grupo, o Poder Público intervém para regularizar uma situação fática que está em desacordo com as regras do direito urbanístico como um todo ou situações que exigem readequação.

Conforme registra o Estatuto da Cidade, art. 2º, inciso IV, o "planejamento do desenvolvimento das cidades, da distribuição espacial da população e das atividades econômicas do Município e do território sob sua área de influência, de modo a evitar e corrigir as distorções do crescimento urbano e seus efeitos negativos sobre o meio ambiente".

Por outro lado, o inciso XIV diz que a "regularização fundiária e urbanização de áreas ocupadas por população de baixa renda mediante o estabelecimento de normas especiais de urbanização, uso e ocupação do solo e edificação, consideradas a situação socioeconômica da população e as normas ambientais".

Diante disso, a Lei nº 13.465/2017 (nova Lei da Reurb – objeto de conversão da Medida Provisória nº 759/2016), que revogou o Capítulo III da Lei nº 11.977, de 7 de julho de 2009, passou a regulamentar a *Regularização Fundiária Urbana – Reurb*, nela compreendida as modalidades (art. 13):

> I - Reurb de Interesse Social (Reurb-S) - regularização fundiária aplicável aos núcleos urbanos informais ocupados predominantemente por população de baixa renda, assim declarados em ato do Poder Executivo municipal; e
>
> II - Reurb de Interesse Específico (Reurb-E) - regularização fundiária aplicável aos núcleos urbanos informais ocupados por população não qualificada na hipótese de que trata o inciso I deste artigo.

Além das duas espécies, a nova Lei traz a chamada Reurb Inominada no seu art. 69, para glebas parceladas antes de 19/12/1979, com a previsão de procedimento sobremodo simples e rápido.

Em linhas gerais, a nova lei da regularização fundiária - Lei nº 13.465/2017 (nova Lei da Reurb) - traz uma verdadeira revolução em termos de direito urbanístico brasileiro, uma vez que se trata de vários institutos, altera várias leis e cria também um microssistema de regularização fundiária. Com princípios próprios e objetivos específicos, a lei traz uma relação daqueles que podem e devem requerer a regularização fundiária, tudo pensando na melhoria das condições urbanísticas de determinados espaços e especialmente na melhoria das condições de vida, com destaque às populações de baixa renda e, por isso, a lei regulamenta a regularização fundiária, especialmente a regularização fundiária urbana de interesse social (Reurb-S), voltada para pessoas em vulnerabilidade, e fala também da regularização fundiária urbana específica (Reurb-E), quando não for voltada para tais grupos.

A lei também inova ao reunir uma série de institutos de política urbana dentro do gênero regularização fundiária, isso no sentido de sistematizar o contexto jurídico nesse campo e também de simplificar o procedimento. Aliás, essa nova lei, por exemplo, separa alguns institutos que na legislação anterior eram dependentes, como a regularização fundiária urbana, por exemplo, que passava necessariamente por três fases: a demarcação urbanística, a legitimação da posse e a legitimação fundiária, com a concessão do domínio, e de áreas públicas inclusive.

Atualmente, pela nova lei, esses institutos são totalmente autônomos e podem, isoladamente, serem aplicados sem que um dependa do outro, no sentido de simplificar e desburocratizar a própria regularização. Enfim, para tornar o sistema mais dinâmico e eficiente.

Aliás, devemos já adiantar que a nova lei fomenta e estimula mais a Reurb-S que qualquer outra, pois teria ela fins sociais mais marcantes e nobres, com maior incidência prática e utilidade. Não por acaso, o custeio da Reurb-S é basicamente público, diferentemente da Reurb-E, cujas contas, em regra, vão para os beneficiários do procedimento.

Enfim, a nova Lei tem por objetivo geral a facilitação do procedimento de regularização fundiária e a transferência desse trabalho do órgão registral (cartórios de registro de imóveis) para o âmbito do Poder Público Municipal, que finalizará o procedimento com a emissão da CRF (certidão de regularização fundiária – art. 41).

Realmente, a nova lei da regularização fundiária tem seus méritos e merece aplausos, uma vez que promove certa adequação funcional do instituto da regularização, já que, por exemplo, transfere para o Poder Público municipal a atribuição de elaborar o procedimento de regularização fundiária que antes acontecia no âmbito dos Cartórios de Registro de Imóveis.

De fato, a Lei transfere para os municípios essa atribuição, deixando aos cartórios apenas a função registral, já que o Município - com a finalização do procedimento - expede certidão de regularização fundiária e essa certidão é o título que será levado a registro nos cartórios.

Aliás, a lei não tem apenas esse mérito, pois fomenta e estimula a regularização fundiária de interesse social, ao isentar registros, atos cartorários, das custas em relação a esse procedimento, e tudo isso para facilitar a regularização fundiária de interesse social.

Além disso, nessa modalidade, o custeio é basicamente do Poder Público municipal, a fim de fomentar e estimular esse procedimento, e afastar eventuais entraves econômicos ou financeiros. Já a regularização fundiária urbana de interesse específico é, na verdade, bancada/custeada pelos beneficiários e empreendedores. Assim, é correto dizer que a lei dá um destaque e enfoque muito especial para a primeira, a regularização fundiária urbana de interesse social.

Ademais, essa regularização não se limita às áreas urbanas e pode acontecer além delas, portanto, em áreas rurais com destinação urbana. Então, abrange também núcleos rurais parcelados informalmente sem o devido registro, já que essas parcelas do solo rural não atingem o módulo rural, portanto, são parcelamentos irregulares de solo rural que agora são incorporados e contemplados pela lei, desde que existentes até certa data e devidamente estruturados. Essa é uma grande novidade, haja vista que a legislação anterior não trazia essa possibilidade de regularização fundiária do solo rural, ainda que tivesse destinação urbana.

Enfim, a lei busca facilitar, desburocratizar o procedimento da regularização fundiária, especialmente aquela de interesse social.

E, para fins didáticos e hermenêuticos, a lei apresentou os princípios da regularização fundiária: "Os poderes públicos formularão e desenvolverão no espaço urbano as políticas de suas competências de acordo com os princípios de sustentabilidade econômica, social e ambiental e ordenação territorial, buscando a ocupação do solo de maneira eficiente, combinando seu uso de forma funcional" (art. 9º, § 1º).

Aliás, a mesma lei nova (2017) passou a prever os objetivos da regularização fundiária:

> Constituem objetivos da Reurb, a serem observados pela União, Estados, Distrito Federal e Municípios (art. 10): I - identificar os núcleos urbanos informais que devam ser regularizados, organizá-los e assegurar a prestação de serviços públicos aos seus ocupantes, de modo a melhorar as condições urbanísticas e ambientais em relação à situação de ocupação informal anterior; II - criar unidades imobiliárias compatíveis com o ordenamento territorial urbano e constituir sobre elas direitos reais em favor dos seus ocupantes; III - ampliar o acesso à terra urbanizada pela população de baixa renda, de

> modo a priorizar a permanência dos ocupantes nos próprios núcleos urbanos informais regularizados; IV - promover a integração social e a geração de emprego e renda; V - estimular a resolução extrajudicial de conflitos, em reforço à consensualidade e à cooperação entre Estado e sociedade; VI - garantir o direito social à moradia digna e às condições de vida adequadas; VII - garantir a efetivação da função social da propriedade; (...)[16].

Em termos pedagógicos, a Lei nº 13.465/2017 apresenta o significado dos principais instrumentos e institutos por ela utilizados. "Para fins desta Lei, consideram-se (art.11): I - núcleo urbano: assentamento humano, com uso e características urbanas, constituído por unidades imobiliárias de área inferior à fração mínima de parcelamento prevista na Lei nº 5.868, de 12 de dezembro de 1972, independentemente da propriedade do solo, ainda que situado em área qualificada ou inscrita como rural; II - núcleo urbano informal: aquele clandestino, irregular ou no qual não foi possível realizar, por qualquer modo, a titulação de seus ocupantes, ainda que atendida a legislação vigente à época de sua implantação ou regularização; III - núcleo urbano informal consolidado: aquele de difícil reversão, considerados o tempo da ocupação, a natureza das edificações, a localização das vias de circulação e a presença de equipamentos públicos, entre outras circunstâncias a serem avaliadas pelo Município"; (...)[17].

Nota-se que a nova lei substitui antigos termos como "ocupação irregular", "ocupação ilegal" ou "assentamento clandestino" pela expressão "núcleo urbano informal", mais técnica e menos estigmatizante.

---

16. "VIII - ordenar o pleno desenvolvimento das funções sociais da cidade e garantir o bem-estar de seus habitantes; IX - concretizar o princípio constitucional da eficiência na ocupação e no uso do solo; X - prevenir e desestimular a formação de novos núcleos urbanos informais; XI - conceder direitos reais, preferencialmente em nome da mulher; XII - franquear participação dos interessados nas etapas do processo de regularização fundiária."

17. Seguem os incisos retirados: IV - demarcação urbanística: procedimento destinado a identificar os imóveis públicos e privados abrangidos pelo núcleo urbano informal e a obter a anuência dos respectivos titulares de direitos inscritos na matrícula dos imóveis ocupados, culminando com averbação na matrícula destes imóveis da viabilidade da regularização fundiária, a ser promovida a critério do Município; V - Certidão de Regularização Fundiária (CRF): documento expedido pelo Município ao final do procedimento da Reurb, constituído do projeto de regularização fundiária aprovado, do termo de compromisso relativo a sua execução e, no caso da legitimação fundiária e da legitimação de posse, da listagem dos ocupantes do núcleo urbano informal regularizado, da devida qualificação destes e dos direitos reais que lhes foram conferidos; VI - legitimação de posse: ato do poder público destinado a conferir título, por meio do qual fica reconhecida a posse de imóvel objeto da Reurb, conversível em aquisição de direito real de propriedade na forma desta Lei, com a identificação de seus ocupantes, do tempo da ocupação e da natureza da posse; VII - legitimação fundiária: mecanismo de reconhecimento da aquisição originária do direito real de propriedade sobre unidade imobiliária objeto da Reurb; VIII - ocupante: aquele que mantém poder de fato sobre lote ou fração ideal de terras públicas ou privadas em núcleos urbanos informais.

Destaca-se que a Lei nº 13.465/2017 (Lei da Reurb) trata dos legitimados para requerer a regularização fundiária urbana, dentre outros, a Defensoria Pública e o Ministério Público[18].

Devemos destacar que, embora o Poder Público, especialmente o municipal, possa requerer a regularização, ele é o principal responsável por ela, sendo obrigado a promovê-la, sempre que necessária. É que o artigo 9º, o primeiro a tratar do tema na Lei nº 13.465/2017, rege que "(...) a regularização fundiária urbana (Reurb) abrange medidas jurídicas, urbanísticas, ambientais e sociais destinadas à incorporação dos núcleos urbanos informais ao ordenamento territorial urbano e à titulação de seus ocupantes". E "os poderes públicos formularão e desenvolverão no espaço urbano as políticas de suas competências de acordo com os princípios de sustentabilidade econômica, social e ambiental e ordenação territorial, buscando a ocupação do solo de maneira eficiente, combinando seu uso de forma funcional" (§ 1º).

Vale destacar ainda que, com a nova lei, a regularização fundiária poderá ocorrer a partir de uma série de instrumentos e institutos, não se limitando a um ou a outro procedimento:

> Art. 15. Poderão ser empregados, no âmbito da Reurb, sem prejuízo de outros que se apresentem adequados, os seguintes institutos jurídicos: I - a legitimação fundiária e a legitimação de posse, nos termos desta Lei; II - a usucapião, nos termos dos arts. 1.238 a 1.244 da Lei nº 10.406, de 10 de janeiro de 2002 (Código Civil), dos arts. 9º a 14 da Lei nº 10.257, de 10 de julho de 2001, e do art. 216-A da Lei nº 6.015, de 31 de dezembro de 1973; III - a desapropriação em favor dos possuidores, nos termos dos §§ 4º e 5º do art. 1.228 da Lei nº 10.406, de 10 de janeiro de 2002 (Código Civil); IV - a arrecadação de bem vago, nos termos do art. 1.276 da Lei nº 10.406, de 10 de janeiro de 2002 (Código Civil); V - o consórcio imobiliário, nos termos do art. 46 da Lei nº 10.257, de 10 de julho de 2001; VI - a

18. Art. 14. Poderão requerer a Reurb: I - a União, os Estados, o Distrito Federal e os Municípios, diretamente ou por meio de entidades da administração pública indireta; II - os seus beneficiários, individual ou coletivamente, diretamente ou por meio de cooperativas habitacionais, associações de moradores, fundações, organizações sociais, organizações da sociedade civil de interesse público ou outras associações civis que tenham por finalidade atividades nas áreas de desenvolvimento urbano ou regularização fundiária urbana; III - os proprietários de imóveis ou de terrenos, loteadores ou incorporadores; IV - a Defensoria Pública, em nome dos beneficiários hipossuficientes; e V - o Ministério Público. § 1º Os legitimados poderão promover todos os atos necessários à regularização fundiária, inclusive requerer os atos de registro. § 2º Nos casos de parcelamento do solo, de conjunto habitacional ou de condomínio informal, empreendidos por particular, a conclusão da Reurb confere direito de regresso àqueles que suportarem os seus custos e obrigações contra os responsáveis pela implantação dos núcleos urbanos informais. § 3º O requerimento de instauração da Reurb por proprietários de terreno, loteadores e incorporadores que tenham dado causa à formação de núcleos urbanos informais, ou os seus sucessores, não os eximirá de responsabilidades administrativa, civil ou criminal.

> desapropriação por interesse social, nos termos do inciso IV do art. 2º da Lei nº 4.132, de 10 de setembro de 1962; VII - o direito de preempção, nos termos do inciso I do art. 26 da Lei nº 10.257, de 10 de julho de 2001; VIII - a transferência do direito de construir, nos termos do inciso III do art. 35 da Lei nº 10.257, de 10 de julho de 2001; IX - a requisição, em caso de perigo público iminente, nos termos do § 3º do art. 1.228 da Lei nº 10.406, de 10 de janeiro de 2002 (Código Civil); X - a intervenção do poder público em parcelamento clandestino ou irregular, nos termos do art. 40 da Lei nº 6.766, de 19 de dezembro de 1979; XI - a alienação de imóvel pela administração pública diretamente para seu detentor, nos termos da alínea f do inciso I do art. 17 da Lei nº 8.666, de 21 de junho de 1993; XII - a concessão de uso especial para fins de moradia; XIII - a concessão de direito real de uso; XIV - a doação; e XV - a compra e venda.

Passemos, finalmente, ao estudo dos instrumentos ou institutos de regularização:

a) **A Legitimação Fundiária e a Legitimação de Posse**: Lei nº 13.465/17, art. 15, I. Embora a regularização fundiária possa ser executada a partir de variados instrumentos e institutos (art. 15 da Lei nº 13.465/2017), basicamente ela pode se desenvolver de três principais modos: I - Demarcação urbanística (inciso IV, do art. 11); II - Legitimação da posse (inciso VI, do art. 11); III - Legitimação fundiária (inciso VII, do art. 11).

Deve-se registrar importante mudança com a nova Lei (2017), a qual visa à desburocratização da regularização fundiária. Realmente, pela antiga sistemática (Lei nº 11.977, de 7 de julho de 2009), a regularização fundiária ocorria a partir de um procedimento complexo, composto pelas três fases sucessivas e obrigatórias: demarcação urbanística, legitimação da posse e, por fim, a concessão do domínio.

Com a nova lei, tais etapas são independentes e autônomas, pois não se condiciona uma à outra. Ou seja, a legitimação fundiária, por exemplo, não mais depende da demarcação urbanística e pode levar à outorga do domínio, automaticamente, se presentes os requisitos legais.

É que a regularização fundiária representa importante instrumento de política urbana, já que permite ou a adequação de espaços irregulares ou então o reconhecimento de direitos, o que garante aos interessados maior segurança jurídica e melhores condições de moradia.

Diante disso, a nova legislação teve por finalidade fomentar a prática da regularização, mas sem abandonar seus antigos institutos.

Assim, "o poder público poderá utilizar o procedimento de demarcação urbanística, com base no levantamento da situação da área a ser regularizada e na caracterização do núcleo urbano informal a ser regularizado" (art. 19, *caput*)[19].

De fato, devemos destacar que a demarcação urbanística não condiciona as outras fases, é etapa facultativa e meramente preparatória.

Por sua vez, "a legitimação de posse, instrumento de uso exclusivo para fins de regularização fundiária, constitui ato do poder público destinado a conferir título, por meio do qual fica reconhecida a posse de imóvel objeto da Reurb, com a identificação de seus ocupantes, do tempo da ocupação e da natureza da posse, o qual é conversível em direito real de propriedade" (art. 25)[20].

Também, "a legitimação fundiária constitui forma originária de aquisição do direito real de propriedade conferido por ato do poder público, exclusivamente no âmbito da Reurb, àquele que detiver em área pública ou possuir em área privada, como sua, unidade imobiliária com destinação urbana, integrante de núcleo urbano informal consolidado existente em 22 de dezembro de 2016" (art. 23)[21].

---

19. Veja a sequencia do dispositivo: "§ 1º O auto de demarcação urbanística deve ser instruído com os seguintes documentos: I - planta e memorial descritivo da área a ser regularizada, nos quais constem suas medidas perimetrais, área total, confrontantes, coordenadas georreferenciadas dos vértices definidores de seus limites, números das matrículas ou transcrições atingidas, indicação dos proprietários identificados e ocorrência de situações de domínio privado com proprietários não identificados em razão de descrições imprecisas dos registros anteriores; II - planta de sobreposição do imóvel demarcado com a situação da área constante do registro de imóveis. § 2º O auto de demarcação urbanística poderá abranger uma parte ou a totalidade de um ou mais imóveis inseridos em uma ou mais das seguintes situações: I - domínio privado com proprietários não identificados, em razão de descrições imprecisas dos registros anteriores; II - domínio privado objeto do devido registro no registro de imóveis competente, ainda que de proprietários distintos; ou III - domínio público. § 3º Os procedimentos da demarcação urbanística não constituem condição para o processamento e a efetivação da Reurb."

20. § 1º A legitimação de posse poderá ser transferida por causa mortis ou por ato *inter vivos*. § 2º A legitimação de posse não se aplica aos imóveis urbanos situados em área de titularidade do poder público.

21. § 1º Apenas na Reurb-S, a legitimação fundiária será concedida ao beneficiário, desde que atendidas as seguintes condições: I - o beneficiário não seja concessionário, foreiro ou proprietário de imóvel urbano ou rural; II - o beneficiário não tenha sido contemplado com legitimação de posse ou fundiária de imóvel urbano com a mesma finalidade, ainda que situado em núcleo urbano distinto; e III - em caso de imóvel urbano com finalidade não residencial, seja reconhecido pelo poder público o interesse público de sua ocupação. § 2º Por meio da legitimação fundiária, em qualquer das modalidades da Reurb, o ocupante adquire a unidade imobiliária com destinação urbana livre e desembaraçada de quaisquer ônus, direitos reais, gravames ou inscrições, eventualmente existentes em sua matrícula de origem, exceto quando disserem respeito ao próprio legitimado. § 3º Deverão ser transportadas as inscrições, as indisponibilidades ou os gravames existentes no registro da área maior originária para as matrículas das unidades imobiliárias que não houverem sido adquiridas por legitimação fundiária. § 4º Na Reurb-S de imóveis públicos, a União, os Estados, o Distrito Federal e os Municípios, e as suas entidades vinculadas, quando titulares do domínio, ficam autorizados a reconhecer o direito de propriedade aos ocupantes do núcleo urbano informal regularizado por meio da legitimação fundiária. § 5º Nos casos previstos neste artigo, o poder público encaminhará a CRF para registro imediato da aquisição de propriedade, dispensados a apresentação de título individualizado e as cópias da docu-

b) **Usucapião**, nos termos dos arts. 1.238 a 1.244 da Lei nº 10.406, de 10 de janeiro de 2002 (Código Civil), dos arts. 9º a 14 da Lei nº 10.257, de 10 de julho de 2001, e do art. 216-A da Lei nº 6.015, de 31 de dezembro de 1973: Lei nº 13.465/17, art. 15, II.

Sobre a usucapião, trata-se de instituto essencialmente de direito civil clássico, voltado à regularização jurídica de uma situação fática que se prolonga no tempo. É o reconhecimento do estado de posse em plena harmonia com o princípio da função social da propriedade.

Há uma série de formas de usucapião, previstas nas leis acima referidas, em especial no Código Civil e no Estatuto da Cidade.

Como o objetivo deste estudo não é explorar, de forma específica e pontual tal instituto, com a devida permissão, entendemos relevante dizer que a usucapião especial coletiva urbana (art. 10 do Estatuto da Cidade) teve sua aplicabilidade expandida, pois a Lei nº 13.465/17 alterou o dispositivo legal para afastar a limitação do instituto. De fato, a nova lei afastou a condição "ocupadas por população de baixa renda para sua moradia", o que amplia a potencialidade do relevante instrumento de regularização fundiária.

Ainda com foco na temática urbanística, sobre a usucapião de bens de sociedades de economia mista, um ponto requer atenção. É que a Constituição Federal veda a usucapião de bem público. Contudo, a jurisprudência já consolidou o entendimento no sentido de que os bens das sociedades de economia mista – como a CDHU, por exemplo – devem ser considerados particulares nesse contexto. Ou seja, são bens susceptíveis de serem usucapidos. Assim, já entendeu o Superior Tribunal de Justiça que "bens pertencentes a sociedade de economia mista podem ser adquiridos por usucapião" (REsp 647357/MG, Terceira Turma, Rel. Min. Castro Filho).

Aliás, noticiou-se recentemente: "TJ-SP acolhe tese da Defensoria e reconhece usucapião de imóvel da CDHU, afastando reintegração de posse".[22]

mentação referente à qualificação do beneficiário, o projeto de regularização fundiária aprovado, a listagem dos ocupantes e sua devida qualificação e a identificação das áreas que ocupam. § 6º Poderá o poder público atribuir domínio adquirido por legitimação fundiária aos ocupantes que não tenham constado da listagem inicial, mediante cadastramento complementar, sem prejuízo dos direitos de quem haja constado na listagem inicial.

22. O Tribunal de Justiça do Estado (TJ-SP) acolheu tese sustentada pela Defensoria Pública de SP e reconheceu a possibilidade de usucapião de imóvel da CDHU (Companhia de Desenvolvimento Habitacional e Urbano) - empresa vinculada à Secretaria de Estado da Habitação, com a finalidade de promover a moradia popular. A Corte acolheu apelação da Defensoria Pública contra sentença de primeiro grau relativo a uma ação de reintegração de posse ajuizada pela CDHU, referente a imóvel situado na capital. Eva (nome fictício) reside desde 1994 no local alvo do processo de reintegração de posse. Ela adquiriu

c) **Desapropriação em favor dos Possuidores**, nos termos dos §§ 4º e 5º do art. 1.228 da Lei nº 10.406, de 10 de janeiro de 2002 (Código Civil): Lei nº 13.465/17, art. 15, III.

O Código Civil, preocupado com a função social da propriedade, instituiu um instrumento denominado "desapropriação judicial", bem próxima da usucapião (art. 1228, §§ 4º e 5º): "O proprietário também pode ser privado da coisa se o imóvel reivindicado consistir em extensa área, na posse ininterrupta e de boa-fé, por mais de cinco anos, de considerável número de pessoas, e estas nela houverem realizado, em conjunto ou separadamente, obras e serviços considerados pelo juiz de interesse social e econômico relevante. No caso do parágrafo antecedente, o juiz fixará a justa indenização devida ao proprietário; pago o preço, valerá a sentença como título para o registro do imóvel em nome dos possuidores."

Apesar do debate existente quanto à natureza jurídica, entendemos que a novidade apenas vem a somar, e não a excluir os instrumentos de regularização.

Talvez a diferença resida na destinação do bem possuído. No caso da usucapião coletiva, exige-se o *animus domini*, ou seja, a vontade do grupo de ter

o imóvel de mutuários de planos de moradia da CDHU, destinando-o à sua moradia e à de sua família. No entanto, por inadimplência dos mutuários originais, a companhia ajuizou ação de reintegração de posse, cujo pedido teve provimento pelo Juízo de primeira instância, que negou a reconvenção ajuizada por Eva, que solicitava o reconhecimento de usucapião. O Juízo justificou a decisão pelo entendimento de que imóveis vinculados à CDHU não são passíveis de usucapião por serem bens públicos. Na apelação, o Defensor Público Danilo Martins Ortega contestou o entendimento que embasou a decisão anterior, enfatizando que imóveis da CDHU não são bens públicos. "Bem público é aquele pertencente a alguma das pessoas jurídicas de direito público interno, a saber: União, Estados, Municípios e suas respectivas autarquias. Todos os demais, seja qual for a pessoa a que pertencem, são particulares", afirmou, baseando-se nos artigos 98 e 99 do Código de Processo Civil. De acordo com o Defensor, a CDHU não se enquadra nos quesitos mencionados, uma vez que se trata de uma sociedade de economia mista, não sendo, portanto, seus imóveis considerados bens públicos. "A apelante exerce posse mansa, pacífica e ininterrupta sobre o imóvel em tela, posse essa que se soma aos seus antecessores, eis que todas contínuas e pacíficas, totalizando cerca de 23 anos de posse exercida em nome próprio e a título próprio, destinando o imóvel, que não mede mais que 250m^2, à sua própria moradia e de sua família", argumentou o Defensor Danilo. Ao julgar o caso, o Desembargador Relator Miguel Brandi, da 7ª Câmara de Direito Privado do TJ-SP, decidiu pelo não provimento ao recurso. A maioria dos Desembargadores que julgaram o caso, no entanto, entendeu tratar-se da hipótese de provimento do, acompanhando o entendimento do Relator Designado, Desembargador Luís Mário Galbetti. "Justifica-se a irresignação da apelante, por se submeterem as sociedades de economia mista ao regime de direito privado, podendo, portanto, seus bens serem objeto de usucapião. Neste sentido tem se posicionado esta Corte", observou o Relator. "Sendo assim, não tendo a CDHU tomado nenhuma medida para retomar o imóvel antes do decurso do prazo de cinco anos previsto para aquisição da propriedade para a hipótese, contados do início do inadimplemento, não pode agora pretender retomar o imóvel, do qual não tem mais a propriedade, diante da transmudação da natureza da posse que ali passou a ser exercida", avaliou o Magistrado. "Diante desta circunstância, impõe-se a improcedência da ação de reintegração de posse e a procedência do pedido de usucapião deduzido na defesa", complementou no acórdão. Ainda cabe recurso da decisão. (Disponível em https://www.defensoria.sp.def.br, acesso em 12/08/2019).

aquele imóvel como seu. Já na desapropriação judicial, que prevê a possibilidade de indenização, o Código Civil exige a realização de "obras e serviços considerados pelo juiz de interesse social e econômico relevante". Enfim, parece-nos que esta seja a diferença.

O fato é que, caso exista o *animus domini,* deve-se priorizar a usucapião coletiva, sem previsão de indenização ao proprietário.

Enfim, trata-se de uma previsão inédita que oferece maior operabilidade ao sistema, fazendo com que os possuidores não dependam da ação ou da boa vontade do gestor público, outorgando-se ao juiz a função de desapropriação.

Nota-se que "que essa nova forma de perda da propriedade, embora guarde semelhanças entre os institutos da usucapião e da desapropriação, não pode ser considerado exatamente como um ou outro tipo, sob pena de deturpação dos requisitos que fazem de cada instituto serem o que são. Todavia, na falta de uma natureza jurídica própria, uma vez que guarda semelhanças profundas com um e outro, sem, no entanto, encaixar-se completamente a nenhum dos dois, pode-se falar em desapropriação pelos seguintes motivos: é uma forma de limitação da propriedade, mediante indenização, a sentença judicial também é elemento comum nos casos clássicos de desapropriação e, poderíamos dizer ainda, que, aqueles requisitos trazidos pelo legislador da usucapião, têm a intenção apenas de servir como elemento autorizador da decretação do interesse social, ou seja, na ausência do decreto executivo que declara a utilidade ou necessidade pública, bem como o interesse social, o Juiz se valerá da presença dos posseiros, no exercício de uma posse de boa-fé, ininterrupta num prazo de 05 (cinco) anos, durante o qual teriam produzido ou realizado obras e serviços de relevante valor social e econômico, para decretar a existência real de um verdadeiro interesse social".[23]

Por fim, vale a pena repetir que o instituto não limita ou condiciona a declaração da usucapião coletiva à indenização ao proprietário, tratando-se de institutos diferentes e autônomos.

d) **Arrecadação de bem vago**, nos termos do art. 1.276 da Lei nº 10.406, de 10 de janeiro de 2002 (Código Civil): Lei nº 13.465/17, art. 15, IV.

e) **Desapropriação por Interesse Social**, nos termos do inciso IV do art. 2º da Lei nº 4.132, de 10 de setembro de 1962: Lei nº 13.465/17, art. 15, VI.

23. DE ANDRADE, Renata Cristina Othon Lacerda. Artigo *A desapropriação judicial no novo Código Civil.* Disponível em https://ambitojuridico.com.br/, acesso em 28/10/19.

f) **Direito de Preempção**, nos termos do inciso I do art. 26 da Lei nº 10.257, de 10 de julho de 2001: Lei nº 13.465/17, art. 15, VII.

g) **Requisição**, em caso de perigo público iminente, nos termos do § 3º do art. 1.228 da Lei nº 10.406, de 10 de janeiro de 2002 (Código Civil): Lei nº 13.465/17, art. 15, IX.

Notamos que as alíneas acima (*d, e, f, g*), tratam de situações específicas, em contextos muito pontuais, nos quais o Poder Público intervém ou se assenhora da propriedade, desde presentes os requisitos legais previstos para cada um dos institutos.

h) **Intervenção do Poder Público em Parcelamento Clandestino ou Irregular**, nos termos do art. 40 da Lei nº 6.766, de 19 de dezembro de 1979: Lei nº 13.465/17, art. 15, X.

Como dito acima, as regras de uso e parcelamento de solo são dirigidas inicialmente aos particulares que investem e capitalizam o espaço urbano, mas com a fiscalização do Poder Público, o qual deverá, em último caso, intervir diretamente para promover a adequada regularização da área, especialmente quando infrutíferas as formas de coação dos empreendedores particulares, seja por má-fé ou fraude, seja por insolvência ou insuficiência econômica, o que cria os chamados **"loteamentos clandestinos ou irregulares"**. Neles, há o dever de agir do Poder Público, conforme artigo 40 da Lei nº 6.766/79 e a ampla jurisprudência sobre o tema.

Realmente, na situação de empreendimentos abandonados pelas construtoras e incorporadoras sem a necessária e mínima adequação urbanística (sem ruas asfaltadas, sem rede de água e de esgoto, sem rede elétrica etc.), independentemente do título de posse ou propriedade, dever o Poder Público agir, conforme art. 40 da citada lei. "A Prefeitura Municipal, ou o Distrito Federal quando for o caso, se desatendida pelo loteador a notificação, poderá regularizar loteamento ou desmembramento não autorizado ou executado sem observância das determinações do ato administrativo de licença, para evitar lesão aos seus padrões de desenvolvimento urbano e na defesa dos direitos dos adquirentes de lotes" (art. 40)[24].

24. Seguem os parágrafos do dispositivo: "§ 1º - A Prefeitura Municipal, ou o Distrito Federal quando for o caso, que promover a regularização, na forma deste artigo, obterá judicialmente o levantamento das prestações depositadas, com os respectivos acréscimos de correção monetária e juros, nos termos do § 1º do art. 38 desta Lei, a título de ressarcimento das importâncias despendidas com equipamentos urbanos ou expropriações necessárias para regularizar o loteamento ou desmembramento. § 2º - As importâncias despendidas pela Prefeitura Municipal, ou pelo Distrito Federal quando for o caso, para regularizar o loteamento ou desmembramento, caso não sejam integralmente ressarcidas conforme o

É evidente que não se trata de mera faculdade do Município, apesar da expressão "poderá", uma vez que, de outra parte, há titulares de direitos fundamentais, dentre outros, à vida digna e à cidade sustentável, fazendo deles direitos públicos subjetivos.

A jurisprudência tem indicado exatamente essa conclusão há tempo:

> 1. O art. 40 da Lei 6.766/79, ao estabelecer que o município 'poderá regularizar loteamento ou desmembramento não autorizado ou executado sem observância das determinações do ato administrativo de licença', fixa, na verdade, um poder-dever, ou seja, um atuar vinculado da municipalidade. Precedentes. 2. Consoante dispõe o art. 30, VIII, da Constituição da República, compete ao município 'promover, no que couber, adequado ordenamento territorial, mediante planejamento e controle do uso, do parcelamento e da ocupação do solo urbano'. 3. Para evitar lesão aos padrões de desenvolvimento urbano, o Município não pode eximir-se do dever de regularizar loteamentos irregulares, se os loteadores e responsáveis, devidamente notificados, deixam de proceder com as obras e melhoramentos indicados pelo ente público. 4. O fato de o município ter multado os loteadores e embargado as obras realizadas no loteamento em nada muda o panorama, devendo proceder, ele próprio e às expensas do loteador, nos termos da responsabilidade que lhe é atribuída pelo art. 40 da Lei 6.766/79, à regularização do loteamento executado sem observância das determinações do ato administrativo de licença. 5. No caso, se o município de São Paulo, mesmo após a aplicação da multa e o embargo da obra, não avocou para si a responsabilidade pela regularização do loteamento às expensas do loteador, e dessa omissão resultou um dano ambiental, deve ser responsabilizado, conjuntamente com o loteador, pelos prejuízos dai advindos, podendo acioná-lo regressivamente. 6. Recurso especial provido." (STJ, REsp 1113789/SP, julgado em 16/06/2009)

Mais recentemente, o Superior Tribunal de Justiça voltou a reiterar seu entendimento: "1. Cuida-se de inconformismo do Município de Franca contra acórdão do Tribunal de origem que deu provimento ao recurso interposto pelo Ministério Público, para decidir sobre a responsabilidade do citado Município pela regularização do loteamento, pois de forma omissa não atendeu os preceitos

---

disposto no parágrafo anterior, serão exigidas na parte faltante do loteador, aplicando-se o disposto no art. 47 desta Lei. § 3º - No caso de o loteador não cumprir o estabelecido no parágrafo anterior, a Prefeitura Municipal, ou o Distrito Federal quando for o caso, poderá receber as prestações dos adquirentes, até o valor devido. § 4º - A Prefeitura Municipal, ou o Distrito Federal quando for o caso, para assegurar a regularização do loteamento ou desmembramento, bem como o ressarcimento integral de importâncias despendidas, ou a despender, poderá promover judicialmente os procedimentos cautelares necessários aos fins colimados. § 5º A regularização de um parcelamento pela Prefeitura Municipal, ou Distrito Federal, quando for o caso, não poderá contrariar o disposto nos arts. 3º e 4º desta Lei, ressalvado o disposto no § 1º desse último. (Incluído pela Lei nº 9.785, 29.1.99)."

normativos constitucionais e infraconstitucionais que reservam ao ente público a competência para legislar, fiscalizar e ordenar o uso e ocupação do solo urbano. 2. A jurisprudência do STJ é firme no sentido de que, em hipóteses como a dos autos, o regime de responsabilidade civil é de solidariedade na imputação e de subsidiariedade na execução. Assim, incumbe ao Município o poder-dever de agir para fiscalizar e regularizar loteamento irregular, daí sua responsabilização pelo parcelamento, uso e ocupação do solo urbano, atividade vinculada e não discricionária. Precedente. 3. A responsabilidade do ente municipal se refere às obras essenciais a serem implantadas, especialmente quanto à infraestrutura necessária para melhoria da malha urbana, como ruas, esgoto, energia e iluminação pública, de modo a atender aos moradores já instalados, sem prejuízo de ação regressiva contra os empreendedores. Precedentes." (REsp 1739125/SP, Rel. Min. Herman Benjamin, julgado em 07/02/2019).

Ou então "o Município tem o poder-dever de agir para fiscalizar e regularizar loteamento irregular, pois é o responsável pelo parcelamento, uso e ocupação do solo urbano, atividade essa que é vinculada, e não discricionária" (AgRg no AREsp 109.078/AC, Rel. Min. Sérgio Kukina, julgado em 09/08/2016).

Em outra situação, quanto ao dever de indenizar agora, entendeu o Superior Tribunal de Justiça que "a responsabilidade civil do Município é de imputação solidária, mas a execução é subsidiária, isto é, o Município responde somente nas hipóteses em que o loteador não possa fazê-lo como, por exemplo, quando o loteador não for encontrado" (REsp 1736397/RS, Rel. Min. Herman Benjamin, julgado em 08/11/2018).

Ademais, o Tribunal de Justiça de São Paulo segue essa mesma linha: "Loteamento clandestino. Danos urbanísticos e ambientais. Compra de área e venda de lotes sem obediência ao disposto na Lei 6.766/79. Responsabilidade da Municipalidade configurada. Necessidade, agora, de regularizar o loteamento ou de retornar a gleba ao estado original, caso a regularização não seja possível Municipalidade que se revelou omissa. Prescrição e cerceamento de defesa afastadas Cartórios que não podiam, ainda, registrar aquelas transferências de partes ideais. Recursos não providos, com observação" (TJSP, Apelação 0004027-46.2009.8.26.0443, julgada em 20/05/2013).

i) **Alienação de Imóvel pela Administração Pública Diretamente para seu Detentor**, nos termos da alínea f do inciso I do art. 17 da Lei nº 8.666, de 21 de junho de 1993: Lei nº 13.465/17, art. 15, XI.

j) **Concessão de Uso Especial para fins de Moradia**: Lei nº 13.465/17, art. 15, XII. A Medida Provisória nº 2.220/01, posteriormente alterada, instituiu a concessão de uso especial para fins de moradia de bens públicos, pois a Constituição Federal impede a usucapião sobre eles, apesar de algumas teses em sentido contrário.

Sobre o instituto, que pode ter caráter individual ou coletivo, entendemos que é um autêntico direito público subjetivo, que não está no campo discricionário da Administração, desde que presentes os requisitos legais. Também entendemos que o reconhecimento judicial desse direito não requer a negativa administrativa, como quer fazer crer o art. 6º da MP.

Agora, em termos práticos, com a possibilidade de regularização fundiária de interesse social de bem público (pela "legitimação fundiária" – art. 23 da Lei nº 13.465/17 – conferir acima), com a outorga do título de propriedade inclusive, a utilidade da concessão de uso aqui tratada fica reduzida, com eficácia muito excepcional. De fato, se tornou possível a outorga do domínio de área pública ao particular, que interesse ele teria em pleitear apenas a concessão de uso?

k) **Da Locação Social e do Auxílio-Moradia**: Lei Estadual (SP) nº 10.365/99 e Decreto Estadual (SP) nº 55.334/10, alterado pelo Decreto Estadual (SP) nº 55.370/10.

A **locação social** é a medida administrativa voltada a garantir a moradia para pessoas ou famílias de baixa renda. Em tese, o instituto deve ser utilizado para situações temporárias, até que os beneficiários obtenham, por recursos próprios ou por programas governamentais, as suas próprias moradias.

No Estado de São Paulo, a Lei Estadual nº 10.365/99, diz que "fica o Estado de São Paulo autorizado a implantar, através dos órgãos e entidades da Administração Estadual, o Programa de Locação Social, destinado a prover moradias para famílias de baixa renda" (art. 1º).

A mesma Lei estabelece que "será dada preferência para o atendimento no Programa de Locação Social aos candidatos que comprovem: I - habitar em condições subumanas, em área de risco iminente ou ter sido sua habitação atingida por alguma espécie de catástrofe; II - que seus filhos estejam matriculados em escolas ou cursos educacionais regulares; III - ser mulher ou idoso, arrimo da família; IV - ser idoso em estado de abandono; V - ser mulher, carecendo de atendimento imediato por estar em situação de risco pessoal e social por ocorrência registrada de violência em razão da qual necessite abandonar a moradia, principalmente após efetuada a denúncia do agressor, e tendo sido o encaminhamento e o acompanhamento efetivados pelo Centro de Referência Especializado de Assistência Social (CREAS) ou por outro órgão de referência no atendimento à mulher". (Inciso V acrescentado pela Lei n° 15.090/2013) – art. 4º.

Observa-se que a destinação do benefício prioriza o atendimento de pessoas ou grupos em extremo risco (hipervulnerabilidade), sendo verdadeira obrigação do Poder Público estadual (SP) a concessão da locação nessas hipóteses.

Também no Estado de São Paulo foi criado o benefício **do auxílio-moradia** para situações ainda mais emergenciais, mediante a transferência de recursos: "Fica a Secretaria da Habitação autorizada a, representando o Estado, celebrar convênio com a Companhia de Desenvolvimento Habitacional e Urbano do Estado de São Paulo - CDHU, visando a gestão de recursos a serem transferidos aos municípios que tenham declarado estado de emergência ou de calamidade pública, para a concessão de benefício eventual denominado auxílio-moradia emergencial" (art. 1º, Decreto nº 55.334/10, alterado pelo Decreto nº 55.370/10).

O Decreto estabelece ainda as seguintes regras:

> Artigo 3º - Compete ao Município: I - solicitar à Companhia de Desenvolvimento Habitacional e Urbano do Estado de São Paulo - CDHU a concessão de auxílio moradia emergencial às famílias sinistradas, demonstrando de forma inequívoca a situação emergencial; II - providenciar a relação das famílias atingidas pelas chuvas que terão direito ao auxílio-moradia emergencial a que se refere este decreto, indicando o local em que ficarão abrigadas provisoriamente. Artigo 4º - São requisitos imprescindíveis para a concessão do auxílio-moradia emergencial: I - que a residência da família tenha sido total ou parcialmente destruída pelas chuvas, apresente problemas estruturais graves, ou esteja situada em área sob risco de saúde, iminente de desabamento ou desmoronamento, ensejando a sua interdição, desocupação ou demolição imediata, comprovado por laudo, boletim de ocorrência e/ou termo de interdição expedido pela respectiva Defesa Civil do Município; II - que a família beneficiária tenha renda familiar de até 10 (dez) salários-mínimos, comprovada pelo Poder Executivo Municipal.

Também, a normativa prevê que "havendo necessidade comprovada, o auxílio-moradia emergencial de que trata este decreto poderá ser concedido, em caráter cumulativo e independentemente de declaração de calamidade pública ou emergência, quando o município interessado já tiver legislação específica e optar pelo pagamento deste benefício em decorrência de eventos de natureza grave, hipótese em que o referido auxílio-moradia emergencial terá o valor equivalente ao pago pelo município, limitado ao valor máximo previsto no §1º do artigo 2º deste decreto" (art. 2º, § 4º).

Enfim, para arrematar, devemos lembrar que outros Estados e o Distrito Federal possuem seus próprios programas de atendimento emergencial destinados a pessoas ou famílias sem moradia ou que tiveram suas habitações atingidas por eventos naturais ou de força maior.

Muitos Municípios também possuem programas semelhantes, em regra, interligados ao Sistema Único de Assistência Social – SUAS, sendo recomendável a análise específica da normativa local.

7

DO SANEAMENTO BÁSICO

7.1 O SANEAMENTO BÁSICO COMO DIREITO FUNDAMENTAL

O saneamento básico e sua própria regulamentação estão em um contexto de toque, de interseção entre o direito urbanístico, o direito ambiental e o direito de saúde pública no seu aspecto prevenção coletiva. Em outras palavras, o saneamento básico, os direitos previstos nesse contexto e os deveres estabelecidos neste campo estão em um ambiente complexo e rico.

Não por outro motivo, são princípios fundamentais do serviço de saneamento básico: "abastecimento de água, esgotamento sanitário, limpeza urbana e manejo dos resíduos sólidos realizados de forma adequada à saúde pública, à conservação dos recursos naturais e à proteção do meio ambiente" e a "articulação com as políticas de desenvolvimento urbano e regional, de habitação, de combate à pobreza e de sua erradicação, de proteção ambiental, de promoção da saúde, de recursos hídricos e outras de interesse social relevante, destinadas à melhoria da qualidade de vida, para as quais o saneamento básico seja fator determinante" (art. 2º, III e VI, da Lei nº 11.445/07, ambos com redação dada pela Lei nº 14.026, de 2020).

Ainda com base nessa Lei, saneamento básico é o "conjunto de serviços públicos, infraestruturas e instalações operacionais de: a) abastecimento de água potável: constituído pelas atividades e pela disponibilização e manutenção de infraestruturas e instalações operacionais necessárias ao abastecimento público de água potável, desde a captação até as ligações prediais e seus instrumentos de medição; b) esgotamento sanitário: constituído pelas atividades e pela disponibilização e manutenção de infraestruturas e instalações operacionais necessárias à coleta, ao transporte, ao tratamento e à disposição final adequados dos esgotos sanitários, desde as ligações prediais até sua destinação final para produção de água de reúso ou seu lançamento de forma adequada no meio ambiente; c) limpeza urbana e manejo de resíduos sólidos: constituídos pelas atividades e pela disponibilização e manutenção de infraestruturas e instalações operacionais de coleta, varrição manual e mecanizada, asseio e conservação urbana, transporte, transbordo, tratamento e destinação final ambientalmente adequada dos resíduos sólidos domiciliares e dos resíduos de limpeza urbana; e d) drenagem e manejo das águas pluviais urbanas: constituídos pelas atividades, pela infraestrutura e pelas instalações operacionais de drenagem de águas pluviais, transporte, detenção ou retenção para o amortecimento de vazões de cheias, tratamento e disposição final das águas pluviais drenadas, contempladas a limpeza e a fiscalização preventiva das redes" (art. 3º, inciso I, da Lei nº 11.445/07, com redação pela Lei nº 14.026, de 2020).

Agora, como o Poder Público é o principal responsável nas três áreas citadas (cidades, meio ambiente, e saúde pública), por óbvio, ele também será o responsável central pela promoção do saneamento básico.

Sobre o tema, o Superior Tribunal de Justiça já decidiu, reiteradas vezes, que o Poder Público tem a obrigação de zelar pelo espaço urbano e o meio ambiente, e que o Poder Judiciário não pode assistir inerte a cenários de abandono e negligências:

> 1. Trata-se na origem de Ação Civil Pública oriunda de lançamento de dejetos em córrego em região onde não fora criada, por omissão do Poder Público, rede de coleta de esgoto. Pediu-se a condenação do Município a urbanizar o local com implantação de coletores e interceptores sanitários no curso d'água, e da Copasa a dotar a rua de sistema de esgotamento sanitário, tudo sob pena de multa. A sentença de procedência foi anulada pelo Tribunal de origem, sob o fundamento de que ao Poder Judiciário não é dado determinar e definir a realização, pelo Executivo, de obras públicas de grande envergadura. 2. A Administração Pública submete-se, nem precisaria dizer, ao império da lei, inclusive quanto à conveniência e oportunidade do ato administrativo. Se comprovado tecnicamente ser imprescindível, para a proteção da saúde da população e do ambiente, a realização de obras e atividades, atribui-se ao Ministério Público e a outros colegitimados da Ação Civil Pública o direito de exigi-las judicialmente. 3. No que se refere ao saneamento ambiental, o que se tem hoje no Brasil, ao contrário da situação prevalente até poucos anos atrás, não mais é a frouxa opção abstrata de agir deixada à Administração Pública, mas verdadeiro dever-poder de caráter *ope legis*, e não *ope judicis*. Daí que o autor de Ação Civil Pública, em tal contexto, não postula que o juiz invente obrigações estatais, escreva ou reescreva, a seu modo, lei que nunca existiu, mas deveria ter existido, ou lei que existe, mas descuidou-se de dispor da matéria como seria, na sua opinião pessoal, de rigor. Diversamente, pretende-se, e não parece muito, que o Judiciário se recuse a assistir - como se fora instituição fantoche do discurso e da prática jurídicos - deveres legais

> serem aberta e impunemente descumpridos pelo administrador-destinatário da norma federal, estadual ou municipal. (...)[1] (REsp nº 1220669/MG, Rel. Min. Herman Benjamin, julgado em 17/04/2012)

De fato, o tema é extremamente relevante e sensível. No Brasil, são poucas as cidades que têm 100% de esgotamento sanitário e milhões de pessoas vivem em locais sem saneamento básico. O problema é sobremodo grave já que atinge diretamente o meio ambiente e a saúde pública, especialmente nas periferias dos grandes centros urbanos, onde as taxas de mortalidade infantil são bem acima dos níveis tolerados. Tais problemas foram agravados nos últimos 50 (cinquenta) anos com o êxodo rural e a ocupação desordenada das cidades. Mesmo assim, não se pode isentar o Poder Público da sua responsabilidade, pois assistiu a tudo isso em estado de completa inércia e omissão.

Agora, além do planejamento urbano futuro – para se evitar o agravamento do cenário -, a regularização fundiária parece-nos um importante aliado tanto para a concessão de títulos quanto para a adequação sanitária dessas áreas de histórica ocupação desordenada.

Aliás, para fins dessa ação de ajustamento e prevenção, adotou-se por aqui a *Política Nacional de saneamento básico*, abaixo tratada.

7.2 DA POLÍTICA NACIONAL DE SANEAMENTO BÁSICO (LEI Nº 11.445/07 E DECRETO Nº 7.217/2010)

Nessa linha, o legislador federal instituiu a *Política Nacional*, posteriormente regulamentada pelo Decreto de 2010.

1. Segue aqui o texto recortado da ementa: "4. É reiterada a admissão, pelo STJ, da responsabilidade civil do Estado por omissão no seu dever de controle e fiscalização, no que se refere às suas obrigações constitucionais e legais de proteção da saúde pública e do ambiente. Conforme já decidido pela Segunda Turma, no âmbito dos direitos sociais, "não só a administração pública recebeu a incumbência de criar e implementar políticas públicas necessárias à satisfação dos fins constitucionalmente delineados, como também, o Poder Judiciário teve sua margem de atuação ampliada, como forma de fiscalizar e velar pelo fiel cumprimento dos objetivos constitucionais" (REsp 1.041.197/MS, Rel. Ministro Humberto Martins, Segunda Turma, DJe 16.9.2009). Confiram-se ainda: AgRg no REsp 1.136.549/RS, Rel. Ministro Humberto Martins, Segunda Turma, DJe 21.6.2010; REsp 604.725/PR, Rel. Ministro Castro Meira, Segunda Turma, DJ 22.8.2005; AgRg no Ag 822.764/MG, Rel. Ministro José Delgado, Primeira Turma, DJ 2.8.2007; AgRg no Ag 973.577/SP, Rel. Ministro Mauro Campbell Marques, Segunda Turma, DJe 19.12.2008. 5. Desaconselhável impedir, ab initio, o Poder Judiciário de atuar no dever-poder de fiscalização do cumprimento da lei pelo Estado, desautorizando, assim, o trâmite de demandas propostas que visem à proteção da saúde pública e do ambiente por motivo de atos supostamente omissivos. Precipitada, portanto, a extinção do processo sem julgamento de mérito, com amparo no art. 267, VI, do CPC, quando presentes as condições da ação: legitimidade das partes, interesse processual e pedido juridicamente possível. 6. Recurso Especial provido para anular o acórdão recorrido, determinando-se ao Tribunal de origem que proceda ao julgamento do mérito da demanda."

Pela Lei, o saneamento básico é um direito subjetivo do titular da unidade e um direto difuso da sociedade. Também representa um serviço público, sujeito às regras de Direito Público e às regras de defesa do consumidor.

Enfim, "os serviços públicos de saneamento básico serão prestados com base nos seguintes princípios fundamentais: I - universalização do acesso e efetiva prestação do serviço (redação pela Lei nº 14.026, de 2020); II - integralidade, compreendida como o conjunto de atividades e componentes de cada um dos diversos serviços de saneamento que propicie à população o acesso a eles em conformidade com suas necessidades e maximize a eficácia das ações e dos resultados (redação pela Lei nº 14.026, de 2020); III - abastecimento de água, esgotamento sanitário, limpeza urbana e manejo dos resíduos sólidos realizados de forma adequada à saúde pública, à conservação dos recursos naturais e à proteção do meio ambiente (redação pela Lei nº 14.026, de 2020); IV - disponibilidade, nas áreas urbanas, de serviços de drenagem e manejo das águas pluviais, tratamento, limpeza e fiscalização preventiva das redes, adequados à saúde pública, à proteção do meio ambiente e à segurança da vida e do patrimônio público e privado (redação pela Lei nº 14.026, de 2020); V - adoção de métodos, técnicas e processos que considerem as peculiaridades locais e regionais; VI - articulação com as políticas de desenvolvimento urbano e regional, de habitação, de combate à pobreza e de sua erradicação, de proteção ambiental, de promoção da saúde, de recursos hídricos e outras de interesse social relevante, destinadas à melhoria da qualidade de vida, para as quais o saneamento básico seja fator determinante (redação pela Lei nº 14.026, de 2020); VII - eficiência e sustentabilidade econômica; VIII - estímulo à pesquisa, ao desenvolvimento e à utilização de tecnologias apropriadas, consideradas a capacidade de pagamento dos usuários, a adoção de soluções graduais e progressivas e a melhoria da qualidade com ganhos de eficiência e redução dos custos para os usuários (redação pela Lei nº 14.026, de 2020); IX - transparência das ações, baseada em sistemas de informações e processos decisórios institucionalizados; X - controle social; XI - segurança, qualidade, regularidade e continuidade (redação pela Lei nº 14.026, de 2020); XII - integração das infraestruturas e dos serviços com a gestão eficiente dos recursos hídricos (redação pela Lei nº 14.026, de 2020); XIII - redução e controle das perdas de água, inclusive na distribuição de água tratada, estímulo à racionalização de seu consumo pelos usuários e fomento à eficiência energética, ao reúso de efluentes sanitários e ao aproveitamento de águas de chuva (redação pela Lei nº 14.026, de 2020); XIV - prestação regionalizada dos serviços, com vistas à geração de ganhos de escala e à garantia da universalização e da viabilidade técnica e econômico-financeira dos serviços; XV - seleção competitiva do prestador dos serviços; e XVI - prestação concomitante dos serviços de abastecimento de água e de esgotamento sanitário" (sendo os três últimos incisos incluídos pela Lei nº 14.026, de 2020) – art. 2º.

Como se pode notar e já foi explorado acima, o saneamento básico é o ponto comum dos sistemas de urbanismo, saúde pública e meio ambiente, para ser simples e direto.

Sobre a **universalização do acesso** – art. 2º, I – o legislador foi sensível com aqueles que não podem ou não conseguem custear o serviço disponibilizado. Para isso, a Lei prevê a possibilidade de "subsídios", entendidos como "instrumentos econômicos de política social que contribuem para a universalização do acesso aos serviços públicos de saneamento básico por parte de populações de baixa renda" (art. 3º, VII, Lei nº 11.445/07 – com redação pela Lei nº 14.026, de 2020).

Aliás, de forma mais detalhada, a mesma Lei disciplina:

> Art. 29. Os serviços públicos de saneamento básico terão a sustentabilidade econômico-financeira assegurada por meio de remuneração pela cobrança dos serviços, e, quando necessário, por outras formas adicionais, como subsídios ou subvenções, vedada a cobrança em duplicidade de custos administrativos ou gerenciais a serem pagos pelo usuário, nos seguintes serviços: I - de abastecimento de água e esgotamento sanitário, na forma de taxas, tarifas e outros preços públicos, que poderão ser estabelecidos para cada um dos serviços ou para ambos, conjuntamente; II - de limpeza urbana e manejo de resíduos sólidos, na forma de taxas, tarifas e outros preços públicos, conforme o regime de prestação do serviço ou das suas atividades; III - de drenagem e manejo de águas pluviais urbanas, na forma de tributos, inclusive taxas, ou tarifas e outros preços públicos, em conformidade com o regime de prestação do serviço ou das suas atividades *(caput* e incisos acima com redação dada pela Lei nº 14.026, de 2020). § 1º Observado o disposto nos incisos I a III do *caput* deste artigo, a instituição das tarifas, preços públicos e taxas para os serviços de saneamento básico observará as seguintes diretrizes: I - prioridade para atendimento das funções essenciais relacionadas à saúde pública; II - ampliação do acesso dos cidadãos e localidades de baixa renda aos serviços; (...) § 2º Poderão ser adotados subsídios tarifários e não tarifários para os usuários que não tenham capacidade de pagamento suficiente para cobrir o custo integral dos serviços (parágrafo com redação pela Lei nº 14.026, de 2020).

Entendemos, portanto, que a universalidade da prestação e o direito à saúde pública torna a prestação do saneamento básico um direito público subjetivo, a ser cobrado do Poder Público. Assim, se ele – especialmente o Município – regulamentou o sistema de subsídios, ótimo. Mas, se não há regulamentação legal, o serviço deverá ser prestado gratuitamente àquelas famílias de baixa renda, segundo os critérios oficiais de definição e atendimento.

Assim, entendemos que a Lei cria um caminho a ser trilhado para o Poder Público concedente (subsídios), sob pena de ser coagido à prestação gratuita do serviço.

Não por acaso, a mesma Lei volta a tratar da matéria nos artigos seguintes:

> Art. 30. Observado o disposto no art. 29 desta Lei, a estrutura de remuneração e de cobrança dos serviços públicos de saneamento básico considerará os seguintes fatores (*caput* com redação pela Lei nº 14.026, de 2020): I - categorias de usuários, distribuídas por faixas ou quantidades crescentes de utilização ou de consumo; (...) VI - capacidade de pagamento dos consumidores. Art. 31. Os subsídios destinados ao atendimento de usuários determinados de baixa renda serão, dependendo da origem dos recursos: I – revogado; II - tarifários, quando integrarem a estrutura tarifária, ou fiscais, quando decorrerem da alocação de recursos orçamentários, inclusive por meio de subvenções; e III - internos a cada titular ou entre titulares, nas hipóteses de prestação regionalizada (artigo com redação dada pela Lei nº 14.026, de 2020).

Também sobre a política tarifária, a Lei determina que "as taxas ou as tarifas decorrentes da prestação de serviço de limpeza urbana e de manejo de resíduos sólidos considerarão a destinação adequada dos resíduos coletados e o nível de renda da população da área atendida, de forma isolada ou combinada" (art. 35 - com redação dada pela Lei nº 14.026, de 2020), sem prejuízo da gratuidade acima tratada, além de outros critérios criados pela nova lei (Lei nº 14.026/2020).

De outra ponta, o artigo 40 da mesma Lei regulamenta a possibilidade da interrupção do serviço, estabelecendo-se critérios a serem observados:

> Art. 40. Os serviços poderão ser interrompidos pelo prestador nas seguintes hipóteses: I - situações de emergência que atinjam a segurança de pessoas e bens; II - necessidade de efetuar reparos, modificações ou melhorias de qualquer natureza nos sistemas, respeitados os padrões de qualidade e continuidade estabelecidos pela regulação do serviço (inciso com redação da Lei nº 14.026, de 2020); III - negativa do usuário em permitir a instalação de dispositivo de leitura de água consumida, após ter sido previamente notificado a respeito; IV - manipulação indevida de qualquer tubulação, medidor ou outra instalação do prestador, por parte do usuário; e V - inadimplemento, pelo usuário do serviço de abastecimento de água ou de esgotamento sanitário, do pagamento das tarifas, após ter sido formalmente notificado, de forma que, em caso de coleta, afastamento e tratamento de esgoto, a interrupção dos serviços deverá

> preservar as condições mínimas de manutenção da saúde dos usuários, de acordo com norma de regulação ou norma do órgão de política ambiental. (inciso V com redação dada pela Lei nº 14.026, de 2020). § 1º As interrupções programadas serão previamente comunicadas ao regulador e aos usuários. § 2º A suspensão dos serviços prevista nos incisos III e V do *caput* deste artigo será precedida de prévio aviso ao usuário, não inferior a 30 (trinta) dias da data prevista para a suspensão[2]. § 3º A interrupção ou a restrição do fornecimento de água por inadimplência a estabelecimentos de saúde, a instituições educacionais e de internação coletiva de pessoas e a usuário residencial de baixa renda beneficiário de tarifa social deverá obedecer a prazos e critérios que preservem condições mínimas de manutenção da saúde das pessoas atingidas.

Vale a pena destacar que a alteração legislativa promovida no inciso V do artigo 40 teve o mérito de explicitar que eventual interrupção do serviço, nas hipóteses legais, quanto à coleta de esgoto, deve "preservar as condições mínimas de manutenção da saúde dos usuários", o que vem ao encontro do que entendemos por "mínimo existencial".

Apesar da previsão do artigo 40, § 3º, entendemos que as hipóteses ali previstas impedem a própria interrupção do serviço, devendo o Poder Público ajustar com a concessionária do serviço as formas ordinárias de cobrança e de compensação.

De fato, ao estabelecer a universalidade do serviço (como ocorre com a saúde pública), o legislador determinou que a mera questão da hipossuficiência econômica do usuário não pode levar à interrupção do serviço. Se isso pudesse ocorrer, nem mesmo poder-se-ia falar em universalidade, mas em seletividade.

2. STJ: "Se, por um lado, é certo que o art. 40, V, da Lei 11.445/2007 garante à concessionária o direito de, após notificação formal interromper o fornecimento do serviço por inadimplemento do usuário - prerrogativa cuja legalidade fora reconhecida na origem -, por outro, não é menos certo que o art. 6º do Código de Defesa do Consumidor assegura o direito básico à informação adequada e clara sobre os bens de consumo, o que abrange o dever da concessionária de fornecer comprovante do corte do serviço" (REsp nº 1444842/RJ, Rel. Min. Herman Benjamin, julgamento 10/06/2014).

8

DA MOBILIDADE URBANA

8.1 DO DIREITO AO TRANSPORTE PÚBLICO COMO EXPRESSÃO DO DIREITO À CIDADE. TRANSPORTE PÚBLICO E ACESSIBILIDADE

O transporte público não se limita à questão do deslocamento físico. É muito mais. Aliás, a mobilidade urbana, gênero do qual o transporte é sua principal espécie, apresenta-se, nos dias atuais, de forma muito mais complexa e densa.

Assim, nessa perspectiva, a questão da mobilidade urbana tem reflexos na qualidade de vida da população, no próprio desenvolvimento econômico das regiões da cidade, na expansão urbana, na qualidade do meio ambiente urbano, na saúde pública da população citadina etc.

Realmente, podemos dizer que a mobilidade urbana é um dos temas centrais das grandes metrópoles mundiais. Por exemplo, a cidade de Londres é tradicionalmente conhecida pela eficiência do seu transporte público (a conhecida rede metroviária *Underground*, por exemplo). A própria cidade de São Paulo tem hoje uma malha metroviária de qualidade, embora pequena e limitada para o que se espera e necessita de uma metrópole do seu porte.

Enfim, trata-se de tema de extrema relevância política, econômica e social e que ocupa o centro das preocupações dos governantes locais e regionais. Um dos principais desafios do novo século.

8.2 DO DIREITO AO TRANSPORTE PÚBLICO E À MOBILIDADE URBANA (LEI Nº 12.587/12)

Posto isso, vale antecipar que a Lei define os conceitos de transporte e mobilidade urbanos: "I - transporte urbano: conjunto dos modos e serviços de transporte público e privado utilizados para o deslocamento de pessoas e cargas nas cidades integrantes da Política Nacional de Mobilidade Urbana; II - mobilidade urbana: condição em que se realizam os deslocamentos de pessoas e cargas no espaço urbano" (art. 4º).

Ainda, como as leis mais modernas sobre microssistemas específicos têm feito, a Lei nº 12.587/12 traz os princípios, as diretrizes e os objetivos da Política Nacional da Mobilidade Urbana.

"A Política Nacional de Mobilidade Urbana está fundamentada nos seguintes princípios (art. 5º): I - acessibilidade universal; II - desenvolvimento sustentável das cidades, nas dimensões socioeconômicas e ambientais; III - equidade no acesso dos cidadãos ao transporte público coletivo; IV - eficiência, eficácia e efetividade na prestação dos serviços de transporte urbano; V - gestão democrática e controle social do planejamento e avaliação da Política Nacional de Mobilidade Urbana; VI - segurança nos deslocamentos das pessoas; VII - justa distribuição dos benefícios e ônus decorrentes do uso dos diferentes modos e serviços; VIII - equidade no uso do espaço público de circulação, vias e logradouros; e IX - eficiência, eficácia e efetividade na circulação urbana."

Ainda, a mesma Política "é orientada pelas seguintes diretrizes (art. 6º): I - integração com a política de desenvolvimento urbano e respectivas políticas setoriais de habitação, saneamento básico, planejamento e gestão do uso do solo no âmbito dos entes federativos; II - prioridade dos modos de transportes não motorizados sobre os motorizados e dos serviços de transporte público coletivo sobre o transporte individual motorizado; III - integração entre os modos e serviços de transporte urbano; (...) VI - priorização de projetos de transporte público coletivo estruturadores do território e indutores do desenvolvimento urbano integrado; (...)[1]".

No mais, são objetivos dessa política (art. 7º): "I - reduzir as desigualdades e promover a inclusão social; II - promover o acesso aos serviços básicos e equipamentos sociais; III - proporcionar melhoria nas condições urbanas da população no que se refere à acessibilidade e à mobilidade; IV - promover o desenvolvimento sustentável com a mitigação dos custos ambientais e socioeconômicos dos deslocamentos de pessoas e cargas nas cidades; e V - consolidar

1. Seguem os incisos recortados: "IV - mitigação dos custos ambientais, sociais e econômicos dos deslocamentos de pessoas e cargas na cidade; V - incentivo ao desenvolvimento científico-tecnológico e ao uso de energias renováveis e menos poluentes; (...) VII - integração entre as cidades gêmeas localizadas na faixa de fronteira com outros países sobre a linha divisória internacional. VIII - garantia de sustentabilidade econômica das redes de transporte público coletivo de passageiros, de modo a preservar a continuidade, a universalidade e a modicidade tarifária do serviço. (Incluído pela Lei nº 13.683, de 2018)"

a gestão democrática como instrumento e garantia da construção contínua do aprimoramento da mobilidade urbana".

Aliás, sobre a "**modicidade tarifária do serviço**", ela é compatível com a previsão da Lei nº 8.987/95 (art. 6º, I) e do próprio Código de Defesa do Consumidor – CDC.

Vale dizer que tal tema (modicidade das tarifas) assumiu o centro da pauta política no Brasil após 2013 (movimento "passe livre") e, em 2019, no Chile, por exemplo. Em ambos os casos, a elevação das tarifas dos transportes metroviários de São Paulo e de Santiago, respectivamente, gerou insatisfações sociais que resultaram em grandes protestos populares, talvez os maiores vividos por esses países após suas redemocratizações.

Já no ano de 2020, em plena pandemia do novo coronavírus, na cidade de Ribeirão Preto, interior do Estado de São Paulo, com as restrições decorrentes do isolamento e distanciamento sociais, a suposta queda do fluxo de passageiros levou o Consórcio que presta transporte público na cidade a pressionar o Município para receber um repasse financeiro milionário, ocasião na qual o Executivo encaminhou a respectiva proposta ao Legislativo local. Com muitas críticas ao pretendido repasse, já que esses valores poderiam ser direcionados ao precário e sobrecarregado serviço de saúde pública prestado, o mesmo Consórcio ameaçou interromper o serviço, forjando uma suposta "greve" dos motoristas.

De fato, na ocasião, a Prefeitura Municipal encaminhou à Câmara Municipal, no dia 06 de maio (2020), Projeto de Lei de nº. 84, pretendendo obter autorização ao Município de Ribeirão Preto para antecipar os repasses do subsídio referente aos passageiros estudantes com isenção tarifária pagos à concessionária no valor de até R$ 4.500.00,00 (quatro milhões e quinhentos mil reais), a título de créditos parcelados nos termos do *Contrato de Antecipação de Valores*.

Diante da resistência ao projeto, o Consórcio simulou uma greve dos motoristas, por alguns dias. Como efeito, milhares de pessoas foram atingidas por esta situação, especialmente por conta do contexto da pandemia instalada. Pessoas que tentavam salvar seus empregos e que foram obrigadas a saírem de suas casas para sustentar suas famílias ficaram sem acesso ao seu principal meio de locomoção.

Muitos passageiros eram enfermeiros e outros profissionais da saúde que necessitavam desse transporte para chegar até seus postos de trabalho e prestar seus serviços também essenciais, especialmente na atual crise de saúde pública.

O dano social causado pela paralisação foi imenso e de grande impacto local. Maior, ainda, foi o dano à democracia e aos princípios republicanos que repercutiram na manutenção de um serviço público essencial, - transporte urbano -, notoriamente pela prática ilegal de coação oportunista de paralisação, não do ponto de vista da suposta reivindicação de pagamento dos salários a que fazem *jus* os motoristas, mas especialmente, como se conclui sem muito esforço, pela atuação do Consórcio que acabou por provocar a paralização, com a "ameaça" do não pagamento de salários", servindo-se deste "expediente" para pressionar o Poder Legislativo local a aprovar o PL que autoriza o repasse milionário.

Nesse cenário, do possível repasse ao Consórcio e da "greve" ilegal instaurada, a Defensoria Pública do Estado, Unidade local, propôs uma ação civil pública com base na Lei da Mobilidade Urbana (Lei nº 12.587/12, artigos 4º, 5º, 14).

Ademais, o transporte público é serviço essencial (art. 10, V, Lei nº 7.783/89) e, portanto, de funcionamento ininterrupto. Mesmo se a greve fosse autêntica e legítima, pela normativa específica, deveria ser mantido um percentual em funcionamento (art. 11, Lei nº 7.783/89).

Assim, a paralisação total como ocorreu na data de 11 de maio (2020) foi ilegal e deve ser atribuída à conduta ilegítima do requerido Consórcio, que provocou a interrupção do serviço, praticando, de fato, o denominado "locaute político", vedada juridicamente.

O locaute é uma prática ilegal conhecida como a "paralisação dos patrões/ empregadores", seja em prejuízo dos empregados ("locaute trabalhista"), seja em prejuízo do Poder Público ou da sociedade ("locaute político").

Na referida ação coletiva, para ilustrar a teoria aqui exposta, foi solicitado, em tutela de urgência antecipada e liminar, que o Judiciário local acolhesse a pretensão para determinar a imediata suspensão do projeto de lei 84/2020 (que visa autorizar a Prefeitura Municipal de Ribeirão Preto a antecipar os recebíveis do subsídio aos passageiros estudantes com a isenção tarifária pagos ao Consórcio), sob pena de multa diária de R$ 50.000,00 (cinquenta mil reais), a ser destinada ao Fundo Estadual de Reparação de Interesses Difusos Lesados, e oportuna expedição de ofício ao Ministério Público para apuração de eventual improbidade administrativa; determinar a obrigação de não fazer ao Consórcio requerido consistente em não mais adotar ou promover qualquer tipo de conduta que obste ou dificulte a plena atividade da circulação regular e adequada da frota de ônibus do transporte coletivo municipal em operação, sob pena de multa diária de R$ 100.000,00, a ser destinada ao fundo estadual de reparação de interesses difusos lesados; e determinar que a Municipalidade proceda à fiscalização do referido serviço público, com relação ao pleno cumprimento das determinações legais vigentes no tocante às medias epidemiológica de prevenção do COVID-19 inclusive, sob pena de multa diária de R$ 50.000,00, a ser destinada ao fundo estadual de reparação de interesses difusos lesados.

Já, no que se refere à tutela final, pediu-se que se julgasse procedente a ação para declarar a nulidade absoluta do projeto de lei nº 84/2020, que tramitava perante o legislativo local, com consequente determinação de arquivamento definitivo do referido projeto de lei; condenar do requerido Município de Ribeirão Preto à obrigação de não fazer, qual seja, a não repetir ou reiterar a remessa de projeto de lei no mesmo sentido ou equivalente à câmara municipal, sob pena de multa diária de R$ 50.000,00 (cinquenta mil reais), a ser destinada ao Fundo Estadual de Reparação de Interesses Difusos Lesados; remeter ofício ao Ministério Público para apuração de eventual improbidade administrativa; condenar o Consórcio requerido à obrigação de não fazer consistente em não mais adotar ou promover qualquer tipo de conduta que obste ou dificulte a plena atividade da circulação regular e adequada da frota de ônibus do transporte coletivo municipal em operação, sob pena de multa diária de R$ 100.000,00, a ser destinada ao fundo estadual de reparação de interesses difusos lesados; condenar o requerido Município à obrigação de fazer, consistente em procederem à fiscalização do referido serviço público, com relação ao pleno cumprimento das determinações legais vigentes no tocante às medias epidemiológica de prevenção do COVID-19 inclusive, sob pena de multa diária de R$ 50.000,00, a ser destinada ao fundo estadual de reparação de interesses difusos lesados; condenar o Consórcio ao pagamento de dano moral coletivo no valor equivalente a 1.000 salários mínimos nacionais, a ser destinado ao sistema de saúde pública municipal; remeter, por ofício, cópia integral do processo ao Ministério Público do Trabalho, para a apuração de eventual violação de normas de natureza trabalhistas.

Enfim, nota-se que o tema da mobilidade urbana é extremamente importante e esse sistema pode ser burlado de variadas formas e intensidades, devendo os Órgãos de controle manterem-se, absoluta e incansavelmente, atentos em relação à adequada e à eficiente prestação do serviço de transporte coletivo.

Ainda sobre a pandemia, a Lei nº 13.979/20 trouxe medidas de enfrentamento e determina que "as concessionárias e empresas de transporte público deverão atuar em colaboração com o poder público na fiscalização do cumprimento das normas de utilização obrigatória de máscaras de proteção individual, podendo inclusive vedar, nos terminais e meios de transporte por elas operados, a entrada de passageiros em desacordo com as normas estabelecidas pelo respectivo poder concedente. Parágrafo único. O poder público concedente regulamentará o disposto neste artigo, inclusive em relação ao estabelecimento de multas pelo seu descumprimento (art. 3º-G, incluído pela Lei nº 14.019, de 2020).

9

DA PROBIDADE ADMINISTRATIVA

9.1 INTRODUÇÃO

O controle dos gastos públicos, o zelo pelo orçamento público ou a busca pela máxima probidade administrativa é uma evolução do Estado democrático de Direito. No final do século XX ou na segunda metade do século XX, ainda tínhamos muitos Estados ditatoriais, Estados totalitários, seja de esquerda, seja de direita, quer no Ocidente (Europa e América), quer no Oriente. E essas ditaduras foram paulatinamente substituídas por Estados de Direito, ou seja, Estados cujos governos devem se submeter à ordem legal.

Aliás, nesse processo de democratização dos Estados que deixaram o modelo ditatorial tivemos, primeiro, o controle da ação estatal em relação ao administrado, ao seu cidadão e à sua liberdade. Realmente, nesse processo evolutivo, houve, num primeiro momento, o controle da **atividade externa** do Estado em relação às liberdades individuais e, num segundo momento, foi preciso que houvesse um controle da **atividade interna** do Estado e do seu governo, especialmente quanto aos gastos públicos.

Em outros termos, primeiro os Estados ajustaram-se em relação ao cidadão, ao respeito às suas liberdades e, num passo seguinte, como uma evolução, esses governos tiveram que promover ajustes, controles internos em relação aos seus gastos, em relação aos seus recursos, advindo daí o controle da probidade administrativa.

Ou seja, inaugurou-se a condenação de atos que se enquadrariam como "atos de improbidade administrativa", gerando uma série de responsabilidades no âmbito administrativo, civil e penal. Enfim, é um fenômeno do final do século XX como decorrência natural da democratização dos Estados no mundo todo. Portanto, insere-se numa evolução do Estado democrático de Direito, não podendo falar, hoje, em democratização real sem um controle rigoroso das contas públicas e dos atos de seus agentes.

9.2 DA PROBIDADE ADMINISTRATIVA (LEI Nº 8.429/92). PRINCIPAIS APONTAMENTOS

Sobre o tema proposto, advertimos que serão abordados os principais e mais recorrentes aspectos: sujeitos, os atos de improbidade administrativa, as tutelas jurisdicionais possíveis e as sanções cabíveis, tudo com base na Lei nº 8.429/92 e a mais atualizada jurisprudência.

Sobre **o primeiro ponto (os sujeitos)**, de modo geral, podem responder por improbidade administrativa todos aqueles que integram a administração pública ou então trabalhem com recursos públicos, aqueles que se beneficiem (autores próprios – arts. 1º e 2º)[1] ou que concorram para tais atos (autores impróprios – art. 3º)[2].

Sobre o particular responsável, ele não responderá sozinho por ato de improbidade administrativa, sendo indispensável a concorrência do agente público: "nos termos da jurisprudência do Superior Tribunal de Justiça, é inviável a propositura de ação civil de improbidade administrativa exclusivamente contra o particular, sem a concomitante presença do agente público no polo passivo da demanda. (STJ, EDcl no REsp nº 1300198/SP, Rel. Min. Sérgio Kukina, data de publicação: DJ 24/10/2017).

Ainda sobre os sujeitos que podem incorrer em improbidade administrativa, devemos considerar que os agentes políticos que respondam por "crime de responsabilidade" não estão sujeitos às regras da Lei nº 8.429/92: "1. A Lei de Improbidade Administrativa é aplicável a ilícitos praticados por agentes políticos,

---

1. Art. 1° Os atos de improbidade praticados por qualquer agente público, servidor ou não, contra a administração direta, indireta ou fundacional de qualquer dos Poderes da União, dos Estados, do Distrito Federal, dos Municípios, de Território, de empresa incorporada ao patrimônio público ou de entidade para cuja criação ou custeio o erário haja concorrido ou concorra com mais de cinquenta por cento do patrimônio ou da receita anual, serão punidos na forma desta lei. Parágrafo único. Estão também sujeitos às penalidades desta lei os atos de improbidade praticados contra o patrimônio de entidade que receba subvenção, benefício ou incentivo, fiscal ou creditício, de órgão público bem como daquelas para cuja criação ou custeio o erário haja concorrido ou concorra com menos de cinqüenta por cento do patrimônio ou da receita anual, limitando-se, nestes casos, a sanção patrimonial à repercussão do ilícito sobre a contribuição dos cofres públicos. Art. 2° Reputa-se agente público, para os efeitos desta lei, todo aquele que exerce, ainda que transitoriamente ou sem remuneração, por eleição, nomeação, designação, contratação ou qualquer outra forma de investidura ou vínculo, mandato, cargo, emprego ou função nas entidades mencionadas no artigo anterior.
2. Art. 3° As disposições desta lei são aplicáveis, no que couber, àquele que, mesmo não sendo agente público, induza ou concorra para a prática do ato de improbidade ou dele se beneficie sob qualquer forma direta ou indireta.

ainda que por violação a atos de gestão fiscal, excetuando-se, apenas, aqueles agentes que, por força de disposição constitucional, possuem foro por prerrogativa de função em razão da prática de crimes de responsabilidade. Precedentes. (...) (STJ, EREsp nº 1344725/RJ, Rel. Min. Benedito Gonçalves, julgado em 27/03/2019, Primeira Seção). Trata-se de ampliação do entendimento anterior: 1. Os Agentes Políticos sujeitos a crime de responsabilidade, ressalvados os atos ímprobos cometidos pelo Presidente da República (art. 86 da CF) e pelos Ministros do Supremo Tribunal Federal, não são imunes às sanções por ato de improbidade previstas no art. 37, § 4º da CF. (REsp nº 1191613/MG, Rel. Min. Benedito Gonçalves, Primeira Turma, julgado em 19/03/2015)."

Os **atos de improbidade**, segundo ponto relevante, podem ser de quatro tipos, basicamente: ato de improbidade administrativa importando enriquecimento ilícito (art. 9º - por dolo), ato de improbidade administrativa que causa lesão ao erário (art. 10 – por dolo ou culpa), atos de improbidade administrativa decorrentes de concessão ou aplicação indevida de benefício financeiro ou tributário (art. 10-A – por dolo), ou então ato de improbidade administrativa que atenta contra os princípios da administração pública (art. 11 – por dolo).

Enfim, não faria sentido a citação integral da tipificação legal, mas decidimos citar as principais hipóteses:

> Art. 9° Constitui ato de improbidade administrativa importando enriquecimento ilícito auferir qualquer tipo de vantagem patrimonial indevida em razão do exercício de cargo, mandato, função, emprego ou atividade nas entidades mencionadas no art. 1° desta lei, e notadamente: I - receber, para si ou para outrem, dinheiro, bem móvel ou imóvel, ou qualquer outra vantagem econômica, direta ou indireta, a título de comissão, percentagem, gratificação ou presente de quem tenha interesse, direto ou indireto, que possa ser atingido ou amparado por ação ou omissão decorrente das atribuições do agente público; II - perceber vantagem econômica, direta ou indireta, para facilitar a aquisição, permuta ou locação de bem móvel ou imóvel, ou a contratação de serviços pelas entidades referidas no art. 1° por preço superior ao valor de mercado; (...)
>
> Art. 10. Constitui ato de improbidade administrativa que causa lesão ao erário qualquer ação ou omissão, dolosa ou culposa, que enseje perda patrimonial, desvio, apropriação, malbaratamento ou dilapidação dos bens ou haveres das entidades referidas no art. 1º desta lei, e notadamente: I - facilitar ou concorrer por qualquer forma para a incorporação ao patrimônio particular, de pessoa física ou jurídica, de bens, rendas, verbas ou valores integrantes do acervo patrimonial das entidades mencionadas no art. 1º desta lei; II - permitir ou concorrer para que pessoa física ou jurídica privada utilize bens, rendas, verbas ou valores integrantes do acervo patrimonial das entidades mencionadas no art. 1º desta lei, sem a observância das formalidades legais ou regulamentares

> aplicáveis à espécie; III - doar à pessoa física ou jurídica bem como ao ente despersonalizado, ainda que de fins educativos ou assistências, bens, rendas, verbas ou valores do patrimônio de qualquer das entidades mencionadas no art. 1º desta lei, sem observância das formalidades legais e regulamentares aplicáveis à espécie; (...) Art. 10-A. Constitui ato de improbidade administrativa qualquer ação ou omissão para conceder, aplicar ou manter benefício financeiro ou tributário contrário ao que dispõem o *caput* e o § 1º do art. 8º-A da Lei Complementar nº 116, de 31 de julho de 2003. Art. 11. Constitui ato de improbidade administrativa que atenta contra os princípios da administração pública qualquer ação ou omissão que viole os deveres de honestidade, imparcialidade, legalidade, e lealdade às instituições, e notadamente: I - praticar ato visando fim proibido em lei ou regulamento ou diverso daquele previsto, na regra de competência; II - retardar ou deixar de praticar, indevidamente, ato de ofício; III - revelar fato ou circunstância de que tem ciência em razão das atribuições e que deva permanecer em segredo; IV - negar publicidade aos atos oficiais; V - frustrar a licitude de concurso público; (...)

Sobre o elemento subjetivo, adota-se a interpretação literal: admitindo-se a modalidade culposa apenas nas hipóteses previstas em lei:

> A jurisprudência do STJ considera indispensável, para a caracterização de improbidade, que a atuação do agente seja dolosa, para a tipificação das condutas descritas nos artigos 9º e 11 da Lei 8.429/1992, ou pelo menos eivada de culpa grave, nas do artigo 10 (EREsp 479.812/SP, Rel. Min. Teori Albino Zavascki, Primeira Seção, julgado em 25/08/2010). Segundo o arcabouço fático delineado no acórdão, restaram claramente demonstrados o enriquecimento ilícito e o dolo na conduta consistente em utilizar veículo oficial em benefício privado. Tal circunstância é suficiente para configurar o ato de improbidade capitulado no art. 9º da Lei nº 8.429/92. (STJ, AgInt no AREsp nº 1007010/MG, Rel. Min. Sérgio Kukina, julgado em 05/06/2018, Primeira Turma).
>
> Em outros julgados do Superior Tribunal de Justiça:
>
> 2. É firme o entendimento do STJ no sentido de que, "para a configuração da conduta como ímproba, tipificada pelo art. 11 da Lei 8.429/92 - violação de princípio da administração, é necessária a demonstração do elemento subjetivo, consubstanciado pelo dolo, por outro lado, torna-se despicienda a demonstração de dano ao erário" (AgInt nos EAREsp nº 262.290/SP, Rel. Ministro Humberto Martins, DJe 17/08/2016). 3. Também é pacífico nesta Corte a orientação no sentido de que "o elemento subjetivo, necessário à configuração de improbidade administrativa censurada nos termos do art. 11 da Lei 8.429/1992, é o dolo genérico de realizar conduta que atente contra os princípios da Administração Pública, não se exigindo a presença de dolo específico" (REsp 951.389/SC, Rel. Ministro HERMAN BENJAMIN, PRIMEIRA SEÇÃO, DJe 04/05/2011). 5. O quadro fático delineado no acórdão recorrido é claro no sentido de que a ora agravante efetivamente

> atuou, de forma livre e consciente, para o descumprimento do contrato em tela e, via de consequência, não respeitou o disposto no art. 13, § 3º, da Lei de Licitações, o que, por sua vez, implica ofensa ao princípio da legalidade, restando caracterizado o ato de improbidade administrativa prevista no art. 11, caput, da LIA. (STJ, AgInt no AREsp nº 444558/SP, Rel. Min. Sérgio Kukina, julgado em 21/06/2018, Primeira Turma).[3]

Alguns julgados ilustram bem os atos de improbidade: "Nos moldes do que dispõe o art. 37, § 1º, da Constituição Federal, a publicidade dos atos governamentais deve sempre guardar um caráter exclusivamente educativo, informativo ou de orientação social, sendo absolutamente vedada a publicação de informativos que visem ao proveito individual do administrador. Diante das premissas fáticas estabelecidas pelo Tribunal de origem, não há como se afastar a prática de improbidade administrativa prevista no art. 11 da Lei nº 8.429/1992, porquanto demonstrado o dolo, no mínimo genérico, de fazer uso de propaganda institucional para o fim de obter proveito pessoal. (STJ, AgInt no AREsp nº 820235/MA, Rel. Min. Sérgio Kukina, julgado em 26/06/2018, Primeira Turma).

As **tutelas jurisdicionais possíveis** agrupam-se em tutelas de urgência e tutelas definitivas. As primeiras visam à proteção imediata do erário, a pronta contenção do dano, ou a garantia do ressarcimento. Já as segundas buscam mais as punições e outros efeitos da condenação (arts. 12 e 18)[4].

---

3. Outros julgados: 3. A Primeira Seção deste Superior Tribunal de Justiça, nos autos do REsp 951.389/SC, firmou jurisprudência no sentido de que, para a configuração do ato de improbidade, faz-se necessária a análise do elemento volitivo, consubstanciado pelo dolo, ao menos genérico, de agir no intuito de infringir os princípios regentes da Administração Pública. (STJ, AgInt no REsp nº 1391303/PR, Rel. Min. Sérgio Kukina, julgado em 19/04/2018, Primeira Turma). 5. Quanto ao artigo 11 da Lei 8.429/1992, a jurisprudência do STJ, com relação ao resultado do ato, firmou-se no sentido de que configura ato de improbidade a lesão a princípios administrativos, o que, em regra, independe da ocorrência de dano ou lesão ao Erário. (...) 7. A conduta praticada pelos recorrentes afrontou os princípios que regem a probidade administrativa, violando, notadamente, os deveres de honestidade, imparcialidade, legalidade, e lealdade às instituições, nos termos do art. 11 da Lei 8.429/1992. Está caracterizado, portanto, o dolo genérico para o enquadramento da conduta no art. 11 da Lei 8.429/1992. (STJ, REsp nº 1790617/SP, Rel. Min. Herman Benjamin, julgado em 21/03/2019, Segunda Turma).

4. Art. 12. Independentemente das sanções penais, civis e administrativas previstas na legislação específica, está o responsável pelo ato de improbidade sujeito às seguintes cominações, que podem ser aplicadas isolada ou cumulativamente, de acordo com a gravidade do fato: (Redação dada pela Lei nº 12.120, de 2009). I - na hipótese do art. 9°, perda dos bens ou valores acrescidos ilicitamente ao patrimônio, ressarcimento integral do dano, quando houver, perda da função pública, suspensão dos direitos políticos de oito a dez anos, pagamento de multa civil de até três vezes o valor do acréscimo patrimonial e proibição de contratar com o Poder Público ou receber benefícios ou incentivos fiscais ou creditícios, direta ou indiretamente, ainda que por intermédio de pessoa jurídica da qual seja sócio majoritário, pelo prazo de dez anos; II - na hipótese do art. 10, ressarcimento integral do dano, perda dos bens ou valores acrescidos ilicitamente ao patrimônio, se concorrer esta circunstância, perda da função pública, suspensão dos direitos políticos de cinco a oito anos, pagamento de multa civil de até duas vezes o valor do dano e proibição de contratar com o Poder Público ou receber benefícios ou

Sobre as tutelas definitivas, vale destacar que o simples ressarcimento ao erário, por si só, não constitui sanção, mas mera consequência: "compreendido o ressarcimento dos danos causados ao erário como mera consequência do reconhecimento do ato de improbidade administrativa, deve ser imposta aos recorridos pelo menos uma das demais sanções previstas no art. 12 da Lei n. 8.429/1992" (STJ, REsp nº 1335869/RJ, Rel. Min. Og Fernandes, julgado em 17/04/2018, Segunda Turma).[5]

Além dos efeitos finais de eventual ação de improbidade, temos as formas de tutela provisória:

> Art. 7º Quando o ato de improbidade causar lesão ao patrimônio público ou ensejar enriquecimento ilícito, caberá a autoridade administrativa responsável pelo inquérito representar ao Ministério Público, para a indisponibilidade dos bens do indiciado. Parágrafo único. A indisponibilidade a que se refere o caput deste artigo recairá sobre bens que assegurem o integral ressarcimento do dano, ou sobre o acréscimo patrimonial resultante do enriquecimento ilícito. (...) Art. 16. Havendo fundados indícios de responsabilidade, a comissão representará ao Ministério Público ou à procuradoria do órgão para que requeira ao juízo competente a decretação do seqüestro dos bens do agente ou terceiro que tenha enriquecido ilicitamente ou causado dano ao patrimônio público. (...) § 2º Quando for o caso, o pedido incluirá a investigação, o exame e o bloqueio

---

incentivos fiscais ou creditícios, direta ou indiretamente, ainda que por intermédio de pessoa jurídica da qual seja sócio majoritário, pelo prazo de cinco anos; III - na hipótese do art. 11, ressarcimento integral do dano, se houver, perda da função pública, suspensão dos direitos políticos de três a cinco anos, pagamento de multa civil de até cem vezes o valor da remuneração percebida pelo agente e proibição de contratar com o Poder Público ou receber benefícios ou incentivos fiscais ou creditícios, direta ou indiretamente, ainda que por intermédio de pessoa jurídica da qual seja sócio majoritário, pelo prazo de três anos. IV - na hipótese prevista no art. 10-A, perda da função pública, suspensão dos direitos políticos de 5 (cinco) a 8 (oito) anos e multa civil de até 3 (três) vezes o valor do benefício financeiro ou tributário concedido. (Incluído pela Lei Complementar nº 157, de 2016) Parágrafo único. Na fixação das penas previstas nesta lei o juiz levará em conta a extensão do dano causado, assim como o proveito patrimonial obtido pelo agente. (...) Art. 18. A sentença que julgar procedente ação civil de reparação de dano ou decretar a perda dos bens havidos ilicitamente determinará o pagamento ou a reversão dos bens, conforme o caso, em favor da pessoa jurídica prejudicada pelo ilícito.

5. 1. Nos termos da jurisprudência do Superior Tribunal de Justiça, "o ressarcimento não constitui sanção propriamente dita, mas sim consequência necessária do prejuízo causado. Caracterizada a improbidade administrativa por dano ao Erário, a devolução dos valores é imperiosa e deve vir acompanhada de pelo menos uma das sanções legais que, efetivamente, visam a reprimir a conduta ímproba e a evitar o cometimento de novas infrações" (REsp 1.184.897/PE, Rel. Ministro Herman Benjamin, Segunda Turma, DJe 27/4/2011). Precedentes. 2. Na hipótese, compreendido o ressarcimento dos danos causados ao erário como mera consequência do reconhecimento do ato de improbidade administrativa, deve ser imposta aos recorridos pelo menos uma das demais sanções previstas no art. 12 da Lei n. 8.429/1992. 3. Tratando-se de providência que demanda o exame das circunstâncias fáticas do caso, mostra-se necessário o retorno dos autos ao Tribunal de origem, para que, levando em conta as premissas estabelecidas e com base nos princípios da proporcionalidade e da razoabilidade, fixe as sanções que entender cabíveis, se não atingidas pela prescrição (STJ, REsp nº 1335869/RJ, Rel. Min. Og Fernandes, julgado em 17/04/2018, Segunda Turma).

de bens, contas bancárias e aplicações financeiras mantidas pelo indiciado no exterior, nos termos da lei e dos tratados internacionais. (...)

Quanto **às cautelares**, o Superior Tribunal de Justiça tem se debruçado sobre o tema: "(...) A Primeira Seção do STJ, no julgamento do Recurso Especial Repetitivo 1.366.721/BA, Relator para o acórdão Ministro Og Fernandes, fixou o Tema 701 de sua jurisprudência, afirmando, em relação às medidas cautelares ou liminares que decretam a indisponibilidade dos bens do autor de ato de improbidade administrativa, que "não está condicionada à comprovação de que o réu esteja dilapidando seu patrimônio, ou na iminência de fazê-lo, tendo em vista que o periculum in mora encontra-se implícito no comando legal que rege, de forma peculiar, o sistema de cautelaridade na ação de improbidade administrativa, sendo possível ao juízo que preside a referida ação, fundamentadamente, decretar a indisponibilidade de bens do demandado, quando presentes fortes indícios da prática de atos de improbidade administrativa". A jurisprudência do STJ firmou-se no sentido de que a concessão da medida de indisponibilidade dos bens, como no caso dos autos, depende da comprovação da presença de fortes indícios de responsabilidade pela prática de ato ímprobo que cause dano ao Erário". (STJ, REsp nº 1774811/GO, Rel. Min. Herman Benjamin, julgado em 11/12/2018, Segunda Turma).

Ainda sobre as tutelas, "a perda da função pública e a suspensão dos direitos políticos só se efetivam com o trânsito em julgado da sentença condenatória. A autoridade judicial ou administrativa competente poderá determinar o afastamento do agente público do exercício do cargo, emprego ou função, sem prejuízo da remuneração, quando a medida se fizer necessária à instrução processual" (art. 20, *caput* e parágrafo único).

Também merece destacar que a proteção do erário faz a jurisprudência indicar, algumas vezes, o princípio do *in dubio pro societate:* "A presença de indícios de cometimento de atos ímprobos autoriza o recebimento fundamentado da petição inicial nos termos do art. 17, §§ 7º, 8º e 9º, da Lei n. 8.429/92, devendo prevalecer, no juízo preliminar, o princípio do *in dubio pro societate*" (AgRg no AREsp 604949/RS, Rel. Min. Herman Benjamin, Segunda Turma, julgado em 05/05/2015).

Enfim, outros pontos relevantes devem ser lembrados: não há prescrição da pretensão de ressarcimento ao erário (Constituição Federal).[6] Ademais,

6. 1. Com efeito, a orientação firmada no âmbito desta Corte Superior é a de que a eventual prescrição das sanções decorrentes dos atos de improbidade administrativa não obsta o prosseguimento da demanda quanto ao pleito de ressarcimento dos danos causados ao Erário. Ademais, é plenamente

deve-se lembrar da grande novidade inserida pela Lei do Pacote Anticrime (Lei nº 13.964/19). Pela nova regra (art. 17, § 1º, Lei nº 8.429/92), caberá "a celebração de acordo de não persecução cível", como uma forma de evitar a condenação por improbidade, e permitir o ajuste entre o Ministério Público e agente responsável, sempre com o integral ressarcimento ao erário. Aliás, "havendo a possibilidade de solução consensual, poderão as partes requerer ao juiz a interrupção do prazo para a contestação, por prazo não superior a 90 (noventa) dias" (§ 10-A). Vale mencionar que, na falta de uma normativa específica (por conta do veto ao art. 17-A), as regras do acordo deverão seguir alguns ditames inseridos no Código de Processo Penal (art. 28-A, CPP), pela mesma lei inclusive.

Por fim, a **prescrição** da sanção por improbidade administrativa prescreverá no mesmo prazo da prescrição penal, se o ato também constituir crime: "Hipótese em que o Tribunal de origem afastou a prescrição reconhecida pelo juízo singular por entender que, no caso dos autos, a conduta ímproba imputada aos recorrentes diz respeito à dispensa indevida de licitação, que, por sua vez, está tipificada como crime no art. 89 da Lei 8.666/1993, sujeito a pena de detenção, de 3 a 5 anos, e multa. Assim, deve-se aplicar o prazo prescricional de 12 anos previsto no art. 109, III, do Código Penal. Dessa forma, considerando que os fatos narrados na inicial ocorreram em 2004 e que o ajuizamento da Ação Civil Pública deu-se em 13/07/2012, conclui-se não estar prescrita a pretensão relativa à aplicação das sanções previstas na Lei 8.429/1992, porque não decorridos mais de 12 anos dos marcos temporais mencionados. Nos termos da jurisprudência do STJ, a contagem prescricional da Ação de Improbidade Administrativa, quando o fato traduzir crime submetido a persecução penal, deve ser pautada pela regra do Código Penal, em face do disposto no inciso II do art. 23 da Lei 8.429/1992 e no § 2º do art. 142 da Lei 8.112/1990".[7] Assim, a prescrição administrativa prescreve nos termos da lei penal.

---

cabível a ação civil pública por improbidade administrativa, para fins exclusivos de ressarcimento ao erário, mesmo nos casos em que se reconhece a prescrição da ação quanto às outras sanções previstas na Lei 8.429/1992. (STJ, REsp nº 1699999/MA, Rel. Min. Benedito Gonçalves).

7. A sequência da ementa: "4. Convém esclarecer que o STJ, com relação à prescrição da Ação de Improbidade Administrativa, firmou o seu entendimento de que "a disposição da lei de que a falta administrativa prescreverá no mesmo prazo da lei penal, leva a uma única interpretação possível, qual seja, a de que este prazo será o mesmo da pena em abstrato, pois este, por definição originária, é o prazo próprio prescricional dos crimes em espécie." Nesse sentido: REsp 1.386.162/SE, Rel. Ministro Herman Benjamin, Segunda Turma, DJe 19/3/2014; AgRg no REsp 1.386.186/PE, Rel. Ministro Humberto Martins, Segunda Turma, DJe 2/5/2014; REsp 379.276/SP, Rel. Ministra Maria Thereza De Assis Moura, Sexta Turma, DJ 26/02/2007, p. 649; RMS 15.648/SP, Rel. Ministro Hamilton Carvalhido, Sexta Turma, DJ 3/9/2007, p. 221 e RMS 18.901/RJ, Rel. Ministro Felix Fischer, Quinta Turma, DJ 13/3/2006, p. 338. 5. Deve ser considerada a pena in abstrato para o cálculo do prazo prescricional, a "um porque o ajuizamento da

Enfim, a título de arremate, podemos dizer que a Lei da Improbidade Administrativa e a jurisprudência estabelecem, de forma quase que inédita e salutar, uma nova responsabilização do agente público improbo, além das outras e tradicionais formas de responsabilização (civil, penal, administrativa), sendo que elas não se excluem, mas se somam, com alguns pontos de interferência e interpretação comum.

ação civil pública por improbidade administrativa não está legalmente condicionado à apresentação de demanda penal. Não é possível, desta forma, construir uma teoria processual da improbidade administrativa ou interpretar dispositivos processuais da Lei n. 8.429/92 de maneira a atrelá-las a institutos processuais penais, pois existe rigorosa independência das esferas no ponto." "A dois (e levando em consideração a assertiva acima) porque o lapso prescricional não pode variar ao talante da existência ou não de ação penal, justamente pelo fato de a prescrição estar relacionada ao vetor da segurança jurídica" (REsp 1.106.657/SC, Rel. Ministro Mauro Campbell Marques, Segunda Turma, DJe 20.9.2010). 6. Recursos Especiais não providos". (STJ, REsp nº 1656383/SC, Rel. Min. Herman Benjamin, julgado em 09/05/2017, Segunda Turma).

10

DOS DIREITOS DIGITAIS. MARCO REGULATÓRIO DA INTERNET NO BRASIL (LEI Nº 12.965/14)

São cada vez mais comuns e intensos os efeitos e reflexos da *internet* na vida das pessoas, instituições, empresas e Estados. Para o bem e para o mal. O uso nocivo da *internet* expõe e quebra a privacidade de pessoas, cria e difunde notícias falsas (*fake news*), permite a existência de perfis e contas falsas (anônimas) e fomenta a multiplicação de discursos de ódio e intolerância (*hate speech*), de difícil ou sem possibilidade de identificação dos reais responsáveis. Ainda, consultas públicas em geral ou eleições são diretamente influenciadas por todo esse material digital, que não dispõe de nenhuma certificação ou garantia, com elevados graus de anonimato e clandestinidade.

Enfim, essa é a realidade que obrigou o legislador brasileiro a criar um sistema de regulamentação jurídica das atividades virtuais, a partir de um sistema constitucional já posto: o marco legal da *internet* no Brasil[1], num tom de conscientização e responsabilização.

---

1. Art. 5º Para os efeitos desta Lei, considera-se: I - *internet*: o sistema constituído do conjunto de protocolos lógicos, estruturado em escala mundial para uso público e irrestrito, com a finalidade de possibilitar a comunicação de dados entre terminais por meio de diferentes redes; II - terminal: o computador ou qualquer dispositivo que se conecte à *internet*; III - endereço de protocolo de *internet* (endereço IP): o código atribuído a um terminal de uma rede para permitir sua identificação, definido segundo parâmetros internacionais; IV - administrador de sistema autônomo: a pessoa física ou jurídica que administra blocos de endereço IP específicos e o respectivo sistema autônomo de roteamento, devidamente cadastrada no ente nacional responsável pelo registro e distribuição de endereços IP geograficamente referentes ao País; V - conexão à *internet*: a habilitação de um terminal para envio e recebimento de pacotes de dados pela *internet*, mediante a atribuição ou autenticação de um endereço IP; VI - registro de conexão: o conjunto de informações referentes à data e hora de início e término de uma conexão à *internet*, sua duração e o endereço IP utilizado pelo terminal para o envio e recebimento de pacotes de dados; VII - aplicações de *internet*: o conjunto de funcionalidades que podem ser acessadas por meio de um terminal conectado à *internet*; e VIII - registros de acesso a aplicações de *internet*: o conjunto de informações referentes à data e hora de uso de uma determinada aplicação de *internet* a partir de um determinado endereço IP. Art. 6º Na interpretação desta Lei serão levados em conta, além dos

Assim, a Lei nº 12.965/14 teve a ousadia de tentar regulamentar as atividades e atos praticados no âmbito da rede mundial digital (*internet*).

Portanto, "esta Lei estabelece princípios, garantias, direitos e deveres para o uso da *internet* no Brasil e determina as diretrizes para atuação da União, dos Estados, do Distrito Federal e dos Municípios em relação à matéria" (art. 1º).

E, como todo sistema ou microssistema jurídico, a Lei estabelece alguns fundamentos, princípios e diretrizes que nortearão o aplicador dessas regras tão específicas. Enfim, o legislador indicou o caminho hermenêutico a ser trilhado pelo intérprete, o que também garante harmonia e uniformidade ao resultado final de aplicação da norma ao caso concerto. Sobre o tema em questão, os valores liberdade e respeito têm que conviver necessariamente:

> Art. 2º A disciplina do uso da *internet* no Brasil tem como fundamento o respeito à liberdade de expressão, bem como: I - o reconhecimento da escala mundial da rede; II - os direitos humanos, o desenvolvimento da personalidade e o exercício da cidadania em meios digitais; III - a pluralidade e a diversidade; IV - a abertura e a colaboração; V - a livre iniciativa, a livre concorrência e a defesa do consumidor; e VI - a finalidade social da rede.

O grande conflito axiológico daqueles que analisam temas ligados à *internet* gira em torno do embate entre as liberdades de imprensa e de expressão e, de outra ponta, o direito à intimidade ou privacidade. A Lei não escapou dessa guerra e foi obrigada a prever ambos os valores como princípios gerais desse microssistema:

> Art. 3º A disciplina do uso da *internet* no Brasil tem os seguintes princípios: I - garantia da liberdade de expressão, comunicação e manifestação de pensamento, nos termos da Constituição Federal; II - proteção da privacidade; III - proteção dos dados pessoais, na forma da lei; IV - preservação e garantia da neutralidade de rede; V - preservação da estabilidade, segurança e funcionalidade da rede, por meio de medidas técnicas compatíveis com os padrões internacionais e pelo estímulo ao uso de boas práticas; VI - responsabilização dos agentes de acordo com suas atividades, nos termos da lei; VII - preservação da natureza participativa da rede; VIII - liberdade dos modelos de negócios promovidos na *internet*, desde que não conflitem com os demais princípios estabelecidos nesta Lei. Parágrafo único. Os princípios expressos nesta Lei não excluem outros previstos no ordenamento jurídico pátrio relacionados

---

fundamentos, princípios e objetivos previstos, a natureza da *internet*, seus usos e costumes particulares e sua importância para a promoção do desenvolvimento humano, econômico, social e cultural.

> à matéria ou nos tratados internacionais em que a República Federativa do Brasil seja parte.

Aliás, sobre o tema (conflito axiológico), merece citação o recente julgado do Superior Tribunal de Justiça que priorizou o direito ao esquecimento de pessoa acusada criminalmente no passado, mas inocentado depois, em detrimento da liberdade de imprensa:

> (...)[2] 4. Um dos danos colaterais da "modernidade líquida" tem sido a progressiva eliminação da "divisão, antes sacrossanta, entre as esferas do 'privado' e do 'público' no que se refere à vida humana", de modo que, na atual sociedade da hiperinformação, parecem evidentes os "riscos terminais à privacidade e à autonomia individual, emanados da ampla abertura da arena pública aos interesses privados [e também o inverso], e sua gradual mas incessante transformação numa espécie de teatro de variedades dedicado à diversão ligeira" (BAUMAN, Zygmunt. Danos colaterais:
> desigualdades sociais numa era global. Tradução de Carlos Alberto Medeiros. Rio de Janeiro: Zahar, 2013, pp. 111-113). Diante dessas preocupantes constatações, o momento é de novas e necessárias
> reflexões, das quais podem mesmo advir novos direitos ou novas perspectivas sobre velhos direitos revisitados.
> 5. Há um estreito e indissolúvel vínculo entre a liberdade de imprensa e todo e qualquer Estado de Direito que pretenda se autoafirmar como Democrático. Uma imprensa livre galvaniza contínua e diariamente os pilares da democracia, que, em boa verdade, é projeto para sempre inacabado e que nunca atingirá um ápice de otimização a partir do qual nada se terá a agregar. Esse processo interminável, do qual não se pode descurar - nem o povo, nem as instituições democráticas -, encontra na imprensa livre um vital combustível para sua sobrevivência, e bem por isso que a mínima cogitação em torno de

2. Segue a parte inicial da ementa recortada: 1. Avulta a responsabilidade do Superior Tribunal de Justiça em demandas cuja solução é transversal, interdisciplinar, e que abrange, necessariamente, uma controvérsia constitucional oblíqua, antecedente, ou inerente apenas à fundamentação do acolhimento ou rejeição de ponto situado no âmbito do contencioso infraconstitucional, questões essas que, em princípio, não são apreciadas pelo Supremo Tribunal Federal. 2. Nos presentes autos, o cerne da controvérsia passa pela ausência de contemporaneidade da notícia de fatos passados, que reabriu antigas feridas já superadas pelo autor e reacendeu a desconfiança da sociedade quanto à sua índole. O autor busca a proclamação do seu direito ao esquecimento, um direito de não ser lembrado contra sua vontade, especificamente no tocante a fatos desabonadores, de natureza criminal, nos quais se envolveu, mas que, posteriormente, fora inocentado. 3. No caso, o julgamento restringe-se a analisar a adequação do direito ao esquecimento ao ordenamento jurídico brasileiro, especificamente para o caso de publicações na mídia televisiva, porquanto o mesmo debate ganha contornos bem diferenciados quando transposto para *internet*, que desafia soluções de índole técnica, com atenção, por exemplo, para a possibilidade de compartilhamento de informações e circulação internacional do conteúdo, o que pode tangenciar temas sensíveis, como a soberania dos Estados-nações.

alguma limitação da imprensa traz naturalmente consigo reminiscências de um passado sombrio de descontinuidade democrática.

6. Não obstante o cenário de perseguição e tolhimento pelo qual passou a imprensa brasileira em décadas pretéritas, e a par de sua inegável virtude histórica, a mídia do século XXI deve fincar a legitimação de sua liberdade em valores atuais, próprios e decorrentes diretamente da importância e nobreza da atividade. Os antigos fantasmas da liberdade de imprensa, embora deles não se possa esquecer jamais, atualmente, não autorizam a atuação informativa desprendida de regras e princípios a todos impostos.

7. Assim, a liberdade de imprensa há de ser analisada a partir de dois paradigmas jurídicos bem distantes um do outro. O primeiro, de completo menosprezo tanto da dignidade da pessoa humana quanto da liberdade de imprensa; e o segundo, o atual, de dupla tutela constitucional de ambos os valores.

8. Nesse passo, a explícita contenção constitucional à liberdade de informação, fundada na inviolabilidade da vida privada, intimidade, honra, imagem e, de resto, nos valores da pessoa e da família, prevista no art. 220, § 1º, art. 221 e no § 3º do art. 222 da Carta de 1988, parece sinalizar que, no conflito aparente entre esses bens jurídicos de especialíssima grandeza, há, de regra, uma inclinação ou predileção constitucional para soluções protetivas da pessoa humana, embora o melhor equacionamento deva sempre observar as particularidades do caso concreto. Essa constatação se mostra consentânea com o fato de que, a despeito de a informação livre de censura ter sido inserida no seleto grupo dos direitos fundamentais (art. 5º, inciso IX), a Constituição Federal mostrou sua vocação antropocêntrica no momento em que gravou, já na porta de entrada
(art. 1º, inciso III), a dignidade da pessoa humana como - mais que um direito - um fundamento da República, uma lente pela qual devem ser interpretados os demais direitos posteriormente reconhecidos. Exegese dos arts. 11, 20 e 21 do Código Civil de 2002. Aplicação da filosofia kantiana, base da teoria da dignidade da pessoa humana, segundo a qual o ser humano tem um valor em si que supera o das "coisas humanas". (...)[3] (STJ, REsp 1334097/RJ, Rel. Min. Luis Felipe Salomão, julgamento em 28/05/2013).

---

3. Segue aqui a parte final da ementa recortada: 9. Não há dúvida de que a história da sociedade é patrimônio imaterial do povo e nela se inserem os mais variados acontecimentos e personagens capazes de revelar, para o futuro, os traços políticos, sociais ou culturais de determinada época. Todavia, a historicidade da notícia jornalística, em se tratando de jornalismo policial, há de ser vista com cautela. Há, de fato, crimes históricos e criminosos famosos; mas também há crimes e criminosos que se tornaram artificialmente históricos e famosos, obra da exploração midiática exacerbada e de um populismo penal satisfativo dos prazeres primários das multidões, que simplifica o fenômeno criminal às estigmatizadas figuras do "bandido" vs. "cidadão de bem". 10. É que a historicidade de determinados crimes por vezes é edificada à custa de vários desvios de legalidade, por isso não deve constituir óbice em si intransponível ao reconhecimento de direitos como o vindicado nos presentes autos. Na verdade, a permissão ampla e irrestrita a que um crime e as pessoas nele envolvidas sejam retratados indefinidamente no tempo - a pretexto da historicidade do fato - pode significar permissão de um segundo

abuso à dignidade humana, simplesmente porque o primeiro já fora cometido no passado. Por isso, nesses casos, o reconhecimento do "direito ao esquecimento" pode significar um corretivo - tardio, mas possível - das vicissitudes do passado, seja de inquéritos policiais ou processos judiciais pirotécnicos e injustos, seja da exploração populista da mídia. 11. É evidente o legítimo interesse público em que seja dada publicidade da resposta estatal ao fenômeno criminal. Não obstante, é imperioso também ressaltar que o interesse público - além de ser conceito de significação fluida - não coincide com o interesse do público, que é guiado, no mais das vezes, por sentimento de execração pública, praceamento da pessoa humana, condenação sumária e vingança continuada. 12. Assim como é acolhido no direito estrangeiro, é imperiosa a aplicabilidade do direito ao esquecimento no cenário interno, com base não só na principiologia decorrente dos direitos fundamentais e da dignidade da pessoa humana, mas também diretamente do direito positivo infraconstitucional. A assertiva de que uma notícia lícita não se transforma em ilícita com o simples passar do tempo não tem nenhuma base jurídica. O ordenamento é repleto de previsões em que a significação conferida pelo Direito à passagem do tempo é exatamente o esquecimento e a estabilização do passado, mostrando-se ilícito sim reagitar o que a lei pretende sepultar. Precedentes de direito comparado. 13. Nesse passo, o Direito estabiliza o passado e confere previsibilidade ao futuro por institutos bem conhecidos de todos: prescrição, decadência, perdão, anistia, irretroatividade da lei, respeito ao direito adquirido, ato jurídico perfeito, coisa julgada, prazo máximo para que o nome de inadimplentes figure em cadastros restritivos de crédito, reabilitação penal e o direito ao sigilo quanto à folha de antecedentes daqueles que já cumpriram pena (art. 93 do Código Penal, art. 748 do Código de Processo Penal e art. 202 da Lei de Execuções Penais). Doutrina e precedentes. 14. Se os condenados que já cumpriram a pena têm direito ao sigilo da folha de antecedentes, assim também a exclusão dos registros da condenação no Instituto de Identificação, por maiores e melhores razões aqueles que foram absolvidos não podem permanecer com esse estigma, conferindo-lhes a lei o mesmo direito de serem esquecidos. 15. Ao crime, por si só, subjaz um natural interesse público, caso contrário nem seria crime, e eventuais violações de direito resolver-se-iam nos domínios da responsabilidade civil. E esse interesse público, que é, em alguma medida, satisfeito pela publicidade do processo penal, finca raízes essencialmente na fiscalização social da resposta estatal que será dada ao fato. Se é assim, o interesse público que orbita o fenômeno criminal tende a desaparecer na medida em que também se esgota a resposta penal conferida ao fato criminoso, a qual, certamente, encontra seu último suspiro, com a extinção da pena ou com a absolvição, ambas consumadas irreversivelmente. E é nesse interregno temporal que se perfaz também a vida útil da informação criminal, ou seja, enquanto durar a causa que a legitimava. Após essa vida útil da informação seu uso só pode ambicionar, ou um interesse histórico, ou uma pretensão subalterna, estigmatizante, tendente a perpetuar no tempo as misérias humanas. 16. Com efeito, o reconhecimento do direito ao esquecimento dos condenados que cumpriram integralmente a pena e, sobretudo, do que foram absolvidos em processo criminal, além de sinalizar uma evolução cultural da sociedade, confere concretude a um ordenamento jurídico que, entre a memória - que é a conexão do presente com o passado - e a esperança - que é o vínculo do futuro com o presente -, fez clara opção pela segunda. E é por essa ótica que o direito ao esquecimento revela sua maior nobreza, pois afirma-se, na verdade, como um direito à esperança, em absoluta sintonia com a presunção legal e constitucional de regenerabilidade da pessoa humana. 17. Ressalvam-se do direito ao esquecimento os fatos genuinamente históricos - historicidade essa que deve ser analisada em concreto -, cujo interesse público e social deve sobreviver à passagem do tempo, desde que a narrativa desvinculada dos envolvidos se fizer impraticável. 18. No caso concreto, a despeito de a Chacina da Candelária ter se tornado - com muita razão - um fato histórico, que expôs as chagas do País ao mundo, tornando-se símbolo da precária proteção estatal conferida aos direitos humanos da criança e do adolescente em situação de risco, o certo é que a fatídica história seria bem contada e de forma fidedigna sem que para isso a imagem e o nome do autor precisassem ser expostos em rede nacional. Nem a liberdade de imprensa seria tolhida, nem a honra do autor seria maculada, caso se ocultassem o nome e a fisionomia do recorrido, ponderação de valores que, no caso, seria a melhor solução ao conflito. 19. Muito embora tenham as instâncias ordinárias reconhecido que a reportagem se mostrou fidedigna com a realidade, a receptividade do homem médio brasileiro a noticiários desse

Enfim, embora não se refira exatamente à divulgação de *internet*, o raciocínio de fundo pode servir como ponto de partida para o uso das plataformas digitais e perfis pessoais em relação a notícias antigas que tocam a moral e a idoneidade de pessoas, grupos ou instituições.

Além disso, a Lei ainda traz alguns objetivos inerentes ao uso da *internet* no Brasil:

> Art. 4º A disciplina do uso da *internet* no Brasil tem por objetivo a promoção: I - do direito de acesso à *internet* a todos; II - do acesso à informação, ao conhecimento e à participação na vida cultural e na condução dos assuntos públicos; III - da inovação e do fomento à ampla difusão de novas tecnologias e modelos de uso e acesso; e IV - da adesão a padrões tecnológicos abertos que permitam a comunicação, a acessibilidade e a interoperabilidade entre aplicações e bases de dados.

Também como notamos nos microssistemas jurídicos, a Lei em comento apresenta-nos uma relação de direitos aos usuários, sem prejuízo de outros já garantidos por outras leis, pelo CDC (Código de Defesa do Consumidor), por exemplo.

> O acesso à *internet* é essencial ao exercício da cidadania, e ao usuário são assegurados os seguintes direitos (art. 7º): I - inviolabilidade da intimidade e da vida privada, sua proteção e indenização pelo dano material ou moral decorrente de sua violação; II - inviolabilidade e sigilo do fluxo de suas comunicações pela *internet*, salvo por ordem judicial, na forma da lei; III - inviolabilidade e sigilo de suas comunicações privadas armazenadas, salvo por ordem judicial; IV - não suspensão da conexão à *internet*, salvo por débito diretamente decorrente de sua utilização; V - manutenção da qualidade contratada da conexão à *internet*; VI - informações claras e completas constantes dos contratos de prestação de serviços, com detalhamento sobre o regime de proteção aos registros de conexão e aos registros de acesso a aplicações de *internet*, bem como sobre práticas de gerenciamento da rede que possam afetar sua qualidade; VII - não fornecimento a terceiros de seus dados pessoais, inclusive registros de conexão, e de acesso a aplicações de *internet*, salvo mediante consentimento livre, expresso e informado ou

---

jaez é apta a reacender a desconfiança geral acerca da índole do autor, o qual, certamente, não teve reforçada sua imagem de inocentado, mas sim a de indiciado. No caso, permitir nova veiculação do fato, com a indicação precisa do nome e imagem do autor, significaria a permissão de uma segunda ofensa à sua dignidade, só porque a primeira já ocorrera no passado, uma vez que, como bem reconheceu o acórdão recorrido, além do crime em si, o inquérito policial consubstanciou uma reconhecida "vergonha" nacional à parte. 20. Condenação mantida em R$ 50.000,00 (cinquenta mil reais), por não se mostrar exorbitante. 21. Recurso especial não provido.

> nas hipóteses previstas em lei; VIII - informações claras e completas sobre coleta, uso, armazenamento, tratamento e proteção de seus dados pessoais, que somente poderão ser utilizados para finalidades que: a) justifiquem sua coleta; b) não sejam vedadas pela legislação; e c) estejam especificadas nos contratos de prestação de serviços ou em termos de uso de aplicações de *internet*; IX - consentimento expresso sobre coleta, uso, armazenamento e tratamento de dados pessoais, que deverá ocorrer de forma destacada das demais cláusulas contratuais; X - exclusão definitiva dos dados pessoais que tiver fornecido a determinada aplicação de *internet*, a seu requerimento, ao término da relação entre as partes, ressalvadas as hipóteses de guarda obrigatória de registros previstas nesta Lei; XI - publicidade e clareza de eventuais políticas de uso dos provedores de conexão à *internet* e de aplicações de *internet*; XII - acessibilidade, consideradas as características físico-motoras, perceptivas, sensoriais, intelectuais e mentais do usuário, nos termos da lei; e XIII - aplicação das normas de proteção e defesa do consumidor nas relações de consumo realizadas na *internet*.

Sobre o tema dos direitos ligados ao acesso a dados contidos em contas pessoais, os Tribunais têm reafirmado a inviolabilidade dos dados, salvo em casos excepcionais, tal como ocorre com as comunicações telefônicas:

> 1. A Constituição Federal de 1988 prevê como garantias ao cidadão a inviolabilidade da intimidade, do sigilo de correspondência, dados e comunicações telefônicas, salvo ordem judicial. 2. A Lei n. 12.965/2014, conhecida como Marco Civil da *Internet*, em seu art. 7º, assegura aos usuários os direitos para o uso da internet no Brasil, entre eles, o da inviolabilidade da intimidade e da vida privada, do sigilo do fluxo de suas comunicações pela *internet*, bem como de suas comunicações privadas armazenadas. 3. Com o avanço tecnológico, o aparelho celular deixou de ser apenas um instrumento de comunicação interpessoal. Hoje, é possível ter acesso a diversas funções, entre elas, a verificação de mensagens escritas ou audível, de correspondência eletrônica, e de outros aplicativos que possibilitam a comunicação por meio de troca de dados de forma similar à telefonia convencional. 4. A quebra do sigilo do correio eletrônico somente pode ser decretada, elidindo a proteção ao direito, diante dos requisitos próprios de cautelaridade que a justifiquem idoneamente, desaguando em um quadro de imprescindibilidade da providência. (HC 315.220/RS, Rel. Ministra Maria Thereza de Assis Moura, Sexta Turma, julgado em 15/09/2015, DJe 09/10/2015). 5. Por se encontrar em situação similar às conversas mantidas por e-mail, cujo acesso exige prévia ordem judicial, a obtenção de conversas mantidas por redes sociais, tais como o *whatsapp*, sem a devida autorização judicial, revela-se ilegal. 6. Hipótese que foi deferido judicialmente na busca e apreensão o acesso aos dados contidos no aparelho celular, inexistindo, destarte, a alegada inobservância dos preceitos de estatura constitucional que conferem tutela à

> intimidade e à vida privada. 7. Não se olvida, outrossim, que a ponderação de valores constitucionalmente protegidos é o trajeto delineado na deflagração de procedimentos penais, porquanto, como instrumento de controle social, o Direito Penal e, por consequência, o Direito Processual Penal, reforçam garantias constitucionais de inviolabilidade do direito à vida, à liberdade, à igualdade, à segurança e à propriedade. 8. No caso, a autorização judicial prévia de acesso aos dados do aparelho celular apreendido não fere, porquanto observados os ditames do devido processo legal, preceitos relativos à vida privada e à intimidade, não restando configurado o alegado constrangimento ilegal. 9. Recurso não provido. (STF, RHC 101929/PR, Rel. Min. Ribeiro Dantas, julgado em 04/06/2019).

Portanto, nota-se que o Superior Tribunal de Justiça tem dispensado às comunicações de *e-mail* ou de *whatsapp* o mesmo tratamento previsto constitucionalmente para as comunicações telefônicas, com base na lei em comento inclusive.

Em outro campo, o mesmo Superior Tribunal de Justiça já entendeu que o Provedor de *internet* não está obrigado a monitorar ou a filtrar conteúdos atribuídos a terceiros (seus usuários), devendo apenas coibir o anonimato. Entretanto, deve bloquear o conteúdo ilegal logo que dele tomar conhecimento, sob pena de responder de forma subjetiva pela culpa da omissão:

> A Turma negou provimento ao recurso especial originário de ação de obrigação de fazer c/c indenização por danos morais proposta pela recorrente em desfavor do provedor de rede social de relacionamento (recorrido) sob a alegação de que foi alvo de ofensas proferidas em página da *internet*. Inicialmente, afirmou a Min. Relatora que a relação jurídica em questão constitui verdadeira relação de consumo sujeita ao CDC, mesmo se tratando de serviço gratuito, tendo em vista o ganho indireto alcançado pelo fornecedor. Contudo, consignou que o recorrido, por atuar, *in casu*, como provedor de conteúdo - já que apenas disponibiliza as informações inseridas por terceiros no *site* -, não responde de forma objetiva pelo conteúdo ilegal desses dados. Asseverou que o provedor deve assegurar o sigilo, a segurança e a inviolabilidade dos dados cadastrais de seus usuários, além de garantir o pleno funcionamento das páginas que hospeda, entretanto não pode ser obrigado a exercer um monitoramento prévio das informações veiculadas por terceiros, pois não se trata de atividade intrínseca ao serviço por ele prestado (controle, inclusive, que poderia resultar na perda de eficiência e no retrocesso do mundo virtual), razão pela qual a ausência dessa fiscalização não pode ser considerada falha do serviço. Salientou, ainda, não se tratar de atividade de risco por não impor ônus maior que o de qualquer outra atividade comercial. Todavia, ressaltou que, a partir do momento em que o provedor toma conhecimento da existência do

> conteúdo ilegal, deve promover a sua remoção imediata; do contrário, será responsabilizado pelos danos daí decorrentes. Nesse contexto, frisou que o provedor deve possuir meios que permitam a identificação dos seus usuários de forma a coibir o anonimato, sob pena de responder subjetivamente por culpa *in omittendo*. (STJ, REsp 1.193.764/SP, Rel. Min. Nancy Andrighi, julgado em 14/12/2010).

Além da previsão de direitos, como já fez o Constituinte, a Lei prevê algumas garantias, as quais possuem caráter mais instrumental (arts. 8º e 9º)[4].

Sobre as responsabilidades decorrentes da ação no âmbito da *internet*, bem como em relação às medidas judiciais de tutela de direitos, a Lei nova estabelece específicas e promissoras regras (arts. 18/21).

Aliás, vale a pena dizer que o sistema de responsabilidade adotado pela Lei de 2014 seguiu a orientação que já vinha sendo adotada pelos Tribunais, conforme o citado julgado do Superior Tribunal de Justiça, por exemplo (STJ, REsp 1.193.764/SP, Rel. Min. Nancy Andrighi, julgado em 14/12/2010).

4. Art. 8º A garantia do direito à privacidade e à liberdade de expressão nas comunicações é condição para o pleno exercício do direito de acesso à *internet*. Parágrafo único. São nulas de pleno direito as cláusulas contratuais que violem o disposto no caput, tais como aquelas que: I - impliquem ofensa à inviolabilidade e ao sigilo das comunicações privadas, pela *internet*; ou II - em contrato de adesão, não ofereçam como alternativa ao contratante a adoção do foro brasileiro para solução de controvérsias decorrentes de serviços prestados no Brasil. (...) Art. 9º O responsável pela transmissão, comutação ou roteamento tem o dever de tratar de forma isonômica quaisquer pacotes de dados, sem distinção por conteúdo, origem e destino, serviço, terminal ou aplicação. § 1º A discriminação ou degradação do tráfego será regulamentada nos termos das atribuições privativas do Presidente da República previstas no inciso IV do art. 84 da Constituição Federal, para a fiel execução desta Lei, ouvidos o Comitê Gestor da *Internet* e a Agência Nacional de Telecomunicações, e somente poderá decorrer de: I - requisitos técnicos indispensáveis à prestação adequada dos serviços e aplicações; e II - priorização de serviços de emergência. § 2º Na hipótese de discriminação ou degradação do tráfego prevista no § 1º , o responsável mencionado no caput deve: I - abster-se de causar dano aos usuários, na forma do art. 927 da Lei nº 10.406, de 10 de janeiro de 2002 - Código Civil; II - agir com proporcionalidade, transparência e isonomia; III - informar previamente de modo transparente, claro e suficientemente descritivo aos seus usuários sobre as práticas de gerenciamento e mitigação de tráfego adotadas, inclusive as relacionadas à segurança da rede; e IV - oferecer serviços em condições comerciais não discriminatórias e abster-se de praticar condutas anticoncorrenciais. § 3º Na provisão de conexão à *internet*, onerosa ou gratuita, bem como na transmissão, comutação ou roteamento, é vedado bloquear, monitorar, filtrar ou analisar o conteúdo dos pacotes de dados, respeitado o disposto neste artigo.

11

DA SEGURANÇA PÚBLICA - DO SISTEMA ÚNICO DE SEGURANÇA PÚBLICA (SUSP)

11.1 DO DIREITO À SEGURANÇA PÚBLICA. INTRODUÇÃO

A segurança pública é um direito difuso. Todos têm interesse na liberdade individual de ir e vir sem medo e na paz social.

O Constituinte originário, já em 1988, trouxe a previsão segundo a qual "a segurança pública, dever do Estado, direito e responsabilidade de todos, é exercida para a preservação da ordem pública e da incolumidade das pessoas e do patrimônio, através dos seguintes órgãos (art. 144, CF): I - polícia federal; II - polícia rodoviária federal; III - polícia ferroviária federal; IV - polícias civis; V - polícias militares e corpos de bombeiros militares; VI - polícias penais federal, estaduais e distrital".

O primeiro ponto importante refere-se à responsabilidade do Estado quanto à promoção da segurança pública e, de outro lado, ao direito público do cidadão de ser protegido e de sentir-se protegido, sem medo. É que o temor restringe a liberdade e viola os princípios do Estado democrático de Direito.

Em termos de tutela coletiva, o segundo ponto ganha destaque. É que o Constituinte atribuiu ao Ministério Público a função de controle externo das polícias (art. 129, VII, CF), o que pode significar importante forma de tutela coletiva em favor da sociedade, já que a atividade policial há tempo carece de ajustes e de maior transparência e responsabilização, especialmente nas ocasiões de abusos e excessos cometidos por seus agentes.

Aliás, vale mencionar que a letalidade policial é um problema muito sério no Brasil, especialmente em Estados como o de São Paulo e do Rio de Janeiro. O fenômeno é utilizado para denominar as mortes de civis em abordagens policiais, muitas vezes, registradas como "resistência seguida de morte" e arquivadas pelo Ministério Público sob o argumento de legítima defesa. De fato, a falta de uma investigação aprofundada desses fatos e o medo de testemunhas civis que recusam testemunhos contra os agentes são fatores que impedem a devida responsabilização e fomentam os desvios que, embora representem uma minoria, ainda ocorrem e, pior, de forma crescente.

Esse problema da letalidade é tão grande que, durante a pandemia do coronavírus (agosto/2020), o STF proibiu operações policiais nos morros do Rio de Janeiro, ressalvadas hipóteses excepcionais, mediante condições específicas:[1]

> O Plenário do Supremo Tribunal Federal (STF) referendou tutela provisória deferida pelo ministro Edson Fachin para suspender a realização de incursões policiais em comunidades do Rio de Janeiro, enquanto perdurar o estado de calamidade pública decorrente da pandemia da Covid-19. As operações permanecem restritas aos casos excepcionais e deverão ser informadas e acompanhadas pelo Ministério Público estadual. A decisão foi tomada por maioria de votos, na sessão virtual concluída na noite desta quarta-feira (4/08/20), no julgamento de pedido de tutela provisória incidental apresentada dentro da Arguição de Descumprimento de Preceito Fundamental (ADPF) 635. Direito à vida. A ação principal foi ajuizada em novembro do ano passado pelo Partido Socialista Brasileiro (PSB) contra os Decretos estaduais 27.795/2001 e 46.775/2019, que regulamentam a política de segurança pública adotada pelo governador do Rio de Janeiro, Wilson Witzel. Diante da decretação de estado de calamidade pública e da necessidade de isolamento social, o PSB pediu a concessão de tutela de urgência para restringir as operações policias no período de pandemia. Segundo a legenda, as ações não vinham seguindo os protocolos de uso legítimo da força. O partido considera que a política estadual de segurança apresenta crescentes casos de letalidade nas práticas policias, além de violar tratados internacionais e diversos preceitos fundamentais da Constituição Federal, como o direito à vida e à inviolabilidade do domicílio. Controle externo. A decisão liminar do ministro Fachin, confirmada pelo Plenário, determina a comunicação ao Ministério Público do RJ, responsável pelo controle externo da atividade policial, para que acompanhe as operações. Segundo Fachin, o acompanhamento é imprescindível, caso sejam absolutamente necessárias as incursões policiais nas comunidades durante a pandemia, "para não colocar em risco ainda maior população, a prestação de serviços públicos sanitários e o desempenho de atividades de ajuda humanitária". Uso da força. Segundo o relator, o uso da força

1. Disponível em http://portal.stf.jus.br/noticias, acesso em 24/04/21.

> só é legítimo se for comprovadamente necessário para proteção da vida e do patrimônio de outras pessoas, e essa exigência de proporcionalidade decorre da necessidade de proteção ao direito à vida e à integridade corporal. Fachin lembrou que o uso inadequado da força já levou o Brasil a ser condenado em 2017 pela Corte Interamericana de Direitos Humanos por chacinas ocorridas na Favela Nova Brasília, no Complexo do Alemão (RJ), em 1994 e 1995. "São, portanto, extremamente rígidos os critérios que autorizam o uso legítimo de força armada por agentes de Estado. Esses critérios não podem ser relativizados, nem excepcionados", afirmou. Letalidade. Sobre casos recentes, o relator citou operação realizada em 15/5 no Complexo do Alemão, que resultou em 13 mortos e na interrupção da energia elétrica por 24 horas e inviabilizou a entrega de doações de alimentos e ajuda humanitária em plena quarentena. Lembrou, também, a operação policial realizada três dias depois, em São Gonçalo, que resultou na morte de João Pedro Mattos Pinho, de 14 anos, durante invasão policial na casa da tia dele, onde brincava com os primos. "Muito embora os atos narrados devam ser investigados cabalmente, nada justifica que uma criança de 14 anos de idade seja alvejada mais de 70 vezes", afirmou o ministro. "O fato é indicativo, por si só, de que, mantido o atual quadro normativo, nada será feito para diminuir a letalidade policial, um estado de coisas que em nada respeita a Constituição". Protocolos de conduta. Na avaliação do relator, não há como evitar os protocolos de conduta para o emprego de armas de fogo em respeito ao direito à vida. "Tais protocolos exigem que o Estado somente empregue a força quando necessário e a justificativa exaustiva dessas razões", ressaltou. Seu voto foi acompanhado pelos ministros Marco Aurélio, Ricardo Levandowski, Rosa Weber, Gilmar Mendes, Cármen Lúcia, Luís Roberto Barroso, Dias To ffoli e Celso de Mello. Em seu voto, o ministro Gilmar Mendes observou que a medida não acarreta uma proibição completa das operações policiais, que poderão ocorrer, desde que com a devida justificação e submissão ao controle externo legítimo para tanto. "O que se impôs foi a necessidade de atenção às cautelas procedimentais inerentes à situação de exceção vivenciada atualmente", afirmou. Segundo ele, durante a pandemia, os protocolos de uso da força, que já são precários, "tornam-se, acaso existentes, de utilização questionável".

Na decisão liminar, o Min. Fachin já havia, com precisão, anunciado a necessidade de observância de protocolos de atuação, a qualificação permanente dos agentes, o uso excepcional de arma de fogo, dentre outros pontos:

> A garantia da observância desses procedimentos é também estabelecida nos Princípios. Os Estados devem prever uma escala com diversos protocolos sobre

> o uso da força, devem rever esses protocolos constantemente e devem, ainda, treinar os seus agentes de modo a assegurar a eles pleno conhecimento e condições técnicas para observá-los estritamente. Essas regras devem (a) especificar as circunstâncias nas quais os agentes poderão portar armas e a descrição de quais armas e munições poderão ser portadas; (b) assegurar que as armas sejam utilizadas apenas em situações apropriadas e de modo a reduzir danos desnecessários; (c) proibir o uso de armas e munições que causem dano injustificável ou que apresentem riscos injustificáveis; (d) regular o controle, o depósito e a entrega das armas aos agentes, de modo a certificar-se que são eles responsáveis pelas armas que lhes foram entregues; (e) dar avisos sempre que a arma foi disparada; (f) manter um sistema de relatórios para que os agentes possam justificar sempre que a arma for utilizada.

Já o terceiro e relevante ponto diz respeito à divisão das forças de segurança em algumas polícias. Aliás, tem-se notado em estudos específicos sobre o tema que, quanto mais democráticos os Estados, maior o número de polícias. Em outros termos, a concentração das atribuições de segurança em uma ou poucas polícias é fenômeno que se repete, em regra, em Estados totalitários e ditatoriais, quando uma força de polícia assume, de forma concentrada, várias funções, dentre elas, aquela de manter e dar sustentação ao próprio governo e sua ditadura.

Portanto, podemos concluir, de forma muita simples e rasa, que a pluralidade das polícias representa um direito fundamental e, por isso, cláusula pétrea, sendo insusceptível de redução ou extinção.

Quanto à legislação, de forma relativamente inédita, o Brasil, em 2018, editou a Lei nº 13.675, que estabelece uma autêntica política pública, em nível nacional, voltada à segurança pública, com foco na cooperação e integração das polícias e, ainda, em modernas formas de enfrentamento do crime organizado, nacional e internacional.

Nas palavras dos Delegados Federais Henrique Hoffmann e Eduardo Fontes[2]:

> com a evolução da criminalidade, que cresceu tanto na modalidade violenta quanto na categoria organizada. Os tradicionais mecanismos estatais de combate ao crime não são mais suficientes, de maneira que o poder público

2. HOFFMANN, Henrique; FONTES, Eduardo. Artigo *Sistema Único de Segurança Pública é avanço, mas precisa sair do papel*, publicado em https://www.conjur.com.br/2018, acesso em 28/10/19).

precisa criar ferramentas e melhor organizar os órgãos de segurança pública. O diagnóstico dos estudiosos é que a persecução criminal deve abandonar os métodos artesanais e voluntaristas e adotar a tecnologia, a cooperação e o compartilhamento de informações, sempre com a valorização do profissional de segurança pública. Nesse sentido, a finalidade do Sistema Único de Segurança Pública é realizar o serviço de segurança pública (preservação da ordem pública e apuração das infrações penais) por meio de atuação conjunta, coordenada, sistêmica e integrada dos órgãos de segurança pública e defesa social de todos os entes federados, em articulação com a sociedade. A lei reconhece o comando constitucional (artigo 144 da CF) no sentido de que a segurança pública é dever do Estado e responsabilidade de todos, compreendendo a União, os estados, o Distrito Federal e os municípios e os diferentes órgãos policiais, no âmbito das atribuições de cada um. A nova legislação não cria polícias (nem poderia fazê-lo à margem da Constituição), mas promove o incentivo à troca de informações e à integração das instituições de segurança pública.

Assim, como não poderia ser diferente, a Lei impõe que o Estado assuma, definitivamente, o papel de responsável pela segurança da população e, ainda, apresenta os meios pelos quais ele pretende se desincumbir dessa tarefa.

11.2 DO SISTEMA ÚNICO DE SEGURANÇA PÚBLICA - SUSP (LEI Nº 13.675/18)

O Sistema Único de Segurança Pública - SUSP, instituído recentemente pela citada Lei nº 13.675/2018, tem a "finalidade de preservação da ordem pública e da incolumidade das pessoas e do patrimônio, por meio de atuação conjunta, coordenada, sistêmica e integrada dos órgãos de segurança pública e defesa social da União, dos Estados, do Distrito Federal e dos Municípios, em articulação com a sociedade" (art. 1º).

A mesma lei diz que "a segurança pública é dever do Estado e responsabilidade de todos, compreendendo a União, os Estados, o Distrito Federal e os Munícipios, no âmbito das competências e atribuições legais de cada um" (art. 2º).

A referida Lei foi regulamenta pelo Decreto 9.489/18, o qual diz que "a Política Nacional de Segurança Pública e Defesa Social será implementada por estratégias que garantam integração, coordenação e cooperação federativa, interoperabilidade, liderança situacional, modernização da gestão das instituições de segurança pública, valorização e proteção dos profissionais, complementaridade, dotação de recursos humanos, diagnóstico dos problemas a serem enfrentados, excelência técnica, avaliação continuada dos resultados e garantia da regularidade orçamentária para execução de planos e programas de segurança pública" (art. 2º).

Vale já dizer que em 2019 – com a reforma ministerial do governo recém empossado, - o Ministério da Segurança Pública fundiu-se com o Ministério da Justiça, o que exigiu pontuais ajustes no citado Decreto, pela normativa do Decreto nº 9.876, de 2019, o qual, por sua vez, não tratou apenas da questão estrutural, mas alterou as metas do Plano Nacional:

> Art. 4º Caberá ao Ministério da Justiça e Segurança Pública elaborar o PNSP, que deverá incluir o Plano de Nacional de Enfrentamento de Homicídios de Jovens, além de estabelecer suas estratégias, suas metas, suas ações e seus indicadores, direcionados ao cumprimento dos objetivos e das finalidades estabelecidos nos art. 6º e art. 22 da Lei nº 13.675, de 2018. (Redação dada pelo Decreto nº 9.876, de 2019) § 1º A elaboração do PNSP deverá observar as diretrizes estabelecidas no art. 24 da Lei nº 13.675, de 2018. § 2º O PNSP terá duração de dez anos, contado da data de sua publicação e deverá ser estruturado em ciclos de implementação de dois anos. § 3º Sem prejuízo do pressuposto de que as ações de prevenção à criminalidade devem ser consideradas prioritárias na elaboração do PNSP, o primeiro ciclo do PNSP editado após a data de entrada em vigor deste Decreto deverá priorizar ações destinadas a viabilizar a coleta, a análise, a atualização, a sistematização, a interoperabilidade de sistemas, a integração e a interpretação de dados: I - de segurança pública e defesa social; II - prisionais; III - de rastreabilidade de armas e munições; IV - relacionados com perfil genético e digitais; e V - sobre drogas.

Pois bem. Foi a Lei acima citada que criou a Política Nacional de Segurança Pública e Defesa Social (PNSPDS), a qual possui os seguintes **princípios** (art. 4º): "I - respeito ao ordenamento jurídico e aos direitos e garantias individuais e coletivos; II - proteção, valorização e reconhecimento dos profissionais de segurança pública; III - proteção dos direitos humanos, respeito aos direitos fundamentais e promoção da cidadania e da dignidade da pessoa humana; IV - eficiência na prevenção e no controle das infrações penais; V - eficiência na repressão e na apuração das infrações penais; VI - eficiência na prevenção e na redução de riscos em situações de emergência e desastres que afetam a vida, o patrimônio e o meio ambiente; VII - participação e controle social; VIII - resolução pacífica de conflitos; IX - uso comedido e proporcional da força; X - proteção da vida, do patrimônio e do meio ambiente; XI - publicidade das informações não sigilosas; XII - promoção da produção de conhecimento sobre segurança pública; XIII - otimização dos recursos materiais, humanos e financeiros das instituições; XIV - simplicidade, informalidade, economia procedimental e celeridade no serviço prestado à sociedade; XV - relação harmônica e colaborativa entre os Poderes; XVI - transparência, responsabilização e prestação de contas".

A mesma política tem suas **diretrizes** (art. 5º): "I - atendimento imediato ao cidadão; II - planejamento estratégico e sistêmico; III - fortalecimento das ações de prevenção e resolução pacífica de conflitos, priorizando políticas de redução da letalidade violenta, com ênfase para os grupos vulneráveis; IV - atuação integrada entre a União, os Estados, o Distrito Federal e os Municípios em ações de segurança pública e políticas transversais para a preservação da vida, do meio ambiente e da dignidade da pessoa humana; V - coordenação, cooperação e colaboração dos órgãos e instituições de segurança pública nas fases de planejamento, execução, monitoramento e avaliação das ações, respeitando-se as respectivas atribuições legais e promovendo-se a racionalização de meios com base nas melhores práticas; VI - formação e capacitação continuada e qualificada dos profissionais de segurança pública, em consonância com a matriz curricular nacional; VII - fortalecimento das instituições de segurança pública por meio de investimentos e do desenvolvimento de projetos estruturantes e de inovação tecnológica; VIII - sistematização e compartilhamento das informações de segurança pública, prisionais e sobre drogas, em âmbito nacional; (...)[3]".

Aliás, para a busca dessas diretrizes, a lei fixa algumas **atribuições aos agentes públicos** que atuam no contexto do sistema de segurança pública (art. 24): "Os agentes públicos deverão observar as seguintes diretrizes na elaboração

---

3. Seguem os incisos recortados: "IX - atuação com base em pesquisas, estudos e diagnósticos em áreas de interesse da segurança pública; X - atendimento prioritário, qualificado e humanizado às pessoas em situação de vulnerabilidade; XI - padronização de estruturas, de capacitação, de tecnologia e de equipamentos de interesse da segurança pública; XII - ênfase nas ações de policiamento de proximidade, com foco na resolução de problemas; XIII - modernização do sistema e da legislação de acordo com a evolução social; XIV - participação social nas questões de segurança pública; XV - integração entre os Poderes Legislativo, Executivo e Judiciário no aprimoramento e na aplicação da legislação penal; XVI - colaboração do Poder Judiciário, do Ministério Público e da Defensoria Pública na elaboração de estratégias e metas para alcançar os objetivos desta Política; XVII - fomento de políticas públicas voltadas à reinserção social dos egressos do sistema prisional; XIX - incentivo ao desenvolvimento de programas e projetos com foco na promoção da cultura de paz, na segurança comunitária e na integração das políticas de segurança com as políticas sociais existentes em outros órgãos e entidades não pertencentes ao sistema de segurança pública; XX - distribuição do efetivo de acordo com critérios técnicos; XXI - deontologia policial e de bombeiro militar comuns, respeitados os regimes jurídicos e as peculiaridades de cada instituição; XXII - unidade de registro de ocorrência policial; XXIII - uso de sistema integrado de informações e dados eletrônicos; XXV - incentivo à designação de servidores da carreira para os cargos de chefia, levando em consideração a graduação, a capacitação, o mérito e a experiência do servidor na atividade policial específica; XXVI - celebração de termo de parceria e protocolos com agências de vigilância privada, respeitada a lei de licitações."

e na execução dos planos: I - adotar estratégias de articulação entre órgãos públicos, entidades privadas, corporações policiais e organismos internacionais, a fim de implantar parcerias para a execução de políticas de segurança pública e defesa social; II - realizar a integração de programas, ações, atividades e projetos dos órgãos e entidades públicas e privadas nas áreas de saúde, planejamento familiar, educação, trabalho, assistência social, previdência social, cultura, desporto e lazer, visando à prevenção da criminalidade e à prevenção de desastres; III - viabilizar ampla participação social na formulação, na implementação e na avaliação das políticas de segurança pública e defesa social; IV - desenvolver programas, ações, atividades e projetos articulados com os estabelecimentos de ensino, com a sociedade e com a família para a prevenção da criminalidade e a prevenção de desastres; V - incentivar a inclusão das disciplinas de prevenção da violência e de prevenção de desastres nos conteúdos curriculares dos diversos níveis de ensino; VI - ampliar as alternativas de inserção econômica e social dos egressos do sistema prisional, promovendo programas que priorizem a melhoria de sua escolarização e a qualificação profissional; VII - garantir a efetividade dos programas, ações, atividades e projetos das políticas de segurança pública e defesa social; VIII - promover o monitoramento e a avaliação das políticas de segurança pública e defesa social; IX - fomentar a criação de grupos de estudos formados por agentes públicos dos órgãos integrantes do Susp, professores e pesquisadores, para produção de conhecimento e reflexão sobre o fenômeno da criminalidade, com o apoio e a coordenação dos órgãos públicos de cada unidade da Federação; X - fomentar a harmonização e o trabalho conjunto dos integrantes do Susp; XI - garantir o planejamento e a execução de políticas de segurança pública e defesa social; XII - fomentar estudos de planejamento urbano para que medidas de prevenção da criminalidade façam parte do plano diretor das cidades, de forma a estimular, entre outras ações, o reforço na iluminação pública e a verificação de pessoas e de famílias em situação de risco social e criminal".

A mesma lei inova ao apresentar, em nível nacional, formas de controle da atividade policial: "Aos órgãos de correição, dotados de autonomia no exercício de suas competências, caberá o gerenciamento e a realização dos processos e procedimentos de apuração de responsabilidade funcional, por meio de sindicância e processo administrativo disciplinar, e a proposição de subsídios para o aperfeiçoamento das atividades dos órgãos de segurança pública e defesa social" (art. 33). "A União, os Estados, o Distrito Federal e os Municípios deverão instituir órgãos de ouvidoria dotados de autonomia e independência no exercício de suas atribuições (art. 34). À ouvidoria competirá o recebimento e tratamento de representações, elogios e sugestões de qualquer pessoa sobre as ações e atividades dos profissionais e membros integrantes do Susp, devendo encaminhá-los ao órgão com atribuição para as providências legais e a resposta ao requerente (parágrafo único)."

Na verdade, é uma espécie de espelho do que já acontece com a saúde, no Sistema Único de Saúde (SUS). A Lei que regulamenta esse Sistema Único de Segurança Pública foi aprovada como uma resposta do Estado a um suposto anseio/clamor popular por mais proteção e segurança.

Essa Lei foi criada para que a segurança pública no Brasil seja gerida de uma forma mais integrada e transparente, com participação popular e a adoção de formas de controle da atividade dos seus agentes públicos, com divisão de tarefas entre os entes da federação e para que haja um maior trânsito de dados entre os entes federativos e, assim, o Estado possa responder com mais inteligência e coordenação aos anseios da sociedade.

Enfim, a Lei que cria o Sistema Único de Segurança Pública tem exatamente esse objetivo, qual seja integrar todos os entes da federação, fomentar um fluxo de dados entre os entes da federação no sentido de prestar segurança pública eficiente e participativa. Ora, se antes da Lei a questão da segurança pública era quase que exclusivamente de atribuição estadual e do Distrito Federal, com a nova norma, de certa forma, essas atribuições foram compartilhadas para envolver um pouco mais a União e os Municípios, sendo este o contexto de aprovação da lei.

12

DIREITOS COLETIVOS EM SENTIDO AMPLO - DIREITO PROCESSUAL

12.1 INTRODUÇÃO E ORIGENS

A tutela coletiva de direitos ou a forma coletiva de se trabalhar o processo civil, visando não só aos direitos das partes, mas também aos direitos de pessoas que sequer participam do processo, tem basicamente duas origens. Em termos históricos, temos a **origem remota** das ações coletivas, a qual nos leva ao Direito Romano, quando algumas ações, denominadas de "ações populares", buscavam não apenas a proteção de direitos individuais, mas também a tutela de interesses da comunidade, interesses ligados a impostos, ao ambiente coletivo e outros. Agora, as ações coletivas têm a sua **origem mais próxima** ligada ao processo coletivo norte-americano, do sistema das *class actions* que, de certa forma, foi inspirado na tutela coletiva romana, mas muito mais evoluído e complexo do que as simples "ações populares" romanas.

O nosso direito recebeu ambas as influências históricas, portanto, o processo coletivo brasileiro tem como inspiração remota essas ações romanas, mas a sua fonte principal – e mais recente – leva-nos certamente às ações coletivas norte-americanas. A proteção coletiva dos direitos individuais homogêneos, por exemplo, é um resgate ou uma inspiração direta das ações coletivas norte-americanas, logo, é um exemplo clássico de que o nosso direito inspirou-se no direito coletivo dos EUA, e que esse sistema é muito mais complexo do que o sistema romano de tutela coletiva, tendo o nosso direito processual coletivo esses dois precedentes históricos ou fontes de inspiração.

Realmente, o Código de Defesa do Consumidor, nos seus artigos 81, inciso III, 91 e seguintes, acolhe a terceira modalidade da *class action* do direito norte-americano (*Regra 23 – B, 3*), para inserir no ordenamento jurídico pátrio a tutela coletiva de interesses individuais decorrentes de uma origem comum (homogêneos).

Enfim, o Brasil tem hoje uma tutela coletiva de identidade mista, mas adaptada aos anseios sociais e às necessidades atuais, carente de certos ajustes – é evidente – mas em plena consolidação.

12.2 DOS PRINCÍPIOS GERAIS DO PROCESSO COLETIVO

O processo civil coletivo possui uma principiologia própria, aliás, isso lhe garante autonomia e permite sua contínua reafirmação, seja enquanto ciência, seja em termos de instrumento de jurisdição.

Um dos princípios centrais do processo coletivo é o **da disponibilidade motivada ou controlada**, também chamado da relativa indisponibilidade. Realmente, o simples fato de termos alguns entes ou instituições responsáveis pela tutela de direitos ou interesses alheios já é motivo mais que razoável para se cobrar responsabilidade e eficiência funcional.

Assim, paira sobre o processo coletivo um inegável interesse público que, dentre vários efeitos: um, impede a desistência imotivada da ação coletiva; dois, exige motivação razoável no sentido de não se provocar a jurisdição estatal de tutela coletiva; três, exige a máxima completude ou extensão dos pedidos; quatro, impõe ao juiz a intimação de outros legitimados sempre que o autor da ação coletiva ou titubear ou inclinar-se renunciar à tutela e aos direitos ou, de modo geral, flexibilizar essa atuação tutelar, inserindo-se nesse contexto o arquivamento do inquérito civil ou de outro procedimento investigativo, ou então a simples desistência da ação.

De fato, alguns dispositivos legais estabelecem algumas formas de controle.

Nessa linha, impõe-se aos colegitimados ativos da ação coletiva o dever de controlar a desistência infundada ou o abandono da ação pelo autor da mesma. Isso quer dizer que todo e qualquer legitimado, especialmente o Ministério Público e a Defensoria Pública, por suas funções constitucionais, deverão atentar para a efetivação do princípio da continuidade da demanda coletiva. Em havendo uma desistência infundada, tais legitimados ativos, por representarem instituições democráticas especiais, deverão integrar a demanda como se autores fossem, assumindo-se, pois, a titularidade da ação[1].

1. LACP, art. 5º, § 3º "Em caso de desistência infundada ou abandono da ação por associação legitimada, o Ministério Público ou outro legitimado assumirá a titularidade ativa".

Com a mesma razão, exige a lei que o membro do Ministério Público submeta o arquivamento do inquérito civil à homologação perante o órgão superior, devendo fazê-lo de forma fundamentada: "Se o órgão do Ministério Público, esgotadas todas as diligências, se convencer da inexistência de fundamento para a propositura da ação civil, promoverá o arquivamento dos autos do inquérito civil ou das peças informativas, fazendo-o fundamentadamente (art. 9º, caput, LACP)". As Defensorias Públicas também contam com mecanismos internos de controle e revisão.

Em outra linha de análise, é errado supor que o princípio da disponibilidade controlada ou motivada não se aplica quando os interesses tutelados forem exclusivamente individuais homogêneos, sob argumento de que seriam de ordem privada.

Um grande equívoco, pois existe sim interesse público na tutela dos interesses individuais homogêneos, pelo simples fato de existir uma representação de direitos a partir de previsão legal. Aliás, entendemos que essa indisponibilidade relativa é até maior que na tutela dos demais interesses coletivos em sentido amplo, pois a lei cria artificialmente uma espécie de tutela (coletiva) para direitos tradicionalmente protegido de forma individual. Assim, de forma paralela, cria-se aos colegitimados ativos um direito-dever de ação (poder), os quais, em contrapartida, devem exercê-lo com responsabilidade e zelo. Em outras palavras, como a lei cria uma tutela coletiva artificial, esse mecanismo deve funcionar com a máxima efetividade, sob pena de comprometer a própria opção legislativa e a reputação daqueles atribuídos por lei do dever de tutela e de ação. Não por outro motivo, Gregório Assagra ensina que "esse princípio, além de ter fundamento em texto expresso de lei, justifica-se tendo em vista o interesse social sempre presente nas ações coletivas, mesmo as que visa tutelar direitos individuais homogêneos".[2]

Agora, é bom que se diga que o controle judicial sobre essa disponibilidade possui certos ditames e formas. Assim, é errado imaginar que, pelo princípio da disponibilidade controlada ou motivada, quando o Ministério Público ou outro legitimado ativo desistir da ação coletiva sem motivação idônea, o juiz deva nomear a Defensoria Pública como sua nova autora, determinando a sua pronta intervenção.

Realmente, embora tal princípio imponha certo controle judicial sobre a condução da ação coletiva e o zelo do seu autor, as formas de exercer essa

---

2. DE ALMEIDA, Gregório Assagra. *Direito processual coletivo brasileiro: Um novo ramo do direito processual.* São Paulo: Saraiva, 2003, P. 574.

atribuição devem observar as regras e princípios orgânicos de cada Instituição, no caso da Defensoria Pública e do Ministério Público, os princípios da autonomia e da independência funcional. Diante disso, não pode o juiz determinar a ação institucional, mas submeter eventual negativa de intervenção aos órgãos de controle interno, tais como os Conselhos Superiores ou as Corregedorias-Gerais.

Portanto, para concluir, o princípio em análise gera uma série de efeitos ao processo civil coletivo, especialmente quanto à postulação da ação, ao seu devido andamento, à produção de provas e, também, à atuação recursal da parte. O autor da ação coletiva não pode desistir dela, senão de forma fundamentada e, mesmo nesse caso, o juiz deve intimar os demais legitimados ativos para consultá-los acerca de eventual assunção do polo ativo da demanda.

Também, não se pode olvidar que o autor da ação coletiva deve utilizar de todos os recursos ou meios de impugnação cabíveis para defesa do direito coletivo em questão. Além disso, o autor deve explorar todas as provas admissíveis e cabíveis em cada caso, não podendo abrir mão ou renunciar a nenhum meio de prova que seria interessante ou benéfico para a comprovação dos fatos alegados na petição inicial. Assim, tem-se do autor da ação coletiva, seja Ministério Público, seja Defensoria Pública, uma atuação vinculada aos direitos por eles defendidos, o que afasta uma suposta discricionariedade do membro dessas Instituições em relação à própria ação coletiva. Portanto, a discricionariedade, nestes casos, é praticamente nula, uma vez que vige o princípio da indisponibilidade dos direitos coletivos.

Por fim, ainda sobre o princípio em tela, o Projeto de Lei nº 1641/2021 (autoria Dep. Paulo Teixeira) prevê:

> Art. 16. A desistência da ação civil pública somente será homologada se houver fundamento adequado. Art. 17. Em caso de desistência infundada ou abandono, o juiz dará ciência ao grupo e intimará outros legitimados para assumir a condução do processo. Parágrafo único. Não havendo legitimado adequado interessado em assumir a causa e ouvido o Ministério Público, o processo será extinto sem resolução de mérito.

Outro dos princípios do processo civil coletivo é **o princípio da flexibilidade das regras procedimentais**. Isso acontece porque, primeiro, o processo civil coletivo não conta com uma lei única que regulamente integralmente todo o procedimento, como acontece com processo civil individual. Neste, há o Código de Processo Civil que regulamenta passo a passo o procedimento, desde a propositura da ação até o seu trânsito em julgado. De forma diversa, o processo civil coletivo conta com um microssistema formado pela conjugação e pela harmonização de várias leis processuais contidas em diplomas diversos, dentre eles o Código de Defesa do Consumidor, o Estatuto da Criança e do Adolescente, a de Lei de Ação Civil Pública e também o Código de Processo Civil.

Desta forma, o processo coletivo é interpretado a partir de um conjunto de normas organizado, um microssistema, mas essa organização é adaptada já que não conta com uma lei única e sistematizada, como acontece com o processo civil individual e, nesse manejo/trabalho de organização do processo civil coletivo, que é também de adaptação, deve haver uma flexibilização das normas, sob pena de tornar o processo coletivo algo não concreto ou não praticável.

Essa flexibilidade das normas processuais vem, dentre outras fontes, do direito processual do trabalho, e também é aplicada em sistemas processuais como nos Juizados Especiais Cíveis e em outras leis, assim como no processo civil coletivo, já que se exige uma adaptação de regras processuais oriundas de outros campos. Agora, com o Código de Processo Civil de 2015, essa flexibilidade também é um princípio do processo civil individual e um princípio positivado, já que a nova lei contempla expressamente a flexibilidade das normas processuais.

Vivemos, portanto, a evolução do processo civil, e o processo coletivo participa dessa evolução, servindo como combustível para que normas processuais mais evoluídas e de vanguarda sejam incorporadas ao processo civil como um todo. Isso acontece, como dito, com a flexibilidade dessas normas. Portanto, o processo civil coletivo, a partir desse microssistema, cumpre também o papel de progresso do processo civil como um todo.

Por fim, vale a pena anotar que o Código de Processo Civil de 2015 tem, como objetivo ou um dos seus objetivos, a simplificação do procedimento, a operabilidade do próprio modelo de processo, a flexibilidade procedimental e especialmente a efetivação da tutela jurisdicional, isso pensando em termos de concretude e de tempo, e esses princípios e objetivos vêm ao encontro do processo coletivo que há tempo se busca.

Por exemplo, a inversão do ônus da prova, que já estava no Código de Defesa do Consumidor desde 1990, é um primeiro embrião de um processo civil mais eficiente e mais protetivo, que pensa efetivamente na tutela de direitos, e essa inversão do ônus da prova já vinha sendo aplicada em relação aos processos coletivos de consumidor e de meio ambiente (STJ). Então, essa principiologia do novo processo civil se aplica, em tese, ao processo coletivo como um todo, uma vez que há um encontro de objetivos e metas, além de princípios. Então, esse novo processo civil é extremamente compatível com o que se espera de um moderno processo civil coletivo.

Contudo, faremos uma ressalva em relação a essa nova regra do processo civil (CPC/15), que distribui o ônus da prova de forma dinâmica. Entendemos que a inversão não pode ser aplicada em prejuízo dos interesses coletivos em sentido amplo, pois isso acarretaria claro retrocesso.

Por fim, ainda sobre o princípio em tela, o Projeto de Lei nº 1641/2021 (autoria Dep. Paulo Teixeira) prevê no seu art. 2º, "flexibilidade do processo e pragmatismo, devendo ser consideradas por todos as consequências práticas e jurídicas das decisões judiciais e das soluções consensuais" – inciso XI. No mesmo projeto de lei, há previsão de flexibilização do próprio julgado para adequar a decisão à melhor tutela do bem jurídico: "O juiz, de ofício ou a requerimento das partes e observado o contraditório prévio, poderá adequar o modo de proteção do bem jurídico na fase de cumprimento ou no processo de execução, ajustando-a às peculiaridades do caso concreto e às alterações fáticas supervenientes, inclusive na hipótese de o ente público ou seu delegatário promover políticas públicas que se afigurem mais adequadas do que as determinadas na decisão, ou se esta se revelar inadequada ou ineficaz para o atendimento do direito" (art. 32, § 7º), com incidência da mesma regra para o cumprimento da tutela provisória coletiva (§ 8º).

O terceiro princípio do processo civil coletivo, importantíssimo, **é o da variabilidade ou da não taxatividade da tutela**, ou ainda, da maior completude/amplitude do pedido. Isso porque os bens ou direitos e interesses coletivos em sentido amplo exigem necessariamente a maior proteção possível, não podendo os legitimados ativos renunciar a qualquer tipo de direito ou interesse, ainda que secundário, ou a qualquer modo de proteção.

Assim, o Ministério Público, a Defensoria Pública ou uma associação, o autor ou a autora de uma ação coletiva não pode absolutamente abrir mão ou renunciar a qualquer tipo de pedido para que a tutela coletiva não fique manca, incompleta e de certa forma precária, atingindo negativamente os direitos das pessoas representadas. Assim, exige-se atenção para se garantir a maior eficácia do processo coletivo e para que a ação coletiva, que gera um grande custo ao Estado, não se torne um instrumento ineficaz ou de amplitude parcial. Para isso, consagra-se o princípio da variedade ou máxima amplitude dos pedidos.

Na legislação, alguns importantes dispositivos positivam este princípio: "Para a defesa dos direitos e interesses protegidos por este código são admissíveis todas as espécies de ações capazes de propiciar sua adequada e efetiva tutela" (art. 83, CDC); "Para defesa dos direitos e interesses protegidos por esta Lei, são admissíveis todas as espécies de ações pertinentes" (art. 212, ECA); "Para defesa dos interesses e direitos protegidos por esta Lei, são admissíveis todas as espécies de ação pertinentes" (art. 82, Estatuto do Idoso).

Portanto, sem burocracia ou formalismos estéreis, a lei é clara ao autorizar e fomentar a maior amplitude dos pedidos, os quais não se encontram em relação taxativa, mas apenas estão condicionados à máxima tutela possível.

Por fim, ainda sobre o princípio em tela, o Projeto de Lei nº 1641/2021 (autoria Dep. Paulo Teixeira) prevê no seu art. 5º: "Para a defesa dos direitos difusos, coletivos ou individuais homogêneos, são admissíveis todas as espécies de tutela jurisdicional e procedimentos capazes de propiciar sua adequada e efetiva tutela. Parágrafo único. Para a concessão da tutela específica destinada a inibir a prática, a reiteração ou a continuação de um ilícito, ou a sua remoção, é irrelevante a demonstração da ocorrência de dano ou da existência de culpa ou dolo".

Quanto ao **princípio da primazia da tutela coletiva**, pode-se colocar que, há algum tempo, a tutela coletiva de direitos coletivos e também as outras formas coletivas de tutela de direitos diversos – não necessariamente coletivos – têm assumido a preferência daqueles que editam as leis e que manejam a jurisdição.

Assim, podemos traçar o seguinte cronograma dessa evolução: já na segunda metade do século passado (XX), várias leis regulamentaram as conhecidas e aqui tratadas ações coletivas (ação popular, ação civil pública, mandado de segurança coletivo etc.).

Após, a Emenda Constitucional nº 45/2004 iniciou uma mudança na forma de se tratar a tutela de direitos individuais, não necessariamente difusos, coletivos em sentido estrito ou individuais homogêneos. Na ocasião, exigiu-se a repercussão geral para o recurso extraordinário, iniciando-se um processo de abstrativização do processo civil individual.

Em seguida, várias leis alteraram o então CPC/73 para instituir formas coletivas de jurisdição. Criou-se a forma repetitiva do recurso especial e ficaram positivados os efeitos de uma decisão dos Tribunais Superiores sobre as ações individuais (em recurso especial ou em recurso extraordinário). Aliás, em certa ocasião, o STJ determinou a suspensão de todas as ações que tramitavam no território nacional até que um recurso especial repetitivo fosse analisado.

Naquela vez, o Superior Tribunal de Justiça, por meio de uma interpretação sistemática do processo civil individual, em fase de coletivização (revogado art. 543-C do CPC), e do processo civil coletivo (art. 104 CDC), determinou a suspensão obrigatória das ações individuais: "1.- Ajuizada ação coletiva atinente a macrolide geradora de processos multitudinários, suspendem-se as ações individuais, no aguardo do julgamento da ação coletiva. 2.- Entendimento que não nega vigência aos arts. 51, IV e § 1º,103 e 104 do Código de Defesa do Consumidor; 122 e 166 do Código Civil; e 2º e 6º do Código de Processo Civil, com os quais se harmoniza, atualizando-lhes a interpretação extraída da potencialidade desses dispositivos legais ante a diretriz legal resultante do disposto no art. 543-C do Código de Processo Civil (revogado CPC/73), com a redação dada pela Lei dos Recursos Repetitivos (Lei n. 11.672, de 8.5.2008)" - REsp 1110549/RS, Relator Ministro Sidnei Beneti, julgado em 28/10/2009.

Segundo inédito voto do Min. Relator, "no 'atual' contexto da evolução histórica do sistema processual relativo à efetividade da atividade jurisdicional nos Tribunais Superiores e nos próprios Tribunais de origem, as normas processuais infraconstitucionais devem ser interpretadas teleologicamente, tendo em vista não só a realização dos direitos dos consumidores mas também a própria viabilização da atividade judiciária, de modo a efetivamente assegurar o disposto no art. 81 do Código de Defesa do Consumidor, de forma que se deve manter a orientação firmada no Tribunal de origem, de aguardo do julgamento da ação coletiva, prevalecendo, pois, a suspensão do processo, tal como determinado pelo Juízo de 1º Grau e confirmado pelo Acórdão ora recorrido. Atualizando-se a interpretação jurisprudencial, de modo a adequar-se às exigências da realidade processual de agora, deve-se interpretar o disposto no art. 81 do Código de Defesa do Consumidor, preservando o direito de ajuizamento da pretensão individual na pendência de ação coletiva, mas suspendendo-se o prosseguimento desses processos individuais, para o aguardo do julgamento de processo de ação coletiva que contenha a mesma macro-lide. A suspensão do processo individual pode perfeitamente dar-se já ao início, assim que ajuizado, porque, diante do julgamento da tese central na Ação Civil Pública, o processo individual poderá ser julgado de plano, por sentença liminar de mérito (revogado CPC/73, art. 285-A), para a extinção do processo, no caso de insucesso da tese na Ação Civil Pública, ou, no caso de sucesso da tese em aludida ação, poderá ocorrer a conversão da ação individual em cumprimento de sentença da ação coletiva. Não há incongruência, mas, ao contrário, harmonização e atualização de interpretação, em atenção à Lei de Recursos Repetitivos, com os julgados que asseguraram o ajuizamento do processo individual na pendência de ação coletiva – o que, de resto, é da literalidade do aludido art. 81 do Código de Defesa do Consumidor, cujo caput dispõe que 'a defesa dos interesses e direitos dos consumidores e das vítimas poderá ser exercida em juízo individualmente, ou a título coletivo'. O direito ao ajuizamento individual deve também ser assegurado, no caso de processos multitudinários repetitivos, porque, se não o fosse, o autor poderia sofrer consequências nocivas ao seu direito, decorrentes de acidentalidades que levassem à frustração circunstancial, por motivo secundário, do processo principal, mas esse ajuizamento não impede a suspensão".

Agora, com o CPC, temos o incidente de resolução de demandas repetitivas (IRDR), do qual trataremos mais a frente. Aliás, também fundamentaremos nossa posição no sentido de que o IRDR passou a impedir que o Superior Tribunal de Justiça (STJ) determine – como fez em 2009 – a suspensão de todas as ações individuais que tramitem no território nacional após o recebimento de recurso especial em ação coletiva. Agora, o sistema, sem abandonar o princípio da primazia da tutela coletiva, criou um mecanismo próprio e formal para a decisão de questões de massa, o IRDR.

Por fim, a tutela jurisdicional, especialmente a coletiva, deve ser o mais satisfativa possível. Como um importante serviço público, a prestação jurisdicional deve ser eficiente. Eis **o princípio da satisfatividade da tutela jurisdicional coletiva**.

De fato, uma tutela satisfativa é a tutela efetiva e específica ao caso concreto, adequada à melhor e mais rápida satisfação do direito. A satisfação significa, além de concretude, adequação às necessidades e pretensões – desde que legítimas – de cada parte. Contudo, o CPC não abandona a efetividade, mas a qualifica, tornando a tutela satisfativa. Seguindo esse raciocínio, ele dispõe que "as partes têm o direito de obter em prazo razoável a solução integral do mérito, incluída a atividade satisfativa" (art. 4º).

Mas, para que tenhamos uma tutela coletiva satisfativa, devemos nos valer dos seguintes meios ou atributos processuais: celeridade; necessidade/utilidade; coercibilidade.

Na linha da celeridade, o CPC visou afastar dilações e prorrogações desnecessárias, bem como estabeleceu prazos e penalidades para todos aqueles que intervierem no processo. Aliás, o *Pacto de San José* da Costa Rica, no art. 8º, I, dispõe: "Toda pessoa tem o direito a ser ouvida com as devidas garantias e dentro de um prazo razoável, por um juiz ou tribunal competente, independente e imparcial, estabelecido anteriormente por lei, na apuração de qualquer acusação penal formulada contra ela, ou para que se determinem os seus direitos ou obrigações de natureza civil, trabalhista, fiscal ou de qualquer outra natureza."

Realmente, "o juiz dirigirá o processo conforme as disposições deste Código, incumbindo-lhe velar pela duração razoável do processo" (art. 139, II), a linha da previsão constitucional (art. 5º, LXXVIII, da CF).

Imaginemos uma tutela jurisdicional inibitória e com pedido de antecipação sobre o meio ambiente ou a saúde pública, mas tratada com morosidade e protelação pelo Poder Judiciário? Os efeitos de uma tutela concedida tardiamente podem ser equiparados, a depender da demanda, aos efeitos de uma inércia ou de negligência daqueles incumbidos de promovê-la.

No campo da necessidade/utilidade, o CPC foi sensível e inteligente ao permitir a antecipação da prova útil à autocomposição ou ao próprio esclarecimento dos fatos, o que eventualmente poderá evitar a própria ação, situação extremamente interessante no campo coletivo.

Imaginemos a situação de uma antecipação de provas para viabilizar a produção e o cumprimento de um termo de ajustamento de conduta (TAC). Seria fantástico que o legitimado coletivo pudesse valer-se de um pedido de antecipação de prova para, com isso, viabilizar a formalização de um acordo e resolver o conflito.

De fato, nada mais efetivo que isso em termos de instrução e tutela, ocasião na qual a própria prova – e não apenas a decisão ou o provimento – será satisfativa e servirá como instrumento de pacificação e contenção da conflituosidade, particular ou coletiva.

Assim, admitir-se-á a antecipação da prova caso "seja suscetível de viabilizar a autocomposição ou outro meio adequado de solução de conflito" (art. 381, II); ou se "o prévio conhecimento dos fatos possa justificar ou evitar o ajuizamento de ação" (art. 381, III).

Mais adiante, quanto à prova pericial, o CPC reconhece eventual utilidade na "prova técnica simplificada", que não tem as formalidades da prova pericial. Então, "de ofício ou a requerimento das partes, o juiz poderá, em substituição à perícia, determinar a produção de prova técnica simplificada, quando o ponto controvertido for de menor complexidade" (art. 464, § 2º).

Agora, uma advertência é de rigor. A busca pela efetividade não pode gerar prejuízo aos interessados coletivos. De fato, uma interessante inovação – que se aplica evidentemente ao processo coletivo - é aquela que autoriza o juiz a decidir o mérito em benefício daquele que também se aproveitaria de eventual decisão sem a resolução do mérito. Ou seja, que utilidade teria, para ele, a extinção do processo sem a resolução do mérito, se possui pretensão procedente no conteúdo? Assim, prescreve o art. 488: "desde que possível, o juiz resolverá o mérito sempre que a decisão for favorável à parte a quem aproveitaria eventual pronunciamento nos termos do art. 485".

Ocorre que, hipoteticamente, o autor coletivo (Ministério Público ou Defensoria Pública, por exemplo) poderia, a partir de uma ação inadequada ou carente do mínimo de lastro probatório, e com a aplicação desse dispositivo, gerar prejuízos para a coletividade conforme os efeitos da coisa julgada (CDC). Diante disso, e do princípio da primazia da tutela coletiva – além do princípio da cooperação -, sempre que o juiz se deparar com uma situação de extinção do processo sem a resolução do mérito, com ou sem o seu enfrentamento (art. 488, CPC/15), deverá intimar outro legitimado ativo público para analisar os autos e eventualmente sanear a falha ou desvio praticado pelo colegitimado.

De outra parte, mas ainda pensando em satisfatividade, se partirmos do aspecto da utilidade/economia, não podemos nos esquecer das hipóteses de cumulação de pedidos (art. 327). Aliás, vale dizer que, pela nova lei, admite-se a cumulação de pedidos, mesmo que os procedimentos sejam diversos, adotando-se o rito comum: "Quando, para cada pedido, corresponder tipo diverso de procedimento, será admitida a cumulação se o autor empregar o procedimento comum, sem prejuízo do emprego das técnicas processuais diferenciadas previstas nos procedimentos especiais a que se sujeitam um ou mais pedidos cumulados, que não forem incompatíveis com as disposições sobre o procedimento comum" (art. 327, § 2º). À evidência, tal autorização reflete em efetividade.

Vale dizer que o Superior Tribunal de Justiça há tempo tem autorizado a cumulação de pedidos, ainda que tenham ritos diversos, desde que adotado o procedimento comum ("a cumulação dos pedidos de revisão de cláusulas do contrato e de consignação em pagamento das parcelas tidas como devidas por força do mesmo negócio jurídico, que possuem procedimentos judiciais diversos, implicitamente requer o emprego do procedimento ordinário"[3]). Em decisão recente, reafirmou que "tendo sido efetivamente adotado o rito ordinário, é irrelevante a discussão acerca da possibilidade de cumulação dos pedidos de reintegração de posse e indenizatórios em ritos distintos".[4]

Por sua vez, a coercibilidade pode ser negativa ou positiva (ou premial). A primeira decorre da força judicial ou administrativa – desde que prevista em lei –, para induzir o obrigado ou terceiro a realizar o ato útil ao processo ou a atender a pretensão do credor, sob pena de suportar algum mal, por exemplo, uma multa ou a expedição de mandado de apreensão. A coercibilidade positiva ou premial é aquela que também exerce certa influência no ânimo do devedor,

3. STJ, 3ª T., REsp 464.439/GO, Rel. Min. Nancy Andrighi, DJ 23-6-2003.

4. STJ, 4ª T., AgRg no AREsp 538.020/RJ, Rel. Min. Raul de Araujo, DJe 7-5-2015.

levando-o a satisfazer o crédito e a receber algo benéfico por isso como, por exemplo, a redução de honorários ou a isenção de multas processuais.

Na linha da coerção negativa, o CPC impõe a terceiros o dever de colaborar com a instrução do processo, sob pena de sofrer medidas de força. De fato, até o verbo que inicia o dispositivo foi alterado, de "compete" para "incumbe", então, "ao terceiro, em relação a qualquer causa: informar ao juiz os fatos e as circunstâncias de que tenha conhecimento (I), e exibir coisa ou documento que esteja em seu poder (II)", nos termos do art. 380. Em seguida, prevê que "poderá o juiz, em caso de descumprimento, determinar, além da imposição de multa, outras medidas indutivas, coercitivas, mandamentais ou sub-rogatórias" (parágrafo único).

Nessa mesma linha, mas ao tratar do cumprimento de sentença e do respectivo requerimento – que deve vir acompanhado do total do débito –, o CPC impõe que "quando a elaboração do demonstrativo depender de dados em poder de terceiros ou do executado, o juiz poderá requisitá-los, sob cominação do crime de desobediência" (art. 524, § 3º).

Outrossim, o CPC admite o protesto do título executivo judicial, desde que tenha trânsito em julgado, para que produza efeitos desde logo, especialmente no sentido de constranger o devedor inadimplente e impedir fraudes ou eventuais prejuízos ao exequente, o que potencializa os resultados do procedimento executivo e, por consequência, amplia a satisfação do credor.

De fato, "a decisão judicial transitada em julgado poderá ser levada a protesto, nos termos da lei, depois de transcorrido o prazo para pagamento voluntário previsto no art. 523" (art. 517), via apresentação de certidão oficial da decisão – e do trânsito em julgado, a qual deverá ser fornecida, ao interessado, no prazo de três dias.

Por fim, registramos recente decisão do Superior Tribunal de Justiça que admitiu a condenação por danos morais decorrentes de descumprimento de decisão judicial, mesmo que tenha havido a fixação de multa cominatória: "a jurisprudência desta Corte é firme no sentido de que a inscrição indevida em cadastro de inadimplentes gera dano moral passível de indenização, salvo constatada a existência de outras anotações preexistentes àquela que deu origem a ação reparatória (Súmula 385/STJ). Na hipótese, o Magistrado de primeiro grau julgou procedente pedido de indenização, tendo em vista a manutenção da negativação do nome da autora em cadastro de proteção ao crédito mesmo após determinação judicial de retirada, proferida em processo distinto no qual foi fixada multa cominatória. A referida indenização visa a reparar o abalo moral sofrido em decorrência da verdadeira agressão ou atentado contra dignidade da pessoa humana. A multa cominatória, por outro lado, tem cabimento nas hipóteses de descumprimento de ordens judiciais, sendo fixada justamente com o objetivo de compelir a parte ao cumprimento daquela obrigação. Encontra justificativa no princípio da efetividade da tutela jurisdicional e na necessidade de se assegurar o pronto cumprimento das decisões judiciais cominatórias. Verifica-se, portanto, que os institutos em questão têm natureza jurídica e finalidades distintas. A multa tem finalidade exclusivamente coercitiva e a indenização por danos morais tem caráter reparatório de cunho eminentemente compensatório, portanto, perfeitamente cumuláveis" (STJ, REsp nº 1.689.074-RS, Rel. Min. Moura Ribeiro, por unanimidade, julgado em 16/10/2018. Informativo nº 636).

Enfim, a tutela coletiva não possui um fim em si, mas existe para que seus efeitos possam satisfazer múltiplos direitos, muitas vezes difusos, nas mais variadas situações e submetidos aos mais diversos riscos. Daí a necessidade de uma resposta judicial rápida e eficiente.

Por fim, ainda sobre o princípio em tela, o Projeto de Lei nº 1641/2021 (autoria Dep. Paulo Teixeira) prevê no seu art. 2º, "efetiva precaução, prevenção e reparação integra dos danos patrimoniais e morais, individuais e coletivos" – inciso V.

12.3 DOS PROCEDIMENTOS COLETIVOS NO BRASIL: CLASSIFICAÇÃO. AS PRINCIPAIS AÇÕES COLETIVAS

O processo civil coletivo conta basicamente com dois tipos de procedimentos coletivos. Há o **procedimento coletivo comum**, que é basicamente aquele da ação civil pública e é regido, em um primeiro patamar, pela relação entre Lei de Ação Civil Pública e Código de Defesa do Consumidor, relação esta que é íntima entre essas duas leis e fundada no artigo 21 da LACP[5], aliás, inserido pelo próprio CDC. Em um segundo patamar, temos a incidência das leis específicas que tratam das ações coletivas especiais como, por exemplo, a lei da ação popular, a lei do mandado de segurança e a lei de improbidade administrativa. Todas essas leis são aplicáveis ao procedimento comum coletivo de forma subsidiária, num segundo momento, mas a esse procedimento comum coletivo também se aplica, num terceiro patamar, o Código de Processo Civil.

5. Lei nº 7.347/85: "Art. 21. Aplicam-se à defesa dos direitos e interesses difusos, coletivos e individuais, no que for cabível, os dispositivos do Título III da lei que instituiu o Código de Defesa do Consumidor".

Agora, em relação **aos procedimentos especiais coletivos**, aqueles que regem a ação popular, o mandado de segurança coletivo, a ação de improbidade administrativa ou o *habeas corpus* coletivo, cada uma dessas ações coletivas tem o seu procedimento coletivo especial e quanto a ele se aplica, num primeiro momento, o próprio diploma que trata do tema, no caso, as Leis nºs 4.717/65, 12.016/09, 8.429/92, respectivamente. Em segundo plano, tem-se a relação entre a lei da ação civil pública e o Código de Defesa do Consumidor e, vale destacar, essas duas leis são aplicáveis de forma subsidiária ao procedimento da ação especial coletiva. Por fim, em um terceiro patamar, há leis específicas das outras ações especiais coletivas. Desta forma, é possível aplicar à ação popular as regras do mandado de segurança coletivo e, num quarto patamar, tem-se, finalmente, a aplicação do Código Processo Civil a essas ações especiais coletivas.

Portanto, conclui-se que é assim como funciona a dinâmica interpretativa ou hermenêutica das ações coletivas. Eis o microssistema de tutela coletiva.

Sobre o **mandado de segurança coletivo**, pode-se dizer que o remédio é um instrumento jurídico histórico, consolidado em vários países, especialmente em Estados democráticos de Direito, já que o mandado de segurança tem por finalidade a defesa de liberdades individuais e liberdades públicas, de direitos líquidos e certos. O mandado de segurança tem amparo constitucional, aliás, no Brasil há muito tempo, e a Constituição Federal de 88 chegou a prever, de forma inédita, o mandado de segurança coletivo, que era carente de uma regulamentação legal até a promulgação da última lei do mandado de segurança (Lei nº 12.016/09), que traz alguns ditames à ação coletiva, contudo, de forma muito pontual e incompleta, devendo o intérprete recorrer ao microssistema de tutela coletiva para manejar o instrumento.

Na Constituição Federal, o art. 5º traz: "o mandado de segurança coletivo pode ser impetrado por: a) partido político com representação no Congresso Nacional; b) organização sindical, entidade de classe ou associação legalmente constituída e em funcionamento há pelo menos um ano, em defesa dos interesses de seus membros ou associados" (inciso LXX).

A lei do mandado de segurança (Lei nº 12.016/09) consagrou poucas regras sobre o MS coletivo:

> Art. 21. O mandado de segurança coletivo pode ser impetrado por partido político com representação no Congresso Nacional, na defesa de seus interesses legítimos relativos a seus integrantes ou à finalidade partidária, ou por organização sindical, entidade de classe ou associação legalmente constituída e em funcionamento há, pelo menos, 1 (um) ano, em defesa de direitos

> líquidos e certos da totalidade, ou de parte, dos seus membros ou associados, na forma dos seus estatutos e desde que pertinentes às suas finalidades, dispensada, para tanto, autorização especial. Parágrafo único. Os direitos protegidos pelo mandado de segurança coletivo podem ser: I - coletivos, assim entendidos, para efeito desta Lei, os transindividuais, de natureza indivisível, de que seja titular grupo ou categoria de pessoas ligadas entre si ou com a parte contrária por uma relação jurídica básica; II - individuais homogêneos, assim entendidos, para efeito desta Lei, os decorrentes de origem comum e da atividade ou situação específica da totalidade ou de parte dos associados ou membros do impetrante.
>
> Art. 22. No mandado de segurança coletivo, a sentença fará coisa julgada limitadamente aos membros do grupo ou categoria substituídos pelo impetrante. § 1º O mandado de segurança coletivo não induz litispendência para as ações individuais, mas os efeitos da coisa julgada não beneficiarão o impetrante a título individual se não requerer a desistência de seu mandado de segurança no prazo de 30 (trinta) dias a contar da ciência comprovada da impetração da segurança coletiva. § 2º No mandado de segurança coletivo, a liminar só poderá ser concedida após a audiência do representante judicial da pessoa jurídica de direito público, que deverá se pronunciar no prazo de 72 (setenta e duas) horas.

Aliás, sobre essa questão das normas aplicáveis é importante dizer que, na ausência de uma regulamentação específica, deve o intérprete recorrer primeiro ao microssistema de tutela coletiva, no caso, integrado pela Lei da Ação Civil Pública e o Código de defesa do Consumidor. Também deve recorrer ao Código Processo Civil para resolver a questão do mandado de segurança coletivo, sendo esse microssistema prioritário em relação às regras do mandado de segurança individual.

Então, por exemplo, a regra do mandado de segurança individual sobre o reexame necessário, que diz que o juiz deve remeter os autos ao Tribunal quando julga procedente o MS individual (art. 14, § 1º, Lei nº 12.016/09), não se aplica ao mandado de segurança coletivo, aplicando-se, porém, a regra da lei da ação popular, a qual diz: caso o juiz entenda improcedente ou carente ação, deve remeter os autos ao Tribunal para o reexame necessário. Isso porque o processo coletivo tem um inegável interesse público que se sobrepõe aos interesses da administração pública. Assim, vale a pena citar a referida regra: "a sentença que concluir pela carência ou pela improcedência da ação está sujeita ao duplo grau de jurisdição, não produzindo efeito senão depois de confirmada pelo tribunal; da que julgar a ação procedente caberá apelação, com efeito suspensivo" (art. 19, Lei nº 4.717/65).

De outro lado, a **ação popular** pode ser considerada a primeira das ações coletivas na história jurídica global. Seus precedentes remetem-nos ao Direito Romano e, como dito, foi a primeira ação coletiva registrada na história jurídica, pelo menos do mundo ocidental.

A ação popular tem uma titularidade diluída, uma vez que qualquer cidadão pode propor a ação, portanto, não se limita a legitimados ativos previstos em lei. Assim, tem essa legitimidade diluída como uma forma de exercício da cidadania, embora pouco praticada no Brasil por questões culturais ou até por obstáculos existentes no próprio sistema de Justiça. "Qualquer cidadão é parte legítima para propor ação popular que vise a anular ato lesivo ao patrimônio público ou de entidade de que o Estado participe, à moralidade administrativa, ao meio ambiente e ao patrimônio histórico e cultural, ficando o autor, salvo comprovada má-fé, isento de custas judiciais e do ônus da sucumbência" (art. 5º, LXXIII, CF).

E, "a prova da cidadania, para ingresso em juízo, será feita com o título eleitoral, ou com documento que a ele corresponda (art. 1º, § 3º, Lei nº 4.717/65)."

Atualmente no Brasil, a ação popular, embora seja regulada por uma lei antiga que precede a Constituição Federal (Lei nº 4.717/65), foi com essa Constituição/88 que teve seu objeto ampliado para englobar ou incluir, na sua tutela, direitos que vão além da simples moralidade ou regularidade administrativa, incluindo o meio ambiente, por exemplo. Portanto, foi a Carta de 88 que felizmente expandiu objeto da ação popular, contudo, na prática ela carece de utilização mais recorrente.

12.4 DO PROCEDIMENTO COMUM COLETIVO

12.4.1 Legitimidade ativa

No processo civil individual, como regra e tradicionalmente, o titular do direito material é quem tem legitimidade para buscar a sua tutela jurisdicional. Somente em casos excepcionais e específicos, a lei expressamente outorga a legitimidade ativa (para demandar) a terceiros que não os imediatos titulares.

Na tutela coletiva, pela própria difusão dos titulares ou então pela indivisibilidade do objeto, o sistema processual permite que órgãos, entidades e associações previstos na lei promovam essa tutela jurisdicional, transferindo-lhes a legitimidade ativa.

No Brasil, diversamente do sistema norte-americano da *class action*, essa outorga é feita via previsão legal expressa, dispensando-se a comprovação concreta da representatividade adequada (*certification*), como ocorre por lá.

Portanto, segundo a legislação vigente, há uma relação de legitimados ativos[6]. No Código de Defesa do Consumidor, há previsão que se acresce à relação inicial, especialmente quanto aos órgãos públicos, mesmo aqueles sem personalidade jurídica[7].

Vale repetir que ao primeiro rol legal se acresce esse segundo, sem exclusão ou redução. Outras leis específicas repetem essa previsão, sempre sem exclusão.

Portanto, no Brasil, a legitimidade ativa decorre da lei, não tendo o juiz nenhum papel nessa definição, diversamente do que ocorre nos EUA, cujo autor coletivo deve passar pelo crivo da representatividade adequada, no momento processual denominado *certification*. É que lá inexiste um rol taxativo e legal de legitimados, como ocorre por aqui. Em contrapartida, os entes ou associações devem demonstrar suas aptidões técnicas, idoneidade moral e, também, suas capacidades econômicas para bancar a ação e as provas.

Assim, aqui, especialmente por conta da ação de instituições democráticas idôneas e de um sistema de coisa julgada positiva, que não prejudica os

---

6. Na lei da ação civil pública (Lei nº 7.437/85): "Art. 5º Têm legitimidade para propor a ação principal e a ação cautelar: (Redação dada pela Lei nº 11.448, de 2007) I - o Ministério Público; (Redação dada pela Lei nº 11.448, de 2007). II - a Defensoria Pública; (Redação dada pela Lei nº 11.448, de 2007). III - a União, os Estados, o Distrito Federal e os Municípios; (Incluído pela Lei nº 11.448, de 2007). IV - a autarquia, empresa pública, fundação ou sociedade de economia mista; (Incluído pela Lei nº 11.448, de 2007). V - a associação que, concomitantemente: (Incluído pela Lei nº 11.448, de 2007). a) esteja constituída há pelo menos 1 (um) ano nos termos da lei civil; (Incluído pela Lei nº 11.448, de 2007). b) inclua, entre suas finalidades institucionais, a proteção ao patrimônio público e social, ao meio ambiente, ao consumidor, à ordem econômica, à livre concorrência, aos direitos de grupos raciais, étnicos ou religiosos ou ao patrimônio artístico, estético, histórico, turístico e paisagístico. (Redação dada pela Lei nº 13.004, de 2014) § 1º O Ministério Público, se não intervier no processo como parte, atuará obrigatoriamente como fiscal da lei. § 2º Fica facultado ao Poder Público e a outras associações legitimadas nos termos deste artigo habilitar-se como litisconsortes de qualquer das partes. § 3° Em caso de desistência infundada ou abandono da ação por associação legitimada, o Ministério Público ou outro legitimado assumirá a titularidade ativa. (Redação dada pela Lei nº 8.078, de 1990) § 4.° O requisito da pré-constituição poderá ser dispensado pelo juiz, quando haja manifesto interesse social evidenciado pela dimensão ou característica do dano, ou pela relevância do bem jurídico a ser protegido. (Incluído pela Lei nª 8.078, de 11.9.1990)"

7. Art. 82. Para os fins do art. 81, parágrafo único, são legitimados concorrentemente: (Redação dada pela Lei nº 9.008, de 21.3.1995) I - o Ministério Público, II - a União, os Estados, os Municípios e o Distrito Federal; III - as entidades e órgãos da Administração Pública, direta ou indireta, ainda que sem personalidade jurídica, especificamente destinados à defesa dos interesses e direitos protegidos por este código; IV - as associações legalmente constituídas há pelo menos um ano e que incluam entre seus fins institucionais a defesa dos interesses e direitos protegidos por este código, dispensada a autorização assemblear. § 1° O requisito da pré-constituição pode ser dispensado pelo juiz, nas ações previstas nos arts. 91 e seguintes, quando haja manifesto interesse social evidenciado pela dimensão ou característica do dano, ou pela relevância do bem jurídico a ser protegido."

interessados (*in utilibus*), o legitimado ativo não precisa demonstrar ser um bom portador da demanda para ser habilitado como autor da ação coletiva.

É que, como dito, diversamente do sistema norte-americano das *class action*, onde não se tem um rol legal de legitimados, mas uma ampla legitimação ativa, desde que adequada e fiscalizada, no Brasil, há uma relação de entes públicos e privados autorizados a demandar coletivamente, alguns com exigências específicas – como as associações, por exemplo -, mas sem necessidade de prévio juízo de adequação da representatividade, pois vige uma espécie de presunção de legitimidade, capacidade e condições de promoção da tutela coletiva.

Aqui, deve-se anotar que o Projeto de Lei nº 1641/21 (Dep. Paulo Teixeira) parece conduzir nosso sistema a um modelo mais próximo do norte-americano (*class action*) ao cobrar "representatividade adequada", sem abolir o rol taxativo de legitimados (art. 7º):

> § 2º Na análise da legitimação do autor, o juiz deverá considerar o grau de proteção adequada do grupo ou do interesse protegido, avaliando dados como: I - credibilidade, capacidade e experiência do legitimado; II – seu histórico na proteção judicial e extrajudicial dos interesses ou direitos previstos nesta lei; III – sua conduta em outros processos coletivos; IV – a pertinência entre os interesses tutelados pelo legitimado e o objeto da demanda; V – o tempo mínimo de instituição da associação de 1 (um) ano e a representatividade desta perante o grupo, categoria ou classe. § 3º Os requisitos expressos no § 2º para a adequação da legitimidade do autor poderão ser dispensados pelo juiz quando haja manifesto interesse social, evidenciado pela dimensão, urgência, característica do dano ou pela relevância do bem jurídico a ser protegido e a legitimação adequada possa ser aferida por outros critérios aplicáveis ao caso. § 4º O controle jurisdicional da adequação da legitimidade deverá ser feito durante o decorrer do processo, levando-se em consideração a qualidade da atuação do autor e a sua aderência aos interesses protegidos. § 5º O autor demonstrará, na petição inicial, as razões pelas quais é um legitimado adequado para a condução do processo coletivo. § 6º Não demonstrada a legitimação adequada, o juízo concederá prazo, na forma do art. 321 do Código de Processo Civil, para eventual emenda ou complementação da petição inicial. § 7º Reconhecida a ausência de representação, questão de admissibilidade ou legitimidade adequada, a qualquer tempo e em qualquer grau de jurisdição, o juiz promoverá a sucessão processual, dando ciência ao grupo e intimando o Ministério Público, a Defensoria Pública ou outros legitimados para assumirem a condução do processo. § 8º A decisão sobre a adequação da

> legitimação é impugnável por meio de agravo de instrumento, salvo se extinguir o processo, quando será impugnável por apelação.

De outra parte, no modelo vigente, a Defensoria Pública e o Ministério Público, atualmente os principais postuladores coletivos no Brasil, possuem suas funções institucionais derivadas diretamente da Constituição Federal, nos artigos 134 e 128, respectivamente. Trata-se, assim, de legitimidade institucional, por meio da qual se permite ou se espera a atuação desses órgãos públicos independentes sempre que direitos ou interesses coletivos estiverem envolvidos.

Quanto ao **Ministério Público**, a Constituição Federal de 1988 foi sobremodo generosa e revolucionou o perfil, a posição e as funções ministeriais (art. 129[8]).

Na jurisprudência, a reafirmação da legitimidade do Ministério Público é constante e sempre presente: "O Ministério Público possui legitimidade ativa para postular em juízo a defesa de direitos transindividuais de consumidores que celebram contratos de compra e venda de imóveis com cláusulas pretensamente abusivas (STJ. Corte Especial. EREsp 1378938-SP, Rel. Min. Benedito Gonçalves, julgado em 20/06/2018 - Info 629).

Quanto à legitimidade ativa do Ministério Público Federal (MPF), vale dizer que a simples presença da União na demanda não fornece, em automático, a legitimidade ao órgão federal. Isso porque deve haver relação entre a ação e os fins institucionais exercidos pelo MPF.

Foi nessa linha que decidiu recentemente o Superior Tribunal de Justiça:

> 1. A pretensão imediata da ação civil pública em comento objetiva conformar a atuação dos Poderes Executivo e Legislativo do município de Florianópolis

8. Art. 129. São funções institucionais do Ministério Público: I - promover, privativamente, a ação penal pública, na forma da lei; II - zelar pelo efetivo respeito dos Poderes Públicos e dos serviços de relevância pública aos direitos assegurados nesta Constituição, promovendo as medidas necessárias a sua garantia; III - promover o inquérito civil e a ação civil pública, para a proteção do patrimônio público e social, do meio ambiente e de outros interesses difusos e coletivos; IV - promover a ação de inconstitucionalidade ou representação para fins de intervenção da União e dos Estados, nos casos previstos nesta Constituição; V - defender judicialmente os direitos e interesses das populações indígenas; VI - expedir notificações nos procedimentos administrativos de sua competência, requisitando informações e documentos para instruí-los, na forma da lei complementar respectiva; VII - exercer o controle externo da atividade policial, na forma da lei complementar mencionada no artigo anterior; VIII - requisitar diligências investigatórias e a instauração de inquérito policial, indicados os fundamentos jurídicos de suas manifestações processuais; IX - exercer outras funções que lhe forem conferidas, desde que compatíveis com sua finalidade, sendo-lhe vedada a representação judicial e a consultoria jurídica de entidades públicas. § 1º - A legitimação do Ministério Público para as ações civis previstas neste artigo não impede a de terceiros, nas mesmas hipóteses, segundo o disposto nesta Constituição e na lei. (...)

> às diretrizes normativas que asseguram a participação popular na elaboração do Projeto Legislativo do Plano Diretor do município. 2. Visando a presente ação coletiva corrigir falha no iter legislativo do mencionado projeto (falta de participação da população), cuja irregularidade se atribui a autoridades municipais que, nos termos do art. 40, § 4º, do Estatuto da Cidade, são as legalmente responsáveis pela condução dos trabalhos legislativos, é força concluir que a legitimação ativa para a lide pertence ao Ministério Público Estadual, a teor da exegese do art. 27 da Lei nº 8.625/93 (Lei Orgânica Nacional do Ministério Público dos Estados). 3. Para fins de aferição da legitimidade ativa ad causam do MPF, desinfluente se revela a também presença da União no polo passivo da demanda, tanto mais que, como bem reconhecido pelo acórdão regional, inexiste respaldo legal para que, como desejado pelo Ministério Público Federal, se impusesse à União o encargo pleiteado na petição inicial. 4. Em suma, o Ministério Público Federal é parte ilegítima para ajuizar ação civil pública que visa à anulação da tramitação de Projeto de Lei do Plano Diretor do município de Florianópolis, ao argumento da falta de participação popular nos respectivos trabalhos legislativos. (...) (REsp nº 1687821/SC, Rel. Min. Sérgio Kukina, julgamento em 07/11/2017)

Assim, em relação à divisão de atribuições entre Ministério Público Estadual e Federal, prevalece a regra das finalidades institucionais, não a da competência jurisdicional.

Sobre a **Defensoria Pública**, ela já foi apresentada acima como verdadeiro direito fundamental, ligado umbilicalmente ao acesso à justiça e à prestação de assistência jurídica integral e gratuita.

Por oportuno, vale trazer aqui o texto do art. 134 da Constituição Federal: "a Defensoria Pública é instituição permanente, essencial à função jurisdicional do Estado, incumbindo-lhe, como expressão e instrumento do regime democrático, fundamentalmente, a orientação jurídica, a promoção dos direitos humanos e a defesa, em todos os graus, judicial e extrajudicial, dos direitos individuais e coletivos, de forma integral e gratuita, aos necessitados, na forma do inciso LXXIV do art. 5º desta Constituição Federal".[9]

Enfim, a regra da presunção absoluta de adequada representação visa amparar de modo amplo todas as situações que interessem à coletividade, o que fomenta o acesso à justiça e a mais ampla análise do mérito, sem maiores formalidades. Nesses casos, presume-se como legítima e, portanto, válida, necessária, coerente a atuação do órgão público legitimado, desde que contemplado em lei. Note-se que referida presunção, antes que uma vantagem processual,

9. Redação dada pela Emenda Constitucional nº 80, de 2014.

permite que o próprio processo coletivo sirva antes à solução da lide e à concretização do direito e interesse envolvido. Com isso, prima-se pela afirmação do direito, fato este que transfere o objeto de análise do procedimento formal para o efetivo objetivo da tutela.

De outra ponta, a legislação infraconstitucional também traz dispositivos análogos como, por exemplo, a Lei Complementar nº 80/94, alterada pela Lei Complementar nº 132/09, que em seu artigo 4º, inciso VII, elenca, dentre as funções institucionais da Defensoria Pública, a promoção de ação civil pública e todas as espécies de ações capazes de propiciar a adequada tutela dos direitos difusos, coletivos ou individuais homogêneos quando o resultado da demanda puder beneficiar grupo de pessoas hipossuficientes. Ora, basta então haver um possível benefício, direto ou indireto, ao grupo de pessoas hipossuficientes para que a atuação da Defensoria seja legítima, portanto, presumidamente adequada e efetiva.

Aliás, esse princípio contribui e é pressuposto de realização do princípio do interesse jurisdicional no conhecimento do mérito do processo coletivo, já que estabelece ou evidencia o real interesse do Estado democrático de Direito brasileiro: conhecer a ação coletiva e, no mérito, dizer o direito, independentemente das condições levadas a juízo, mesmo porque a coisa julgada é, em regra, apenas para beneficiar os interessados.

A legitimidade ativa da Defensoria Pública para propor ações coletivas na defesa de direitos ou interesses coletivos em sentido amplo é sobremodo extensa. Realmente, a Defensoria Pública tem legitimidade para a defesa de interesses difusos, de interesses coletivos em sentido estrito e interesses individuais homogêneos. Nestes dois últimos casos, como os interessados são determinados ou determináveis, é evidente que eles devam ser pessoas "necessitadas", também em sentido não estrito, ou seja, esses grupos determináveis devem ser de pessoas em vulnerabilidade, da forma mais ampla e variada que se possa imaginar. Então, em relação aos interesses coletivos em sentido estrito e individuais homogêneos, entende-se que deva haver uma ligação entre a situação de vulnerabilidade do grupo determinável e a tutela promovida pela Defensoria Pública.

Como dito, essa vulnerabilidade é variada. Pode ser econômica, ocasional ou organizacional. Na primeira, a pessoa não ostenta condições financeiras para obter acesso à assistência jurídica privada. Na segunda forma, na vulnerabilidade ocasional, a pessoa – mesmo com condições financeiras ou a sua família – encontra-se em estado que o impede de ter acesso à mesma assistência. Ocorre, por exemplo, quando uma pessoa é internada para desintoxicação, contra a sua vontade e sem prescrição médica, ou seja, contra determinação legal. Em outra hipótese, um jovem do grupo LGBT que sofre a rejeição da própria família, ainda que esta tenha boas condições econômicas, o sujeito fica em risco, ainda que por certo período e nessa específica ocasião. Por fim, na vulnerabilidade organizacional teríamos a situação de grupos despidos de forma e de estrutura organizada, deixando-os sem condições de acesso aos meios de defesa e tutela jurídica.

Aliás, em relação ao conceito de "necessitado", que em tese permite a intervenção da Defensoria Pública, adota-se o conceito mais amplo possível: "O Superior Tribunal de Justiça, ao interpretar os requisitos legais para a atuação coletiva da Defensoria Pública, encampa exegese ampliativa da condição jurídica de "necessitado", de modo a possibilitar sua atuação em relação aos necessitados jurídicos em geral, não apenas aos hipossuficientes sob o aspecto econômico" (AgInt no REsp 1694547/ES, Rel. Min. Regina Helena Costa, julgado em 17/05/2018).

Em outra ocasião, entendeu-se: "a Defensoria Pública possui legitimidade ativa para o ajuizamento de ações coletivas buscando a tutela de direitos difusos, coletivos *stricto sensu* e individuais homogêneos. Na presente demanda, a Defensoria Pública da União busca, em ação civil pública, a concessão de atendimento de saúde a pessoas com obesidade mórbida, restando evidente a hipossuficiência jurídica dos representados para atuar na defesa dos interesses de toda a coletividade" (AgInt no REsp 1704581/MG, Rel. Regina Helena Costa, julgado em 03/05/2018).

Também recentemente, o Superior Tribunal de Justiça pacificou o entendimento de que "a Defensoria Pública tem legitimidade ativa para propor ação civil pública que tutele direitos individuais homogêneos, desde que se trate de hipossuficientes de qualquer sorte, decorrentes de vulnerabilidade econômica, financeira ou social. Precedentes: AgInt no REsp 1.510.999/RS, Primeira Turma, Rel. Ministra Regina Helena Costa, DJe 19/6/2017; AgInt no REsp 1.573.481/PE, Segunda Turma, Rel. Ministro Herman Benjamin, DJe 27/5/2016; AgRg no REsp 1.243.163/RS, Sexta Turma, Rel. Ministro Og Fernandes, DJe 27/2/2013; REsp 1.275.620/RS, Segunda Turma, Rel. Ministra Eliana Calmon, DJe 22/10/2012" (AgInt no AREsp 987554/TO, Rel. Min. Benedito Gonçalves, julgado em 21/06/2018).

Em relação aos direitos difusos, a questão que está praticamente pacificada no sentido de que a Defensoria Pública tem legitimidade irrestrita para a defesa de interesses de pessoas indetermináveis, característica marcante dos direitos difusos e, de certa forma e inevitavelmente, pessoas necessitadas serão beneficiadas pela ação da Instituição. Aliás, pensando no acesso à justiça, esse é o grande desafio das ações coletivas e, também, das instituições democráticas legitimadas, como o Ministério Público e a Defensoria Pública.

Enfim, não poderia ser diferente a autorização dessa última, de maneira que ela possa manejar os direitos difusos da forma mais ampla possível, especialmente aqueles ligados às questões sociais como educação, saúde, assistência social e moradia, já que são direitos sobremodo sonegados no Brasil, especialmente nas periferias das grandes cidades, melhor dizendo.

Essa demanda chega prioritariamente em massa na Defensoria Pública, o que não ocorre com tamanha intensidade em outros órgãos ou instituições como, por exemplo, no Ministério Público. É no atendimento diário da Defensoria Pública que muitas questões coletivas – sociais em especial – aportam, com volume e complexidade diversos.

Aliás, já houve a oportunidade de defendermos que, em relação aos direitos difusos, a Defensoria Pública assumirá ou já assumiu um protagonismo evidente em relação a direitos sociais como educação, saúde, assistência social, moradia e o de pessoas em situação de rua.

De outro lado, caberá ao Ministério Público, em relação a direitos difusos, substancialmente e pela sua forma de atuação, a ação no tocante à probidade administrativa ou ao meio ambiente, portanto, questões mais afetas à coletividade em abstrato.

Então, embora ambos tenham legitimidade irrestrita em relação a direitos difusos, na prática e por conta da dinâmica do funcionamento desses órgãos, é natural que a Defensoria assuma um protagonismo em relação aos direitos difusos sociais e o Ministério Público fique como principal ator em defesa dos direitos difusos ligados à probidade administrativa, ao meio ambiente e também ao consumidor.

Também o Superior Tribunal de Justiça, agora sobre o acesso à educação superior, decidiu pela legitimidade ativa da Defensoria Pública:

> Cuida-se, na origem, de Ação Civil Pública ajuizada pela Defensoria Pública visando à obtenção de tutela jurisdicional que obrigue a instituição de ensino agravante a se abster de prever regra em edital de vestibular que elimine candidatos que não comprovem os requisitos para disputar as vagas destinadas ao sistema de cotas, possibilitando que esses candidatos figurem em lista de ampla concorrência, se obtiverem o rendimento necessário. Além disso, busca a Defensoria que o recorrente deixe de considerar, para fins de eliminação do candidato à vaga como cotista o fato de ter cursado qualquer ano de formação escolar no Ensino Fundamental ou Médio em instituição de ensino

particular. O acórdão recorrido reformou a sentença a fim de reconhecer a legitimidade ativa da Defensoria Pública. 2. O direito à educação, responsabilidade do Estado e da família (art. 205 da Constituição Federal), é garantia de natureza universal e de resultado, orientada ao "pleno desenvolvimento da personalidade humana e do sentido de sua dignidade" (art. 13, do Pacto Internacional sobre Direitos Econômicos, Sociais e Culturais, adotado pela XXI Sessão da Assembleia Geral das Nações Unidas, em 19 de dezembro de 1966, aprovado pelo Congresso Nacional por meio do Decreto Legislativo 226, de 12 de dezembro de 1991, e promulgado pelo Decreto 591, de 7 de julho de 1992), daí não poder sofrer limitação no plano do exercício, nem da implementação administrativa ou judicial. Ao juiz, mais do que a ninguém, compete zelar pela plena eficácia do direito à educação, sendo incompatível com essa sua essencial, nobre, indeclinável missão interpretar de maneira restritiva as normas que o asseguram nacional e internacionalmente. 3. É sólida a jurisprudência do STJ que admite possam os legitimados para a propositura de Ação Civil Pública proteger interesse individual homogêneo, mormente porque a educação, mote da presente discussão, é da máxima relevância no Estado Social, daí ser integral e incondicionalmente aplicável, nesse campo, o meio processual da Ação Civil Pública, que representa "contraposição à técnica tradicional de solução atomizada" de conflitos (REsp 1.225.010/PE, Rel. Ministro Mauro Campbell Marques, Segunda Turma, DJe 15.3.2011). 4. A Defensoria Pública, instituição altruísta por natureza, é essencial à função jurisdicional do Estado, nos termos do art. 134, caput, da Constituição Federal. A rigor, mormente em países de grande desigualdade social, em que a largas parcelas da população - aos pobres sobretudo - nega-se acesso efetivo ao Judiciário, como ocorre infelizmente no Brasil, seria impróprio falar em verdadeiro Estado de Direito sem a existência de uma Defensoria Pública nacionalmente organizada, conhecida de todos e por todos respeitada, capaz de atender aos necessitados da maneira mais profissional e eficaz possível. 5. O direito à educação legitima a propositura da Ação Civil Pública, inclusive pela Defensoria Pública, cuja intervenção, na esfera dos interesses e direitos individuais homogêneos, não se limita às relações de consumo ou à salvaguarda da criança e do idoso. Ao certo, cabe à Defensoria Pública a tutela de qualquer interesse individual homogêneo, coletivo stricto sensu ou difuso, pois sua legitimidade *ad causam*, no essencial, não se guia pelas características ou perfil do objeto de tutela (= critério objetivo), mas pela natureza ou status dos sujeitos protegidos, concreta ou abstratamente defendidos, os necessitados (= critério subjetivo). 6. Ao se analisar a legitimação ad causam da Defensoria Pública para a propositura de Ação Civil Pública referente a interesses e direitos difusos, coletivos stricto sensu ou individuais homogêneos, não se há de contar nos dedos o número de sujeitos necessitados concretamente beneficiados. Basta um juízo abstrato, em tese, acerca da extensão subjetiva da prestação jurisdicional, isto é, da sua capacidade de favorecer, mesmo que não exclusivamente, os mais carentes, os hipossuficientes, os desamparados, os hipervulneráveis. 7. "É imperioso reiterar, conforme precedentes do Superior Tribunal de Justiça, que a *legitimatio ad causam* da Defensoria Pública para intentar ação civil pública na defesa de interesses transindividuais de hipossuficientes é reconhecida antes mesmo do advento da Lei 11.448/07, dada a relevância social (e jurídica) do direito que se pretende tutelar e do próprio fim do ordenamento jurídico brasileiro: assegurar a dignidade da pessoa humana, entendida como núcleo central dos direitos fundamentais" (REsp 1.106.515/MG, Rel. Ministro Arnaldo Esteves Lima, Primeira Turma, DJe 2.2.2011). 8. Agravo Interno não provido." (AgInt no REsp 1573481/PE, Rel. Min. Herman Benjamin, julgado em 26/04/2016)

Quanto à pertinência temática, cobrada especialmente diante de **associações** autoras, o Superior Tribunal de Justiça voltou a exigir vínculo entre os seus fins estatutários e o objeto da ação coletiva proposta. "Na origem, trata-se de ação civil pública proposta por associação civil de defesa dos direitos de donas de casa e de consumidores por meio da qual pleiteia o recebimento das diferenças de indenização do seguro obrigatório (DPVAT) às vítimas de acidente de trânsito, com base nos montantes fixados pelo art. 3º da Lei n. 6.194/74. Nesse contexto discute-se, preliminarmente, a legitimidade e a própria existência de interesse processual da referida associação para o ajuizamento da demanda, fazendo-se necessário decidir, de início, se há correspondência entre a finalidade estatutária da entidade associativa e o objeto da lide. E, sob esse enfoque, tem-se que o seguro DPVAT, instituído e imposto por lei, não consubstancia sequer reflexamente uma relação consumerista, a revelar a ausência de pertinência temática da associação demandante com os interesses discutidos na presente ação. Em se tratando de uma obrigação imposta por lei, não há, por conseguinte, qualquer acordo de vontades e, principalmente, voluntariedade, entre o proprietário do veículo e as seguradoras componentes do consórcio seguro DPVAT, o que, por si, evidencia, de contrato, não se cuidar, mas sim de hipótese de responsabilidade legal objetiva, vinculada à teoria do risco, afigurando-se de todo desinfluente a demonstração, por parte do beneficiário, de culpa do causador do acidente. Evidenciado que o seguro DPVAT decorre de imposição legal e não de uma relação contratual, constata-se, de igual modo, a inexistência de uma relação consumerista, ainda que se valha das figuras equiparadas de consumidor dispostas na Lei n. 8.078/90. Nesse sentido, não há, por parte das seguradoras integrantes do consórcio do seguro DPVAT, responsáveis por lei a procederem ao pagamento, qualquer ingerência nas regras atinentes à indenização securitária, inexistindo, para esse propósito, a adoção de práticas comerciais abusivas de oferta, de contratos de adesão, de publicidade, de cobrança de dívidas, etc. Aliás, diversamente do que se dá no âmbito da contratação de seguro facultativo (esta sim, de inequívoca incidência da legislação protetiva do consumidor), a atuação das referidas seguradoras, adstrita à lei de regência, não é concorrencial, tampouco destinada à obtenção de lucro. Finalmente, seria impossível falar-se em vulnerabilidade, na acepção técnico-jurídica, das vítimas de acidente de trânsito - e muito menos do proprietário do veículo a quem é imposto o pagamento do 'prêmio' do seguro DPVAT - perante a seguradoras, as quais não possuem qualquer margem discricionária para efetivação do pagamento da indenização securitária, sempre que presentes os requisitos estabelecidos na lei. Dessa forma, ausente, sequer tangencialmente, relação de consumo, não se afigura correto atribuir a uma associação, com fins específicos de proteção ao consumidor, legitimidade para tutelar interesses diversos, como é o caso dos que se referem ao seguro DPVAT, sob pena de desvirtuar a exigência da representatividade adequada, própria das ações coletivas" (STJ, REsp 1.091.756-MG, Rel. Min. Marco Buzzi, Rel. Acd. Min. Marco Aurélio Bellizze, por maioria, julgado em 13/12/2017).

Ainda sobre o tema da pertinência temática, o mesmo Superior Tribunal de Justiça entendeu que matérias de política urbana local ou doméstica não podem ser judicializadas pelo Ministério Público Federal: "O tema controvertido consiste, preliminarmente, em definir se o Ministério Público Federal possui legitimidade para ajuizar ação civil pública cuja pretensão imediata visa conformar a conduta dos Poderes Executivo e Legislativo de município às diretrizes constitucionais federal e estadual, no que asseguram a participação popular na elaboração de políticas públicas para o ordenamento do solo urbano. De fato, nas hipóteses em que se coloca em xeque a atuação de instâncias governamentais domésticas ou locais, a legitimidade ativa se desloca para o plexo de atribuições do Ministério Público Estadual, como deflui do art. 27 de sua respectiva Lei Orgânica Nacional, a saber, a Lei n. 8.625/93. Não se desconsidera, frise-se, que as questões relativas à disciplina do uso do solo urbano, nos domínios do Plano Diretor dos municípios, podem ter impacto no meio ambiente, o que poderia legitimar o Ministério Público Federal para a demanda, mas não é dessa espécie de pretensão que se está a discutir. Vê-se, ao revés, que a causa de pedir da ação proposta pelo MPF diz, exclusivamente, com a afirmada inobservância, pelos Poderes municipais, do correspondente iter legislativo desenhado para a confecção do Plano Diretor, inexistindo, desse modo, qualquer pretensão voltada à imediata tutela do meio ambiente. Por fim, não se tem por influente a circunstância de a União ter sido incluída no polo passivo da lide, ao argumento de ter se mostrado omissa na fiscalização da atuação do Executivo e do Legislativo locais, quanto a desvios na condução do processo legislativo do Plano Diretor municipal. Isso porque, como bem delineado pelo

Tribunal de origem, 'não cabe à União definir o conteúdo de Planos Diretores, uma vez que, por determinação legal e constitucional, a matéria é de exclusiva competência municipal'. Informativo n. 616. REsp 1.687.821-SC, Rel. Min. Sérgio Kukina, julgado em 07/11/2017).

Sabemos também que os **Órgãos da Administração Pública direta e indireta** também têm legitimidade ativa para a promoção de ações coletivas[10].

Na administração pública direta, a questão da pertinência temática tangencia a divisão constitucional das competências, devendo o Município se voltar para a defesa de interesses locais, o Estado para a tutela de interesses de âmbito regional e a União para interesses nacionais, segundo suas prioridades. Porém, essa pertinência temática territorial deve ser verificada com flexibilidade, sob pena de suprimir a tutela coletiva dos direitos dos administrados.

Quanto à administração pública indireta, não se requer o vínculo da pertinência temática. Porém, o mesmo não ocorre com os entes e órgãos públicos despersonalizados que, embora dotados de personalidade judiciária, devem demonstrar o nexo entre seus fins institucionais e a tutela judicial pretendida, conforme o artigo 82, III, do CDC.

Porém, pela leitura do citado dispositivo legal, poder-se-ia supor que tais entes ou órgãos somente estariam autorizados a pleitear tutelas ligadas aos direitos dos consumidores, o que, na verdade, é inconcebível. Destarte, o legislador, quando diz "interesses e direitos protegidos por este Código", não visava a limitar a legitimidade de tais entes, mas a ressaltar, naquela ocasião, a defesa do consumidor. Mas, isso não significa que outros interesses não possam ser tutelados por aludidos órgãos, uma vez que este dispositivo legal é digno de interpretação extensiva, em respeito à atual tendência doutrinária no sentido de se ampliar as formas de exercício do direito de ação coletiva. Realmente, como negar, por exemplo, legitimidade ativa ao Conselho Tutelar para tutelar algum direito coletivo *lato sensu* em benefício das crianças e adolescentes de determinado Município?

Quanto aos **partidos políticos**, que representam uma espécie de associação, não mais se questiona acerca da pertinência temática, sendo a possibilidade de atuação irrestrita. Destarte, o Supremo Tribunal Federal[11] já reconhecera

10. LACP: Art. 5º Têm legitimidade para propor a ação principal e a ação cautelar: III - a União, os Estados, o Distrito Federal e os Municípios; IV - a autarquia, empresa pública, fundação ou sociedade de economia mista.

11. STF, ADin 1.407-2/DF, rel. Min. Celso de Mello.

assistir a "essas instituições condição de legitimadas ativas universais", para toda espécie de ação coletiva.

Por fim, merece referência a legitimidade conferida **aos grupos indígenas** para a defesa dos seus interesses. "Os índios, suas comunidades e organizações são partes legítimas para ingressar em juízo em defesa de seus direitos e interesses, intervindo o Ministério Público em todos os atos do processo" (art. 232).

Assim, embora a CF já traga, no art. 129, V, a atribuição do Ministério Público de tutelar as comunidades indígenas, o mesmo diploma também atribui a legitimidade própria. Vale dizer, por oportuno, que tais ações coletivas serão propostas perante a Justiça Federal, nos termos da Constituição Federal, art. 109, XI: a disputa sobre direitos indígenas.

12.4.2 Da ação coletiva passiva

O tema da ação coletiva passiva sempre foi analisado pela doutrina nacional, pois traz questões técnicas interessantes. De fato, como poderia uma associação ou instituição representar indivíduos no polo passivo da ação, sem que eles fossem diretamente citados e sem que participassem do processo? De outro lado, como poderia uma instituição agir em representação sem expressa previsão legal?

O autor Fredie Didier Júnior, em recente estudo anota: "Há ação coletiva passiva quando um agrupamento humano for colocado como sujeito passivo de uma relação jurídica afirmada na petição inicial. Formula-se demanda contra uma dada coletividade".[12]

É que, em certos casos, a coletividade, de algum modo, pode ser responsabilizada sem que possa participar regular e efetivamente do processo.

O mesmo Didier exemplifica duas situações jurídicas passivas, que teve a oportunidade de verificar, a partir da plataforma *on-line* do Tribunal Regional Federal da 1ª Região. "Na primeira situação (Processo nº 2004.34.00.010685-2 do Distrito Federal, Brasília), verificamos a existência de uma ação ajuizada pelo Governo Federal em face da Federação Nacional dos Policiais Federais e Sindicato dos Policiais Federais, visando a que tal categoria dos policiais federais voltasse ao trabalho, então paralisado em razão de greve. O argumento utilizado foi que a categoria tinha o dever coletivo de voltar ao trabalho, motivo pelo qual a mesma (categoria) ocupou o polo passivo da demanda (réu) por

12. *Situações Jurídicas Coletivas Passivas: o objeto das ações coletivas passivas. In* Tutela Jurisdicional Coletiva. Coordenado por Fredie Didier Junior e José Henrique Mouta. Salvador/BA: Juspodivm, 2009, p. 211.

intermédio da Federação Nacional. Na segunda situação que analisamos (Processo nº 2008.34.00.010500-5 – Brasília), verificamos que a Universidade de Brasília (Unb) ajuizou demanda em face do Diretório Central dos Estudantes (considerado como o representante adequado do grupo interessado passivo) objetivando, com isso, pleitear a proteção possessória de seu bem (prédio da Reitoria que foi tomado por estudantes em reivindicação da renúncia do Reitor, então acusado de cometer irregularidades no desempenho de suas funções). Ambas as demandas foram extintas sem resolução do mérito, sob a alegação de falta de interesse processual".[13]

Em outro ângulo, a ação coletiva passiva pode ser originária (quando o demandado é o representante do grupo ou de uma coletividade, sem que haja ação antecedente) ou derivada (quando a demanda é incidental contra a parte substituta, mas se atingir a esfera jurídica dos substituídos, tal como ocorreria em uma reconvenção em ação coletiva ou ação rescisória contra sentença coletiva de procedência).

Enfim, como não havia lei específica com a previsão expressa da representação legal de terceiros no polo passivo, a ação coletiva passiva encontrava entraves derivados dessa omissão legal.

Exatamente por isso, havia reservas em se admitir a reconvenção ou a ação rescisória de sentença coletiva pois, nas hipóteses de sentença de procedência, deveria ser colocado no polo passivo da ação de rescisão o autor da ação coletiva exitosa, como espécie de ação coletiva passiva, mas inexistia lei com a expressa autorização.

Contudo, devemos anotar certa tendência em se admitir a representação processual também no polo passivo. O mesmo Fredie Didier Jr. cita julgado do Tribunal de Justiça do Espírito Santo que admitiu o instituto (Ação Declaratória Incidental nº 100070019698, julgada em 2008).

Agora, com o CPC, houve a previsão expressa de reconvenção em face do representante processual: "se o autor for substituto processual, o reconvinte deverá afirmar ser titular de direito em face do substituído, e a reconvenção deverá ser proposta em face do autor, também na qualidade de substituto processual" (art. 343, § 5º).

Enfim, talvez, tal previsão legal sirva de válvula permissiva para que, definitivamente, a ação coletiva passiva seja admitida no Brasil.

13. *Situações Jurídicas Coletivas Passivas: o objeto das ações coletivas passivas. In* Tutela Jurisdicional Coletiva. Coordenado por Fredie Didier Junior e José Henrique Mouta. Salvador/BA: Juspodivm, 2009, p. 214/215.

12.4.3 A defesa do polo passivo coletivo (processo coletivo passivo)

Ainda quanto ao tema tratado acima, devemos lembrar que a Defensoria Pública deve ser intimada para intervir quando envolver pessoas hipossuficientes no passivo da ação, tendo em vista os princípios do contraditório e da ampla defesa, bem como as funções institucionais da Defensoria Pública.

Aliás, é que o Superior Tribunal de Justiça entendeu recentemente que, embora não tenha admitido o REsp, mas em sede de agravo interno, há a necessidade da intervenção da Defensoria Pública quando envolver pessoas hipossuficientes, mesmo que estejam no passivo da ação e esta tenha sido proposta antes do Código de Processo Civil vigente:

> 1. Conforme consignado no decisum agravado, o Tribunal regional concluiu pela necessidade de intimação do Ministério Público e da Defensoria Pública para intervenção no feito, em razão de serem os recorridos pessoas hipossuficientes e muitos deles idosos em situação de risco, sendo certo que a revisão desse entendimento implica revisão do conjunto probatório dos autos, o que encontra óbice na Súmula 7 do Superior Tribunal de Justiça. (...) 3. Em que pese a inaplicabilidade do dispositivo ao feito, trazemos à reflexão importante questão envolvendo a normativa prevista no artigo 554, § 1º, CPC/2015, em que se exige a atuação da Defensoria Pública em casos como o presente: "§ 1º: No caso de ação possessória em que figure no polo passivo grande número de pessoas, serão feitas a citação pessoal dos ocupantes que forem encontrados no local e a citação por edital dos demais, determinando-se, ainda, a intimação do Ministério Público e, se envolver pessoas em situação de hipossuficiência econômica, da Defensoria Pública". Conclusão inafastável é que esse dispositivo busca concretizar a dignidade da pessoa humana, democratizando o processo, ao permitir a intervenção defensorial. O artigo almeja garantir e efetivar os princípios do contraditório e da ampla defesa de forma efetiva. 4. Importante destacar que a possibilidade de defesa dos vulneráveis, utilizando-se de meios judiciais e extrajudiciais, está prevista no art. 4º, XI, da LC 80/1994: "Art. 4º São funções institucionais da Defensoria Pública, dentre outras: (...) XI - exercer a defesa dos interesses individuais e coletivos da criança e do adolescente, do idoso, da pessoa portadora de necessidades especiais, da mulher vítima de violência doméstica e familiar e de outros grupos sociais vulneráveis que mereçam proteção especial do Estado". 5. A própria recorrente reconhece que não foi apresentada contestação, no caso, o que por si só comprova o prejuízo advindo da ausência de atuação da Defensoria Pública" (AgInt no REsp 1729246/AM, Rel. Min. Herman Benjamin, julgado em 04/09/2018).

Enfim, trata-se de uma garantia do devido processo legal, do contraditório e da ampla defesa, condição para a existência e validade do processo judicial, que se apresenta na Constituição Federal como dialético e participativo.

12.4.4 Das audiências públicas, do *amicus curiae* e das outras formas de participação

No Estado democrático de Direito, a ideia de processo nos remete ao tema da participação. Também, os procedimentos em geral, administrativos inclusive, têm adotado essa virtude, o que lhes atribuiu substância e legitimação.

Pois bem. "A democracia que o Estado Democrático de Direito realiza há de ser um processo de convivência social numa sociedade livre, justa e solidária (art. 3º, I), em que o poder emana do povo, e deve ser exercido em proveito do povo, diretamente ou por representantes eleitos (art. 1º, parágrafo único); participativa, porque envolve a participação crescente do povo no processo decisório e na formação dos atos de governo; pluralista, porque respeita a pluralidade de ideias, culturas e etnias e pressupõe assim o diálogo entre opiniões e pensamentos divergentes e a possibilidade de convivência de formas de organização e interesses diferentes da sociedade; há de ser um processo de liberação da pessoa humana das formas de opressão que não depende apenas do reconhecimento formal de certos direitos individuais, políticos e sociais, mas especialmente da vigência de condições econômicas suscetíveis de favorecer o seu pleno exercício"[14].

Nessa linha, as audiências públicas são instrumentos relevantes de participação popular, já obrigatórios em variados procedimentos administrativos de cunho ambiental (Resoluções CONAMA nº 09/1987 e nº 237/97) e urbanístico como, por exemplo, a previsão do art. 40, § 4º, I, do Estatuto da Cidade (Lei nº 10.257/01), no caso de elaboração do plano diretor municipal, ou ainda quando houver projeto de empreendimento de significativo impacto para a comunidade (art. 2º, XIII, da mesma Lei).

Aliás, "*democracia* é conceito histórico. Não sendo por si um valor-fim, mas meio e instrumento de realização de valores essenciais convivência humana, que se traduzem basicamente nos direitos fundamentais do homem, compreende-se que a historicidade destes a envolva na mesma medida, enriquecendo-lhe o conteúdo a cada etapa do evolver social, mantido sempre o princípio básico de que ela revela um regime político em que o poder repousa na vontade do

14. DA SILVA, José Afonso. *Curso de direito constitucional positivo.* 12. Ed. Malheiros. P. 29.

povo. Sob esse aspecto, a democracia não é um mero conceito político abstrato e estático, mas é um processo de afirmação do povo e de garantia dos direitos fundamentais que o povo vai conquistando no correr da história"[15].

Vale lembrar que as audiências públicas não se limitam ao ato formal e solene em si, mas inclui atos preparatórios de efetiva divulgação do evento e especialmente a concreta efetivação das diretrizes ali aprovadas ou, ao menos, que sejam realmente consideradas e ponderadas nos atos decisórios finais. Eis a garantia da participação.

Devemos mencionar ainda que a ausência de audiência pública, quando obrigatória, torna nulo todo o procedimento e tal omissão pode ser objeto de ação civil pública. A falta da implementação das medidas debatidas e aprovadas também deve ser impugnada judicialmente via ação coletiva, se necessário.

Ainda em termos administrativos, o Ministério Público pode e deve realizar audiências públicas, nos termos das suas leis orgânicas e da Resolução CNMP nº 82/2012. As Defensorias Pública também têm o mesmo dever e função institucionais, conforme atos regulamentares próprios.

Agora, em termos de processo judicial, alguns procedimentos já previam a realização de audiência pública, tais quais as ações de controle concentrado de constitucionalidade e outras ações que tramitam perante o STF. Hoje, o Código de Processo Civil de 2015 (CPC/15) traz algumas hipóteses de realização de audiências públicas, sem que tenha consagrado uma regra geral sobre o tema.

Mesmo assim, nada exclui a possibilidade de sua realização nas ações coletivas, especialmente naquelas mais relevantes e que indiquem a necessidade de cortes temáticos mais técnicos e específicos, ou então que demandem a exposição de questões locais do cotidiano de certas e pontuais comunidades.

Para ilustrar o tema e fundamentar a tese da aplicação do instituto em demandas coletivas, o CPC/15 autoriza a designação de audiência pública nos incidentes de resolução de demandas repetitivas (IRDR): "Para instruir o incidente, o relator poderá designar data para, em audiência pública, ouvir depoimentos de pessoas com experiência e conhecimento na matéria" (art. 983, § 1º).

Aliás, nesses casos mais relevantes e complexos, entendemos não apenas facultativa a audiência pública, mas obrigatória, no sentido de atribuir mais riqueza e legitimação ao processo coletivo e às suas decisões.

15. DA SILVA, José Afonso. *Curso de direito constitucional positivo.* 12. Ed. Malheiros. P. 32.

Em outra vertente de participação no processo, há tempo a doutrina tem admitido a participação de *amicus curiae* no processo coletivo, diante da relevância e repercussão dos temas ali enfrentados.

Na jurisprudência, em julgamento da ADI 2130/SC, o Supremo Tribunal Federal firmou entendimento sobre a figura do *amicus curiae* no controle concentrado de constitucionalidade, previsto na Lei nº 9.868/99 (Art. 7º, § 2º), o qual se aplica ao processo coletivo:

> No estatuto que rege o sistema de controle normativo abstrato de constitucionalidade, o ordenamento positivo brasileiro processualizou a figura do *amicus curiae* (Lei nº 9.868/99, art. 7º, § 2º), permitindo que terceiros - desde que investidos de representatividade adequada - possam ser admitidos na relação processual, para efeito de manifestação sobre a questão de direito subjacente à própria controvérsia constitucional. - A admissão de terceiro, na condição de *amicus curiae*, no processo objetivo de controle normativo abstrato, qualifica-se como fator de legitimação social das decisões da Suprema Corte, enquanto Tribunal Constitucional, pois viabiliza, em obséquio ao postulado democrático, a abertura do processo de fiscalização concentrada de constitucionalidade, em ordem a permitir que nele se realize, sempre sob uma perspectiva eminentemente pluralística, a possibilidade de participação formal de entidades e de instituições que efetivamente representem os interesses gerais da coletividade ou que expressem os valores essenciais e relevantes de grupos, classes ou estratos sociais. Em suma: a regra inscrita no art. 7º, § 2º, da Lei nº 9.868/99 - que contém a base normativa legitimadora da intervenção processual do *amicus curiae* - tem por precípua finalidade pluralizar o debate constitucional" (STF - ADI: 2130 SC, Relator: Min. CELSO DE MELLO, Data de Julgamento: 28/08/2001, Data de Publicação: DJ 04/09/2001 P - 00028).

Enfim, o papel principal do instituto do *amicus curiae* é pluralizar o debate, ao permitir a manifestação de outros órgãos ou entidades em assuntos de interesse geral e assim perpetrar o princípio da democracia nos processos decisórios mais relevantes, já que potencializa a participação e o debate pluralista. Neste sentido, o Ministro Celso de Mello, em seu voto, confirmou este entendimento:

> A admissão de terceiro, na condição de *amicus curiae*, no processo adjetivo de controle normativo abstrato, qualifica-se como fator de legitimação social das decisões da Suprema Corte, enquanto Tribunal Constitucional, pois viabiliza, em obséquio ao postulado democrático, a abertura do processo de fiscalização concentrada de constitucionalidade, em ordem a permitir que nele se realize, sempre sob uma perspectiva eminentemente pluralística, a possibilidade de participação formal de entidades e de instituições que efetivamente represen-

tem os interesses gerais da coletividade ou que expressem os valores essenciais e relevantes de grupos, classes ou estratos sociais. (ADI-MC 2130-SC, Rel. Min. Celso de Mello, j. 20.12.2000, p. 02.02.2001, p. 00145).

Agora, o próprio Código de Processo Civil (2015) admite expressamente a figura do *amicus curiae*, no seu artigo 138: "O juiz ou o relator, considerando a relevância da matéria, a especificidade do tema objeto da demanda ou a repercussão social da controvérsia, poderá, por decisão irrecorrível, de ofício ou a requerimento das partes ou de quem pretenda manifestar-se, solicitar ou admitir a participação de pessoa natural ou jurídica, órgão ou entidade especializada, com representatividade adequada, no prazo de 15 (quinze) dias de sua intimação".

Portanto, enquanto no passado tínhamos algumas leis específicas que autorizavam a admissão do *amicus curiae,* no modelo processual atual, se presentes os requisitos do CPC/15, deve-se admitir a sua participação, sem outras exigências ou a previsão de burocracias além do que está previsto na lei, não sendo inútil lembrar que, sobre isso, não existe nenhuma discricionariedade do julgador em admitir ou não a participação do *amicus*, limitando-se o julgador a conferir a presença dos requisitos legais.

Aliás, o julgador deve, de ofício, quando entender relevante e necessário, determinar a intervenção em tela, já que indispensável ao processo e para o amadurecimento da causa, além de colaborar para a formação do seu mais completo e rico convencimento.

12.4.5 Competência em ações coletivas

No processual civil, de forma simples e direta, a competência é distribuída segundo os seguintes critérios: critério funcional ou hierárquico, critério material, critério valorativo e critério territorial.

No âmbito do **primeiro critério**, pode-se concluir que, na ação civil pública, não há foro por prerrogativa de função, salvo em específicas hipóteses. De fato, serão processadas perante o Supremo Tribunal Federal todas as ações contra o Conselho Nacional de Justiça e contra o Conselho Superior do Ministério Público (art. 102, I, "r", CF).

Ainda quanto ao critério funcional, pode ser que ações coletivas especiais, tais como o mandado de segurança coletivo ou o *habeas corpus* coletivo tenham competências originárias dos Tribunais em geral, segundo as normas constitucionais, a partir daquele que figura como autoridade coatora (artigos 102, I, "d", "f" e "i" ; 102, II, "a"; 105, I "b" e "c"; 105, II "a" e "b", CF).

Sobre o art. 102, I, "f", da CF trata: "Compete ao Supremo Tribunal Federal, precipuamente, a guarda da Constituição, cabendo-lhe: I - processar e julgar, originariamente: (...) f) as causas e os conflitos entre a União e os Estados, a União e o Distrito Federal, ou entre uns e outros, inclusive as respectivas entidades da administração indireta".

Sobre isso, o Supremo Tribunal Federal, na Reclamação nº 3074, Rel. Min. Sepúlveda Pertence, confirma a competência do STF para julgar ação civil pública do Estado de Minas Gerais em face do IBAMA no procedimento da transposição do Rio São Francisco, quanto à regularidade do licenciamento da obra federal.

Vale lembrar que, segundo o Supremo Tribunal Federal, as Constituições Estaduais não podem ampliar o foro por prerrogativa de função para casos que não estejam previstos na Constituição Federal.[16] Segundo notícia do próprio Tribunal, "o Supremo Tribunal Federal (STF) declarou inconstitucional a Emenda à Constituição do Estado do Espírito Santo 85/2012, que criou prerrogativa de foro para autoridades que respondem a ações de improbidade administrativa. A decisão foi tomada na sessão virtual finalizada em 14/12, no julgamento de Ação Direta de Inconstitucionalidade (ADI 4870) ajuizada pela Associação Nacional dos Membros do Ministério Público (Conamp). Aprovada pela Assembleia Legislativa do Espírito Santo, a emenda constitucional adicionou a alínea 'h' ao inciso I do artigo 109 da Constituição estadual, estabelecendo que as autoridades com prerrogativa de foro no Tribunal de Justiça do estado (TJ-ES) em ações criminais têm o direito de ser julgadas nessa instância também quando processadas 'nas ações que possam resultar na suspensão ou perda dos direitos políticos ou na perda da função pública ou de mandato eletivo'."

Trata-se de uma maliciosa arquitetura jurídico-legislativa que tentou promover uma blindagem maior àqueles que já dispõem de foro por prerrogativa de função para "infrações penais comuns", ampliando-a para as ações de improbidade administrativa, o que foi impedido pelo STF:

> Natureza cível. A decisão da Corte seguiu o voto do relator, ministro Dias Toffoli. Ele explicou que o texto constitucional estabelece a competência do STF, do Superior Tribunal de Justiça (STJ) e dos tribunais de justiça para processar e

16. Fonte: Portal STF, http://portal.stf.jus.br/noticias, acesso em 19/12/20.

> julgar, originariamente, determinadas autoridades nas infrações penais comuns. As ações de improbidade administrativa, por sua vez, decorrem do parágrafo 4º do artigo 37 da Constituição Federal, regulamentado pela Lei de Improbidade Administrativa (Lei 8.429/1992), que ressalta a natureza cível desse tipo de processo. Diante desses parâmetros, Toffoli afirma que dois fundamentos, conjugados, apontam para a inconstitucionalidade da norma. O primeiro é a obrigação do estado de, no exercício do seu poder de auto-organização e de definição da competência dos seus tribunais (parágrafo 1º do artigo 125 da Constituição), observar as balizas estabelecidas na Carta Magna. O segundo é a conclusão, chancelada pela jurisprudência STF, de que não é possível extrair da Constituição a possibilidade de instituir foro por prerrogativa de função para os processos de natureza cível. "Em nenhum momento a Constituição de 1988 cogita de foro por prerrogativa de função para o julgamento de autoridades processadas por ato de improbidade administrativa, sendo este um claro limite à competência dos estados para dispor sobre o tema em suas Constituições", afirmou. Modulação. Com fundamento na garantia da segurança jurídica, Dias Toffoli votou pela modulação dos efeitos da decisão, que não será aplicada a processos com decisão definitiva (trânsito em julgado). O ministro argumentou que, como a norma é de 2012, é razoável inferir a existência de ações de improbidade administrativa que tenham transitado em julgado nesse período. Ficou vencido, nesse ponto, o ministro Marco Aurélio, que se manifestou contra a modulação.

Quanto ao **critério material**, deve-se ter em mente que são possíveis ações coletivas perante as Justiças Eleitoral, do Trabalho e Federal, neste último caso, quando envolver interesses da União ou da administração indireta federal, salvo de sociedade de economia mista federal, dentre outros, segundo dispõe o artigo 109 da CF. Nesse ponto, vale a pena destacar o cancelamento da Súmula nº 183 do STJ que delegava à Justiça Estadual local a competência para julgar, em primeira instância, ações de competência federal, se na localidade não houvesse sede da Justiça Federal. Tal cancelamento se deu em razão da interpretação do disposto no artigo 109, §3º, CF, que exige expressa autorização legal para tal delegação. O STF, em decisão prolatada aos 10.02.2000, entendeu que o artigo 2º da LACP não é hipótese que autoriza a Justiça Estadual (do local do dano) a processar e julgar causas da Justiça Federal (competente para a causa, porém ausente no local do dano). Segundo relatado pelo Ministro Ilmar Galvão (RE 228.955-9-RS), o juiz federal possui competência territorial e funcional sobre o local de qualquer dano, motivo pelo qual "impõe-se a conclusão de que o afastamento da jurisdição federal, no caso, somente poderia dar-se por meio de referência expressa à Justiça Estadual, como a que fez o constituinte na primeira parte do mencionado §3º em relação às causas de natureza previdenciária".

Vale dizer aqui que as ações sobre direitos indígenas serão propostas perante a Justiça Federal. Realmente, tais ações coletivas serão propostas perante a Justiça Federal, nos termos da Constituição Federal, art. 109, XI: a disputa sobre direitos indígenas.

Além disso, violações de direitos humanos podem aportar na Justiça Federal, se for julgado procedente o pedido de federalização:

> Art. 109. Aos juízes federais compete processar e julgar: (...) V-A - as causas relativas a direitos humanos a que se refere o § 5º deste artigo; (Incluído pela Emenda Constitucional nº 45, de 2004) (...) § 5º Nas hipóteses de grave violação de direitos humanos, o Procurador-Geral da República, com a finalidade de assegurar o cumprimento de obrigações decorrentes de tratados internacionais de direitos humanos dos quais o Brasil seja parte, poderá suscitar, perante o Superior Tribunal de Justiça, em qualquer fase do inquérito ou processo, incidente de deslocamento de competência para a Justiça Federal. (Incluído pela Emenda Constitucional nº 45, de 2004)

É evidente que o instituto da federalização, criado pela EC nº 45, pode ocorrer em qualquer tipo de demanda, seja ela criminal, seja cível, individual ou coletiva.

Aliás, é comum que alguns casos ganhem mais repercussão e, portanto, o deslocamento de competência não deve se limitar à questão criminal, pois interesses outros e variados estarão necessariamente contidos nesses casos.

Por exemplo, no IDC nº 2/DF - Incidente de deslocamento de competência:

> 1. A teor do § 5.º do art. 109 da Constituição Federal, introduzido pela Emenda Constitucional n.º 45/2004, o incidente de deslocamento de competência para a Justiça Federal fundamenta-se, essencialmente, em três pressupostos: a existência de grave violação a direitos humanos; o risco de responsabilização internacional decorrente do descumprimento de obrigações jurídicas assumidas em tratados internacionais; e a incapacidade das instâncias e autoridades locais em oferecer respostas efetivas. 2. Fatos que motivaram o pedido de deslocamento deduzido pelo Procurador-Geral da República: o advogado e vereador pernambucano Manoel Bezerra de Mattos Neto foi

assassinado em 24/01/2009, no Município de Pitimbu/PB, depois de sofrer diversas ameaças e vários atentados, em decorrência, ao que tudo leva a crer, de sua persistente e conhecida atuação contra grupos de extermínio que agem impunes há mais de uma década na divisa dos Estados da Paraíba e de Pernambuco, entre os Municípios de Pedras de Fogo e Itambé. (...)[17] 5. É notória a incapacidade das instâncias e autoridades locais em oferecer respostas efetivas, reconhecida a limitação e precariedade dos meios por elas próprias. Há quase um pronunciamento uníssono em favor do deslocamento da competência para a Justiça Federal, dentre eles, com especial relevo: o Ministro da Justiça; o Governador do Estado da Paraíba; o Governador de Pernambuco; a Secretaria Executiva de Justiça de Direitos Humanos; a Ordem dos Advogados do Brasil; a Procuradoria-Geral de Justiça do Ministério Público do Estado da Paraíba. 6. As circunstâncias apontam para a necessidade de ações estatais firmes e eficientes, as quais, por muito tempo, as autoridades locais não foram capazes de adotar, até porque a zona limítrofe potencializa as dificuldades de coordenação entre os órgãos dos dois Estados. Mostra-se, portanto, oportuno e conveniente a imediata entrega das investigações e do processamento da ação penal em tela aos órgãos federais. 7. Pedido ministerial parcialmente acolhido para deferir o deslocamento de competência para a Justiça Federal no Estado da Paraíba da ação penal n.º 022.2009.000.127-8, a ser distribuída para o Juízo Federal Criminal com jurisdição no local do fato principal; bem como da investigação de fatos diretamente relacionados ao crime em tela. Outras medidas determinadas, nos termos do voto da Relatora. (STJ - IDC: 2 DF 2009/0121262-6, Rel. Min. Laurita Vaz, julgado em 27/10/2010).

---

17. Segue a parte recortada da Ementa: 3. A existência de grave violação a direitos humanos, primeiro pressuposto, está sobejamente demonstrado: esse tipo de assassinato, pelas circunstâncias e motivação até aqui reveladas, sem dúvida, expõe uma lesão que extrapola os limites de um crime de homicídio ordinário, na medida em que fere, além do precioso bem da vida, a própria base do Estado, que é desafiado por grupos de criminosos que chamam para si as prerrogativas exclusivas dos órgãos e entes públicos, abalando sobremaneira a ordem social. 4. O risco de responsabilização internacional pelo descumprimento de obrigações derivadas de tratados internacionais aos quais o Brasil anuiu (dentre eles, vale destacar, a Convenção Americana de Direitos Humanos, mais conhecido como "Pacto de San Jose da Costa Rica")é bastante considerável, mormente pelo fato de já ter havido pronunciamentos da Comissão Interamericana de Direitos Humanos, com expressa recomendação ao Brasil para adoção de medidas cautelares de proteção a pessoas ameaçadas pelo tão propalado grupo de extermínio atuante na divisa dos Estados da Paraíba e Pernambuco, as quais, no entanto, ou deixaram de ser cumpridas ou não foram efetivas. Além do homicídio de Manoel Mattos, outras três testemunhas da CPI da Câmara dos Deputados foram mortos, dentre eles Luiz Tomé da Silva Filho, ex-pistoleiro, que decidiu denunciar e testemunhar contra os outros delinquentes. Também Flávio Manoel da Silva, testemunha da CPI da Pistolagem e do Narcotráfico da Assembleia Legislativa do Estado da Paraíba, foi assassinado a tiros em Pedra de Fogo, Paraíba, quatro dias após ter prestado depoimento à Relatora Especial da ONU sobre Execuções Sumárias, Arbitrárias ou Extrajudiciais. E, mais recentemente, uma das testemunhas do caso Manoel Mattos, o Maximiano Rodrigues Alves, sofreu um atentado a bala no município de Itambé, Pernambuco, e escapou por pouco. Há conhecidas ameaças de morte contra Promotores e Juízes do Estado da Paraíba, que exercem suas funções no local do crime, bem assim contra a família da vítima Manoel Mattos e contra dois Deputados Federais.

Nota-se, portanto, como no caso acima, que as questões que admitem o deslocamento, em geral, são de elevada repercussão e, em regra, extrapolam o tema da investigação criminal.

Ainda quanto ao critério material, destaca-se que a competência da Justiça Estadual é residual.

No tocante ao **critério valorativo**, frisa-se apenas a impossibilidade de propositura de ações coletivas perante os Juizados Especiais Cíveis (art. 3º, §1º, I, Lei nº10.529/01).

Por derradeiro, **o critério territorial** define, como regra geral, a competência do foro do local do dano. De fato, o artigo 2º da LACP prevê que a ACP será proposta no foro do local do dano, cujo juízo terá a competência funcional (absoluta) para processar e julgar a causa. Ainda, outras leis também contêm regramento quanto à competência: artigo 93 do CDC e artigo 5º da LAP.

É importante ressaltar que, por se tratar de um microssistema, mesmo na ausência de regramento específico em legislação setorial, aplica-se a norma contida na LACP e no CDC, salvo se houver previsão expressa em sentido contrário, como no caso do artigo 209 do ECA, que prevê a competência territorial específica: "no foro do local onde ocorreu ou deva ocorrer a ação ou omissão".

Por oportuno, vale lembrar que tanto o Estatuto da Criança e do Adolescente como o Estatuto do Idoso consagram exceções à regra do local do dano, não obstante haver igualdade no tocante à natureza absoluta dessa competência. O primeiro estabelece que a ação será proposta no local da ação ou omissão, efetiva ou em potencial (art. 209, ECA), sendo que, quanto ao segundo, a ação deve ser proposta no domicílio do idoso ou idosos interessados (art. 80, Est. do Idoso).

Quanto aos casos em que o dano ou ilícito possa atingir mais de uma localidade (regional ou nacional), a LACP silencia, devendo o intérprete recorrer ao CDC em análise integradora. Segundo o artigo 93 do CDC, ressalvada a competência da Justiça Federal, o foro do local do dano ou ilícito será competente quando este for pontual. Já nos casos em que os danos forem de âmbito regional ou nacional, será competente o foro da Capital do Estado ou do Distrito Federal.

A questão pode ser problematizada quanto aos parâmetros para estabelecer quando um dano é somente local, regional ou nacional. A dúvida maior paira sobre a seguinte indagação: um dano regional não é também local? Um dano nacional não é também regional e local? Não seria mais adequado manter uma ação coletiva em processamento no local em que houve o dano imediato ao invés de permitir que a Capital do Estado, por vezes longínqua, sirva de sede para a mesma, apesar de haver repercussões naquele dano?

Não há limitação quantitativa (extensão territorial ou quantidade de cidades, municípios, Estados afetados) para a constatação se um dano é local, regional ou nacional. Por essa razão, Fredie Didier Jr. e Hermes Zaneti Jr. ressaltam "a importância de aplicar-se o princípio da competência adequada, devendo prestigiar-se ao máximo o juízo de uma das comarcas envolvidas na situação".[18]

É que a determinação legal de competência do local do dano logra facilitar a instrução probatória, contando com a sensibilidade do juízo e das partes para os fatos ocorridos nas proximidades. O objetivo é que essa disposição contribua para a uma tutela mais efetiva e adequada, além de se mirar o acesso à Justiça.

12.4.6 A prova e o ônus da prova nas ações coletivas. Inversão do ônus da prova e o advento do CPC/15

Sobre o ônus da prova, pode-se dizer que suas regras destinam-se a dois sujeitos do processo: primeiro, ao juiz quando julga a ação e os temas controvertidos, já que, na ausência de provas sobre essa ou aquela questão, deve decidir contra aquele que não se desincumbiu do ônus de provar o que eventualmente alegou. Segundo, às partes, seja na propositura da ação, seja durante a atividade instrutória, já que as potencialidades de sua demanda ou defesa dependerão naturalmente de sua capacidade instrutória. Ou seja, quanto mais provas, maiores as chances de êxito na ação.

Essa distribuição do ônus da prova segue tradicionalmente alguns modelos: **o legal, o judicial e o convencional**. Pelo **primeiro,** cabe à lei dividir, de antemão e abstratamente, o ônus daqueles que demandam, ou seja, entre o autor e o réu. Pelo **segundo** modelo, também chamado de "distribuição dinâmica do ônus da prova", caberá ao juiz, sem desconsiderar a divisão legal, mas diante das peculiaridades do caso concreto, redimensionar esse ônus, desde fundamentadamente e com a cautela para não tornar a produção da prova algo extremamente improvável ou impossível. **Terceiro**, pelo critério convencional, caberia às partes a decisão sobre essa divisão.

O processo civil individual brasileiro sempre adotou o modelo legal, mas o CDC inovou em relação às relações de consumo (artigo 6º, VIII), novidade

18. DIDIER JR, Frdeie. ZANETI JR, Hermes. *Curso de Direito Processual Civil.* V. 4. Direito Coletivo. Bahia: Juspodivm, 2009, p.140.

que passou a ser adotada para tutela coletiva como um todo. É que, pela forma dinâmica, a lei favorece uma das partes em situação de hipossuficiência para, ao final, assegurar a igualdade material ou substancial no processo - e não meramente formal. Trata-se de uma "ação afirmativa processual", mas necessária para amparar, por completo, o acesso à justiça e o acesso à solução jurídica mais justa e legítima.

Assim, decisões do Superior Tribunal de Justiça passaram a adotar a inversão do ônus da prova nos casos de danos ao meio ambiente, como medida de extrema efetividade em benefício da tutela coletiva de tão relevante interesse difuso, desde que tomada as devidas cautelas, conforme abaixo será advertido. "Aquele que cria ou assume o risco de danos ambientais tem o dever de reparar os danos causados e, em tal contexto, transfere-se a ele todo o encargo de provar que sua conduta não foi lesiva. Cabível, na hipótese, a inversão do ônus da prova que, em verdade, se dá em prol da sociedade, que detém o direito de ver reparada ou compensada a eventual prática lesiva ao meio ambiente - artigo 6º, VIII, do CDC c/c o artigo 18, da lei nº 7.347/85" (REsp 1049822/RS, Rel. Min. Francisco Falcão, julgado em 23/04/2009).

Aqui, segundo o Min. Relator, "a transferência de riscos impõe, de um lado, a imposição do ônus da prevenção dos danos, decorrência da aplicação do poluidor pagador e, de outro, a responsabilização objetiva quando já consolidado o dano, objetivando-se a reparação integral da degradação. Para esclarecer melhor essa inversão do ônus da prova no princípio da precaução, reporto-me a excerto de artigo próprio, publicado na obra 'O Direito para o Brasil Socioambiental': '(...) O princípio da precaução sugere, então, que o ônus da prova seja sempre invertido de maneira que o produtor, empreendimento, ou responsável técnico tenham que demonstrar a ausência de perigo ou dano decorrente do uso da referida substância, ao invés da agência de proteção ao meio ambiente ou os cidadãos terem que provar os efeitos nefastos de uma substância danosa à saúde humana ou ao ambiente. Algumas opiniões em favor do princípio da precaução, como a da professora inglesa Rosalind Malcom, chegam a sustentar que 'se uma denúncia for feita sobre os efeitos tóxicos de uma certa substância, mesmo sem uma base científica atual consistente, devem ser tomadas as devidas cautelas pelo Estado para prevenir futuros danos ambientais, ainda que não esteja claramente estabelecido que o empreendimento ou a empresa denunciada sejam os responsáveis pelo eventual dano ambiental causado pelo uso daquela substância' . A justificativa para essa interpretação baseia-se no fato de que, se posteriormente for comprovada a responsabilidade da empresa ou da pessoa denunciada pela degradação ambiental causada pela dita substância, seria tarde demais para impedir ou prevenir os seus nefastos efeitos. Neste sentido, é melhor errar em favor da proteção ambiental do que correr sérios riscos ambientais por falta de precaução dos agentes do Estado.' Por fim, ratificando o entendimento do Parquet estadual (fl.), diante do princípio da precaução e da internalização dos riscos, inerentes à responsabilização objetiva, deverá a parte ré provar a existência ou irrelevância dos danos, bem como arcar com os custos para identificar o grau da degradação ambiental e as medidas mitigadoras dos impactos que serão necessárias, bastando ao Ministério Público provar a potencialidade lesiva da atividade. Em conclusão, não deve ser reformado o acórdão recorrido, pois como demonstrado, é cabível a inversão do ônus da prova não só na esfera do direito do consumidor, mas também no âmbito de proteção ao meio ambiente".

Em outros casos, o mesmo STJ adotou o mesmo entendimento (STJ – REsp nº 773.171/RN - 2009; REsp nº 972.902/RS – 2009; REsp nº 736.308/RS - 2010; REsp nº 951.785/RS – 2011).

Nessa linha evolutiva, o CPC/15 trouxe algumas inovações quanto ao tema, adotando-se maior flexibilidade/dinâmica na distribuição desse ônus, além de admitir negócio judicial sobre o tema (art. 373).

> Art. 373. O ônus da prova incumbe: I - ao autor, quanto ao fato constitutivo de seu direito; II - ao réu, quanto à existência de fato impeditivo, modificativo ou extintivo do direito do autor. § 1º Nos casos previstos em lei ou diante de peculiaridades da causa relacionadas à impossibilidade ou à excessiva dificuldade de cumprir o encargo nos termos do caput ou à maior facilidade de obtenção da prova do fato contrário, poderá o juiz atribuir o ônus da prova de modo diverso, desde que o faça por decisão fundamentada, caso em que deverá dar à parte a oportunidade de se desincumbir do ônus que lhe foi atribuído. § 2º A decisão prevista no § 1º deste artigo não pode gerar situação em que a desincumbência do encargo pela parte seja impossível ou excessivamente difícil. § 3º A distribuição diversa do ônus da prova também pode ocorrer por convenção das partes, salvo quando: I - recair sobre direito indisponível da parte; II - tornar excessivamente difícil a uma parte o exercício do direito. § 4º A convenção de que trata o § 3º pode ser celebrada antes ou durante o processo.

Sobre a aplicação dessas regras ao processo coletivo, dois princípios devem nortear essa interpretação: o da máxima efetividade da tutela coletiva e o da vedação do retrocesso. Realmente, é inegável que, pelo interesse público que norteia o processo coletivo, as restrições são maiores. Vejamos.

Sobre a distribuição judicial do § 1º do art. 373 (CPC/15), considerando que a inversão do ônus da prova já vinha sendo aplicada em favor dos direitos coletivos em sentido amplo, além dos direitos do consumidor inclusive (STJ – REsp nº 773.171/RN - 2009; REsp nº 972.902/RS – 2009; REsp nº 736.308/RS - 2010; REsp nº 951.785/RS – 2011), entendemos que jamais poderá haver inversão em prejuízo desses direitos e da coletividade. Apresentamos aqui tal advertência, pois o CPC/15 prevê a possibilidade de inversão do ônus da prova, a critério do juiz, desde que presentes os requisitos legais, mas em favor de qualquer das partes. Assim, considerando a evolução histórica do tema no processo coletivo e no processo individual, segundo o princípio cogente da vedação do retrocesso, não se aplica a regra acima em desfavor da coletividade, por óbvio.

Quanto à inversão convencional do § 3º do art. 373, CPC/15, de início, aplicam-se os mesmos limites previstos em lei ao processo coletivo, tais como aqueles do art. 373, §3º, I e II, CPC/15.

Além disso, em eventual contrato ou termo de ajustamento, não poderá haver prejuízo ao consumidor ou à coletividade como um todo, por incidência do art. 51, VI, CDC: "São nulas de pleno direito, entre outras, as cláusulas contratuais relativas ao fornecimento de produtos e serviços que: (...) VI - estabeleçam inversão do ônus da prova em prejuízo do consumidor."

Portanto, a questão do ônus da prova no processo coletivo, embora aparentemente simples, deve ser vista com as cautelas e precauções acima citadas.

12.4.7 Do pedido e da cumulação de pedidos

Em ações coletivas, o pedido deverá ser o mais amplo e extenso possível, para contemplar o maior conteúdo de tutela e de aspectos da questão, aliás, conforme os já estudados princípios da máxima proteção e da variabilidade dos pedidos.

Além desse aspecto, em termos de tutela coletiva deve-se priorizar a **tutela específica**, em detrimento da tutela genérica ou meramente ressarcitória, pois o empenho inicial e mais intenso deve ser para se evitar o dano ou então recompor o bem, sendo excepcional a via indenizatória.

Aliás, sobre a tutela específica, a lei é clara ao prevê-la e contemplá-la: "Na ação que tenha por objeto o cumprimento da obrigação de fazer ou não fazer, o juiz concederá a tutela específica da obrigação ou determinará providências que assegurem o resultado prático equivalente ao do adimplemento", e "para a tutela específica ou para a obtenção do resultado prático equivalente, poderá o juiz determinar as medidas necessárias, tais como busca e apreensão, remoção de coisas e pessoas, desfazimento de obra, impedimento de atividade nociva, além de requisição de força policial" (art. 84, *caput* e § 5º, CDC)[19].

Portanto, a cumulação de pedidos é a regra, já que se busca a máxima efetividade da tutela coletiva.

Imagine a seguinte hipótese: em determinado bairro da cidade, numa área pública municipal ocupada por população de baixa renda há mais de 20 (vinte) anos e consolidada, mas sem a devida coleta de esgoto, o qual corre pelas ruas locais não pavimentadas até um córrego, em área de preservação permanente. Apurou-se que a mortalidade infantil é elevada no local; que há 2 (dois) anos os moradores pagam pelo tratamento de esgoto à Empresa XYZ (concessionária de serviço público); que o córrego está poluído; e que os moradores não possuem nenhum título de posse ou propriedade dos imóveis ocupados.

Em eventual ação civil pública proposta, podem ser tutelados: direito à saúde (difuso); direito à vida (difuso); direito ao meio ambiente ecologicamente equilibrado (difuso); direito ao saneamento básico local (direito coletivo em sentido estrito); direito ao não pagamento de tarifa indevida e à restituição dos valores pagos, em dobro inclusive (direito individual homogêneo); direito à regularização fundiária urbana de interesse social, na modalidade "legitimação fundiária", com o direito de propriedade aos ocupantes inclusive (direito individual homogêneo e coletivo em sentido estrito).

Quanto aos pedidos, em tutela provisória, especialmente de urgência, diante do contexto descrito e da viabilidade jurídica, pode-se pedir, ao propor a ação, que se determine imediatamente: o atendimento médico e assistencial das famílias que residem na localidade descrita; a interrupção da cobrança da tarifa pelo citado, mas inexistente, tratamento de esgoto; o início de procedimentos de restauração dos ambientes poluídos, de implantação da rede de esgoto, e de regularização fundiária urbana de interesse social da área. Em sede de tutela definitiva, deve-se pedir a confirmação das tutelas provisórias para a prestação de atendimentos médico e assistencial às famílias atingidas, a restauração dos ambientes atingidos, do córrego inclusive, e a conclusão dos procedimentos iniciados para a implantação da rede de esgoto e de regularização fundiária urbana de interesse social da área. Além disso, deverá ser pedido

19. ECA: Na ação que tenha por objeto o cumprimento de obrigação de fazer ou não fazer, o juiz concederá a tutela específica da obrigação ou determinará providências que assegurem o resultado prático equivalente ao do adimplemento (art. 213); Est. do Idoso: Na ação que tenha por objeto o cumprimento de obrigação de fazer ou não-fazer, o juiz concederá a tutela específica da obrigação ou determinará providências que assegurem o resultado prático equivalente ao adimplemento (art. 83).

que o Município seja condenado em dano moral coletivo e que a Empresa XYZ seja condenada a restituir, em dobro, os valores cobrados indevidamente e que deixe de cobrar as tarifas até que seja efetivamente promovida a coleta e o tratamento do esgoto na região.

Enfim, o Superior Tribunal de Justiça há muito é entusiasta da cumulação de ações coletivas:

> "Hipótese de ação civil pública ajuizada pelo Ministério Público do Estado de Minas Gerais, em face do espólio de Aldair Ferreira Tavares e do Município de Uberlândia/MG, postulando a regularização e reparação ambiental e patrimonial pela constituição de loteamento irregular e clandestino à margem do Rio das Pedras. 2. Entendimento deste STJ que reconhece a necessidade de reparação integral da lesão causada ao meio ambiente, permitindo a cumulação das obrigações de fazer, não fazer e de indenizar, inclusive quanto aos danos morais coletivos. Precedentes: REsp. 1.669.185/RS, Rel. Min. Herman Benjamin, DJe 20.10.2017; AgRg no REsp. 1.526.946/RN, Rel. Min. HUMBERTO MARTINS, DJe 24.9.2015; entre outros" (EREsp 1410698/MG, Rel. Min. Napoleão Nunes Maia Filho, julgado em 14/11/2018).

Aliás, o artigo 83 do CDC, há tempo, prevê que "para a defesa dos direitos e interesses protegidos por este código são admissíveis todas as espécies de ações capazes de propiciar sua adequada e efetiva tutela". Não se pode olvidar que o termo "ações" utilizado pelo legislador tem a maior extensão possível, abrangendo também os pedidos. E, não nos parece eficaz ou inteligente a propositura de uma ação coletiva para cada tipo de pedido, sendo recomendável a cumulação em uma mesma demanda, ainda que tenham procedimentos diferentes, devendo o juiz harmonizá-los, observando-se os princípios do processo coletivo e todos os direitos e faculdades das partes.

De fato, o moderno processo civil contempla a regra da flexibilidade procedimental, para priorizar mais a efetiva tutela e não apenas o rito ou o meio adotado. Nessa linha, o artigo 327 do CPC/15, que se aplica às ações coletivas, rege:

> Art. 327. É lícita a cumulação, em um único processo, contra o mesmo réu, de vários pedidos, ainda que entre eles não haja conexão. § 1º São requisitos de admissibilidade da cumulação que: I - os pedidos sejam compatíveis entre si; II - seja competente para conhecer deles o mesmo juízo; III - seja adequado para todos os pedidos o tipo de procedimento. § 2º Quando, para cada pedido, corresponder tipo diverso de procedimento, será admitida a cumulação se o autor empregar o procedimento comum, sem prejuízo do emprego das técnicas processuais diferenciadas previstas nos procedimentos

> especiais a que se sujeitam um ou mais pedidos cumulados, que não forem incompatíveis com as disposições sobre o procedimento comum. § 3º O inciso I do § 1º não se aplica às cumulações de pedidos de que trata o art. 326.

A propósito, o artigo 326 do CPC/15 trata da cumulação subsidiária de pedidos, quando eles podem eventualmente ser incompatíveis, o que também não impede a cumulação já que não coexistem, mas se excluem.

Vale mencionar ainda que o Estatuto da Criança e do Adolescente – ECA também consagra a ampla proteção judicial:

> Art. 212. Para defesa dos direitos e interesses protegidos por esta Lei, são admissíveis todas as espécies de ações pertinentes. § 1º Aplicam-se às ações previstas neste Capítulo as normas do Código de Processo Civil. § 2º Contra atos ilegais ou abusivos de autoridade pública ou agente de pessoa jurídica no exercício de atribuições do poder público, que lesem direito líquido e certo previsto nesta Lei, caberá ação mandamental, que se regerá pelas normas da lei do mandado de segurança. Art. 213. Na ação que tenha por objeto o cumprimento de obrigação de fazer ou não fazer, o juiz concederá a tutela específica da obrigação ou determinará providências que assegurem o resultado prático equivalente ao do adimplemento. § 1º Sendo relevante o fundamento da demanda e havendo justificado receio de ineficácia do provimento final, é lícito ao juiz conceder a tutela liminarmente ou após justificação prévia, citando o réu. § 2º O juiz poderá, na hipótese do parágrafo anterior ou na sentença, impor multa diária ao réu, independentemente de pedido do autor, se for suficiente ou compatível com a obrigação, fixando prazo razoável para o cumprimento do preceito. § 3º A multa só será exigível do réu após o trânsito em julgado da sentença favorável ao autor, mas será devida desde o dia em que se houver configurado o descumprimento.

Enfim, estrategicamente, toda e qualquer atuação coletiva – mesmo que extrajudicial – tem que estar baseada em um pedido ou em um conjunto de pedidos, ainda que hipoteticamente. Assim, por exemplo, caso não se chegue a firmar um termo de ajustamento de conduta, o autor legitimado deve recorrer à judicialização, nos termos do pedido ou dos pedidos que havia imaginado de antemão.

12.4.8 As tutelas de evidência e de urgência nas ações coletivas. A tutela de urgência em face do Poder Público. A audiência prévia e a suspensão da liminar (Leis nºs 8.437/92 e 9.494/97)

O processo coletivo deve ser o instrumento para a maior e melhor proteção jurisdicional possível da coletividade, ainda que haja variabilidade e sobreposição de tutelas.

Assim, resta essencial o conhecimento e o bom manejo de todas as espécies de tutelas. De fato, com o Código de Processo Civil de 2015, podemos adotar a seguinte classificação das tutelas jurisdicionais:

1. **Quanto ao grau de cognição**:
a) tutela definitiva;
b) tutela provisória.
2. **Quanto à natureza da decisão**, a tutela provisória pode ser:
a) tutela de urgência;
b) tutela da evidência.
3. **Quanto à satisfação do titular do direito**, a tutela provisória de urgência pode ser:
a) tutela antecipada;
b) tutela cautelar.
4. **Quanto ao momento da decisão**, a tutela de urgência pode ser:
a) antecedente;
b) incidental.

Portanto, a tutela jurisdicional divide-se em definitiva e provisória pelo grau, pela profundidade da cognição. Na tutela definitiva, temos a maior exaustão probatória possível e desejável. Na tutela provisória, o juiz julga com a análise do material sumariamente produzido, ou porque existe o risco da demora (tutela provisória de urgência), ou porque os elementos já seriam suficientes, diante das circunstâncias, para se obter uma conclusão relativamente segura sobre a pretensão levada ao juízo (tutela provisória de evidência).

De fato, sobre a classificação acima exposta, o art. 294 do CPC/2015, que inaugura o *Título I* (Disposições Gerais) do *Livro V* (Tutela Provisória), é claro e até didático. Diz que "a tutela provisória pode fundamentar-se em urgência ou evidência", e que "a tutela provisória de urgência, cautelar ou antecipada, pode ser concedida em caráter antecedente ou incidental".

Vale dizer que essa clareza e objetividade não são gratuitas ou casuais, mas decorrem do princípio da operabilidade, que visa deixar o processo uma técnica mais acessível, compreensível e intuitiva, o que resultará em maior e mais intensa participação de todos.

Sobre essa norma, o *Fórum Permanente de Processualistas Civis*, no Enunciado n. 28, entendeu que a "tutela antecipada é uma técnica de julgamento que serve para adiantar efeitos de qualquer tipo de provimento, de natureza cautelar ou satisfativa, de conhecimento ou executiva".

Quanto aos efeitos da tutela provisória, em regra, são precários por natureza, ainda que tal tutela seja satisfativa (tutela provisória antecipada). Portanto, é compreensível que, caso a tutela provisória tenha subsistido durante a tramitação processual, a tutela definitiva, que põe termo ao processo, irá extingui-la, confirmando-a ou revogando-a. Exatamente por isso é que o art. 296 diz que "a tutela provisória conserva sua eficácia na pendência do processo, mas pode, a qualquer tempo, ser revogada ou modificada".

Sobre essa norma, o *Fórum Permanente de Processualistas Civis*, no Enunciado n. 140, entendeu que "a decisão que julga improcedente o pedido final gera a perda de eficácia da tutela antecipada" – cuja última expressão deve ser entendida como "tutela provisória".

Quanto à forma de concessão da tutela de urgência, em regra, depende de provocação da parte. Contudo, há tempo a doutrina e a jurisprudência de processo civil pacificaram-se no sentido de que a tutela cautelar pode ser concedida de ofício pelo juiz, independentemente de provocação específica, com base no poder geral de cautela, há muito festejado pela boa doutrina que inadmite a figura do juiz passivo, neutro ou indiferente com o resultado do processo: "nada impede o Juiz de, com base no poder geral de cautela, determinar de ofício a adoção de medida tendente a garantir a utilidade do provimento jurisdicional buscado na ação principal, ainda que não requerida pela parte" (STJ, REsp 1.255.398/SP, Rel. Min. Moura Ribeiro, julgado em 22/09/2014).

Quanto à tutela antecipada, prevalece o entendimento de que a sua concessão depende, sempre, de pedido expresso da parte, mas não a sua efetivação, que pode ser de ofício, seja na ação individual, seja na ação coletiva, com base no mesmo poder geral de cautela: "dentre os requisitos exigidos para a concessão da antecipação dos efeitos da tutela, nos termos do art. 273 do CPC/73 (atual art. 300 do CPC/2015), está o requerimento da parte, enquanto que, relativamente às medidas essencialmente cautelares, o juiz está autorizado a agir independentemente do pedido da parte, em situações excepcionais, exercendo o seu poder geral de cautela (arts. 797 e 798 do CPC/73 – atuais arts. 297 e 299 do CPC/2015). [...] A possibilidade de o juiz poder determinar, de ofício, medidas que assegurem o resultado prático da tutela, dentre elas a fixação de *astreintes* (art. 84, § 4º, do CDC), não se confunde com a concessão da própria tutela, que depende de pedido da parte, como qualquer outra tutela, de acordo com o princípio da demanda, previsto nos art. 2º e 128 e 262 do CPC/73 (atual art. 141 do CPC/2015). [...] 6. Impossibilidade de concessão de ofício da antecipação de tutela" (STJ, REsp 1.178.500/SP, Rel. Min. Nancy Andrighi, julgado em 04/12/2012).

Já a tutela cautelar poderá ser concedida de ofício. Contudo, o art. 297, ao dizer que "o juiz poderá determinar as medidas que considerar adequadas para efetivação da tutela provisória", pode ser interpretado como uma limitação daquele poder cautelar, pois a atuação de ofício estaria restrita à efetivação, não à concessão da tutela provisória de cautela. *Data venia*, vemos um perigoso retrocesso nessa interpretação, pois volta a vestir o juiz com a fria armadura do ser indiferente, retirando-lhe parte relevante da responsabilidade da jurisdição. Portanto, entendemos que o magistrado poderá não apenas efetivar, mas também conceder a tutela cautelar de ofício, ou seja, independentemente de requerimento expresso, mormente nos processos coletivos, nos quais há certa indisponibilidade no objeto e claro interesse público na sua realização.

No tocante à tutela antecipada, mantém-se o entendimento de que a sua concessão depende de requerimento do interessado, mas não a sua efetivação, a sua realização, conforme já colocamos acima.

Vale dizer que, também aqui na tutela provisória, aplicaremos a regra de que a tutela específica pode ser concretizada, mediante as suficientes medidas executivas, de ofício, independentemente de pedido expresso, o que não ocorre com o cumprimento da tutela genérica (indenizatória), que sempre dependerá de requerimento, nos termos do art. 513, § 1º, do CPC/2015.

Para arrematar, sobre o tema tutela e tempo, o Superior Tribunal de Justiça produziu interessante julgado:

> Trata-se, na origem, de Ação Declaratória com pedido de condenação ao pagamento de salário-maternidade movida por trabalhadora rural diarista. O acórdão confirmou a sentença de procedência e, de ofício, determinou a imediata implantação do mencionado benefício. As tutelas de urgência são identificadas como reação ao sistema clássico pelo qual primeiro se julga e depois se implementa o comando, diante da demora do processo e da implementação de todos os atos processuais inerentes ao cumprimento da garantia do devido processo legal. Elas regulam situação que demanda exegese que estabeleça um equilíbrio de garantias e princípios (v.g., contraditório, devido processo legal, duplo grau de jurisdição, direito à vida, resolução do processo em prazo razoável). No caso concreto, o Tribunal se vale da ideia de que se pretende conceder salário-maternidade a trabalhadora rural (boia-fria) em virtude de nascimento de criança em 2004. O Superior Tribunal de Justiça reconhece haver um núcleo de direitos invioláveis essenciais à dignidade da pessoa humana, que constitui fundamento do Estado Democrático de Direito. Direitos fundamentais correlatos às liberdades civis e aos direitos prestacionais essenciais garantidores da própria vida não podem ser desprezados pelo Poder Judiciário. Afinal, "a partir da consolidação constitucional dos direitos sociais,

a função estatal foi profundamente modificada, deixando de ser eminentemente legisladora em pró das liberdades públicas, para se tornar mais ativa com a missão de transformar a realidade social. Em decorrência, não só a administração pública recebeu a incumbência de criar e implementar políticas públicas necessárias à satisfação dos fins constitucionalmente delineados, como também, o Poder Judiciário teve sua margem de atuação ampliada, como forma de fiscalizar e velar pelo fiel cumprimento dos objetivos constitucionais" (REsp 1.041.197/MS, Rel. Min. Humberto Martins, Segunda Turma, DJe 16.9.2009, grifei.) A doutrina admite, em hipóteses extremas, a concessão da tutela antecipada de ofício, nas "situações excepcionais em que o juiz verifique a necessidade de antecipação, diante do risco iminente de perecimento do direito cuja tutela é pleiteada e do qual existam provas suficientes de verossimilhança" (José Roberto dos Santos Bedaque, Tutela cautelar e tutela antecipada: tutelas sumárias e de urgência, 4. ed., São Paulo, Malheiros, 2006, p. 384-385) - STJ, REsp 1.309.137/MG, Rel. Min. Herman Benjamin, julgado em 22/05/2012.

Outro instrumento relevante para a concessão da tutela de urgência é a chamada **audiência de justificação prévia**, na qual se autoriza a demonstração dos requisitos necessários à sua concessão, que não apenas pela prova documental.

Realmente, o § 2º do art. 300 consagra o direito à prova sumária, o direito à oralidade liminar, direito àquele contato inicial com o juiz, mesmo antes da citação do réu. Tal prática já era adotada, especialmente nas antigas ações cautelares, por conta do art. 804 do CPC/73, mas muito timidamente.

O novo texto diz que "a tutela de urgência pode ser concedida liminarmente ou após justificação prévia", com duas evidentes vantagens: primeiro, afasta a impressão de que se tratava de faculdade do juiz, pois não repete a expressão "é lícito ao juiz...". Na verdade, é dever e responsabilidade do juiz conceder uma tutela eficaz e oportuna, que seja o mais útil possível à parte. Segundo, porque ampliou a possibilidade da audiência prévia para toda "tutela de urgência", à tutela antecipada inclusive.

A ideia em tela tem por objetivo assegurar uma tutela jurisdicional adequada, efetiva e célere nas hipóteses de necessária proteção dos direitos, mormente quando o decurso do tempo puder agravar os efeitos dessa violação, e as provas documentais contidas nos autos forem insuficientes à demonstração dos pressupostos necessários à concessão das tutelas urgentes (tutela antecipada ou tutela cautelar), hipótese em que o juiz, antes de indeferir o pedido, deve designar audiência de justificação, para que a parte demandante, com ou sem a presença da parte contrária, a partir de provas orais, possa justificar a necessidade desse provimento jurisdicional liminar.

Por fim, devemos tratar aqui do **princípio da atipicidade dos meios de efetivação da tutela provisória**, consagrado no CPC de 2015 e plenamente aplicável nas tutelas coletivas.

O art. 301 refere-se à tutela de urgência cautelar e, como já ocorria, consagra o princípio da atipicidade dos meios, voltado especialmente à efetividade da tutela: "a tutela de urgência de natureza cautelar pode ser efetivada mediante arresto, sequestro, arrolamento de bens, registro de protesto contra alienação de bem e qualquer outra medida idônea para asseguração do direito".

Agora, esse princípio da atipicidade dos meios executivos também se aplica à tutela de urgência antecipada, por força dos arts. 519 e 536 do CPC/2015, sem dúvida.

Nesse tema, vale citar o entendimento do Superior Tribunal de Justiça, que autoriza, há certo tempo, o **bloqueio de verbas públicas**:

> Não podem os direitos sociais ficar condicionados à boa vontade do Administrador, sendo de suma importância que o Judiciário atue como órgão controlador da atividade administrativa. Seria distorção pensar que o princípio da separação dos poderes, originalmente concebido com o escopo de garantia dos direitos fundamentais, pudesse ser utilizado justamente como óbice à realização dos direitos sociais, igualmente relevantes. Tratando-se de direito essencial, incluso no conceito de mínimo existencial, inexistirá empecilho jurídico para que o Judiciário estabeleça a inclusão de determinada política pública nos planos orçamentários do ente político, mormente quando não houver comprovação objetiva da incapacidade econômico-financeira da pessoa estatal. [...] A jurisprudência do Superior Tribunal de Justiça admite o bloqueio de verbas públicas e a fixação de multa diária para o descumprimento de determinação judicial, especialmente nas hipóteses de fornecimento de medicamentos ou tratamento de saúde (STJ, REsp 1.488.639/SE, Rel. Min. Herman Benjamin, julgado em 16/12/2014).

Enfim, em termos de tutela de urgência, a sua efetividade é tão ou mais relevante que sua própria essência ou concessão.

Contudo, **em relação ao Poder Público na condição de réu**, alguns entraves foram impostos por lei. O primeiro deles é a audiência prévia, antes da análise de eventual pedido liminar.

De início, sobre esse tema, devemos deixar fincado o entendimento de que a extrema urgência recomenda a não aplicação do instituto, sob pena de se comprometer o próprio direito a ser tutelado. Isso decorre diretamente do direito constitucional de ação, do devido processo legal e da efetividade da tutela jurisdicional.

Aliás, nesse exato sentido o julgado do Superior Tribunal de Justiça: "Excepcionalmente, o rigor do disposto no art. 2º da Lei 8.437/92 deve ser mitigado em face da possibilidade de graves danos decorrentes da demora no cumprimento da liminar, especialmente quando se tratar da saúde de pessoa idosa que necessita de tratamento médico urgente" (STJ, REsp nº 860.840/MG, Rel. Min. Denise Arruda).

Em outro caso: "tratando-se de hipótese na qual resta comprovada a necessidade do fornecimento de certo medicamento para garantir a sobrevivência da pessoa humana, deve ser dispensada a prévia oitiva da pessoa jurídica de direito público interessada, sob pena de negar-se o direito à vida" (STJ, REsp nº 746.255/MG, Rel. Min. João Otávio de Noronha).

Outro ponto, diz respeito à sua extensão. Vale destacar que a lei não prevê, na atualidade, a necessidade dessa audiência preliminar na hipótese de tutela antecipada, pois o artigo 1º da Lei nº 9.494/97, que regulamenta a aplicação da tutela antecipada contra a Fazenda Pública, não faz referência ao artigo 2º da Lei nº 8.437/92 que, a seu turno, exige o cumprimento dessa solenidade, ao nosso ver, inconstitucional. De fato, o artigo 1º da Lei nº 9.494/97 refere apenas aos artigos 1º, 3º e 4º da Lei nº 8.437/92.

O artigo 2º da Lei nº 8.437/92, não aplicável à tutela antecipada, por omissão legal, dispõe: "No mandado de segurança coletivo e na ação civil pública, a liminar será concedida, quando cabível, após audiência do representante judicial da pessoa jurídica de direito público, que deverá se pronunciar no prazo de setenta e duas horas". É uma prerrogativa outorgada à Fazenda Pública em benefício do suposto interesse público primário que, em princípio, não se exige na concessão da antecipação da tutela.

Em suma, há a dispensa da audiência prévia nessa hipótese, sem qualquer ressalva quanto ao Poder Público, o que, infelizmente, não ocorre no tocante às liminares, cuja lei ainda prevê essa formalidade preliminar, mas que, em caso concreto de extrema urgência, pode ser dispensada ou, ao menos, prorrogada para momento posterior.

Contudo, o Superior Tribunal de Justiça, felizmente, tem se posicionado pela crescente mitigação do instituto: "a jurisprudência do STJ tem mitigado, em hipóteses excepcionais, a regra que exige a oitiva prévia da pessoa jurídica de direito público nos casos em que presentes os requisitos legais para a concessão de medida liminar em ação civil pública (art. 2º da Lei 8.437/92)" (STJ, REsp 1018614/PR, Rel. Min. Eliana Calmon).

O outro obstáculo à efetividade da tutela provisória é o chamado **pedido de suspensão**, quase um privilégio do Poder Público.

Segundo a legislação vigente, "poderá o juiz conceder mandado liminar, com ou sem justificação prévia, em decisão sujeita a agravo (LACP, art. 12). A requerimento de pessoa jurídica de direito público interessada, e para evitar grave lesão à ordem, à saúde, à segurança e à economia pública, poderá o Presidente do Tribunal a que competir o conhecimento do respectivo recurso suspender a execução da liminar, em decisão fundamentada, da qual caberá agravo para uma das turmas julgadoras, no prazo de 5 (cinco) dias a partir da publicação do ato" (art. 12, § 1º).

Também, a Lei nº 8038/90 prevê que, "salvo quando a causa tiver por fundamento matéria constitucional, compete ao Presidente do Superior Tribunal de Justiça, a requerimento do Procurador-Geral da República ou da pessoa jurídica de direito público interessada, e para evitar grave lesão à ordem, à saúde, à segurança e à economia pública, suspender, em despacho fundamentado, a execução de liminar ou de decisão concessiva de mandado de segurança, proferida, em única ou última instância, pelos tribunais regionais federais ou pelos Tribunais dos Estados e do Distrito Federal (art. 25)[20].

Por fim e com contornos gerais regulamentadores, a Lei nº 8.437/92: "Compete ao presidente do tribunal, ao qual couber o conhecimento do respectivo recurso, suspender, em despacho fundamentado, a execução da liminar nas ações movidas contra o Poder Público ou seus agentes, a requerimento do Ministério Público ou da pessoa jurídica de direito público interessada, em caso de manifesto interesse público ou de flagrante ilegitimidade, e para evitar grave lesão à ordem, à saúde, à segurança e à economia públicas" (art. 4º)[21].

20. Seguem os parágrafos do dispositivo: § 1º - O Presidente pode ouvir o impetrante, em cinco dias, e o Procurador-Geral quando não for o requerente, em igual prazo. § 2º - Do despacho que conceder a suspensão caberá agravo regimental. § 3º - A suspensão de segurança vigorará enquanto pender o recurso, ficando sem efeito, se a decisão concessiva for mantida pelo Superior Tribunal de Justiça ou transitar em julgado. (art.25).

21. São parágrafos do dispositivo: § 1º Aplica-se o disposto neste artigo à sentença proferida em processo de ação cautelar inominada, no processo de ação popular e na ação civil pública, enquanto não transitada em julgado. § 2º O Presidente do Tribunal poderá ouvir o autor e o Ministério Público, em setenta e duas horas. § 3º Do despacho que conceder ou negar a suspensão, caberá agravo, no prazo de cinco dias, que será levado a julgamento na sessão seguinte a sua interposição. § 4º Se do julgamento do agravo de que trata o § 3º resultar a manutenção ou o restabelecimento da decisão que se pretende suspender, caberá novo pedido de suspensão ao Presidente do Tribunal competente para conhecer de eventual recurso especial ou extraordinário. § 5º É cabível também o pedido de suspensão a que

Enfim, já consolidado o sistema legal de suspensão, sem entrarmos na questão da constitucionalidade do instituto ou na celeuma sobre sua natureza jurídica, o que propomos é a adoção excepcional do pedido de suspensão de liminares, essas obtidas na defesa de interesses coletivos *lato sensu*, pois, ao contrário, a coletividade ou grupos podem ser prejudicados.

Ou seja, devemos concluir que o instrumento somente seja utilizado se presentes e devidamente demonstrados todos os requisitos para a suspensão, sem a admissão de argumentos meramente hipotéticos ou eventuais.

Aliás, em caso concreto, o Superior Tribunal de Justiça, ao indeferir pedido de suspensão do Estado de Pernambuco, deu ao instituto interpretação restritiva, determinando que o instrumento fosse utilizado com cautela e respaldado em provas: "o requerente não logrou demonstrar, concretamente, o potencial lesivo do decisório atacado. Alegações genéricas não se mostram suficientes para justificar o deferimento da medida excepcional ora apresentada. Não basta a mera afirmação de que a liberação das contas que constituem o ativo circulante da agravante causará prejuízo ao Erário. Era de rigor a comprovação, mediante quadro comparativo com suas finanças, do efetivo risco de lesão" (O pedido de suspensão foi apresentado pelo Estado de Pernambuco contra uma decisão do Tribunal de Justiça de Pernambuco no agravo de instrumento nº. 122.153-2/05).

Sobre a tutela da evidência, nada obsta a aplicação do artigo 311[22] do CPC/15 às ações coletivas. Aliás, é recomendável que se adote esse tipo de tutela provisória às ações coletivas, cujos direitos tutelados demandam a máxima efetividade e presteza.

---

se refere o § 4º, quando negado provimento a agravo de instrumento interposto contra a liminar a que se refere este artigo. § 6º A interposição do agravo de instrumento contra liminar concedida nas ações movidas contra o Poder Público e seus agentes não prejudica nem condiciona o julgamento do pedido de suspensão a que se refere este artigo. § 7º O Presidente do Tribunal poderá conferir ao pedido efeito suspensivo liminar, se constatar, em juízo prévio, a plausibilidade do direito invocado e a urgência na concessão da medida. § 8º As liminares cujo objeto seja idêntico poderão ser suspensas em uma única decisão, podendo o Presidente do Tribunal estender os efeitos da suspensão a liminares supervenientes, mediante simples aditamento do pedido original. § 9º A suspensão deferida pelo Presidente do Tribunal vigorará até o trânsito em julgado da decisão de mérito na ação principal.

22. O Artigo 311 do CPC/15 diz que: A tutela da evidência será concedida, independentemente da demonstração de perigo de dano ou de risco ao resultado útil do processo, quando: I - ficar caracterizado o abuso do direito de defesa ou o manifesto propósito protelatório da parte; II - as alegações de fato puderem ser comprovadas apenas documentalmente e houver tese firmada em julgamento de casos repetitivos ou em súmula vinculante; III - se tratar de pedido reipersecutório fundado em prova documental adequada do contrato de depósito, caso em que será decretada a ordem de entrega do objeto custodiado, sob cominação de multa; IV - a petição inicial for instruída com prova documental suficiente dos fatos constitutivos do direito do autor, a que o réu não oponha prova capaz de gerar dúvida razoável. Parágrafo único. Nas hipóteses dos incisos II e III, o juiz poderá decidir liminarmente.

12.4.9 Da relação entre ações coletivas e ações individuais

Conforme já dito, o sistema brasileiro de ações coletivas inspirou-se em modelos internacionais como, por exemplo, nos sistemas italiano e norte-americano, contudo sem deixar de construir sua própria identidade.

O tema da relação entre as ações individuais e eventual ação coletiva ocupa terreno sobremodo complexo por conta de aparente colisão de importantes princípios de processo civil: amplo acesso à justiça e da economia processual.

Aliás, sobre o tema é importante frisar que deve ser abordado sob três aspectos, quais sejam, quanto à **conexão**, à **continência** e à **litispendência**. Quanto à conexão entre ação coletiva e ação individual, não podemos afastar sua possível ocorrência quando, por exemplo, estivermos diante da mesma causa de pedir. Porém, o efeito não será a reunião das ações, como ocorre entre ações individuais, pois isso acarretaria prejuízo ou retardo à ação coletiva.

No que toca à continência entre a ação coletiva e a individual, caso ocorra esse raro fenômeno, o efeito deverá ser o mesmo: a não reunião das ações, com tramitações paralelas.

Por derradeiro, a litispendência entre ação coletiva e ação individual é tema de maiores debates.

O Professor Antônio Gidi, em estudo sobre ele, remete à leitura do artigo 104 do CDC para evidenciar a não ocorrência de litispendência entre as ações individuais e coletivas, pois na verificação da identidade dessas ações, ao contrário do que ocorre na interpretação dos entes legitimados coletivos, verifica-se que o autor individual difere do autor coletivo, e sua pretensão é mesmo diversa. O autor aprofunda a discussão, afirmando que sequer os outros elementos que caracterizam a identidade de ações são satisfeitos, pois, no âmbito individual, a causa de pedir e o pedido, por si, já possuem novos delineamentos. É que na ação individual, como o próprio nome indica, a pretensão já diz respeito a um direito individualizado, enquanto, nas ações coletivas, o direito em questão possui outra gênese: a meta ou transindividualidade. "A 'lide coletiva', se assim a pudermos chamar, e a 'lide individual' são duas lides diferentes: através do pedido das ações coletivas em defesa de direitos superindividuais se requer a tutela de um direito superindividual, indivisivelmente considerado, de que é titular uma comunidade ou uma coletividade de pessoas: a retirada de circulação de produtos perigosos ou a inclusão de um serviço em determinado plano de saúde para todos os associados, v.g. O pedido na ação individual visa à tutela de um direito individual e divisível, cujo titular é o próprio autor: a indenização pelos danos causados ao autor pelo produto defeituoso ou a inclusão do serviço somente para o plano do autor da ação individual".[23]

Assim, em tese, uma vez que inexiste litispendência entre a ação individual e a coletiva, o artigo 104 do CDC abre a oportunidade para o interessado, a título individual, tomar uma das seguintes decisões: (a) suspende *sine die* o processo individual, em requerimento que deve ser feito no prazo de trinta dias contados a partir da ciência do curso da ação coletiva, e, nesse caso, o autor individual será beneficiado pela coisa julgada coletiva, se esta lhe for favorável; (b) prossegue sua ação individual, a despeito da coletiva em andamento, caso em que será excluído da extensão subjetiva da coisa julgada coletiva, inclusive se esta for favorável. Entende-se que é atribuído ao demandado na ação coletiva e na ação individual, o ônus de informar, nessa última, a propositura da ação coletiva, sob pena de, não o fazendo, não se afastar o benefício da coisa julgada coletiva ao indivíduo demandante que não suspendeu sua ação.

Ocorre que, diversamente, o Superior Tribunal de Justiça, por meio de uma interpretação sistemática da regra de processamento de recursos especiais repetitivos, determinou a suspensão obrigatória das ações individuais, subtraindo do interessado individual aquela opção que lhe era garantida: "1.- Ajuizada ação coletiva atinente a macro-lide geradora de processos multitudinários, suspendem-se as ações individuais, no aguardo do julgamento da ação coletiva. 2.- Entendimento que não nega vigência aos arts. 51, IV e § 1º,103 e 104 do Código de Defesa do Consumidor; 122 e 166 do Código Civil; e 2º e 6º do Código de Processo Civil, com os quais se harmoniza, atualizando-lhes a interpretação extraída da potencialidade desses dispositivos legais ante a diretriz legal resultante do disposto no art. 543-C do Código de Processo Civil, com a redação dada pela Lei dos Recursos Repetitivos (Lei n. 11.672, de 8.5.2008)" - REsp 1110549/RS.

Agora, a partir do Código de Processo Civil de 2015, pode ser que, com o advento do instituto do **incidente de resolução de demandas repetitivas** - IRDR (arts. 976 e seguintes), a questão fique superada, sendo que a suspensão não ocorreria mais automaticamente com a propositura da ação coletiva, como anunciou o STJ, mas após o processamento do citado incidente (IRDR), que possui, dentre seus efeitos, a suspensão das ações individuais ou coletivas repetitivas, a critério do Relator (art. 982, I, CPC/15).

23. GIDI, Antônio. *Coisa Julgada e Litispendência em Ações Coletivas*. São Paulo: Saraiva, 1995, P.188.

Vale mencionar, por oportuno, que está pendente de julgamento no Superior Tribunal de Justiça a questão relativa ao cabimento do incidente de resolução de demanda repetitiva no âmbito do STJ (Pet nº 11838).

No julgamento, para a Min. Relatora Laurita Vaz, "infere-se da sistemática adotada que o IRDR somente é cabível no âmbito dos Tribunais de Justiça e Tribunais Regionais Federais, quando houver repetição de processos sobre a mesma questão de direito ou nas situações de risco à isonomia ou à segurança jurídica".

Contudo, a maioria parece estar se formando no sentido do voto-vista divergente do Min. Luis Felipe Salomão, a favor do IRDR ser instaurado na Corte Superior (STJ): "O repetitivo já constitui instrumento de resolução de demandas repetitivas no âmbito do STJ. Contudo, o art. 105 prevê outras duas hipóteses de competência do STJ, quais sejam, processos originários e recursos ordinários. Nesses dois casos, entendo que caracterizado o fato gerador - multiplicidade de questões de direito idênticas propostas em juízos distintos, trazidas a esta Corte no bojo de uma causa de competência originária ou de recurso originário - é perfeitamente possível a instauração do incidente no âmbito deste Tribunal."

O julgamento não se encerrou em razão do pedido de vista do Min. Mauro Campbell.

12.4.10 Do negócio judicial e as ações coletivas

Não nos parece razoável vetar a aplicação dos negócios judiciais nas ações coletivas, desde que sejam realizados com parcimônia e em atenção aos princípios que norteiam as mesmas, em especial os princípios da disponibilidade controlada, da vedação do retrocesso, da ampla participação dos demais legitimados, da primazia do interesse público e da máxima efetividade da tutela coletiva.

Realmente, segundo o CPC/15, "versando o processo sobre direitos que admitam autocomposição, é lícito às partes plenamente capazes estipular mudanças no procedimento para ajustá-lo às especificidades da causa e convencionar sobre os seus ônus, poderes, faculdades e deveres processuais, antes ou durante o processo" (art. 190)[24]. Também, "de comum acordo, o juiz e as partes podem fixar calendário para a prática dos atos processuais, quando for o caso"

24. Parágrafo único. De ofício ou a requerimento, o juiz controlará a validade das convenções previstas neste artigo, recusando-lhes aplicação somente nos casos de nulidade ou de inserção abusiva em contrato de adesão ou em que alguma parte se encontre em manifesta situação de vulnerabilidade.

(art. 191)[25]. Ainda poderá haver o negócio judicial na questão da distribuição do ônus da prova, aliás, conforme já visto (art. 373, § 3º). Destarte, aplicam-se os mesmos limites previstos em lei ao processo coletivo, tais como aqueles do art. 373, §3º, I e II, CPC/15.

De qualquer modo, os negócios judiciais não estão afastados da ação coletiva. É que, primeiro, eles tratam mais de questões procedimentais que de renúncia a direitos. Segundo, tais negócios podem ser utilizados para flexibilizar o procedimento e torná-lo mais dinâmico e, por consequência, fazer a tutela jurisdicional mais célere e efetiva.

Ademais, em matéria de tutela coletiva, não é estranha a composição extrajudicial dos conflitos. Realmente, já se admite o termo de ajustamento de conduta ou a desistência da ação, mas sempre com controle, supervisão e a mais ampla participação dos demais legitimados.

Contudo, é evidente que, pelo interesse público que norteia o processo coletivo, as restrições são maiores, destacando-se duas em relação ao ônus da prova, aliás, como já visto: uma, sobre a previsão em cláusula contratual de inversão do ônus da prova em prejuízo do consumidor, conforme CDC (art. 51, VI)[26]. Duas, pelo princípio da vedação do retrocesso, considerando que a inversão do ônus da prova já vinha sendo aplicada em favor dos direitos coletivos em sentido amplo, além dos direitos do consumidor inclusive (STJ – REsp nº 773.171/RN - 2009; REsp nº 972.902/RS – 2009; REsp nº 736.308/RS - 2010; REsp nº 951.785/RS – 2011), entendemos que jamais poderá haver inversão em prejuízo desses direitos e de toda coletividade. Assim, considerando a evolução histórica do tema no processo coletivo e no processo individual, sendo cogente o princípio da vedação do retrocesso, não se aplica a regra acima em desfavor da coletividade.

12.4.11 Da sentença coletiva

A sentença coletiva segue as mesmas regras da sentença cível em processo individual. Apenas quando se referir a interesses individuais homogêneos a lei determina que deverá ser genérica (art. 95, CDC[27]), isso para não se invia-

25. § 1º O calendário vincula as partes e o juiz, e os prazos nele previstos somente serão modificados em casos excepcionais, devidamente justificados. § 2º Dispensa-se a intimação das partes para a prática de ato processual ou a realização de audiência cujas datas tiverem sido designadas no calendário.
26. CDC, Art. 51. São nulas de pleno direito, entre outras, as cláusulas contratuais relativas ao fornecimento de produtos e serviços que: (...) VI - estabeleçam inversão do ônus da prova em prejuízo do consumidor.
27. CDC, Art. 95. Em caso de procedência do pedido, a condenação será genérica, fixando a responsabilidade do réu pelos danos causados.

bilizar a realização da chamada liquidação imprópria, com a habilitação dos interessados e a prova do nexo causal entre o dano individual e o "fato comum" reconhecido na sentença.

Quanto à motivação das decisões judiciais, agora, com o CPC (art. 489, §1º), a consciência e a responsabilidade jurisdicional restarão, esperamos, potencializadas.

Tal artigo traz talvez a maior conquista democrática no processo civil, nos últimos tempos.

É que o processo civil brasileiro adota a regra do livre convencimento motivado, segundo o qual o julgador é livre para formar sua conclusão acerca da matéria e da prova a ele submetida, mas deve motivar a sua decisão. Ocorre que a nova regra exige exaustiva e detalhada fundamentação. Prevaleceu, no CPC[28], o dever da intensa e específica motivação.

É evidente que as ações coletivas cobram a mais ampla fundamentação, já que estão em jogo, com prevalência, interesses públicos e indisponíveis, anseios que suplantam pretensões meramente individuais, mas sim expectativas de grupos ou da sociedade como um todo.

12.4.12 Recursos em ações coletivas

O sistema recursal das ações coletivas segue o modelo adotado pelo Código de Processo Civil, com algumas peculiaridades.

Primeiro, importante notar, quanto aos efeitos do recurso, que a regra da tutela coletiva determina que o recurso de apelação seja recebido em seu efeito

---

28. Art. 489. São elementos essenciais da sentença: I - o relatório, que conterá os nomes das partes, a identificação do caso, com a suma do pedido e da contestação, e o registro das principais ocorrências havidas no andamento do processo; II - os fundamentos, em que o juiz analisará as questões de fato e de direito; III - o dispositivo, em que o juiz resolverá as questões principais que as partes lhe submeterem. § 1º Não se considera fundamentada qualquer decisão judicial, seja ela interlocutória, sentença ou acórdão, que: I - se limitar à indicação, à reprodução ou à paráfrase de ato normativo, sem explicar sua relação com a causa ou a questão decidida; II - empregar conceitos jurídicos indeterminados, sem explicar o motivo concreto de sua incidência no caso; III - invocar motivos que se prestariam a justificar qualquer outra decisão; IV - não enfrentar todos os argumentos deduzidos no processo capazes de, em tese, infirmar a conclusão adotada pelo julgador; V - se limitar a invocar precedente ou enunciado de súmula, sem identificar seus fundamentos determinantes nem demonstrar que o caso sob julgamento se ajusta àqueles fundamentos; VI - deixar de seguir enunciado de súmula, jurisprudência ou precedente invocado pela parte, sem demonstrar a existência de distinção no caso em julgamento ou a superação do entendimento. § 2º No caso de colisão entre normas, o juiz deve justificar o objeto e os critérios gerais da ponderação efetuada, enunciando as razões que autorizam a interferência na norma afastada e as premissas fáticas que fundamentam a conclusão. § 3º A decisão judicial deve ser interpretada a partir da conjugação de todos os seus elementos e em conformidade com o princípio da boa-fé.

devolutivo apenas (art. 14, da LACP) e o juiz poderá deferir o efeito suspensivo para, com isso, evitar dano irreparável à parte.

Vale mencionar que processo civil individual (não coletivo) aproximou-se agora desse modelo com a nova Lei (CPC/15 – Lei nº 13.105/15), a qual diz que os recursos não impedem a eficácia da decisão (art. 995)[29].

Ainda, quanto à desistência do recurso interposto e da renúncia àquele que pode ainda ser exercitado, cremos aplicável o princípio da disponibilidade controlada, sendo salutar a participação de outros legitimados nessas hipóteses.

Por fim, temos defendido que as ações coletivas possuem repercussão geral por natureza, sendo desnecessária a demonstração específica em eventual recurso extraordinário. Agora, trata-se de mera tese jurídica, o que impõe – na prática - a exposição expressa do tema na interposição desses recursos.

12.4.13 O incidente de resolução de demandas repetitivas e as ações coletivas

Não existe incompatibilidade entre as ações coletivas e o incidente de resolução de demandas repetitivas (IRDR), conforme já antecipado aqui, desde que presentes os requisitos legais. Aliás, o próprio CPC/15 prevê a possibilidade de repetição de ações coletivas ao regulamentar o instituto.

De fato, o CPC/15 dispôs, com certo ineditismo, que demandas (individuais ou coletivas) fiquem suspensas até que o Tribunal respectivo decida, de forma vinculante, a questão que tem sido repetida em primeira instância: "É cabível a instauração do incidente de resolução de demandas repetitivas quando houver, simultaneamente (art. 976): I - efetiva repetição de processos que contenham controvérsia sobre a mesma questão unicamente de direito; II - risco de ofensa à isonomia e à segurança jurídica".[30]

29. Art. 995. Os recursos não impedem a eficácia da decisão, salvo disposição legal ou decisão judicial em sentido diverso. Parágrafo único. A eficácia da decisão recorrida poderá ser suspensa por decisão do relator, se da imediata produção de seus efeitos houver risco de dano grave, de difícil ou impossível reparação, e ficar demonstrada a probabilidade de provimento do recurso.

30. Os artigos que seguem: (...) Art. 977. O pedido de instauração do incidente será dirigido ao presidente de tribunal: I - pelo juiz ou relator, por ofício; II - pelas partes, por petição; III - pelo Ministério Público ou pela Defensoria Pública, por petição. (...) Art. 982. Admitido o incidente, o relator: I - suspenderá os processos pendentes, individuais ou coletivos, que tramitam no Estado ou na região, conforme o caso; II - poderá requisitar informações a órgãos em cujo juízo tramita processo no qual se discute o objeto do incidente, que as prestarão no prazo de 15 (quinze) dias; III - intimará o Ministério Público para, querendo, manifestar-se no prazo de 15 (quinze) dias. (...)

E, "julgado o incidente, a tese jurídica será aplicada (art. 985): I - a todos os processos individuais ou coletivos que versem sobre idêntica questão de direito e que tramitem na área de jurisdição do respectivo tribunal, inclusive àqueles que tramitem nos juizados especiais do respectivo Estado ou região; II - aos casos futuros que versem idêntica questão de direito e que venham a tramitar no território de competência do tribunal, salvo revisão na forma do art. 986".[31]

Assim, desde que presentes os requisitos legais, nada obsta a aplicação do instituto às ações coletivas.

Aliás, devemos lembrar que o Superior Tribunal de Justiça, há tempo, tem admitido a ação civil pública para a tutela de direitos indisponíveis, ainda que de uma só pessoa (REsp nº 716.712/RS, 2009; REsp nº 931.513/RS, 2009). Por exemplo, as ações civis públicas de vagas em creches para determinadas crianças, ou então as ações civis públicas para o fornecimento de suplementos alimentares especiais ou então de próteses. Nesses casos, não há como negar o cabimento da instauração do incidente diante da reiteração de ações coletivas com o mesmo objeto.

12.4.14 Coisa julgada em ações coletivas

Se o objeto da ação coletiva é de interesses que suplantam o meramente individual e específico, o seu resultado natural (decisão judicial) deve atingir efeitos mais amplos e ainda sujeitos que não apenas as partes no processo. Isso é natural das ações coletivas.

Assim, coube ao Código de Defesa do Consumidor (CDC – Lei nº 8.078/90) estabelecer em que hipóteses haveria a coisa julgada e seus efeitos:

Nos interesses difusos (artigo 103, I, CDC), a coisa julgada é *erga omnes* e *secundum eventum probationis*. No caso de procedência da ação, há coisa julgada para os legitimados coletivos e aproveitam os indivíduos prejudicados (extensão *in utilibus*, artigo 103, § 3º, do CDC). No caso de improcedência, somente faz coisa julgada para os demais legitimados, se baseada em provas e não atingem, em qualquer hipótese, os interesses individuais envolvidos (artigo 103, § 1º, e artigo 103, § 2º, ambos do CDC, sendo que este último somente cria efeito negativo/impeditivo ao indivíduo que intervém na ação coletiva de defesa de interesses individuais homogêneos, caso improcedente a ação).

Nos interesses coletivos (artigo 103, II, CDC), a coisa julgada opera-se *ultra partes* e *secundum eventum probationis*. É dizer, no caso de procedência,

31. Os artigos seguintes: (...) Art. 986. A revisão da tese jurídica firmada no incidente far-se-á pelo mesmo tribunal, de ofício ou mediante requerimento dos legitimados mencionados no art. 977, inciso III. Art. 987. Do julgamento do mérito do incidente caberá recurso extraordinário ou especial, conforme o caso.

há coisa julgada para os outros legitimados coletivos e aproveitam os indivíduos prejudicados (extensão *in utilibus*, artigo 103, § 3º, CDC). No caso de improcedência, somente faz coisa julgada para os legitimados, se baseada em provas e não atinge, em qualquer hipótese, os interesses individuais envolvidos (artigo 103, § 1º, e artigo 103, § 2º, ambos do CDC, pois este último somente cria efeito negativo/impeditivo ao indivíduo que intervém na ação coletiva de defesa de interesses individuais homogêneos, caso improcedente a ação).

No caso dos interesses individuais homogêneos (artigo 103, III, CDC), a coisa julgada é *erga omnes* e, em regra, *secundum eventum litis*. Ou seja, no caso de procedência, a sentença fará coisa julgada para todos os demais legitimados e para os particulares interessados. No caso de improcedência da ação, em regra, não fará coisa julgada, salvo para as partes no processo (o legitimado requerente, o requerido e terceiros intervenientes), inclusive para o particular que tenha se habilitado como assistente litisconsorcial (art. 103, par. 2º, c.c. art. 94, CDC).

Por fim, oportuna a referência ao artigo 16 da LACP que, após uma manobra em sede de medida provisória, posteriormente convertida em lei, inseriu-se uma estranha limitação territorial da coisa julgada, porém estéril.

De fato, o dispositivo confunde os institutos da "coisa julgada" com o da "competência territorial" e não pode ser admitido, ao menos em âmbito técnico e doutrinário.

Porém, ainda que a limitação territorial seja aceita por parte da doutrina e jurisprudência, não há como negar que, por questão de lógica, a eficácia daquela decisão se estenda por todo território onde ocorre ou deva ocorrer o dano, seja ele efetivo ou em potencial, independentemente da limitação territorial do órgão prolator da decisão, principalmente nos casos de danos regionais ou nacionais, casos em que a decisão é prolatada pelo juízo prevento. Imagine a hipótese de poluição em determinado rio que passa por mais de três Comarcas (dano regional). Não tem sentido dizer que a determinação judicial de recuperação daquele habitat, dirigida ao ente poluidor, deva se limitar à parte do rio que passa pela Comarca onde o órgão prolator exerça sua jurisdição. Ou seja, a tutela jurisdicional deve abranger a extensão do dano como um todo, independentemente de sua amplitude territorial.

12.4.15 Liquidação e execução em ações coletivas. Dos fundos de direitos difusos

A efetivação da decisão judicial talvez seja o principal tema ou a mais importante preocupação do processo civil nas últimas décadas. Como tornar uma ordem abstrata em algo concreto que beneficie pessoas diretamente ligadas ao objeto da ação?

Com esse pensamento, criou-se uma sistemática própria para regulamentar o cumprimento da sentença (ou de outra decisão judicial).

O cumprimento da sentença coletiva pode adotar **duas formas**, quais sejam, a forma coletiva e a forma individual, conforme o beneficiário da tutela executiva.

O **cumprimento coletivo** da sentença coletiva ocorre quando o direito declarado e o direito executado têm natureza indivisível, sendo difuso ou coletivo em sentido estrito. A legitimidade para requerer o cumprimento é daqueles entes elencados no artigo 5º da Lei nº 7.347/85. O legitimado autor tem o prazo de 60 (sessenta) dias para promover a execução, e caso não o faça, os demais legitimados poderão fazê-lo. Esse prazo se inicia com o escoamento do lapso de 15 dias, que o condenado tinha para efetuar o pagamento (artigo 523 CPC/15).

Quanto à liquidação da sentença, no caso de interesses difusos, ela pode-se dar tanto na modalidade de arbitramentos, quanto por via de procedimento comum. Nesse último caso, quando for necessária a demonstração de fatos novos. Será a liquidação por arbitramento, o que naturalmente ocorre na apuração dos danos difusos, quando improvável a apuração efetiva desses danos, por estarem eles na forma diluída ou por serem irreparáveis, exigindo do juiz uma análise por estimativa[32].

No tocante aos interesses coletivos em sentido estrito, também se admite ambas as formas de liquidação (por artigos ou por arbitramento), conforme as peculiaridades do caso concreto.

Nesses casos, as quantias apuradas nas execuções serão recolhidas em fundos federais e estaduais de defesa dos direitos difusos. A Lei Federal nº 9.008/95, que regulamenta o fundo federal, dispõe que os valores arrecadados serão destinados a conservação e recuperação dos bens ameaçados ou danificados, na promoção de eventos educativos e na modernização do aparato administrativo dos órgãos públicos destinados a gestão dos interesses coletivos *lato sensu*.

Ainda poderão ser objeto de cumprimento coletivo as sentenças condenatórias em ações de tutela de interesses individuais homogêneos, se não se

32. CPC/15: Art. 509. Quando a sentença condenar ao pagamento de quantia ilíquida, proceder-se-á à sua liquidação, a requerimento do credor ou do devedor: I - por arbitramento, quando determinado pela sentença, convencionado pelas partes ou exigido pela natureza do objeto da liquidação; II - pelo procedimento comum, quando houver necessidade de alegar e provar fato novo.

habilitarem, no prazo de 1 ano, interessados em número compatível com a gravidade do dano, hipótese em que os colegitimados poderão proceder ao cumprimento, cujos valores serão destinados aos fundos de defesa dos direitos difusos, conforme determina o artigo 100 do Código de Defesa do Consumidor, denominando tais quantias de indenizações fluidas (*fluid recovery*).

De outra parte, o **cumprimento individual** de sentença coletiva é disciplinado pelos artigos 97 a 99 do Código de Defesa do Consumidor, ainda que ele seja promovido pelos entes legitimados ativos, criando uma espécie de "representação processual", não mais uma legitimação extraordinária ou legitimação autônoma para a condução do processo, como eventualmente ocorrera no âmbito da fase de conhecimento.

Portanto, podemos dizer que possuem legitimidade para promover o cumprimento individual da sentença coletiva a vítima e seus sucessores (artigo 97, CDC), bem como os legitimados elencados no artigo 5º da Lei nº 7.347/85, conforme dispõe o artigo 98 do Código de Defesa do Consumidor que, muito embora contém equivocadamente o termo "execução coletiva", ela nada mais é do que uma execução/cumprimento individual promovido pelos entes coletivos, como bem acima fora dito. Nesse último caso, a "representação processual" abrangerá apenas as vítimas que já tiveram suas indenizações liquidadas, sem prejuízo de futuras execuções veiculadas por aqueles não beneficiados desse cumprimento "pseudocoletivo".

Em termos gerais, o cumprimento individual da sentença coletiva pode ocorrer em duas hipóteses: na própria tutela de interesses individuais homogêneos, cuja coisa julgada tem efeitos *erga omnes* (artigo 103, III, CDC), ou na tutela de interesses difusos e coletivos com efeitos na esfera individual, em decorrência da extensão *in utilibus* da coisa julgada (artigo 103, §3º, do CDC).

Vale a pena repetir que somente na primeira hipótese haverá o prazo processual de 1 (um) ano para os interessados, em quantidade relevante, se habilitarem, sob pena de execução coletiva, devido ao instituto do *fluid recovery* (artigo 100, CDC).

Ainda, vale dizer, se houver concorrência de crédito entre os entes coletivos (interesses difusos e coletivos) e os particulares (interesses individuais homogêneos), no mesmo evento danoso, estes últimos terão preferência, devendo a execução coletiva ficar suspensa, enquanto não transitadas em julgado as ações individuais, salvo se o patrimônio do condenado for suficiente para cobrir todas as indenizações. Portanto, conclui-se que o decurso do prazo de 1 (um) ano não atinge o direito material do indivíduo de receber sua indenização. Por isso, não há que se falar nem em prescrição de sua pretensão, nem em decadência de seu direito se transcorrido este prazo que, em razão disso, tem natureza meramente processual.

Caso a reparação tenha sido integral e os valores recolhidos ao fundo, conforme dispõe o artigo 100 do CDC (reparação fluida), o indivíduo deve recorrer ao fundo, como se tivesse ocorrido uma espécie de cessão legal de débito, e não ao executado, que já cumpriu sua obrigação reparatória. Caso, o recolhimento ao fundo não tenha sido integral, havendo parcela da indenização a ser cobrada, o indivíduo pode se voltar contra o executado para este integralizar os prejuízos, sob pena de incorrer em enriquecimento indevido.

Por fim, resta forçoso lembrar que, na tutela de interesses individuais homogêneos, a sentença coletiva será necessariamente genérica, pois o legislador visa evitar que especificações reduziam a amplitude e o potencial do julgado, restringindo-se direitos individuais inclusive. "Em caso de procedência do pedido, a condenação será genérica, fixando a responsabilidade do réu pelos danos causados" (art. 95, CDC).

Isso ocorre pois não se pode impedir que o particular que se julgue prejudicado sofra alguma limitação no seu direito decorrentes de especificações contidas na sentença.

Foi nessa linha a lição do Superior Tribunal de Justiça, cuja ementa pode ser tida como boa e completa lição sobre o tema:

> 1. A generalidade da sentença a ser proferida em ação civil coletiva, em que se defendem direitos individuais homogêneos, decorre da própria impossibilidade prática de se determinar todos os elementos normalmente constantes da norma jurídica em concreto, passível de imediata execução. É que, diante da múltipla titularidade dos direitos individuais defendidos coletivamente e das diversas maneiras e dimensões de como a lesão ao direito pode se apresentar para cada um de seus titulares, afigura-se absolutamente inviável que a sentença coletiva estipule todos os elementos necessários a tornar esse título judicial exequível desde logo. 1.1 Por tal razão, o espectro de conhecimento da sentença genérica restringe-se ao núcleo de homogeneidade dos direitos afirmados na inicial, atinente, basicamente, ao exame da prática de ato ilícito imputado à parte demandada, a ensejar a violação dos direitos e interesses individuais homogêneos postos em juízo, fixando-se, a partir de então, a responsabilidade civil por todos os danos daí advindos. Há, desse modo, no âmbito da sentença genérica, deliberação sobre a existência de obrigação do devedor (ou seja, fixação da responsabilidade pelos danos causados), determinação de quem é o sujeito passivo dessa obrigação e menção à natureza desse dever (de pagar/ressarcir; de fazer ou de não fazer, essencialmente).

1.2 O complemento da norma jurídica em concreto dar-se-á por ocasião do cumprimento de sentença, a qual se subdivide em duas fases bem distintas: a primeira, consistente na peculiar liquidação da sentença genérica, com ampla atividade cognitiva, voltada a integrar os elementos faltantes do título judicial (a definição de quem é o titular do direito, qual a prestação e em que extensão faz jus); a segunda, subsequente, destina-se à execução propriamente dita do título judicial. Será, portanto, por ocasião da liquidação da sentença genérica que os interessados haverão de comprovar, individualmente, os efetivos danos que sofreram, assim como o liame causal destes com o proceder reputado ilícito na ação civil coletiva. Deverão demonstrar, ainda, a qualidade de vítima, integrante da coletividade lesada pelo proceder considerado ilícito na sentença genérica. 2. A procedência da pretensão reparatória não exime o interessado em liquidação da sentença genérica - e não em uma nova ação individual -, de comprovar o dano (se material, moral ou estético), a sua extensão, o nexo causal deste com a conduta considerada ilícita, além de sua qualidade de parte integrante da coletividade lesada. 2.2 Renovar a pretensão reparatória - no caso, devidamente expendida na peça inicial da ação civil coletiva -, em novas ações individuais, tal como propugnado pelas instâncias ordinárias, torna de toda ineficaz a tutela jurisdicional prestada na solução do conflito metaindividual em exame; inutiliza, em boa extensão, os esforços expendidos nessa ação coletiva; e enseja o temário risco de rediscussão de matéria já decidida, em especial quanto à ilicitude do proceder adotado pela demandada. 2.3 Diante do reconhecimento da conduta ilícita da recorrida, afigura-se procedente o pedido de reparação por todos os prejuízos suportados pelos segurados, mostrando-se, todavia, descabido, especificar na sentença genérica, tal como pretendido pelo Ministério Público Federal, o tipo de dano, material e/ou moral. 3. A publicidade da sentença genérica, proferida em ação civil coletiva, apresenta-se de extrema relevância ao propósito de se conferir efetividade à tutela jurisdicional na solução dos conflitos metaindividuais, a permitir que os lesados, cientes de seu direito reconhecido em título judicial, lhe dê concretude. Especialmente nos casos em que há lesão a direitos e interesses individuais homogêneos, não raras vezes a atingir expressivo número de pessoas, sobretudo em razão do estabelecimento de relações jurídicas cada vez mais massificadas de adesão, a ação coletiva revela-se como o meio judicial mais eficaz para promover o estancamento da litigiosidade em estado de latência, inerente a tal situação. Porém, o julgamento, em si, da ação coletiva, para esse propósito (de estancar a litigiosidade latente), revela-se, *in totum*, inócuo, se a sentença genérica não for seguida de informação idônea e suficiente de seus termos aos interessados, o que evidencia a necessidade de sua divulgação na internet e no sítio eletrônico da entidade demandada pelo prazo de 20 (vinte) dias (REsp 1586515/RS, Terceira Turma, DJe 29/05/2018). 3.1 Na espécie, a singela determinação de envio de correspondência aos segurados da Unimed acerca do conteúdo do provimento jurisdicional de procedência é insuficiente para

> promover a informação de todos os possíveis lesados, pois o provimento não abarca, por exemplo, aqueles segurados que não mais ostentam a condição de contratante. Não alcança, sequer os prestadores de serviços de saúde, conveniados ou não, que, indiretamente, também são atingidos pela norma contida na sentença coletiva 4. Na esteira da pacífica jurisprudência do STJ, não cabe condenação da parte vencida, em ação civil pública ou em ação coletiva disciplinada pelo Código de Defesa do Consumidor, ao pagamento de honorários advocatícios em favor do Ministério Público, ou, no caso, à Agência Nacional de Saúde Suplementar que integrou a lide na condição de litisconsorte ativa, em observância ao princípio da simetria que norteia a atuação das partes no bojo do processo. 5. Recurso especial do Ministério Público Federal parcialmente provido e recurso especial da Agência Nacional de Saúde Suplementar improvido. (STJ, REsp nº 1718535/RS, Rel. Min. Marco Aurélio Bellizze, Órgão Julgador: T3 - Terceira Turma, julgamento em 27/11/2018).

Assim, a sentença genérica em nada tem de prejudicar direitos ou de inviabilizar a tutela individual, mas exatamente o inverso disso. Ela evita que a sentença exclua da responsabilidade as obrigações relativas a direitos individuais legítimos e que devam estar por ela contemplados.

12.5 DOS PROCEDIMENTOS INVESTIGATIVOS. DO INQUÉRITO CIVIL E DO TERMO DE AJUSTAMENTO DE CONDUTA. A QUESTÃO DA REQUISIÇÃO PELO DEFENSOR PÚBLICO

Em geral, os entes públicos que possuem legitimidade ativa instauram procedimentos administrativos para a colheita de elementos informativos e ainda eventual elaboração de um termo de ajustamento de conduta - TAC.

Nesse caso, adota-se as regras gerais já aplicadas aos procedimentos administrativos em geral e outras específicas, promulgadas internamente pelas próprias instituições legitimadas.

No caso do Ministério Público, ele tem ao seu dispor o **inquérito civil**, que não deixa de ser um procedimento administrativo especial.

Em procedimento extra e pré-judicial, o Ministério Público pode instaurar inquérito civil, cuja gênese é administrativa e de adoção facultativa. Mas, embora facultativo, o inquérito civil apresenta-se como importante meio de colheita de elementos informativos.

É fato que a instauração do inquérito civil não vincula o *Parquet* no ajuizamento da ação coletiva, e nem é requisito indispensável para tanto. Prova disso é que os demais colegitimados podem, a despeito dele, ajuizar a ação coletiva, inclusive de forma autônoma e concorrente.

Após sua conclusão, o Ministério Público poderá tomar uma das seguintes medidas: (a) firmar termo de ajustamento de conduta; (b) fazer recomendações; (c) arquivar o inquérito civil; ou (d) ajuizar a ação civil pública - ACP.

A promoção do arquivamento deve ser fundamentada, e encaminhada, no prazo de três dias, ao Conselho Superior que, apreciando a medida, homologará o pedido, deliberará sobre a necessidade de realização de novas diligências ou, entendendo incabível o arquivamento, comunicará ao Procurador-Geral para que este designe outro membro do MP para ajuizar a ACP. Neste caso, a atuação do membro designado será vinculada, pelo ajuizamento da ACP questionada.

Assim, mesmo no inquérito civil, aplica-se o princípio da disponibilidade motivada: exige a lei que o membro do Ministério Público submeta o arquivamento do inquérito civil à homologação perante o órgão superior, devendo fazê-lo de forma fundamentada: "Se o órgão do Ministério Público, esgotadas todas as diligências, se convencer da inexistência de fundamento para a propositura da ação civil, promoverá o arquivamento dos autos do inquérito civil ou das peças informativas, fazendo-o fundamentadamente (art. 9º, caput, LACP)".

Por fim, vale mencionar que o(a) Defensor(a) Público(a) goza da prerrogativa funcional consistente no **poder de requisição** – conforme previsão legal -, sob pena de prejudicar a sua atuação ação coletiva e, por ricochete, a própria sociedade. Aliás, conforme noticiou-se: "A Defensoria Pública de SP na cidade de Rio Claro obteve em 16/7 uma decisão judicial – em sede de mandado de segurança – que determina à Presidência da Fundação Municipal de Saúde da cidade que responda à requisição feita a respeito de serviços de saúde municipais. A prerrogativa de requisição de informações a órgãos públicos é prevista nas leis orgânicas federal e estadual da Defensoria Pública (...)".[33]

33. O conteúdo da notícia recortado: Na ação, o Defensor Público Adriano Pinheiro Machado Buosi afirma que havia requisitado explicações da Presidência da Fundação Municipal de Saúde de Rio Claro a respeito das informações recebidas, que apontavam o encerramento das atividades do Centro de Referência da Infância e Adolescência de Rio Claro (Criari) e o setor de psiquiatria do Centro de Especialidades e Apoio Diagnóstico (CEAD). Apesar do protocolo, não houve qualquer resposta. A prerrogativa de Defensores Públicos de requisitar informações está prevista no artigo 123, inciso X da Lei Orgânica Nacional da Defensoria Pública (Lei Complementar Federal nº 80/1994) e no artigo 162, inciso IV da Lei Orgânica Estadual da Defensoria (Lei Complementar Estadual nº 988/2006). Ele também apontou previsões da Constituição Federal (princípio da publicidade administrativa e direitos à informação e de petição), da Lei da Ação Civil Pública e da Lei de Acesso à Informação para embasar o pedido. Em sua decisão, o Juiz André Antônio da Silveira Alcântara, da Vara da Fazenda Pública de Rio Claro, afirmou que 'sobressai o interesse e legitimidade da impetrante na propositura deste mandado de segurança, porquanto se mostra factível a interpretação dada tanto ao dispositivo legal no que se refere à falta de resposta da autoridade coatora'. Reforçou também que 'a legislação dá segurança àqueles que neces-

Entretanto, não podemos esquecer que o Supremo Tribunal Federal decidiu, há certo tempo, no sentido de restringir o poder de requisição que havia adquirido terreno na Constituição Estadual carioca (ADI 230/RJ), mas cuja extensão da decisão não atinge a apuração em tutela coletiva, pelos fundamentos que serão expostos:

> (...) 5. É inconstitucional a requisição por defensores públicos a autoridade pública, a seus agentes e a entidade particular de certidões, exames, perícias, vistorias, diligências, processos, documentos, informações, esclarecimentos e providências, necessários ao exercício de suas atribuições: exacerbação das prerrogativas asseguradas aos demais advogados. Inconstitucionalidade do art. 178, inc. IV, alínea a, da Constituição fluminense. (...) 7. Ação direta de inconstitucionalidade julgada parcialmente procedente para declarar a inconstitucionalidade do art. 178, inc. I, alínea g, e IV, alínea a; a constitucionalidade o art. 178, inc. IV, alíneas b e c; e prejudicados os pedidos quanto ao art. 178, inc. I, alínea f, e II, todos da Constituição do Rio de Janeiro. (ADI 230, Relatora Min. Cármen Lúcia, Tribunal Pleno, julgado em 01/02/2010).

Portanto, nesta ADI nº 230, o STF analisou a prerrogativa da requisição acolhida na Constituição estadual do Rio de Janeiro.

Na essência, a requisição à autoridade pública e a seus agentes funciona como uma ordem a quem é dirigida no sentido de adotar providências necessárias ao exercício das atribuições legais dos Defensores Públicos. Além disso, a requisição é verdadeiro instrumento de concretização da assistência jurídica dos necessitados de forma ampla, integral e eficaz, haja vista que o assistido nem sempre possui plenas condições de esclarecer sua situação ou de reunir documentos úteis à defesa de seus direitos.

Conforme entendimento do STF naquela ocasião, não seria possível a requisição por Defensores Públicos, pois conferiria ao Defensor Público prerrogativas maiores do que as garantias asseguradas aos demais Advogados, o que violaria a paridade entre os mecanismos de defesa das partes de um processo.

Contudo, como dito, o principal argumento que se coloca para vedar a requisição ao Defensor Público é o de que essa prerrogativa geraria desequilíbrio

sitam dos serviços prestados pelas políticas públicas municipais de saúde, que tem como destinação crianças e adolescentes desta cidade, bem como aos que se socorrem do setor de psiquiatria'. Dessa forma, determinou que a Presidente da Fundação Municipal de Saúde da cidade responda ao que foi requisitado via ofício, diretamente à Defensoria Pública, no prazo de 10 dias, sob pena de multa diária no valor de R$ 100 (cem reais)" (Disponível em https://www.defensoria.sp.def.br/dpesp/Conteudos/Noticias, acesso em 25/07/2019).

em relação aos poderes atribuídos aos Advogados em geral. Entretanto, nas ações coletivas, entendemos, *data venia,* que não se aplica esse raciocínio, pois os Advogados, individualmente, não têm legitimidade para ingressar com ações coletivas, o que atinge em cheio o fundamento utilizado pelo STF para julgar inconstitucional a norma carioca (paridade).

Ora, nas ações coletivas, os Defensores Público atuam em nome da Defensoria Pública, que possui legitimidade para o manejo das ações coletivas e tem a tutela coletiva como importante finalidade institucional. Portanto, a legitimidade ativa é da Instituição, não do Defensor Público individualmente.

Além disso, há um pano de fundo de imprescindível análise: o interesse público, em geral, indisponível, que é tutelado pela atuação institucional. Tal aspecto já seria suficiente para se afastar ou distinguir as funções do Advogado e do Defensor Público, nesse específico contexto.

Sobre o interesse público, sempre presente na tutela jurisdicional de direitos coletivos em sentido amplo, ele teve tratamento especial na Lei nº 13.709/2018 (*Lei geral de proteção de dados pessoais*), sendo possível o acesso aos dados pessoais por pessoas jurídicas de direito público, no exercício regular de suas finalidades, e na defesa daquele tipo nobre de interesse, além de outras condições cumulativas:

> Art. 23. O tratamento de dados pessoais pelas pessoas jurídicas de direito público referidas no parágrafo único do art. 1º da Lei nº 12.527, de 18 de novembro de 2011 (Lei de Acesso à Informação) , deverá ser realizado para o atendimento de sua finalidade pública, na persecução do interesse público, com o objetivo de executar as competências legais ou cumprir as atribuições legais do serviço público, desde que: I - sejam informadas as hipóteses em que, no exercício de suas competências, realizam o tratamento de dados pessoais, fornecendo informações claras e atualizadas sobre a previsão legal, a finalidade, os procedimentos e as práticas utilizadas para a execução dessas atividades, em veículos de fácil acesso, preferencialmente em seus sítios eletrônicos; III - seja indicado um encarregado quando realizarem operações de tratamento de dados pessoais, nos termos do art. 39 desta Lei.

Enfim, *data venia,* entendemos que a limitação apresentada pelo STF no julgado em análise não se aplica à atuação do Defensor Público na apuração e prevenção de danos coletivos, pelos motivos já expostos.

Por outro lado, a Emenda Constitucional nº 80/14 atribuiu à Defensoria Pública a função de promover os direitos humanos (art. 134, CF[34]), o que já seria suficiente para afastar as funções exercidas pelo Defensor Público daquelas exercidas por qualquer Advogado. Portanto, as funções institucionais da Defensoria Pública estão previstas na Constituição Federal e na legislação infraconstitucional, sendo que elas se distinguem substancialmente daquelas exercidas pelos Advogados e pela própria Ordem dos Advogados do Brasil.

É que a Defensoria Pública é instituição pública, exerce função essencialmente pública e isso já seria suficiente para a distinção. A Advocacia exerce função eminentemente privada, com objetivos particulares.

Assim, seja por um motivo seja por outro, devemos entender a limitação imposta pelo Supremo Tribunal Federal ao poder de requisição, por seus fundamentos, não subsistem, especialmente após a edição da Emenda Constitucional nº 80/14.

Aliás, em se tratando de direitos fundamentais, a sua tutela jurídica, especialmente a coletiva, deve ser cada vez mais fomentada e facilitada, sem espaço para retrocessos. Não é excesso lembrar que a Lei nº 12.527/2011 (*Lei de acesso a informações*) não restringe o acesso a dados e a documentos necessários à tutela de direitos fundamentais: "Não poderá ser negado acesso à informação necessária à tutela judicial ou administrativa de direitos fundamentais. Parágrafo único. As informações ou documentos que versem sobre condutas que impliquem violação dos direitos humanos praticada por agentes públicos ou a mando de autoridades públicas não poderão ser objeto de restrição de acesso" (art. 21).

Portanto, em qualquer regime democrático, que preza pela defesa de direitos humanos, não se pode admitir restrições que impeçam ou dificultem a tutela deles, sob pena de abrirmos uma perigosa fenda para condutas e atos autoritários e antidemocráticos fundados no negacionismo e no obscurantismo.

---

34. Art. 134. *A Defensoria Pública é instituição permanente, essencial à função jurisdicional do Estado, incumbindo-lhe, como expressão e instrumento do regime democrático, fundamentalmente, a orientação jurídica, a promoção dos direitos humanos e a defesa, em todos os graus, judicial e extrajudicial, dos direitos individuais e coletivos, de forma integral e gratuita, aos necessitados, na forma do inciso LXXIV do art. 5º desta Constituição Federal.*

ANEXO I

I - Do Sistema da Organização das Nações Unidas (ONU):

Diplomas Gerais

- *Declaração Universal dos Direitos Humanos* (1948)
- *Pacto internacional sobre direitos civis e políticos* (Pacto de Nova Iorque - 1966)
- Decreto n° 592, de 6 de julho de 1992
- *Protocolo facultativo ao pacto de direitos civis e políticos*
- Decreto Legislativo nº 311, de 2009
- Segundo protocolo facultativo ao pacto internacional de direitos civis e políticos para a abolição da pena de morte
- *Pacto internacional sobre direitos econômicos, sociais e culturais* (Pacto de Nova Iorque - 1966)
- Decreto n° 591, de 6 de julho de 1992
- *Protocolo facultativo ao pacto internacional de direitos econômicos, sociais e culturais*
- *Convenção de Viena sobre o Direito dos Tratados* (1969)
- Decreto nº 7.030, de 14 de dezembro de 2009
- *Declaração sobre o direito ao desenvolvimento* (1986)
- Declaração e programa de ação de Viena (1993)
- *Estatuto de Roma* (Tribunal Penal Internacional – 1998)
- Decreto nº 4.388, de 25 de setembro de 2002
- *Convenção das Nações Unidas contra a corrupção* (2003)
- Decreto nº 5.687, de 31 de janeiro de 2006

Direitos dos refugiados

- *Convenção relativa ao estatuto dos refugiados* (*Convenção de Genebra* – 1951)
- Decreto nº 50.215, de 28 de janeiro de 1961
- *Protocolo relativo ao estatuto dos refugiados* (*Protocolo de Nova Iorque* – 1967)
- Decreto nº 70.946, de 7 de agosto de 1972

Direito à integridade física e psíquica

- *Convenção para a prevenção e a repressão do crime de genocídio* (1948)
- Decreto nº 30.822, de 6 de maio de 1952
- *Regras mínimas para o tratamento de reclusos* (1955)

- *Convenção contra a tortura e outros tratamentos ou penas cruéis, desumanos ou degradantes* (1984)
- Decreto nº 40, de 15 de fevereiro de 1991
- *Protocolo facultativo à convenção contra a tortura e outros tratamentos ou penas cruéis, desumanos ou degradantes*
- Decreto nº 6.085, de 19 de abril de 2007
- *Protocolo de Istambul* (Manual para a investigação e documentação eficazes da tortura e outras penas ou tratamento cruéis, desumanos e degradantes)
- *Convenção internacional para a proteção de todas as pessoas contra o desaparecimento forçado* (2007)
- Decreto Legislativo nº 127, de 2011
- *Declaração sobre os Defensores de direitos humanos* (ONU, Resolução nº 53/144 - 1998)
- Recomendação nº 49 do Conselho Nacional de Justiça, de 01 de abril de 2014

Direito à igualdade e à diferença

- *Convenção internacional sobre a eliminação de todas as formas de discriminação racial* (1968)
- Decreto nº 65.810, de 8 de dezembro de 1969

Direitos da mulher

- *Convenção sobre a eliminação de todas as formas de discriminação contra a mulher* (1979)
- Decreto nº 4.377, de 13 de setembro de 2002
- *Protocolo facultativo à convenção sobre a eliminação de todas as formas de discriminação contra a mulher*
- Decreto nº 4.316, de 30 de julho de 2002
- *Regras de Bangkok* (regras mínimas de assistência às mulheres privadas da liberdade)

Infância e juventude

- *Convenção sobre os direitos da criança*
- Decreto nº 99.710, de 21 de novembro de 1990
- *Convenção sobre a proibição das piores formas de trabalho infantil e a ação imediata para a sua eliminação* (Convenção 182, da Organização Internacional do Trabalho – OIT – 1999)
- Decreto nº 3.597, de 12 de setembro de 2000
- *Protocolo facultativo a convenção sobre os direitos da criança relativo ao envolvimento de crianças em conflitos armados* (2000)
- Decreto nº 5.006, de 08 de março de 2004
- *Protocolo facultativo à convenção sobre os direitos da criança, relativo à venda de crianças, prostituição e pornografia infantis* (2000)
- Decreto nº 5.007, de 08 de março de 2004
- *Regras mínimas das Nações Unidas para a administração da justiça da infância e da juventude* (*Regras de Beijing* – ONU, Resolução nº 40/33 – 1985)

- *Regras mínimas das Nações Unidas para a proteção dos jovens privados de liberdade* (ONU, Resolução nº 45/113 – 1990)
- Princípios das Nações Unidas para a prevenção da delinquência juvenil - *Diretrizes de Riad*

Pessoas com deficiência
- *Convenção sobre os direitos das pessoas com deficiência e seu protocolo facultativo* (2007)
- Decreto nº 6.949, de 08 de março de 2009

Meio ambiente
- *Declaração de Estocolmo sobre o ambiente humano* (1972)
- *Relatório Brundtland* (Nosso Futuro Comum, ONU – 1987)
- *Declaração do Rio de Janeiro sobre meio ambiente e desenvolvimento sustentável* (1992)
- *Convenção Sobre Diversidade Biológica* (1992)
- Decreto nº 2.519, de 16 de março de 1998
- *Convenção sobre mudança do clima* (Nova Iorque – 1992)
- Decreto nº 2.652, de 1º de julho de 1998
- *Declaração do Rio mais vinte* (2012)

Índios
- *Declaração das Nações Unidas sobre os direitos dos povos indígenas* (2007)

Moradia e urbanismo
- *Declaração sobre assentamentos humanos de Vancouver* (1976)
- Comentário Geral nº 7, do Comitê de Direitos Econômicos, Sociais e Culturais - ONU

II – Do Sistema da Organização dos Estados Americanos (OEA):

Diplomas Gerais
- *Declaração americana dos direitos e deveres do Homem* (OEA, Bogotá, 1948)
- *Convenção americana sobre direitos humanos - Pacto de San José da Costa Rica*, em 22 de novembro de 1969
- Decreto nº 678, de 6 de novembro de 1992
- *Protocolo adicional à Convenção Americana sobre direitos humanos, em matéria de direitos econômicos, sociais e culturais - Protocolo de "San Salvador"*
- Decreto nº 3.321, de 31 de dezembro de 1999
- Decreto nº 4.463, de 08 de novembro de 2002 (Corte Interamericana de Direitos Humanos)
- *Estatuto da Comissão Interamericana de Direitos Humanos* (1979)
- Regulamento da Comissão Interamericana de Direitos Humanos (2009)
- *Estatuto da Corte Interamericana de Direitos Humanos* (1979)
- Regulamento da Corte Interamericana de Direitos Humanos (2000)
- *Convenção Interamericana sobre assistência mútua em matéria penal* (1992)
- Decreto nº 6.340, de 3 de janeiro de 2008

Direito à Integridade Física e Psíquica

- *Convenção interamericana para prevenir e punir a tortura* (1985)
- Decreto nº 98.386, de 9 de dezembro de 1989
- *Protocolo adicional à Convenção Americana sobre direitos humanos referente à abolição da pena de morte* (OEA, Assunção – 1990)
- Decreto nº 2.754, de 27 de agosto de 1998
- *Convenção interamericana sobre o desaparecimento de pessoas*
- Decreto Legislativo nº 127, de 2011

Direitos da Mulher

- *Convenção interamericana para prevenir, punir e erradicar a violência contra a mulher* (Convenção de Belém do Pará – 1994)
- Decreto nº 1.973, de 1º de agosto de 1996

Infância e Juventude

- *Convenção Interamericana sobre conflito de leis em matéria de adoção de menores*
- Decreto nº 2.429, de 17 de dezembro de 1997

Pessoas com Deficiência

- *Convenção Interamericana para a eliminação de todas as formas de discriminação contra as pessoas portadoras de deficiência*
- Decreto nº 3.956, de 8 de outubro de 2001

Outros Diplomas Internacionais:

- *Convenção internacional sobre a proteção dos direitos de todos os trabalhadores migrantes* (Convenção nº 97 - 1949)
- Decreto nº 58.819, de 14 de julho de 1966
- *Convenções sobre a igualdade de remuneração de homens e mulheres por trabalho de igual valor* (Convenções nº 11, 12, 14, 19, 26, 29, 81, 88, 89, 95, 99 100 e 101 – OIT)
- Decreto nº 41.721, de 25 de junho de 1957
- *Convenção sobre a liberdade sindical e a proteção do direito sindical* (Convenção nº 151 – OIT)
- Decreto nº 7.944, de 6 de março de 2013

REFERÊNCIAS BIBLIOGRÁFICAS

ANTUNES VARELA, João de Matos. *Direito das obrigações*. Rio de Janeiro: Forense, 1978.

ALMEIDA, Gregório Assagra de. *Codificação do Direito Processual Coletivo Brasileiro: análise crítica das propostas existentes e diretrizes de uma nova proposta de codificação*. Belo Horizonte: Del Rey, 2007.

_______. *Direito processual coletivo brasileiro - Um novo ramo do direito processual*. São Paulo: Saraiva, 2003.

ALMEIDA, João Batista de. *Aspectos controvertidos da Ação Civil Pública*. 2. ed. São Paulo: Revista dos Tribunais, 2009.

ALVIM, Arruda. *Manual de direito processual civil*. 12. ed. São Paulo: Revista dos Tribunais, 2008.

APPIO, Eduardo. *Direito das minorias*. São Paulo: RT.

ARENHART, Sérgio Cruz. *Perfis da tutela inibitória coletiva*. *In* Temas Atuais de Direito Processual Civil. São Paulo: Revista dos Tribunais, 2003.

ASSIS, Araken de. *Manual do processo de execução*. 8. ed. São Paulo: Revista dos Tribunais, 2002.

BARROSO, Luís Roberto. *Ações Coletivas na Constituição Federal de 1988*. RePro 61/190. São Paulo: Revista dos Tribunais, 1991.

BEDAQUE, José Roberto dos Santos. *Efetividade do Processo e Técnica Processual*. 2. ed. São Paulo: Malheiros, 2007.

_______. *Poderes instrutórios do juiz*. 4. ed. São Paulo: Revista dos Tribunais, 2009.

BOBBIO, Norberto. *Teoria do Ordenamento Jurídico.* 10. ed. Basília: UNB, 1999.

BONAVIDES, Paulo. *Curso de Direito Constitucional.* 13. ed. São Paulo: Malheiros, 2007.

_______. *Constituição Aberta.* 3ª ed. São Paulo: Malheiros Editores, 2004.

BUENO, Cassio Scarpinella. *A nova etapa da reforma do código de processo civil.* São Paulo: Saraiva, 2006.

_______. *Curso sistematizado de direito processual civil.* São Paulo: Saraiva, 2007.

_______. *A legitimidade ativa no mandado de segurança coletivo. In* REPRO. São Paulo: Revista dos Tribunais, 1997, nº 88.

BOFF, Leonardo. *Saber cuidar.* 18ª ed. Rio de Janeiro: Editora vozes, 2012.

BRITTO, Adriana. *A evolução da Defensoria Pública em direção à tutela coletiva. In*: "A Defensoria Pública e os processos coletivos". Rio de Janeiro: *Lumen Juris*, 2008.

CADEMARTORI, Sérgio. *Estado de Direito e Legitimidade. Uma abordagem garantista.* 2. ed. Campinas/SP: Millennium, 2007.

CANOTILHO, J.J. Gomes. *A "principialização" da jurisprudência através da Constituição.* São Paulo: Revista dos Tribunais – REPRO nº 98.

CAPPELLETTI, Mauro; CARTH, Bryant. *Acesso à Justiça.* Porto Alegre: Sérgio Antônio Fabris, 1998.

_______. *Formações sociais e interesses coletivos diante da justiça civil.* REPRO 5/130.

CAOVILLA, Maria Aparecida Lucca. *Acesso à Justiça e Cidadania.* Editora Universitária Argos.

CARDOSO, Luciana Zaffalon Leme Cardoso. *Uma fenda na Justiça.* 1ª. ed. São Paulo: Editora Hucitec, 2010.

CASTRO, André Luís Machado. BERNARDES, Márcia Nina. *Construindo uma nova Defensoria Pública. In:* A Defensoria Pública e os processos coletivos". Rio de Janeiro*: Lumen Juris*, 2008.

_______. DE SOUZA, Rafael Morais Português. Artigo: *Retrocesso e corporativismo.* Agosto de 2012. Disponível em <http://www1.folha.uol.com.br>.

CINTRA, Antônio Carlos de Araújo; GRINOVER, Ada Pellegrini; DINAMARCO, Cândido Rangel. *Teoria Geral do Processo.* 25. ed. São Paulo: Malheiros, 2009.

COMPARATO, Fábio Konder. Entrevista concedida ao periódico *Caros Amigos*. São Paulo: Ano XIV, Edição nº 163, 2010.

_______. *Ética.* Editora Companhia das Letras. 3. Ed. 2006.

COULANGES, Fustel de. *A Cidade Antiga - Estudo sobre o culto, o direito e instituições da Grécia e de Roma.* 8ª. ed. Lisboa: Livraria Clássica Editora, 1965.

DA SILVA. José Afonso. *Comentário Contextual à Constituição.* São Paulo: Malheiros Editores.

DA SILVA, Virgílio Afonso. Disponível em: <http//:www.conectas.org.br>.

DALARI. Dalmo de Abreu. *In: Escola de Justiça.* São Paulo: Imprensa Oficial, 2010.

DE LA TORRE, Wagner Giron. *A capacidade postulatória dos Defensores Públicos.* Disponível em: <http://www.apadep.org.br>.

DE LIMA, Frederico Rodrigues Viana, *Defensoria Pública.* 2ª ed. Salvador: Juspodivm, 2012.

DE MORAES, Guilherme Peña. *Instituições da Defensoria Pública.* 1ª. ed. São Paulo: Malheiros Editores, 1999.

DIAS, José Carlos. Disponível em: http://victorhugoalbernazjr.blogspot.com.br/.

DIDIER JR, Fredie. *Curso de Direito Processual Civil.* Direito Coletivo. Bahia: Juspodivm, 2007.

DINAMARCO, Cândido Rangel. *A Instrumentalidade do Processo.* 13. ed. São Paulo: Revista dos Tribunais, 2008.

______. *Instituições de direito processual civil.* 5. ed. São Paulo: Malheiros, 2005.

DINAMARCO, Pedro da Silva. *Ação civil pública.* São Paulo: Saraiva, 2001.

DI PIETRO, Maria Sylvia Zanella. *Direito Administrativo.* 22 ed. São Paulo: Atlas.

DOS SANTOS, Juarez Cirino, Artigo*: A Criminologia Crítica e a Reforma da Legislação Penal.* Disponível: <http://www.cirino.com.br>.

FENSTERSEIFER, Tiago. Tese. VII Congresso Nacional dos Defensores Públicos, Cuiabá/MT.

FERRARA, Francesco. *In* TEPEDINO, Gustavo. *Temas de direito civil.* 3. ed. Renovar, 2004.

FERRARESI, Eurico. *Ação Popular, Ação Civil Pública e Mandado de Segurança Coletivo: instrumentos processas coletivos.* Rio de Janeiro: Forense, 2009.

FERRAZ JUNIOR, Tercio Sampaio. *Introdução ao Estudo do Direito. Técnica, Decisão, Dominação.* 4 ed. São Paulo: Atlas, 2003.

______. *Teoria da norma jurídica.* Rio de Janeiro: Forense, 1976.

FERREIRA, Rony. *Coisa Julgada Coletiva.* Porto Alegre: Sergio Antônio Fabris, 2004.

FIDÉLIS DOS SANTOS, Ernane; WAMBIER, Luiz Rodrigues; NERY JÚNIOR, Nelson; FUX, Luiz. *Curso de direito processual civil.* 1 ed. Rio de Janeiro: Editora Forense, 2001.

______; NERY JÚNIOR, Nelson; WAMBIER, Tereza Arruda Alvim. *Processo e Constituição.* 1 ed. São Paulo: Editora Revista dos Tribunais, 2006.

FRASSETO. Flávio Américo. *Ato Infracional, Medida Sócio-Educativa E Processo: A Nova Jurisprudência do Superior Tribunal De Justiça.* Disponível em: < http://www.defensoria.sp.gov.br>.

GAJARDONI, Fernando da Fonseca. *Flexibilização Procedimental: um novo enfoque para o estudo do procedimento em matéria processual, de acordo com as recentes reformas do CPC.* São Paulo: Atlas, 2008.

GALLIEZ, Paulo. *A Defensoria Pública. O estado e a cidadania.* 3 ed. Rio de Janeiro: Lumem Juris, 2006.

GARCIA DE SOUZA, José Augusto. Artigo: *A nova Lei 11.448/07, os escopos extrajurídicos do processo, e a velha legitimidade ativa para ações coletivas.* In: *A Defensoria Pública e os Processos Coletivos.* 1. ed. Rio de Janeiro: Lumen Juris, 2008.

GARCIA, Emerson. *Ministério Público. Organização, Atribuições e Regime Jurídico.* Editora Atlas, 2009.

GRINOVER, Ada Pellegrini. *A tutela dos interesses difusos.* São Paulo: Max Limonad, 1984.

______. GRINOVER, Ada Pellegrini. *A marcha do processo.* Rio de Janeiro: Forense, 2000.

______. *A Ação Civil Pública refém do autoritarismo. In* Revista de Processo. Ano 24. Out-dez/2009, nº 96. São Paulo: Revista dos Tribunais.

______. *Código Brasileiro de Defesa do Consumidor: comentado pelos autores do anteprojeto.* 7 ed. Rio de Janeiro: Forense, 2001.

______; MENDES, Aluísio Gonçalves de Castro; WATANABE, Kazuo. *Direito Processual Coletivo e o Anteprojeto de Código Brasileiro de Processos Coletivos.* São Paulo; Revista dos Tribunais, 2007.

HESSE, Konrad. *A força normativa da constituição.* Porto Alegre: Sérgio A. Fabris, Editor, 1991.

HAYAMA, Andrew Toshio. Artigo *Defensoria Pública na ribeira do Direito: caminhos quilombolas.* In *Temas aprofundados da Defensoria Pública* – Vol. 02. Editora Juspodivm. RÉ, Aluísio Iunes M Ruggeri; e DOS REIS, Gustavo Augusto Soares. 2014.

LENZA, Pedro. *Teoria Geral da Ação Civil Pública.* 3 ed. São Paulo: Revista dos Tribunais, 2008.

LIBERATI, Wilson Donizetti. *Comentários ao Estatuto da Criança e do Adolescente.* 1. Ed. São Paulo. Malheiros Editores, 1993.

MAFFEZOLI, Antônio. Tese. VII Congresso Nacional. Cuiabá/MT, 2008.

MANCUSO, Rodolfo de Camargo. *Ação Popular. Proteção do erário, do patrimônio público, da moralidade administrativa e do meio ambiente.* São Paulo: Revista dos Tribunais, 2008.

______. *Interesses Difusos. Conceito e legitimação para agir.* São Paulo: Revista dos Tribunais, 2004.

______. *Ação civil pública.* 10 ed. São Paulo: Editora Revista dos Tribunais, 2007.

______. *A resolução dos conflitos e a função judicial.* São Paulo: Editora Revista dos Tribunais, 2009.

MARINONI, Luiz Guilherme. *Novas Linhas do Processo Civil.* 4 ed. São Paulo: Malheiros, 2000.

______. *Coisa julgada inconstitucional.* São Paulo: Revista dos Tribunais, 2008.

______. *Técnica processual e tutela dos diretos.* 2 ed. São Paulo: Revista dos Tribunais, 2008.

______. *Teoria Geral do Processo.* 3 ed. São Paulo: Revista dos Tribunais, 2008.

______. ARENHART, Sergio Cruz. *Manual do Processo de Conhecimento.* 5 edição, revista, atualizada e ampliada. São Paulo: Revista dos Tribunais, 2006. p.731.

MARQUES, Cláudia Lima. *Conflito de leis no tempo e direito adquirido dos consumidores de planos e seguros de saúde. In:* MARQUES, Cláudia Lima; LOPES, José Roberto de Lima; PFEIFFER, Roberto Augusto Castellanos (Orgs.). Saúde e responsabilidade: seguros e planos de assistência privada à saúde. São Paulo: RT, 1999.

MAXIMILIANO, Carlos. *Hermenêutica e aplicação do direito.* 13 ed. Rio de Janeiro: Forense, 2008.

MAZZILLI, Hugo Nigro. *A Defesa dos Interesses Difusos em Juízo.* 16 ed. São Paulo: Saraiva, 2003, p.260.

MEDINA, José Miguel Garcia; CRUZ, Luana Pedrosa de Figueiredo; CERQUEIRA, Luís Otávio Sequeira de; GOMES JUNIOR, Luiz Manoel. *Os Poderes do Juiz e o Controle das Decisões Judiciais.* São Paulo: Revista dos Tribunais, 2008.

MEIRELLES, Hely Lopes. *Direito administrativo brasileiro.* São Paulo: Malheiros.

MELLO, Celso Antonio Bandeira de. *Curso de Direito Administrativo.* 8 ed. São Paulo: Malheiros, 1996.

MENDES, Aluísio Gonçalves de Castro. *Ações Coletivas no Direito Comparado e Nacional.* São Paulo: Revista dos Tribunais, 2002.

MILARÉ, Édis (Coord.). *A ação civil pública após 20 anos.* São Paulo: Editora Revista dos Tribunais, 2005.

______. *Ação Civil Pública. Lei n. 7.347/1985 – 15 anos.* São Paulo: Revista dos Tribunais, 2002.

MOREIRA, José Carlos Barbosa. *O novo processo civil brasileiro.* 22 ed. Rio de Janeiro: Forense, 2002.

______. *Comentários ao Código de Processo Civil.* 6 ed. Rio de Janeiro: Forense, 1993.

______. *O direito à assistência jurídica. Evolução no ordenamento brasileiro de nosso tempo.* Revista *Ajuris nº 55.*

NERY JUNIOR, Nelson; NERY, Rosa Maria de Andrade. *Princípios do processo civil na Constituição Federal.* 2. ed. São Paulo: Revista dos Tribunais, 1995.

NERY JUNIOR, Nelson. *Princípios do Processo Civil na Constituição Federal.* 9 ed. São Paulo: Revista dos Tribunais, 2009.

NETO, Francisco José Rodrigues de Oliveira; COUTINHO, Jacinto Nelson de Miranda; MEZZAROBA, Orides. Coord. *Constituição e Estado Social. Os obstáculos à concretização da Constituição.* São Paulo: Revista dos Tribunais, 2008.

PIOVESAN, Flávia. Em artigo denominado *Convenção da ONU sobre os Direitos das Pessoas com Deficiência: inovações, alcance e impacto, incluído na obra Manual dos Direitos da Pessoa com Deficiência,* Editora Saraiva, 2012.

_______. *Direitos humanos e direito constitucional internacional.* Ed. Max Limonad. 5. Ed. 2008.

PIZZOL, Patrícia Miranda. *Liquidação nas ações coletivas.* São Paulo: Lejus, 1998.

PONTES, Manuel Sabino. *Inconstitucionalidade da utilização pelo Estado de meios Alternativos à Defensoria Pública.* VII Congresso Nacional dos Defensores Públicos, Cuiabá/MT, 2008.

PRADO, Geraldo. Disponível em <http://www.defensoria.sp.gov.br>.

QUEIROZ, Paulo. *Curso de direito penal.* Parte geral. 8ª ed. Juspodivm, 2012.

RÉ, Aluísio Iunes Monti Ruggeri. *A titularidade ativa da defensoria pública na tutela coletiva do meio ambiente.* Acesso aos 13.03.2010. Disponível em http://jus2.uol.com.br/doutrina/texto.asp?id=11409&p=2.

_______. RAMPIN, Talita Tatiana Dias. *A ação civil pública refém do patrimonialismo.* Acesso aos 13.05.2010. Disponível em: http://conjur.com.br.

_______.RAMPIN, T. T. D. *Estado de Direito, Cidadania e Políticas Públicas: a fundamentalidade do deferimento judicial de medicamentos.* In: II Congresso Brasileiro das Carreiras Jurídicas do Estado, 2010, Brasília, DF.

_______. *O processo civil coletivo e sua efetividade.* Malheiros, 2012.

_______. Artigo: *Chegou a hora da sociedade ter sua opinião ponderada.* Disponível em: http://www.conjur.com.br.

_______. *Org. Temas aprofundados da Defensoria Pública – Volume I.* Juspodivm, 2013.

_______. REIS, Gustavo Augusto Soares dos. *Orgs. Temas aprofundados da Defensoria Pública – Volume II.* Juspodivm, 2014.

REALE, Miguel. *O Estado Democrático de Direito e o conflito de ideologias.* 2 ed. São Paulo: Saraiva, 1999.

REIS, Gustavo Augusto Soares dos Reis. Artigo: *A importância da Defensoria Pública em um Estado Democrático e Social de Direito.* Disponível em: <http//:www.defensoria.sp.gov.br>

_______. ZVEIBIL, Daniel Guimarães; JUNQUEIRA, Gustavo. *Comentários à Lei da Defensoria Pública.* Ed. Saraiva, 2013.

REZENDE, Nanci Figueiroa. *A amplitude da expressão saúde no marco normativo brasileiro.* In: *Direito à Vida e à Saúde.* BLIACHERIENE, Ana Carla e SEBASTIÃO DOS SANTOS, José (org.). São Paulo: Atlas, 2010, p. 222 e 230.

ROSSATO, Luciano Alves. LÉPORE, Paulo Eduardo. *Comentários à Lei Nacional da Adoção.* São Paulo: RT, 2009.

RODRIGUES, Marcelo Abelha. *Ação civil pública e meio ambiente.* 2 ed. Rio de Janeiro: Forense Universitária, 2004.

SADEK, Maria Tereza. *Acesso à Justiça.* São Paulo: Fundação Konrad Adenauer, 2001.

SARLET, Ingo Wolfgang. *In: Estudos sobre direito publico e filosofia do direito.* Renovar, 2011.

SARMENTO, Daniel. *A ponderação de interesses na Constituição Federal.* Rio de Janeiro: Lumen Juris, 2003.

SHIMURA, Sérgio. *Tutela Coletiva e sua efetividade.* São Paulo: Método, 2006.

SILVA, José Afonso da. *Curso de Direito Constitucional Positivo.* São Paulo: Malheiros, 2003.

______. *Ação Popular Constitucional.* 2 ed. São Paulo: Malheiros, 2007.

TALAMINI, Eduardo. *Tutela relativa aos deveres de fazer e não fazer.* 2 ed. São Paulo: Editora Revista dos Tribunais, 2003.

TIBYRIÇA, Renata Flores. Artigo *A atuação da Defensoria Pública do Estado de São Paulo na efetivação de direitos fundamentais das pessoas com transtorno do espectro do autismo. In:* Temas aprofundados da Defensoria Pública, Volume II, Juspodivm, 2014.

TRETTEL, Daniela Batalha. MIRANDA, Luiz Fernando Baby. Artigo *Planos de saúde e outras relações de consumo: o que a Defensoria Pública tem a ver com isso?* In: Temas aprofundados da Defensoria Pública 2. Ed. Editora Juspodivm, 2014.

VENTURI, Elton. *Processo Civil Coletivo.* São Paulo: Malheiros, 2007.

WAMBIER, Luiz Rodrigues. *Liquidação da sentença civil individual e coletiva.* 4. ed. São Paulo: Editora Revista dos Tribunais, 2009.

WEIS, Carlos. *Direitos humanos contemporâneos.* 2. ed. São Paulo: Malheiros, 2010.

ZAVASCKI, Teori Albino. *Processo Coletivo. Tutela de direitos coletivos e tutela coletiva de direitos.* São Paulo: Revista dos Tribunais, 2008.

EDITORA JusPODIVM
www.editorajuspodivm.com.br

ar fernandez
Pensando em você e no futuro do planeta.